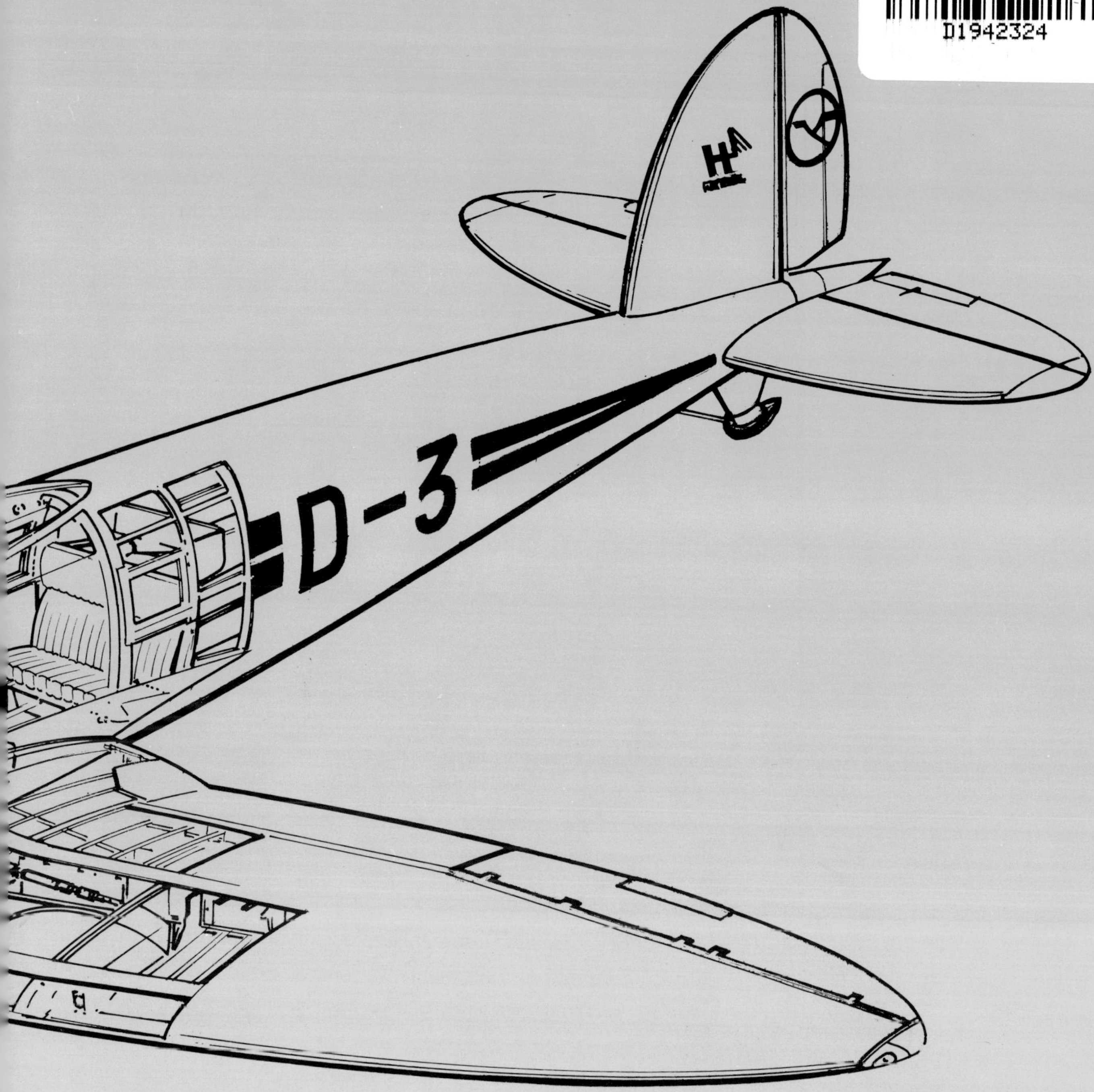

Heinkel He 70

H. Dieter Köhler · Ernst Heinkel – Pionier der Schnellflugzeuge

Die deutsche Luftfahrt

Buchreihe über die Entwicklungsgeschichte der deutschen Luftfahrttechnik

Herausgegeben von Dr. Theodor Benecke (†) in Zusammenarbeit mit dem Deutschen Museum (München), dem Bundesverband der Deutschen Luftfahrt, Raumfahrt- und Ausrüstungsindustrie e.V. (Bonn) und der Deutschen Gesellschaft für Luft- und Raumfahrt – Lilienthal-Oberth e.V. (Bonn)

H. Dieter Köhler

Ernst Heinkel – Pionier der Schnellflugzeuge

Eine Biographie

Bernard & Graefe Verlag

Die Abbildung auf dem Schutzumschlag zeigt das Heinkel-Flugzeug He 119.

Auf dem vorderen Vorsatz ist eine Phantom-Zeichnung einer Heinkel He 70 abgebildet (Zeichnung: E. Theodor Lässig, 1983), das hintere Vorsatz zeigt das Triebwerk He S 3 B (Zeichnung: Pabst von Ohain, 1973).

Die Bearbeitung der 2. Auflage (Korrekturen, notwendige Ergänzungen) wurde durch Dr. Volker Koos, Rostock, vorgenommen.

Herstellung und Layout: Walter Amann, München
Satz: Sulzberg-Druck, Sulzberg im Allgäu, und Lichtsatz Gruber, Regensburg
Lithos: Repro GmbH, Essenbach bei Landshut
Druck und Bindung: Wiener Verlag, Himberg bei Wien
Printed in Austria

ISBN 3-7637-6116-0

Inhalt

Ernst Heinkel
24. Januar 1888–30. Januar 1958

Vorbemerkungen

»Stürmisches Leben« benannte Ernst Heinkel seine Erinnerungen. Und in der Tat: Leben und Wirken dieses Mannes vollzogen sich in einer stürmischen Welt. Der zeitgeschichtliche Hintergrund, der prägend das persönliche Leben und das Schaffen Ernst Heinkels beeinflußte, ja auch bestimmte, sei nur in großen Zügen gezeichnet: Das kaiserliche Deutschland, der Erste Weltkrieg, die Weimarer Republik, belastet mit der Hypothek eines außerordentlich harten Friedensvertrages, im Inneren Angriffe von Extremisten abwehrend, zusammenbrechend unter den Auswirkungen einer heute kaum vorstellbaren wirtschaftlichen und politischen Not; das sogenannte Dritte Reich mit seinen zunächst verlockenden Möglichkeiten gerade für den schöpferischen Planer und Organisator, der »schnelle Flugzeuge« schaffen wollte, der Zweite Weltkrieg mit dem folgenden Zusammenbruch und der totalen Auflösung des bisherigen Deutschen Reiches; die vorübergehende Festsetzung von Spitzenkräften und Erfahrungsträgern durch die Siegermächte; die mehr oder weniger freiwillige Tätigkeitsaufnahme von Fachwissenschaftlern, Konstrukteuren und Spezialisten im Ausland; der zunächst zaghafte, dann aber stürmische Wiederaufbau, der Neuanfang im Rahmen der Bundesrepublik Deutschland in einem geteilten Deutschland, in einer veränderten Welt.

Es versteht sich von selbst, daß das Wirken Ernst Heinkels nicht von der gestaltenden Kraft seiner Zeit losgelöst betrachtet werden kann. Wenn in diesem Buch der Einfluß des Zeitgeschehens nur angedeutet wird, so aus zwei Gründen: In aller Klarheit sollte hier die technische, vor allem aber die unternehmerische Leistung Ernst Heinkels im Sinne des Titels dieses Buches »Ernst Heinkel – Pionier der Schnellflugzeuge« herausgearbeitet werden. Hier liegt der Schwerpunkt des Buches. Zum anderen sind die Geschehnisse in der ersten Hälfte dieses Jahrhunderts sowie der Bundesrepublik Deutschland in allen Medien so vielgestaltig und vielfach dargestellt worden, daß beim Leser dieses Buches Kenntnis und Bedeutung der Einflüsse der jeweiligen Zeit weitgehend vorausgesetzt werden können. Ernst Heinkel war eine Persönlichkeit, die in der selbstgestellten Zielsetzung, schnelle, immer schnellere Flugzeuge zu bauen, Außerordentliches geleistet hat.

Die Durchschnittlichen, die Anpasser segeln leichter durchs Leben. Je stärker jedoch eine Persönlichkeit, desto stärker auch Licht und Schatten, desto mehr Freunde und Gegner, desto umstrittener der Mensch im ganzen. So war es auch bei Ernst Heinkel.

Dr. Theodor Benecke
(Herausgeber)

Vorwort

Ernst Heinrich Heinkel ist der heute lebenden Generation kaum noch bekannt. Die Zeitgenossen haben ihn durchaus in unterschiedlicher Erinnerung. Hatten sie mit ihm zu tun, so denken sie oft nur an seine fordernde Art. Standen sie ihm fern, so haben sie das Bild des großen Flugzeugkonstrukteurs vor Augen, der fleißig und begabt viele Flugzeuge schuf. Der wahre *Ernst Heinkel* ist ein leidenschaftlicher Mensch, ein Besessener, dem vor allem anderen die Steigerung der Geschwindigkeit seiner Flugzeuge Gegenstand seines Wollens ist. Er ist aber auch ein Mensch der Lebensfreude, der gerne feiert und dazu einlädt, aber auch keinem Streit aus dem Weg geht. Als Chef war er so schwierig wie als Verhandlungspartner. Aber wie bei den meisten schwierigen Vorgesetzten war es auch bei ihm so, daß derjenige, der etwas leistete, sich auch etwas leisten konnte. Wer einmal von seiner Persönlichkeit gefangen war, ging für ihn durchs Feuer – ein ganzes Leben lang. Und das beruhte auf Gegenseitigkeit.

In der Zeit nach dem totalen Zusammenbruch 1945 ist fast ganz verloren gegangen, daß es *Ernst Heinkel* war, der zuerst ein reines Raketenflugzeug, vor allem aber 1939 als erster ein Düsenflugzeug in die Luft brachte, ja, daß die Entwicklung des ersten Turbostrahltriebwerks der Welt, das in einem Flugzeug flog, ihm zu verdanken war. Und das, weil er früh erkannte, daß eine Steigerung der Geschwindigkeit eines Flugzeugs mit einem Kolbenmotor und einem Propeller nicht mehr möglich war. Ebenso wie er früh erkannte, daß schnelleres Fliegen nur möglich war, wenn alle aerodynamischen Möglichkeiten ausgeschöpft wurden. Daß er allein den Fortschritt nicht bewirken konnte, war eine weitere Erkenntnis, die ihn dazu führte, daß er Menschen um sich sammelte, die in seinem Sinn das schufen, was er erreichen wollte: *Schnellere Flugzeuge.*

Er selbst sagt: »Gerade die Geschwindigkeitssteigerung habe ich bei meinen Flugzeugen stets als eine meiner Hauptaufgaben betrachtet ... Bei zielsicherer Entwurfsarbeit ist es möglich, im praktischen Flugzeugbau hochwertige Schnellflugzeuge zu schaffen, die Weltrekorde erobern, obgleich sie nicht für derartige Rekorde speziell gebaut sind ... Ich habe sofort das Ziel gesetzt, die praktisch verwendbaren Flugzeuge als Hochleistungsflugzeuge herauszubringen.« So ist er es denn auch, der in der He 70, dem »Heinkel-Blitz«, 1932 das Verkehrsflugzeug schafft, das allen anderen Flugzeugen davonfliegt.

Dieses Buch entstand aus der Anregung von *Werner Schulz,* dem Leiter der Fachgruppe »Geschichte« der Deutschen Gesellschaft für Luft- und Raumfahrt, sich mit der Persönlichkeit und den Leistungen *Ernst Heinkels* zu befassen. Da der Verfasser viele Jahre im Bereich *Ernst Heinkels* in leitender Position tätig war, so ergab sich fast von selbst, daß er den Ball auffing und sich seit 1978 mit der Erarbeitung der Lebensgeschichte dieses Pioniers der Schnellflugzeuge in zunehmendem Maße beschäftigte. So entstand 1980 eine Kurzbiographie, die der Besonderheit seines Wirkens gerecht zu werden suchte, indem sie sein »Dreigestirn«, *Karl Schwärzler* und die Zwillingsbrüder *Siegfried* und *Walter Günter* mit einbezog.

Die von der Deutschen Gesellschaft für Luft- und Raumfahrt 1981 herausgegebene DLR-Mitteilung 81-01 behandelt in chronologischer Reihenfolge die Meilensteine an seinem Lebensweg. Die jetzt vorgelegte Arbeit sucht in möglichster Objektivität und wissenschaftlicher Genauigkeit die Person *Ernst Heinkels* und seine in die Welt wirkenden Leistungen darzustellen, wobei der Versuch unternommen wird, viele inzwischen festgeschriebene Fehler und Irrtümer in der Literatur richtig zu stellen, die teilweise durch *Ernst Heinkels* eigene Berichterstattung erst entstanden sind.

So wurden einige Daten berichtigt und die Quellen erfaßt, die die Richtigstellung ermöglichten. Die Aussagen ehemaliger Mitarbeiter wurden anhand von Unterlagen – möglichst beweiskräftigen Dokumenten – überprüft, Firmenangaben nicht ohne Kritik übernommen. Wo keine absolute Richtigkeit ermittelt werden konnte, wurde darauf hingewiesen. Es bleibt dabei, was *Gotthold Ephraim Lessing* 1778 an *Johann Albert Heinrich Reimerus* schrieb: »Jeder sage, was ihm Wahrheit dünkt, und die Wahrheit selbst sei Gott empfohlen.«

Das alles erforderte lange Recherchen und führte zu zahlreichen Gesprächen und Briefwechseln, die dem Verfasser manche neue Erkenntnis schenkten. Bei dieser Arbeit entstanden auch viele menschliche Beziehungen, die sie zu einem Vergnügen machten. Bei zahlreichen Stellen fand der Verfasser hilfreiche Unterstützung, so insbesondere im Bundesarchiv/Militärarchiv in Freiburg i. Br., im Archiv der Burschenschaft Ghibellinia-Stuttgart, im Deutschen Museum in München, hier vor allem in den Sondersammlungen, im Historischen Archiv der Deutschen Forschungs- und Versuchsanstalt für Luft- und Raumfahrt (DFVLR) in Köln, bei der Deutschen Gesellschaft für Luft- und Raumfahrt (DGLR) in Bonn-Bad Godesberg, im Archiv der Deutschen Lufthansa in Köln, bei den Hamburger Öffentlichen Bücherhallen, der Heinkel Beteiligungsgesellschaft GmbH in Stuttgart, dem Institut für Zeitgeschichte in München, dem Luftschiffbau Zeppelin in Friedrichshafen, dem Militärgeschichtlichen Forschungsamt in Freiburg i.Br., dem Österreichischen Staatsarchiv-Kriegsarchiv in Wien, den Staatsbibliotheken in Hamburg und Wien sowie last not least der Bibliothek und dem Archiv der Vereinigten Flugtechnischen Werke (VFW) in Bremen. Neben vielen Menschen, die aus Raumgründen nicht genannt werden können, gilt Dank für Hinweise und Unterstützung vor allem den im folgenden genannten Personen, von denen einige, die allerdings nicht hervorgehoben werden können, so viel zu dem Gelingen dieser Arbeit beigetragen haben, daß bemerkt werden muß, daß ohne ihre Hilfe das Vorhaben nicht hätte durchgeführt werden können.

Dank gilt also vor allem:

Franz Bachér, Paul Bader, Gottfried Frhr. v. Banfield, Volker Banfield, Erich Bauder, Arno Paul Bäumer, Heinrich Beauvais, Elly Beinhorn, Heinz Birkholz, Werner Bittner, Manfred Boehme, Ludwig Bölkow, Horst Boog, Walter J. Boyne, Günter Brinkmann, Karl Butter, Otto Butter, Hans-Peter Dabrowski, Wilhelm Dettmering, Hans Dieterle, Klaus Dietrich, Karl Dietz, Gerhard und Aenne Eichner, Wolfram Eisenlohr, Wolfgang Falck, Hans Fischer, Carl Francke, Rudolf Friedrich, Günter Frost, Friedrich Frhr. v. Gaisberg, Adolf Galland, Kyrill v. Gersdorff, Hannes Grigull, Peter M. Grosz, Wilhelm Gundermann, Xaver Hafer, Hermann Hagen, Marianne Hagen, Dierk Hansmann, Theodor Harth, Heidrun Hass, Karl-Ernst Heinkel, Berthold Hofmann, Ingeborg Hofmann, Hans Hollendieck, Dieter Herwig, David Irving, Hans Jensen, Reinhard Keimel, Helmut Koch, Bernd Kosegarten, Emil Kruska, Karl Lehrer, Gero v. Langsdorff, Gero Madelung, Christian Millack, Gerhard Nitschke, Hans-Joachim Pabst v. Ohain, Günther Ott, Douglas T. Pardee, Oskar Passoth, Uvo Pauls, Ernst Peter, Walter Rathjen, Hans Redemann, Kurt Reiniger, Friedrich Ritz, Helmut Roosenboom, Arno Rose, Siegfried Ruff, Gerhard Seifert, Rupprecht Sommer, Albert Speer, Rolf Susemihl, Fritz Schäfer, Helmut Schelp, Kurt Schnittke, Julius Schuck, Gerhard Schulz, Werner Schulz, Hans-Jürgen Schwärzler, Käthe Stapelfeldt, Johannes Steinhoff, Kurt Steinmüller, Werner Streib, Kurt W. Streit, Karl Thalau, Peter Thran, Erich Truckenbrodt, Doris Volk, Dieter Vogt, Erich Voß, Fritz Wachter, Eugen Wagner, Herbert Wagner, Wolfgang Wagner, Erich Warsitz, Sigfrid v. Weiher, Hermann Weiss, Renate Weist, Günther Wever, Erich W. Wolf, Mano Ziegler.

H. Dieter Köhler

Ernst Heinkel: der Mensch, die Anfänge

Aus dem Lebenslauf

Ernst Heinkel (1926).

24. Januar 1888	Ernst Heinkel wird in Grunbach im Remstal geboren. Vater Flaschnermeister Karl Heinkel, Mutter Catharine Heinkel, geb. Xander.
31. Juli 1903	Ernst Heinkel erhält das »Zeugnis über die wissenschaftliche Befähigung für den einjährig-freiwilligen Dienst« von der Realanstalt Cannstatt.
3. Juli 1906	Die Realanstalt (Oberrealschule) Cannstatt erteilt Ernst Heinkel das »Zeugnis der Reife« mit der Durchschnittsnote gut. Ernst Heinkel wird anschließend Praktikant bei der Firma G. F. Grotz in Bissingen, die er später erwerben wird.
Oktober 1907	Ernst Heinkel beginnt an der Königlichen Technischen Hochschule Stuttgart das Studium des Maschinenbaus. Er wird bei der Burschenschaft »Ghibellinia« aktiv.
17. Oktober 1908	Ernst Heinkel erhält das Prüfungszeugnis über die »mathematisch-naturwissenschaftliche Vorprüfung für Kandidaten des Maschineningenieurfachs« an der königlichen Technischen Hochschule Stuttgart.
1910	Ernst Heinkel beginnt mit dem Bau eines eigenen Doppeldeckers nach dem Vorbild von Henri Farman.
12. Mai 1911	Ernst Heinkel fliegt das erste Mal als Fluggast in einer Etrich-Rumpler-Taube mit Hellmuth Hirth und dessen elfjährigem Bruder Wolf Hirth.
9. Juli 1911	Erster Alleinflug Ernst Heinkels mit seinem Doppeldecker auf dem Cannstatter Wasen bei Stuttgart.
19. Juli 1911	Nach mehreren gelungenen Flügen stürzt Ernst Heinkel mit seinem Flugzeug ab, das dabei total zerstört wird. Er selbst erleidet schwere Verletzungen.
1. Oktober 1911	Ernst Heinkel gibt das Studium auf und wird Konstrukteur bei der Luftverkehrsgesellschaft (L.V.G.) in Johannisthal bei Berlin.
Dezember 1912	Ernst Heinkel geht als Abteilungs-Ingenieur zu den Albatros-Flugzeugwerken in Johannisthal.
Juni 1913	Ernst Heinkel wird Chefkonstrukteur und Direktor der Albatros-Flugzeugwerke.
Mai 1914	Ernst Heinkel wird Chefkonstrukteur und Technischer Direktor der Bran-

	denburgischen Flugzeugwerke GmbH (später »Hansa- und Brandenburgische Flugzeugwerke« – kurz: »Hansa Brandenburg«) in Briest an der Havel.
30. Oktober 1918	Ernst Heinkel wird das Eiserne Kreuz II. Kl. am weiß-schwarzen Band für seine Verdienste im Seeflugzeugbau für die deutsche Marine verliehen.
1919 bis 1920	Ernst Heinkel betreibt in Grunbach eine Automobil-Reparatur-Werkstatt.
1921	Ernst Heinkel nimmt erneut eine Tätigkeit im Flugzeugbau, bei Karl Caspar in Travemünde bei Lübeck, auf.
5. Mai 1922	Mit dem Inkrafttreten der sogenannten »Begriffsbestimmungen«, die einen beschränkten Flugzeugbau in Deutschland wieder zulassen, löst Ernst Heinkel sich von Caspar und gründet ein eigenes Konstruktionsbüro.
1. Dezember 1922	Ernst Heinkel gründet die »ERNST HEINKEL FLUGZEUGWERKE« in Warnemünde und bezieht mit seinen Mitarbeitern die Halle 3 des ehemaligen Seeflugzeug-Versuchskommandos. Im eigenen Werk konstruiert und baut er von nun an zahlreiche Flugzeugmuster und Katapulte, die im In- und Ausland seinen Ruf begründen.
16. Dezember 1925	Die Württembergische Technische Hochschule zu Stuttgart verleiht Ernst Heinkel die Würde eines Doktor-Ingenieurs ehrenhalber.
22. Juli 1929	Der erste Postvorausflug der mit einem Heinkel-Katapult vom Schnelldampfer »Bremen« gestarteten HE 12 eröffnet eine neue Postverkehrsetappe zwischen Europa und Amerika.
28. Oktober 1932	Der Gemeinderat des Geburtsortes Grunbach beschließt die Verleihung des Ehrenbürgerrechts an Ernst Heinkel. Eine Straße in Grunbach wird »Ernst-Heinkel-Straße« benannt.
1. Dezember 1932	Die Universität Rostock verleiht Ernst Heinkel die Würde des Doktors der Philosophie honoris causa. Die Stadt Warnemünde benennt die größte Verkehrsstraße nach Ernst Heinkel.
	Ernst Heinkel wird Ehrenmitglied im Ring deutscher Flieger und des Mecklenburgischen Aeroclubs.
15. Juni 1934	Die Deutsche Lufthansa eröffnet mit der He 70, dem schnellsten Verkehrsflugzeug der Welt, ein »Blitzstrekkennetz«.
10. Januar 1936	Die erste He 111, zweimotoriges Schnellverkehrsflugzeug und später Bomber der Luftwaffe, wird in Berlin-Tempelhof der Presse vorgeführt.
1937	Ernst Heinkel wird Mitglied des Senats der Lilienthalgesellschaft für Luftfahrtforschung, des Vorstandes der Aerodynamischen Versuchsanstalt (AVA) in Göttingen und Ordentliches Mitglied der Deutschen Akademie der Luftfahrtforschung. Ihm werden das Brasilianische Fliegerabzeichen, das Abzeichen eines Flugzeugführers h.c. der Kgl. Rumänischen Luftwaffe und der Halsorden III. Kl. des Kaiserlich-Japanischen »Ordens des Heiligen Schatzes« verliehen.
10. Dezember 1937	Ernst Heinkel wird zum Wehrwirtschaftsführer ernannt.
24. Januar 1938	Zum 50. Geburtstag erscheint eine Festschrift mit dem Titel »Kameradschaft der Luft«. Ernst Heinkel wird Ehrenbürger der Gemeinde Doberan und erhält den Titel »Professor«.
6. September 1938	Ernst Heinkel wird der Deutsche Nationalpreis für Kunst und Wissenschaft, verbunden mit dem Deutschen Nationalorden für Kunst und Wissenschaft, verliehen.
1939	Ernst Heinkel wird Ehrenmitglied der Deutschen Akademie der Luftfahrtforschung.
30. März 1939	Die He 100 erobert erstmals den absoluten Geschwindigkeitsweltrekord für Deutschland mit 746,606 km/h.
20. Juni 1939	Die He 176 vollführt den ersten Flug eines reinen Raketenflugzeugs mit einer Walter-Rakete.
27. August 1939	Das erste Düsenflugzeug der Welt, die He 178 mit dem Turbinenluftstrahltriebwerk He S 3 B, macht seinen Jungfernflug.
17. Oktober 1940	Ernst Heinkel wird das Spanische Militärverdienstkreuz 3. Kl. verliehen.
30. Mai 1941	Die Ernst Heinkel Flugzeug-Werke GmbH erwerben durch notariellen

	Kaufvertrag sämtliche Geschäftsanteile der Hirth-Motoren GmbH in Stuttgart-Zuffenhausen von der Bank der Deutschen Luftfahrt A.G.
24. Dezember 1941	Ernst Heinkel wird das Gran Cruz del Mérito Militar con distintivo blanco (Großkreuz des spanischen Militärverdienstordens) verliehen.
1. April 1943	Verschmelzung aller Heinkel-Firmen zur Ernst Heinkel AG, Rostock. Durch die am 29. Juli 1943 beschlossene Verschmelzung aller Heinkel-Firmen zur Ernst Heinkel AG, Rostock, wird die Fortsetzung des Geschäftsjahres der GmbH durch die AG auf den 1. April 1943 zurückbezogen. Dieser Tag gilt allgemein als Gründungstag der Ernst Heinkel AG. Über die Eintragung der AG in das Handelregister, die juristisch den wahren Gründungstag dokumentieren würde, gibt es leider keine Unterlage.
1. Mai 1943	Ernst Heinkel bzw. die Ernst Heinkel Flugzeugwerke erhalten das Leistungsabzeichen für vorbildliche Heimstätten und Wohnungen in Bronze.
1. Februar 1950	Das einzige nach dem Kriege verbliebene Werk der Ernst Heinkel AG in Stuttgart-Zuffenhausen wird aus der Treuhänderschaft entlassen und beginnt mit der Entwicklung und dem Bau von Zweirädern, Kabinenrollern und Motoren: Es wird auch der Sitz der Gesellschaft nach Stuttgart verlegt.
17. Mai 1952	Ernst Heinkel wird die Ehrenmitgliedschaft der Gesellschaft für Weltraumforschung für besondere Verdienste auf dem Gebiet der Raumfahrt-Forschung verliehen.
10. Oktober 1953	Ernst Heinkel wird die Ehrenmitgliedschaft im Sportfliegerclub Stuttgart verliehen.
4. April 1954	Ernst Heinkel erhält die Dieselmedaille in Gold des Deutschen Erfinderverbandes.
1955	Mit der Aufhebung der entsprechenden Verbote beginnt Ernst Heinkel erneut in seinen Betrieben mit der Entwicklung und dem Bau von Flugzeugen und Strahltriebwerken.
1957	Aufnahme des Lizenzbaues für Flugzeuge der deutschen Bundeswehr-Luftwaffe bei der Ernst Heinkel Fahrzeug- (später Flugzeug-)bau GmbH in Speyer.
24. Januar 1958	Ernst Heinkel vollendet das 70. Lebensjahr. Die Zeitschrift für Flugwissenschaften (ZFW) widmet die beiden ersten Hefte des 6. Jahrgangs Ernst Heinkel zu diesem Geburtstag.
30. Januar 1958	Ernst Heinkel stirbt in Stuttgart.
4. Februar 1958	Ernst Heinkel wird nach einer Trauerfeier im Werk der Ernst Heinkel AG in Stuttgart-Zuffenhausen in einem Ehrengrab der Gemeinde Grunbach im Remstal, seinem Geburtsort, beigesetzt.
18. Dezember 1963	Die Gemeinde Grunbach beschließt in ihrer Gemeinderatssitzung auf Anregung des Rektors einstimmig, der Mittelschule anläßlich der Einweihung des neuen Schulgebäudes am 1. Februar 1964 den Namen »Ernst-Heinkel-Mittelschule« zu geben, um den Schülern, die die Schule besuchen und überwiegend technische Berufe wählen, in der Person des in Grunbach geborenen und bestatteten Flugpioniers und Ehrenbürgers der Gemeinde ein Leitbild zu geben.
1980	Der Gemeinderat der Stadt Renningen beschließt, eine Straße im neu erschlossenen Gewerbegebiet »Heinkelstraße« zu nennen, indem er sich bei diesem Beschluß an bedeutenden Industriepionieren wie Carl Friedrich Benz, Rudolf Diesel und Wilhelm Maybach orientiert, die im übrigen wie Ernst Heinkel sämtlich Schwaben sind.

Der Mensch

»Von der Parteien Gunst und Haß verwirrt,
Schwankt sein Charakterbild in der Geschichte.«

Der Versuch, *Ernst Heinkels* Persönlichkeitsbild zu beschreiben, kann nur unter dem Motto stehen, das Schiller in seinem Prolog zu »Wallensteins Lager« bei der Wiedereröffnung der Weimarer Schaubühne im Oktober 1798 sprechen ließ.

Wenn Schiller fortfährt

»Doch euren Augen soll ihn jetzt die Kunst,
Auch eurem Herzen menschlich näher bringen«,

so mag als Einschränkung lediglich gesagt werden, daß der Verfasser dieses Buches sein Werk nicht als »Kunst« versteht – von Schiller ist ja auch sein Theaterstück gemeint – doch gilt vor allem der zweite Teil dieser Sentenz:

Der Verfasser will dem Leser *Ernst Heinkel* als Mensch vorführen und auch menschlich näherbringen; denn einen großen Menschen wie *Ernst Heinkel* muß man so nehmen, wie er ist, wozu auch seine Eigenheiten und Widersprüche, sogar Mängel und Fehler gehören. *Ernst Heinkel* war zweifelsohne Gegenstand des Neides ebenso wie grenzenloser Verehrung. Und er war groß und genial, stark und schwach zugleich. Wer selber stark war, brauchte von ihm nichts zu befürchten. Im Gegenteil: Als Mitarbeiter wurde er gefördert. Aber Schwache oder undeutliche Charaktere konnte *Ernst Heinkel* nicht um sich haben. Das traf den Direktor ebenso wie den Hilfsarbeiter. Und für alle konnte er sehr viel tun, sei es in beruflicher Förderung, sei es in sozialer Fürsorge. Er konnte sich aber auch abrupt von einem Mitarbeiter, vor allem einem »Direktor«, mit dem er nicht mehr übereinstimmte, trennen.

Klein von Gestalt und nicht gerade schön zu nennen, wird sein Gesicht auch noch durch die Narben entstellt, die nach dem Absturz vom 19. Juli 1911 mit seinem eigenen ersten Flugzeug, das er ohne eine fliegerische Ausbildung genossen zu haben flog, zurückblieben. Lebhaft und agil, intelligent und von schneller Auffassungsgabe, mit ziemlich ungebärdigem Temperament und einem Hang zur Abwechslung, ungeheuer impulsiv und von seiner Bedeutung überzeugt, manchmal herrisch und hochfahrend, dann wieder nachsichtig und teilnehmend muß er wohl auch die kleinen Menschen üblicherweise eigenen Nachteile kompensieren. Gelegentlich werden sie sogar überkompensiert. Das schlägt dann um in schroffe Gesten, aber auch wieder in überschäumende Zuvorkommenheit, erweist sich als Charme – dem generösen Gastgeber ebenso eigen wie dem Vorgesetzten –, aber auch Frauen gegenüber, die in seinem Leben keine unwichtige Rolle spielen. Seine Herkunft aus einfachen Handwerkerkreisen ließ ihn nach gesellschaftlicher Anerkennung streben. Er ist ein »Aufsteiger« mit allen Komplexen dieses Menschentyps und der neidvollen Bewunderung für diejenigen, die schon oben sind.

Der Nachbarsohn *Fritz Wachter,* dem jetzt das Heinkelsche Geburtshaus in Grunbach gehört, erzählt manche Anekdote, die ihm von seinem Vater, dem Wirt des renommierten Gasthofs »Hirsch«, überliefert worden ist und die zeigt, daß *Ernst Heinkel* schon als Junge ständig neue Ideen und einen »Höllenspaß« daran hatte, wenn er einen anderen hereinlegen konnte[1]. Auch später, als er bereits ein berühmter Mann war, gab er sich in Grunbach manchmal sehr reserviert, manchmal sehr aufgeschlossen. Auch dann war er in gelegentlichem Übermut immer noch zu irgendeinem Unfug aufgelegt. Er konnte, wie man sich hier erzählt, einem »ganz dick Freund«, dann aber auch Todfeind sein. Aber allen war geläufig, daß er nur daran wahre Freude hatte, schnelle und gute Flugzeuge zu bauen[2].

Die Grunbacher sind daher noch heute stolz auf ihn. Bereits 1932 ernannten sie ihn zum Ehrenbürger, gaben einer neuen Straße seinen Namen und verliehen der Grunbacher Mittelschule, als am 1. Februar 1964 das neue Schulgebäude eingeweiht wird, den Namen »Ernst-Heinkel-Mittelschule« (heute »Ernst-Heinkel-Realschule«).

Ernst Heinkel war als Unternehmer ein Magnet, der kongeniale Menschen an sich zog, der das Gespür hatte für Menschen und was in ihnen steckte, der dann aber auch alles für seine Mitarbeiter – vor allem die Bescheidenen unter ihnen – tat, um ihre Anlagen und Leistungen zu fördern, aber auch für ihr Wohlergehen sorgte. Wie alle Menschen, die es durch eigene Leistung zu etwas gebracht haben, forderte auch er von seinen Mitarbeitern das letzte an Kraft. Das zu geben, waren wiederum die erfolgreichen Mitarbeiter auch bereit. So gelang *Ernst Heinkel* das, was in dieser Form in der Geschichte der deutschen Luftfahrt wohl einmalig war, nämlich – wie man heute sagt – ein Team zu bilden, das sich auf großartige Weise ergänzte. An der Spitze dieses Teams war *Ernst Heinkel* selbst der große Unternehmer und Motor für alles, die Zwillingsbrüder *Walter* und *Siegfried Günter* waren die kongenialen Entwurfstechniker, und *Karl Schwärzler* wurde der *Ernst Heinkel* auf dessen ganzen Lebensweg als selbständiger Unternehmer begleitende ebenfalls kongeniale Konstrukteur. Darüber hinaus band *Ernst Heinkel* eine Vielzahl spezialisierter Techniker an sich, die jeweils auf ihrem Gebiet durch seine Hilfe und Unterstützung Pionierleistungen erbrachten, die der gesamten deutschen Luftfahrt, oft sogar der Weltluftfahrt dienten. Sein Anliegen in technischer Hinsicht war von Anbeginn sein Hang zur Schnelligkeit, sein Drang, schnelle und immer schnellere Flugzeuge zu bauen; denn das war ihm klar: Hohe und höchste Geschwindigkeiten konnten überhaupt nur mit Flugzeugen erzielt werden. Die Devise seines Denkens war, technisch sei nichts unmöglich. So machte er es zu seiner Lebensaufgabe, seinen Flugzeugen eine neue Gestalt zu geben und ihren Antrieb zu verbessern, um sie schneller zu machen. Mit Recht sah man in ihm einen Geschwindigkeitsfanatiker. Die Schnelligkeit übertrug er aber auch auf seine Arbeit. In seinem Werk sprach man vom »Heinkel-Tempo«. Damit meinte man nicht nur das Tempo, in dem seine Flugzeuge flogen und ihre Geschwindigkeitsrekorde errangen, sondern auch das Tempo, in dem sie entwickelt und gebaut wurden. Bei seiner sprunghaften Ruhelosigkeit war ihm das schnelle Tempo, das er auf seinen Reisen in den USA kennenlernte, höchst sympathisch.

In seinen Betrieben war er die Seele des Unternehmens. Jeder Faden, und sei er noch so dünn und unwichtig, führte am Ende doch wieder zu ihm. Das war eine seiner Stärken: Er kümmerte sich um alles. Wo etwas stockte, rief er die Mitarbeiter zusammen und erfragte in seinem oft rauhen, aber gleichwohl herzlichen Ton nicht nur die Gründe, sondern beseitigte sie auch, soweit er es vermochte. Er kannte sein Ziel und ordnete dem alles unter. Schwierigkeiten waren nur dazu da, um beseitigt zu werden.

Auch wenn er von seinen Mitarbeitern viel verlangte, wollte er doch frohe und zufriedene Gesichter um sich sehen. So sorgte er in seinem sozialen Engagement nicht nur für angenehme Arbeitsplätze, sondern auch für vorbildliche Wohnungen, vor allem aber für Einrichtungen in seinen Betrieben, die nicht nur für damalige Zeiten als vorbildlich galten[3]. Die Gesundheitsbauten in dem von ihm 1936 neu errichteten Werk Oranienburg waren ebenso ungewöhnlich in ihrem Umfang wie in ihrem eigenwilligen Aufbau, der seiner persönlichen Initiative entsprang. Sie umfaßten neben einem Sportplatz und Schwimmbad ein eigenes Gesundheitshaus mit der Möglichkeit werksärztlicher Betreuung für die Mitarbeiter. Mustergültig geführte Werksküchen, die weitgehend von eigenen landwirtschaftlichen Betrieben versorgt wurden, standen für die Mitarbeiter bereit. Ein von ihm bereits in den 20er Jahren eingeführtes Prämiensystem brachte in 1 1/2 Jahren bereits 500 Verbesserungsvorschläge, die fast zur Hälfte prämiert werden konnten.

Das alles war jedoch nicht nur mit Charme und Liebenswürdigkeit zu erreichen. Das ging nur durch straffe Führung und gelegentlich durch unkonventionelle Unhöflichkeiten, wodurch er sich auch Neider und Feinde schaffte. Er war gewiß nicht diplomatisch und konnte heftig explodieren, wenn ihm etwas nicht paßte. Das zeigte sich später auch in seinem Verhältnis zum Reichsluftfahrtministerium, wo er bei Besprechungen gelegentlich durchaus »aus der Naht platzte«, wie sich *Erich Warsitz,* der Pilot des ersten Raketen- und des ersten Düsenflugzeugs der Welt, der He 176 bzw. He 178, in einem Brief an den Verfasser vom 16. November 1979 ausdrückte.

Daß seine eigene Art der Darstellung seines Lebens in seinen Memoiren[4] zusätzlich Verdruß schuf, kann dabei nicht verwundern. So finden sich einige frühere Mitarbeiter, seinerzeit zumeist in hohen Stellungen, anders gezeichnet, als sie sich selbst sehen. *Ernst Heinkel* war eben als »Chef« manchesmal auch nur der fordernde Vorgesetzte, daher entsprechend unangenehm für einen Mitarbeiter, wenn dieser nicht mehr »spurte«, vor allem, wenn er nichts Geniales an sich hatte. Dazu sagt *Marcel Reich-Ranicki* in einem Besprechungsaufsatz über *Bertolt Brecht:* »So ist das: Genies sind am allerwenigstens ›liebenswürdig‹ ... aber durch Selbstzeugnisse, denen man auch ihre Schwächen ablesen kann, werden sie menschlicher. Sie büßen viel von ihrer Unnahbarkeit ein und nichts von ihrer Größe[5] ...«. Ein solches Selbstzeugnis in diesem Sinne sind auch die Memoiren *Ernst Heinkels.* Die Einseitigkeit ihrer Darstellung haben sie mit den meisten Autobiographien anderer Verfasser gemeinsam. Eine Autobiographie ist eben allenfalls »eine Art Leben«, da sie ehrlicherweise immer nur Fragmente der Erinnerung, nur das in aller Regel tendenziöse Arrangement eines selektiv arbeitenden Gedächtnisses wiedergeben kann[6]. Das trifft selbstverständlich auch auf die Lebenserinnerungen *Ernst Heinkels* zu, die in vielen Einzelheiten eher dem entsprechen, was er davon in Erinnerung zu haben glaubte, als dem, was andere, die dabei eine Rolle spielten, davon noch zu wissen meinen. Der bereits zitierte *Erich Warsitz* sagte dazu[7]: »Er log nicht, denn er glaubte es wirklich so.«

Im übrigen haben natürlich Memoiren, die ohne wesentliche dokumentarische Unterlagen verfertigt werden müssen, da diese im Falle *Heinkel* zum Zeitpunkt des Entstehens ihrer Niederschrift sich zur Auswertung im Ausland befanden, durchaus ihre schon darauf beruhenden Schwächen. Zudem hatte *Ernst Heinkel* auch noch den Ghostwriter gewechselt, um dann in *Jürgen Thorwald* endgültig den hochbegabten Schriftsteller zu finden, der sich des Manuskripts annahm. Die Fakten hatte *Ernst Heinkel* auch dadurch zu erhärten versucht, daß er die erreichbaren früheren Mitarbeiter aufforderte, über ihr jeweiliges Spezialgebiet ihre Darstellung abzugeben. Auch dabei konnten natürlich immer noch Einseitigkeiten einfließen, die auch auf Erinnerungslücken beruhen konnten. Das fertige Manuskript legte *Heinkel* dann noch den wieder bei ihm tätigen leitenden Mitarbeitern zur Kontrolle vor, so daß nach *Heinkels* subjektiv wohl berechtigter Auffassung eigentliche »Fehler« im endgültigen Text nicht mehr oder kaum noch vorhanden sein konnten.

Wenn man in die Materialien dieser Autobiographie einsteigt, kann man erkennen, wie unterschiedlich ehemalige Mitarbeiter den gleichen Vorgang in Erinnerung haben. Das erstreckt sich sogar auf die richtige Wiedergabe von Daten. Manches Gedächtnis wird erkennbar von späteren Eindrücken oder Darstellungen beeinträchtigt. So kommen denn auch – von *Jürgen Thorwald* in entsprechend elegante

Form gekleidet – Dinge und Gesprächswortlaute in diese Erinnerungen, die andere Teilnehmer anders in Erinnerung haben. Der Wert dieser subjektiven Erinnerungen *Ernst Heinkels* wird jedoch dadurch nicht geschmälert, da sie – unabhängig vom Wahrheitsgehalt im Einzelfall – ein Bild der Zeit und der *Ernst Heinkel* betreffenden Vorgänge geben, das dem Leser einen wenn auch subjektiven Eindruck dieser Pionierzeit vermitteln kann. *Ernst Heinkel* hat im übrigen[8] die Herausgabe eines zweiten Buches vorbereitet, in dem er alle Einwendungen und Berichtigungen, die ihm inzwischen zu seinen Memoiren zugegangen waren, behandeln wollte. Dazu ist es durch seinen Tod nicht mehr gekommen. Die damals angesammelten Unterlagen sind vermutlich im Besitz des nicht mehr zu ermittelnden Bearbeiters verblieben und daher nicht mehr zugänglich.

Bezeichnend ist, daß vor allem diejenigen Mitarbeiter, die *Ernst Heinkel* eine längere Strecke seines Lebensweges begleiteten, die dann auch sehr tüchtig waren und Hervorragendes auf ihrem Fachgebiet leisteten, ihn hoch schätzten, ja teilweise sogar glühend verehrten, zumal sie oft erst durch *Ernst Heinkels* Einsatz für sie und ihre Ideen dazugekommen waren, diese zu realisieren. Sie anerkannten seine Großzügigkeit und fanden sich ab mit seiner Unrast.

Der schon genannte *Karl Schwärzler,* seit 1921 sein enger Mitarbeiter und bald sein Chefkonstrukteur, nannte ihn in seinem Nachruf[9] einen der »größten Pioniere der Luftfahrt«, der von der Pike auf dabei gewesen sei und dessen ganzes Leben der Fliegerei gehört habe. *Karl Schwärzler* rühmt seine Tatkraft und seine organisatorische Begabung, seinen Unternehmungsgeist, seinen Wagemut und sein tiefes soziales Empfinden. Aber »am meisten liebte Heinkel die Entwicklung von Jagdflugzeugen, sind sie doch die Flugzeuge mit höchsten Leistungen«, d.h. die schnellsten. *Schwärzler* sah in ihm – und er konnte es wohl beurteilen – einen hervorragenden Konstrukteur, vor allem aber die Persönlichkeit »eines Menschen, der trotz angestrengten Schaffens immer Zeit für seine Mitmenschen fand«, eines Menschen, dessen gerader Charakter ihn beeindruckte.

Siegfried Günter, seit 1931 bei *Ernst Heinkel* der Mann, der mit seinem früh verstorbenen Zwillingsbruder *Walter* bei ihm die neue aerodynamische Linie einführte, die von da an die Heinkel-Flugzeuge auszeichnete, war der Prototyp des Mitarbeiters, der *Ernst Heinkel* in unerschütterlicher Dankbarkeit für das, was dieser für ihn und seine Entwicklung als Ingenieur getan hat, glühend verehrte und bis an sein eigenes Ende hoch schätzte. Er hat sehr viel später[10] den entscheidenden Satz geprägt: *»Maßgebend für den Welterfolg der Heinkel-Werke war Ernst Heinkel.«* *Siegfried Günter* erweist zwar mit dieser Bemerkung seine eigene Bescheidenheit, aber er weiß auch, daß er selbst nichts gewesen und geworden wäre ohne *Ernst Heinkel.* Er erläutert das so: »Heinkel war begabt mit einem Gefühl für das technisch und unternehmerisch Richtige und verstand es, mit einem technischen Fortschritt auch einen wirklichen Erfolg zu erreichen, das Ziel der Arbeit. Er war jederzeit für alle wichtigen Entschlüsse in seinem Werk maßgebend.«

Siegfried Günter erinnert sich[11], daß *Ernst Heinkel*, als er ihm 1931 die Mitarbeit in seinem Flugzeugwerk anbot, bei der Vorstellung auf ihn einen großen Eindruck gemacht habe »durch die Intensität, mit der er offenbar in der Arbeit seines Werkes aufging«.

In einem nicht veröffentlichten Aufsatzentwurf »Zu Professor Heinkels Gedenken« vom 19. Januar 1968 anläßlich des zehnten Todestages *Ernst Heinkels* betont *Siegfried Günter* eingangs[12], daß mit seinem Namen »wichtige Fortschritte der Luftfahrttechnik verknüpft« seien, weshalb sein Name in der Geschichte der Weltluftfahrt fortleben werde. Er, *Siegfried Günter,* habe viele Jahre eng mit *Ernst Heinkel* zusammengearbeitet und habe *Heinkels* Führungsqualität viel zu danken. *Siegfried Günter* gibt hier noch einmal seine persönlichen Erinnerungen an *Ernst Heinkel* wieder, beginnend mit dem Vorstellungsgespräch im Januar 1931, das er im allgemeinen für eine banale Angelegenheit hält. Nicht so hier:

»Heinkel befragte mich nicht nur sehr gründlich nach meinen technischen Ansichten. Er sprach vor allem in einer von mir zuvor nicht erlebten Intensität über seine verschiedenen momentanen Pläne und auch darüber, was man in Zukunft noch machen könnte ... Mir hat Dr. Heinkel nichts weiter versprochen, als meine Arbeit selbst anzusehen. Dies schien mir die wichtigste und für meine Mitarbeit ausreichende Zusage. Ich war außerordentlich beeindruckt von Heinkels Erfahrung und Unternehmungsgeist, und mir war klar, daß ich nirgends mehr Arbeit und Antrieb finden könnte, als bei ihm und daß dies wichtiger war als alle anderen etwa erreichbaren Vorteile. Seine Zusage, meine Arbeit selbst anzusehen, hat Heinkel voll gehalten. In den ersten Jahren in Warnemünde habe ich im Durchschnitt täglich mehr als eine Besprechung mit ihm gehabt. Es kam wiederholt vor, daß er vor Beginn der Arbeitszeit, damals 6.35 Uhr, schon an meinem Reißbrett stand und darauf wartete, den Fortgang der Arbeit zu besprechen. Dies war für mich sehr nützlich.

Diese genaue Beobachtung war aber keine besondere Bevorzugung. Heinkel kümmerte sich damals um alles in seinem Werk sehr genau, um das Entwurfsbüro, um das Konstruktionsbüro, um den Betrieb, selbstverständlich auch um die kaufmännische Leitung und um die Verhandlungen für neue Aufträge.

Im Entwurfsbüro und im Konstruktionsbüro ließ er sich alle wichtigen Entwürfe zeigen, sprach sie genau durch, billigte sie oder verlangte neue Entwürfe. Aus diesem Arbeitsgebiet, meinem direkten Sichtbereich, will ich im Folgenden über Professor Heinkels persönliche Einflußnahme auf die Arbeit berichten. Es besteht aber kein Zweifel darüber, daß sein Einfluß auf dem breiteren, mir fernstehenden Arbeitsgebiet gleich wichtig war.

Als Beispiel für seinen Einfluß sei der Übergang von dem Entwurf für ein Schnellflugzeug für die Lufthansa, He 65, mit luftgekühltem Sternmotor und festem Fahrwerk, der die von der Lufthansa geforderten Leistungen voll erfüllte, auf den Entwurf He 70 mit wassergekühltem Motor und Einziehfahrwerk angeführt. Ich selbst war der Typenbearbeiter dieser Entwürfe und kann also am zuverlässigsten über den Vorgang berichten. Wenn Heinkel nicht eines

Tages von sich aus – besser vorausschauend – neue, höhere Forderungen gestellt hätte, wäre es nie zu dem großen Erfolg der He 70 gekommen. Heinkels Buch (»Stürmisches Leben«) schildert diesen Vorgang völlig korrekt[13]. Auch die Verbesserung der Versenknietung über den vorher erreichten Stand wurde auf Heinkels Initiative so gründlich studiert. ... Ohne Zweifel ist dieser Erfolg in dem Fleiß und der Antriebskraft Ernst Heinkels begründet. Mein oben berichteter bedeutender Eindruck von ihm bei meiner ersten Vorstellung war richtig gewesen ...«

Siegfried Günter schildert dann *Ernst Heinkels* Einflußnahme auf die He 111 und das Weltrekordflugzeug He 100, um fortzufahren:

»Zur Aufnahme und Förderung einer neuen, besseren Idee entschloß sich Heinkel... sehr schnell. Dies ist für den technischen Fortschritt die ideale Führung und eine große Anziehungskraft für jeden begabten Mitarbeiter. Die besten Ideen sind wertlos, wenn sie nicht oder zu langsam gefördert werden. Auch der Vorschlag zum Bau von Strahltriebwerken durch Herrn von Ohain[14] wurde bei dessen erstem Besuch von Heinkel sofort aufgegriffen, und zwar ohne vorherige Hinzuziehung irgendwelcher Ratgeber. Die neue Entwicklung wurde von Heinkel sehr gefördert...
Ich habe bisher nur aus dem kleinen Umkreis berichtet, der in meinem direkten Blickwinkel lag. Wie gut Heinkel sein gesamtes Riesenwerk bis zum Zusammenbruch 1945 organisiert hatte und wie leistungsfähig es bis zum Ende blieb, zeigt, daß Projekt, Konstruktion und Bau der He 162[15], des sogenannten Volksjägers, noch Ende 1944 in 91 Tagen ausgeführt werden konnte. Ich kann aus eigener Kenntnis hinzufügen, daß es am ersten Tag der angegebenen Zeitspanne nur ein Typenblatt 1:50 und ein Datenblatt gab und im Entwurfsbüro vor Beginn auch keinerlei andere Vorarbeiten dafür vorhanden waren... Diese sehr schnelle Entwicklung eines neuen Flugzeugmusters ist eine nach dem Zusammenbruch auch von unserem ehemaligen Gegner sehr bewunderte Leistung.«

Den geringen Erfolg seiner Arbeit nach dem Tode *Ernst Heinkels* begründet *Siegfried Günter* damit, daß mit *Heinkels* Antriebskraft die von ihm – *Günter* – vorgeschlagenen Entwicklungen (der VJ 101 und der VC 400[16]) nicht so schnell aufgegeben worden wären. *Ernst Heinkel* hätte sich nach *Günters* Meinung »mit seiner ganzen Autorität für die Weiterführung« eingesetzt. Zusammenfassend sagt *Siegfried Günter:* »Heinkels Tüchtigkeit war die Grundlage für seinen großen Erfolg im Flugzeugbau.«
Diese ausführliche Kennzeichnung *Ernst Heinkels* durch seinen kongenialen Mitarbeiter *Siegfried Günter* ist deshalb hier so ausführlich wiedergegeben, weil *Siegfried Günter* so eng wie kaum ein anderer mit *Ernst Heinkel* zusammengearbeitet hat und sich aus dieser Zusammenarbeit selbst ungewöhnlich gefördert sah. So konnte er ihn aus der Nähe der gemeinsamen Arbeit und ihrer täglichen Bewährung besonders gut erkennen.
Siegfried Günter, der wohl bedeutendste Mitarbeiter *Ernst Heinkels,* gehörte auch zu dem von *Heinkel* so genannten »Dreigestirn« *(Karl Schwärzler, Walter* und *Siegfried Günter),* das in der Luftfahrttechnik Deutschlands ein einmaliger Glücksfall war und zusammen mit »dem im Flugzeugbau erfahrenen Unternehmer, Planer und Organisator als antreibendem Motor« das Team bildete, das »seiner Zeit oft um Jahre voraus, auf vielen Teilgebieten völliges Neuland betrat und Entwicklungsziele erreichte, die ohne es nicht oder erst viel später hätten realisiert werden können[17]«.
Auch der langjährige Mitarbeiter *Siegfried Günters* im Projektenbüro (vorher, seit April 1932, im Konstruktionsbüro) *Gerhard Eichner,* bestätigte[18], daß *Heinkel* täglich Rundgänge durch alle Büros machte und die Fäden des Geschehens fest in seiner Hand hatte. *Gerhard Eichner* bezeichnet *Ernst Heinkel* als großzügigen und cleveren Geschäftsmann, dessen Organisationstalent zu einem besonderen organisatorischen Ablauf eines Projektes vom Projektenbüro über das Konstruktionsbüro zur Fertigung führte[19]. Als Unternehmer war *Heinkel* stets eine Stütze für die Brüder *Günter,* die sich fest auf ihn verlassen konnten und mit seiner starken Hand im Hintergrund allen Widerständen gegen ihre Projekte trotzen konnten.

Bei seinen Rundgängen war Heinkel stets ein aufmerksamer Zuhörer, der lebhaft an den Arbeiten seiner Leute interessiert[20] war und klare Entscheidungen traf. Zwar wurden die Besuche bei den einzelnen Abteilungen im Laufe der Jahre aufgrund der sich ausweitenden Firmenaufgaben weniger, aber ins Projektenbüro kam *Heinkel* auch weiterhin regelmäßig, so daß zahllose Projekte seine besondere Förderung genossen. Offenbar galt auch *Ernst Heinkels* Liebe seinem Projektenbüro und den dort arbeitenden Menschen in besonderer Weise; denn bei der kriegsbedingten Verlegung des Projektenbüros von Mecklenburg nach Wien im Jahre 1943 brachte *Heinkel* dieses Büro in der von ihm selbst bewohnten Villa unter. Auch lud er – entsprechend der immer wieder ihm von allen Seiten bescheinigten Gastfreundschaft – gerade die Mitarbeiter des Projektenbüros besonders oft und gerne ein. Daß *Ernst Heinkel* zu allen Zeiten der Motor im Betrieb war und blieb, bestätigt *Gerhard Eichner* wiederholt, der auch sein Geschick hervorhebt[21], sich mit befähigten Fachleuten zu umgeben, sich aber auch nicht scheute, in seiner Spitzenmannschaft Veränderungen vorzunehmen, wenn ihm dies erforderlich schien[22].
In diesem Zusammenhang mag denn auch die Frage, ob *Ernst Heinkel* ein guter Konstrukteur, ja, ob er überhaupt ein Konstrukteur oder nur ein Techniker gewesen sei, die auch im Kreise seiner eigenen Leute gelegentlich, wenn auch aus den unterschiedlichsten Überlegungen und mit den unterschiedlichsten Blickrichtungen, gestellt wurde, beantwortet werden. Zwar nennt sich *Ernst Heinkel* in seinem »Stürmischen Leben« selbst wiederholt einen Konstrukteur und stellt gewisse Entscheidungen auch als seine eigenen technischen Entscheidungen dar, aber das erscheint doch – abgesehen von der oben berichteten technisch maßgeblichen Entscheidung für die He 70 anstelle

der ihm in den Leistungen nicht ausreichenden He 65 – nicht erheblich; denn *Ernst Heinkel* hat oftmals beim Auftauchen technischer Probleme in seinem Haus unverzüglich die maßgeblichen Techniker und Konstrukteure zusammengetrommelt, das Problem bei den Haaren gepackt und nur gefragt, welche Maßnahmen oder Materialien erforderlich seien, um technisch zum Erfolg zu kommen. Die hat er dann veranlaßt bzw. herbeischaffen lassen. Das haben seine Mitarbeiter häufig berichtet. Es ist daher wohl auch nicht so entscheidend, ob *Ernst Heinkel* nun jeden Typ oder gar dessen Einzelheiten selbst konstruiert hat. Er hat jedenfalls dafür gesorgt, daß seine Konstrukteure das ausführen konnten, was er und sie im Sinn hatten. So erscheint die konkrete Frage, ob er etwa als Chefkonstrukteur bei den Hansa- und Brandenburgischen Flugzeugwerken im Ersten Weltkrieg einen Flugzeugtyp selbst voll konstruiert habe, nicht so wesentlich, als daß er insgesamt die Konstruktion nach seinen grundlegenden Ideen im Detail durchkonstruieren ließ. Schließlich war er zu dieser Zeit schon der Chefkonstrukteur seiner Firma und nicht mehr Detailkonstrukteur. Und an einem Flugzeugtyp arbeiteten auch damals schon mehrere Ingenieure als Konstrukteure, darunter auch solche, die später ihrerseits berühmt wurden, ohne daß etwa dieser Flugzeugtyp deswegen als ihre Konstruktion angesehen werden müßte. So hat etwa *Gustav Ewald* ihm die Urheberschaft an der Weiterentwicklung des Baumusters W 12 der Hansa-Brandenburg-Werke im Ersten Weltkrieg zu der berühmten W 29 bestritten[23] mit dem Hinweis, daß es sich um eine Konstruktion von *Hanns Klemm* handele, da dieser die Berechnungen durchgeführt habe. Nun besteht kein Zweifel, daß *Ernst Heinkel* seinen Bundesbruder *Klemm*[24] als seinen Mitarbeiter zu den Hansa-Brandenburg-Werken geholt hat und *Hanns Klemm* dann unter ihm als dem Chefkonstrukteur an der W 29 und anderen Baumustern gearbeitet hat. Letzten Endes aber war *Ernst Heinkel* in seiner Funktion als Chefkonstrukteur des Werkes auch für Erfolg oder Mißerfolg der Konstruktionen verantwortlich. Die bei Hansa Brandenburg konstruierten Flugzeuge trugen auch nicht etwa Heinkel-Bezeichnungen, sondern waren als Hansa-Brandenburg-Flugzeuge gekennzeichnet, ebenso wie später bei *Heinkel* die von den Brüdern *Günter* entworfenen Flugzeuge auch nicht Günter-Flugzeuge hießen. *Siegfried Günter* hat das auch ausdrücklich so akzeptiert. Für ihn war *Ernst Heinkel* der verantwortliche Unternehmer – und zwar ein hervorragender Unternehmer, vor allem auch, was das wirtschaftliche Element betraf. *Heinkels* Mitarbeiter von Rang und Bedeutung, wie *Siegfried Günter* oder *Karl Schwärzler* haben denn auch ihrerseits den Führungsanspruch *Ernst Heinkels* nie bestritten. Im Gegenteil. Oft genug haben sie betont, daß sie ohne *Ernst Heinkel* nichts wären. *Gerhard Eichner* sagte zu den Eigenschaften *Ernst Heinkels:* »Wenn Heinkel so erfolgreich gewesen ist, so ist das m.E. weniger seiner Genialität als Techniker zu verdanken, als vielmehr seiner Besessenheit für die Technik (speziell für den Flugzeugbau) und seinem Organisationstalent, ohne ihm damit technische Fähigkeiten abzusprechen[25]«. *Eichner* sieht darin auch den entscheidenden Unterschied zu *Ernst Heinkels* großem Konkurrenten *Willy Messerschmitt,* der genau umgekehrt weniger ein Manager-Unternehmer war, dafür ein »hervorragender Konstrukteur, der sich bis in die kleinsten Details intensiv mit der Konstruktion befaßt hat«. In der Besessenheit für den Flugzeugbau waren sich allerdings *Ernst Heinkel* und *Willy Messerschmitt* gleich.

Karl Thalau, der *Ernst Heinkel* seit 1925 sehr gut kannte, da er als Statiker und Prüfer der DVL viele seiner Flugzeuge abgenommen hatte, stellte fest, daß »Heinkel selbst ein hervorragender Konstrukteur[26] war« und fügte hinzu, »daß *Heinkel* für die Flugzeugentwicklung der 20er Jahre maßgebend und bedeutsam« war, um seine Würdigung abzuschließen: »Damit paarte sich seine unbändige Energie und Risikobereitschaft, für die das ehemalige RLM oft nicht das richtige Verständnis – auch technisch nicht – aufbrachte.« *Karl Thalau* war nach dem Zweiten Weltkrieg in der Wiederaufbauphase der deutschen Luftfahrtindustrie selbst noch einige Jahre Technischer Geschäftsführer der Ernst Heinkel Flugzeugbau GmbH in Speyer und – neben anderen Spitzenpositionen – zeitweilig Präsident des Bundesverbandes der deutschen Luftfahrtindustrie. Gegenüber den Äußerungen, *Ernst Heinkel* sei kein großer Konstrukteur gewesen, wendet auch *Ernst Peter*[27] ein: »Ich behaupte nach wie vor, daß Ernst Heinkel ein genialer, einfallsreicher, vielseitiger Flugzeugkonstrukteur und Techniker war und Pionierarbeit geleistet hat.«

Auch der höchst dekorierte und gleichzeitig geadelte österreichisch-ungarische Marineflieger, der Linienschiffsleutnant *Gottfried Banfield* »kannte Herrn Dr.-Ing. Ernst Heinkel sehr gut und schätzte ihn sehr hoch. Er war bestimmt einer der größten flugtechnischen Genies in Zentral-Europa[28]«.

Ludwig Bölkow, der vor seinem Studium 1932/33 sein Praktikum bei der Firma Heinkel absolvierte, 1959 zusammen mit den Firmen Heinkel und Messerschmitt den Entwicklungsring Süd (EWR) und später die Großfirma Messerschmitt-Bölkow-Blohm (MBB) gründete und sich mit Erfolg dafür einsetzte, daß *Ernst Heinkel* 1981 in die International Aerospace Hall of Fame (IAHF) in San Diego, Calif./USA, aufgenommen wurde, sagte in einem Schreiben vom 23. August 1982 an den Verfasser: »Er hatte Phantasie, Gespür für die Zukunft, Gespür für die Menschen, die was konnten, sowie einen außerordentlichen Mut als Unternehmer.«

Ernst Heinkel war zu jeder Zeit in seinem Unternehmungsgeist und Aufbauwillen ungebrochen. Er strebte wie schon nach dem Ersten Weltkrieg auch nach 1945 unermüdlich zurück zum Flugzeugbau, der für ihn Lebenselixier war.

Wie stets war er alsbald damit befaßt, sich zunächst einmal um seine ehemaligen Mitarbeiter zu kümmern und sie wieder an sich zu ziehen oder aber wenigstens etwas für sie zu tun. So berichtet *Gerhard Eichner*[29], daß *Ernst Heinkel* 1949 auf eine Anfrage der holländischen Regierung, ob er zur Mitarbeit an Flugzeugprojekten der Firma Fokker in Amsterdam bereit sei, sofort zugestimmt habe und nicht nur drei Herren aus seinem früheren Mitarbeiterstab an Fokker empfohlen habe[30], sondern sogar selbst einige Male zu Besprechungen nach Amsterdam gekommen sei.

Ernst Heinkel scheute sich auch nicht, obwohl selbst als Wehrwirtschaftsführer zeitweise belastet und um diese Zeit keineswegs seiner eigenen Zukunft sicher, für seine ehemaligen Mitarbeiter einzutreten und für deren Unschuld zu werben. *Gerhard Eichner* berichtet[31], daß im Jahre 1945, als nach der Rückverlagerung der Entwicklungsgruppe aus Wien nach Landsberg a. L. dort ein kleiner Rest von Mitarbeitern hängen geblieben war, eines Tages *Ernst Heinkel* aufgekreuzt sei, um Unterschriften für seinen früheren Betriebsdirektor *Karl Hayn* zu sammeln, der wegen angeblich schlechter Behandlung von KZ-Häftlingen und Kriegsgefangenen im Werk Oranienburg angeklagt war.

Politisch war *Ernst Heinkel* nicht interessiert, wohl dagegen am Geschäft, das er klug und energisch, manchmal auch raffiniert mit einer gewissen Bauernschläue verfolgte. Nie war seine Firma wirtschaftlich in ihrer Existenz wirklich gefährdet wie andere deutsche Luftfahrtunternehmen, auch nicht einmal in den Krisenzeiten der 20er und beginnenden 30er Jahre. Immer war er als Unternehmer darauf bedacht, für seinen Betrieb Beschäftigung zu haben. Sobald er mit seinem eigenen Werk aus dem gröbsten heraus war, kümmerte er sich vor allem um den weiteren Ausbau seines Unternehmens. Die Sorge um Projekt und Konstruktion übertrug er frühzeitig an seine leitenden Mitarbeiter. Auch wenn er deren Probleme täglich anhört, so ist er doch schon bald nicht mehr der eigene Chefkonstrukteur. Wo aber der Absatz seiner Flugzeuge im eigenen Land nicht durchführbar ist, sorgt er sich um den Export[32] und gleicht die Probleme der Wirtschaftsnot der Jahre 1929–1932 durch Leistungen aus, die ihm Exporterfolge bringen, wo andere Not leiden und der Arbeitslosigkeit erliegen. So kann dann auch 1948, als *Ernst Heinkel* vor einer Spruchkammer in Ansbach steht, sein ehemaliger Kaufmännischer Direktor zu seiner Entlastung feststellen: »Heinkel brauchte kein Drittes Reich und keinen Zweiten Weltkrieg.« Er begründete das wie folgt: »Die Heinkelwerke haben durch Exportaufträge, die schon vor 1933 aus verschiedenen Ländern vorlagen, mehr verdient als durch Hitler und die Ereignisse, die sein Regime im Gefolge hatte[33]«. Gleichwohl beruht sein Ärger mit dem Dritten Reich nicht auf einer grundsätzlichen Feindschaft zum Nationalsozialismus, sondern vor allem auf unüberwindlichen Differenzen mit dem Gauleiter von Mecklenburg, der ihm die allergrößten Schwierigkeiten macht, aus denen er nur herauskommt, weil er und sein Werk inzwischen für den Aufbau der neuen Luftwaffe unentbehrlich geworden sind. So ist *Ernst Heinkel* auch stolz darauf, daß die neue Luftwaffe vor allem aus Heinkel-Flugzeugen besteht, auch wenn sich das später ändert. So, »wie Musiker unter einer Diktatur weiterhin vor allem musizieren und überleben wollen, ohne damit politische Bekenntnisse zu verbinden[34]«, so also wollte auch *Ernst Heinkel* vor allem Flugzeuge bauen und überleben, ohne damit ausdrücklich ein politisches Bekenntnis zu verbinden – auch wenn er es in Werkszeitungen und an anderen Stellen tat und wohl auch tun mußte. Billigt man eine solche Haltung und Verhaltensweise Künstlern zu, sollte man sie Wissenschaftlern und Technikern in gleicher Weise einräumen.

Auch wenn große Lobsprüche einem Menschen vor allem zu seinen Jubiläen oder nach seinem Tode gewidmet werden, so kann man doch nicht übersehen, daß auch im Ausland *Ernst Heinkel* in außergewöhnlicher Weise respektiert wurde. *Alfred Richard Weyl* nannte ihn[35] »one of the great personalities of aviation« und sagte dazu im einzelnen:

»To many people in this country, Ernst Heinkel was just a builder of Nazi bomber. But to those who knew him, he was a kind man who abhorred war and who had resisted Nazism; a man who, obsessed by engineering problems of human flight, did so much to promote the progress of aviation ... a born rebel and a man who knew of no class distinctions; by temperament, a ferocious tiger (though often enough he was merely play-acting); a good companion, always willing to embark upon a practical joke ... he remained the typical Swabian native – small, dapper, of immense vitality and abundant temperament, speaking the dialect. Highly intelligent, with an unfailing sense of technical progress ... he was keenly interested in anything: aeroplanes, space flight, fast motor cars, beautiful women, choice wines. He liked a full live, and saw that others did so too ... Heinkel, indefatigable and ferociosly blowing up at any instant when something did not go according his intentions – but forgetting it the next minute – disliked yes-men and people who cowered under his outbursts. Over a period of 40 years he had collected an able staff of intimates, such as Schwaerzler, mildlooking but tough designer and problem-solver; Kleinemeyer, expert trouble shooter; Guenter, a clerical looking devotee of aircraft design, putting speed into the Heinkels ... Heinkel hat lived a full and courageous life; those who had the privilege of knowing him well will bear him in a grateful memory.«

Diese Ausführungen bestätigen eigentlich nur das, was auch aus deutschen Quellen hervorgeht[36]. Ihnen ist insoweit eigentlich nichts mehr hinzuzufügen, es sei denn, man wollte hier auch eine mehr distanzierte ausländische Stimme zu Wort kommen lassen, die ihn zwar menschlich-persönlich nicht sonderlich hoch bewertet, aber gleichwohl seiner Leistung als Luftfahrtpionier gerecht zu werden sucht[37]. Auch *Shenstone* erinnert daran, daß in Großbritannien die meisten Menschen, wenn sie den Namen *Ernst Heinkel* hören, an seinen Bomber He 111, unter dem so viele von ihnen gelitten haben, denken. Dem hält *Shenstone* jedoch die Einstellung des Ingenieurs entgegen, für den dies nicht die Hauptrolle spiele, »sondern seine He 70 und seine Pionierarbeit für den Strahlantrieb«. Damit anerkennt *Shenstone* die beiden auch in dieser Arbeit ganz nach oben gestellten Leistungen *Ernst Heinkels.* Allerdings meint er, daß die He 70 nicht entstanden wäre, wenn Ernst Heinkel nicht Jahre zuvor in Venedig die britischen Supermarine- und Gloster-Seeflugzeuge erlebt hätte. Dabei unterschätzt *Shenstone* allerdings die gedanklichen Leistungen *Siegfried Günters* als des Schöpfers der He 70, wenn er auch mit Recht darauf hinweist, daß mit dem Eintritt der Brüder *Günter* in die Firma Heinkel »sich das ganze konstruktive Bild der Heinkel-Flugzeuge veränderte« gegenüber den »eckigen Maschinen He 59 und He 60«. *Shenstone* berichtet noch von *Ernst Heinkels* »guter Nase für die richtigen Leute«, liest dann aber aus *Heinkels* Autobiographie heraus, daß er ein rücksichtsloser Antreiber gewesen sei und sich nicht zu gut war, frühere Kollegen – womit er *Heinrich Hertel* meint – zu verleumden, wenn sie ihn verließen, um ihn dann eine völlig unabhängige Natur zu nennen, die bemüht gewesen sei, in der Selbstbiographie »seine ständige Opposition gegen den Nazismus zu unterstreichen«. *Shenstone* fährt dann fort:

»Sein Buch zeigt, daß er praktisch immer Recht hatte und daß Fehlschläge meistens auf andere oder auf unrealistische technische Anforderungen zurückzuführen waren... Es besteht kein Zweifel, daß Heinkel weitgehend unbeliebt war, aber gleichzeitig wurde er als wesentlicher Faktor bei der Entwicklung der Luftwaffe anerkannt. Heinkel hat unter seinem ausgesprochen jüdischen Aussehen zu leiden gehabt, das aber, wie er erklärt, schwäbisch und nicht jüdisch war. In der Öffentlichkeit und in der Presse war er oft Beleidigungen ausgesetzt. Außerdem machte ihm die Bürokratie zu schaffen, daß er, um überhaupt arbeiten zu können, in mehreren Fällen Flugzeuge aus eigenen Mitteln entwickeln mußte, ohne sein Luftfahrtministerium auch nur zu verständigen. Er glaubte an seine Arbeit, und der Schreiber dieses Artikels ist der Meinung, daß Heinkel mehr als jeder andere dazu tat, daß die Luftwaffe auf der Höhe der Zeit war. Aber er war allen weit voraus, und das hat er ihnen auch anscheinend immer wieder gesagt.«

Mit dieser letzten Feststellung trifft *Shenstone* vermutlich einen entscheidenden Punkt der Differenzen zwischen *Ernst Heinkel* und seinen Widersachern im RLM, die ganz gewiß von *Heinkel* nicht immer sanft angesprochen wurden. Wir hatten bereits festgestellt, daß er nicht gerade diplomatisch auftrat.

Es wurde hier auch schon betont, daß es eine der größten Leistungen *Ernst Heinkels* – die schließlich auf seinen menschlichen Eigenschaften beruhte – war, dem jungen und völlig unbekannten *Hans-Joachim Pabst von Ohain* in klarer Erkenntnis der Neuartigkeit und zukunftweisenden Bedeutung von dessen Ideengut eines Turbinenluftstrahlantriebs die Möglichkeit eingeräumt zu haben, sein Strahltriebwerk ohne eigene Sorgen entwickeln und bauen zu können[38]. *Hans von Ohain,* wie er schon damals im Werk genannt wurde und wie wir ihn in Anlehnung an die spätere verkürzte Schreibweise im folgenden ebenfalls nennen wollen, war sich über die Tatsache immer im klaren, daß er ohne *Ernst Heinkel* nie seine Idee des Turbinenluftstrahltriebwerks hätte verwirklichen können. Auch wenn er im übrigen keineswegs immer die gleiche Auffassung und Erinnerung an die Vorgänge hat wie *Ernst Heinkel,* schreibt er am 28. September 1980 – nach einer umfassenden technischen Auseinandersetzung mit *Ernst Heinkels* entgegengesetzten Auffassungen – an den Verfasser: »Für mich verbleibt Heinkel nicht nur einer der größten Flugzeug-Pioniere, sondern auch ein Mann von ungeheurem technischen Weitblick!« *Ernst Heinkel* sei es gewesen, der dem RLM durch seine frühen Erfolge auf dem Gebiet des Strahltriebwerks die technische Sicherheit und Überzeugung von der Wichtigkeit und Durchführbarkeit der Luftstrahlturbinen gegeben habe. Daher sei es auch berechtigt, zu sagen, daß ohne *Heinkel* kein Jumo 004, BMW 003 oder eine Me 262 zur Entwicklung gekommen wären.

In den Gesprächen, die der Verfasser mit *Hans v. Ohain* in der Zeit vom 18.–21. April 1980 in Dayton, Ohio, über dessen Arbeiten bei *Ernst Heinkel* führte, sagte dieser:

»Der erste Anfang bei Heinkel war wunderbar. Ich habe nicht darunter gelitten, daß Heinkel keine Werkzeugmaschinen und keine Gießereien und all das hatte. Wir haben uns geholfen mit Blech und den großen Maschinen der benachbarten Werft. *Das war mehr der Unternehmergeist von Heinkel* und nicht so sehr das Fehlen von Material und Werkzeugmaschinen... Für die erste Pionierphase war es der spirit von Heinkel... Ich hatte mich nicht zu beklagen mit der Unterstützung von Heinkel... Ich hatte eigentlich nur einen temporary contract mit Heinkel und nachdem Heinkel sah, daß das Ding lief, da war er gewonnen.«

In der gleichen Unterredung betonte *Hans v. Ohain*, daß es durchaus sein konnte, daß *Heinkel* mit jemandem stritt; aber er habe nie nachgetragen! So sagte *Hans v. Ohain* auch zusammenfassend, daß nur die Besessenheit *Heinkels* von der Geschwindigkeit ihn dazu gebracht habe, ihm seine Vorstellungen darüber vorzutragen, wie man Flugzeuge mit schnelleren Motoren versehen könne. Nur mit einem so fortschrittlichen Ideen aufgeschlossenen Mann wie *Ernst Heinkel* konnte er es wagen, einen völlig ungewissen Weg auf dem Gebiet technischen Neulands einzuschlagen. Er würde es auch heute unmöglich woanders versuchen.

Auf der anderen Seite war es bezeichnend für *Ernst Heinkel,* daß er die Originalität dieser Gedankengänge erkannte und bereit war, sich für ihre Verwirklichung einzusetzen mit seinem Willen und seinen ganzen finanziellen, technischen und unternehmerischen Möglichkeiten. Dieses Glück, den energischen und einsatzbereiten Förderer zu finden, hatten eben andere Erfinder nicht, wie etwa *Frank Whittle,* der in England die Idee eines Turbinenluftstrahltriebwerkes technisch ähnlich zu lösen versuchte wie *Hans v. Ohain.* Dabei hatte *Whittle* seine Arbeiten sogar noch vor *Hans v. Ohain* begonnen. Aber er hatte niemanden in der britischen Industrie oder der Royal Air Force gefun-

den, der in der Lage war, die Genialität seiner Gedankengänge zu erkennen.
Daß diese Fähigkeit, geniale neue Gedanken zu erkennen und damit unerhört fortschrittlich zu wirken, *Ernst Heinkel* in besonderem Maße eigen war, zeigt sich auch an der Förderung seiner Mitarbeiter wie auch außenstehender Techniker, wenn sie nur etwas anzubieten hatten, das seiner Idee der Schnelligkeit und wie man sie erreicht, entsprach: Die Ideen seines Chefkonstruktuers *Karl Schwärzler* zum Flugzeugkatapult und Katapultflugzeug wie auch zur Entwicklung des Schleudersitzes oder des seinerzeit ebenfalls noch völlig unbekannten jugendlichen Raketenforschers *Wernher v. Braun* zur Entwicklung des Strahlantriebs in einem Raketenflugzeug oder der Brüder *Karl* und *Otto Butter,* die Oberflächen der Flugzeuge durch neue Nietverfahren so glatt wie Holz zu machen – diese und andere Ideen konnten nur bei und durch *Ernst Heinkel* verwirklicht werden.
Eine der Eigenschaften, die *Ernst Heinkel* zu seinen Erfolgen führte, war also die Fähigkeit, sich mit den Leuten zu umgeben, die seinen großen Zielsetzungen dienlich sein konnten, aus dem zu Ausgang der 20er und Anfang der 30er Jahre ziemlich festgefahrenen Flugzeugbau mit seinen 180 km/h Fluggeschwindigkeiten im zivilen Luftverkehr auszubrechen, um über die Aerodynamik in höhere und damit wirtschaftlichere Geschwindigkeitsbereiche vorzustoßen.
Kennzeichnend für *Ernst Heinkel* war auch seine Standhaftigkeit, wenn etwas womöglich nicht klappte. Als der Versuch, mit der D-1220, einem hochseefähigen Langstreckenflugzeug vom Typ HE 6, 1927 bereits den Ozean zu bezwingen, beim Start bei Horta (Azoren) aufgrund der schweren Dünung zum Verlust des Flugzeugs führte, war *Ernst Heinkel* keineswegs entmutigt[39]. Vielmehr war dieser Mißerfolg für ihn nur Anlaß, die Möglichkeiten eines zukünftigen Transozean-Verkehrs neu zu überdenken nach den technischen Gegebenheiten der Zeit, aber auch der Zukunft. Ihm ging es nicht so sehr um den Verlust, als um die damit gewonnenen neuen Erfahrungen. Bei der engen Zusammenarbeit, die sich zwangsläufig zwischen den maßgebenden Leuten des RLM und der Industrie ergab und die teilweise auch bereits auf die Zusammenarbeit zwischen dem Reichsverkehrsministerium bzw. der Reichswehr als Auftraggeber und der Industrie zurückging, ist es durchaus verständlich, daß die offiziellen Repräsentanten der Ministerien und der behördenähnlichen Einrichtungen wie der Deutschen Versuchsanstalt für Luftfahrt, der DVL, viele Berührungen mit *Ernst Heinkel* als Flugzeug-Unternehmer hatten.
Besondere Bedeutung gewannen die Beziehungen zwischen *Ernst Heinkel* und den Triebwerksfachleuten im RLM in der zweiten Hälfte der 30er Jahre durch die Tatsache, daß *Heinkel* als Flugzeugbauer sich aus eigener Initiative auf das Gebiet der Triebwerksentwicklung begeben hatte. Zwar meinten die Motorenfachleute im RLM – und da vor allem der Leiter der Abteilung Flugzeugtriebwerke im Technischen Amt des RLM, der spätere Generalingenieur *Wolfram Eisenlohr,* und seine Mitarbeiter, der Referent für Sondertriebwerke, *Hans Mauch,* und dessen Hilfsreferent *Helmut Schelp* – daß *Heinkel* mit einer kleinen Fachgruppe in einem Flugzeugwerk für die Entwicklung von Triebwerken nicht die notwendigen technischen Voraussetzungen besitze[40]. Man war hier der Meinung, daß *Ernst Heinkel* nicht alles an sich reißen solle, wollte vielmehr bei dem Neuaufbau einer Luftfahrtindustrie die Aufgaben gleichmäßig an die Firmen verteilen. So war man auch der Ansicht, daß *Ernst Heinkel* die volle Tragweite seines Unterfangens nicht erkannt hätte, daß er vor allem nicht übersehen hätte, daß eine Triebwerksentwicklung nicht von einer Flugzeugfirma durchgeführt werden könne, die im übrigen eine derartige Entwicklung nicht auch noch privat finanzieren könne. Andererseits anerkannte insbesondere auch *Wolfram Eisenlohr* das Verdienst *Ernst Heinkels,* erkannt zu haben »daß das Strahltriebwerk bei den bevorstehenden Geschwindigkeitssteigerungen Vorteile hatte«.
Helmut Schelp, der sich nach seiner eigenen Ausbildungszeit in den USA bereits 1936 mit dem Problem befaßt hatte, »was für Triebwerke entwickelt werden müßten, um die Fluggeschwindigkeit zu verdoppeln«, lag im Grunde genommen auf der gleichen Wellenlänge wie *Ernst Heinkel*[41], dem es doch auch immer nur darum ging, die Fluggeschwindigkeiten zu erhöhen. Da *Heinkel* der Auffassung war, daß nach der Durchsetzung der aerodynamischen Gesichtspunkte im Zellenbau die weiteren Geschwindigkeitssteigerungen wiederum von der Triebwerksseite herkommen müßten, die Flugmotorenindustrie jedoch die neuen Möglichkeiten überhaupt noch nicht erfaßt hatte, war es gerade das auf den Charaktereigenschaften *Ernst Heinkels* beruhende Verdienst, »diese wichtige Aufgabe erkannt, angefaßt und mit seinem Ungestüm(!) vorwärtsgetrieben zu haben[42]«. *Helmut Schelp* räumte denn auch ein, daß die Triebwerksfirmen in dieser Richtung versagt hätten, da sie »erst nach vielen Mühen und Anstrengungen« seitens der Abteilung Flugzeugtriebwerke im Technischen Amt des RLM überhaupt überzeugt werden konnten, Entwicklungsaufträge des RLM für Turbinenluftstrahltriebwerke anzunehmen[43].
Diese Auseinandersetzung wird an dieser Stelle so ausführlich behandelt, weil sie einen Charakterzug *Ernst Heinkels* verdeutlicht, der ohne weiteres Probleme anpackt, die er für entscheidend hält, um seinem Ziel, der Geschwindigkeitssteigerung näher zu kommen. Dafür setzte sich *Ernst Heinkel* mit seiner ganzen Persönlichkeit und seinen Mitteln und Möglichkeiten ein, auch wenn er sie, wie die Triebwerksfachleute im RLM meinten, überschätzte. Immerhin belohnten diese *Ernst Heinkels* Streben auch dadurch, daß sie dem Generalluftzeugmeister und Chef des

Technischen Amts im RLM, Generaloberst *Udet,* vorschlugen, *Heinkels* Drängen nach dem Erwerb der Hirth-Motoren-Werke in Stuttgart nachzugeben und ihm und keinem anderen die Möglichkeit zu geben, dieses Motorenwerk käuflich zu erwerben, damit *Ernst Heinkel* für seine Triebwerksentwicklungen auch den erforderlichen personellen und fachlichen Hintergrund habe[44]. Faktisch anerkannte vor allem auch *Wolfram Eisenlohr,* der *Ernst Heinkel* für einen »Allesmacher«, wenn auch einen genialischen, hielt »mit allen Stärken und Schwächen dieses Typus[45]«, durch die Empfehlung, *Heinkel* die Hirth-Werke zu verkaufen, die Tatsache, daß *Ernst Heinkel* hier etwas ganz besonderes geschaffen habe, das man auch entsprechend fördern müsse. Darin kam dann auch die »große Hochachtung für die Pionierleistung von *Ernst Heinkel* auf dem Flugzeuggebiet« zum Ausdruck, die *Helmut Schelp*[46] hegte, der auch trotz der späteren Angriffe, die *Ernst Heinkel* in seinen Memoiren[47] gegen die von ihm als Fehlentscheidung angesehenen Weisungen des RLM führte, in denen *Heinkel* Maßnahmen von *Helmut Schelp* zu erkennen glaubte, in dem persönlichen Gespräch am 2. April 1980 in Los Angeles betonte: »Von mir werden Sie kein schlechtes Wort über *Ernst Heinkel* hören!«

Ein ganz anderes Bild zeichnet *Heinrich Hertel*[48], der allerdings nach mehrjähriger guter Zusammenarbeit doch Krach mit *Ernst Heinkel* bekam und bei diesem sehr plötzlich ausschied. *Heinrich Hertel* hatte im Zuge werksinterner Auseinandersetzungen mit *Ernst Heinkel* ein Memorandum verfaßt, das für das RLM bestimmt war und in dem er seine Vorwürfe gegen *Heinkels* Unternehmensführung niederlegte, und ließ es zum Zeichen der Solidarität von seinen eigenen Mitarbeitern unterschreiben. Wer sich weigerte etwa in der Meinung, daß es nicht fair sei, »auf diese Weise Heinkels bisherige Erfolge und Verdienste zu mißachten und über Bord zu werfen«, mußte von da an sein freundschaftliches Verhältnis zu *Hertel* als gestört ansehen. *Ernst Heinkel* blieb diese Aktion natürlich nicht verborgen und das sofortige Ende der Zusammenarbeit war gegeben. Trotzdem machte *Ernst Heinkel* im Zusammenhang mit den Gesprächen über ein vorzeitiges Ausscheiden von *Heinrich Hertel* aus seinen Diensten diesem das Angebot, »in Anbetracht Ihrer unermüdlichen und aufopfernden Arbeit« eine Übergangsentschädigung in Höhe eines Jahresgehaltes zu zahlen, was von *Hertel* angenommen wurde. Dabei hatte *Hertel* sich schon insoweit rückversichert, als seine Bestellung zum Vorstandsmitglied bei Junkers im Einvernehmen mit dem RLM bereits feststand. Im übrigen ging *Heinkel* noch auf einen Urlaubswunsch *Hertels* ein und erklärte sein Einverständnis damit, daß das Ende des Anstellungsvertrages auf den 30. April des Jahres 1939 verlegt wurde[49].

Zum 65. Geburtstag von *Heinrich Hertel* wurden in der »flugwelt[50]« Beiträge »aus seinem Schülerkreis« veröffentlicht, die insbesondere aber *Hertel* u.a. das maßgebliche Verdienst an der Entwicklung des ersten Raketenflugzeuges der Welt, das flog, der He 176, vor allem aber an dem ersten geflogenen Düsenflugzeug, der He 178, zuzuschreiben, während »das Ausmaß der Katastrophe, die durch das Ausscheiden des zielbewußten Entwicklungschefs H. Hertel über die Heinkel-Werke hereinbrach, ... klar aus dem hoffnungslosen Versagen der Strahlturbinenentwicklung nach 1939 zu ersehen« sei, da *Heinkel* nach dem Ausscheiden *Hertels* »die Linie des einstrahligen Düsenjägers He 178 mit zentralem Rumpfeinlauf und Radialturbine« aufgab zugunsten der »unbegreiflichen« Lösung eines Flugzeugs »mit zwei Strahlturbinen, die wie herkömmliche Motoren außen an die Flügel gehängt wurden[51].«

Auch zur 100. Geburtstagsfeier der Technischen Universität Berlin-Charlottenburg erschien in der Berliner Morgenpost vom 28. Oktober 1979 ein Beitrag über die Pioniere von gestern, in dem ein Bild *Heinrich Hertels* unterschrieben war mit der wohl unzutreffenden Angabe »Der Flugzeugpionier baute das erste Düsenflugzeug der Welt« – denn »gebaut« hat es ohne jeden Zweifel *Ernst Heinkel* und zwar nach dem von *Hertel* durchaus nicht beeinflußten Entwurf *Walter Günters.* Das Bild der He 178 trug die ebenfalls unzutreffende Unterschrift »Hertels Jet-Konstruktion«.

In gleicher Weise bezeichnet das Institut für Luft- und Raumfahrt der TU Berlin in einer Würdigung *Heinrich Hertels* zu seinem 80. Geburtstag am 13. November 1981[52] das erste Flüssigkeitsraketenflugzeug und das erste Strahlturbinen-Flugzeug als zwei seiner drei besonderen Entwicklungsleistungen während seiner Industrietätigkeit bei *Heinkel* und *Junkers.* Auch wenn *Heinrich Hertel* zu dieser Zeit Technischer Direktor bei *Heinkel* war, so geht doch einwandfrei aus den bereits angeführten späteren schriftlichen Bekundungen *Siegfried Günters* hervor, daß *Hertel* überhaupt keinen Einfluß auf die Auslegung dieser beiden Flugzeuge genommen hat, die reines Ideengut von *Walter Günter* waren.

Dabei waren die Flugzeuge, also die Zellen, gar nicht das Revolutionäre, sondern ihre neuartigen Antriebe, das Raketentriebwerk von *Hellmuth Walter* für die He 176 und das Düsentriebwerk von *Hans v. Ohain* für die He 178, deren Ideen nicht von *Heinrich Hertel* stammten.

Die Behauptungen von *Wilhelm Benz,* wonach »die gesamte Auslegung der Projekte (gemeint sind die He 176 und He 178) von Herrn Prof. Hertel durchgeführt« wurde, der »ständig detaillierte Vorschläge bzw. Anweisungen hinsichtlich der Rumpfgestaltung, Fahrwerks-, Leitwerks- und Triebwerksanordnung sowie hinsichtlich des statischen Aufbaues der gesamten Zelle von ihm erhalten« haben will[53], stehen im krassen Gegensatz zu der Feststellung *Siegfried Günters,* daß es zum Lufteinlauf an der Rumpfspitze der He 178 und Strahlaustritt am Heck keiner Anregung von *Heinrich Hertel* bedurfte[54]. Die einzige Einflußnahme *Heinrich Hertels* auf die Entwurfsarbeiten der Brü-

der *Günter* bestand nach dem Brief seines früheren Mitarbeiters *Helmbold* an *Siegfried Günter*[55] darin, daß er ihnen »die Flügelumrisse (Trapezflügel 176 und 178) verhunzt hat und zwar als Statiker, nicht als Aerodynamiker. Von Aerodynamik verstand er ja überhaupt nichts und behauptete damals auch nichts dergleichen... Natürlich hat Ihr Bruder immer selbständig und nie unter Anleitung von Hertel gearbeitet. Eine abweichende Idee wäre einfach lächerlich ... ich wiederhole: Hertel hat seinerzeit niemals auch nur andeutungsweise Ansprüche auf fachliche Gleichberechtigung mit Ihrem Bruder oder Ihnen erhoben...«
Nun ist kein Zweifel, daß *Heinrich Hertel* ein hervorragender Wissenschaftler war. Es geht hier auch nicht um seine wissenschaftlichen Verdienste. Es muß aber gesagt werden, daß *Hertel* als Technischer Direktor der Heinkel-Werke zwar für die Gesamtkomplexe der Erstellung der beiden Flugzeugtypen He 176 und He 178 verantwortlich war – also praktisch die Ermöglichung ihrer Herstellung mit allem Drum und Dran – daß er aber keinerlei persönlichen oder direkten Einfluß auf die Gestaltung der Entwürfe dieser Flugzeuge oder ihrer Antriebe genommen hat.
Was *Heinrich Hertel* zu diesen Flugzeugen beigetragen hat, hat er in jedem Fall im Auftrag *Ernst Heinkels* getan. Im übrigen müßte *Heinrich Hertel*, wenn er als Technischer Direktor die Erfolge der He 176 und He 178 für sich in Anspruch nimmt, auch für den Mißerfolg der He 177 geradestehen, die jedenfalls zu seiner Zeit als Technischer Direktor entstand[56].
Auf diese Kontroverse ist deswegen so ausführlich eingegangen, weil hierbei wiederum einige charakterisitische Züge *Ernst Heinkels* aufscheinen: Seine heftige und aufbrausende Art, sich von einem bisherigen leitenden Mitarbeiter zu trennen, auch seine Kompromißlosigkeit in diesen grundsätzlichen Fachdingen, gepaart mit der Bereitschaft, auch negative Folgen zu tragen. Und diese Folgen waren z.T. sehr unangenehm. So wurde im November 1942 ausgerechnet *Heinrich Hertel* vom RLM als Kommissar für die He 177 in den Heinkel-Werken eingesetzt, als im Verlauf der wechselvollen Geschichte dieses Flugzeugmusters sich erhebliche Schwierigkeiten einstellten. Diese Tatsache erboste *Heinkel* besonders. Sie war sicher Ausdruck der tiefen Gegensätze zwischen maßgeblichen Vertretern des RLM und *Ernst Heinkel*, die sich bis weit in die Zeit nach dem Krieg auswirkten. Das Verhältnis *Heinkel – Hertel* war dadurch ebenfalls erneut nachhaltig belastet.
Carl Francke, der noch als Pilot der Erprobungsstelle Rechlin der Luftwaffe im November 1939 den Erstflug der He 177 ausgeführt hatte und später, als er sich mit den Oberen seines Hauses überworfen hatte, zu *Heinkel* ging und als Nachfolger von *Robert Lusser* 1942 sein Technischer Direktor wurde, schrieb in einem Brief an den Verfasser vom 24. Oktober 1979, daß er »Heinkel im Gegensatz zu vielen anderen, die mit ihm zu tun hatten, außerordentlich geschätzt und verehrt habe« und fügt dann wörtlich hinzu: »Aus der Sicht als Konstrukteur und als Wirtschaftsführer war Heinkel nicht nur zielstrebig, sondern auch hart. Persönlich und familiär konnte er ganz besonders weich und zartfühlend sein. Heinkel interessierte sein materielles Vermögen in erster Linie nur deshalb, weil es ihm die Möglichkeit gab, Flugzeuge zu entwickeln und seiner Konkurrenz ... den Rang abzulaufen.«
In einem persönlichen Gespräch am 10. September 1980 in Bremen erklärte *Francke* frei und offen, er habe *Heinkel* »geliebt«, *Heinkel* habe grandiose Seiten und sei ein großartiger Mann gewesen. Diejenigen, die nur immer etwas **gegen** *Heinkel* sagten, dächten eben nur an seine schlechten Seiten, die er natürlich auch gehabt habe. Wenn man *Heinkel* vorwerfe, er sei kein Konstrukteur oder Techniker gewesen, so habe er doch etwas Unerhörtes von der Technik verstanden, »nur eben mit anderen Leuten Krach gekriegt, wenn sie seine technischen Ideen nicht befolgten«.
Nachdem *Carl Francke* bei *Heinkel* zunächst als Technischer Assistent für ein recht kleines Gehalt angestellt war, wurde er auf eine für *Ernst Heinkel* typische Weise »befördert«. *Carl Francke* wurde, wie er erzählt, eines Abends gemeinsam mit dem Leiter des Berliner Heinkel-Büros, *Hermann Ritter von Pfistermeister*, von *Ernst Heinkel* zum Abendessen eingeladen. Nachts um 2.00 Uhr erklärte *Heinkel* seinen Gästen plötzlich, er habe einen neuen Technischen Direktor und nannte einen Namen, den *Francke* kannte und als einen recht guten Mann bezeichnete. Als *Heinkel* ihn darauf fragte, ob er einen besseren wisse und *Francke* kühn sich selbst nannte, sagte *Heinkel* lapidar: »Dann sind Sie es!«
Auch die anderen Piloten, die für *Ernst Heinkel* als Testpiloten oder Einflieger tätig waren und noch nach ihren persönlichen Eindrücken befragt werden konnten, wie der bereits genannte *Erich Warsitz*, der jahrelange Chefpilot *Gerhard Nitschke*, *Hans Dieterle* oder *Friedrich Ritz*, sind von den Leistungen *Ernst Heinkels* als Luftfahrtpionier überzeugt. Sie haben mit seinen Flugzeugen wichtige Rekorde geflogen, wurden gehätschelt oder auch nicht. Aber rückblickend ist für sie ihre Zeit bei *Ernst Heinkel* eine der wesentlichsten ihres Fliegerlebens.

Gerhard Nitschke war immerhin acht lange Jahre bei *Heinkel* und kannte ihn wohl besonders gut. Er nannte ihn den großartigsten Gastgeber, den er je erlebt habe, der allein in den Keller ging, um die verstaubteste, schönste Flasche seiner nicht unbedeutenden Weinsammlung für seine Gäste heraufzuholen. Er hielt auch »absolut« was von *Ernst Heinkel* als Konstrukteur. *Heinkel* sei in jedem Fall in seinen Anfangsjahren ein hervorragender Konstrukteur gewesen, auch wenn das später nicht mehr nötig gewesen sei. Da sei er eben Unternehmer gewesen, der sich nicht mehr selbst um die Konstruktion seiner Flugzeuge habe bemühen müssen, wie das noch *Messerschmitt* und *Tank* etwa gemacht hätten. Dafür habe er schließlich *Günter* und

Schwärzler und deren Mitarbeiter gehabt. Die Piloten erhielten jedenfalls eine großartige Unterstützung von *Heinkel.* Als Beispiel erzählt *Nitschke*[57], daß eines Tages ein Pilot einen Bericht an das Konstruktionsbüro über die Tatsache gemacht habe, daß er bei längerem Fliegen in der He 111 Rückenschmerzen bekommen habe. Als daraufhin nichts passiert sei, habe er, *Nitschke,* sich bei *Ernst Heinkel* persönlich gemeldet und berichtet, daß nach wie vor die Piloten bei längeren Flügen über Rückenschmerzen klagten, während seine entsprechende Aktennotiz nichts bewirkt habe. *Ernst Heinkel* habe daraufhin sofort die Sache selbst in die Hand genommen und veranlaßt, daß alles zur besseren Gestaltung des Pilotensitzes durchgeführt werde. Die Konstruktionsabteilung hatte mitten in der Serie am Sitz nichts mehr ändern wollen.

Friedrich Ritz hat für seine Kinder eine – nicht veröffentlichte – autobiographische Studie verfaßt und dem Verfasser zur Kenntnisnahme zur Verfügung gestellt, in der er seine Tätigkeit als Ingenieur-Pilot bei *Heinkel* ausführlich schildert. Er hielt *Ernst Heinkel* nicht für einen genialen Konstrukteur, wohl aber für einen Manager mit dem Gespür für den erfolgversprechenden Weg mit der Gabe, »den richtigen Mann zur richtigen Zeit an die richtige Stelle zu setzen«, der aber von seinen Mitarbeitern auch den Erfolg erwartete. Als *Ritz* aus mancherlei Gründen die Firma Heinkel 1941 verließ, hatte *Heinkel,* wie *Ritz* in seiner autobiographischen Arbeit ausdrücklich vermerkt, durchaus Verständnis für seinen Entschluß und behandelte ihn »nach wie vor mit Wohlwollen«, ja, er veranstaltete sogar für *Friedrich Ritz* und den gleichzeitig in seinem Auftrag nach Japan gehenden *Gerhard Nitschke* ein gemeinsames Abschiedsfest, nachdem er es auch nicht zuließ, daß *Ritz* mit der Eisenbahn an seinen neuen Arbeitsplatz führe: Er stellte ihm ausdrücklich dafür eine He 111 zur Verfügung. Ebenso konnte *Ritz* auch weiterhin in Marienehe seine Scheinerhaltungsflüge absolvieren, da seine »Beziehungen zu Heinkel und dessen Werk auch weiterhin gut« waren. *Ernst Heinkel* war eben nicht nachtragend.

Hans Dieterle, der mit der He 100 im März 1939 erstmals den absoluten Weltgeschwindigkeitsrekord nach Deutschland holte, bezeichnet in seinem späteren Bericht darüber[58] *Ernst Heinkel* als den Mann, der »schon immer fasziniert von schnellen Flugzeugen« gewesen sei, der nicht einmal nach dem Totalverlust der ersten für den Angriff auf den absoluten Weltrekord vorgesehenen He 100 aufgegeben habe, sondern unbeirrt und standfest einen neuen »Rekordbrecher« bauen ließ.

Wie wir gesehen haben, wird nicht nur bei seinen Mitarbeitern betont, daß *Ernst Heinkel* ein Geschwindigkeitsfanatiker war und seine Zielsetzung darin bestand, in höhere und damit wirtschaftlichere Geschwindigkeitsbereiche vorzustoßen, und daß er das im Grunde nur erreichen konnte, wenn er selbst vom Flugzeugbau etwas verstand. Auch werksfremde Piloten und erfahrene Kenner der Materie anerkannten die einmaligen Leistungen *Ernst Heinkels,* die vor allem konkret zu dem aerodynamisch revolutionären Schnellverkehrsflugzeug He 70 und dem neuartigen Düsenantrieb führten, der in *Ernst Heinkel* den großen Förderer fand, weil er verzweifelt nach der Möglichkeit suchte, in der Motorenmisere der 30er Jahre seine Flugzeuge schneller zu machen. Diese beiden wissenschaftlich-technischen Hochleistungen dürften die wichtigsten Pionierleistungen *Ernst Heinkels* sein, die letztlich auf seinen charakterlichen Anlagen beruhten.

Franz Bachér[59] nannte ihn einen »Vollblutmenschen«, der »förmlich vor Energie und Arbeitsintensität barst« und sich »großzügig engagierte, wo er bei anderen gleiches beobachtete«.

Dierk Hansmann[60], der Sohn des langjährigen Patentingenieurs bei *Ernst Heinkel, Georg Hansmann,* berichtet von seinem Vater, daß bei *Ernst Heinkel* jeder Facharbeiter, wenn er die Qualifikation hatte, Direktor werden konnte. Es konnte also bei ihm jeder alles werden, wenn er was leistete.

In seiner bald nach dem letzten Krieg vermutlich für die Besatzungsmacht angefertigten umfassenden Zusammenstellung über »Die Geschichte der Firma Heinkel«[61] gibt *Hermann Ritter von Pfistermeister,* der langjährige Leiter des Berliner Heinkel-Büros und späteres Vorstandsmitglied der Ernst Heinkel AG, ein ausführliches Bild der Persönlichkeit *Ernst Heinkels,* die mehr als sonst mit der Geschichte seiner Firma gleichzusetzen sei. Er kennzeichnet *Ernst Heinkel* als den Mann, »der die Zügel führt, dessen Wille regiert und dessen Entscheidungen maßgebend sind«, ob die Firma nun einige hundert Mann oder Zehntausende umfaßt. Ohne nun Diktaturgelüste zu zeigen, habe er alle wichtigen Fragen mit seinem Mitarbeiterstab besprochen. Dabei habe jeder seine Meinung frei äußern können. Dann sei aufgrund der Diskussion die Entscheidung getroffen worden. Habe sich aber ergeben, daß die gefundene Lösung doch nicht die Ideallösung sei, dann habe er nicht gezögert, alles wieder umzustellen. Hierin dürfte eines der Führungsgeheimnisse *Ernst Heinkels* gelegen haben. Wie wir noch sehen werden, las *Ernst Heinkel* ausgiebig die Fachliteratur und brachte von seinen zahlreichen Reisen, die er auch ins Ausland unternahm, Anregungen mit. Er besaß ein »ausgesprochenes technisches Fingerspitzengefühl«, war kein Theoretiker, sondern ein Praktiker mit gesundem Menschenverstand, rasch in der Auffassung und von eiserner Energie. Als richtig erkannte Ziele verfolgte er, bis sie erreicht waren und ließ sich dabei von keinen Schwierigkeiten abschrecken. Tauchten solche auf, so versammelte er seine Mitarbeiter, wie der Verfasser aus eigener Erfahrung und aus vielen Gesprächen mit früheren Mitarbeitern *Ernst Heinkels* weiß, um zu erfahren, was getan werden müsse, um des jeweiligen Problems Herr zu werden. Und das tat er denn auch, so daß seine Mitarbeiter

den Rücken frei hatten und schaffen konnten. Das allerdings verlangte er aber auch von ihnen.
Wenn in diesem Buch nur wenig über *Ernst Heinkels* Privatleben berichtet wird, so bedeutet das nicht, daß er keines hatte; denn er war ein durchaus geselliger Mensch, der gerne feierte und dazu einlud. Aber sein sogenanntes Privatleben war zumeist innig verknüpft mit seinem Leben als Flugzeugbauer und Unternehmer. Die wachsende Zahl seiner meist prominenten Freunde und Bekannten, auch der Frauen in seinem Leben gaben seinem gastfreien Haus das Gepräge. Dabei ist nicht zu verkennen, daß *Ernst Heinkel* wie viele Menschen in ähnlicher Lage besondere Neigung verspürte, Kontakte zu hochgestellten Persönlichkeiten, Mitgliedern des Hochadels, bekannten Fliegern und Sportsleuten anderer Disziplinen ebenso wie Schauspielern aufzunehmen und zu pflegen[62]. Politiker fehlten dabei. Seine erste Ehe dauerte nur kurz, die zweite Ehe wurde 1929 getrennt. Danach führte er zehn Jahre lang ein ruheloses und rastloses Leben, dessen »private« Seite überwiegend von Zusammenkünften mit den Menschen bestimmt war, die sein Leben als Flugzeugbauer und Unternehmer bereits ausfüllten. Seine dritte Ehefrau *Lisa,* geb. *Nürnberger,* überlebte ihn und pflegt noch heute getreu sein Andenken. Der Sohn aus dieser Ehe, *Karl-Ernst Heinkel,* sein wie ein Augapfel gehüteter »Bube«, leitet heute die verbliebenen Unternehmen, während die Flugzeugfirma am 20. November 1964 in den Vereinigten Flugtechnischen Werken (VFW) GmbH in Bremen aufging.
Abschließend kann gesagt werden, daß der Einsatz *Ernst Heinkels* für neue, umwälzende Ideen, auch wenn sie von unbekannten Leuten an ihn herangetragen wurden, ein entscheidendes Element in seinem Wesen und Wirken waren und dazu beigetragen haben, daß er wirklich ein PIONIER DER SCHNELLFLUGZEUGE wurde.

Jugend

Als am 24. Januar 1888 *Catharine Heinkel,* geborene *Xander,* ihrem Mann, dem Flaschnermeister *Karl Heinkel,* einen gesunden Buben schenkt, ahnen die Eltern nicht, daß sie einem Genie, das noch weltberühmt werden wird, das Leben geschenkt haben. In dem kleinen Dorf Grunbach im Remstal bei Stuttgart ist das für die Familie ein glückliches Ereignis, für den Bürgermeister, der die Vornamen *Ernst Heinrich* einträgt, Anlaß zu einem herzlichen Glückwunsch, mehr nicht. Dann läuft die Zeit weiter.
Die *Heinkels* sind eine alte schwäbische Handwerkerfamilie, deren Name erstmals um 1600 n. Chr. im Schwäbischen genannt wird. Die Familie *Xander* stammt von Weingärtnern ab, die seit Generationen in Grunbach ansässig sind. Handwerkliche Geschicklichkeit und bäuerliche Zähigkeit erweisen sich von daher als familiäres Erbgut.
Aus dem Neugeborenen, der noch einen älteren Bruder namens *Karl* und eine früh verstorbene Schwester hatte, wird ein rechter schwäbischer Lausbub, der seinem unbändigen Temperament durch mancherlei Jungenstreiche Raum gibt. Aber das ist nichts Ungewöhnliches. Immerhin ist der Junge so aufgeweckt, daß er auf die Realschule nach Schorndorf geschickt wird und von dort auf die Realanstalt in Cannstatt, eine Oberrealschule, an der *Ernst Heinkel* am 31. Juli 1903 das »Zeugnis über die wissenschaftliche Befähigung für den einjährig-freiwilligen Dienst« erhält, was der heutigen »mittleren Reife« entspricht. Das geschieht in demselben Jahr, in dem die Brüder *Orville* und *Wilbur Wright* in Kitty Hawk bei Dayton, Ohio/USA, die Flüge vollführen, die weltgeschichtlich als erste gesteuerte Flüge eines Motorflugzeuges anerkannt sind.

Das Geburtshaus von *Ernst Heinkel* in Grunbach an der Rems.

Die am Geburtshaus angebrachte Gedenktafel.

Die Eltern *Catharine* und *Karl Heinkel.*

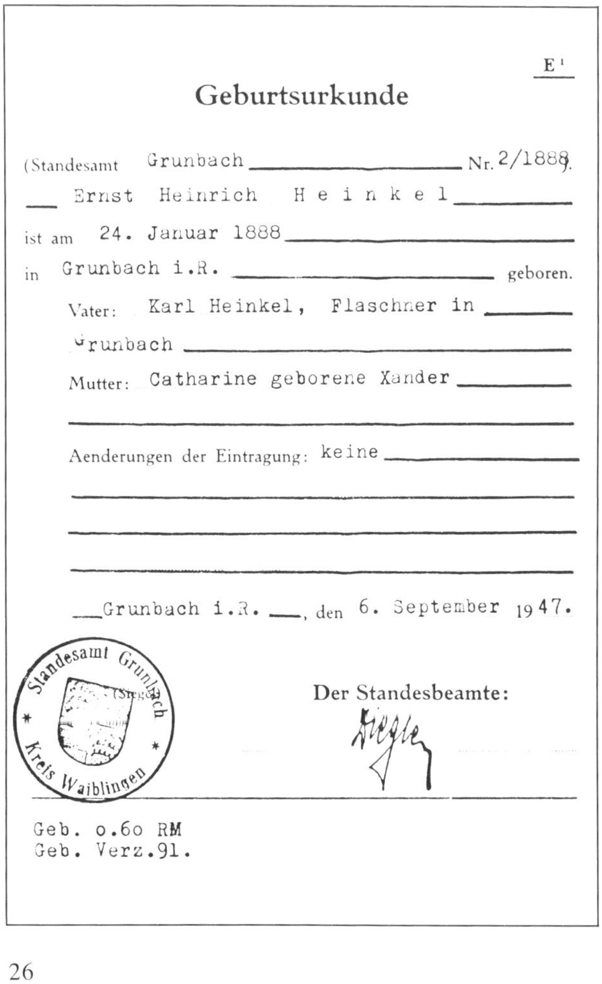

E¹

Geburtsurkunde

(Standesamt Grunbach Nr. 2/1888.)

Ernst Heinrich Heinkel

ist am 24. Januar 1888

in Grunbach i.R. geboren.

Vater: Karl Heinkel, Flaschner in Grunbach

Mutter: Catharine geborene Xander

Aenderungen der Eintragung: keine

Grunbach i.R., den 6. September 1947.

Standesamt Grunbach (Stgt.) Kreis Waiblingen

Der Standesbeamte:

Ziegler

Geb. 0.60 RM
Geb. Verz.91.

Drei Jahre später erhält *Ernst Heinkel* als einer der besten Schüler seiner Klasse am 3. Juli 1906, mit 18 Jahren, von der Realanstalt in Cannstatt das »Zeugnis der Reife mit der Durchschnittsnote gut«. Sein Ziel ist, Ingenieur zu werden. Zur Vorbereitung wird er Praktikant bei der Firma *G. F. Grotz* in Bissingen an der Enz, nahe Ludwigsburg, einer der ältesten Maschinenfabriken Württembergs. Das Schicksal will es, daß er später diese Firma erwerben wird, die ein echter Repräsentant schwäbischen Fleißes und schwäbischer Qualitätsarbeit ist. Die Praktikantenausbildung gibt ihm die notwendige Grundlage für das Studium des Maschinenbaus, das er im Oktober 1907 an der Technischen Hochschule in Stuttgart aufnimmt. Hier wird er aktiv bei der Burschenschaft Ghibellinia, findet Freunde, die später für ihn noch wesentlich werden, und legt den Grund für seine ersten wissenschaftlichen Erkenntnisse, die allerdings nach seinem eigenen Bekunden[1] nicht das Wesentliche dieser Semester darstellen, die vielmehr überwiegend von studentischem Ulk und Getriebe erfüllt sind. Von Luftfahrt und Flugzeugen weiß er wenig, von den Fliegern und ihren Apparaten nicht mehr als andere. In Deutschland glaubt man zu dieser Zeit eher an die Erfolgsmöglichkeiten lenkbarer Luftschiffe. Der Name des *Grafen Zeppelin* ist in aller Munde, als das Echterdinger Unglück am 5. August 1908 das Zeppelin-Luftschiff LZ 4 vernichtet.

Dieses Ereignis ist für *Ernst Heinkel* nach seinem eigenen Bekenntnis das Schlüsselerlebnis, das seinem Leben eine entscheidende Wende gibt. Er selbst läßt hier sein »wahres Leben« beginnen, versucht an der Hochschule – wo er am 17. Oktober 1908 die »mathematisch-naturwissenschaftliche Vorprüfung für Kandidaten des Maschineningenieurfachs« bestanden hat – sich in Vorlesungen über Flugzeugbau zu informieren, nachdem ihm die Erkenntnis geworden ist, daß Fahrzeuge »leichter als Luft« nicht den Traum vom Fliegen erfüllen können, sondern höchstens Maschinen »schwerer als Luft«, also Flugzeuge, keine Luftschiffe. In Frankreich und den USA ist man bereits auf dem Wege, diese Richtung zu bevorzugen. In Deutschland schwört man allgemein immer noch auf Luftschiffe – eine Tendenz, die erst Jahrzehnte danach ganz endet. Die Sucht, über das Wenige hinaus, was die Hochschule auf diesem Gebiet zu dieser Zeit bietet, mehr zu erfahren, befriedigt der Hinweis seines Bundesbruders *Reinhard,* daß er im Stuttgarter Café Reinsburg in den dort ausliegenden zahlreichen ausländischen Zeitungen und Zeitschriften nicht nur Bilder sehen, sondern auch genaue Beschreibungen der französischen und amerikanischen Flugzeuge lesen könne. So beginnt er hier, wie er später in seinen Lebenserinnerungen bekennt, seine »Entdeckungsreise in das Gebiet des Flugzeugbaues«, die dann »zum zweiten entscheidenden Erlebnis« führt, der Internationalen Luftfahrtausstellung (ILA) in Frankfurt am Main vom 3.–10. Oktober 1909, wo er zum ersten Mal einige deutsche Flugzeugkonstruktionen besichtigen und studieren kann. Als er nach Stuttgart heimfährt, steht für ihn fest, daß er »an der Entwicklung des Flugzeugs in Deutschland teilnehmen müsse«. Er meinte, er müsse Aviatiker werden, ein eigenes Flugzeug bauen.

»Zum ersten Mal spürte ich in mir die später mein ganzes Leben beherrschende brennende, durch nichts zurückzuhaltende Lust nach dem Neuen, nach der Teilnahme an jedem Fortschritt, an jeder technischen fliegerischen Möglichkeit, die sich am Horizont zeigte. Ich ahnte wohl, daß damit das Ende meines Studiums verbunden war... Ich studierte noch einmal die französische Literatur. Dann entschloß ich mich, einen Doppeldecker zu bauen. Als Vorbild nahm ich mir das Flugzeug des Franzosen Farman. Dann entwarf ich auf meinem Reißbrett die Maschine, so wie ich sie bauen wollte[2].«

Diese brennende Lust nach dem Neuen, nach der Teilnahme an jedem Fortschritt wird in seinem späteren Leben in der Tat ein entscheidendes Kriterium seiner Vorstellungen und Maximen. Sie wird dazu führen, daß *Ernst Heinkel* nach allem Neuen in der Luftfahrttechnik Ausschau halten wird und diejenigen Menschen an sich ziehen und binden wird, die ihm die Aussicht geben, das Neue zu erfahren und zu verfolgen. Zunächst einmal versuchte er an der Hochschule, sich ernsthafter über Flugzeugbau zu informieren. Die nette Story aus seinem »Stürmischen Leben«, wonach der Stuttgarter Mathematiker und Professor an der Technischen Hochschule, *Alexander Baumann,* höchstlangweilige Vorlesungen über Flugzeugbau aufgenommen und vor dem umfangreichen Publikum seiner Frau, seiner Schwiegermutter und des Kindermädchens der Familie gehalten habe, zu denen sich dann der Studiosus *Heinkel* gesellt habe, dürfte eine seiner reizenden Übertreibungen sein. *Alexander Baumann,* der immerhin einige eigene Flugzeugkonstruktionen entworfen hat, war später u.a. einer der leitenden Konstrukteure und Werksleiter beim Zeppelin-Versuchsbau Gotha-Ost, wo er die Festigkeit des ersten Riesenflugzeugs berechnete. Hier, bei der späteren Zeppelin Flugzeugwerft Staaken, waren auch *Hellmuth Hirth, Claude Dornier* und *Adolf Rohrbach* tätig[3]. Sei dem wie ihm sei. *Ernst Heinkel* bezog seine Kenntnisse über Flugzeugbau mehr aus eigener Praxis, die er sich anzueignen begann, indem er ein eigenes Flugzeug – nach einem Vorbild von *Henri Farman* – konstruierte und baute. Dafür begann er, sein Maschinenbaustudium nach und nach mehr zu vernachlässigen. Inzwischen war auch einer der Brüder *Wright* wegen der besseren Chancen nach Frankreich gekommen und hatte begonnen, die Europäer, vor allem aber die französischen Militärs, für das Fliegen mit Fahrzeugen »schwerer als Luft« zu interessieren.

Das Jahr 1910 ist für *Ernst Heinkel* das Jahr, in dem er besessen an seinem Flugzeug arbeitet, während das Studium für ihn immer weniger bedeutet. Das Hauptproblem ist natürlich die Finanzierung, die ihm aber auf abenteuerliche Weise doch gelingt. Die Umstände lassen ihn am 12. Mai 1911 seinen ersten Flug als Passagier von *Hellmuth Hirth* auf einer Etrich-Rumpler-Taube mitmachen, zu einem

Ernst Heinkel als Student der Technischen Hochschule Stuttgart.

Zeitpunkt, da auch sein eigener Doppeldecker mit einem geliehenen Daimler-Flugmotor startklar wird. Am 9. Juli 1911 dann ist es so weit, daß er zum ersten Flug mit seinem eigenen Flugzeug starten kann, ohne daß er je eine Ausbildung als Pilot genossen hätte oder sonstwie Erfahrungen hätte, wie man mit einem solchen unbekannten Gerät in ein unbekanntes Element aufsteigen kann. Es vergeht denn auch kein Tag ohne weiteren Flug, und kein Flug ohne irgendwelchen Schaden an seinem Gerät. Zehn Tage lang kann er täglich aufsteigen. Und er kommt auch immer wieder mehr oder weniger elegant herunter. Bis dann am 19. Juli ihn das Geschick ereilt, und er mit seinem Vogel in einer Rechtskurve, die er wagt, über den rechten Flügel abrutscht. Das Flugzeug wird total zerstört, der Flieger *Ernst Heinkel* überlebt zwar den Absturz, erleidet aber zahlreiche Verletzungen. Der zufällig auf seinem Fahrrad daherkommende Arbeiter *Franz Stocka* reißt den Bewußtlosen aus der abgestürzten Maschine, noch bevor diese explodiert. Gemeinsam mit einem Schutzmann schleppt er *Ernst*

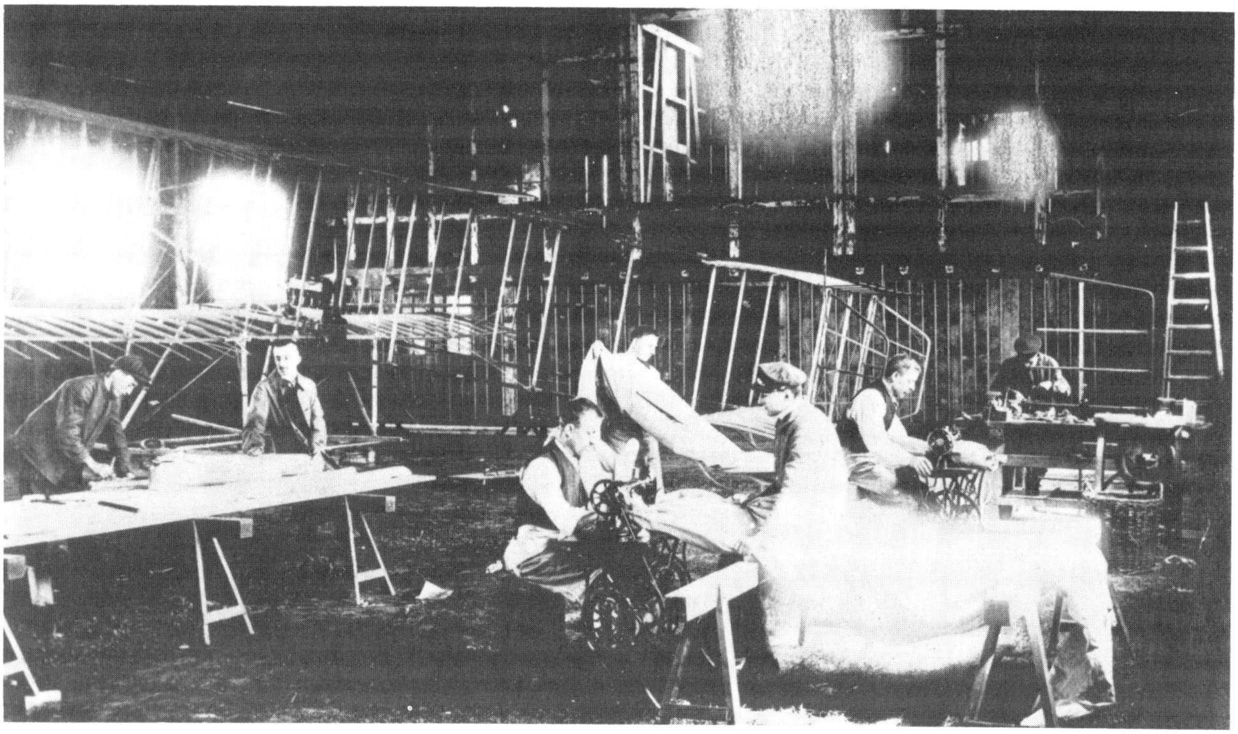

Bau des ersten Heinkel-Flugzeuges in einem Schuppen. Auf den Nähmaschinen wurde der Bespannstoff zusammengenäht. (Aufnahme 1910).

Das Heinkel-Flugzeug vor dem Bespannen. Form und Bauart lehnten sich bewußt an die Konstruktionen von Henri Farman an.

Im Sommer 1911 hatte *Ernst Heinkel* sein erstes Flugzeug fertiggestellt. Der Motor wurde ihm von der Firma Daimler geliehen.

Am 9. Juli 1911 konnte *Ernst Heinkel,* ohne vorherige Ausbildung als Pilot, auf dem Cannstatter Wasen seinen ersten Flug mit dem selbst entworfenen Doppeldecker ausführen. Nach mehreren kurzen Flügen stürzte er am 19. Juli aus etwa 30 m Höhe nach einer zu scharf geflogenen Kurve ab und wurde dabei schwer verletzt.

Heinkel in ein heranrasendes Auto, das den Schwerverletzten in das Cannstatter Krankenhaus fährt, wo folgende Verletzungen festgestellt werden: Bruch der Schädelbasis; Bluterguß über den ganzen Kopf; Blutungen aus Ohren und Nase, Bruch des Oberkiefers und des Unterkiefers mit starkem Bluterguß an der rechten Kopf- und Halsseite; Verbrennungen am linken Ohr und der Gesichtsseite 2. bis 3. Grades; Bruch des rechten dritten Fingers im Mittelglied und des linken Oberschenkels; Gehirnerschütterung.

Doch bald setzen sich Lebenswille und Robustheit des Patienten durch. Nach fünf Wochen, am 26. August 1911, verläßt *Ernst Heinkel* das Krankenhaus. Sein erster Weg führt ihn zu den Trümmern seines Flugzeugs. Sein Entschluß steht fest: Er wird nicht aufgeben, sondern auf dem einmal beschrittenen neuen Weg weitergehen, dem Fliegen und dem Flugzeugbau verfallen. Aber dem Vater will er nicht mehr auf der Tasche liegen. So gibt er das Studium auf, übernimmt Nebenaufgaben als Zeitungsberichterstatter über fliegerische Ereignisse, bewirbt sich erst vergeblich in München, dann erfolgreich in Johannisthal bei Berlin bei der L.V.G. (Luftverkehrsgesellschaft), die ihn zum 1. Oktober 1911 als Konstrukteur einstellt. Dort arbeitet und lernt er unter dem Chefkonstrukteur *Franz Schneider*, sammelt Erfahrungen und nimmt die Gelegenheit wahr, 1912 auf dem Pariser Luftfahrtsalon, wohin ihn seine Firma schickt, die französischen Fortschritte auf dem Gebiet der Luftfahrttechnik kennenzulernen.

So braucht er auch den an den Grafen Zeppelin am 16. August 1911 in köstlichem Stil gerichteten »Bettelbrief« und die darin geäußerten Bitten nicht weiter zu verfolgen.

Fast nebenher heiratet *Ernst Heinkel*, als er 300,– Goldmark verdient, ein Mädchen, das er bereits aus seiner Stuttgarter Studentenzeit kennt.

Er beginnt auch in Fachzeitschriften seine ersten Erkenntnisse zu veröffentlichen, wobei auffällt, daß er die militärischen Möglichkeiten des Flugzeugs und seines Einsatzes bereits berücksichtigt, geschrieben wohl weil er im Militär bereits den künftigen Groß-Auftraggeber sieht, während die Militärs selber in Deutschland zu dieser Zeit allgemein noch wenig daran denken[4].

Gleichwohl scheint er bei der L.V.G. nicht ganz zufrieden zu sein. Unruhigen Sinnes strebt er nach selbständigerer Konstruktionstätigkeit. In Johannisthal sind zu dieser Zeit fast alle deutschen Firmen ansässig, die sich mit dem modern gewordenen Flugzeugbau beschäftigen. So findet *Ernst Heinkel*, dazu aufgefordert von *Hellmuth Hirth*, dem bereits berühmten Flieger, ein neues Tätigkeitsfeld bei den benachbarten Albatros-Werken, bei denen *Hellmuth Hirth* fliegerisch-technisch eine maßgebliche Rolle spielt. *Otto Wiener*, der umsichtige kaufmännische Geschäftsführer und Mitinhaber der Albatros-Werke erkennt schnell die Qualitäten seines neuen Abteilungsingenieurs und läßt ihm, ebenso wie *Hellmuth Hirth*, mehr und mehr freie Hand, so daß *Ernst Heinkel* jetzt ungehindert seine eigenen Ideen bei der Konstruktion der Land- und Wasserflugzeuge einfließen lassen kann. *Ernst Heinkel* selbst betont, daß er bereits bei der L.V.G. seine Liebe zu den Eindeckern entdeckt habe[5], während die deutsche Militärverwaltung, die immerhin bereits als größerer Kunde in Betracht kam, den Doppeldecker bevorzugte.

Bei den Albatros-Werken kann *Ernst Heinkel* nun also auch Eindecker konstruieren, die den Flugzeugbauern damals noch Schwierigkeiten statischer, wie auch aerodynamischer und aeroelastischer Art machten, ohne daß man ihre Gesetzmäßigkeiten schon erkannt hätte. Er beweist seine technische Intuition ebenso wie seine Fähigkeit, schnell etwas zu übernehmen, »was er als gut erkannt hatte und daraus etwas wirklich Brauchbares« zu machen. So übernimmt er bei Albatros den dort verwendeten, von *Karl Grohmann* erfundenen, sperrholzbeplankten Rumpf, während er von *Franz Schneider* bei der L.V.G. den wohlgeformten Rumpf mit Motor und Luftschraube im Flugzeugbug sowie mit sparsam verspannten, aber wohlprofilierten Flügeln übernommen hatte[6].

Die Frage Ein- oder Doppeldecker behandelt *Ernst Heinkel* in seinem bereits angeführten Bericht über die Ergebnisse des englischen Wettbewerbs für Militärflugzeuge, in dem er betont, daß diese englische Kriegsflugzeugprüfung »sehr wichtige und interessante Lehren für die Zukunft gezeitigt« habe. Für militärische Zwecke sei der schnelle, mit überaus starken Motoren ausgerüstete Eindecker im allgemeinen von geringem Wert. »Der schnelle Eindecker«, sagt er in diesem Bericht, »mit starkem Motor kann nur als Angriffswaffe benutzt werden, während der langsamere Zweidecker, der auch imstande ist, Beobachter aufzunehmen und der infolge seiner geringeren Geschwindigkeit bessere Beobachtungen gestattet, als Beobachtungsmaschine in Frage kommt und hierbei große Dienste leisten kann und für die Zukunft im Kriege sehr in Frage kommen wird ... eine schnelle Maschine ... ist aber nicht von Vorteil, wenn der Beobachter daran gehindert ist, zu sehen und zu schauen und wenn der Beobachter dem Schraubenwind so stark ausgesetzt ist, daß er nur mit Mühe und ungenau seine Aufgaben erledigen kann.« Bei allem Interesse für die erwartete Bedeutung des Flugzeugs als militärisches Einsatzmittel für die Beobachtung und den Bombenwurf, denkt *Ernst Heinkel* jedoch schon damals vor allem an schnelle Flugzeuge, also doch an Eindecker.

Schließlich hat *Hellmuth Hirth* ihn vor allem deswegen zu Albatros gebracht, damit er ihm ein Wasserflugzeug konstruiere, mit dem *Hirth* 1913 den Bodensee-Wettbewerb unbedingt gewinnen wollte. Und dazu baute *Ernst Heinkel* ihm einen Eindecker, mit dem *Hellmuth Hirth* dann auch den Wettbewerb gewann.

Dieser Eindecker zeigte Eigenheiten, die damals noch nicht technisch-konstruktives Allgemeingut waren, auch wenn man nicht davon reden kann, daß es sich um eindeutige

Die erste selbständige Konstruktion von *Ernst Heinkel* bei der Firma Albatros war ein verspannter zweisitziger Eindecker, der in der Rennausführung RE 1 eine Höchstgeschwindigkeit von 200 km/h erreichte.

Bei der verbesserten Ausführung des Albatros-Eindeckers wurde anstelle des seitlichen Lamellenkühlers ein Stirnkühler verwendet.

Albatros-Renneindecker mit dem *Helmuth Hirth* im Jahre 1913 den Bodenseewettbewerb gewann.

Erstanwendungen von *Ernst Heinkel* gehandelt habe. Er war, wie gesagt, in der Lage, als gut erkannte Neuerungen unverzüglich zu übernehmen. So verfügte sein Wasser-Eindecker über einen Stirnkühler, Sitze nebeneinander, wie *Ernst Heinkel* das bereits in seinem Bericht über die britischen Militärflugzeuge in einer Tabelle zu einer Maschine von *Blériot* ausdrücklich erwähnt hatte. Stolz berichtet *Ernst Heinkel* später[7], daß er »unbewußt den Weg der Aerodynamik beschritten« habe und seinen Flugzeugrümpfen eine »torpedoförmige Form« verliehen habe. Mit dem mit einem 100-PS-Mercedes-Motor ausgerüsteten Albatros-Eindecker mit Schwimmern und hochziehbarem Landfahrgestell gewann *Hellmuth Hirth* den vom Großherzog von Baden gestifteten und mit 40000,– Goldmark dotierten «Großen Preis vom Bodensee«, während *Hans Vollmöller* den sogenannten »Kleinen Preis vom Bodensee« mit dem kleineren See-Eindecker gewann. Das sind Erfolge, die nicht nur die Piloten, sondern auch den inzwischen zum Chefkonstrukteur und Direktor der Albatros-Flugzeugwerke in Johannisthal ernannten *Ernst Heinkel* bekannt machen, jedenfalls in Fachkreisen. Als den größten Triumph dieses 29. Juni 1913 empfindet *Ernst Heinkel* aber nicht die Siege der beiden Piloten, sondern die Tatsache, daß ihm der 1. Konstruktionspreis verliehen wird. Die militärisch-technischen Forderungen betrafen auch leichte Montierbarkeit, Auswechselbarkeit von Einzelteilen und Zusammenlegbarkeit für Transportzwecke, da bei größeren Verlegungen die Flugzeuge noch im Landtransport bewegt werden mußten. Außerdem waren die Flugzeuge damals auch noch nicht in der Lage, die Entfernungen zwischen den Wettbewerbsorten aus eigener Kraft zu überwinden. So war *Ernst Heinkel* mit einer seiner Konstruktionen[8] am 1. Mai 1913 in Döberitz Sieger bei einem Wettbewerb der Militärverwaltung, bei dem es um die Schnelligkeit beim Auf- und Abmontieren ging.

Mit einem gewissen Recht schreibt *Ernst Heinkel* in seinem Lebensbericht, daß die Albatros-Erfolge seiner Konstruktionen im einzelnen nach Jahrzehnten nicht mehr von Interesse sind. Das trifft auch auf die in der Literatur sehr unterschiedliche Benennung dieser Flugzeugmuster zu, die heute nicht mehr mit absoluter Eindeutigkeit festgestellt werden kann. Die Variabilität der einzelnen Typen, bei denen z. B. entweder ein zweistieliges Tragwerk oder ein dreistieliges verwendet wurde oder das Landfahrwerk gegen ein Schwimmwerk ausgetauscht werden konnte, ist vermutlich auch die Ursache für diese Ungenauigkeit der Typenbezeichnungen, die noch durch die Militärbezeichnungen

Oben: Der Albatros-Eindecker in der ersten Ausführung mit hintereinander liegenden Sitzen. Er war einer der ersten Amphibien und konnte notfalls auch auf einem Landeplatz starten und landen.

Unten: *Ernst Heinkel* im Jahre 1914 vor einem Albatros-Doppeldecker.

Der Albatros-Doppeldecker D aus dem Jahre 1913 war der Grundtyp und Vorläufer für die späteren Militärflugzeuge B I und B II.

kompliziert werden[9]. Es soll jedenfalls hier darauf verzichtet werden, diese kaum noch korrekt zu klärenden Unterschiede im einzelnen auseinanderzuhalten.
Das Jahr 1913 sieht die Albatros-Flugzeuge auch noch bei vielen weiteren Wettbewerben erfolgreich: Im »Wettflug rund um München« sind es wiederum *Hellmuth Hirth* und *Robert Thelen. Hellmuth Hirth* fliegt mit dem Amphibium bei dem Wasserflugzeug-Wettbewerb auf dem Comer See zwar die beste Zeit, aber der 1. Preis wird ihm wegen angeblicher formaler Verstöße nicht verliehen. *Leo Roth* fliegt als erster Deutscher auf einem Albatros-Flugzeug, also einer deutschen Konstruktion, die ersten Looping-Kunstfiguren, die bisher nur von ausländischen Fliegern auf ausländischen Maschinen gewagt worden waren. Die kürzesten Etappen-Zeiten fliegen beim Ostpreußen-Rundflug vom 9.–14. August 1913 auf einer Albatrostaube Lt. *Pretzell* und sein Beobachter Oblt. *Felmy,* der spätere General der Flieger. Sie gewinnen damit den Kaiserpreis für Offiziersflieger.
Sehr konkret sind auch die Erfolge, die *Robert Thelen* bei der Herbstflugwoche 1913 in Johannisthal auf einem Albatros-Flugzeug erringt. Es sind gleich fünf Erste Preise. Auch in diesem Fall wird der Typ der Albatros-Maschine in den verschiedenen Quellen je nach Hersteller, Verwendungszweck oder Auftraggeber unterschiedlich bezeichnet. Mal heißt er »Amphibium«, mal »neuer Eindecker«, mal »DD« oder »B II«. Die fünf Preise aber betreffen Disziplinen, die die hervorragende Qualität des Flugzeugs ebenso wie die Leistung des Piloten kennzeichnen. Die Maschine erhält diese Bestbewertung für die höchste Geschwindigkeit »im Rennen«, gewiß ein besonderer Anlaß zum Stolz für *Ernst Heinkel,* der schon damals die Schnelligkeit besonders betonte, für die größte Steigfähigkeit (auf 1800 m),

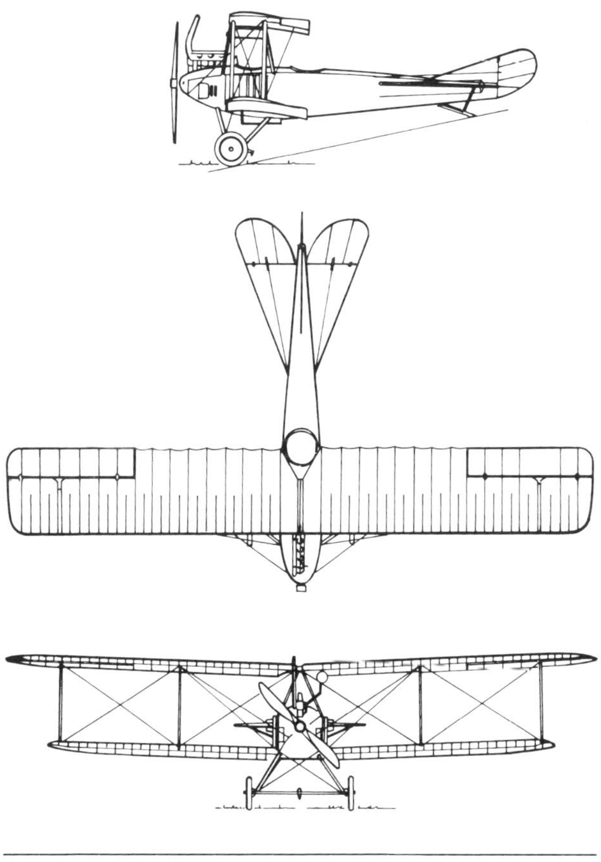

Albatros B II mit seitlich am Rumpf angebrachten Kühlern.

für den besten »Anlauf«, d. h. für die kürzeste Startstrecke, für die höchste Belastung und für die größte Differenzgeschwindigkeit zwischen Höchst- und Niedrigstgeschwindigkeit, also Schnell- und Langsamflug. Man sieht aus diesen Kriterien bereits, auf welche Eigenschaften eines Flugzeugs die damaligen Auftraggeber Wert legten. Auf einer Albatros B II W nahm *Hellmuth Hirth* erfolgreich am »Sternflug nach Monaco« teil.

Die bereits im Jahre 1912 begründete Deutsche Nationalflugspende zur Förderung des Flugwesens, die unter dem Protektorat des *Prinzen Heinrich von Preußen,* eines der großen Förderer der Fliegerei und Luftfahrt ihrer Zeit, stand, ermöglichte zahlreichen deutschen Fliegern und den Herstellern ihrer Flugzeuge erst ihren Einsatz[10]. Auch die Albatros-Werke und damit ihr Chefkonstrukteur *Ernst Heinkel* profitierten erheblich von dieser materiellen Förderung. Einige der damaligen Pioniertaten in der deutschen Fliegerei sind erst durch diese Unterstützung möglich.

Ernst Stoeffler und *Friedrich Wilhelm Seekatz,* letzterer später für lange Jahre der maßgebliche Verkaufsdirektor bei *Fokker* und nach dem Zweiten Weltkrieg aufgrund seiner alten Freundschaft zu *Ernst Heinkel* dessen Mitarbeiter, fliegen mit einem Albatros-Doppeldecker des Typs B II Ende Oktober 1913 von Berlin nach Paris, wobei sie – auch das ist bezeichnend für die Probleme, denen sich zu jener Zeit die Flieger gegenübersahen – bei ihren zwei Zwischenlandungen in Frankreich von mißtrauischen Behörden festgehalten und behindert werden. Sie wollten aus der deutschen Nationalflugspende einen Betrag von 100000,– Goldmark gewinnen, indem sie mehr als 1000 km an einem Tag zurückzulegen hatten. Da aber *Viktor Stoeffler,* der Bruder von *Ernst,* im selben Wettbewerb bereits 2079 km mit einem Aviatik-Doppeldecker zurückgelegt hatte, wollten die beiden, vom westlichen Rückenwind begünstigt, mit ihrer Albatros die Strecke Paris – Moskau mit etwa 2400 km innerhalb 24 Stunden bewältigen. Bei einem abenteuerlichen Nachtstart schmiert ihre Maschine jedoch ab[11].

Robert Thelen ist vermutlich der Pilot, der auf dem gleichen Typ, einer Albatros B II, den Preis der Nationalflugspende für den ersten größeren Überlandflug gewinnt, indem er an einem Tag die Strecke Berlin – Königsberg – Stettin – Königsberg mit 1373 km abfliegt. Am 11. Februar 1914 setzt *Thelen* die Serie der Albatros-Erfolge fort, indem er mit der dreistieligen B II (D) einen Höhenweltrekord mit vier Fluggästen und einer erreichten Höhe von 2850 m aufstellt – Leistungen, die nur unter den Umständen der damaligen Zeit imponieren können. Kurze Zeit später, am 20. März, erreicht er mit drei Fluggästen eine Höhe von 3700 m (andere Quellen sprechen von 3780 m). Beide Flüge werden von der Fédération Aéronautique Internationale (F.A.I.) offiziell als Weltrekorde anerkannt. *Hellmuth Hirth* ergänzt die Rekordserie des neuen Jahres s. o. auf dem Internationalen Sternflug nach Monaco Anfang April 1914 mit einer zweistieligen Albatros B II (D). Er hat eine Stunde Vorsprung vor dem nächsten Piloten, als er die Strecke Gotha – Frankfurt – Dijon – Lyon – Marseille mit ihren 1083 km in 11 Stunden 39 Minuten durchfliegt.

Im Frühjahr 1914 wechselt *Ernst Heinkel* erneut seinen Platz und geht von Albatros zu den von *Igo Etrich* mit dem Kommerzienrat *Gottfried Krüger* neu zu gründenden Brandenburgischen Flugzeugwerken in Briest bei Brandenburg an der Havel. *Krüger* betrieb in Brandenburg bereits eine Maschinenfabrik. *Ernst Heinkel* räumt selbst ein, daß ihn die materielle Seite des Angebots von *Igo Etrich,* der ihm statt seiner bisherigen guten 5000,– Goldmark das Vierfache für ein Jahr bot, in Versuchung bringt. *Igo Etrich* aus Oberaltstadt bei Trautenau in Böhmen war bereits durch die nach ihm benannte Etrich-Taube, die er 1907/08 konstruiert hatte, berühmt geworden. Er beabsichtigte, für den im August 1914 geplanten Seeflugzeugwettbewerb in Warnemünde ein Flugzeug von *Ernst Heinkel* konstruieren zu lassen, mit dem er nicht nur den Wettbewerb gewinnen, sondern auch die Grundlage schaffen wollte für den Verkaufserfolg der zu bauenden Flugzeuge. Das schmeichelte *Ernst Heinkel* ebenso wie ihm die vornehme Umgebung der reichen Fabrikantenfamilie *Etrich* imponierte. Er nahm das Angebot an, verlangte allerdings noch mehr wirtschaftliche und konstruktionstechnische Freiheiten, als er sie schon bei Albatros genossen hatte. Sein Hang zur Abwechslung gab den Ausschlag. Er hatte allerdings nicht mit der Sparsamkeit *Krügers* gerechnet, die ihm noch zu schaffen machen sollte. Immerhin beginnt *Heinkel* mit der Konstruktion des für den Wettbewerb in Aussicht genommenen Flugzeugmusters, eines Doppeldeckers, der den höheren Anforderungen der Seetüchtigkeit entsprechen soll. Der Wettbewerb war ausdrücklich an die Ostsee verlegt worden, während diese Prüfungen bisher auf Binnenseen stattgefunden hatten. Hier zeigt sich deutlich die Steigerung der technischen Anforderungen an das neue Gefährt. *Heinkel* muß, da die neuen Anlagen der Flugzeugfabrik in Briest noch nicht fertig sind, zunächst nach Brandenburg in die Maschinenfabrik *Krügers* ziehen. Das gibt Reibereien, die beiden, sowohl *Gottfried Krüger* wie *Ernst Heinkel,* die Zusammenarbeit verleiden. Das positive Ergebnis ist das Zusammentreffen mit dem »Improvisationsgenie, für das es kein Unmöglich gab«, *Josef Köhler,* genannt »Jupp«[12], der der erste von denen sein wird, die für fast die gesamte spätere Lebenszeit mit *Ernst Heinkel* untrennbar verbunden bleiben.

Noch während der Bauzeit des Wettbewerbsflugzeugs tritt eine neue Versuchung an *Ernst Heinkel* heran, der sich entsprechend seiner Unrast schon nicht mehr wohlfühlt in dem ihn hemmenden Bereich der *Krüger*schen Sparsamkeit. *Ernst Heinkel* erzählt die Geschichte der ersten Fühlungnahme seitens des österreichischen Millionärs *Camillo Castiglioni* – Sohn des Oberrabiners von Triest – genüßlich[13]. Auch jetzt war die Verführungskraft des angebotenen Supergehalts von 100000 Kronen p.a. ungeheuer – und wohl

auch verständlich. Außerdem war die Eitelkeit des Umworbenen erheblich angesprochen, wollte doch *Castiglioni* den gerade 26jährigen *Ernst Heinkel* zum Konstruktionsdirektor der beiden ihm in Österreich-Ungarn gehörenden Flugzeugwerke, der Phönix AG in Wien und der UFAG in Budapest machen, die die ersten Großaufträge erhalten sollten. Die zu bauenden Flugzeuge sollte *Ernst Heinkel* konstruieren. Doch er zögerte gegenüber dem verführerischen Angebot. Vermutlich stak ihm auch die negative Seite seines letzten Engagements noch im Sinn, das ihm zwar ein wesentlich höheres Gehalt eingebracht hatte, aber auch den Ärger mit dem ihm nicht genehmen Sparsamkeitssinn seines Chefs *Krüger.* So geht das erste Gespräch mit *Camillo Castiglioni,* dem Verwender der Initialen »C.C.«, erstmal unentschieden aus.
Doch acht Tage später bittet *Krüger* den verdutzten *Ernst Heinkel* zu einem Gespräch, in dem er ihm mitteilt, daß er um seinetwillen, d.h. zur Vermeidung weiteren Ärgers beim Flugzeugbau mit ihm, seine Geschäftsanteile an der Brandenburgischen Flugzeugwerke GmbH verkauft habe. Gleichzeitig lag eine erneute Einladung des Herrn »C.C.« in das Hotel Adlon in Berlin vor, bei der *Castiglioni Ernst Heinkel* seinerseits von dem »Geschäft« erzählte. Damit begann die langjährige Zusammenarbeit zwischen dem geschäftstüchtigen Unternehmer und Finanzgenie, dem Mann »mit zwei Vaterländern im Herzen, Italien und Österreich-Ungarn«, der nach dem Ersten Weltkrieg in seinem Industrie-Imperium vor allem die Bayerischen Motorenwerke (BMW) aufbaute, und dem immer noch jungen, aber schon sehr selbstbewußten Flugzeugbauer. *Castiglioni* machte *Ernst Heinkel* auch, wie versprochen, zum Konstruktionsdirektor seiner beiden Flugzeugwerke in Wien und Budapest. Wenn auch die Leistungen *Ernst Heinkels,* die seinen wahren Ruf begründen, erst in den späteren Jahren unverwechselbar hervortreten, soll trotzdem an dieser Stelle auf die Erfolge verwiesen werden, die noch im Sommer 1914, als *Ernst Heinkel* schon nicht mehr zu Albatros gehört, mit Albatros-Flugzeugen erzielt werden[14].
So gewinnen während der Wiener Flugwochen im Juni und Juli 1914 *Hellmuth Hirth* und *Ernst Ritter und Edler von Loessl* mehrere erste und zweite Preise, der 21jährige *Werner Landmann* fliegt am 24. Juni 1914 Dauerweltrekord mit 17 Stunden 12 Minuten und überbietet seinen eigenen Rekord bereits wenige Tage später mit 21 Stunden 49 Minuten. *Ernst von Loessl* und *Hellmuth Hirth* fliegen Höhenweltrekorde und überbieten sich dabei ebenfalls innerhalb weniger Tage. Sie erreichen damals als unerhört angesehene Höhen von fast 5000 m. *Ernst von Loessl* gewinnt auch noch einen Geschwindigkeitswettbewerb, ein Erfolg, der *Ernst Heinkel* besonders befriedigt, während *Reinhold Böhm* den gerade von *Werner Landmann* erzielten Dauerweltrekord mit 24 Stunden 10 Minuten für die Zeit bis 1927 festlegt, als *Charles A. Lindbergh* mit seiner Ozeanüberquerung gleichzeitig den Dauerweltrekord auf 33 1/2 Stunden hochschraubt.
Das von *Ernst Heinkel* konstruierte und von Albatros gebaute Flugzeug für den vom Reichsmarineamt ausgeschriebenen Wettbewerb am 1. August 1914 in Warnemünde stand bereit, als der Erste Weltkrieg ausbrach. »Die angelieferten 26 Flugzeuge ... wurden von der Marine beschlagnahmt und übernommen[15].«
Die damalige kaiserliche Marine – im Gegensatz zu den Heerestruppen, die entweder bayerisch, preußisch, sächsisch oder württembergisch waren, war die Marine eine Reichsangelegenheit – hatte, ebenso wie die Armee, ursprünglich die Seefliegerei mit Flugzeugen stiefmütterlich behandelt, da sie sich »nur von den Luftschiffen die Durchführung der Aufklärungsaufgaben über Meer versprach[16]«. Gleichwohl war im Grunde genommen die Marine sowohl organisatorisch wie gedanklich fortschrittlicher als die Heeresgeneralstäbe, wenn sie bereits 1912 aufgrund einer Ausschreibung die Flugzeugindustrie, die ihrerseits ja auch erst in den Kinderschuhen steckte, veranlaßte, sich mit der Konstruktion und dem Bau von Seeflugzeugen zu befassen. Immerhin gab es schon eine Marinefliegerabteilung, die unter dem Kommando des Kapitäns z. S. *Gygas* stand. *Ernst Heinkel,* der schon bei Albatros Wasserflugzeuge und schnell von Rädern auf Schwimmer umrüstbare Flugzeuge entwickelt hatte und dessen Konstruktionen bereits am Bodenseewettbewerb 1913 teilgenommen hatten, wurde durch die Umstände besonders auf die Entwicklung und den Bau von Wasserflugzeugen verwiesen. Er sollte im Verlauf seiner Konstruktionstätigkeit im Krieg damit auch besonders erfolgreich werden.

Erster Weltkrieg: Die Zeit bei Hansa Brandenburg

Noch während bei Albatros die Heinkel-Konstruktionen im Sommer 1914 als Flugzeuge hergestellt werden, bereitet *Ernst Heinkel* als neuer Konstruktionschef der von *Igo Etrich* und *Gottfried Krüger* gegründeten Brandenburgischen Flugzeugwerke GmbH in Briest bei Brandenburg die ersten Flugzeug-Konstruktionen dieser neuen Fabrik vor. Kurz vor Kriegsausbruch erfolgt noch der Zusammenschluß mit den »Hansa-Flugzeugwerken« von *Karl Caspar* in Hamburg, so daß die Gesellschaft nun »Hansa- und Brandenburgische Flugzeugwerke GmbH« firmiert, jedoch allgemein kurz »Hansa Brandenburg« genannt wird. *Karl Caspar,* flugbegeisterter Referendar, meldete sich bei

Der Doppeldecker Hansa Brandenburg W war für den Seeflugwettbewerb entworfen worden, der im August 1914 stattfinden sollte, aber wegen des Kriegsbeginnes ausfiel.

Kriegsausbruch unverzüglich als Freiwilliger zur Fliegertruppe, so daß er während seiner Soldatenzeit keinen Einfluß auf die Werke nehmen konnte. Er hatte bereits 1911 fliegen gelernt und war auf Wettbewerben ein erfolgreicher Flieger. Im Jahre 1911 hatte er auch schon in Hamburg die »Centrale für Aviatik« gegründet. Nachdem er 1916 aus der Fliegertruppe entlassen worden war, löste er entsprechend dem ihm eingeräumten Vorbehalt sein Werk wieder aus dem Verband der Hansa- und Brandenburgischen Flugzeugwerke heraus und gründete erneut seine eigene Firma in Hamburg, die bei Kriegsende über 1000 Personen beschäftigte. Auf der ihm auch nach 1918 verbliebenen Flugzeugwerft in Travemünde begann er bald nach Kriegsende auch wieder mit dem Flugzeugbau und holte 1921 auch *Ernst Heinkel* dorthin[1].

Auch bei den Brandenburgischen Flugzeugwerken begann *Ernst Heinkel* unverzüglich mit der Konstruktion einer für den Warnemünder Wettbewerb am 1. August 1914 gedachten Maschine. *Eugen Wagner,* der für das Heinkel-Archiv in Stuttgart seit 1970 die Unterlagen geordnet hat, vermerkte in einer vermutlich nach 1939 herausgegebenen Typenschau der Ernst Heinkel Flugzeugwerke GmbH, Rostock/Berlin, die eine Übersicht der von *Ernst Heinkel* von 1910 bis 1918 konstruierten See- und Landflugzeuge gibt, daß die Hansa-Brandenburg-Type W »an dem Ostseeflug-Wasserwettbewerb in Warnemünde beteiligt« gewesen sei. In anderen Aufstellungen, z.B. derjenigen, die von *Erich Kleinemeyer,* dem nach *Jupp Köhler* ältesten Mitarbeiter *Ernst Heinkels,* zu dessen 70. Geburtstag am 24. Januar 1958 angefertigt wurde und als Manuskript im Heinkel-Archiv in Stuttgart vorhanden ist, ist davon nicht die Rede. Das ist auch nicht verwunderlich, denn dieser Wettbewerb, der für den 1. August 1914 vorgesehen war, fand wegen des ausbrechenden Krieges nicht statt. Auch diese Maschine wurde, wie die von *Ernst Heinkel* konstruierte Albatros-Wettbewerbsmaschine, von der Marine übernommen[2]. *Ingo Etrich* beabsichtigte ja, die Wettbewerbsmaschine als Grundlage für die erhofften Militäraufträge zu nehmen, wenn sie den Wettbewerb, wie er unterstellte, erfolgreich bestehen würde. In der hier erwähnten Typenschau wird die Hansa Brandenburg W als See-Aufklärer und See-Doppeldecker bezeichnet, die mit einem 150-PS-Benz-Motor eine Geschwindigkeit von 90 km/h erreichte. *Erich Kleinemeyer* nennt diesen Typ in seiner Liste einen dreistieligen See-Aufklärer und bemerkt dazu: »Rumpf mit Holzholme und z.T. Stahlspante, Schwimmer einstufig gekielt.« Als Auftraggeber nennt *Kleinemeyer* die österreichische Armee. In beiden Aufstellungen gehen der W noch die Baumuster D und FD voraus, beides zweiteilige Doppeldecker mit 100-PS-Benz- bzw. Argus-Motoren mit Stahlrohrrumpf und Stoffbespannung, gebaut für die deutsche Armee (D) bzw. mit Holzschalenrumpf (FD), gebaut für die deutsche und österreichisch-ungarische Armee. Die enge Verbindung zu den beiden Mitgesellschaftern der Hansa- und Brandenburgischen Flug-

Zu den von 1915 bis 1918 in Österreich in größeren Stückzahlen gebauten Militärflugzeugen gehörte der Doppeldecker Phönix bzw. UFAG Cl (Hansa Brandenburg LDD).

zeugwerke, *Igo Etrich* und *Camillo Castiglioni,* die beide Österreicher waren, läßt es nicht überraschend erscheinen, daß die österreichisch-ungarischen Schwesterfirmen, die *Castiglioni* gehörten, die Lizenzen zum Nachbau der Hansa-Brandenburg-Flugzeuge erhielten. *Ernst Heinkel* war ja auch Technischer Direktor dieser beiden Firmen in Wien bzw. Budapest. Die oben genannte Typenschau führt in einem Nachtrag ausdrücklich auch die »Lizenzbauten der Hansa-Brandenburgischen Flugzeugwerke A.-G. bei den Firmen ›Phönix‹ Flugzeugwerke A.-G./Wien Stadlau, Ungarische Flugzeugwerke A.-G. (UFAG)/Budapest-Albertfalva und K.u.K. Fliegerarsenal Flugzeugwerke Fischamend/Fischamend« auf, wobei zu den österreichisch-ungarischen Lizenznamen die Hansa-Brandenburg-Lizenz (z.B. Hansa Brandenburg FD für Phönix B 1) angeführt wird, ebenso wie als Auftraggeber z.B. die österreichisch-ungarische Heeresverwaltung. Dem entsprach auch eine Vereinbarung zwischen den deutschen und den österreichisch-ungarischen Behörden[3], wonach Hansa Brandenburg gegen Kompensationen besonderer Art Lieferungen an Heer und Marine Österreich-Ungarns und an die deutsche Marine, nicht aber an das deutsche Heer ausführen sollte. So bildeten Heinkel-Konstruktionen einschließlich der Lizenzbauten einen hohen Anteil der an das österreichisch-ungarische Heer und die Marine gelieferten Kriegsflugzeuge[4].
Ernst Heinkel, der sich bereits bei seinen ersten Entwürfen für Albatros mit Wasserflugzeugen für den Bodenseewettbewerb 1913 hervorgetan hatte, wurde nun durch die starke Betonung der Marine-Aufgaben bei den Brandenburgischen Flugzeugwerken ein ausgesprochener Spezialist für Wasser-Flugzeuge, und zwar sowohl für Aufklärer, Jagd- und Bombenflugzeuge, als auch für Flugboote und Großflugzeuge.
Das Reichs-Marine-Amt bescheinigt am 15. April 1915 der Firma Brandenburgische Flugzeugwerke G.m.b.H. ... »daß

Bewaffnetes Aufklärungsflugzeug Hansa Brandenburg DD mit zwei Maschinengewehren, von denen eines so angeordnet war, daß über die obere Tragfläche nach vorne geschossen werden konnte.

der technische Direktor, Herr Ingenieur Heinkel, die Konstruktion und den Bau der ... in Auftrag gegebenen Marine-Flugzeuge selbständig leitet und außerdem dem ganzen Betrieb vorsteht.
Es liegt im dringenden Marineinteresse, daß Herr Heinkel bis zur Beendigung der Flugzeugbauten bei der Firma verbleibt.«

Der taktischen und strategischen Aufgabe der Flugzeuge als Aufklärer bei Kriegsausbruch entspricht auch die Auslegung der ersten für den Kriegseinsatz vorgesehenen Flugzeuge, die *Ernst Heinkel* jetzt konstruiert und baut. Sie dienen zunächst noch unbewaffnet reinen Aufklärungsaufgaben. Allerdings hat *Ernst Heinkel* sehr früh die weiteren Aufgaben für das nun zum Kampfmittel gewordene Flugzeug erkannt gehabt; er hatte sich schon früh das Militär als den zukünftigen Großauftraggeber für eine im Aufbau befindliche Luftfahrtindustrie vorgestellt. So hatte er noch vor dem Krieg Vorträge in Offizierskreisen über das Flugzeug

Das Flugboot Hansa Brandenburg FB wurde in Konkurrenz zu den österreichischen Lohner-Flugbooten in Auftrag gegeben, in sechs Exemplaren gebaut und zur Seeaufklärung vor der englischen Südküste eingesetzt.

und dessen Einsatzmöglichkeiten für militärische Zwecke gehalten. Im gleichen Sinn ist sein schon erwähnter Aufsatz über die »Theorie des Bombenwurfs«[5] zu bewerten. Die militärische Führung der Mittelmächte war jedoch bei Kriegsausbruch 1914 noch nicht auf einen Kampfeinsatz der Flugzeuge eingestellt – im Gegensatz zu den Franzosen und Engländern, die auch in der Bewaffnung der Flugzeuge vorangingen. So wurden erst im Laufe der Zeit die deutschen Aufklärungsflugzeuge bewaffnet, um den Angriffen der feindlichen Flugzeuge begegnen zu können. Bald aber entstand auch die Notwendigkeit, eigene Jagd- und Bombenflugzeuge zu bauen. Der Land-Aufklärer DD wird dementsprechend nicht nur mit dem stärkeren 160-PS-Motor von Mercedes ausgerüstet, sondern auch erstmals mit zwei Maschinengewehren, von denen das hintere auf Pivot über die Fläche schräg nach vorn schießen konnte. Das Schießen vorn durch den Propeller wurde erst entwickelt, nachdem eine entsprechende Einrichtung an einem hinter den deutschen Linien notgelandeten französischen Flugzeug festgestellt worden war.
Der Typ DD war es auch, mit dem der Pilot *Reiterer* am 21. September 1915 zwei Höhenweltrekorde aufstellte, indem er jeweils in einer Stunde mit drei Fluggästen 4160 m und mit vier Fluggästen sogar 4760 m erreichte. Diese Rekorde wurden natürlich aufgrund des Kriegszustandes weder angemeldet noch anerkannt.
Mit der ersten Großflugzeugkonstruktion Hansa Brandenburg ZM, die *Ernst Heinkel* als zweimotorigen Bomber – vierstieligen Doppeldecker in der üblichen Gemischtbauweise – entwickelt hatte, wurde bei Probeflügen erstmals die bis dahin nicht erreichte Zahl von 16 Personen befördert. Das mit zwei Maybach-Motoren zu je 160 PS ausgerüstete Flugzeug war im übrigen mit zwei beweglichen MG bewaffnet und verfügte über ein Bombenwurfgerät mit 50 Bomben zu je fünf kg Gewicht. Es hatte eine Spannweite oben von 27,50 m und unten von 26,73 m bei einer Länge des Flugzeugs von 15,70 m nach den der auf S. 36 erwähnten Typenschau, S. 31, entnommenen Angaben. Das ebenfalls im Jahr 1915 gebaute Bombenflugzeug GF, ein dreistieliger Doppeldecker in Gemischtbauweise mit zwei Austro-Daimler-Motoren zu je 160 PS, verfügte gleichermaßen über ein Bombenwurfgerät und zwei bewegliche MG. Zusätzlich war versuchsweise bereits eine 2-cm-Bugkanone eingebaut! Das erste von Hansa Brandenburg 1915 gebaute Flugboot FB für einen Flugzeugführer und zwei Beobachter, das mit einem beweglichen MG bewaffnet war, hatte bereits eine FT-Anlage. Es konnte acht Stunden in der Luft bleiben, eine höchst beachtliche Flugdauer. Dieser Typ war der Ausgangspunkt für die Entwicklung des späteren Jagd-Einsitzerflugbootes CC[6].

Das erste Torpedoflugzeug der deutschen Marine wird das Baumuster GW, das 1916 entwickelt wird und ein Torpedowurfgerät für ein Torpedo von 725 kg Gewicht erhält. Es besitzt außerdem ein bewegliches MG. Das zweite Torpedoflugzeug vom Typ GDW verfügt neben dem obligaten MG über ein Torpedowurfgerät für ein 825 kg schweres Torpedo. Als Besonderheit hat dieser Typ eine Azetylen-Anlaßvorrichtung für beide Motoren von 200 PS. In dieser PS-Steigerung zeigt sich auch die Weiterentwicklung gegenüber der GW, die nur zwei Motoren zu je 160 PS hat. Die Marine hatte diese Torpedoflugzeuge gefordert, weil die Treffsicherheit beim Bombenwurf noch zu gering war. Die Torpedos werden an der Rumpfunterseite aufgehängt, was dadurch ermöglicht wird, daß die Motoren in das Tragwerk gesetzt werden und das Schwimmergestell geteilt wird. Diese Großflugzeuge der damaligen Zeit haben eine Flugdauer von vier bzw. sechs Stunden, trotz eines Flugge-

Die Baumuster GW und GDW waren die ersten von *Ernst Heinkel* konstruierten Torpedoflugzeuge.

wichts von 3 856 bzw. 4 865 kg. Die Geschwindigkeit beträgt dabei 127,5 km/h bzw. 130 km/h.

Das erste Hansa Brandenburg-Jagdflugzeug, der Typ MLD (Marine-Land-Kampfflugzeug), ist ein dreistieliger Doppeldecker mit einem 150-PS-Benz-Motor, dessen bewegliches MG zum ersten Mal auf einem Drehkranz montiert wird. Es wird 1915 gebaut. Das 1916 entwickelte und gebaute Jagdflugzeug KD ist das erste Flugzeug mit Strebenspinne. Der Austro-Daimler-Motor von 160 PS verleiht ihm eine Geschwindigkeit von max. 160 km/h. Der Land-Kampf-Aufklärer KDD von 1916 für die österreichisch-ungarische Armee hat erstmals eine Propellerhaube und einen ganz verkleideten Motor (Austro-Daimler 160 PS). Auch dieser Aufklärer ist mit einer Spinne konstruiert, ebenso wie das einsitzige Jagdflugzeug KDW von 1916, das Jagd-Einsitzer-Flugboot CC, der Land-Aufklärer K mit hochliegendem Seitenleitwerk und das See-Jagdflugzeug W 11 von 1917, das bereits eine Höchstgeschwindigkeit von 176 km/h erreicht.

Der Jagd-Einsitzer CC von 1916 ist benannt nach dem Hauptgesellschafter und Generaldirektor der Hansa- und Brandenburgischen Flugzeugwerke, *Camillo Castiglioni,* mit den Initialen, die für *Ernst Heinkel* so viel bedeuteten. Diese Bezeichnung fällt völlig aus dem üblichen Schema heraus; sie ist die Reverenz *Ernst Heinkel*s für seinen »Chef«, CC, *Camillo Castiglioni.* Geliefert wird dieses Flugboot immerhin in 35 bis 40 Exemplaren. Auf ihr hat der höchstdekorierte k.u.k. Fliegeroffizier, der Linienschiffsleutnant *Gottfried Banfield,* große Erfolge erzielt. Diese Maschine wurde für *Banfield* »speziell von Heinkel gebaut, mit der Bitte, daß dieses Flugzeug mir zugewiesen wird, was auch geschah[7]«.

Aus dem zweisitzigen Land-Aufklärer K wird in nur acht Wochen der bis dahin berühmteste Jäger *Ernst Heinkels* bei

Die Marine-Jagdflugzeuge KD bzw. KDW wurden als Land- und als Wasserflugzeuge eingesetzt. Die Strebenspinne war ein besonderes Konstruktionsmerkmal dieser Flugzeugmuster.

Der Marine-Jagdeinsitzer Hansa Brandenburg CC war ein Doppeldecker-Flugboot mit Strebenspinne und Druckpropeller.

Sehr erfolgreich war das Marineflugzeug Hansa Brandenburg W 12, von dem eine größere Anzahl gebaut und abgeliefert wurde.

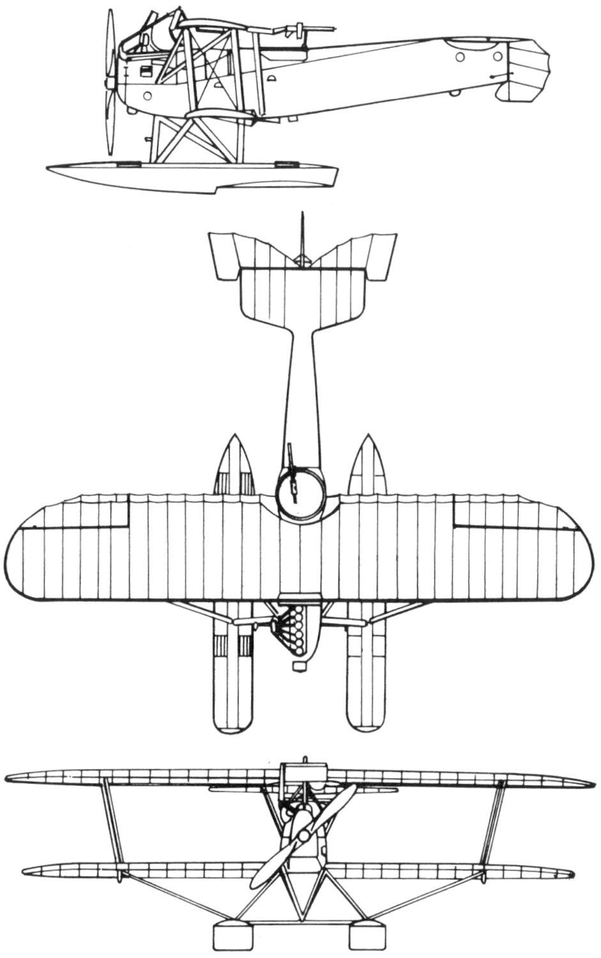

Hansa Brandenburg W 12.

Hansa Brandenburg, die W 12, entwickelt, deren Spannweite oben nur 11,20 m und unten 10,48 m beträgt bei einer Länge der Maschine von 9,60 m. Dieser in Gemischtbauweise hergestellte einstielige verstrebte Doppeldecker auf Schwimmern hat als Bewaffnung zwei starre MG und ein bewegliches MG mit freiem Schußfeld für den Beobachter und Bordschützen. Die Verstrebung der Schwimmer ist auf das äußerste reduziert. Das gleiche gilt für die Verspannung der Tragdecks. Der 150-PS-Benz-Motor bzw. ein 160-PS-Mercedes-Motor verleihen diesem Jäger eine Geschwindigkeit von 160 km/h. Er ist in Wendigkeit und Geschwindigkeit den Einsitzern absolut gleichwertig. Als im Januar 1917 die erste Maschine abgeliefert werden soll, muß das ohne Erprobung erfolgen, da der See bei Briest zugefroren ist. Trotzdem erteilt die deutsche Marine Hansa Brandenburg den Serienauftrag und erweist damit *Ernst Heinkel* und dem von ihm repräsentierten Werk ein unerhörtes Vertrauen, das auf den bisherigen Leistungen beruht, aber auch voll belohnt wird; denn der Einsatz der W 12 an der flandrischen Kanalküste führt dazu, daß es gelingt, die bisherige britische Luftüberlegenheit zu brechen. Dieser Typ wird denn auch der erste Höhepunkt *Ernst Heinkels* als Konstrukteur und ein Serienerfolg des Werkes, das davon 136 Exemplare fertigen und abliefern kann[8].

Sie wird auch das bis dahin erfolgreichste deutsche See-Jagdflugzeug. Mit ihr schießt der an der Flandernküste so erfolgreiche Oberleutnant z. See *Friedrich Christiansen* im Oktober 1917 ein zweimotoriges Curtiss-Flugboot und im Dezember 1917 das britische Luftschiff C 27 ab, das brennend niedergeht. Auch britische Veröffentlichungen[9] nennen diesen Typ »exceptionally successful«. Der noch 1916 entwickelte Land-Aufklärer Kampfflugzeug KF, ein zweistieliger Doppeldecker mit 150-PS-Benz-Motor, ist das erste Doppelrumpfflugzeug der Hansa-Brandenburgwerke, das im übrigen von einer Druckschraube angetrieben wird.

Das Jagdflugzeug L 14 aus dem Jahre 1917 zeigt eine weitere Strebenvariante beim Doppeldecker.

Auch *Heinkel* konstruierte bei Hansa Brandenburg das Jagdflugzeug L 16 als Dreidecker.

Als Nachfolgeflugzeug der W 12 entstand 1918 das Tiefdecker-Schwimmerflugzeug Hansa Brandenburg W 29, das sich beim Einsatz vor der Küste von Flandern sehr bewährte.

Diese interessante Lösung, die Jahrzehnte später im Prinzip von der Fw 189, dem deutschen Nahaufklärer, und dem britischen Jäger des Jahres 1944 P-38, Lightning, sowie nach dem Zweiten Weltkrieg von dem Bundeswehrtransporter Noratlas wiederaufgenommen wurde, zeigt, daß *Ernst Heinkel* **alle** Konstruktionsmöglichkeiten durchdenkt und ausprobiert. Offensichtlich aber setzt sich diese Lösung damals nicht durch, es wird nur ein Versuchsmuster gebaut. Die Ago-Flugzeugwerke in Johannisthal hatten bereits 1915 einen dreistieligen Doppelrumpfdoppeldecker mit Druckpropeller gebaut[10], der sich jedoch auch nicht durchsetzte.

Neben weiteren Land- und Wasserflugzeugen unterschiedlicher, aber konventioneller Bauart baut *Ernst Heinkel,* dem allgemeinen Trend folgend, auch den Dreidecker L 16, dem ein Austro-Daimler Motor von 185 PS immerhin eine Geschwindigkeit von 190 km/h verleiht, sowie eine Dreideckerversion der CC. Aber die Zeiten der Dreidecker sind schnell wieder vorbei.

Mit der W 29 jedoch entwickelt *Ernst Heinkel* sein erfolgreichstes Flugzeug des Ersten Weltkrieges, das die W 12 nicht nur ersetzt, sondern auch entscheidend übertrifft. Mit dieser Konstruktion erreicht *Ernst Heinkel* den zweiten Höhepunkt seiner so viele unterschiedliche Flugzeuge umfassenden Liste von Flugzeugen des Ersten Weltkriegs. Ihm war schon seit längerem klar, daß Doppeldecker in der Geschwindigkeit im Nachteil waren. Ausgehend vom Doppeldecker W 12 entstand daher das Nachfolgemuster dieses See-Kampfflugzeuges, die W 29, als Tiefdecker. Der Flügel wurde vergrößert, so daß seine tragende Fläche 31,2 m^2 gegenüber 36,2 m^2 beim Doppeldecker W 12 betrug. Mit diesem verstrebten Tiefdecker auf Schwimmern steigert er die Höchstgeschwindigkeit von 160 km/h auf 178 km/h. Das wird in seiner Bedeutung erst wirklich klar, wenn dem die Geschwindigkeit der Type W von 1914 mit 90 km/h gegenübergestellt wird. In knapp vier Jahren hat sich also die Fluggeschwindigkeit nahezu verdoppelt. Die aerodynamische Verbesserung bringt bei gleicher Bewaffnung neben der Steigerung der Geschwindigkeit auch eine Verbesserung der Steigleistungen von 6 Minuten auf 4,2 Minuten für 800 m Höhe und von 8 auf 5,9 Minuten für 1000 m Höhe, so daß die Forderungen der Front nach einem noch schnelleren und noch besser steigendem Flugzeug, als es die W 12 schon war, vollauf zufrieden gestellt werden.

Durch die konstruktiven Änderungen, die die Leistungen der W 29 als Nachfolgeflugzeug für die W 12 so steigern, kann *Ernst Heinkel* auch die militärischen Forderungen der Sichtverbesserung nach oben und nach vorn erfüllen. Maßgeblichen Anteil an der W 29, die 1918 an die Front kommt, hat sein Bundesbruder und Mitarbeiter, der später mit den Entwicklungen seiner Leichtflugzeuge so erfolgreiche *Hanns Klemm,* den *Ernst Heinkel* zu Hansa Brandenburg geholt hatte.

Die militärischen Erfolge der W 29, die wie bei der W 12 auch von britischer Seite als »highly successful« (*Air International* Juli 1974 S. 36) bezeichnet werden, übertreffen denn auch noch diejenigen des Vorgängertyps. Die Luftüberlegenheit an der Flandernküste kann aufrecht erhalten bleiben. Daran sind allerdings auch die fliegerischen und

Oberleutnant zur See *Christiansen* (zweiter von links) bei der Abholung einer W 29 am 27. März 1918 in Warnemünde. In der Mitte *Ernst Heinkel.*

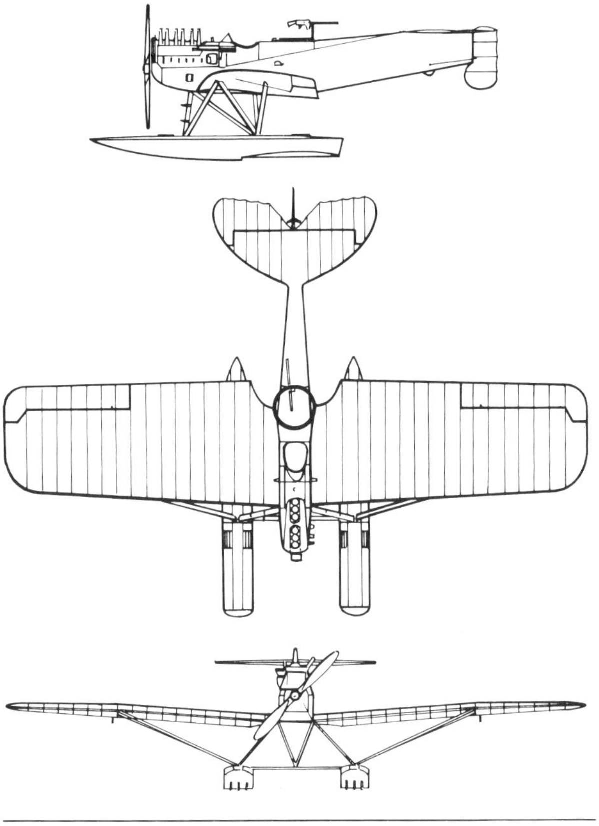

Wasserflugzeug Hansa Brandenburg W 29.

taktischen Leistungen des inzwischen zum Kapitänleutnant beförderten Seefliegers *Friedrich Christiansen* beteiligt, der bereits auf dem Überführungsflug vom Werk zur Front zwei der gefürchteten britischen Curtiss-Flugboote abschießt, kurz danach weitere Curtiss-Flugboote bezwingt und bei einem bald darauf stattfindenden Erkundungsflug über den Kanal ein englisches U-Boot versenkt. Der Vorstand der Abteilung für Luftfahrwesen des Reichs-Marine-Amts spricht in einem an die Hansa- und Brandenburgischen Flugzeugwerke AG gerichteten offiziellen Schreiben vom 29. Juni 1918, das mir von *Peter M. Grosz,* Princeton USA, liebenswürdigerweise in Kopie zur Verfügung gestellt worden ist, von »der überlegenen Technik einer deutschen Firma«, der zusammen mit »der hervorragenden Führung eines deutschen Fliegers« diese Erfolge zu danken waren.

In einem an den »Direktor Heinkel« persönlich gerichteten Schreiben des gleichen Absenders vom 16. Oktober 1918 wird die W 29 als *Heinkels* »gelungenster Typ« bezeichnet, »mit dem Sie dem Luftkrieg über See eine entscheidende Wende zu unseren Gunsten gegeben haben«. *Christiansen* erhält den Orden Pour le Merite. *Ernst Heinkel* selbst wird für seine »Verdienste um die Entwicklung der Flugzeugindustrie«[11] das »Eiserne Kreuz II. Klasse am weiß-schwarzen Bande« verliehen.

An den unerhört gestiegenen Leistungen aller bei Hansa Brandenburg gebauten Flugzeuge der Jahre 1914 bis 1918 kann man die technische Entwicklung dieser neuen Waffe ablesen. Das altgriechische Sprichwort »Der Krieg ist der Vater aller Dinge« bewahrheitet sich einmal mehr, ob es einem recht ist oder nicht. Die Flugzeuge, mit denen die kriegführenden Mächte in den Krieg gezogen sind, können kaum noch verglichen werden mit denjenigen des Kriegsendes. Gleichermaßen hat sich die Bedeutung der Fliegertruppe und ihr taktischer und strategischer Einsatz verändert.

Der Wasser-Doppeldecker W 26, der 1917 zur Truppe kommt, steht am Ende der Entwicklung für Hochseefernaufklärungsflugzeuge bei Hansa Brandenburg. Er ist voll hochseefähig, kann bis zu den Grenzen der Deutschen Bucht fliegen und dort noch als Vorposten eingesetzt werden. Er hatte ein Fluggewicht von 2 490 kg und eine Höchstgeschwindigkeit von 135 km/h.

Die Aufgaben der U-Boote und ihre Einsatzfähigkeit können erheblich erweitert werden, wenn es gelingt, ihre Beobachtungsmöglichkeiten zu steigern. Da man schon vor dem Kriege Flugzeuge gebaut hatte, die zerlegbar waren, um sie von einem Wettbewerbsplatz zum anderen transportieren zu können, da sie noch nicht so weit fliegen konnten, so konnten die dort gewonnenen Erfahrungen genutzt werden. Auf diese Weise entsteht ein zusammenlegbares Flugboot, das in einem Druckzylinder von sechs Meter Länge und 1,9 m Durchmesser um U-Boot untergebracht werden und an Deck des U-Boots auf- und abmontiert wer-

Als leicht zerlegbares und in einem Druckzylinder im U-Boot unterzubringendes Einsitzer-Flugboot war das Muster Hansa Brandenburg W 20 von *Ernst Heinkel* entworfen.

den kann. Nach Werksangaben konnte das Flugzeug in 2 3/4 Minuten zusammengesetzt und nach Beendigung seines Auftrags in 1 3/4 Minuten wieder zerlegt und verstaut werden. Mit einem 80-PS-Motor von Oberursel ausgestattet, hatte diese W 20 ein Fluggewicht von 567 kg und eine Höchstgeschwindigkeit von 117 km/h. 800 m Höhe erreichte sie in 11,4 Minuten, 1000 m Höhe in 14,9 Minuten. So konnte sie also den Aufklärungsradius des U-Bootes erheblich erweitern. Zum Einsatz kam es jedoch nicht mehr vor Kriegsende, da der dafür vorgesehene U-Boot-Kreuzer nicht fertig geworden war. Die Konstruktion dieses neuartigen Baumusters wurde allerdings nach dem Krieg der ausschlaggebende Gesichtspunkt für den Wiederanfang *Ernst Heinkels* als Flugzeugkonstrukteur, da die nordamerikanische Marine und die Japaner davon wußten und ihrerseits – entwicklungstechnisch noch im Rückstand – sehr daran interessiert waren, ein derartiges U-Boot-Aufklärungsflugzeug zu besitzen[12].

Das für eine vierköpfige Besatzung vorgesehene Kampf-Großflugboot W 35 kam wegen des Kriegsendes gar nicht mehr zum Bau. Es war die letzte Konstruktion, an der *Ernst Heinkel* gearbeitet hatte. Bei einem Fluggewicht von 4 650 kg sollte es, angetrieben von zwei Basse- und Selve-Motoren von je 300 PS, eine Geschwindigkeit von 165 km/h erreichen. Als Bewaffnung waren eine bewegliche 2-cm-Bug-Kanone und ein bewegliches MG im Beobachterstand vorgesehen. Auch dieses Flugboot sollte ein Eindecker werden. An der eigenstabilen Bootsform hatte der Hamburger Bootskonstrukteur *Max Oertz* entscheidend mitgewirkt. Das freitragende Leitwerk war unmittelbar auf das breite Bootsende aufgesetzt. Die Neuentwicklung des Flugbootes W 35 während des Krieges war eine beachtliche Leistung.

Ernst Heinkel hatte auf allen Gebieten des Flugzeugbaus während der Jahre als Chefkonstrukteur der Hansa- und Brandenburgischen Flugzeugwerke vielfältige Erfahrungen

Der See-Aufklärer Hansa Brandenburg W 32 ist nur in wenigen Exemplaren in verschiedenen Ausführungen gebaut worden.

gesammelt: Er hatte Land- und Wasserflugzeuge – und innerhalb der Seeflugzeuge auch Flugboote – gebaut. Die von ihm entwickelten Baumuster dienten als Schul- und Aufklärungsflugzeuge, als ein- und zweisitzige Kampfflugzeuge. Die Größenskala reichte vom Leergewicht unter 400 kg des U-Boot-Flugzeugs W 20 bis zum Leergewicht von 3 167 kg des Groß-Flugbootes W 35, wobei die Gewichte der Maschinen der Jahre 1914/15 mangels ihrer Angabe nicht berücksichtigt sind.
Daß *Ernst Heinkel* Chefkonstrukteur und Technischer Direktor war, bedeutet natürlich nicht, daß er für alles allein entscheidend und verantwortlich war, die Erfolge also nur ihm allein zu verdanken wären. Er hat, auch wenn er immer wieder das vorantreibende Element gewesen sein wird, zweifelsohne auch sehr tüchtige Mitarbeiter gehabt, von denen *Hanns Klemm,* den er ja ebenso wie andere Mitarbeiter erst zu Hansa Brandenburg geholt hatte, in Kenntnis seiner Qualitäten bereits hervorgehoben wurde. Ebenso ist aber unbestreitbar, daß auch noch andere Ingenieure und Führungskräfte tätig waren, denen ein guter Teil des Erfolges der Firma zuzuschreiben ist, auch wenn sich gelegentlich Reibereien ergaben oder später Differenzen – auch über die Erfolge und Verantwortlichkeiten – zu Tage traten. *Camillo Castiglioni,* der als Hauptaktionär und Generaldirektor über allem stand, nahm mehrfach Gelegenheit, *Ernst Heinkels* Aktivismus zu bremsen. Trotzdem sollen hier Querelen, wie sie immer und überall auftreten, wo hochbegabte Menschen und unterschiedliche Temperamente aufeinanderstoßen, nicht verfolgt werden.
Die drei von *Ernst Heinkel* befolgten Grundlinien seiner konstruktiven Gedankengänge waren der Übergang vom Doppeldecker zum Eindecker[13], die Aufnahme des Baues von mehrmotorigen Großflugzeugen und die Entwicklung von Flugbooten und anderen Sonderflugzeugen – Gedankengänge, die allerdings teilweise in der Luft lagen und auch von anderen Konstrukteuren verfolgt wurden. *Ernst Heinkel* jedoch hat sie für sich konsequent durchgedacht und verwirklicht.
Mit dem Kriegsende kommt auch das Ende der Hansa- und Brandenburgischen Flugzeugwerke als Flugzeugbaufirma und damit das Ende der Tätigkeit *Ernst Heinkels* als eigentlicher Flugzeugkonstrukteur. Es scheint, daß es aufgrund der Waffenstillstands- und Friedensbedingungen mit einer deutschen Luftfahrtindustrie, ja mit der ganzen Fliegerei in Deutschland überhaupt vorbei ist. Das Ende einer deutschen Luftfahrt ist auch das Ende der Arbeit deutscher Flugzeugbauer und -konstrukteure.

Ernst Heinkel geht zurück in seine schwäbische Heimat und wartet erst einmal ab, wie sich die Dinge weiter entwickeln. Ein wichtiger Lebensabschnitt ist beendet. *Ernst Heinkel* hatte darauf keinen Einfluß.

1918 bis 1922: Der verlorene Krieg und seine Folgen

Der amerikanische Präsident *Woodrow Wilson* hatte am 8. Januar 1918 14 Punkte formuliert, die die Grundlage eines zukünftigen Friedens bilden sollten. Das deutsche Waffenstillstandsersuchen vom 3. Oktober 1918 basierte auf ihnen. »Ihre nur sehr teilweise Verwirklichung galt in Deutschland weithin als Vertrauensbruch[1]«. Das Waffenstillstandsabkommen vom 11. Nov. 1918 mündete nach mehrmaliger Verlängerung in den am 28. Juni 1919 unter ultimativem alliiertem Druck abgeschlossenen Friedensvertrag von Versailles, der formal am 10. Januar 1920 in Kraft trat. Das deutsche »Gesetz über den Friedensschluß zwischen Deutschland und den alliierten und assoziierten Mächten« wurde am 16. Juli 1919 verkündet, der Text des Versailler Vertrages im Reichsgesetzblatt vom 12. August 1919 dreisprachig abgedruckt. Die politische Seite dieses Vertrages und seine nicht unumstrittene Entstehungsgeschichte seien hier außer Acht gelassen[2]. Dagegen sollen die die deutsche Luftfahrt betreffenden wesentlichen Bestimmungen im Wortlaut wiedergegeben werden. Zum Verständnis der folgenden Jahre und der darin enthaltenen weiteren Lebensgeschichte *Ernst Heinkels* sollen auch die sich aus dem Vertrag ergebenden Folgen für die deutschen Flugzeugbauer kurz dargestellt werden.

Im Gegensatz zu 1945 war das Deutsche Reich, wenn auch jetzt als Republik, bestehen geblieben. Auch die Armee und die Kriegsmarine bestanden weiter, allerdings erheblich eingeschränkt. Aber die bewaffnete Macht und die Mehrheit des deutschen Volkes fühlten sich im Recht, wenn sie in den folgenden Jahren die Bestimmungen des erzwungenen Vertrages subjektiv auslegten oder gar zu umgehen suchten. Der Dritte Abschnitt des Vertragstextes behandelte die Luftstreitkräfte. Artikel 198 bestimmte:

»Die bewaffnete Macht Deutschlands darf keine Land- oder Marine-Luftstreitkräfte umfassen.«

Bis zum 1. Oktober 1919 durfte Deutschland nur noch höchstens 100 Seeflugzeuge oder Flugboote unterhalten, und auch das nur mit dem ausschließlichen Verwendungszweck des Suchens von Untersee-Minen. Das Personal der Luftstreitkräfte war zu demobilisieren. Artikel 201 bestimmte:

Zerstörte Flugzeuge: Nach dem Ersten Weltkrieg mußten in Deutschland aufgrund des Versailler Vertrages die vorhandenen großen Bestände an militärischen Flugzeugen ausgeliefert oder zerstört werden. Nur einige wenige Flugzeuge durften für den Luftverkehr weiter verwendet werden.

»Während sechs Monate nach Inkrafttreten dieses Vertrages wird die Herstellung und Einfuhr von Luftfahrzeugen, Teilen von Luftfahrzeugen, Motoren für Luftfahrzeuge und Teilen von Motoren für Luftfahrzeuge im ganzen deutschen Gebiet verboten.«

Während der Zeit, in der das Bauen von Flugzeugen verboten war, konnte immerhin mit Zivilflugzeugen oder umgebauten Militärflugzeugen geflogen werden. So entstanden bereits 1919 die Vorläufer späterer Luftverkehrsgesellschaften. Auch die Segelfliegerei entwickelte sich zu ihrer ersten Hochblüte in Deutschland, betrieben vor allem von Menschen, die das Fliegen nicht lassen konnten.

Gemäß Artikel 202 mußte mit Inkrafttreten des Vertrages »alles Material der Land- und See-Luftstreitkräfte« mit Ausnahme der in Artikel 198 genannten Minen-Suchflugzeuge ausgeliefert werden. *Peter Supf* beziffert die Auslieferungszahlen mit 15714 Jagd- und Bombenflugzeugen, 27757 Flugmotoren, 16 Luftschiffen und 37 Luftschiffhallen neben Millionenwerten an Zubehörteilen und Präzisionsapparaten[3]. Zum Verständnis der im Verlauf der Kriegsjahre eingetretenen stürmischen technischen Entwicklung und des inzwischen erreichten Umfangs der Fliegerei seien hier die Zahlen angeführt, die im August 1914 galten. Zu diesem Zeitpunkt gab es im Deutschen Reich einschl. der Privatflugzeuge 246 Maschinen und 254 ausgebildete Piloten. Die Industrie konnte auch Ende des Jahres gerade 50 Flugzeuge und 24 Flugmotoren liefern[4]. Ab Juni 1917 lag dagegen die Produktionszahl im Deutschen Reich bei etwa 2000 Flugzeugen und 2500 Flugmotoren im Monat. Im Herbst 1918 standen bei der deutschen Armee etwa 5000 Flugzeuge und 80000 Mann Personal im Einsatz.

Die deutsche Marine verfügte 1914 über rund 35 zum Teil nicht einsatzfähige Flugzeuge[5]. Dazu kamen einschließlich der von der OHL überlassenen insgesamt 84 Luftschiffe, über die die Seekriegsleitung im Verlaufe der Operationen verfügen konnte. Über See erwies sich der Einsatz von Luftschiffen besser geeignet als über Land. Beim Waffenstillstand im November 1918 waren bei der deutschen Marine rund 1100 Seeflugzeuge eingesetzt.

In Österreich-Ungarn waren die Verhältnisse, ebenfalls anders als bei den britischen, französischen und russischen Streitkräften, ähnlich gelagert wie im Deutschen Reich. Auch hier dominierte noch das Luftschiff gegenüber dem Flugzeug. Im Jahre 1911 hatte die k.u.k. Armee zwar die Aufstellung von 15 Flugparks mit insgesamt 90 Flugzeugen geplant, dieses Ziel aber bis 1914 nicht erreicht[6]. Bei Kriegsausbruch 1914 verfügte die k.u.k. Marine über nur wenige Flugzeuge und Flugboote, vor allem vom Typ Lohner-Pfeilflieger und -Flugboote, sowie gerade 25 ausgebildete Marinepiloten. Bei der k.u.k. Armee waren sogar die Lohner-Pfeilflieger im Frühjahr 1914 wegen mehrerer Unfälle gesperrt, so daß sie bei Kriegsausbruch zum Kauf von deutschen Flugzeugen genötigt war, da eine leistungsfähige österreich-ungarische Flugzeugindustrie, die den plötzlichen Bedarf hätte decken können, erst im Entstehen war. Bis zum April 1915 hatte die k.u.k. Luftfahrtruppe 139 Maschinen aus Deutschland erhalten[7]. So entstand der deutsche Einfluß auf die österreichisch-ungarische Materialausstattung, der dann unter den Zeitumständen vor allem die k.u.k. Seefliegerei zum großen Abnehmer der von *Ernst Heinkel* bei Hansa Brandenburg konstruierten Flugzeuge werden ließ.

Die Zahlen zeigen die stürmische Entwicklung des Flugwesens durch den Krieg, sie zeigen aber auch den Niedergang, der in Deutschland durch das absolute Verbot jeglicher Motorfliegerei entstanden war. Es wird auch deutlich die Entwicklung einer deutschen Luftfahrtindustrie in den Kriegsjahren und der Anteil, den *Ernst Heinkel* daran genommen hatte, aber auch das Dilemma der Firmen, die Flugzeuge produziert hatten. Das Nichts, vor dem die deutschen Flugzeugbauer standen, war grenzenlos. So trafen die Bestimmungen des Versailler Vertrages die deutsche Luftfahrt in einer vernichtenden Weise, die allem ein Ende machte.

Der Artikel 231 des Versailler Vertrages, der die alliierte Erklärung und die deutsche Anerkennung der Alleinschuld am Kriege enthielt, war die rechtliche Grundlage für alle Folgen aus dem Vertrag. Er war aber auch der umstrittenste Teil des Vertrages, der das Verhältnis Deutschlands zu den Siegermächten schwer belastete[8] und so nicht unwesentlich zu den Bemühungen beitrug, die Luftfahrt-Verbotsbestimmungen zu unterlaufen.

Die Artikel 313–320 des Versailler Vertrages beschränkten die deutsche Lufthoheit in erheblichem Maße und hemmten dadurch vorsorglich auch den Aufbau einer zivilen Luftfahrt in Deutschland. Der trotzdem in Deutschland einsetzende zivile Luftverkehr und die Betätigung von Sportfliegern sowie die Berichte der »Interalliierten Luftfahrt-Überwachungskommission« (ILÜK) über langsamen und schleppenden Gang der Zerstörung und Auslieferung deutschen Luftfahrtgeräts führten dazu, daß die Alliierten das sonst sechs Monate nach Inkrafttreten des Versailler Vertrages, nämlich am 10. Juli 1920 ablaufende Bauverbot verlängerten. Die alliierte Botschafterkonferenz in Boulogne entschied am 22. Juni 1920, daß die Sperrfrist erst drei Monate nach dem Zeitpunkt als beendet anzusehen sein solle, an dem die Ablieferungsbedingungen restlos erfüllt seien. Dabei lag die Feststellung dieses Zeitpunktes im Belieben der ILÜK. Der Protest der deutschen Reichsregierung blieb unbeachtet.

Die sogenannte »Entwaffnungsnote« des Obersten Alliierten Rates vom 29. Januar 1921 forderte Deutschland auf, die Entscheidung von Boulogne ausdrücklich anzuerkennen. Das Verbot der Militär- und Marineluftfahrt wurde nunmehr auch noch auf die »Verwendung von Flugzeugen bei Polizeiformationen« ausgedehnt und angekündigt, daß Deutschland sich gewissen »Begriffsbestimmungen« unterwerfen müsse, die noch näher festzulegen seien und dazu

dienen sollten, »die Zivilluftfahrt von der verbotenen militärischen zu unterscheiden.«
Das Londoner Ultimatum vom 5. Mai 1921, das das Ergebnis des Treffens des Obersten Alliierten Rates vom 30. April bis 5. Mai 1921 war, zwang dann Deutschland, die in der »Entwaffnungsnote« enthaltenen Verpflichtungen »ohne Vorbehalt und unverzüglich« durchzuführen. Dieses Ultimatum setzte einen Schlußpunkt unter die ergebnislos verlaufenen Verhandlungen der Londoner Reparationskonferenz zwischen dem Deutschen Reich und den Alliierten (Belgien, Frankreich, Großbritannien, Italien und Japan), die vom 1. bis zum 7. März 1921 stattgefunden und zu keiner Annäherung in der Reparationsfrage geführt hatten, da die deutsche Reichsregierung keine reale Möglichkeit sah, eine Reparationsforderung in Höhe von 262 Milliarden Goldmark anzuerkennen. Vom Obersten Alliierten Rat beschlossen, forderte das Ultimatum Deutschland unter Androhung der Besetzung des Ruhrgebietes – die dann am 11. Januar 1923 durch Frankreich und Belgien unter dem Vorwurf der Verzögerung von Sachlieferungen durch die damalige deutsche Reichsregierung unter *Wilhelm Cuno* erfolgte – auf, eine Reparationsschuld von 132 Milliarden Goldmark und eine jährliche Abgabe in Höhe von 26 Prozent des Wertes der jeweiligen deutschen Ausfuhr anzuerkennen. Die Annahme dieser ultimativen Forderungen führte zu dem »Gesetz über die Beschränkung des Luftfahrzeugbaues« vom 29. Juni 1921 (RGBl Nr. 68 vom 8. Juli 1921, S. 789), das das Verbot der Herstellung und Einfuhr von Luftfahrzeugen und Luftfahrzeugmotoren erneut erließ und nunmehr auf unbestimmte Zeit (»bis auf weiteres«) verlängerte. Bald entstand in Deutschland aus der wiederholten Annahme der Forderungen der Alliierten der Vorwurf der »Erfüllungspolitik«, der die innerpolitische Lage heillos vergiftete.
Am 1. Februar 1922 wurde Deutschland bekanntgegeben, daß die in Boulogne festgesetzte Frist von drei Monaten zu laufen beginne und daß vom 5. Mai 1922 ab der Bau und die Einfuhr von Luftfahrtgerät wieder erlaubt seien. Was jedoch zu bauen erlaubt sei, richte sich nach »Begriffsbestimmungen«, die der deutschen Regierung durch eine Note der Botschafterkonferenz am 14. April 1922 übermittelt wurden. Die Note enthielt »Neun Regeln«, die in zwei Punkten über die in den Ziffern 1 bis 7 der im Londoner Ultimatum festgelegten Begrenzungen noch hinausgingen.

Die »Neun Regeln« hatten folgenden Inhalt:

1. Einsitzer mit mehr als 60-PS-Motoren gelten als Kriegsgerät.
2. Flugzeuge ohne Führer gelten als Kriegsgerät.
3. Flugzeuge mit einer Panzerung oder Vorrichtungen für eine Bewaffnung gelten als Kriegsgerät.
4. Flugzeuge mit größerer Steigfähigkeit als 4000 m bei voller Belastung sowie mit Motoren mit einer Einrichtung, welche Überkompression gestattet, gelten als Kriegsgerät.
5. Flugzeuge mit höherer Geschwindigkeit als 170 km/h bei voller Belastung und in einer Höhe von 2000 m gelten als Kriegsgerät.
6. Flugzeuge, die mehr als eine bestimmte Höchstmenge von Öl und Kraftstoff mitführen können (und damit einen Aktionsradius von mehr als etwa 3 1/2 Stunden besitzen), gelten als Kriegsgerät.
7. Flugzeuge, die mehr als 600 kg Nutzlast einschl. Besatzung und Instrumente tragen können, wenn die Höchstbedingungen der Regeln 4 bis 6 erreicht sind, gelten als Kriegsgerät.
8. Fabriken, die Luftfahrtgerät herstellen, müssen angemeldet werden. Flugzeuge, Flugzeugführer und Flugschüler müssen unter bestimmten Bedingungen in Listen erfaßt werden.
9. Ein Garantie-Komitee bestimmt die Mengen der Vorräte an Flugmotoren sowie Teilen und Zubehör für Flugmotoren, die als nötig erachtet werden, um den Bedarf der Zivilluftfahrt zu decken[9].

Diese Neun Regeln als Begriffsbestimmungen zur Unterscheidung von erlaubten Zivil- und verbotenen Militärflugzeugen sollten im übrigen alle zwei Jahre nachgeprüft werden, um etwaige Änderungen des technischen Fortschritts zu berücksichtigen. Sie wurden in die Anlage zu der deutschen »Verordnung über Luftfahrzeugbau« vom 5. Mai 1922 (veröffentlicht im RGBl 1922, Teil I, S. 476ff.) übernommen, die in ihrem Artikel I bestimmte, daß die in dem Gesetz vom 29. Juni 1921 verfügte Beschränkung des Luftfahrzeugbaues mit dem 5. Mai 1922 außer Kraft trete. Damit war gem. Artikel II dieser VO die »Herstellung und Einfuhr von Luftfahrzeugen vom 5. Mai 1922 ab gestattet, soweit die aus der Anlage ersichtlichen Bestimmungen erfüllt sind«. An die Stelle der bisherigen »ILÜK« trat zur Überwachung der Einhaltung der »Begriffsbestimmungen« ein »Luftfahrt-Garantie-Komitee«, bestehend aus 13 englischen, französischen, italienischen, japanischen und dänischen Offizieren, das allerdings im Volksmund schlicht »Schnüffelkommission« genannt wurde, da deren Hauptaufgabe in Werkspionage gesehen wurde.
Die Festlegung von Höchstdaten der oben bezeichneten Art bedeutete zweifelsohne eine Festschreibung der gefürchteten deutschen Konkurrenz auf Leistungen, die weit unter dem Stand der Technik lagen, da sie bereits von den Leistungen des letzten Kriegsjahres übertroffen gewesen waren. Es wurde der deutschen Luftfahrttechnik also nicht nur jeglicher technischer Leistungsfortschritt offiziell unmöglich gemacht, sondern der Leistungsstand einer in ständigem Fortschreiten begriffenen Technik wurde bewußt unter seine Möglichkeiten gesenkt. Damit wurde der eben erst wieder genehmigte deutsche Luftfahrzeugbau in Grenzen gezwängt, die seine Möglichkeiten systematisch beeinträchtigten. Es war daher wenig verwunderlich, daß die deutschen Flugzeugbauer – teilweise mit dem stillschweigenden Einverständnis der Verbietenden, wenn und soweit diese sie brauchten – versuchten, auf jede nur erdenkliche Weise, offen oder versteckt, den Verbotsvorschriften zu entgehen. Die deutsche Luftfahrtindustrie, die schon in den Jahren des absoluten Bauverbots gezwungenermaßen ent-

weder aufgegeben oder durch Verlagerung ihrer Tätigkeit in das Ausland den Verboten zu entgehen versucht hatte, mußte sich entweder mit ausländischen Unternehmen zusammentun oder sie gründete eigene Firmen oder Niederlassungen im Ausland. Das war eine Reaktion, wie sie in jedem anderen Land ebenfalls ausgeübt worden wäre, da sie letztlich dem Selbsterhaltungstrieb entsprach. Noch 1982 beklagte *Hagen Schulze*[10] die Tatsache, daß die Sieger des Ersten Weltkrieges der jungen deutschen Demokratie kein Entgegenkommen gezeigt hatten.

Wie ein Mann wie *Ernst Heinkel* die Verbotsjahre und die folgenden Jahre der Baubeschränkungen in seinem Drang zu schnellen Flugzeugen und seiner Luftfahrtbesessenheit überstand, soll im nächsten Kapitel dargestellt werden.

Der verlorene Krieg als Ansporn

Wiederanfang bei Karl Caspar in Travemünde

Die Umstände im Nachkriegsdeutschland der Jahre 1919–1921 waren der Fliegerei, wie wir gesehen haben, nicht gerade förderlich. Über *Ernst Heinkel* erfahren wir auch von ihm selbst aus dieser Zeit nur sehr wenig, außer daß er zunächst »wartete« und dann von seinen ersparten hohen Gehältern in seinem Heimatdorf Grunbach ein Grundstück kaufte, auf dem er eine kleine Fabrik für Elektromaterial errichtete und gleichzeitig Heeresautomobile auf zivil umfrisieren ließ, ohne dadurch befriedigt zu sein[1].
In seinem kleinen Häuschen mit Obstgarten und Weinberg in Korb im Remstal besuchte den mißmutigen *Ernst Heinkel* eines Tages im Sommer 1921 der alte Kriegsflieger »Fiete« *Christiansen,* auch »Krischan« genannt, der mit den von *Ernst Heinkel* konstruierten Hansa-Brandenburg-Typen W 12 und W 29 an der Flandernküste 1917/18 so überragende Erfolge gehabt hatte und seither mit *Ernst Heinkel* auch persönlich befreundet war[2].
Christiansen hatte bei *Karl Caspar* in dessen Flugzeugbetrieb in Travemünde als »Technischer Direktor« gewirkt, war aber auch dort wieder ausgestiegen, als das absolute Flugzeugbauverbot auch *Karl Caspar* traf und hatte in Norwegen aus der Luft mit einer alten W 29 Herings- und Sardinenschwärme auszumachen versucht, was er auf die Dauer recht langweilig fand. Immerhin war er dabei mit Amerikanern zusammengekommen, denen er von *Heinkels* U-Boot-Flugzeug, der W 20, erzählt hatte, die als zusammenlegbares Flugboot im U-Boot verstaut und an Deck auf- und abmontiert werden konnte[3].
Christiansen meinte sogar, daß nicht nur die Amerikaner, sondern auch die Japaner derartige U-Boot-Flugzeuge bei *Caspar* in Auftrag geben würden, wenn sie nur von *Ernst Heinkel* konstruiert seien, der ja damit Erfahrungen habe. Damit hatte *Christiansen* ihn gewonnen. Er kehrte von der unverbindlichen Besprechung bei *Karl Caspar* in Travemünde gar nicht erst nach Grunbach zurück. Für *Ernst Heinkel* war eine »neue entscheidende Wende« in seinem Leben eingetreten[4].
Dementsprechend verbrannte er auch hinter sich alle Brükken, ließ Betrieb und Haus im Remstal wieder verkaufen und kaufte zunächst in Travemünde ein eigenes Haus. Dann brachten ihm Glück, Zufall oder eigene gewachsene Menschenkenntnis einen alten Mitarbeiter und zwei neue, die von nun an sein Leben begleiteten und über seinen Tod hinaus seinem Werk verbunden blieben bis zu ihrem eigenen Tod.
Es waren sein alter »Windhund« aus vergangenen Zeiten, *Jupp Köhler,* Jahrgang 1895, aus Böhmen, und zwei blutjunge Leute am Beginn ihrer Ingenieurslaufbahn, der am 26. Januar 1901 in Linz a. d. Donau geborene *Karl Schwärzler,* sein späterer langjähriger Chefkonstrukteur, und der Westfale *Erich Kleinemeyer,* Jahrgang 1900.
Jupp Köhler und *Erich Kleinemeyer* waren später, d.h. in den 30er Jahren, zeitweise in anderen Luftfahrtfirmen tätig. Aufgrund ihres Wesens, das allerdings auf ganz unterschiedlichen Charakteren und Temperamenten beruhte, war jeder von ihnen ein getreuer Gefolgsmann seines Herrn, nahm alles von ihm hin, behauptete sich aber durchaus als eigene Persönlichkeit. Vor allem aber dienten sie nicht nur der Person *Ernst Heinkel,* sondern dem, was er gedanklich ausbrütete und sie – jeder an seiner, einer anderen Stelle – vollendeten.
Jupp Köhler bog alles wieder gerade, was irgendwo schief zu laufen schien. *Erich Kleinemeyer* regelte alles, was ingenieursmäßig mit »Papierkram« zu tun hatte. *Karl Schwärzler* entwickelte sich bei *Heinkel* zu eigenem, großen Format als Konstrukteur. *Ernst Heinkel* nannte ihn einen »begnadeten Techniker ... ein unfehlbares Genie bei der Austüftelung und Lösung schwieriger und scheinbar unlösbarer Konstruktionsprobleme[5]«. *Karl Schwärzler* ist denn auch bei *Heinkel* in zahlreichen Fällen der technisch eigenständige Konstrukteur, der auch eigene Entwicklungsideen hat und konstruktiv durchführt, wie z.B. den Bau von Katapulten, die bei *Ernst Heinkel* noch eine große Rolle spielen werden, aber auch bei den Überlegungen, die dann zum Bau von Schleudersitzen führen. Zunächst aber waren sie seine Mitarbeiter im Konstruktionsbüro, denen die Detailarbeiten oblagen.
Das U-Boot-Flugzeug, um dessentwillen *Ernst Heinkel* zu Caspar geholt worden war, wurde als freitragender Doppeldecker ohne Stiele und Verspannung mit zwei Schwimmern entwickelt. Mit einem 50-PS-Siemens-Motor war eine Geschwindigkeit von 130 km/h vorgesehen. Gegenüber der W 20 sollte die U 1 höhere Horizontal- und Steiggeschwindigkeit haben. Vor allem wurde die Zerlegbarkeit verbessert: Die Tragflächen konnten durch einen einzigen Hebelgriff gelöst werden. Die Unterbringung sollte nach

Das von *Ernst Heinkel* 1922 bei den Caspar-Werken konstruierte leicht zerlegbare U-Boot-Aufklärungsflugzeug U 1 konnte in sehr kurzer Zeit demontiert und in einem Druckbehälter von 6 m Länge und 1,5 m Durchmesser untergebracht werden: Zwei Exemplare wurden nach den USA geliefert.

Heinkels Angaben gemäß der amerikanischen Forderung in einem runden Tauchbehälter von 1,50 m Durchmesser und 6 m Länge erfolgen[6].

Ebenfalls nach *Heinkels* Angaben konnten vier Mann ohne Werkzeug das Flugzeug in 22 Sekunden verstaufähig demontieren und in 31 Sekunden aus dem Behälter flugfertig zusammenbauen. Möglicherweise sind diese verblüffenden Zeiten von einer eingespielten Gruppe auch erreicht worden. Wahrscheinlicher ist, daß Auf- und Abbau – zumal unter Einsatzbedingungen – erheblich länger gedauert haben[7]. Das ändert jedoch nichts an der Leistung, die mit diesen U-Boot-Flugzeugen erreicht worden ist. Wie im Stillen erwartet, bestellten die Japaner nach dem erfolgreichen Bau der beiden Maschinen für die USA ebenfalls zwei Stück, die als U 2 bezeichnet wurden. Die Ausführungen sollen sich vor allem in der Ausrüstung voneinander unterschieden haben. Über ihre Verwendung in der Marine ist nichts genaueres bekannt geworden. In den USA soll es am U-Boot gehapert haben. *Ernst Heinkel* will aber 1924 bei seinem Besuch in den USA in Anacostia noch ein Flugzeug in Verwendung gesehen haben. Wie dem auch sei: *Ernst Heinkel* war jedenfalls damit der neue Start in den Flugzeugbau gelungen. Der Anschluß erfolgte noch während der Arbeiten an den U-Boot-Flugzeugen durch einen Entwicklungsauftrag, den der ehemalige deutsche Kriegsflieger *Carl Clemens Bücker* für die schwedische Luftwaffe vermittelte. Dazu entwickelte *Ernst Heinkel* aus der so bewährten W 29 des I. Weltkrieges, unter Verwendung der nicht zu Ende geführten Konstruktionsarbeiten an der W 37, den Typ S 1, der dann in Schweden in größerer Zahl gebaut wurde und in der schwedischen Luftwaffe sehr beliebt war[8]. Die S 1 war ein freitragender Tiefdecker, der in der schwedischen Marine als See-Aufklärer verwendet wurde. Aus

Das U-Boot-Aufklärungsflugzeug Caspar U 1 war ein freitragender Doppeldecker.

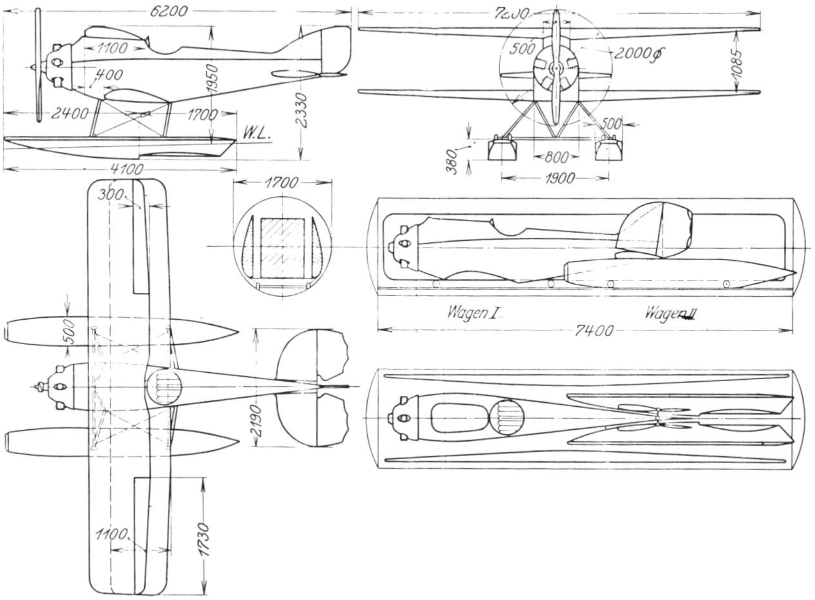

In der Ausführung U 2, die sich von der U 1 nur durch verschiedene Ausrüstung unterschied, wurde das U-Boot-Flugzeug in zwei Exemplaren nach Japan geliefert.

Als Weiterentwicklung des Seeflugzeuges Hansa Brandenburg W 29 des Ersten Weltkrieges konstruierte *Ernst Heinkel* bei Caspar 1922 das dreisitzige Schwimmerflugzeug S 1, das in Schweden in größeren Stückzahlen in Lizenz gebaut wurde.

Auf das Muster S 1 folgte noch 1922 die verbesserte Ausführung S 2 (HE 2) mit dem englischen Rolls Royce-Eagle-Motor.

der S 1 entwickelte *Ernst Heinkel* bei den Caspar-Werken dann noch die S 2, die sich von der S 1 dadurch unterschied, daß der Motor an ein Stahlgerüst gehängt wurde statt im Rumpf eingebaut zu werden und zur Brandverhütung durch ein Brandschott vom Rumpf getrennt war. Offenbar nur am Rande – denn er erwähnte es selbst nicht einmal – beschäftigte *Ernst Heinkel* sich bei Caspar auch mit einem Verkehrsflugzeug. In der Liste der »Heinkel Flugzeuge und Projekte 1911 bis 1962«, die in Heft 1 der Zeitschrift der Heinkel-Werke vom 1. Dezember 1962, S. 46–53 abgedruckt ist[9], wird das Muster als Nr. 90 CV aufgeführt und zwar als Hochdecker mit einer Spannweite von 17 m, einer Länge von 11,60 m und einem Fluggewicht von 2370 kg. Zwei Fiat-Motoren von je 300 PS sollten dem Flugzeug eine Geschwindigkeit von 175 km/h verleihen. Auch *Bruno Lange* führt die CV[10] bei den Caspar-Werken als Verkehrsflugzeug-Entwurf an.

Gerade mit den Arbeiten an der S 2 fertig, liest *Ernst Heinkel* die Nachricht von der Aufhebung der Flugzeug- und Flugmotorenbauverbote[11].

Das ist für ihn ein Signal. Nach seinen Angaben[12] vergewissert er sich der Zustimmung seiner drei Mitarbeiter *Schwärzler, Kleinemeyer* und *Köhler,* daß sie mit ihm gehen, wenn er sich von *Karl Caspar* trennt, um ein eigenes Werk zu gründen. Ebenfalls erfährt er, daß die Schweden einen Flugzeugwettbewerb ausgeschrieben haben, an dem auch deutsche Maschinen teilnehmen dürfen.

Diese Trennung von *Caspar* führte zu unterschiedlich dargestellten Folgen. *Walter Zuerl* berichtet in einer längeren Notiz über die Luftfahrtindustrie in Hamburg zum »Flugzeugbau Caspar«[13], daß es zum Streit und zur Trennung gekommen sei, »da Heinkel bei der Verschiffung der zweiten U 1 im Hamburger Hafen das Firmenschild von Caspar gegen sein eigenes austauschte«, während *Ernst Heinkel* in seinen Memoiren erzählt, daß *Karl Caspar* seine Mitarbeiter, vor allem *Schwärzler* und *Kleinemeyer* unter der Beschuldigung habe »einsperren« lassen, ihm gehörende Konstruktionspläne »gestohlen und mitgenommen zu haben[14]«. Nun sind die Beteiligten alles ehrenwerte Personen, der Streit wohl mehr eine Auseinandersetzung, die seit längerem schwelte und jetzt zum Ausbruch kam. *Ernst Heinkel* und seine Mannen konnten jedenfalls nach dieser Affäre ihre Tätigkeit im »Nebenzimmer« der Gastwirtschaft Wegener in Travemünde fortsetzen. *Ernst Heinkel* hatte, wie er es nannte, die erste Justizschlacht seines Lebens geschlagen.

Damit war zwar die Trennung von *Karl Caspar* vollzogen, aber vorläufig mußten sich *Ernst Heinkel* und seine ersten Mitarbeiter darauf beschränken, Konstruktionsarbeit am Zeichenbrett und Schreibtisch zu machen. Die folgenden Monate war *Ernst Heinkel* vor allem damit beschäftigt, seine Pläne für ein eigenes Werk, das diesen Namen verdiente, zu schmieden. Die politischen Verhältnisse in Deutschland und die voranschreitende Inflation als Ausdruck auch des wirtschaftlichen Niedergangs waren nur dazu angetan, den Optimismus und die Tatkraft, die *Ernst Heinkel* bei seinem Unternehmen antrieben, herauszufordern. Schließlich mußte er ja auch für seine Mannen Arbeit haben, die nur aus Aufträgen bestehen konnte, die dem jungen und als Unternehmer unbekannten Flugzeugbauer sicher nicht in den Schoß fielen. Seine Beziehungen zu *Clemens Bücker*[15], der für *Caspar* schon den schwedischen Auftrag für die S 1 und S 2 vermittelt hatte, führten dazu, daß *Bücker* ihm nicht nur Aufträge auf seine Konstruktion in Aussicht stellte, sondern auch noch den Tip gab, daß in Deutschland selbst Regierungsaufträge auf die Konstruktion von Flugzeugen zu erhalten seien, die man dann doch in Schweden etwa bauen könne. Das genügte für *Ernst Heinkel,* um sich an die Arbeit zu machen, jetzt als Unternehmer für den eigenen Betrieb.

Das eigene Werk

Als Geburtstag der Ernst Heinkel Flugzeugwerke in Warnemünde wird unbestritten der 1. Dezember 1922 angesehen. Die Handelsregistereintragung erfolgte am 5. März 1923 (v. Koos, a.a.O., S. 49). Es mögen an dieser Stelle zwei Presseberichte wiedergegeben werden, die von diesem Ereignis berichten.

Die Flugpost vom 21. März 1923 schreibt:

»*Ernst Heinkel Flugzeugwerke, Warnemünde.* Unter diesem Namen hat der bekannte Flugzeugkonstrukteur Ernst Heinkel jetzt eine eigene Firma gegründet und diese soeben handelsgerichtlich eintragen lassen. Gegenstand des Unternehmens ist die Herstellung von Sport- und Verkehrsflugzeugen aller Art. Heinkel, dessen Konstruktionstätigkeit entscheidenden Einfluß auf die Fortschritte des Flugzeugbaues während der letzten 10 Jahre ausgeübt hat, war 1913/14 Chefkonstrukteur bei den Albatros-Werken, 1914/19 Chefkonstrukteur und Direktor der Hansa- und Brandenburgischen Flugzeugwerke A.-G. und hat während des letzten Jahres bei den Caspar-Werken, Travemünde, zwei Flugzeuge für Amerika und zwei für Japan gebaut. Dem neuesten Stande moderner Flugzeugtechnik entsprechend, zeichnen sich letztere u.a. durch eine außerordentlich leichte und rasche Demontierbarkeit aus. Sämtliche neuen z.Z. bei der schwedischen Marine in Licenz gebauten Flugzeuge sind von Heinkel konstruiert.«

Außenansicht der Ernst Heinkel Flugzeugwerke in Warnemünde kurz nach der Firmengründung im Jahre 1922.

Und *Der Motorwagen* berichtet am 20. April 1923:

»*Warnemünde.* Ernst Heinkel Flugzeugwerke. Unter dieser Firma hat der bekannte deutsche Flugzeugkonstrukteur, Ingenieur Ernst Heinkel, kürzlich eine eigene Flugzeugwerft handelsgerichtlich eintragen lassen, die sich mit Herstellung und Vertrieb aller Arten von Land- und Wasser-, Sport- und Verkehrsflugzeugen befaßt. Als einer der erfolgreichsten und vielseitigsten deutschen Flugzeugkonstrukteure hat Ingenieur Heinkel die Entwicklung des deutschen Flugzeugbaues während der letzten zehn Jahre entscheidend beeinflußt. Er war von 1913–1914 Chefkonstrukteur bei den Albatros-Werken, 1914–1919 Chefkonstrukteur und Direktor bei den Hansa- und Brandenburgischen Flugzeugwerken A.-G. und hat im vergangenen Jahr bei den Caspar-Werken, Travemünde, mehrere für das Ausland bestimmte Flugzeuge moderner Konstruktion gebaut. Die Ernst Heinkel Flugzeugwerke werden noch im Laufe dieses Monats ihren ersten Typ herausbringen, dessen konstruktive Durchbildung eine Reihe hochinteressanter Verbesserungen aufweist und auf dessen Leistungen man mit Recht gespannt sein darf.«

Soweit die Gründungsberichte, die offensichtlich auf eine gemeinsame Quelle, vermutlich eine Pressenotiz, die *Ernst Heinkel* hat herausgehen lassen, zurückzuführen sind. Sie zeigen, daß *Ernst Heinkel* und seine Neugründung trotz der turbulenten Zeit – immerhin ist der belgisch-französische Ruhreinbruch und der daraus entstandene Ruhrkampf in vollem Gange und die Inflation fängt an zu galoppieren – jedenfalls in Fachkreisen beachtet werden. *Ernst Heinkel* selbst zieht mit *Karl Schwärzler* und *Erich Kleinemeyer* in die von ihm gemietete Halle 3 des ehemaligen Seeflugzeugversuchskommandos, des S.V.K. in Warnemünde, und richtet dort stolz und selbstbewußt »Konstruktionsbüro« und »Kaufmännisches Büro« ein. *Jupp Köhler* hatte sicher auch irgendwo eine Art Schreibtisch, im übrigen war er ja »Hans Dampf in allen Gassen«. Die Meister *Borchert* und *Kramer* hat *Heinkel* inzwischen ebenfalls von *Caspar* zu sich herübergeholt, so daß für Tischler-, Schlosser- und Klempnerwerkstatt gesorgt ist, die schließlich notwendig sind, um ein Flugzeug auch zu bauen. Die Konstruktion des für den Göteborger Wettbewerb vorgesehenen Flugzeugs schritt derweilen voran. Fertiggestellt, erhielt es die Bezeichnung HE 3 und wurde zur Teilnahme an dem internationalen Wettbewerb nach Göteborg verschifft. Es war ein freitragender Tiefdecker, dessen Paten die beiden Muster S 1 und S 2 waren, die später *Heinkel* als HE 1 und HE 2[1] in die Reihe der von ihm entwickelten Flugzeuge aufnahm. Der technische Fortschritt floß natürlich auch in die HE 3 ein. Die Holme waren in den Rumpf einsteckbar, Rumpf und Flügel waren sperrholzbeplankt. Je nach Verwendung als Land- oder Seesportflugzeug konnten Fahrwerk und Schwimmergestell rasch gegeneinander ausgetauscht werden. Als besondere Neuigkeit wurde ein elektrischer Anlasser für den 100-PS-Siemens-Sh 6-Motor eingebaut, so daß der Motor angelassen werden konnte, ohne daß der

Das erste Flugzeug aus dem eigenen Werk war das Sport- und Reiseflugzeug HE 3. Besondere Konstruktionsmerkmale waren die Tragflächenmontage mittels Schnellverschlüssen und die Möglichkeit, das Radfahrwerk in kurzer Zeit gegen Schwimmer auszutauschen.

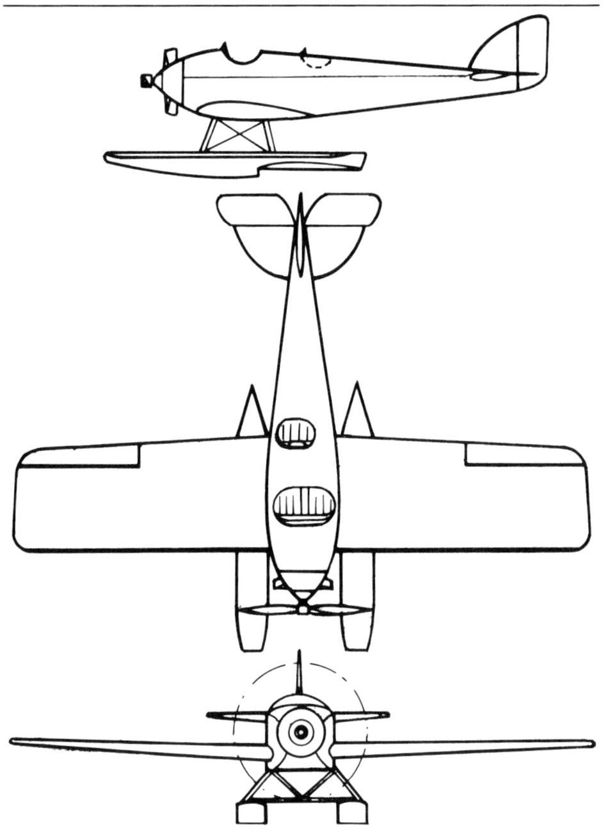

Dreisitziges Sportflugzeug Heinkel HE 3.

Propeller mühselig von Hand durchgedreht werden mußte. Diese HE 3 ist Gegenstand eines umfassenden Berichtes über Fortschritte im Flugzeugbau[2], in dem zunächst festgestellt wird, daß Flugzeug und Luftschiff »noch bedeutend weiterentwickelt werden müssen, ehe sie mit den alten Verkehrsmitteln«, Eisenbahn und Dampfer, »ernsthaft in Wettbewerb treten können«. Dann verweist der ungenannte Verfasser des Beitrages auf die »Entwicklung des freitragenden Eindeckers aus Metall« als den größten Fortschritt und danach auf die »vielseitige Verwendbarkeit und Vereinfachung des Flugzeugs«, um diese Vorzüge anhand der HE 3 zu verdeutlichen. Die Abbildungen dieses Beitrages und die dazu gegebenen Erläuterungen machen vor allem auf die Austauschmöglichkeit von Land- und Schwimmergestell aufmerksam sowie auf die Möglichkeit, die Tragflächen so zu gestalten, daß sie leicht abzunehmen und schnell wieder anzubringen sind, Eigenschaften, die die Heinkel-Konstruktionen schon vor und während des I. Weltkrieges ausgezeichnet hatten.

Auch die *Zeitschrift für Flugtechnik und Motorluftschiffahrt* weist[3] auf die »Endlösung des heutigen Flugzeugneubaues in Form des freitragenden Eindeckers« hin, ohne daß dadurch alle anderen offenstehenden Fragen bereits auf eine allgemeingültige Endformel gebracht seien. Als Beispiel für die beachtenswerten konstruktiven Lösungen verweist *Otte* hier ebenfalls auf die HE 3 und zeigt dabei, wie die beiden Hälften des geteilten Tragdecks mit ihren keilförmig abgeschnittenen Holmverlängerungen in die Rumpftunnel hineingeschoben werden, sich hierbei übereinander legen und somit zu vollen Holmen größter Querschnitte ergänzen.

Den Übergang von den noch bei der Firma Caspar entwickelten Aufklärungs-Schwimmerflugzeugen S 1 und S 2 (auch als HE 1 und HE 2 bezeichnet) zur späteren HE 5 stellte das Muster HE 4 dar, das 1924 gebaut wurde. Rechts am Strand *Ernst Heinkel*.

Dann preßt eine Festspannvorrichtung je zwei Holmverlängerungen fest aneinander bzw. löst sie wieder voneinander. Das Ganze hat den Vorteil, daß keinerlei Werkzeuge oder Hilfsmittel wie Bolzen o.ä. benötigt werden und zudem der Vorgang von wenigen Leuten in kürzester Zeit ausgeführt werden kann. Ähnlich unkompliziert und schnell kann das Landgestell in ein Schwimmergestell verwandelt werden und umgekehrt, ja sogar der Ein- und Ausbau einer Doppelsteuerung für Ausbildungszwecke kann einfach, schnell und ohne Verwendung von Werkzeugen durchgeführt werden. Hier zeigte also *Ernst Heinkel* in seinem ersten, im eigenen Werk hergestellten Flugzeug in Stromlinienform, daß er die Erfahrungen der letzten zehn Jahre wohl anzuwenden versteht. Das Flugzeug selbst ist eine reine Holzkonstruktion, bei der nur wenige höher beanspruchte Teile aus Chromnickelstahl oder Duralumin waren. Als Motor diente nach den Angaben von *R. Otte* ein 80- oder 110-PS-Siemens-Motor, hinter dem sich eine feuersichere Schottwand befand. Die Spannweite betrug 10,40 m, die Gesamtlänge beim Wasserflugzeug 7,80 m und beim Landflugzeug 7,10 m, während die Gesamthöhe beim Wasserflugzeug 2,80 m und beim Landflugzeug 2,60 m betrug. Auch das Gewicht unterschied sich (beim Wasserflugzeug mit 520 kg und beim Landflugzeug mit 480 kg), während die Nutzlast in beiden Fällen 320 kg betrug. Die Geschwindigkeit wurde vom Werk mit 135/150 km/h und die Steigzeit auf 1000 m mit 7 bzw. 5,5 min. angegeben. Die Reichweite betrug 600 bzw. 620 km, die Flächenbelastung für das Wasserflugzeug 49 kg/m^2 und für das Landflugzeug 46,5 kg/m^2, die Leistungsbelastung 10,5 kg/PS für das Wasserflugzeug und 10 kg/PS für das Landflugzeug.

Mit diesem Typ wurde alsdann *Clemens Bücker* erster Sieger in der Klasse der Sport- und Kurierflugzeuge im Internationalen Seeflugzeugwettbewerb 1923 in Göteborg – das in vielen zeitgenössischen Quellen auch als Gothenburg bezeichnet wurde. *Ernst Heinkel* erzielte damit auch die Siege in allen technischen Prüfungen. Sein Name wurde überall bekannt, sein Ruf vor allem in Schweden fest begründet. Der wirtschaftliche Erfolg sicherte ihm dann die Möglichkeit zu weiteren Arbeiten.

Die im Jahre 1924 für Schweden als See-Aufklärer entwikkelte HE 4 beruhte im wesentlichen auf der S 1, war jedoch dreisitzig. Technisch bot sie nichts Neues, festigte aber die Beziehungen zum schwedischen Auftraggeber, der für *Ernst Heinkel* zu dieser Zeit sehr wichtig war. Ein weiterer Eindecker als Land- und Wasser-Sportflugzeug aus dem Jahre 1924 war die zweisitzige HE 18, die unmittelbar aus der HE 3 entwickelt wurde mit einem Stahlrohrrumpf, aber ebenfalls technisch keine Neuigkeiten zeigte[4]. In ihren Leistungen lag sie im Rahmen der »Begriffsbestimmungen«, war also in keiner Beziehung auffällig. Aus dem Jahre 1924 stammt noch der Entwurf der HD 21, mit der *Ernst Heinkel* erstmals auch wieder einen Doppeldecker baute, vermutlich auf Wunsch des von *Erich Kleinemeyer* als Auftraggeber genannten Reichsverkehrsministeriums, das ein Land-Schulflugzeug wünschte. Das Baumuster hatte einen Holzschalenrumpf und einhängbare Flächen, war robust und im übrigen technisch ohne Besonderheiten.

Die Reichswehr als Auftraggeber

In das Jahr 1924 fällt eine neue, für *Ernst Heinkel* ebenso wie für die deutsche Luftfahrt bedeutsame Entwicklung. Die Reichswehr hatte unter den Verbotsvorschriften des Versailler Vertrages, aber auch entsprechend den Notwendigkeiten der ersten Jahre der Weimarer Republik, immer wieder versucht klarzumachen, daß auch ein kleines Heer Luftstreitkräfte brauche. Der Chef des Truppenamtes (TA) des Reichsheeres seit dem 24. November 1919, General *Hans v. Seeckt,* der nach seiner Tätigkeit als deutscher Militärsachverständiger bei den Versailler Vertragsverhandlungen am 1. Oktober 1919 in das neu gebildete Reichswehrministerium versetzt und, von 1920 bis 1926 – loyal zur Weimarer Republik stehend – Chef der Heeresleitung war, sorgte dafür, daß im Reichsheer, wenn auch im kleinsten Rahmen, die Beschäftigung mit dem Militärflugwesen nicht ganz unterging. Auch in der Flottenabteilung der Marineleitung wurde für eine gewisse Kontinuität Sorge getragen. Dabei konnten diese Stellen aufgrund ihrer personellen geringen Ausstattung gerade noch das Allernotwendigste an fliegerischen Gedankengängen über die Zeit retten.

Der in Deutschland aufkommende Segelflugsport, der im übrigen von der Reichswehr in der Erkenntnis gefördert wurde, daß er zwar keinen militärischen Nutzen bringe, aber doch mittelbar wertvoll für die Förderung des Fluggedankens überhaupt sei, war im Versailler Vertrag nicht verboten. Er gab daher auch die Möglichkeit einer gewissen Ersatzlösung für die fliegerische Ausbildung innerhalb der Reichswehr. Die damaligen Hauptleute *Student* und *Wilberg,* die im Truppenamt des Reichsheeres für bestimmte Luftfahrtfragen zuständig waren, förderten alle zivilen Unternehmungen, die sich mit Fragen der Fliegerei und der Luftfahrt ganz allgemein befaßten. Der am 16. April 1922 in Rapallo geschlossene Vertrag zwischen dem Deutschen Reich und der Russischen Sozialistischen Föderativen Sowjetrepublik, der auch heute noch häufig mißgedeutet wird, leitete unter besonderer Betonung der wirtschaftlichen Seite nicht nur eine Periode guter Beziehungen zwischen den beiden Staaten ein, sondern war auch der Ausgangspunkt für den Wiederaufbau einer kleinen deutschen Fliegertruppe. Zwar hatte es bereits 1921[1] Besprechungen in dieser Richtung gegeben, die jetzt nur fortgeführt zu werden brauchten. Aber in Rapallo wurden doch wohl erst die eigentlichen Grundlagen für den Aufbau einer neuen deutschen Fliegertruppe geschaffen, da nunmehr deutsche Flugzeugentwicklungen in der Sowjetunion (SU) erprobt und Pilotennachwuchs ausgebildet werden konnte, während die SU an den Erfahrungen des deutschen Flugzeugbaus teilhaben sollte. Aus den »Vorbemerkungen des Herausgebers« zu dem in Anm. 1 (S. 243) erwähnten Aufsatz des Generals der Flieger a. D. *Helm Speidel,* des Bruders des Generals a.D. Dr. *Hans Speidel,* der am Aufbau der Bundeswehr und dem Beitritt der Bundesrepublik Deutschland zum Nordatlantikpakt maßgeblich beteiligt war – geht hervor, daß die meisten dokumentarischen Unterlagen der deutsch-sowjetischen Zusammenarbeit schon während der Zusammenarbeit selbst laufend und planmäßig vernichtet wurden[2], sicher auch einer der Gründe für die seitherigen zahlreichen Mißdeutungen der damaligen deutsch-sowjetischen militärischen Zusammenarbeit. Immerhin war diese Zusammenarbeit besonders fruchtbar auf dem Gebiet der Luftwaffe, und insoweit war nicht nur die Einrichtung des deutschen Zentrums für Fliegerausbildung und fliegertechnische Erprobung in Lipezk, ca. 400 km südsüdostwärts von Moskau am Woronesch, von Bedeutung für die Weimarer Republik und deren Reichswehr, sondern auch für die Möglichkeiten, die sich daraus für die deutsche Luftfahrtindustrie generell und für *Ernst Heinkel* im besonderen ergaben.

Unter Bezugnahme auf die genannten »Vorbemerkungen des Herausgebers« ist festzuhalten, daß der Rapallo-Vertrag weder einen geheimen Anhang hatte noch einen formulierten militärischen Vertrag nach sich zog, also auch kein Militärbündnis oder eine Militärkonvention begründete. Allerdings hatten, wie zuvor bereits erwähnt, schon sehr früh neben den allgemeinen wirtschaftlichen »militärwirtschaftliche und militärtechnische Besprechungen und Abreden« begonnen[3]. Andererseits haben die verantwortlichen Regierungschefs und Reichsminister die militärischen und damit verbundenen finanziellen Aspekte dieser Politik gekannt und unterstützt.

Dieser Ausflug in die politischen und militärischen Verhältnisse der 20er Jahre sollte verständlich machen, daß ein Luftfahrtindustrieller wie *Ernst Heinkel* diese Entwicklung nicht nur begrüßte, sondern darin auch die Möglichkeit sah und fand, auf seinem ureigensten Gebiet, der Luftfahrttechnik, tätig zu sein und Flugzeuge nach seinem Geschmack zu konstruieren, im Ergebnis also schnelle Flugzeuge. Die Geheimniskrämerei, mit der diese Vorgänge damals und in der Literatur auch noch sehr viel später umgeben worden sind und wie sie teilweise heute noch unterstellt wird, erscheint unter den jetzigen Aspekten nicht mehr ganz begreiflich; dennoch spielte damals die Unsicherheit der politischen Orientierung gewiß eine nicht unwesentliche Rolle. Die Abgrenzung dessen, was seinerzeit erlaubt oder verboten war, war auch Gegenstand der Auslegung für die Politiker dieser Zeit und die Offiziere aller Seiten, die die politischen Regeln in praktisches Leben umsetzen mußten. Rüstungsfragen, insbes. Neuentwicklungen wurden aber zu allen Zeiten und überall »geheim« behandelt. Es ist natürlich zu jeder Zeit viel interessanter, über angeblich verbotene Dinge zu berichten als sich mit nüchternen Tatsachen zu befassen, denen wir uns nun wieder zuwenden wollen.

Dabei kann es keinem Zweifel unterliegen, daß dem Ausland die deutschen Bemühungen um eine militärische Luftfahrt, wie sie von der Reichswehr betrieben wurden, nicht verborgen blieben. Zu einem maßgeblichen Eingreifen bestand offensichtlich kein Anlaß, zumal die Entwicklungen, wie sie auch bei *Ernst Heinkel* betrieben wurden, nur einzelne Experimentalflugzeuge betrafen. Von dem regelrechten Aufbau einer größeren deutschen Luftwaffe konnte zu Reichswehrzeiten nicht die Rede sein. Die Bemühungen der Reichswehr konnten gerade dazu dienen, technisch nicht ganz den Anschluß zu verlieren und personell für den Aufbau einer Luftwaffe die Grundlagen zu schaffen. Der später so oft gerühmte Aufbau einer aus dem Nichts geschaffenen Luftwaffe beruhte, wie das auch *Ernst Heinkel* in seinen Lebenserinnerungen mehrfach darstellt, häufig auf Bluff-Maßnahmen, auf die die ausländische Spionage-Aufklärung allerdings gelegentlich hereingefallen sein dürfte.

Für *Ernst Heinkel* hatte diese Situation nur die eine Seite, daß er Flugzeuge konstruieren konnte, die nicht unbedingt den sogenannten »Begriffsbestimmungen« zu entsprechen hatten, ganz abgesehen von der Tatsache, daß auch diese Vorschriften gewisse Ausnahmen in begrenztem Rahmen zuließen. Die Reichswehr verlangte von *Ernst Heinkel* zunächst die Entwicklung eines zweisitzigen Aufklärers, für welchen Typ er die HD 17 konstruieren ließ, die in zwei Ausführungen, einmal mit N-Stiel und zum anderen mit I-Stiel, als HD 17a und HD 17b erstellt wurde[4]. Im übrigen waren die beiden weitgehend gleich konstruiert, wenn auch mit verschiedenen Motoren ausgestattet. Das lag mit Sicherheit an den unterschiedlichen Forderungen der deutschen und der amerikanischen Auftraggeber, auch wenn beide das Baumuster als militärisches Flugzeug einzusetzen gedachten. Die HD 17 wurde mit einem Stahlrohrrumpf und durchgehenden Ober- und Unterflügeln aus Holz gebaut. Die Ausführung mit dem 450-PS-Napier Lion-Motor erreichte 220 km/h. Die Spannweite betrug für beide Versionen 12,80 für den Oberflügel und 11,40 m für den Unterflügel. Die Länge der HD 17a war 9,18 m, diejenige der HD 17b dagegen 9,22 m. Die Flügelfläche betrug in beiden Fällen 40,60 m^2. Das Fluggewicht der HD 17a hatte 2200 kg. Die HD 17 wurde in Lipezk bis zum Jahre 1933

Als erstes Militärflugzeug für die geheime deutsche Fliegertruppe entstand 1926 bei Heinkel in Warnemünde der Doppeldecker HD 17, der mit einem englischen Napier Lion-Motor ausgerüstet war.

Für die Schulung in Lipezk waren eine Anzahl HD 17 geliefert worden.

Rumpffertigung im Flugzeugwerk Warnemünde 1925/26.
▼

Der Tragflächenbau im Werk Warnemünde war eine große Tischler-Werkstatt.

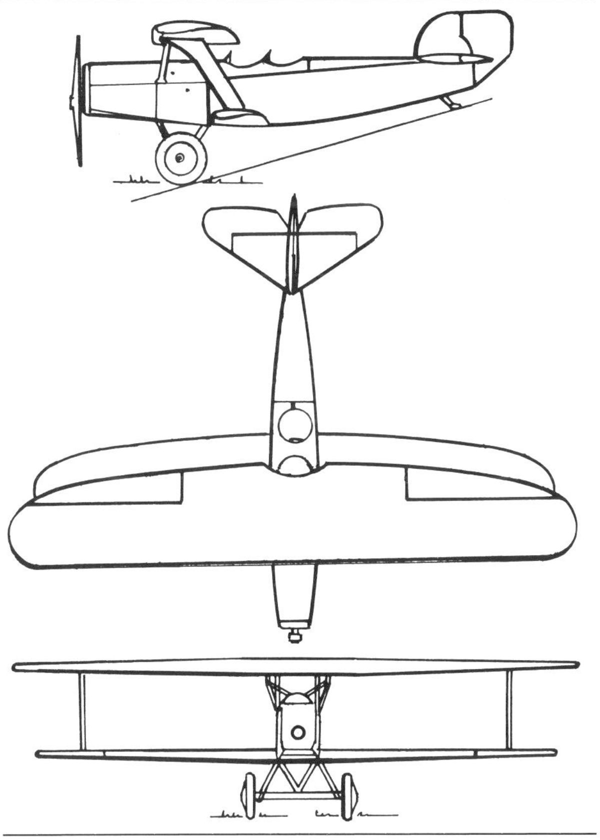

Zur Dreiseitenansicht HD 17. Der unverspannte Doppeldecker HD 17 war das erste Heinkel-Flugzeug, das nur mit Radfahrwerk in Serie gebaut wurde. ▶

geflogen, wie ein Bericht eines auf diesem Typ ausgebildeten Fliegeroffizieranwärters zeigt[5]. Sie hat dort zweifelsohne ihre Qualifikation als robustes Ausbildungsflugzeug erwiesen.

Die Fliegerschule Lipezk diente der Reichswehr vor allem zur Ausbildung von Jagdfliegern mit einer Jahresquote von zehn Jagdfliegerschülern, so daß insgesamt in den Jahren 1925–1933 etwa 120 Jagdflieger dort ausgebildet wurden, die bei der späteren Aufrüstung den hochqualifizierten Stamm an Fliegeroffizieren bildeten[6]. Etwa ab 1928 kam als weiterer Schwerpunkt die technische Erprobung hinzu, die sich beispielsweise auch auf die HD 38 als schnellen Jäger erstreckte.

Für die Luftfahrtindustrie, also auch für *Ernst Heinkel,* war die Zusammenarbeit zwischen dem Reichswehrministerium und dem Reichsverkehrsministerium von besonderer Bedeutung, da das Reichsverkehrsministerium die Gelder für die zivile Luftfahrt bereitstellte und in dem Leiter der Luftfahrtabteilung, *Ernst Brandenburg,* einem ehemaligen Kriegsflieger, einen hervorragenden Kenner der militärischen Fliegerei und Förderer »militärischer Notwendigkeiten, soweit sie die zivile Seite der Luftfahrt berührten,[7]« besaß. Das Reichsverkehrsministerium war denn auch diejenige Stelle, die allein der Reichswehr die finanzielle Unterstützung für ihre Luftfahrtbedürfnisse geben konnte. So wurde vielfach das Reichsverkehrsministerium, z. B. auch in der von *Erich Kleinemeyer* angefertigten und hier mehrfach erwähnten Liste der Heinkel-Flugzeuge, als Auftraggeber bezeichnet, wenn es sich um Flugzeuge handelte, die im Auftrag der Reichswehr entwickelt und gebaut wurden. Die für Zwecke der Reichswehr konstruierten weiteren Heinkel-Flugzeuge werden, mit Ausnahme der in diesem Kapitel behandelten HD 17, jeweils in ihrem zeitlichen Zusammenhang dargestellt, zumal die Grenze zwischen ziviler und militärischer Version, etwa bei Schulflugzeugen, nicht immer deutlich zu ziehen ist. Es wurden ja auch zivile Einrichtungen wie die Deutsche Verkehrsflieger Schule (DVS) teilweise zur Erfüllung militärischer Aufgaben eingesetzt. *Ernst Heinkel* hat in der Zeit bis 1933 auch eine größere Zahl von militärischen Entwicklungen für fremde Luftwaffen oder Marinen wie Schweden und Japan gebaut, von den Entwicklungen und Lizenzvergaben für die Sowjetunion ganz abgesehen. Die Liste von *Erich Kleinemeyer* nennt als Auftraggeber das Reichsverkehrsministerium für 28 Baumuster, die Reichswehr bis 1932 (womit im Zweifel das Reichsheer gemeint war) für drei und die Reichsmarine ausdrücklich nur für die HD 15, das Versuchsflugboot für den Katapultstart. Die Marineleitung der Reichswehr hat aber zweifelsohne ähnlich wie das Reichsheer Entwicklungs- und Bauaufträge über das Reichsverkehrsministerium erteilen lassen. Anders ist es nicht zu erklären, daß in der Liste von *Erich Kleinemeyer* zahlreiche Typen als See-Aufklärer, Torpedoflugzeug oder See-Jagdeinsitzer bezeichnet werden. So kann keine Aufzählung heute noch eine verbindliche Übersicht über den speziellen Verwendungszweck geben, da die Bedeutung der einzelnen Muster wie ihre Einsatzmöglichkeiten durchaus unterschiedlich war. Aus der Tradition seiner Entwürfe bei Hansa Brandenburg hat *Ernst Heinkel* in den 20er Jahren wesentliche Konstruktionen für Aufklärungsaufgaben zu Lande und zur See gemacht. Gleichzeitig qualifizierte er sich auch weiterhin als Konstrukteur für schnelle, also Jagdflugzeuge, die in zunehmendem Maße sein Interesse in Anspruch nahmen, auch wenn aus politischen Gründen die meisten Konstruktionen für das Ausland entwickelt oder in das Ausland geliefert wurden. Die Aufgabenstellungen waren auch dadurch verwischt, daß für militärische Konstruktionen, wenn es sich z. B. um Schul- oder Ausbildungsflugzeuge handelte, auch zivile Interessenten für ihre Ausbildungsvorhaben vorhanden waren, wie die DVS oder die Luft Hansa. Aber auch deren Auftragserteilung war wiederum teilweise mit militärischen Aspekten vermischt, wie es die Zeit ergab.

Fest steht nur, daß die Grenzen verschwammen. Manche Konstruktion war um diese Zeit eben für beide Zwecke verwendbar, oft sogar ohne jede Änderung. Die Marineleitung innerhalb der Reichswehr versuchte, wenn auch mit ähnlich schwachen Mitteln und Möglichkeiten wie das Reichsheer, »den Gedanken an die Wichtigkeit einer Luftwaffe für die Marine wachzuhalten[8]«. So war die HD 30, die *Erich Kleinemeyer* in seiner Liste als See-Krankentransportflugzeug bezeichnet, das als Seenotflugzeug für die Hochseefischerei eingesetzt werden sollte, nach *Heinrich Wollé*[9] als »Postflugzeug« getarnt, während *Heinz J. Nowarra* es als Seeaufklärungsflugzeug der Marineflieger bezeichnet. Im übrigen war dieser Typ, außer daß erstmals die Holzschwimmer mit einer neuartigen Hydronaliumhaut versehen waren, ohne technische Besonderheiten.

Mit der HE 31, einem zweisitzigen Tiefdecker als Hochsee-Aufklärer, knüpfte *Ernst Heinkel* noch einmal an seine Entwicklungen bei Hansa Brandenburg an, während die HE 7 – 1927 im offiziellen Auftrag des Reichsverkehrsministeriums entwickelt – und die HD 14 – für Schweden entwickelt – als Torpedoflugzeuge geplant waren, ohne jedoch erfolgreich zu sein. Dagegen war die ebenfalls für Schweden 1928 als Torpedoflugzeug entwickelte und gebaute HD 16 durchaus erfolgreich. In den damaligen Werksunterlagen werden diese Typen einfach als See-Doppeldecker oder See-Tiefdecker bezeichnet ohne Angabe des Verwendungszweckes. Es ist auch bezeichnend, daß die ausländischen Regierungsaufträge, sei es aus dem ehemals feindlichen Japan oder dem neutralen Schweden, überhaupt keine Rücksicht auf die Beschränkungen der deutschen Flugzeuge nahmen; sie nahmen die Lieferungen so hin, wie sie ausgeführt wurden, z. B. als Prototyp, dessen Lizenzbauten alsdann im eigenen Land übernommen wurden, oder unbewaffnet bzw. mit verdecktem, nur für militärische Zwecke verwendbarem zusätzlichen Sitz. Auch hieraus mag erkennbar sein, daß die Beschränkungen im Grunde genommen von keiner Seite ernst genommen wurden. Denn es wäre gewiß der Regierung einer ehemals feindlichen Nation möglich gewesen, derartige Lieferungen zu unterbinden. Erschwerungen hatten eigentlich nur Konkurrenzgründe zur Ursache, kaum militärische Gründe.

Ein entscheidendes Charakteristikum dieser Zeit war typisch für die Arbeit bei *Ernst Heinkel:* Sein Unternehmen war ausgerichtet auf Typenkonstruktion, also auf Entwicklungsarbeiten, nicht auf Serienfertigung im heutigen Sinn – und als Serie galt damals schon die Herstellung von vier bis zehn Maschinen.
Die Arbeiten für die Reichswehr aber bezogen sich in diesem Sinn eher auf Typenherstellung und deren Erprobung für militärische Zwecke als bereits auf die Herstellung von Flugzeugen für eine eigene Luftwaffe. Die Reichswehr versuchte weniger die Aufstellung einer solchen Truppe, als daß sie bemüht war, taktisch-technisch den Anschluß an den Militärflugzeugbau wieder zu erhalten.
So war es denn bezeichnend sowohl für das Reichsverkehrsministerium als Auftraggeber wie für die Heinkel-Werke als Auftragnehmer, daß die zahlreichen in den Listen und Werksunterlagen enthaltenen Baumuster nur in ganz geringen Stückzahlen oder überhaupt nur in einem Exemplar gefertigt wurden. Das wurde erst anders, als die Reichswehr etwa ab 1932 ihrerseits an die Aufstellung einer eigenen Fliegertruppe dachte und die Entwicklungen der Industrie, vor allem aber diejenigen bei *Ernst Heinkel,* darauf abgestellt waren. So wurden denn auch die Entwicklungen der beginnenden 30er Jahre die Grundlage für die spätere Ausstattung einer neuen deutschen Luftwaffe.

Flugwettbewerbe und erste Rekordflüge

Flugzeugwettbewerbe waren seit den Anfängen der Fliegerei stets Ereignisse, die Konstrukteure und Flieger zu besonderen Leistungen anspornten und beseelten, nicht zuletzt aber waren sie durch die in Aussicht gestellten Gewinne und Werbemöglichkeiten für beide Gruppen höchst reizvoll, was übrigens dazu führte, daß in den Pariser Luftfahrtverhandlungen vom 21. Mai 1926, in denen die »Begriffsbestimmungen« aufgehoben wurden, ausdrücklich festgelegt wurde, daß »Geldpreise für Wettbewerbe nicht den Charakter von Beihilfen haben (sollen)[1].«
Wir haben gesehen, daß die von der Deutschen National-Flugspende 1912 ausgelösten Wettbewerbe die Flugzeugbauer nicht nur anregten, sondern ihnen auch die Möglichkeiten eröffneten, auf dem sonst wirtschaftlich unergiebigen neuen Gebiet tätig zu sein, daß z.B. der Bodensee-Wettbewerb 1913 die Fliegerei und mit ihr *Ernst Heinkel* voranbrachte. Der Ostsee-Wettbewerb 1914 war der Aufhänger für das Engagement *Ernst Heinkels* bei den Brandenburgischen Flugzeugwerken durch *Igo Etrich.* Der Seeflugzeug-Wettbewerb in Göteborg 1923 war für *Ernst Heinkel* neben anderem die auslösende Tatsache, sich selbständig zu machen und für den Wettbewerb die HE 3 zu bauen. Trotz der Einschränkungen wirkte in diesem Sinne auch die Ankündigung des Seeflugwettbewerbs in Warnemünde vom 24. Juni bis 3. August 1926 anregend, bei dem Preise von mehr als 350000,– RM eine erfolgreiche Teilnahme kostendeckend und attraktiv erscheinen ließen.
In den sog. »Begriffsbestimmungen« war unterstellt, daß sie alle zwei Jahre nachgeprüft werden sollten, um »die Änderungen zu berücksichtigen, welche die etwaigen Fortschritte des Flugwesens bedingen« sollten. Im Frühjahr 1924 hatte die Deutsche Reichsregierung den Botschafterrat bereits auf den Ablauf der zweijährigen Frist am 5. Mai 1924 aufmerksam gemacht. Gleichwohl erfolgte die notwendige Anpassung erst mit einer Note vom 24. Juni 1925, die als Erleichterung lediglich die erlaubte Geschwindigkeit von 170 km/h auf 180 km/h, die Betriebsstoffmitnahme auf eine Entfernung von 360 km statt 300 km und die zugelassene Nutzlast von 600 kg auf 900 kg erhöhte. Dagegen wurde die Gipfelhöhe mit 4000 m beibehalten. Flugzeuge, die höhere Leistungen erbringen konnten, galten weiterhin als Militärflugzeuge. Es gab also auch jetzt im eigentlichen Sinne keine Unterscheidung zwischen zivilen und militärischen Flugzeugen, sondern zwischen hochwertigen und minderwertigen. Die Absicht der Niederhaltung der deutschen Konkurrenz in der Verkehrsluftfahrt wurde in Deutschland auch entsprechend angeprangert[2]. Man erblickte in der »Anpassung« und den zusätzlichen Bestimmungen eher eine Verschärfung der Vorschriften durch die neu geforderten Listen u.a. für Flugzeugführer und Flugschüler, der Flugzeuge und Motoren. Diese Sachlage hatte bereits im Dezember 1925 zu Verhandlungen in Paris geführt, die eine Lockerung der der deutschen Luftfahrt auferlegten Hemmnisse bringen sollten, wie sie dann in den Verhandlungen vom 21. Mai 1926 teilweise eingeräumt wurden. Deren Ergebnisse, die auf einem umfangreichen Notenwechsel zwischen dem deutschen Botschafter in Paris und der Botschafterkonferenz, in der die belgische, britische, französische, italienische und japanische Regierung vertreten waren, beruhten, sind in den Anlagen zu dem Schreiben des Präsidenten der Botschafterkonferenz und dessen Bestätigung durch den deutschen Botschafter enthalten[3]. Sie fanden Niederschlag in den entsprechenden Verordnungen über Luftfahrzeugbau vom 13. 7. 1926

(RGBl I 53 v. 7. 8. 1926, S. 463), durch die gepanzerte, geschützte oder mit Einrichtungen für Waffen aller Art oder mit Bombenvisier- oder Abwurfeinrichtungen versehene Flugzeuge weder gebaut, noch gehalten, eingeführt oder in Verkehr gebracht werden durften, über Verbot führerloser Flugzeuge und über Flugzeuge mit den technischen Merkmalen neuzeitlicher Jagdflugzeuge vom 13. 7. 1926 (RGBl I 53 v. 7. 8. 1926, S. 463), über die Beschränkung der Flugausbildung v. 13. 7. 1926 (RGBl I 53, S. 464), wonach die Ausbildung und Fortbildung im militärischen Fliegen verboten wurde, während einer allerdings stark beschränkten Zahl von Reichswehrangehörigen die Ausbildung im Sportfliegen auf eigene Kosten und ohne Beihilfen usw. erlaubt wurde, sowie über Listenführung in der Luftfahrt v. 13. 7. 1926 (RGBl I 53, S. 464), in der Listen über fliegende Reichswehrangehörige, Luftfahrzeugfabriken, Luftfahrzeuge und Motoren, Flugzeugführer und Flugschüler, Luftverkehrsgesellschaften, Luftfahrtvereine und Einzelpersonen, die Luftfahrt treiben oder Luftfahrzeuge verwenden, vorgeschrieben wurden. Diese Listen sollten zur Verfügung des Völkerbundes gehalten werden. Das Luftfahrtgarantiekomitee sollte zurückgezogen und die Begriffsbestimmungen aufgehoben werden.
So unrealistisch diese Beschränkungen teilweise waren, so sehr war die deutsche Seite bemüht, sie zu umgehen. Dazu trugen u.a. die bereits dargestellten Vereinbarungen mit der Sowjetunion über die Benutzung des Flugzentrums in Lipezk ebenso bei wie die Maßnahme, zukünftige Reichswehrangehörige noch vor ihrem offiziellen Eintritt in Lipezk fliegerisch auszubilden.

Ernst Heinkel hatte bereits 1925 im Auftrage des Reichsverkehrsministeriums einen Eindecker gebaut, der als See-Aufklärer ausgelegt war. Diese HE 5a war ebenso wie die Varianten des Jahres 1926, die HE 5b und e, ein halbfreitragender Hochsee-Tiefdecker, dessen hölzerne Tragflächen am Rumpf mit Hakengelenken angeschlossen waren und mit N-Stielen nach den Schwimmern abgefangen wurden. Der zentrale Rumpf war ein Stahlrohrfachwerk mit Stoffbespannung, die Ruder und Flossen bestanden aus einem Stahlrohrgerüst mit Stoffbespannung, die Schwimmer waren eine Holzkonstruktion mit Duraluminböden. Außer dem Flugzeugführer konnten bis zu zwei Gäste oder Beobachter mitbefördert werden.
Gepäck oder Ausrüstung konnten in zwei Gepäckräumen untergebracht werden. Als Motor war für die HE 5a ein wassergekühlter Napier-Lion von 450 PS vorgesehen, der der Maschine eine Geschwindigkeit um 200 km/h geben konnte. Bei einer Flugdauer von 4 Stunden konnte dieses Baumuster mit Vollast eine Gipfelhöhe von 6500 m erreichen. Die Spannweite betrug 16,8 m, die Länge 11,8 m, die tragende Fläche 48,98 m^2. Bei einem Leergewicht von 1640 kg war eine Zuladung von 860 kg möglich, so daß das Vollgewicht 2500 kg betrug. Die zeitgenössischen Quellen geben einen Aktionsradius von rd. 800 km an, meinen jedoch vermutlich die Reichweite, da die Maschine ohne zu tanken vier Stunden in der Luft bleiben und bei einer Geschwindigkeit von 200 km/h eben nur 800 km Entfernung überbrücken konnte. Als wesentliche Eigenschaften dieses Typs, die ihm durch den Kraftüberschuß der starken Motoren, vor allem aber durch die geringe Flächenbelastung von 51,08 kg/m^2 verliehen wurden, können die Eigenschaften gelten, sehr kurz zu starten und mit einer besonders langsamen Geschwindigkeit von ca. 85 km/h zu landen. Neben der stabilen Bauart zeichnete sich das Flugzeug insgesamt durch angenehme Flugeigenschaften aus.

Zu den erfolgreichsten See-Aufklärungsflugzeugen der 20er Jahre zählt der dreisitzige Heinkel-Tiefdecker HE 5, der in Schweden in Lizenz gebaut wurde.

Wolfgang v. Gronaus HE 5 a während des Seeflugwettbewerbs 1926.

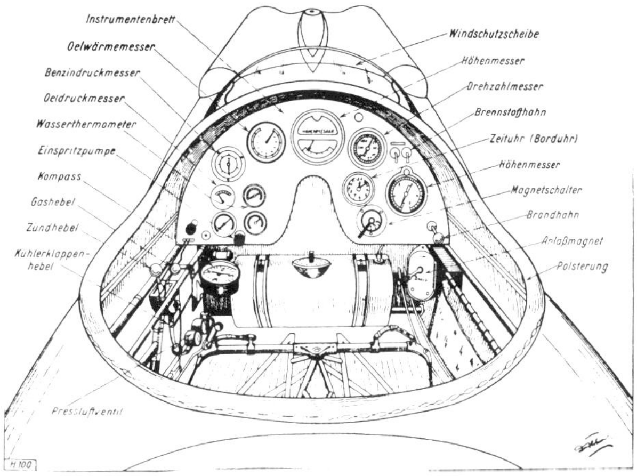

Instrumentenbrett der HE 5 a.

Der Wettbewerb in Warnemünde wurde für *Ernst Heinkel* und seine Maschinen ein großer Erfolg[4]. Die HE 5 a mit dem späteren Leiter der DVS in Warnemünde *Wolfgang v. Gronau* am Knüppel errang den 1. Preis bei der Gesamtwertung, während der mit einer HE 5 b gestartete Kontrollflieger für Seeflugzeuge und Vorstandsmitglied der DVL *Ottfried v. Dewitz* bei der Seefähigkeitsprüfung das Pech hatte, daß die Spitzen der Schwimmer abbrachen, als er eine neue »totsichere« Landemethode anwenden wollte und die Maschine anschließend auch noch von einem Wasserfahrzeug, das zu Hilfe kommen wollte, gerammt wurde, so daß sie sank. Die Prüfung hatte Steig- und Geschwindigkeitsflug, Betriebsstoffverbrauchsmessungen, einen langen Streckenflug über Nord- und Ostsee und eine Seefähigkeitsprüfung zum Gegenstand.

Eine ebenfalls gestartete HD 24 der DVS in Warnemünde mit dem späteren Generalingenieur *Rudolf Spies* errang den dritten Preis. Die HD 24 war ein ebenfalls hochseefähiges Schulflugzeug mit einem BMW IV-Motor von 230 PS. Sie war ein stark nach vorn gestaffelter Doppeldecker mit N-Stiel und nur einer Verspannungsebene, der Rumpf ebenfalls eine Stahlrohrkonstruktion. Die Tragflächen aus Holz mit Stoffbespannung konnten gegeneinander ausgetauscht werden. Bei einer Spannweite von maximal 14,2 m und einer Länge von 9,8 m konnte die Maschine – besetzt mit Fluglehrer und Flugschüler – bei einer Durchschnittsgeschwindigkeit von 150 km/h mit 76 km/h landen. Die

Eine Reihe bemerkenswerter Weltrekorde für Seeflugzeuge wurden im Frühjahr 1929 mit dem Heinkel-Schwimmerflugzeug HE 9 aufgestellt.

Das Heinkel-Seeflugzeug HD 24 ist besonders durch die Südamerikaflüge, die Filme und das Buch »Silberkondor über Feuerland« von *Gunther Plüschow* bekannt geworden.

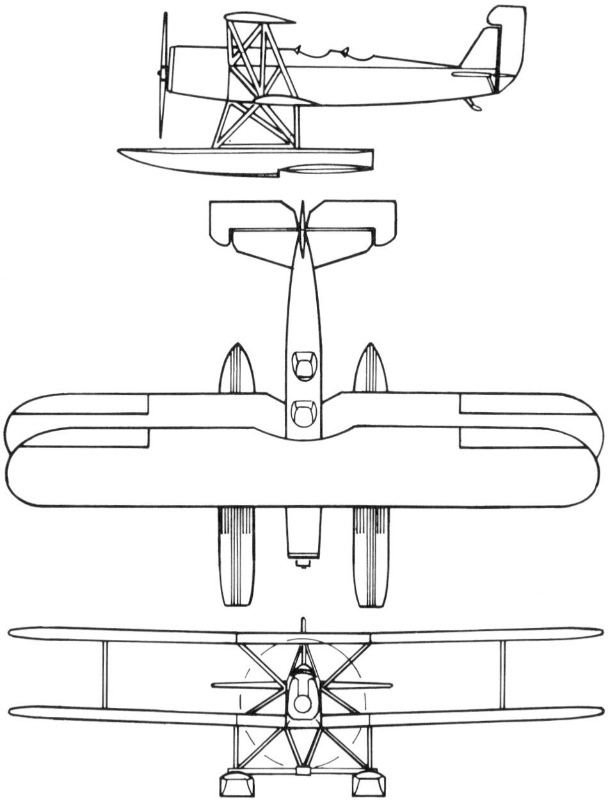

Auch bei der HD 24 war auf die schnelle Austauschbarkeit von Radfahrwerk gegen Schwimmer Wert gelegt worden.

tragende Fläche der HD 24 betrug 50 m^2, das Leergewicht 1400 kg und die Zuladung 600 kg. Dieser Entwurf entsprach also den Begriffsbestimmungen. Eine HD 24 war auch der »Silberkondor über Feuerland«, mit dem *Gunther Plüschow* seine Erkundungs- und Vermessungsflüge über der Südspitze Südamerikas einschl. der Erstüberfliegung des Kap Horn bewerkstelligte, die ihn und seine »Tsingtau«[5] berühmt machten.

Nach der Liste von *Erich Kleinemeyer* war die HE 5b mit einem luftgekühlten Gnôme-Rhône-Sternmotor von 400 PS – andere zeitgenössische Quellen sprechen wohl richtiger von 420 PS – und die HE 5e mit einem BMW VI von 460/750 PS ausgestattet. Sie konnte praktisch mit allen Motoren zwischen etwa 360 und 600 PS ausgerüstet werden. Die Wahl der ausländischen Motoren zeigt bereits den Rückstand der deutschen Flugmotorenindustrie aufgrund der technischen Lücke, die die Nachkriegsjahre gerissen hatten.

Der bereits angedeutete finanzielle Erfolg für *Ernst Heinkel* aufgrund der Siege in diesem Wettbewerb gipfelte in dem Verkauf der Lizenz für die HE 5 nach Schweden, die ihm entsprechende Gebühren einbrachte. Dafür waren die Schweden ihrerseits sehr zufrieden mit diesem Baumuster, von dem zwei Maschinen 1928 in der Arktis an der großen Suchaktion für das auf dem Rückflug vom Nordpol verunglückte italienische Luftschiff »Italia« unter dem General *Umberto Nobile* erfolgreich beteiligt waren.

Die HE 5 war aber auch höchst erfolgreich bei Rekordflügen. So errang *Wolfgang v. Gronau* am 2. November 1926 mit der HE 5a einen von der Fédération Aéronautique Internationale (FAI), die seit 1905 als Internationale Organisation für Luftfahrt und Flugwesen die »einzige internationale Körperschaft zur ... Kontrolle und Registrierung von Weltrekorden«[6] war, anerkannten Höhenweltrekord mit 1000 kg Nutzlast auf 4492 m. Der schwedische Kapitän *E. L. Tornberg* erreichte mit dem gleichen Typ am 10.

Die aus der HE 5 weiterentwickelte zweisitzige HE 9 setzte 1929 auch die Reihe der erzielten Rekorde fort. Die HE 9 war ein zweisitziger hochseefähiger halbfreitragender Tiefdecker, dessen Rumpf aus verschweißten Stahlrohren bestand; die Rumpfbekleidung auf der Oberseite bis hinter dem Beobachtersitz, war aus Leichtmetall, sonst Stoff. Die HE 9 hatte zwei einstufige Schwimmer in Holzbauweise mit starker Kielung. Die Schwimmer waren in sieben wasserdichte Abteilungen eingeteilt. Als Motor wurde ein wassergekühlter 12-Zylinder-BMW-VI-Motor von 500/750 PS Leistung eingebaut. Die Länge des Flugzeuges betrug 11,60 m, die Spannweite 16,80 m, die Höhe 4,60 m und die Tragfläche 48,49 m². Bei einem Leergewicht von 2 130 kg war eine Gesamtzuladung von 870 kg möglich, so daß das Fluggewicht normal 3000 kg (höchstens 3 150 kg) ausmachte. Die normale Flächenbelastung betrug 61,80 kg/m². Bei 870 kg Zuladung und Verwendung des 750-PS-Motors wurden von der DVL bei der Musterprüfung 260 km/h als Höchstgeschwindigkeit gemessen[8]. Mit dieser Maschine flog der damalige Chefpilot *Rolf Starke* 1929 sechs Weltrekorde über 100 km, 500 km und 1 000 km jeweils ohne oder mit 500 kg oder 1 000 kg Nutzlast. Die Leistungen der sechs Rekorde der HE 9 ergeben sich aus der folgenden Übersicht.

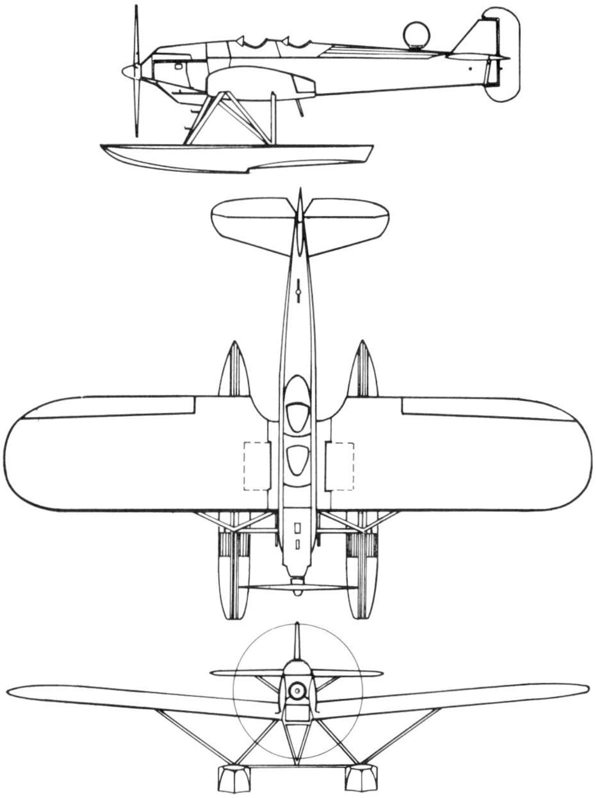

Wasserflugzeug Heinkel HE 9.

Rekordart	bisheriger Weltrekord km/h	Land	neuer Weltrekord km/h	Datum	Überbietung um km/h
Geschwindigkeit über 100 km					
mit 1000 kg Nutzlast	209,546	Deutschland	235,294	21. 5. 1929	25,748
Geschwindigkeit über 500 km					
mit 500 kg Nutzlast	218,908	USA	235,941	21. 5. 1929	17,033
mit 1000 kg Nutzlast	190,637	Italien	235,941	21. 5. 1929	45,304
Geschwindigkeit über 1000 km					
ohne Nutzlast	210,716	USA	222,277	10. 6. 1929	11,561
mit 500 kg Nutzlast	181,447	Deutschland	222,277	10. 6. 1929	40,830
mit 1000 kg Nutzlast	177,279	Deutschland	222,277	10. 6. 1929	44,998

Rolf Starke hatte kurz zuvor am 7. Mai 1929 bereits mit der HD 38 einen Weltgeschwindigkeitsrekord über 100 km mit einer Nutzlast von 500 kg erflogen, indem er den bisherigen Rekord von 236,998 km/h um 22,929 km/h überbot und ihn auf 259,927 km/h hochschraubte[9]. Alle diese Rekorde wurden in der Klasse Wasserflugzeuge C, b erzielt. Auffällig ist die teilweise enorme prozentuale Steigerung der Geschwindigkeit. Die Geschwindigkeitsrekorde der HE 9 mit Nutzlasten von 500 und 1000 kg wurden bei nur zwei Flügen – am 21. Mai und 10. Juni 1929 – aufgestellt. Das HE 9-Rekordflugzeug ist danach auf der Luftfahrtausstellung »Olympia«-Show in London gezeigt worden.

Ernst Heinkel und Japan

Vielfältig waren die Beziehungen zwischen Japan und *Ernst Heinkel*. Und früh hatten sie begonnen. Die U 2, die *Ernst Heinkel* bei *Karl Caspar* bereits 1921 entworfen hatte, um damit Japan zu beliefern, war der erste Kontakt, den die Japaner zu *Ernst Heinkel* aufgenommen hatten, da sie von seinem U-Boot-Flugzeug bei Hansa Brandenburg, der W 20, wußten. Den nächsten Kontakt nahm der japanische Marineattaché in Berlin, Kapitän *Kojima*, zu *Heinkel* auf, den[1] er zu Anfang des Jahres 1925 besuchte, ein Bild des japanischen Schlachtschiffes »Nagato« auf den Tisch legte und *Heinkel* aufforderte, für dieses Schiff eine eiserne Startbahn und ein Flugzeug, das darauf starten könne, zu bauen. *Ernst Heinkel* zierte sich zunächst, da er »so etwas noch nie gemacht« habe, ließ sich aber bald dazu überreden, da er der Schmeichelei des japanischen Seeoffiziers, er mache doch alles, nach eigenem Geständnis nicht widerstehen konnte.

»Das Mitführen von Flugzeugen an Bord von Handels- und Kriegsschiffen, die Möglichkeit eines Starts von Bord während der Fahrt ist das Problem, welches die Konstrukteure von Anbeginn des Aufschwunges der Luftfahrt ständig beschäftigt hat. Die rasend schnelle technische Entwicklung der Flugzeuge brachte es mit sich, daß man sie auch in den Dienst der Landesverteidigung stellte. Nur wenig später als die Landheere haben die Seestreitkräfte der einzelnen Staaten sich die Luftfahrzeuge als Erkundungs-, Angriffs- und Verteidigungsmittel nutzbar gemacht. Sie wurden die Augen der Marine, deren Aufgabe es war, den Gegner aufzusuchen[2].«

Dort, wo die Entwicklung der Wasserflugzeuge während des Ersten Weltkrieges stehengeblieben war, wurde in Hinblick auf die erweiterten taktischen Forderungen angeknüpft und der Entwicklungsfaden wieder aufgenommen. Bereits 1896 hatte der deutsche Major *August v. Parseval*, der bekannte Luftschiffer, der von 1912–1936 Professor für Luftschiffbau an der TH Berlin-Charlottenburg und zwischen 1906 und dem Ende des Ersten Weltkrieges 27 nach ihm benannte unstarre Luftschiffe gebaut hatte, Flugzeugmodelle mit einer Spannweite bis zu sechs Meter und einem Gewicht von 100 kg gebaut, die er mit Hilfe von Preßluft-Katapulten startete. Gemeinsam mit dem kgl.-preußischen Luftschiffer-Hauptmann *Hans Bartsch v. Sigsfeld* hatte er die grundlegenden ersten Versuche unternommen, ob ein Mensch überhaupt die bei einem Katapultstart auftretenden Beschleunigungen auszuhalten imstande sei. Auch die Brüder *Wright* hatten bereits Versuche unternommen, ihrem ersten Motorflugzeug von einem Startpylon aus die notwendige Anfangsgeschwindigkeit zu geben. Auf der Kaiserlichen Werft in Danzig hatte die Marine bereits 1918 Versuche mit Katapulten unternommen, bei denen eine Hansa Brandenburg W 29 verwendet worden war. Mit diesen, wenn auch geringen Erfahrungen gingen *Ernst Heinkel* und seine Leute an die Arbeit. Zunächst handelte es sich noch nicht um ein richtiges Katapult, sondern um eine Startschiene mit einem Startwagen, der nicht durch Fremdkraft, sondern durch die Motorleistung des Flugzeuges bewegt werden sollte, das also, um entsprechend schnell beschleunigen zu können, einen besonders starken Motor brauchte, wie es ihn im damaligen Deutschland nicht gab. *Ernst Heinkel* entwickelte zwei spezielle Katapultflugzeuge, einen Einsitzer, die HD 26 mit einem 300-PS-Motor von Hispano Suiza, und einen Zweisitzer, die HD 25 mit einem 450-PS-Motor von Napier Lion. *Ernst Heinkel* berichtete in seinem »Stürmischen Leben«[3] lebhaft von seiner Reise im Jahre 1925 nach Japan über die USA, dem großartigen Empfang und der einmaligen Gastfreundschaft, die er und seine Reisegenossen, sein Chefkonstrukteur *Karl Schwärzler* und *Clemens Bücker*, der die Maschinen vorfliegen soll-

Für das japanische Schlachtschiff »Nagato« entwickelte *Heinkel* 1925 die Flugzeugmuster HD 25 (zweisitzig) und HD 26 (einsitzig). Die Erprobung der HD 26 erfolgte von einer an Land montierten Ablaufbahn.

Auch die zweisitzige HD 25 konnte vom japanischen Schlachtschiff »Nagato« starten.

te, in Japan erlebten. Die zweisitzige HD 25 war eine Holzkonstruktion, von der lediglich das Leitwerk aus Stahlrohr mit Stoffbespannung war. Die einsitzige HD 26 war in der gleichen Bauweise hergestellt. Die kurze Erprobung in Warnemünde war erfolgreich gewesen, während bei der zunächst noch an Land mit einem japanischen Piloten durchgeführten Erprobung ein Mißgeschick aufgrund eines Fehlers an der Haltevorrichtung die HD 26 zerstörte. Trotzdem blieben die Japaner ruhig und höflich; scheinbar unbeeindruckt warteten sie, bis die Startbahn wiederhergestellt war. Nachdem die folgenden Starts gelangen, wurden Ablaufbahn und die HD 25 auf der »Nagato« eingebaut. In größter Spannung fand alsdann der erste Start statt, den *Clemens Bücker* sicher unter dem Jubel der Besatzung des japanischen Schlachtschiffes vollführte. Dieser Erfolg war die Grundlage für die feste Verbindung, ja geradezu Freundschaft zwischen den Japanern und *Ernst Heinkel.* Ein Lizenzvertrag, kurz und knapp formuliert, schuf die geschäftliche Grundlage für die weitere Abwicklung. Die japanische Firma Aichi Tokei Denki K.K. in Nagoya baute später beide Maschinen, die HD 25 ebenso wie die HD 26 nach. Außerdem baute *Heinkel* 1926 für die Japaner noch die HD 23, ein einsitziges Marine-Bordflugzeug, das als erstes Landflugzeug für den Einsatz über See ausgelegt war und daher einen schwimmfähigen Holzrumpf hatte, während das Fahrgestell abwerfbar war. Es sollte ohne Katapult von einer nur 10 m langen Startbahn gegen Wind starten können, eine Bedingung, die immerhin längere Versuche voraussetzte. Auch diese Maschine wurde mit der Nachbaulizenz an Aichi geliefert.

Als *Ernst Heinkel* von dieser Reise, die er noch zu großer Besichtigung des fremden Landes und einer schönen Schiffsrückfahrt ausweitete, nach Deutschland zurückkehrte, erwartete ihn eine große Überraschung, gewissermaßen der Schlußpunkt hinter den Ereignissen eines höchst erfolgreichen Jahres: Die heimatliche »Württembergische Technische Hochschule zu Stuttgart« verlieh ihm »auf den einstimmigen Antrag der Abteilung für Maschineningenieurwesen und Elektrotechnik ... in Anerkennung seiner bahnbrechenden Flugzeugkonstruktionen, aus welchen Flugzeugtypen hervorgegangen sind, welche mit zu den besten in der ganzen Welt gezählt werden«, wie die Verleihungsurkunde vom 16. Dezember 1925 feststellt, »die Würde eines Doktor-Ingenieurs ehrenhalber«. Auf diese Anerkennung seiner bisherigen Leistungen durch die Hochschule, an der er sein Studium aufgenommen, wenn auch nicht abgeschlossen hatte, war *Ernst Heinkel* besonders stolz. Gerne ließ er sich »Herr Doktor« anreden und blieb auch dann dabei, als ihm später noch der Professor-Titel verliehen wurde, mit dem er sich nie ganz befreunden konnte. Er war erst 37 Jahre alt.

Für Japan entwickelte *Ernst Heinkel* 1927 noch als See-Aufklärer die dreisitzige HD 28, die einen Stahlrohrrumpf mit abklappbaren Flächen hatte. Auch dieses Baumuster wurde von Aichi übernommen und diente konstruktiv für eigene japanische Typen als Muster. Die HD 56, ein katapultfähiges Marine-Bordflugzeug ist in der Liste von *Erich Kleinemeyer* zwar nicht enthalten, wird aber sowohl von *P. St. John Turner* wie *Heinz J. Nowarra*[4] erwähnt. Die Auslassung in der Aufstellung bei *Kleinemeyer* beruht wohl auf der Tatsache, daß dieser Typ nie in Warnemünde gebaut wurde. Seine Lizenz wurde vielmehr direkt an Aichi gegeben, deren Nachbauten auf verschiedenen japanischen Kriegsschiffen eingesetzt waren. Die der HD 56 sehr ähnliche He 62 wurde auch in Japan neben der HD 56 nicht eingesetzt, da die Verbesserungen nur unwesentlich waren. Die 1937/38 als Langstrecken-Postflugzeug und Fernaufklärer entwickelte He 116[5] wurde in zwei Exemplaren nach Japan verkauft und dorthin überführt. Der damalige Chefpilot, Flugkapitän *Gerhard Nitschke,* flog noch 1941 nach Japan zu Gesprächen, blieb aber aufgrund des Kriegsausbruches mit der SU in Japan. Die Verbindung war unterbrochen.

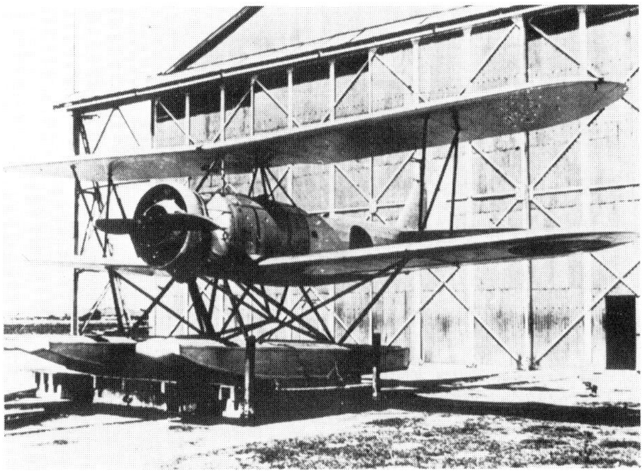

Der Verfasser erlebte anläßlich des 1. Opernballes in Wien nach dem Zweiten Weltkrieg als Begleiter *Ernst Heinkels* 1957 die gegenseitige überschwengliche Begrüßung zwischen dem damaligen japanischen Gesandten und späteren Botschafter *Hiroo Furuuchi* und *Ernst Heinkel,* die sich aus der Vorkriegszeit in Berlin kannten, als Exzellenz *Furuuchi* seine Karriere im diplomatischen Dienst als Attaché begonnen hatte. Diese mehr als herzliche Begrüßung dürfte ein Hinweis auf die herzlichen Beziehungen zwischen den japanischen Diplomaten als den Vertretern ihres Landes und *Ernst Heinkel* sein.

Als katapultfähiges Aufklärungsflugzeug wurde 1930 für Japan der Doppeldecker HD 56 entwickelt und in Japan von Aichi mit einem stärkeren Motor in Lizenz gebaut.

Flugzeugkatapulte und Katapultflugzeuge

Der japanische Auftrag, eine Startbahn und ein Flugzeug, das darauf von einem Kriegsschiff starten könne, zu bauen, hatte *Ernst Heinkel* auf ein für ihn bis dahin völlig neues Gebiet geführt. Die Lösung der vielfältigen technischen Probleme, die mit diesem Auftrag verbunden waren, war für ihn Anlaß, sich ganz und gar des Baus von Katapulten anzunehmen, zumal offensichtlich auch die Reichsmarine am Katapultstart interessiert war, die 1927 bei ihm dann auch ein Versuchsflugboot für den Katapultstart, die HD 15, bauen ließ.

Durch einen Katapultstart ein Flugzeug auf kürzester Strecke zum Fliegen zu bringen, war praktisch bereits mit dem Gummiseilstart bei Segelflugzeugen verwirklicht worden. Auch die Brüder *Wright* konnten ihr erstes Flugzeug nur starten vermittels einer Vorrichtung, die ihrem Flugzeug durch ein Fallgewicht auf eine Holzschiene die Beschleunigung auf die notwendige Abhebegeschwindigkeit verlieh, die der Motor ihrer Maschine noch nicht hergab.

Das auch von *Ernst Heinkel* angewandte Katapultprinzip läßt über eine kurze Startbahn durch eine besondere Energiequelle – für die er Preßluft verwendete – einen Wagen, auf den ein Flugzeug aufgesetzt ist, beschleunigen und das Flugzeug mit der erforderlichen Anfangsgeschwindigkeit abschleudern, indem der Startwagen (oder -schlitten) abgebremst wird. Das Flugzeug muß selbstverständlich so stabil konstruiert sein, daß es die besonderen Startbelastungen auszuhalten vermag. Die Katapulteinrichtungen auf dem Schiff ihrerseits müssen möglichst wenig Raum beanspruchen, ein niedriges Eigengewicht haben und entsprechend der benötigten Antriebskraft für die Starteinrichtung und entsprechend dem Gewicht des Flugzeugs ausgelegt sein. Um das Flugzeug jederzeit gegen den Wind starten zu können, muß das Katapult schwenkbar sein. Die drehbare Anlage muß mit ihrem Unterbau fest mit dem Schiff verbunden sein. Die Entwicklung von Starteinrichtungen, die diesen hohen Konstruktions- und Materialforderungen entsprachen, bedurfte daher besonderer Anstrengungen. *Ernst Heinkels* Chefkonstrukteur *Karl Schwärzler* löste diese Aufgaben mit solcher Vollendung, daß alsbald nur noch ein Hebeldruck genügte, um ein Flugzeug von einem Katapult zu starten[1].

In seinem typischen Drang nach höheren Geschwindigkeiten dachte *Ernst Heinkel* vor allem auch daran, Flugzeiten in einer Weise abzukürzen, die weder durch die Kraft der Motoren noch die Gestaltung der Flugzeuge möglich war. Ihm schwebte daher auch vor, die Schiffspost über den Atlantik schneller zu machen, indem die Ozeandampfer mit Katapultflugzeugen ausgerüstet würden, um Post und Zollpapiere vor Eintreffen des Dampfers in seinem Bestimmungshafen bereits ausliefern zu können bzw. dem bereits ausgelaufenen Schiff noch Post nachzubringen. Er sah letztlich im Katapultstart die Vorbedingung für den Ozeanflugdienst der Zukunft, den es in den 20er Jahren ja noch nicht gab. Dazu bedurfte es jedoch auch noch des Baus spezieller katapultfähiger Flugzeuge, abgesehen von einer grundsätzlichen Vereinbarung mit der Postverwaltung, der Deutschen Luft Hansa und den Reedereien. Zunächst baute er ein Versuchskatapult, das Heinkel-Katapult K 1, das in ein besonders konstruiertes Schwimmdock eingebaut wurde. Dann machte er die ersten Versuche mit dem Flugboot HD 15 und dem Schwimmerflugzeug HD 30.

Bei der Ablaufbahn auf dem japanischen Kriegsschiff »Nagato« und den Versuchen dafür rollte das Flugzeug noch mit Luftschraubenzug ohne Anstellwinkel auf einer Bahn mit einem geringen Gefälle, wobei mit Hilfe von zwei Schienenpaaren und einem Startwagen, dessen vordere

Das erste Heinkel-Flugzeugkatapult K 1 war für Startversuche auf einem Schwimmdock aufgebaut. Auf dem Startschlitten die HD 15.

Räder auf dem äußeren und dessen hintere Räder auf dem inneren Schienenpaar liefen, eine Anstellwinkelveränderung des Flugzeuges dadurch erreicht wurde, daß es erst zum Schluß auf den günstigen Anstellwinkel gebracht wurde. Der Startwagen wurde am Ende der Bahn durch Blattfedern abgebremst. Der erforderliche Gegenwind von 7 m/s wurde durch die Fahrt des Schiffes erzeugt, das Flugzeug in die entsprechende Richtung gedreht. Die 21,5 m lange Startbahn gestattete den Start von Flugzeugen bis zu 2,4 t Gewicht.

Das neu entwickelte Heinkel-Katapult K 1 enthielt bereits die wesentlichen Eigenschaften und Merkmale aller späteren Katapulte, die gewissenhaft durchkonstruiert wurden. Alle Vorgänge während der Beschleunigungsphase wurden genauestens berechnet. Der Erfahrungssatz, wonach der Mensch eine Beschleunigung von vier g ertragen könne, wurde für militärische Einsätze berücksichtigt. Ärztliche Versuche hatten immerhin eine Belastung bis zu 12 g als möglich erscheinen lassen, wobei allerdings die Beschleunigung allmählich anwachsen sollte, während sie bei den damaligen Katapultstarten doch noch ruckartig einsetzte. Im Zuge der Entwicklung der Heinkel-Katapulte wurde dann (ab K 8) durch besondere Maßnahmen die Beschleunigung ebenfalls erst allmählich gesteigert. Die gewählten Verzögerungen bei der Abbremsung des Schlittens gingen bis zu 32 g.

Die Entwicklung der Katapulte, die zunächst für das Abschleudern eines Flugzeuges von einem Schiff vorgesehen waren, ging in Richtung auf Großkatapulte, die den Transozeanverkehr der Deutschen Lufthansa mittels besonders eingerichteter Katapultschiffe einleiten sollten. Beim Großkatapult galt eine besondere Konstruktionsarbeit dem Hauptventil, das die sehr hohe Beschleunigungsleistung auf die Beschleunigungsvorrichtung zu schalten hatte. Sinnreiche Sicherheitsmaßnahmen waren hierzu erforderlich, Prüfvorrichtungen ermöglichten auch bei langen Betriebspausen von Anbeginn aller Heinkel-Katapult-Entwicklungen, Abschüsse ohne Flugzeug vorzunehmen. Sicherheitsmaßnahmen verhinderten z. B. durch Verriegelungen, daß sich das Flugzeug vom Startschlitten lösen könne, so daß sich das Flugzeug erst beim Übergang der Beschleunigung auf die Verzögerung vom Schlitten löst. Sogar eine Beschädigung von Leitwerksteilen des Flugzeugs bei leichtem Durchsacken nach dem Start war unmöglich gemacht. Die Katapulte wurden für den Start von Bordflugzeugen sowie für den Start von schwerbeladenen Trans-Ozeanflugzeugen unterschiedlich konstruiert, wie es die unterschiedlichen Einsatzarten erforderten. Wegen der Raumbeschränkung auf Handels- und Kriegsschiffen mußten die dafür gebauten Katapulte kurz und leicht sein. Die Beschleunigung mußte 4 bis 4,5 g betragen. Der Start von Trans-Ozeanmaschinen erfolgte dagegen von den bereits erwähnten Sonderschiffen, die im Südatlantik postiert wur-

Das Flugboot HD 15 wurde 1927 als katapultfähiges Aufklärungsflugzeug entwickelt.

Zum Start der HE 12 wurde das Katapult auf der »Bremen« seitlich herausgeschwenkt.

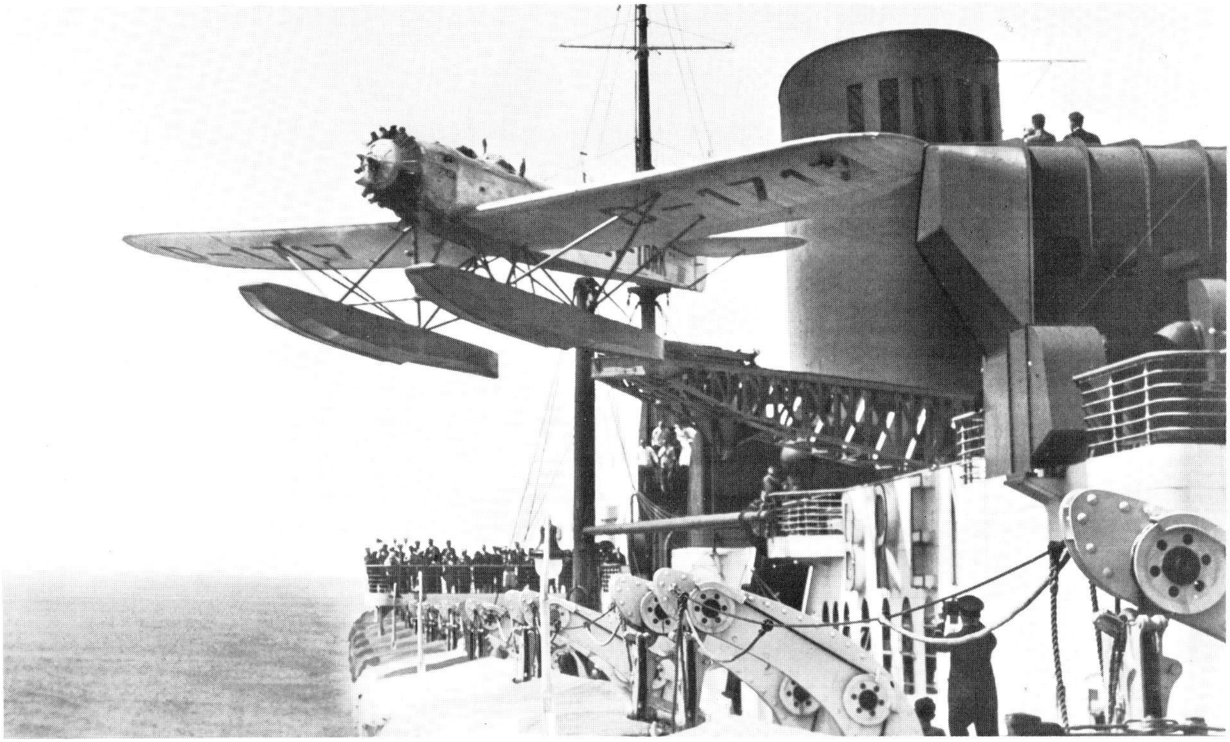
Der erste planmäßige Start des Postflugzeuges HE 12 vom Flugzeugkatapult K 2, das auf dem Schnelldampfer »Bremen« installiert war, fand auf dem Nordatlantik in Richtung New York am 22. Juli 1929 statt.

den. Hier war es also möglich, Baulänge und Baugewicht weniger zu beschränken. Dafür wurde die Beschleunigung mit Rücksicht auf die Flugzeugbeanspruchung auf 3 bis 3,5 g herabgesetzt. Für den Start mit Passagieren war die Herabsetzung der Beschleunigung auf 2 g vorgesehen.
Die erfolgreichen Erprobungsergebnisse ermutigten die Deutsche Luft Hansa bzw. den Norddeutschen Lloyd, den Heinkel-Werken den Auftrag zum Bau von Katapulten für die Schnelldampfer »Bremen« und »Europa« zu erteilen.

Für den Einsatz von der »Bremen« aus entwickelte *Ernst Henkel* zunächst die HE 12, einen zweisitzigen Tiefdecker mit einem 450/500-PS-Hornet-Motor von Pratt & Whitney. Das Baumuster wurde von der HE 9[2] abgeleitet und entsprach daher in seinen Abmessungen sowie in der Bauweise von Rumpf, Flügeln und Leitwerk weitgehend diesem Typ. Die Spannweite betrug 16,83 m, die Länge 11,60 m und die größte Höhe 4,50 m. Bei einem Leergewicht von 1570 kg war eine Zuladung von 980 kg möglich. Das ergab ein Fluggewicht von maximal 2550 kg. Mit einem Fluggewicht von 2330 kg erreichte die Maschine eine Höchstgeschwindigkeit von 195 km/h in Seehöhe und eine Reisegeschwindigkeit von 165 km/h bei 10 Prozent Drehzahldrosselung. Die Landegeschwindigkeit lag bei 93 km/h. Das Tragwerk war in Holzbauweise mit Stoffbespannung, der Rumpf als geschweißtes Stahlrohrfachwerk mit Stoffbespannung ausgeführt. Rumpfoberseite bis hinter den zweiten Sitz und Motorvorbau waren mit Leichtmetallblech bekleidet. Der 9-Zylinder-Stern-Motor war bis auf die Zylinderköpfe windschnittig verkleidet. Das normale Höhenleitwerk mit im Fluge verstellbarer Höhenflosse und das Seitenleitwerk waren ein Stahlrohrfachwerkbau mit Stoffbespannung. Die beiden normalen Heinkel-Holzschwimmer waren einstufig und wenig gekielt, während das Schwimmergestell für den Katapultstart etwas verändert war gegenüber den gewöhnlichen Schwimmwerken.

Die zeitgenössischen Angaben dieser technischen Daten variieren wie auch in den meisten anderen Fällen geringfügig, ohne daß heute noch korrekt entschieden werden könnte, welche Angabe genau stimmt. Gleichwohl dürften die hier übernommenen Daten mit an Sicherheit grenzender Wahrscheinlichkeit stimmen. Jedenfalls aber würde eine geringfügige Änderung die Grundtatsachen kaum beeinflussen. Die HE 12 war die einzige Ausfertigung dieses Baumusters. Sie war nur zur Verwendung auf der »Bremen« vorgesehen. Der Eigner der »Bremen«, der Norddeutsche Lloyd in Bremen, hatte bei der Gründung der Deutschen Luft Hansa AG ebenso wie die Hamburg-Amerika Linie mit der Einbringung des Deutschen Aero-Lloyd in die DLH auch seine Postbeförderungsinteressen eingebracht. Daher wurde das Heinkel-Katapult K 2 auf der »Bremen« installiert. Von dieser K 2-Anlage konnte ein Flugzeug mit einem Gesamtgewicht von 3500 kg mit einer Höchst-Abfluggeschwindigkeit von 110 km/h gestartet werden. Die Beschleunigungsstrecke betrug 20 m, der Bremsweg 3 m. Das Gewicht der gesamten Anlage ohne Fundament betrug etwa 24 t. Das Katapult war 27,32 m lang und 2,38 m hoch. Die Aufstellung der Katapult-Anlage erfolgte etwa 25 m über dem Wasserspiegel auf dem obersten Deck, dem sogenannten Sonnendeck zwischen den beiden Schornsteinen. Die Preßluft wurde von einer bordeigenen Kompressor-Anlage geliefert und durch eigene Rohrleitungen der Beschleunigungsvorrichtung zugeführt[3]. Das Flugzeug selbst konnte durch eine spezielle Kran-Anlage an Bord genommen werden.
Auf der am 16. Juli 1929 angetretenen Jungfernfahrt der »Bremen«, während der ihr Kapitän *Ziegenbein* für den Norddeutschen Lloyd das »Blaue Band« erobern sollte, das seit Jahren dem britischen Cunard-Dampfer »Mauretania« für seine bisher schnellste Überquerung des Nordatlantik in etwas mehr als fünf Tagen gehörte, sollte nach der Planung des Reichsverkehrsministeriums und der Deutschen Luft Hansa die HE 12 mit dem Kennzeichen D–1717 am 22. Juli 1929 etwa 500 Seemeilen vor New York abkatapultiert werden. Auf einen vorherigen Probestart war verzichtet worden. Allerdings überschnitten sich hier die Interessen der Schiffahrtslinie und der Luftfahrtvertreter, die in Gestalt des Generaldirektors *Glässel* vom Norddeutschen Lloyd, des Flugkapitäns *Schiller* von der Deutschen Luft Hansa als deren Abteilungsleiter Seeflugdienst und des damaligen Oberregierungsrates im Reichsverkehrsministerium und späteren Leiters der Forschungsabteilung im RLM *Adolf Baeumker* an dieser Fahrt teilnahmen. Der Norddeutsche Lloyd dachte nur an das international bekannte und berühmte »Blaue Band«, das die »Bremen« auf ihrer Jungfernreise erobern sollte. Die Luft Hansa, das Verkehrsministerium und *Ernst Heinkel* dachten dagegen vor allem an die Verkürzung des Postweges über den Ozean. Als die Startvorbereitungen für die HE 12 während der Fahrt an Bord getroffen wurden, stellte sich bei einer Überprüfung der Katapultanlage durch *Karl Schwärzler* heraus, daß keine Preßluft kam, obwohl der Preßluftkompressor im Maschinenraum des Schiffes lief. Dem waren Auseinandersetzungen zwischen *Glässel* und *Schiller* über eine etwaige Behinderung der Schiffsfahrt vorangegangen, die die »Bremen« zur Hilfeleistung für die möglicherweise beim Start verunglückende HE 12 zwingen könnte. *Glässel* befürchtete, hierdurch womöglich das Rennen um das Blaue Band zu verlieren. *Karl Schwärzler* stieg höchstpersönlich[4] in den Schornstein, durch den die Preßluftleitung führte, und weiter in einen hocherhitzten niedrigen Gang über den Kesseln, und stellte fest, daß eine Verschraubung geöffnet war. *Ernst Heinkel* sah darin zwar eine absichtliche Unterbrechung der Preßluftzufuhr, war aber doch der Meinung, daß die Erringung des Blauen Bandes wichtiger sei als ein gelungener Postvorausflug. Die anschließende heftige Auseinandersetzung fand denn auch zwischen dem

Chef des Norddeutschen Lloyd und dem Vertreter der Luft Hansa statt; sie führte zu dem Kompromiß, daß die HE 12 zwar vor dem Eintreffen in New York starten könne, aber doch erst nach Erreichen des Nantucket-Feuerschiffs, also nachdem das Blaue Band der »Bremen« sicher war. Und so geschah es. Am 22. Juli 1929[5] mittags 12 Uhr 54 startete die HE 12 mit Flugkapitän *Jobst v. Studnitz* und Funkmechaniker *Karl Kirchhoff* etwa 400 km (216 sm) vor New York, mit 11 000 Briefen als Fracht von der »Bremen« abkatapultiert, und landete nach etwa 2 1/2 Stunden glatt im Hafen von New York. Die New Yorker Zeitungen meldeten noch am gleichen Tag die großen Ereignisse, die Eroberung des Blauen Bandes durch die »Bremen«, die die Fahrtzeit der »Mauretania« um mehr als acht Stunden unterboten hatte, aber auch den ersten Postvorausflug der HE 12, die damit den Namen *Ernst Heinkel* in der ganzen Welt berühmt machte. Die Schnelligkeit hatte gesiegt. *Ernst Heinkel* genoß die Ehrungen, die ihm und der HE 12 zuteil wurden. Das Flugzeug wurde vom New Yorker Bürgermeister, *Jimmy Walker,* auf den Namen »New York« getauft. Auf der Rückfahrt der »Bremen« wirkte sich der Vorausflug der HE 12 voll aus: Am 1. August 1929 wurde sie bereits im Raum Cherbourg katapultiert und flog die Strecke nach Bremerhaven mit ihren 18 000 Briefen in vier Stunden. Die Post wurde dann von einer anderen Maschine noch zum Tempelhofer Flugplatz in Berlin geflogen, so daß sie zwischen New York und Berlin 36 Stunden weniger Zeit brauchte als ohne die Flugzeugbeförderung. Das war immerhin ein beachtlicher Zeitgewinn. Die »Bremen« traf erst 20 Stunden später in ihrem Heimathafen ein.

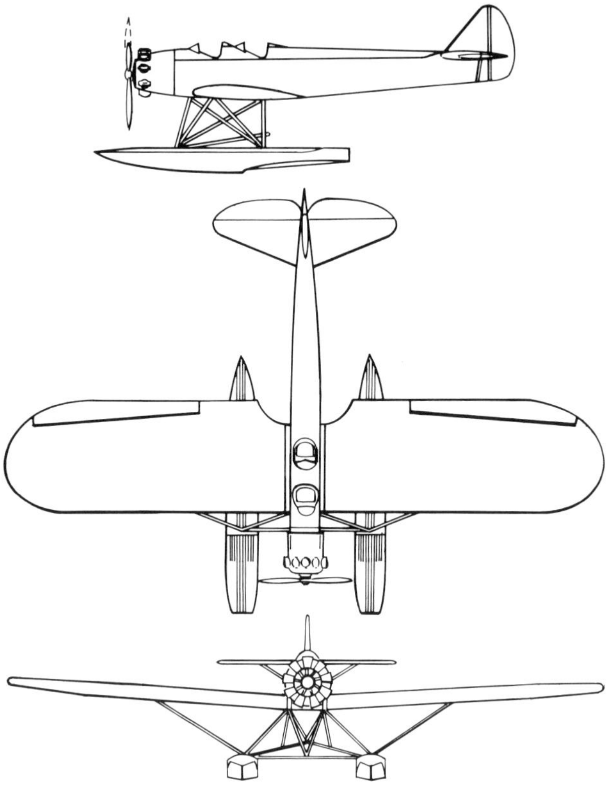

Postflugzeug Heinkel HE 12.

Nach dem ersten planmäßigen Katapultstart auf dem Atlantik wurde das Postflugzeug HE 12 auf den Namen »New York« getauft.

Der amerikanische Staatssekretär für die Luftfahrt, *Mac Cracken,* hielt den Katapult-Postflugdienst für den »vielversprechenden Auftakt zur Lösung des seit vielen Jahren im Mittelpunkt des Interesses stehenden Problems der schnelleren Postbeförderung zwischen den beiden Kontinenten Europa und Amerika[6]«. Es war ein geschichtliches Ereignis in der Weltluftfahrt und im Weltverkehr überhaupt. Im Jahre 1929 absolvierte die HE 12 noch acht Flüge, 1930 noch 24, und 1931 flog sie 30mal, bis sie am 5. Oktober 1931 über der Küste von Neuschottland in der Nähe von Halifax mit Flugkapitän *Fritz Simon* und Funker *Rudolf Wagenknecht* abstürzte. Der durchschnittliche Zeitgewinn betrug bei den routinemäßigen Einsätzen 24 Stunden pro Flug und konnte durch Nachbringeflüge noch erheblich gesteigert werden, die die Luft Hansa von Köln aus nach Cherbourg durchführte, wo die Post das bereits einen Tag zuvor in Bremerhaven ausgelaufene Schiff erreichte. So konnte der Zeitgewinn bis zu 48 Stunden betragen. Die selbstverständliche Ausrüstung der HE 12 mit einer Funkanlage ermöglichte es dem Funker *Kirchhoff* am 9. September 1929, als die HE 12 in immer schlechteres Wetter geriet, so daß sie weder New York noch einen anderen amerikanischen Küstenhafen erreichen konnte, seinen Flugkapitän zur »Bremen« zurückzulotsen. Die »Bremen« nahm die neben ihr gelandete HE 12 ohne Schwierigkeiten mit dem Kran wieder an Deck[7].

Der Erfolg mit der HE 12 und dem Katapult K 2 brachte für *Ernst Heinkel* alsbald den Auftrag des Reichsverkehrsministeriums für ein neues Katapult für das Schwesterschiff der »Bremen«, die »Europa«, die im Jahre 1930 den Verkehr zwischen Europa und Nordamerika aufnahm. *Ernst Heinkel* baute für die »Europa« das Katapult K 4, das bei gleicher Bauform und den gleichen Technischen Daten, wie sie für K 2 galten, einige Verbesserungen aufwies, die sich aus der praktischen Erfahrung mit den bisherigen Katapulten ergaben. Als Katapultflugzeug für die »Europa« wurde die HE 58 gebaut, die konsequent aus der HE 12 entwikkelt worden war. Sie war ebenfalls ein halbfreitragender Tiefdecker mit einem 450/525-PS BMW-»Hornet«-Motor. Die Sitze für den Piloten und den Funker lagen jedoch bei der HE 58 nebeneinander. Die Spannweite betrug 17,20 m, die Länge 11,80 m und die größte Höhe 4,70 m.
Bei einem Rüstgewicht von 1800 kg (einschl. Seeausrüstung) konnten 1240 kg zugeladen werden, so daß das normale Fluggewicht 3040 kg betrug. Bei diesem Gewicht erreichte die HE 58 in Seehöhe eine Höchstgeschwindigkeit von 204 km/h und eine Reisegeschwindigkeit von 163 km/h bei 15 Prozent Drehzahldrosselung. Die HE 58 war also etwas schwerer und langsamer als die HE 12, konnte dafür aber wesentlich mehr Post befördern. Sie erhielt den Namen »Atlantik« und das Kennzeichen D–1919. Ihr erster Katapultstart mit Briefpostfracht erfolgte am 15. Sep-

Der Schnelldampfer »Europa« erhielt ein verbessertes Heinkel Katapult K 4, von dem das Postflugzeug HE 58 gestartet wurde.

Heinkel-Flugzeugkatapulte K 6, K 7, K 9 bzw. K 10 wurden für den Südatlantikdienst der Lufthansa auf den Spezialschiffen »Westfalen«, »Schwabenland«, »Ostmark« und »Friesenland« installiert.

tember 1930 von der »Europa« aus, wobei sie die Strecke von Bord über Sidney (Neuschottland) nach New York mit insgesamt 2585 km in der reinen Flugzeit von 18 Stunden schaffte und damit den Zeitgewinn gegenüber der normalen Schiffspost auf zwei Tage erhöhte, wie *Helmut Roosenboom* in einem VFW-Merkblatt vom 3. 3. 1972 festhielt. Als Rekord wurde durch den Einsatz der HE 58 eine Zeit für die Postbeförderung von Berlin nach New York von nur vier Tagen erreicht[8]. Eine Aufstellung der Anschlußdienste der Deutschen Luft Hansa zwischen Europa und Nordamerika im Jahre 1930[9] verzeichnet im einzelnen mit den Flugtagen, dem jeweiligen Schiff, dem Ziel und den geflogenen km die Zeitgewinne gegenüber dem Dampfer, die bis zu 48 Stunden ausmachen.

Mit der HE 12 und der HE 58 auf den Schnelldampfern des Norddeutschen Lloyd wurde seit dem Erstflug im Jahre 1929 von da an ein zuverlässiger und unter Berücksichtigung der Dampfer-Fahrpläne regelmäßiger Postdienst über den Nordatlantik durchgeführt, an dessen vorzüglicher Organisation der Norddeutsche Lloyd ebenso wie die Deutsche Luft Hansa gleichermaßen beteiligt waren. Ermöglicht wurde aber diese weltverkehrspolitische Leistung durch die von *Ernst Heinkel* und seinen Mitarbeitern gebauten Katapulte und Katapultflugzeuge, die bezeichnenderweise jeweils nur in einem Exemplar vorhanden waren. Als die HE 12 durch ihren Absturz ausschied, wurde sie auf der »Bremen« durch die HE 58 ersetzt, an deren Stelle seit 1932 auf der »Europa« eine Ju 46 trat, ein Flugzeugtyp, der später für alle Katapultflüge eingesetzt wurde und im Jahre 1932 auch die HE 58 auf der »Europa« ersetzte. Die Junkers Ju 46 konnte aufgrund ihrer zeitgemäßen Verbesserungen die Reichweite als Katapultflugzeug erheblich vergrößern. Bei einem der Flüge mußte eine Notlandung auf hoher See in der Nähe des Schnelldampfers erfolgen. Die HE 58 konnte ohne Beschädigungen mit Hilfe eines der Schiffskräne an Bord genommen werden. Genaue Zeitangaben über die Dauer des Postdienstes mit der HE 58 von der »Bremen« aus liegen nicht mehr vor. Vermutlich hat sie den letzten Postflug im Jahre 1934 ausgeführt. Ihr späteres Schicksal ist unbekannt. Im Jahre 1935 waren nahezu 200 Katapultflüge von der »Bremen« und der »Europa« von Heinkel-Katapulten gestartet[10]. Hier ging es für *Heinkel* nicht um schnellere Flugzeuge. Die Devise lautete vielmehr: *Schneller durch Flugzeuge.*

Während das K 1 eine Versuchsanlage war, dienten K 2 und K 4 als Katapultanlagen auf den Schnelldampfern des Norddeutschen Lloyd. K 3 wurde im Auftrag der sowjetischen Marine und nach deren technischen Forderungen für den Einsatz auf einem Panzerkreuzer gebaut und auf einem Katapult-Versuchs-Prahm getestet. Das dafür eingesetzte Flugzeug war ein Flugboot vom Typ HD 55, das zunächst nur in einem Exemplar mit dem Katapult in Auftrag gegeben worden war. Es war von der HD 15 abgeleitet[11]. Das größte Fluggewicht für K 3 betrug auch hier 3500 kg, die höchste Abfluggeschwindigkeit jedoch nur 90 km/h. Die Beschleunigungsstrecke betrug entsprechend dem Verwendungszweck nur 15 m, die Bremsstrecke 2,5 m. Die größte Beschleunigung war auf 2,8 g festgelegt. Die Gesamtlänge des Katapults betrug 21,53 m; das Gesamtgewicht einschl. Startschlitten, Drehkranz und Drehzapfen ist mit 18 t angegeben. Die Konstruktion war in wenigen Wochen abgeschlossen, der Auftrag wurde unmittelbar erteilt.

Die Bemühungen, den Postverkehr über den Atlantik schneller zu machen, führten zu einem neuen System, das auf dem Südatlantik zur Verbindung Deutschland – Südamerika eingesetzt wurde. Der Gesamtweg war erheblich weiter als zwischen Europa und Nordamerika, so daß hier nicht Bordflugzeuge von Passagierdampfern abgeschleudert wurden, sondern Schiffe zu Flugzeugstützpunkten umgebaut wurden, da die damalige Reichweite der Flugzeuge noch nicht genügte, um den Ozean ohne Zwischenlandung zu überqueren. Von amerikanischer Seite wurden Ozeaninseln vorgeschlagen, auf denen Landflugzeuge hätten landen können. Doch die technischen Probleme, insbes. der Verankerung waren damals noch nicht lösbar, bzw. zu teuer. Immerhin wurde eine solche Insel, die durchaus keine Utopie war, Gegenstand des seinerzeit berühmten Films »FP 1 antwortet nicht«. Die Deutsche Luft Hansa ging einen anderen Weg und kaufte als erstes den 5000-Tonnen-Dampfer »Westfalen«, den sie für den neuen Einsatzzweck umbauen und auf der Unterweser erproben ließ. Das nicht verankerte Schiff konnte gegebenenfalls dem durch Funkpeilung herangeführten Flugzeug entgegenfahren, das zwar auch bei schwerem Seegang noch landen konnte, aber nicht in der Lage war, selbständig vom Wasser aus zu starten. Das gelandete Flugzeug bzw. Flugboot schob sich, langsam dem vorauslaufenden Dampfer folgend, auf das vom Dampfer herabgelassene speziell für diesen Zweck entwikkelte Landesegel, das etwa 16 m lang und acht Meter breit war. Nachdem die Ozeanmaschine zunächst mit Fangleinen am Dampfer vertäut war, wurde sie mittels eines Spezialkrans an Bord genommen. Der Start erfolgte von Bord der »Westfalen« mit dem Katapult K 6, das 1932 gebaut worden war. Die Länge des K 6 betrug 41,84 m, die Beschleunigungsstrecke 31,6 m. Der Startschlitten wog allein 1700 kg gegenüber nur 400 bei K 1, K 2 und K 4. Das größte Abfluggewicht konnte 14 t betragen, die Abfluggeschwindigkeit war auf 150 km/h ausgelegt und die Beschleunigung auf 3,5 g. Nach langen Vorbereitungen wurde am 3. Februar 1934 der planmäßige Flugdienst Berlin-Südamerika eröffnet, der in kombiniertem Einsatz verschiedener schneller Flugzeugmuster von Berlin-Tempelhof über Stuttgart – Marseille – Sevilla – Las Palmas nach Bathurst im damaligen Britisch-Gambia (jetzt Banjul, Hauptstadt von Gambia) führte. Die dort gestartete Ozeanmaschine »Taifun« wurde alsdann zwischen Westafrika und Südamerika von der »Westfalen« aufgenommen und wieder abgeschleudert. In Natal (Brasilien) wurde die Post dann mit einer Ju 52 nach Rio de Janeiro und von dort weiter ins Bin-

Startvorgang von Heinkel-Flugzeugkatapulten

Zu den Teilen des Flugzeug-Katapultes K 1:

1 Drehzapfen
2 Zahnkranz der Schwenkvorrichtung
3 Bremsstrecke
4 Startstrecke
5 Startschlitten
6 Startseil
7 und 8 Führungsrollen
9 Beschleunigungsvorrichtung
10 und 11 Umlenkrollen

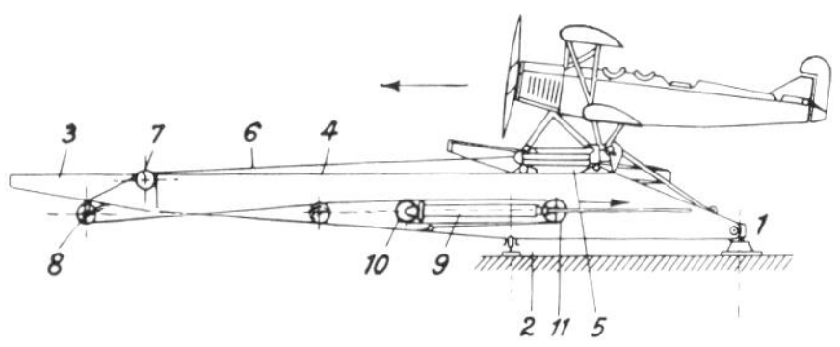

Das Flugzeug steht auf dem Startschlitten in startbereiter Stellung und ist durch den Sliphaken festgehalten.

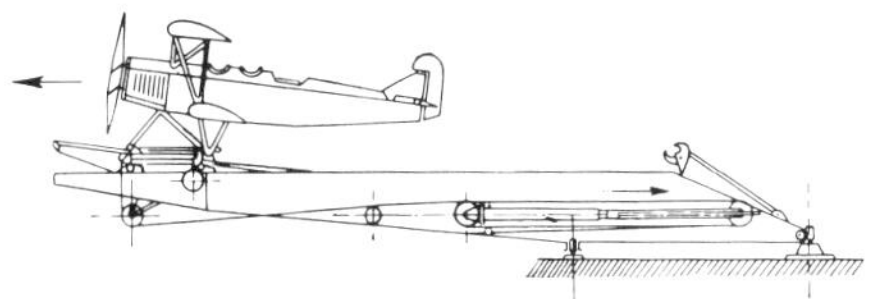

Der Startschlitten hat mit dem Flugzeug das Ende der Beschleunigungsstrecke erreicht.

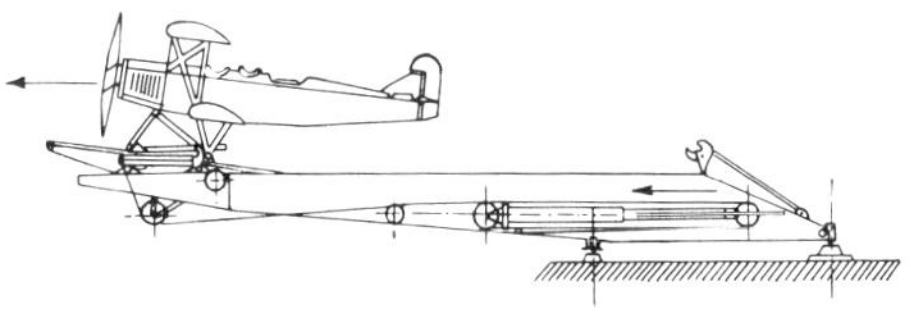

Der Startschlitten wird durch die Bremszangen und das Startseil abgefangen, das Flugzeug hebt sich von dem gebremsten Schlitten ab.

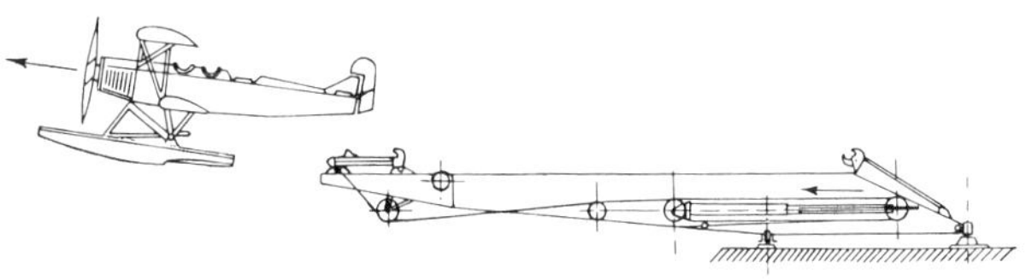

Das Flugzeug hat den Startschlitten verlassen und fliegt mit eigener Kraft weiter. Der Schlitten ist bis zum Stillstand abgebremst.

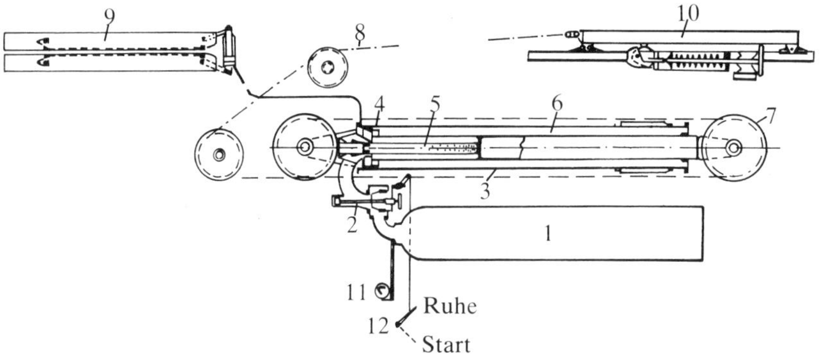

Schema des Antriebes der Heinkel-Katapulte:
1 Druckluftbehälter
2 Hauptventil
3 Arbeitszylinder
4 Kolben
5 Drosselrohr
6 Kolbenstange
7 Seilrollen
8 Startseil
9 Bremsbacken
10 Startschlitten
11 Manometer
12 Bedienhebel

nenland bzw. nach Buenos Aires weiterbefördert. Trotz aller großen Schwierigkeiten für Mensch und Material wurden bereits im ersten Jahr 28 Flüge von und nach Südamerika durchgeführt.

Die Erweiterung dieses Schnell-Post-Verkehrssystems erfolgte in den Jahren 1936/37 durch den Einsatz zusätzlicher Flugsicherungsschiffe als schwimmende Stützpunkte, wofür die Dampfer »Schwabenland« mit dem K 7, »Ostmark« mit dem K 9 und »Friesenland«, jetzt auch für den Transozeandienst über den Nordatlantik vorgesehen, mit dem K 10 ausgerüstet wurden. Während die Katapulte auch weiterhin von den Heinkel-Werken geliefert wurden, befanden sich im Flugdienst jetzt Flugzeuge von Dornier und Blohm & Voß.

Das Katapult K 7 entsprach in den technischen Daten dem K 6. Die Katapulte K 9 und K 10[12] waren bei sonst gleichen Daten in der Lage, ein Flugzeug mit bis zu 15 t Abfluggewicht abzuschleudern.

Das Katapult K 8 wurde im Jahr 1936 für den holländischen Kreuzer »De Ruyter« gebaut und war bei auf 85 atü

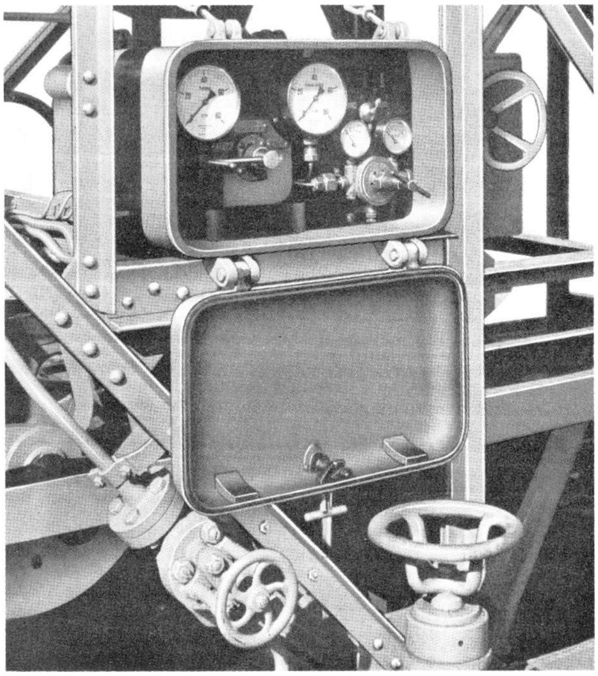

Schaltanlage des Flugzeugkatapultes K 4.

Bei den Heinkel-Katapulten wurde der Weg des Druckkolbens mittels Stahlseil nach dem Flaschenzugprinzip vergrößert.

gestiegenem Betriebsdruck und auf 4 g gesteigerter Beschleunigung in den Abmessungen etwas kleiner als das K 3 für den sowjetischen Panzerkreuzer. Der Bremsweg war dabei von 2,5 m auf 2,7 m verlängert und die Abfluggeschwindigkeit auf 105 km/h erhöht. Es waren also bei grundsätzlicher Beibehaltung der Auslegung die Fortschritte der Technik und die gewonnenen Erfahrungen berücksichtigt.
Das auf 18 t Abfluggewicht verstärkte Katapult K 11 war für den Einsatz einer DO 24 auf dem deutschen Marineschiff »Sperber« vorgesehen, während die sowjetische Marine im Jahre 1937 noch das Katapult K 12 geliefert erhielt. Das K 12 war 24,70 m lang, hatte eine Beschleunigungsstrecke von 19 m und einen Bremsweg von 3,10 m. Das größte Abfluggewicht betrug nur 2 000 kg, die Abfluggeschwindigkeit 125 km/h und die Beschleunigung 4 g.
Für die deutsche Luftwaffe wurden noch verschiedene Landkatapulte mit dynamischen Energiespeichern bzw. Werferanlagen mit Dampfantrieb System Walter sowie eine ortsfeste und eine eisenbahnbewegliche Rohrschleuder entwickelt[13]. Das Landkatapult K 14 mit dynamischem Energiespeicher hatte beispielsweise bei einer Länge von 20–200 m eine Beschleunigungsstrecke von 120 m und einen Bremsweg von 53,50 m. Das größte Abfluggewicht betrug 18 t.
Während der Katapultbau überwiegend für die Beschleunigung der Post- und Verkehrsdienste erfolgte, wurden also seine Grundlagen später vor allem für Zwecke der Luftwaffe eingesetzt.
Der Einsatz der Flugzeugkatapulte auf den Flugsicherungsschiffen diente dem Übergang zum direkten Flug über die Ozeane, wie er heute selbstverständlich ist. Damals jedoch waren Ozeanüberquerungen noch wirkliche Erstleistungen und Pionierflüge, bei denen seit 1919 Luftschiffe und Flugzeuge miteinander konkurrierten[14].

Bei der Firma Heinkel wurde 1932 ein Teleskopkatapult projektiert, das in Ruhestellung verkürzt werden konnte (Modellbild).

Der zwar durchaus luxuriöse Schiffsverkehr war in der Geschwindigkeit begrenzt. Auch die Luftschiffahrt erwies sich, unabhängig von dem zunehmenden Verkehrsaufkommen, als zu langsam. Die Kombination Schiff-Flugzeug konnte nur ein Übergang sein. Es handelte sich um ein echtes Problem der Geschwindigkeit.
Kein Wunder, daß auch *Ernst Heinkel* versuchte, hier mitzumachen, da er doch alle Probleme stets frühzeitig erkannte. Bereits 1926 ließ er als Versuchsmaschine für den Transozeanflug, wie er ihn sich vorstellte, die HE 6 bauen. Es handelte sich um ein hochseefähiges Langstreckenflugzeug, als Kabinenflugzeug für Fernflüge, aber auch als See-Fernaufklärer gedacht, mit einer dreiköpfigen Besatzung, nämlich Pilot, Bordfunker und Bordwart. Als Motor war ein 800-PS-Packard vorgesehen. Die Spannweite betrug 18,20 m, die Länge 13,18 m und die tragende Fläche 60,93 m². Bei einem Leergewicht von 2 800 kg und einer Zuladung von 3 200 kg ergab sich ein Abfluggewicht von 6 000 kg. Der Motor verlieh dem Flugzeug eine Höchstgeschwindigkeit von 205 km/h. Die Landegeschwindigkeit

Für Spezialaufgaben der Luftwaffe wurden 1944 Landkatapulte mit Energiespeicher gebaut und erprobt.

war 125 km/h. Aus der HE 5 weiterentwickelt wurde der geschweißte Stahlrohrrumpf mit Stoff bespannt und der Kabinenaufbau aus Dural und Cellon durch entsprechende Gestaltung des Rumpfes den Erfordernissen des Langstreckenfluges angepaßt. Flugkapitän *Merz* flog mit der HE 6 anstandslos bis zu den Azoren. Als er jedoch von dort zur Ozeanüberquerung starten wollte, scheiterte er mit seiner Maschine an der schweren Dünung. Trotz dieses Schlages, der *Ernst Heinkel* auch finanziell traf, wurde eine Weiterentwicklung als HE 10 vier- bis fünfsitzig entwickelt, die bei gleicher Bauweise mit einem BMW VI ZU 500/750 PS ausgerüstet wurde, der der Maschine eine Höchstgeschwindigkeit von 246 km/h bei einer Reisegeschwindigkeit von 185 km/h verlieh, während die Landegeschwindigkeit nur 106 km/h betrug. Bei fast gleicher tragender Fläche wurde das Leergewicht erheblich herabgesetzt, so daß das Abfluggewicht wesentlich geringer war. Dabei war die Brennstoffzuladung für 15 Flugstunden erhöht. Die beiden gebauten Exemplare waren vor allem zur Aus- und Fortbildung von Bordfunkern und fortgeschrittenen Flugschülern bei der Deutschen Verkehrsfliegerschule bestimmt[15].

Die Erfahrungen ließen *Ernst Heinkel* aber Abstand nehmen von weiteren kostspieligen Versuchen, die Ozeanüberquerung zu erzwingen. Sein Interesse galt verstärkt dem Bau von Flugzeugkatapulten und Katapultflugzeugen. Dabei ging es zunächst weniger darum, schnelle Flugzeuge einzusetzen, als den Verkehr durch Flugzeuge schneller und wirtschaftlicher zu machen. Auch die Versuche anderer Flugzeugpioniere, wie z.B. mit der berühmten Do X, die 1931 über New York flog, führten nicht zu einem endgültigen Erfolg. Der ganz große Erfolg jedoch, der *Kurt Tank* mit dem großartigen Weltrekordflug der für diesen Einsatz umgerüsteten Fw 200 »Condor« bei ihrer Ozeanüberquerung in beiden Richtungen im August 1938 gelang[16], wurde zwar »richtungweisend für die Luftverkehrsentwicklung der nächsten zehn Jahre«, konnte aber infolge der Kriegs- und Nachkriegsentwicklung nicht mehr von deutscher Seite genutzt werden.

Für Langstreckenpostflüge war das dreisitzige Schwimmerflugzeug HE 6 entwickelt worden.

Hochleistungsflugzeuge der 20er Jahre

Die teilweise Befreiung von den einengenden »Begriffsbestimmungen« im Jahre 1926 gestattete *Ernst Heinkel,* sich auch offiziell mit Flugzeugkonstruktionen zu befassen, die seiner immer wieder geäußerten Leidenschaft für Hochgeschwindigkeitsflugzeuge entsprachen. Allerdings mußte er sich dazu im Ausland nach besonders leistungsstarken, hochpferdigen Motoren umsehen, weil die deutsche Motoren-Industrie durch die Verbotsbestimmungen den Anschluß an den fortschrittlichen ausländischen Flugmotorenbau verloren hatte, den sie auch nie wieder richtig finden konnte.

Das Bemühen, Schnellflugzeuge zu bauen bzw. die jeweils in Konstruktion befindlichen Flugzeuge auch schnell zu machen, war natürlich an eine enge Zusammenarbeit mit den auftraggebenden Stellen des Reichsverkehrsministeriums und der Reichswehr ebenso gebunden, wie zu diesem Zweck auch Versuchsflugzeuge gebaut werden mußten, die zur Erforschung der Flugverhältnisse bei hohen Geschwindigkeiten und in großen Höhen geeignet waren. Ferner mußten Typen vorhanden sein, die als Ausbildungs- und Schulflugzeuge auch für diese höheren Anforderungen geeignet waren. So sind zahlreiche Heinkel-Typen aus allen Programmen auch für diese Zwecke gedacht gewesen. Eine Systematik läßt sich nicht ohne weiteres erkennen.

Gleichwohl hat auch *Ernst Heinkel* sich bemüht, unter Berücksichtigung seiner eigenen Aufwendungen die Bedürfnisse der Auftraggeber zu erkennen und zu befriedigen, indem er spezielle Maschinen entwickelte, die als Rennflugzeuge dienen sollten. Ein anderer Zweck schneller Flugzeuge war ihr Einsatz als Jagdflugzeug. Insoweit überschnitten sich durchaus die technischen Forderungen an derartige Flugzeuge, die *Ernst Heinkel* ja schon im Ersten Weltkrieg für die Mittelmächte konstruiert hatte.

Die Bordflugzeuge hatten schon hohe Anfangsgeschwindigkeiten von starken Motoren verlangt. Das erste eigentliche Hochleistungsflugzeug dieser Jahre bei *Ernst Heinkel* war allerdings erst die HD 37, die im Jahre 1928 als Jagdeinsitzer, damals als Renn- und Versuchsdoppeldecker bezeichnet, gebaut wurde. Sie wurde in der bei *Heinkel* inzwischen längst üblich gewordenen Gemischtbauweise, bei der Holz, Stahl und Leichtmetalle verwendet wurden, erstellt. Die Spannweite betrug oben 10 m und unten 8,50 m, die länge 7 m und die tragende Fläche 26,71 m^2. Bei einem Leergewicht von 1267 kg und einer Zuladung von 418 kg betrug das Abfluggewicht 1685 kg. Als Motor wurde der BMW VI 500/750 PS eingebaut, der der Maschine die sensationelle und international Aufsehen erregende Geschwindigkeit von 312 km/h als Höchstgeschwindigkeit verlieh, während als Landegeschwindigkeit 96 km/h angegeben wurden.

Diese Maschine konnte in 3,8 Minuten auf 3 000 m und in 10,5 Minuten auf 6 000 m steigen. Diese unbewaffnete Hochleistungsmaschine war der eine Typ, der dem Deutschen Reich von den Siegermächten neuerdings innerhalb eines Jahres zugebilligt war. Daß sie gleich so hervorragend gelang, bestätigte den Ruf der Ernst Heinkel Flugzeugwerke, den sie schon jetzt im In- und Ausland genossen. Die HD 37 wurde der Ausgangspunkt für die späteren Hochleistungsflugzeuge aus den Heinkel-Werken, die den Grundstock für die seit 1933 in Entstehung begriffene neue Luftwaffe wurden. Die unmittelbare Weiterentwicklung der HD 43 des Jahres 1931 zeigte nur geringe technische Änderungen, die zwar zu einer Steigerung der Höchstgeschwindigkeit auf 322 km/h führte, aber in der Steigleistung die HD 37 nicht erreichte.

Dagegen wurde die HD 38 völlig neu entwickelt, auch wenn das Gesamtbild der HD 37 beibehalten wurde. Die HD 38 wurde gleichzeitig als Land- und als Seeflugzeug entwickelt und mußte in beiden Versionen katapultfähig sein, wozu der Rumpf verstärkt wurde. Ebenso wurde das austauschbare Land- oder Schwimmwerk mit den entsprechenden Katapultstreben versehen. Ober- und Unterflügel

Der 1928 entwickelte Jagdeinsitzer HD 37 erreichte eine damals international Aufsehen erregende Höchstgeschwindigkeit von 312 km/h.

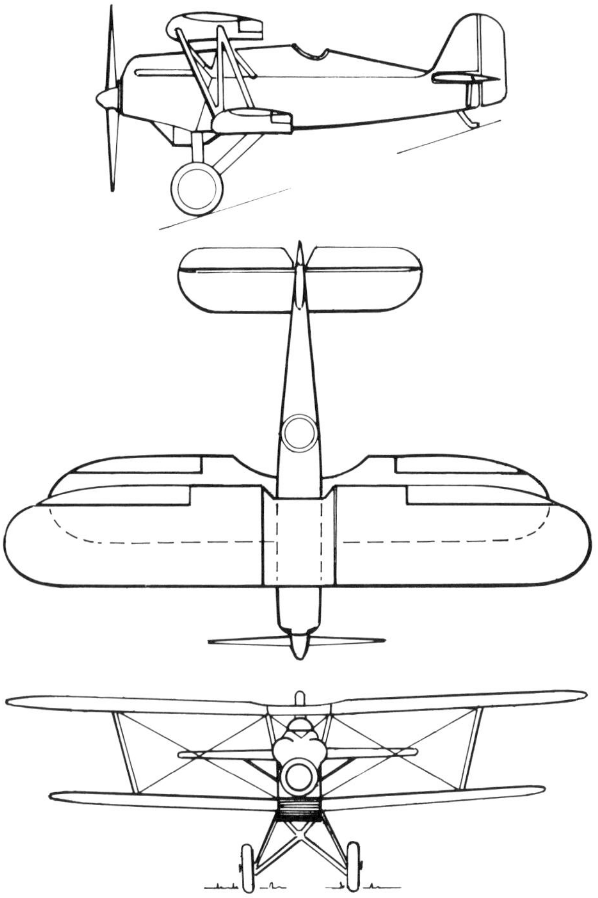

Jagdeinsitzer HD 37.

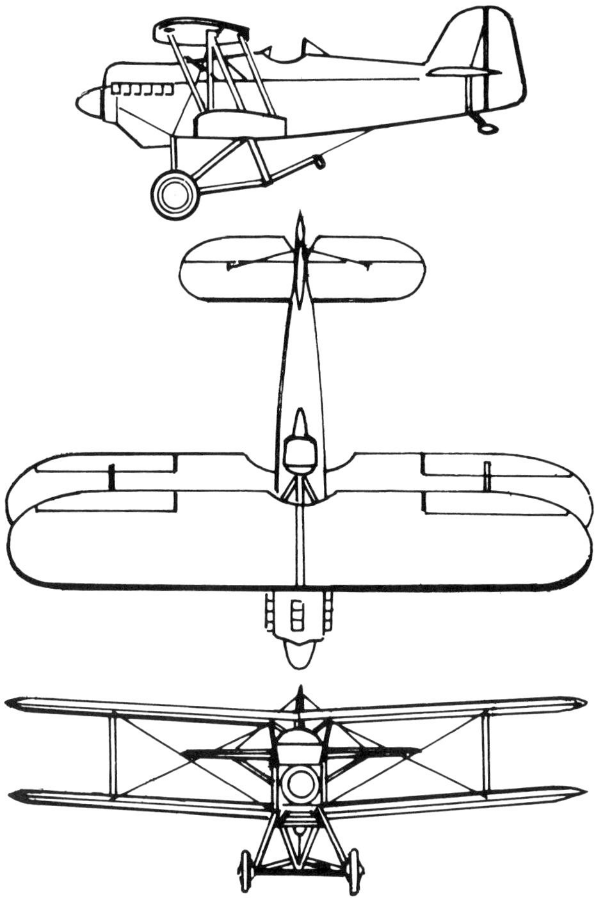

Jagdeinsitzer HD 38.

Nach den Vorstellungen der Reichsmarine war der katapultfähige Jagdeinsitzer HD 38 konstruiert. Das Rad-Fahrwerk konnte in kurzer Zeit gegen Schwimmer ausgetauscht werden.

In der Schwimmerversion erreichte der Einsitzer HD 38 W eine Höchstgeschwindigkeit von 285 km/h. Die Buchstaben RDL (Reichsverband der Deutschen Luftfahrtindustrie) weisen darauf hin, daß dieses Flugzeug bei der Seeflugzeug-Erprobungsstelle in Travemünde eingesetzt war.

wurden zum Ausgleich der Gewichtssteigerung gleich groß gemacht, die tragende Fläche dadurch vergrößert. Bei gleichem Motor waren die Leistungen auf diese Weise geringer als bei der HD 37 und HD 43. *Ernst Heinkel* wollte mit der HD 38 Geschindigkeitsweltrekorde brechen, was ihm denn auch gelang[2].

Die HD 38 ist auf dem in der UdSSR gelegenen Ausbildungs- und Erprobungsplatz Lipezk erprobt worden, auch wenn sie dort nicht zur Ausbildung gedient hat. *Karl-Heinz Völker* druckt[3] den »Bericht der deutschen Fliegerschule in Lipezk/Rußland über die Ausbildungstätigkeit im Sommer 1931« vom 8. November 1931 ab, in dem unter »C. Fronterprobung« u.a. auf den »Bericht über taktische Erprobung der H.D. 38, Bericht Bollmann über Vergleichsfliegen zwischen Fokker D XIII und H.D. 38 (L. Nr. 2964/31 I P Ziff. 12 vom 7. 10. 31)« hingewiesen wird. Der Verfasser des »Berichts Bollmann« war Jagdfluglehrer in Lipezk. In Hinblick auf die Erprobung dieses Baumusters für die Reichswehr ist es nicht erstaunlich, daß weitere Firmeninformationen über diesen Typ nicht vorliegen, außer den Vermerken »Zweck: Rekordflüge«.

Offensichtlich aus ähnlichen Gedankengängen finden sich, außer daß sie in der Liste von *Erich Kleinemeyer* 1929 als Rennflugzeug bezeichnet wird, keine Angaben über die HE 11, einen Seetiefdecker, der von *Kleinemeyer* als »Projekt für Schneider-Pokal-Rennen« erwähnt wird.[4]

Zeitungsflugzeuge

In den ersten Jahren seiner Selbständigkeit als Unternehmer einer Flugzeugkonstruktionsfirma, die von einem Typ auf den nächsten kam und Flugzeuge noch nicht in Serien baute, war *Ernst Heinkel* zwar durchaus auf steigende Geschwindigkeit erpicht, er suchte und fand aber auch Gelegenheiten, einen Verkehrsweg schneller zu machen. Und dabei scheute er sich nicht, auch Aufträge hereinzunehmen, die mehr als schnell ausgeführt werden mußten. Aus beidem entwickelte sich das Wort »Heinkel-Tempo«.

Dieses mußte er das erste Mal anwenden, als er, immer darauf bedacht, die wirtschaftliche Grundlage seines Unternehmens herzustellen oder zu erhalten, veranlaßt war, einen, wie er ihn selbst nannte, in seinen Bedingungen selbstmörderischen Auftrag hereinzunehmen. Die von einer amerikanischen Luftverkehrsgesellschaft gewünschte Maschine sollte an einem Wettbewerb teilnehmen und mußte daher innerhalb sechs Wochen nach Auftrag, der am 15. Februar 1925 erfolgte, verschiffungsbereit sein. Das war nur dadurch zu schaffen, daß *Ernst Heinkel,* wie er es später bei der He 162 wieder machen ließ, sein Konstruktionsbüro unter dem eher bedächtigen *Karl Schwärzler* gleichzeitig Rumpf, Flügel und Leitwerke mit allen Einzelheiten konstruieren und die vordimensionierten Werte von den Statikern lediglich nachrechnen ließ. Und obwohl *Karl Schwärzler* ausgerechnet um diese Zeit sich im Krankenhaus den Blinddarm herausnehmen lassen mußte, klappte es unter dem persönlichen Einsatz *Ernst Heinkels* wie auch unter dem Druck der Zeit. Und vom zweiten Flug an zeigte die Maschine auch keinerlei Mängel mehr. In den USA, wo die HD 27 dann unter dem Namen »Night-Hawk« noch drei Jahre regelmäßig als einsitziges Post- und Frachtflugzeug eingesetzt war, flog sie unverdrossen, bis sie, wie *Ernst Heinkel* in seinen Memoiren berichtete[1], in der Halle durch einen Wirbelsturm zerstört wurde. Gebaut

Das 1925 in amerikanischem Auftrag gebaute Post- und Frachtflugzeug HD 27 war der Vorläufer der späteren Zeitungsflugzeuge HD 39 und HD 40.

war sie in der üblichen Gemischtbauweise mit einer Spannweite von 13,60 m, einer Länge von 9,20 m und tragender Fläche von 51,60 m^2. Bei einem Leergewicht von 1 275 kg und einer Zuladung von 1 055 kg betrug das Abfluggewicht 2 330 kg. Ein 400-PS-Liberty-Motor verlieh der Maschine eine Höchstgeschwindigkeit von 205 km/h bei einer Landegeschwindigkeit von 81 km/h. In dem geräumigen Sperrholzrumpf war der große Frachtraum zwischen Motor und Führersitz angeordnet. Der 3 m^3 große Frachtraum war durch drei Luken von jeder Seite und von oben her zugänglich[2].

Durch reinen Zufall erfuhr *Ernst Heinkel,* der sich im Sommer 1925 mal wieder in Berlin befand, um sich nach Aufträgen umzusehen, daß die »B.Z. am Mittag« des Ullstein-Verlages Zeitungsflugzeuge für sich bauen ließ, um ihre Zeitungen schneller an die jeweiligen Orte bringen zu können und um dafür in den Sommermonaten besondere Flugdienste in die Ostsee-Bäder einzurichten. Der luftfahrtfreundliche Ullstein-Verlag, der auch hinter dem »Deutschen Rundflug« des Jahres 1925 stand, ebenso wie er bereits 1911 den Preis der »B.Z. am Mittag« gestiftet

In Konkurrenz zur Firma Albatros entwickelte *Heinkel* für den Ullstein-Verlag das Zeitungsflugzeug HD 39, das in der Mitte des Rumpfes einen Abwurfschacht hatte, durch den die Zeitungspakete im Tiefflug einzeln abgeworfen werden konnten.

Beladen des Spezialflugzeuges HD 39 mit gebündelten Zeitungspaketen. Durch diesen Lufttransport konnte z. B. die »BZ am Mittag« im Sommer in den Badeorten an der Nord- und Ostsee schon wenige Stunden nach Erscheinen verkauft werden.

hatte, hatte bereits zwei Zeitungsflugzeuge an die Firma Albatros vergeben, der dritte Auftrag sollte eigentlich ebenfalls an Albatros fallen. Es gelang jedoch *Ernst Heinkel* mit Elan und Schnelligkeit die Ullstein-Leute von der zu erwartenden Besonderheit seines Entwurfes zu überzeugen. Jedenfalls erhielt er den Auftrag für die dritte Maschine, wie er meinte entweder durch die Schnelligkeit der Ausführung seiner Konstruktion oder durch seinen Vorschlag, in der Maschine einen Abwurfschacht vorzusehen, durch den die Zeitungspakete abgeworfen werden konnten[3].

Der Entwurf der nun entstehenden zweisitzigen HD 39 hielt sich in seinem konstruktiven Aufbau an die inzwischen bereits bewährte HD 27, das für Amerika gebaute Postflugzeug. Es wurde in Gemischtbauweise erstellt, hatte eine Spannweite von 14,80 m, eine Länge von 10,55 m und besaß eine tragende Fläche von 52,30 m^2. Bei einem Leergewicht von 1320 kg konnte es eine Zuladung von 840 kg aufnehmen, so daß ein Abfluggewicht von 2160 kg gegeben war. Der 230-PS-BMW-IV-Motor verlieh dem Flugzeug eine Höchstgeschwindigkeit von 166 km/h bei einer Landegeschwindigkeit von nur 68 km/h. Gegenüber der HD 27 war der Rumpf, der besonders leicht be- und entladen werden konnte, noch vergrößert und enthielt die besondere Vorrichtung zum wahlweisen Abwurf der Zeitungspakete über Orten ohne Landeplätze durch Gleitrutschen. Der Begleitersitz befand sich neben dem Pilotensitz. Die Sitze waren noch offen, der Laderaum vom Führersitz aus zugänglich. Der Laderaum selbst befand sich etwa im Schwerpunkt des Flugzeuges, damit die Flugeigenschaften der Maschine beim Abwurf der Lasten nicht verändert wurden. Für die abzuwerfenden Pakete im Gewicht von 50 kg waren drei Träger angebracht, an die rechts und links je vier Pakete und in der Mitte zwei Pakete gehängt werden

Nach 100000 Flugkilometern im täglichen Zeitungsdienst wurde die HD 39 mit einem großen Kranz geschmückt.

Das Auslösen der Abwurfvorrichtung für die Zeitungspakete erfolgte vom Führersitz aus.

Auf Grund des erfolgreichen Einsatzes des HD 39 Zeitungsflugzeuges bestellte der Ullstein-Verlag eine HD 40, die die doppelte Nutzlast transportieren konnte.

konnten. Die Träger waren durch querliegende Rohre zur Beladung des Magazins verbunden. Die Auslösung der Zeitungspakete konnte vom Führersitz aus mittels Hebel erfolgen. Es war dafür Sorge getragen, daß immer nur ein Paket abgeworfen werden konnte, dafür aber konnte dieses genau bestimmt werden. Das Fahrgestell war auf diese Abwurfmechanik besonders abgestimmt. Die Maschine erhielt einen besonderen schwarz-gelben Anstrich und trug auf beiden Seiten die Bezeichnung »BZ 1«. Sie bewährte sich hervorragend und hatte bereits im März 1927, nach elf Monaten, 100000 Kilometer störungsfrei zurückgelegt. Das Bild der geschmückten Maschine ging durch die Ullstein-Presse und sorgte so auch für den Ruhm *Ernst Heinkels*.

Der Erfolg führte denn auch dazu, daß der Ullstein-Verlag alsbald den Auftrag auf eine zweite Zeitungsmaschine erteilte, die als HD 40 in der bewährten Bauweise hergestellt und unter Anwendung der gemachten Erfahrungen und unter Berücksichtigung der gestiegenen Ansprüche um etwa die Hälfte vergrößert wurde, wodurch die Nutzlast sogar verdoppelt werden konnte. Das wurde vor allem durch den Einbau des entsprechend verstärkten BMW VI-Motors mit 460/600 PS möglich. Die Spannweite betrug oben 17,60 m und unten 15,15 m, die Länge 12 m und die tragende Fläche 75,40 m^2. Bei einem Leergewicht von 2250 kg und einer Zuladung von 1600 kg ergab sich ein Abfluggewicht von 3850 kg. Das Flugzeug erreichte eine Höchstgeschwindigkeit von 163 km/h bei einer Landegeschwindig keit von 85 km/h. Der Rumpf war gegenüber der HD 39 als Stahlrohrgerüst mit Stoffbespannung ausgeführt. Der Frachtraum befand sich jetzt unter dem Führersitz, der dadurch weiter nach vorn verlegt werden konnte. Gleichermaßen ergab sich die Möglichkeit, eine Kabine für 4–6 Passagiere – etwa Journalisten des Verlages – oder einen größeren Frachtraum einzurichten. Das erweiterte die Flexibilität des Einsatzes der Maschine für den Verlag erheblich. *Ernst Heinkel* hatte einmal mehr bewiesen, daß seine Konstruktionen in diesem Fall die schnellere Verteilung der Schnelligkeit in der Überbringung von Nachrichten verlangenden Zeitungen ermöglichten. Die HD 40 erhielt den gleichen Zebra-Anstrich wie die HD 39 und führte dabei den Namen »BZ IV«. Nach Heinkels Angaben[4] hatte bei der Indienststellung der HD 40 im Jahre 1927 die HD 39 bereits 184 500 km unfallfrei geflogen. Die luftfahrtfreudigen fünf Brüder *Ullstein* hatten in *Ernst Heinkel* einen kongenialen Mann zur schnelleren Verteilung ihrer Zeitungen gefunden.

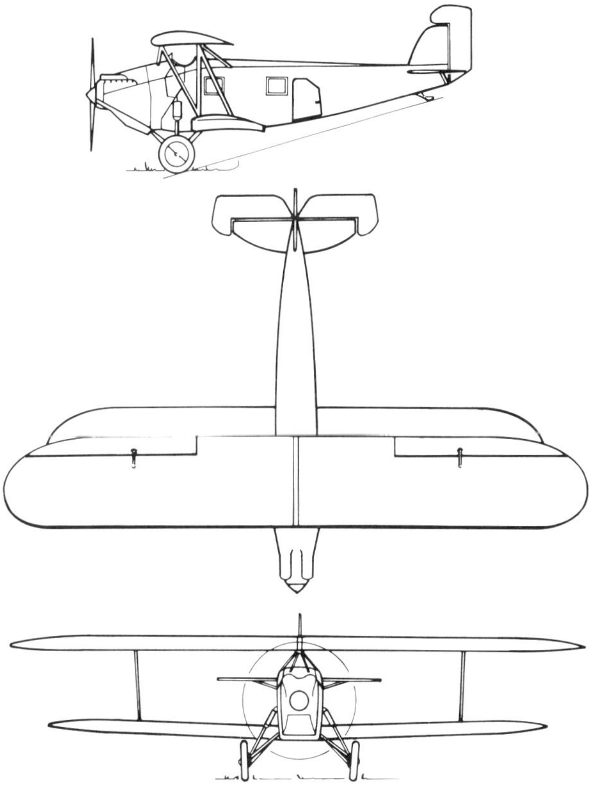

Spezialflugzeug für den Zeitungstransport HD 40.

Aufträge aus der UdSSR

Der erste Auftrag aus der Sowjetunion 1930 betraf das Katapult K 3 und ein dazugehöriges Katapultflugzeug, wofür das Flugboot HD 55 entwickelt wurde. Es war von der HD 15 abgeleitet, die bei den ersten Katapultversuchen auf dem K 1 eingesetzt gewesen und als Bordflugzeug für die Reichsmarine vorgesehen war. Sicher war die sowjetische Marine durch die Zusammenarbeit mit der Reichswehr in Lipezk und durch die Erfolge, die *Ernst Heinkel* mit dem K 2 und der HE 12 als Postvorausflugzeug des Ozeandampfers »Bremen« im Vorjahre gehabt hatte, auf ihn aufmerksam geworden. Jedenfalls gefiel ihr nicht nur das Katapult K 3, sondern auch das dazu gelieferte zweisitzige Flugboot, so daß sie davon 20 Stück in Auftrag gab[1]. Ein derartiger Großauftrag war für *Ernst Heinkel* ebenso überraschend wie neu.

Boot und Flächen der zweistieligen HD 55 waren eine Holzkonstruktion, die Einbauten bestanden zum Teil aus Leichtmetall. Das Boot war zweistufig, mit Kielung vorn und hinter der ersten Stufe. Der Vorderteil war als schwimmfähiger Körper ausgebildet. Am Außenteil des Unterflügels befand sich je ein Stützschwimmer. Durch Lösen der Bolzen an den Vorderholmen konnten die Flügel zurückgeklappt werden, so daß die Unterbringung des Flugbootes an Deck des Kriegsschiffes weniger Platz beanspruchte. Die Erfahrungen mit zerlegbaren Flugzeugen bzw. zusammenklappbaren Tragflächen aus der Zeit vor dem Ersten Weltkrieg konnten hier gut verwendet werden. Die Anbringung eines Schneekufengestells am Boot war möglich. Der geräumige Begleiterraum war mit Beschlägen für Funken-Telegrafie-Einrichtung versehen und bot Platz für ein einzubauendes Photogerät. Als Motor wurde ein Siemens Jupiter VI mit 500/600 PS eingebaut. Die Verwendung anderer luftgekühlter Motoren etwa gleicher Stärke war möglich. Der Motor war mit seiner Verkleidung über ein Strebengestell direkt auf dem Bootsrumpf befestigt. Die Spannweite betrug oben und unten je 14 m (wegen der Klappbarkeit waren die Flächen nicht gestaffelt), die Länge 10,40 m und die größte Höhe 4,10 m. Die Flügelfläche betrug 56,9 m^2. Bei einem Leergewicht von 1 550 kg brachte eine Zuladung von 650 kg das Fluggewicht auf 2 200 kg. Die Höchstgeschwindigkeit wurde mit 194 km/h, die Geschwindigkeit in Seehöhe, gedrosselt auf 1 850 min^{-1}, mit 180 km/h angegeben; die Landegeschwindigkeit betrug 80 km/h.

Heinz J. Nowarra stellte ausdrücklich fest[2], daß die HD-55-Boote »unter der Bezeichnung KR-1 lange im Küstenwachdienst der UdSSR im Einsatz gewesen« seien.

Da ein Flugboot sich leichter bauen läßt als ein Schwimmerflugzeug, es weniger Stirnwiderstand bietet und der Schwimmerraum erheblich mehr Platz für die Besatzung und die Nutzlast bietet, war dieser Seeflugzeugtyp schon früher, z. B. durch die österreichisch-ungarische Marine im Ersten Weltkrieg, bevorzugt worden. *Ernst Heinkel* hatte daher, auf den einschlägigen Erfahrungen der früheren Zeit aufbauend, stets auch den Bau von Flugbooten im Auge behalten. Daher war die Wahl zwischen Boot und Schwimmertyp bereits bei dem Versuchsflugzeug HD 15 auf ein Flugboot gefallen, so daß der sowjetische Auftrag auf ein Flugboot gestattete, für die HD 55 die HD 15 mit gewissen Änderungen zugrunde zu legen.

Nach der Liste von *Erich Kleinemeyer,* die er zum 70. Geburtstag *Ernst Heinkels* am 24. Januar 1958 angefertigt hatte, waren die HD 37 und die HD 43 aus den Jahren 1928 bzw. 1931 im Auftrag der UdSSR entwickelt und gebaut worden. In allen anderen Unterlagen, auch denjenigen der Ernst Heinkel Flugzeugwerke bis 1932[3] ist davon nicht die Rede. Immerhin sei darauf aufmerksam gemacht, daß z. B. die HD 37 nach den Angaben der Kleinemeyer-Liste in der UdSSR in Lizenz gebaut wurde. Zu der HD 43 als Weiterentwicklung der HD 37 bemerkt *Kleinemeyer,* daß

Beim Aufklärungsflugboot HD 55, das zusammen mit dem Katapult K 3 in sowjetischem Auftrag entwickelt wurde, konnten die Tragflächen zur leichteren Unterbringung auf Kriegsschiffen zurückgeklappt werden.

Der Jagdeinsitzer HD 43 stellte eine Weiterentwicklung des Musters HD 37 dar und war eine Vorstufe zur späteren He 51 der Luftwaffe.

sie im Auftrag der Sowjetunion gebaut worden sei und daß zwei Exemplare an Siam geliefert worden seien, während *Nowarra*[4] erklärt, daß sie nur in einem Exemplar hergestellt worden sei. Diese Diskrepanz macht einmal mehr deutlich, wie ungenau die Überlieferungen bei den technischen Daten und den Stückzahlen sind, deren Richtigkeit heute nicht mehr einwandfrei ermittelt werden kann, so daß jeweils die unterschiedlichen Zahlen mit ihren Quellen angegeben werden. Hierbei spielen nicht nur die Firmeninteressen, sondern auch die politischen Zeitumstände oft eine maßgebliche Rolle. Das wirkte sich insbesondere bei denjenigen Flugzeugtypen aus, die aufgrund der von den Siegermächten vorgeschriebenen Bestimmungen oder wegen der Erprobungsmöglichkeiten in der UdSSR seinerzeit nicht genau beschrieben wurden.

Weitere Flugzeuge

Es soll nicht die Aufgabe dieser Biographie sein, eine vollständige Darstellung aller jemals bei *Ernst Heinkel* entwickelten und gebauten Flugzeuge zu geben. In einer listenartigen Zusammenstellung allerdings soll eine möglichst vollständige Übersicht gegeben werden. Sie ist im Anhang dieses Buches enthalten.
Gleichwohl sollen auch diejenigen Typen, die bisher nicht in eine bestimmte Kategorie aufzunehmen waren, die möglicherweise auch nicht umfangreich genug gewesen wäre, zumindest aufgeführt werden.
So hat *Ernst Heinkel* im Jahre 1927 – nach der Kleinemeyer-Liste – mit der HE 7 ein zweimotoriges Torpedoflugzeug geschaffen, für das sicher die Marineleitung über das Reichsverkehrsministerium als Auftraggeber anzusehen war. Von irgendeiner Serie oder auch nur sonstigem Einsatz ist nirgendwo die Rede. Die HE 7 war ein halbfreitragender Hochsee-Tiefdecker mit zwei Gnôme et Rhône Jupiter 9-Motoren zu je 450 PS, mit einem Stahlrohrrumpf und Holzflügeln. Trotz gewisser Ähnlichkeiten mit der HE 5 war die Spannweite mit 24 m erheblich größer, ebenso die Länge mit 16 m. Auch die tragende Fläche von 93,42 m² war wesentlich größer. Das Leergewicht betrug 3 800 kg und das Abfluggewicht 6 000 kg.

Auch das 1925 für Schweden entwickelte Torpedoflugzeug HD 14 war aufgrund der mangelnden Motorleistungen kein Erfolg. Es wurde nicht einmal abgenommen.
Auch das 1928 ebenfalls für Schweden entwickelte Land- und See-Torpedo-Flugzeug HD 16 wurde nich in Lizenz für die schwedische Luftwaffe gebaut.

Die HE 8, aus der HE 5 abgeleitet, wurde 1927 in Serie für die dänische Marine gebaut, die in der dänischen Kriegsmarinewerft auch Lizenzbauten anfertigen ließ. Dieser zweisitzige See-Aufklärer hat sich in Dänemark in mannigfacher Weise bewährt. Ein Armstrong-Siddeley Jaguar IV-Motor mit 385 PS gab dem Flugzeug mit einem Abflugge-

Zweimotoriges Torpedoflugzeug HE 7.

Als Torpedoflugzeug für Schweden entstand 1928 die HD 16, die mit Radfahrwerk oder Schwimmern eingesetzt werden konnte.

Das See-Aufklärungsflugzeug HE 8 wurde in Dänemark in Lizenz gebaut.

wicht von 2365 kg eine Höchstgeschwindigkeit von 216 km/h.
Ernst Heinkel konnte durch die zahlreichen Auslandsaufträge aus Japan, Schweden, Dänemark und der UdSSR nicht nur sein Entwicklungs- und Konstruktionsbüro beschäftigen und über die Runden bringen, sondern auch die damit gemachten Erfahrungen in den Flugzeugbau für die deutschen Auftraggeber einbringen. So blieb er stets in allen technischen und taktischen Fragen für seine Flugzeuge auf der Höhe der Zeit. Allerdings waren gerade um diese Zeit die Aufträge überwiegend militärischer Natur, ein Umstand der *Ernst Heinkel* weitgehend gleichgültig war, aber den an ihn und seine Arbeiten gestellten Anforderungen durchaus entgegenkam.
So sind denn auch die zahlreichen weiteren Flugzeugtypen, die bei *Ernst Heinkel* entwickelt wurden, überwiegend Schul-, Sport- oder Aufklärungsflugzeuge, die zumeist in der Auslegung oder Ausführung irgendwie miteinander zusammenhingen. Aus der Vielzahl dieser aus dem typischen Entwicklungswerk kommenden Maschinen, über deren allgemeine und technische Einzelheiten die Werkszeitungen und *Nowarra:* »Heinkel und seine Flugzeuge« sowie *Lange:* »Das Buch der deutschen Luftfahrttechnik« berichten, sei hier nur auf folgende noch besonders aufmerksam gemacht: Die HD 30 von 1928 wird von *Erich Kleinemeyer* in seiner Liste als See-Krankentransportflugzeug aufgeführt, das als Seenotflugzeug für die Hochseefischerei eingesetzt worden sei, während *Heinz J. Nowarra*[1] das als Tarnung bezeichnet. In Wahrheit habe es sich um ein See-Aufklärungsflugzeug für die Marine gehandelt. Auftraggeber war jedenfalls das Reichsverkehrsministerium, eine Tatsache, die jede Erklärung zuließ. Aus heutiger Sicht ist das recht einerlei. Auch Marineflieger hätten ein Seenotflugzeug nötig gehabt, wie der spätere Einsatz der bewährten He 59 ausweist. Die zweisitzige, einstielige Maschine wurde von einem 450-PS-Gnôme et Rhône Jupiter VI-Motor angetrieben, der ihr bei einem Abfluggewicht von 2492 kg eine Höchstgeschwindigkeit von 215 km/h verlieh.
Eher ist schon merkwürdig, daß in der Fachpresse[2] die HD 22 als »Heinkel-Verkehrs-DD« angekündigt wurde, die in Werksveröffentlichungen vor 1933[3] schlicht als Land-Doppeldecker mit dem Zweck »Ausbildung, Übung« bezeichnet wurde. Der BMW IV-Motor mit 230 PS gab ihr bei einem Fluggewicht von 1500 kg eine Höchstgeschwindigkeit von 190 km/h. Damit dürfte dieses Baumuster sogar innerhalb der damaligen »Begriffsbestimmungen« gelegen haben, trotz der angegebenen Gipfelhöhe von 5,3 km, die vermutlich eher werblichen Charakter hatte, da um 1932 diese Maschine ganz gewiß nicht mehr gebaut worden wäre. Die hier zitierten »Heinkel-Mitteilungen« sollten wohl auch eher eine Übersicht der bis zum 1. Dezember 1932, also dem zehnjährigen Firmenjubiläum, konstruierten Flugzeuge geben und damit die gewiß beachtliche Leistung herausstellen. Die HD 22 wurde in Ungarn von der Firma Manfred Weiss seit 1928 in Lizenz gefertigt[4]. Die in den Jahren bis 1932 entwickelten verschiedenen weiteren Typen wurden zumeist als Ausbildungs- oder Aufklärungsflugzeuge ausgewiesen. *Ernst Heinkel* dienten sie meist dazu, den gleichen Zweck versuchsweise mit verschiedenen Lösungen zu erreichen, oder aber einzelne Konstruktionsdetails zu erproben. Dazu konnte es ihm auch sehr angenehm sein, daß die Aufträge dazu von sehr unterschiedlichen Stellen, oft auch von ausländischen Regierungen kamen. So war sein vor allem auf Entwicklungsaufgaben spezialisiertes Werk stets in der Lage, das Neueste vom Neuesten zu erproben und nebenher noch gute Devisen zu verdienen, die gerade im Deutschland der 20er Jahre besonders wertvoll waren. So war *Ernst Heinkel* stets damit beschäftigt, Arbeit für sein Unternehmen zu beschaffen. Und das klappte oft nur von einem Auftrag zum anderen. Aber Finanzprobleme, die ihn als Unternehmer in die Knie gezwungen hätten, kannte er auf diese Weise nicht bzw. konnte sie durchaus lösen.
Die HD 16, 1928 für Schweden als Torpedoflugzeug entwickelt, brachte Erfahrungen, die später bei der Entwicklung der He 59 und der He 115 brauchbar waren.

Die HD 30 war ein zweisitziges See-Aufklärungsflugzeug und wurde auch als Seenotrettungsflugzeug eingesetzt.

Ein Doppeldecker HD 22 wurde vom amerikanischen Luftfahrt-Attaché in Berlin als Reiseflugzeug verwendet.

Das Muster HD 20 war ein speziell für Luftbildaufnahmen entwikkelter zweimotoriger Anderthalbdecker, der auch bei militärischen Stellen Interesse fand.

Beim Amphibium HE 57 »Heron« konnte das Radfahrwerk seitlich hochgezogen werden.

Die HD 19 wurde von der Schwedischen Luftwaffe[5] ebenso wie die HD 16 zum Lizenzbau erworben. Sie ist in der »Kleinemeyer-Liste« als Land-See-Doppeldecker für Höhenflüge und FT-Ausbildung angeführt.
Die Land- und die See-Ausführung hatten eine Spannweite von 11 m und unten von 9,50 m. Die Landausführung war 7,80 m lang, die Seeausführung 9 m. Beide Typen wurden von einem Bristol Jupiter VI-Motor von 410 PS angetrieben, der der L-Type von 1 560 kg Abfluggewicht und eine Höchstgeschwindigkeit von 215 km/h gab. Gebaut waren sie beide in der bei *Heinkel* üblichen Gemischtbauweise.
Die HD 20 war als 1½-Decker für Luftbildaufnahmen vorgesehen.
Mit der HE 57 versuchte *Ernst Heinkel* sich dem modernen Metallbau zu widmen und gleichzeitig in den amerikanischen Flugzeugmarkt einzudringen. Dabei konnte er Erfahrungen sammeln, indem er, unter Berücksichtigung der Zulassungsbestimmungen für Verkehrsflugzeuge in den USA[6], sich erstmalig mit einer derartigen Konstruktion befaßte. Aber im Grunde genommen zahlte er nur Lehrgeld, das er allerdings später gut angewendet fand.

Die HE 57, die er in der Hoffnung auf Einsatz im nordamerikanischen Küstenverkehr als Amphibium entwickelt hatte, wurde aber mangels einschlägiger vorhandener Erfahrungen zu schwer. Der Bootskörper war durch wasserdichte Schotten in drei Abteilungen eingeteilt, von denen die mittlere mit drei Paar hintereinander liegenden Sitzen die Kabine bildete, der Bugraum zur Unterbringung von Seeausrüstung und Gepäck diente, während im hinteren Teil der Kabine sich ein Wasch- und Gepäckraum befand.

Ein 425-PS-Pratt & Whitney-Wasp-Motor, der über dem Rumpf auf einem aus Stahlrohren verschweißten Stützgestell lagerte und durch diese Anordnung dem Flugzeug sein charakteristisches Aussehen gab, sollte der Maschine eine Reisegeschwindigkeit von 172 km/h bei Drosselung auf 1 800 min^{-1} und eine Höchstgeschwindigkeit von 195 km/h verleihen. Die Landgeschwindigkeit lag etwas über 90 km/h. Vorgesehen war, daß auch ein 525-PS-Hornet-Motor verwendet werden konnte.
Das Flugzeug war 10,80 m lang, als Flugboot 3,55 m und als Landflugzeug 4,23 m hoch. Die Spannweite betrug 16 m und die tragende Fläche 39,20 m^2. Bei einem Rüstgewicht von 1 550 kg betrug die Zuladung einschl. der vier Passagiere 900 kg, das Abfluggewicht somit 2 450 kg[7].
Es gelang *Ernst Heinkel* immerhin, die Maschine, die die Hoffnungen auf Einstieg in den nordamerikanischen Markt nicht erfüllen konnte, an die DVS auf Sylt zu verkaufen. Trotzdem war es finanziell ein Verlust, von den gewonnenen Erfahrungen abgesehen. *Ernst Heinkel* erblickte darin den Preis für die Einarbeitung in den Leichtmetallbau und den Erwerb der Grundlagen für den Schnellflugzeugbau[8].

Der Motor war beim Amphibium »Heron« wegen des Spritzwassers sehr hoch angeordnet.

1931: Scheitern der Fusion mit Messerschmitt

Ernst Heinkel war im Laufe der Jahre mehr und mehr damit befaßt, für seine Betriebe Beschäftigung zu suchen und zu erhalten. Das konnte er sich auch technisch leisten, da er mit *Karl Schwärzler* als Chefkonstrukteur und den Brüdern *Günter*, die er 1931 eingestellt hatte, im Projektenbüro für die technische Entwicklung keine Sorgen hatte, sich also zu dieser Zeit voll den wirtschaftlichen Problemen zuwenden konnte. Vor allem seine Exporterfolge wirkten sich wirtschaftlich positiv aus. Diese für ihn günstige Situation war in anderen deutschen Flugzeugbauunternehmen nicht immer gegeben; diese waren vielmehr durchaus den wachsenden wirtschaftlichen Schwierigkeiten der Jahre 1929–1931 ausgeliefert.
So wurden im Februar 1931 gemäß einem Memorandum vom August 1931, das *Ernst Heinkel* an das Reichsverkehrsministerium, das Bayerische Staatsministerium des Äusseren, den Reichsverband der Deutschen Luftfahrt-Industrie, die DLH, die DVL und einige weitere Interessenten verschicken ließ, vom RVM Verhandlungen eingeleitet, die darauf abzielten, die Bayerischen Flugzeugwerke durch Anlehnung an eine gesunde Firma der Luftfahrt-Industrie vor dem Konkurs zu bewahren. Nach dem Memorandum *Ernst Heinkels*, das die Schwierigkeiten dieser Verhandlungen darstellt und auf die Argumente gegen eine Fusion eingeht, die zu schwersten Verleumdungen führten, die ihrerseits wieder die Anrufung eines Schiedsgerichtes auslösten, sind offensichtlich sowohl die von *Ernst Heinkel* als Ehrengerichtsinstanz beim Schiedsgericht geführten Verhandlungen wie auch – mangels anderer Unterlagen – die Fusionsverhandlungen jedenfalls nicht zu Ende geführt worden.
Vermutlich haben die hier beginnenden Auseinandersetzungen zwischen *Willy Messerschmitt* und *Ernst Heinkel* zu den anhaltenden Differenzen zwischen diesen beiden Luftfahrtpionieren geführt, die auch aus der Konkurrenzsituation der folgenden Jahre (Me 109/He 112) allein nicht zu begründen wären. Fest steht, daß beide in den folgenden Jahren der Aufrüstung und des Krieges einander auf das heftigste befehdet haben und sogar technische Entscheidungen des gemeinsamen Auftraggebers, des späteren RLM, auf persönliche Beweggründe zurückführten. Immerhin kann als versöhnliches Moment angeführt werden, daß *Willy Messerschmitt* und *Ernst Heinkel* sich noch wenige Tage vor dem Tode *Ernst Heinkels* nämlich im November 1957 offiziell vertrugen und diese Versöhnung durch Umarmungen, die der Verfasser selbst erlebt hat, bekräftigten.

Schneller, immer schneller

Die neue aerodynamische Linie der Brüder Günter

Im Janaur 1931 geschah etwas, das auch für *Ernst Heinkel* eine Wende in seinem Leben bedeuten sollte. Ihm war, wie er schreibt[1], als Zuschauer bei dem berühmten Luftrennen um den sogenannten »Schneider-Pokal« in Venedig im September 1927 der »Traum vom schnellsten Flugzeug der Welt« eingegeben, der ihn von da an nicht mehr verließ, vielmehr sein weiteres Leben entscheidend begleitete. Hier befiel ihn der unbezwingbare Wunsch, »selbst Schnellflugzeuge zu bauen und selbst vielleicht einmal Konstrukteur des schnellsten Flugzeuges zu sein«. Wenn auch *Ernst Heinkel* nicht selbst der Konstrukteur dieses erträumten Schnellflugzeuges wurde, so war er doch der Mann, der die seltene, aber geniale Fähigkeit hatte, diejenigen an sich zu ziehen, die für ihn seine Träume verwirklichten.
Man kann in Hinblick auf die Entwicklung der Flugzeuge von der Begegnung, die jetzt zu schildern sein wird, nur als von einer Sternstunde der Luftfahrt sprechen. Mit ihr begann eine neue Epoche der deutschen Luftfahrttechnik, das Zeitalter der vollendet beherrschten Aerodynamik und des daraus entstehenden formschönen, zweckmäßigen und damit schnellen Flugzeugs. Die Brüder *Günter* führten diese neue Technik endgültig in den Flugzeugbau ein. *Ernst Heinkel* gab ihnen die Möglichkeit freien, technisch richtigen und künstlerisch schönen Wirkens. So entstanden in der Folge die Schnellflugzeuge, von denen er seit eh und je träumte.

So wie *Ernst Heinkel* die kongenialen Mitarbeiter fand und an sich band, so hat er in den Formulierungen des Herausgebers seiner Memoiren[2] diesen Vorgang beschrieben und seine neuen Mitarbeiter so treffend charakterisiert, daß diese Schilderung hier wörtlich übernommen werden soll:

»Eines Tages stand mir ein dreißigjähriger junger Mann gegenüber. Er war außerordentlich feierlich und ebenso altmodisch angezogen. Er trug einen Stehkragen mit umgelegten Ecken und ein steifes Vorhemd. Seine Weste war sorgfältig geknöpft. Steife Großvater-Manschetten ragten aus den Ärmeln heraus. Und auf der Nase in seinem rundlichen Gesicht saß eine randlose Brille. Der junge Mann war schüchtern, fast könnte man sagen, scheu. Man hätte alles in ihm vermutet, einen Pfarrer, einen Oberlehrer, aber unter gar keinen Umständen einen Flugzeugkonstrukteur und dazu noch einen Konstrukteur, der sich vom »Rausch der Schnelligkeit« hätte erfassen lassen. Aber er war Flugzeugkonstrukteur und hieß Siegfried Günter.
Ich hatte ihn von Hamburg, wo er bei der kleinen Flugzeugfirma Bäumer-Aero beschäftigt war, zu mir gebeten. Mir war nämlich Anfang 1930[3] ein kleines Sportflugzeug, ein freitragender Tiefdecker dieser Firma aufgefallen, der mit einem Motor von nur 60 PS die erstaunliche Geschwindigkeit von 250 km erreichte und an aerodynamischer Durcharbeitung und glatter Oberflächengestaltung eine ungewöhnlich begabte Hand verriet. Das Flugzeug hieß mit Recht »Sausewind«. Der Mann, der diese Maschine geschaffen hatte, mußte – so hatte ich mir gedacht – in meine Pläne hineinpassen und mir behilflich sein können, meine Ideen vom Schnellflugzeug zu verwirklichen. Ich hatte jedoch bald herausbekommen,

Ernst Heinkel mit den Zwillingsbrüdern *Siegfried* und *Walter Günter*.

daß hinter dem »Sausewind« nicht nur ein Mann steckte, sondern deren zwei, und zwar Zwillingsbrüder, das sicherlich sonderbarste und einmalige Zwillingsbrüderpaar, das jemals in der Geschichte der Luftfahrttechnik eine Rolle spielen sollte.
Siegfried und Walter Günter waren eineiige Zwillinge ...
1922 hatten beide angefangen, an der Technischen Hochschule zu studieren und Segelflugzeuge zu bauen. Danach waren sie zusammen als Konstrukteure zu Bäumer-Aero nach Hamburg gegangen. Sie ergänzten sich in einer für meine Absichten geradezu idealen Art und Weise. Siegfried war ein ›rechnender Techniker‹, Walter mehr der Künstler, der ein unerhörtes Gefühl für die ästhetisch schöne und damit schnelle Form des Flugzeugs besaß. Wäre er nicht Flugzeugkonstrukteur geworden, hätte er Kunstgeschichte studiert. Wenn man ihn fragte, welches Bild auf irgendeiner Kunstausstellung irgendwo auf der Welt in einem bestimmten Saal hing, wußte er genau darüber Bescheid. Seine Leidenschaften waren Kunstgeschichte, Architektur, Fotografie und Bücher. Siegfried sowohl wie Walter waren Theoretiker, die selbst nicht flogen und wahrscheinlich unfähig zu praktischer Arbeit waren. Aber sie hatten das ›gewisse Etwas‹.
Ich ließ Siegfried gar nicht erst nach Hamburg zurück. Kurze Zeit später kam sein Bruder Walter nach, ein fast noch weltfremderer junger Mann mit einem Zwicker auf der Nase. Sie waren beide Junggesellen, mieteten sich bei einer Witwe ein, gingen fast nie in fremde Häuser. Wenn sie überhaupt Leidenschaften hatten, dann handelte es sich um gutes Essen und schnelles Autofahren. Mit ihren kleinen, damals recht ulkig aussehenden Fiats sausten sie in einem Tempo herum, das zu ihrem Äußern paßte wie der Landpfarrer ins Rennautomobil. Zum ›Schlemmen‹ fuhren sie getrennt nach Hamburg. Es war in ihren Augen die einzige Stadt, in der man leben konnte.
Dieses äußerlich merkwürdige Paar stellte genau das dar, wonach ich wahrscheinlich unbewußt gesucht hatte. Diese beiden Brüder konnten im einzelnen koordinieren, was mir in Umrissen vorschwebte. Sie vereinten technische Rechenkunst mit dem Gefühl für ästhetische Schönheit. Sie konnten das aerodynamische Gesicht schaffen, nach dem ich suchte.«

Diese Schilderung gilt auch viele Jahre später noch ebenso für das, was *Ernst Heinkel*s Gedanken beim Engagement betraf, wie auch für das, was die Brüder *Günter* für die Entwicklung der Schnellflugzeuge bei Heinkel bedeuteten. An dieser Stelle mag betont sein, was *Kurt W. Streit*[4] über das »Dreigestirn« bei *Ernst Heinkel*, nämlich *Karl Schwärzler* und die Brüder *Günter* sagt: »Zusammen mit Karl Schwärzler (Konstruktion) und Ernst Heinkel selbst als Planer und ›Motor‹ wurde dieses Team [damit meinte *Streit* die von ihm zuvor als ›die führenden Aerodynamiker ihrer Zeit‹ bezeichneten Zwillingsbrüder *Siegfried* und *Walter Günter*] – an der Zahl technisch wegweisender Schöpfungen gemessen – das wohl erfolgreichste jener Epoche.«
Die beiden *Günter*-Brüder stammten aus einer thüringischen Arztfamilie. Sie wurden am 8. Dezember 1899 in Keula geboren. Der Flug des Franzosen *Louis Blériot* mit seinem Eindecker über den Ärmelkanal am 25. Juli 1909 war ein Ereignis, von dem damals die ganze Welt sprach. Für die Brüder *Günter,* noch keine zehn Jahre alt, war es das Schlüsselerlebnis, von dem an sie der Luftfahrt verschrieben waren. Sie entschlossen sich schon damals, Flugzeugkonstrukteure zu werden. Schon als 16 Jahre alte Schüler des humanistischen Gymnasiums in Mühlhausen/Thüringen entwickelten die Brüder bereits eine eigene Propellertheorie. Der Vater förderte und unterstützte seine Söhne bei ihrer technischen Begeisterung, indem er die Arbeit seiner Jungen zur Begutachtung an den berühmten Physiker und Mitbegründer der modernen Hydro- und Aerodynamik, *Ludwig Prandtl,* zur Begutachtung schickte. Wie der langjährige *Günter*-Mitarbeiter *Karl Dietz* in einem Brief an den Verfasser vom 25. Juni 1979 mitteilt, habe *Prandtl* die Arbeit in einer seiner Schriften gut beurteilt. Eine Fundstelle dafür ist allerdings nicht mehr zu ermitteln. Der Hinweis erscheint jedoch gleichwohl durchaus glaubhaft. *Siegfried Günter* hat noch bei dem Entwurf der VC 400[5] höhere Geschwindigkeiten durch Propeller-Verbesserungen zu erreichen gesucht.
Der Erste Weltkrieg sah die Brüder *Günter* als blutjunge Artilleristen im Feld. Nach Verwundung und Kriegsgefangenschaft begannen sie 1920 ihr Maschinenbaustudium an der Technischen Hochschule Hannover mit besonderer Betonung der Fächer Flugzeugbau, Flugzeugstatik und Aeromechanik bei Professor *Pröll.*
Walter Günter konstruierte mit seinen beiden Studienfreunden *Walter Mertens* und *W. Meyer-Kassel* das Segelflugzeug H 6, das ursprünglich bereits zum Rhönwettbewerb 1923 fertiggestellt werden sollte, aber doch erst Ende des Jahres fertig wurde. Auf der Wasserkuppe wurde es dann mit großem Erfolg geflogen[6].
Der ehemalige Kriegsflieger *Paul W. Bäumer,* der zusammen mit seinem Kameraden *Harry v. Bülow-Bothkamp* die kleine, aber höchst aktive Firma Bäumer-Aero GmbH in Hamburg gegründet hatte, holte die jungen Leute zu sich in seine Firma und ließ sie aus der H 6 den Motorsegler »Roter Vogel« entwickeln.
In einem »Eingesandt« an die Fachzeitschrift »Flugsport«[7], hatte *Siegfried Günter* schon frühzeitig seine grundlegenden Gedanken zum Ausdruck gebracht, die im Gegensatz zur damals herrschenden Meinung standen, wonach der Schwerpunkt der Weiterentwicklung der Kleinflugzeuge in der Verbesserung der Motoren beruhe:

»Ich halte es für einen Irrtum ... daß man die Motoren verbessern muß. Ich glaube vielmehr, daß es richtig und technisch jedenfalls fortschrittlicher (!) ist, daß man die Flugzeuge aerodynamisch sorgfältiger baut, so daß man mit einer erheblich geringeren Motorleistung genügende Flugleistungen erzielt... Vielfach ist auch der Wirkungsgrad der Luftschraube schlecht.«

Bezeichnend ist der hier schon auftauchende Hinweis auf den Wirkungsgrad der Luftschraube, der bei den Brüdern *Günter* immer wieder eine Rolle spielte. Während *Siegfried Günter* sein Studium am 22. November 1926 mit der Diplom-Hauptprüfung mit dem Gesamturteil »gut« abschloß, hatte *Walter Günter* mit ihm und seinen beiden Studienfreunden, die die Detailkonstruktion und die Statik über-

nommen hatten, den ersten »Sausewind« für den »Deutschen Rundflug 1925« gebaut. Dieser bereits aerodynamisch ausgebildete Tiefdecker zeigte zum ersten Mal die auch für die späteren Günter-Entwürfe bei Heinkel typischen elliptischen Flügel- und Leitwerksformen[8].
Bereits eine Woche nach dem Deutschen Rundflug 1925 begann der »Otto Lilienthal-Wettbewerb«, der im Gegensatz zu den anderen Wettbewerben rein technischer Natur war und daher die reinen Leistungen frei von störenden Einflüssen maß. Im Jahrbuch 1926 der DVL (S. 1–15) gab *Georg Madelung* den 47. Bericht der DVL über diese technischen Leistungsprüfungen und Messungen und stellte dabei zum Sausewind fest:

»Von allen anderen Flugzeugen hob sich das eine Sonderflugzeug (B II) ab. Es hatte absolut die größte Waagrechtgeschwindigkeit, 29 km/h mehr als das nächstschnelle Flugzeug. Es hatte absolut die größte Gipfelhöhe, 660 m mehr als der nächste Bewerber. Es hatte die beste Steiggeschwindigkeit ... (Folgt ein Vergleich mit »großen Verkehrsflugzeugen«) Welches dieser Flugzeuge erreicht aber 180 km/h Waagrechtgeschwindigkeit und 4700 m Gipfelhöhe? (Das sind Feststellungen aus dem Jahre 1925!) ... Es ist wichtig, daß die Gründe für den auffallenden Unterschied zwischen den guten Leistungen dieses Flugzeugs und den so viel schlechteren der großen Verkehrsflugzeuge aufgeklärt werden. Zu der Annahme, daß der ... Motor ... einen kleineren Leistungsabfall hat als angenommen wurde, und als die starken Motoren der großen Verkehrsflugzeuge, liegt kein Anlaß vor. Also muß es die bessere Formgebung und der bessere Schraubenwirkungsgrad gewesen sein. Die Formgebung war vollendet schön (!).«

Georg Madelung untersucht des weiteren die Gründe für die besonderen Leistungen dieses Baumusters und findet sie in dem gehobenen Schraubenwirkungsgrad, der »Abwesenheit eines großen Stirnkühlers oder zahlreicher plumper Zylinderköpfe oder anderer Widerstände im Schraubenstrahl« und in der ausgezeichneten »Formgebung aller dem Strahl ausgesetzten Teile« sowie in der begründeten Tatsache, daß »bereits der Schub an sich groß« ist.
Die Günter-Grundsätze, wie sie in allen späteren Flugzeugen verwirklicht wurden, nämlich vor allem aerodynamisch sorgfältiger zu bauen und den Wirkungsgrad der Luftschraube richtig zu gestalten, stehen also bewußt am Beginn ihrer bedeutsamen Entwicklung.
Dem Eintritt *Siegfried Günters* bei *Ernst Heinkel* am 16. Januar 1931 folgte zum 1. Juli dieses Jahres der Eintritt seines Zwillingsbruders *Walter*. Zunächst arbeiteten sie im Projektenbüro unter *Hans Regelin*. *Siegfried Günter* hatte dabei schon Hauptanteile an der Entwicklung der beiden Typen He 49 und He 51, die bereits die Ästhetik späterer Günter-Entwürfe zeigten[9].
Walter Günter baute für *Heinkel* bald einen Windkanal und begann später einen Hochgeschwindigkeitswindkanal. Er wurde dann von *Heinkel* darauf angesetzt, für den Europarundflug 1932 ein spezielles Wettbewerbsflugzeug zu bauen[10]. *Siegfried Günter* wurde von *Ernst Heinkel* im Sommer 1931 zu einem ausführlichen Informationsbesuch nach den

Der »Sausewind« war bereits 1925 bei Bäumer-Aero in Hamburg unter dem maßgeblichen Einfluß von *Walter Günter* entstanden.

USA geschickt. Er kam vollgepfropft mit den dort gesammelten Erfahrungen über die amerikanischen Fortschritte zurück.
Als zum 30. Juni 1933 die beiden bisher maßgeblichen Projektingenieure *Hans Regelin* und *Reinhold Mewes* die Firma Heinkel verließen, war es nur konsequent, daß die Brüder *Günter* die Leitung der Projektabteilung übertragen bekamen. Über dic bis zu der Übernahme des Heinkelschen Projektbüros durch die Brüder *Günter* maßgeblichen Projektingenieure finden sich in der Literatur keine Hinweise. Auch *Ernst Heinkel* nennt ihre Namen nicht in seinem Lebensbericht. Das ist sicher ungerecht gegenüber der Leistung dieser Leute, ohne die *Ernst Heinkel* gewiß auch zu ihrer Zeit nicht die weltweite Anerkennung gefunden hätte. Sie sollen daher hier zumindest mit Namen angeführt werden, auch wenn sich im einzelnen ihre Leistungen nicht mehr rekonstruieren lassen. Das gleiche dürfte auch für *Felix Knoll*[11] gelten, der vermutlich in den Jahren 1923 bis 1927 die Projektleitung bei *Ernst Heinkel* hatte. Allerdings sind in den 20er Jahren diese Ressorteinteilungen bei ihm noch nicht mit der späteren Deutlichkeit abgegrenzt.
Die Beurteilung, die *Ernst Heinkel* für seine neuen Mitarbeiter später prägte, findet ihr Gegengewicht in den Äußerungen, die etwa *Siegfried Günter* zu den Umständen seines Engagements tat. *Siegfried Günter* war von seinem zukünftigen Chef genauso begeistert, wie dieser offenbar von ihm. Oftmals hat *Siegfried Günter* noch sehr viel später von diesem auch für ihn schicksalsentscheidenden Tag der ersten Begegnung mit *Ernst Heinkel* gesprochen oder geschrieben, zuletzt in der Dankansprache anläßlich der Verleihung des Ehrendoktors an ihn (durch die Fakultät für Maschinenwesen und Elektrotechnik der Technischen Hochschule München) an seinem 65. Geburtstag am 8. Dezember 1964[12]:

»Als ich 1931 zu einer ersten Vorstellung zu Professor Heinkel kam, unterhielt er sich mit mir den ganzen Tag über seine Arbeiten, bis die Zeit gerade noch reichte, mich zum Zug zu bringen. Professor Heinkel hat mir nichts anderes zugesagt, als sich täglich meine Arbeiten anzusehen. Dieses Versprechen hat er voll gehal-

ten. Oft wartete er schon vor Beginn der Arbeitszeit, um 6.35 Uhr, an meinem Reißbrett. Jeder junge Ingenieur, der so das Interesse seines obersten Chefs für seine Arbeit findet, hat es leicht.
Ein zweiter Glücksfall für mich war es, daß ich bei der Firma Heinkel Herrn Schwärzler als Chefkonstrukteur antraf. Mein eigenes Interesse beschränkt sich auf den Entwurf von Flugzeugen und die dazu notwendigen theoretischen Überlegungen.«

Während *Walter Günter* unter Vernachlässigung des ihm nichts Besonderes mehr bietenden Studiums mehr und mehr bei Bäumer-Aero einstieg und die dortigen Konstruktionen maßgeblich beeinflußte, machte *Siegfried Günter*, wie schon betont, noch 1926 seine Diplom-Prüfung.
Die Brüder *Günter* hatten jeweils den Hauptanteil der Projektbearbeitung bei der Firma Heinkel an den Typen, auf die im einzelnen noch zurückzukommen sein wird. Mitten in der erfolgreichen Tätigkeit verunglückte *Walter Günter* am 20. September 1937 auf der Fahrt zur Arbeitsstätte mit seinem Auto und starb am nächsten Tag an den erlittenen Verletzungen. Er war noch im Frühjahr 1937 aufgrund seines Wissens und Könnens als einer der erfolgreichsten Aerodynamiker der Welt als Korrespondierendes Mitglied in die Deutsche Akademie der Luftfahrtforschung berufen worden. Nach einer Trauerfeier in der großen Landflughalle der Heinkel-Werke in Rostock-Marienehe wurde er nach Hamburg überführt, wo er ein Staatsbegräbnis der Hansestadt Hamburg auf dem Ohlsdorfer Friedhof erhielt und neben seinem von ihm so hoch verehrten früheren Chef *Paul Bäumer*, der bereits 1927 bei einer Flugvorführung tödlich abgestürzt war, beigesetzt wurde[13]. Die Heinkel-Werkzeitung veröffentlichte in ihrer Nr. 22 Oktober/November 1937 einen ehrenden Nachruf und die Abschiedsansprache *Ernst Heinkels* bei der Trauerfeier am 23. September 1937. Der Kanzler der Deutschen Akademie der Luftfahrtforschung, *Adolf Baeumker*, betonte die Fähigkeit *Walter Günters*, »Wesen und Bedeutung einer Theorie beinahe instinktiv zu erfassen und das Maß ihrer praktischen Verwertbarkeit zu bestimmen« und stellte fest, »wenn den von Günter entworfenen Maschinen in besonderem Maße eine ästhetisch schöne Form eigen ist, dann nicht zuletzt deshalb, weil in ihm ein Techniker mit ausgesprochen künstlerischem Formsinn am Reißbrett stand[14].«
Die Zeitschrift für Flugwissenschaften veröffentlichte noch in ihrem 6. Jahrgang 1958, Heft 12, S. 371 einen Beitrag über *Walter Günter* als Pionier der Flugwissenschaften und bestätigte damit die Feststellung aus dem Jahre 1937, daß seine Arbeit »Einfluß auf den modernen Flugzeugbau ausgeübt« habe, wie es der Kanzler der Deutschen Akademie der Luftfahrtforschung bereits ausgedrückt hatte. *Walter Günter* hatte in seinem Vortrag »Wünsche der Industrie für die aerodynamische Forschungstätigkeit der nächsten Zukunft« vor der »Vereinigung für Luftfahrtforschung« in Aachen am 1. Oktober 1934[15] es für selbstverständlich angesehen, daß es nicht nur nötig sei, den Einfluß von Veränderungen durch systematische Meßreihen zu untersuchen, sondern daß bei der Festlegung von Versuchsprogrammen neben den Erfordernissen der Praxis die Möglichkeiten der theoretischen Auswertung und Klärung berücksichtigt werden müßten.
Wegen dieser heute fast vergessenen großartigen Leistungen sind diese Zeugnisse aus der Zeit angeführt. *Ernst Heinkel* ist ohne die Leistungen dieser von ihm herangezogenen Mitarbeiter nicht denkbar.
Nach dem Tod seines Zwillingsbruders *Walter* übernahm *Siegfried Günter* die Leitung des Entwurfsbüros allein. Dieses Heinkelsche Projektbüro zeichnete sich dadurch aus, daß sein Aufgabenbereich sowohl an Umfang wie an Intensität größer war als in anderen Flugzeugwerken. Es gab hier keine gesonderte und getrennt geleitete aerodynamische Abteilung. Dieser Teil des Projektbüros unterstand vielmehr der direkten Leitung der Brüder bzw. später *Siegfried Günters* allein. Zum Entwurfsbüro gehörten ferner der werkseigene Windkanal und der Modell- bzw. Attrappenbau. So konnten die aerodynamischen Rechnungen und die Modellversuche zielbewußt, zweckentsprechend und termingerecht gesteuert werden. Diese Arbeiten lagen somit von Beginn des Projekts bis zum Einfliegen des Flugzeugs in einer Hand.
Die vielseitige Begabung der Brüder *Günter* und das Vertrauen *Ernst Heinkels* dazu haben daher den Einfluß der Brüder *Günter* auf die Entwicklungen der Firma Heinkel über das übliche Maß hinaus fördernd beeinflußt. Im Rahmen des Projektbüros wurde auf eine möglichst weitgehende konstruktive Vorarbeit, die sich nicht wie sonst üblich auf den Gesamtentwurf des Flugzeugs beschränkte, Wert gelegt. So wurden für die entwurfsbestimmenden Details im Projektbüro bereits weitgehend konstruktive Vorschläge ausgearbeitet, die sich z. B. auf das Fahrwerkssystem, den Triebwerkseinbau, die Geräte- und Nutzlastunterbringung und dergleichen mehr bezogen, um die Konstruktion und den Bau einer wirklichkeitsnahen Sichtattrappe zu ermöglichen. Darüber hinaus wurde – vor allem im Falle eines zu erwartenden Bauauftrags und noch vor Beginn der aufwendigen Arbeiten im Konstruktionsbüro – unter Leitung des Projektbüros eine sogenannte Vorkonstruktion eingerichtet. Hierzu wurden die besten Konstrukteure aus den einzelnen Konstruktionsabteilungen – teilweise sogar die Abteilungsleiter – kurzfristig im Projektbüro in einem Raum zusammengezogen. Damit konnten schnell und kostensparend die Probleme aufeinander abgestimmt werden, die an den Berührungsstellen der einzelnen Baugruppen etwa auftreten, wie z. B. bei der Verbindung von Flügel und Leitwerken mit dem Rumpf, dem Anschluß und Einbau des Fahrwerks, den Steuerungs- und Leitungsverlegungen usw. Erst danach wurden die eigentlichen Konstruktionsarbeiten in den Spezialabteilungen begonnen, die dann dort zumeist schnell und reibungslos durchgeführt werden konnten. Das Wesentliche an dieser Vorkonstruktion war, daß sie im Entwurfsbüro zentral

Walter Günter (8. Dezember 1899–21. September 1937).

Siegfried Günter (8. Dezember 1899–20. Juni 1969).

gesteuert wurde. Eine etwa notwendige Koordination der einzelnen Baugruppen während der laufenden Arbeiten in den Fachabteilungen hätte unweigerlich Zeitverzögerungen und damit auch Kosten verursacht.
Dieser Arbeitsablauf war oftmals das Geheimnis des legendären »Heinkeltempo«. Er war auch nur möglich durch die vielseitige Begabung der Brüder *Günter* sowohl auf theoretischem wie auf konstruktivem Gebiet, das Einverständnis des Chefkonstrukteurs *Karl Schwärzler,* der innerhalb seines Einflußbereichs ergänzend mitwirkte, indem er mit seiner starken Hand hinter den getroffenen Maßnahmen stand.
Das »Dreigestirn« und *Ernst Heinkel* haben sich also als Team und Glücksfall bewährt. Die Kehrseite war, daß die Rechnung nicht mehr aufging, als ein Glied der Kette nicht mehr da war. Hinzu kommt, daß die Technik zu damaliger Zeit noch nicht so kompliziert war, wie heute oder gar morgen; der einzelne Mensch spielte noch häufiger die maßgebliche Rolle[16].
Zur Klarstellung der jeweiligen Verantwortlichkeiten der Brüder *Günter* für die einzelnen von ihnen bei *Ernst Heinkel* entworfenen Baumuster seien im folgenden die wesentlichen Flugzeugtypen genannt, deren Entwurf entweder von *Walter Günter* oder von *Siegfried Günter* stammte:

Siegfried Günter

He 49	Doppeldecker, Jäger.
He 51	Doppeldecker, Jäger.
He 70	Schnellverkehrsflugzeug. Vier Passagiere, 372 km/h. Acht Weltrekorde: Flugkapitän *Robert Untucht,* Deutsche Lufthansa. Vorgänger He 65 nicht gebaut.
He 100	(He 113) Jäger, Geschwindigkeitsweltrekord für Landflugzeuge, GenMaj. *Ernst Udet* 634 km/h. Absoluter Weltgeschwindigkeitsrekord *Hans Dieterle* 746 km/h.
He 111	Schnellverkehrsflugzeug der Deutschen Lufthansa, 10 Passagiere.
He 111	Mittlerer Bomber der Luftwaffe.
He 114	Seeaufklärer.
He 115	See-Mehrzweckflugzeug

Walter Günter

He 64	Sportzweisitzer (Europaflug 1932).
He 70	einziehbares Fahrwerk.
He 74	Doppeldecker (Einsitzer). Je ein Hochdecker- und Tiefdecker-Einsitzerprojekt.
He 116	Vier-mot. Langstrecken-Flugzeug. Postflugzeug.
He 118	Sturzkampf-Flugzeug.
He 120	Großflugboot. Nur Attrappe, Bau zurückgestellt.
He 176	Raketenflugzeug.
He 178	Düsenflugzeug.
He 119	Schnell-Kampfflugzeug mit Doppelmotor.
He 177	Vier-mot. Bomber.
He 219	Nachtjäger.

Siegfried Günter, der noch 1937 Mitglied der Lilienthal-Gesellschaft für Luftfahrtforschung geworden war, wurde 1942 die Korrespondierende Mitgliedschaft der Deutschen Akademie der Luftfahrtforschung verliehen.
Nach dem Krieg war *Siegfried Günter* zunächst in Landsberg tätig, wo er insbesondere eine theoretische Arbeit über den Einfluß des Flugzeugvolumens auf die erreichbaren aerodynamischen Leistungsbeiwerte für eine amerikanische Dienststelle erarbeitete, wechselte dann im April 1946 nach Berlin, wo er am Wiederaufbau der Westberliner Autofirma seines Schwiegervaters teilnahm. Am 22. Oktober 1946 wurde auch *Siegfried Günter* mit dem großen Transport deutscher Wissenschaftler nach Podberesje bei Kimry in der UdSSR verbracht, wo er nach seinen eigenen Angaben mit theoretischen Arbeiten, wie Projekten für Deltaflugzeuge mit Raketenantrieb beschäftigt wurde. Eine Mitarbeit an der MIG 15 geleistet zu haben, wie das oft behauptet wurde, lehnte *Siegfried Günter* jederzeit strikt ab. Im Juli 1954 wurde er in die sowjetisch besetzte Zone Deutschlands zurückgebracht, von wo er innerhalb weniger Wochen nach Westdeutschland übersiedelte, um sich wieder *Ernst Heinkel* zur Verfügung zu stellen. Dort war er, auch über den Tod *Ernst Heinkels* hinaus, wiederum der Leiter des Projektenbüros, in dem die damaligen Flugzeugentwürfe entstanden. Mit der Gründung des Entwicklungsring Süd (EWR) als Arbeitsgemeinschaft der Firmen Bölkow-Heinkel-Messerschmitt in München wurde *Siegfried Günter* der Leiter des Entwurfsbüros. An seinem 65. Geburtstag, dem 8. Dezember 1964, verlieh ihm die Fakultät für Maschinenwesen und Elektrotechnik der Technischen Hochschule München den Titel eines Dr.-Ing. E.h. An dieser Stelle sei darauf hingewiesen, daß auch *Karl Schwärzler,* dem Chefkonstrukteur *Ernst Heinkels,* am 12. November 1971 von der Technischen Hochschule Darmstadt (Fachbereich Maschinenbau) die Würde eines Dr.-Ing. E.h. verliehen wurde.

Die Ehrungen seiner ersten Mitarbeiter waren auch nachträgliche Ehrungen, die *Ernst Heinkel* betrafen, der *Karl Schwärzler* und die Brüder *Günter* zu sich geholt hatte und seinen Weltruhm, den er zu nicht geringem Teil ihnen verdankte, auch mit ihnen teilte.

He 64, der erste Entwurf Walter Günters bei Ernst Heinkel

Ernst Heinkel hatte beim Engagement der Brüder *Günter* durchaus erkannt, daß mit ihnen auch er in der Lage war, ihre moderne aerodynamische Linie, die sie bereits bei *Paul Bäumer* verwirklicht hatten, mit seiner alten Vorstellung des aerodynamischen günstigen Eindeckers zu verbinden, einer Vorstellung, die bei ihm allerdings in den vergangenen Jahren einigermaßen verwischt worden war. So beteiligte er sich erstmals mit einer eigenen, für diesen Wettbewerb spe-

Der erste Entwurf von *Walter Günter* bei der Firma Heinkel war das zweisitzige Sport- und Reiseflugzeug He 64, das speziell für den Europa-Rundflug 1932 konzipiert war.

Die He 64 war ein außerordentlich elegantes Flugzeug, dem man die hochwertige aerodynamische Gestaltung schon von weitem ansah.

ziell entwickelten Konstruktion an dem »Internationalen Europarundflug 1932«. Dazu entstand *Walter Günters* Entwurf einer zweisitzigen Reise- und Sportmaschine als erster Schritt zum wirklichen Schnellflugzeug, das sich allerdings auch noch hinsichtlich seiner Flugsicherheit durch besondere Leistungen im Langsamflug auszeichnete, die durch die Verwendung von Lachmann-Vorflügeln erreicht wurden. Der Steigerung der Höchstgeschwindigkeit auf 240 km/h entsprach die geringste Geschwindigkeit von 62,3 km/h, die der technischen Kommission vorgeflogen wurde. Damit wurde das Verhältnis Höchstgeschwindigkeit : Geringstgeschwindigkeit von 1 : 3 auf 1 : 4 verbessert[1]. Die Holzkonstruktion der He 64 war ein freitragender Tiefdecker, dessen ovaler Rumpf eine besonders schlanke Kabine enthielt, die bei der He 64 B und den folgenden Serien durch zurückschiebbare Cellon-Hauben abgedeckt waren, wodurch besonders günstige aerodynamische Verhältnisse geschaffen wurden. Das Muster He 64 A hatte noch zwei offene Sitze, die im Zusammenhang mit anderen Triebwerken auch bei einigen Ausführungen der B- und C-Serien eingebaut wurden. Die Wettbewerbsausführung der He 64 B war mit einem Argus As 8 R-Motor von 150 PS Startleistung ausgerüstet, der der Maschine mit einer Zweiblatt-Holzluftschraube eine Höchstgeschwindigkeit zwischen 220 km/h in 2 000 m Höhe und 245 km/h in 0 m Höhe verlieh. Tragfläche und Leitwerk waren mit Sperrholz beplankt, das Fahrgestell aus Stahlrohr. Die Spannweite betrug 9,80 m, die Länge 8,31 m, die Höhe 2,06 m und die Flügelfläche 14,40 m². Die Flügel waren seitlich anklappbar. Bei einem Rüstgewicht von 470 kg betrug das Abfluggewicht 780 kg. Die optimale Reichweite betrug 1 500 km, die Reichweite bei V_{max} in 1 000 m Höhe 720

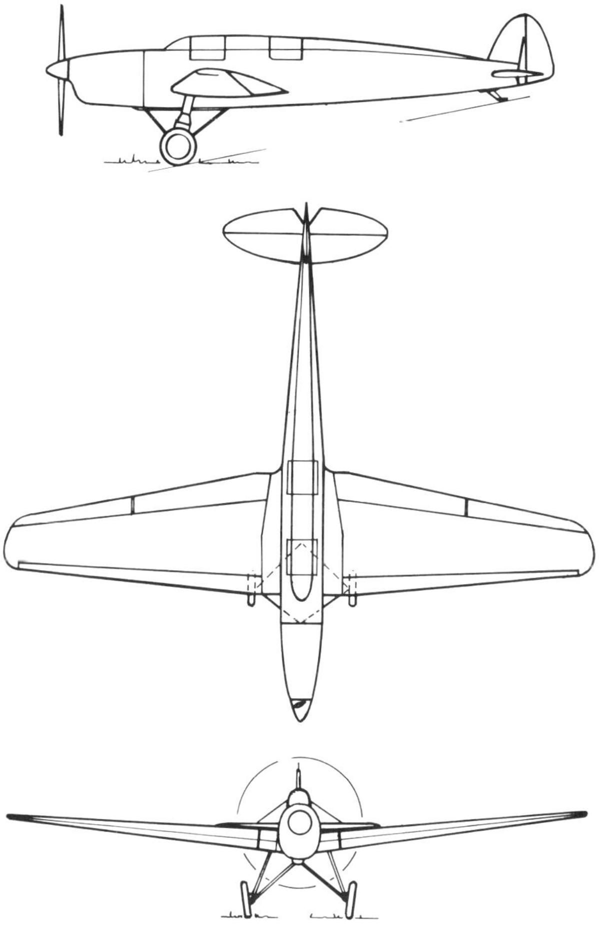

Heinkel He 64 B.

Ernst Heinkel gratuliert *Fritz Morzik,* der mit der He 64 den zweiten Platz beim Europa-Rundflug 1932 errang.

Die bekannte deutsche Sportfliegerin *Elly Beinhorn* erhielt Gelegenheit eine He 64 zu fliegen.

km. Die Rollstrecke beim Start betrug 88 m, die Startstrecke bis 15 m Höhe 130 m, die Landestrecke aus 15 m Höhe 120 m.
Der damalige Reichswehroberleutnant und spätere General der Flieger *Hans Seidemann,* dessen He 64 aufgrund ihres roten Anstrichs im Zusammenhang mit der aerodynamischen Sensation, die seine überragenden Etappensiege hervorriefen, »Roter Teufel« genannt wurde, durchflog die 7500 km lange Strecke in nur drei Tagen und wurde der Schnellste dieses Wettbewerbs[2].

Fritz Morzik, damals Fluglehrer der DVS und zuletzt als General 1945 Lufttransportchef der Wehrmacht, wurde zweiter Sieger dieses Wettbewerbs, ebenfalls auf einer He 64 fliegend.
Die bekannte Sportfliegerin *Elly Beinhorn* trug 1932 in *Ernst Heinkels* Gästebuch ein:
»Ich müßte keine Frau sein, um neben ihren höchsten fliegerischen Qualitäten nicht die rassige Schönheit der Heinkel He 64 voll zu empfinden[3]«.

Schul- und Übungsflugzeuge

Als die Brüder *Günter* im Laufe des Jahres 1931 bei *Ernst Heinkel* ihre Tätigkeit aufnahmen, erhielten sie zunächst konkrete Einzelaufgaben, die sie in ihrer Weise selbständig lösten[1].
Die vorhandene Entwurfsmannschaft beschäftigte sich derweil mit den an *Ernst Heinkel* erteilten Aufträgen und den von ihm kommenden Weisungen. Der damals bei Heinkel tätige *Robert Lusser,* selbst aktiver Sportflieger (im übrigen sein Bundesbruder), entwickelte – abgesetzt von dem übrigen Projektbüro – das Sport- und Ausbildungsflugzeug He 71, einen kleinen einmotorigen Tiefdecker, geeignet zur Fortgeschrittenenausbildung im Einsitzer und zum Kunstflugtraining, aber auch zum Langstreckenflug. Zunächst als offene Konstruktion ausgelegt, wurde dieses Baumuster dann als Reisemaschine mit geschlossener Kabine gebaut. Mit dieser Version machte die bekannte Fliegerin *Elly Beinhorn* u.a. ihren Afrikaflug. Diese He 71b[2] hatte einen Hirth HM 4-Motor, dessen 78 PS (Startleistung) dem Flugzeug mit 335 kg Rüstgewicht und 679 kg

Die He 71, ein Entwurf von *Robert Lusser,* wurde durch die Fliegerin *Elly Beinhorn* bekannt, die mit diesem Flugzeug 1933 einen großen Afrika-Rundflug durchführte.

Abfluggewicht eine Höchstgeschwindigkeit von 200 km/h in 1000 m Höhe und 212 km/h in 0 m Höhe sowie bei 80 Prozent Startleistung von 160 km/h in 1000 m Höhe verlieh. Die Landegeschwindigkeit betrug nur 68 km/h. Die Spannweite betrug 9,50 m, die Länge 6,97 m, die Höhe 1,70 m und die Flügelfläche 12,90 m^2. Die optimale Reichweite bei Höchstgeschwindigkeit betrug in 2000 m Höhe 1400 km. Durch Einbau eines Zusatztanks konnte die Reichweite sogar noch auf 2500 km gesteigert werden. Zu einer Serienfertigung kam es nicht, weil seit 1933 die Luftwaffenaufträge Vorrang hatten. Das war vor allem wegen der guten Flugeigenschaften dieses Baumusters, die auf den modernen Konstruktionsmerkmalen und der bautechnischen Qualität beruhten und keineswegs unter der schnellen Bauzeit von nur drei Monaten im »Heinkel-Tempo« gelitten hatten, bedauerlich. *Robert Lusser* ging bald darauf zu *Willy Messerschmitt,* kehrte aber 1939 für mehrere Jahre als Technischer Direktor zu *Ernst Heinkel* zurück.

Das zweisitzige Schul- und Sportflugzeug He 72, als »Kadett« bekannt und beliebt, war ein Entwurf des Heinkel-Mitarbeiters *Hall.* Dieser einstielige, verspannte Doppeldecker wurde als Land- und Wasser-Schulflugzeug in einer Mehrzahl von Versionen mit verschiedenen Motoren gebaut. Zur Widerstandsminderung wurde das Fahrgestell verkleidet und eine Ringverkleidung für das Triebwerk angebracht; diese Version wurde als »Edelkadett« bezeichnet. Durch eine konstruktive Überarbeitung wurde daraus auch noch die He 172. Besonders auffallend an der He 72 war die starke Staffelung der im übrigen mit der gleichen Spannweite von 9 m ausgestatteten Flügel, die durch N-Streben verbunden waren. Diese Tragflächenanordnung begünstigte neben guten Ein- und Ausstiegsmöglichkeiten den Absprung mit Fallschirm. Einsitzig geflogen, war die He 72 voll kunstflugtauglich.

Die Herstellung erfolgte in der üblichen Gemischtbauweise mit einem aus Stahlrohr geschweißten Rumpf und Flügelholmen und Rippen aus Holz bei Beplankung mit Sperrholz und Stoff. Der vordere Flugschülersitz hatte Schulsteuerung, Instrumentenbrett und Motorregulierung. Die Luftwaffe benutzte diese Type gern auch als Kuriermaschine wegen des großen Gepäckraums, den sie als Reisemaschine hatte.

Die weiteren technischen Daten der verschiedenen Versionen sind in dem Typenblatt 005 der Heinkel Flugzeugbau GmbH Speyer für die He 72 B-1 wie folgt angegeben: Als Triebwerk wurde der Siemens Sh 14 A, ein luftgekühlter 7-Zylinder-Viertakt-Sternmotor mit 160-PS-Startleistung in 0 m Höhe, verwendet. Die Länge betrug 7,50 m, die Höhe 2,70 m und die Flügelfläche 20,70 m^2. Bei einem Rüstgewicht von 625 kg hatte sie ein maximales Abfluggewicht von 900 kg. Die Höchstgeschwindigkeit in 1000 m Höhe betrug 194 km/h, die Reisegeschwindigkeit in 1000 m Höhe 158 km/h, die Landegeschwindigkeit 80 km/h. Die für den Deutschlandflug 1934 hergerichtete V 2 wurde, ohne bei diesem Wettbewerb besonders hervorzutreten, Ausgangspunkt für die B-2-Serie.

Ein beliebtes Schulflugzeug war der zweisitzige Doppeldecker He 72 »Kadett«.

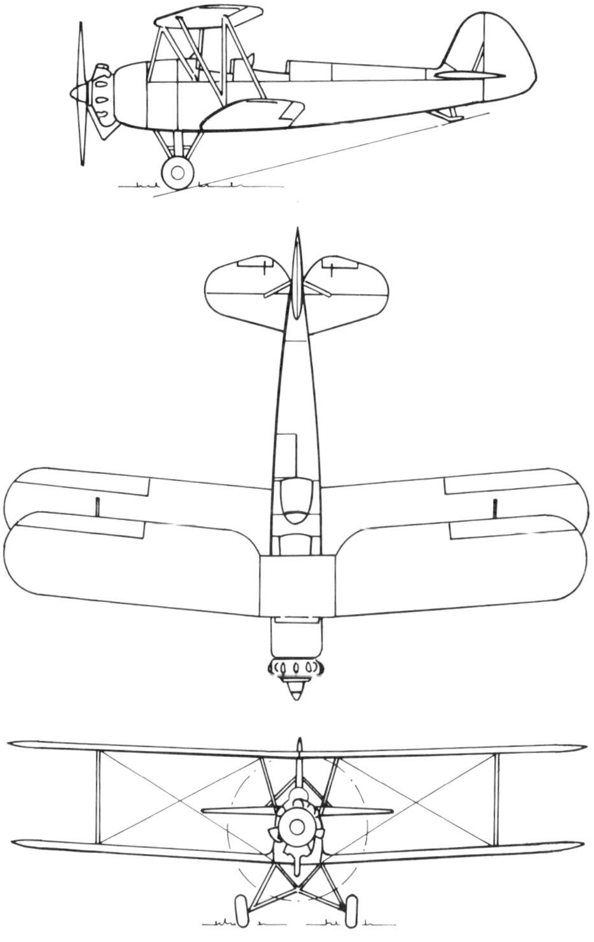
Heinkel He 72 »Kadett«.

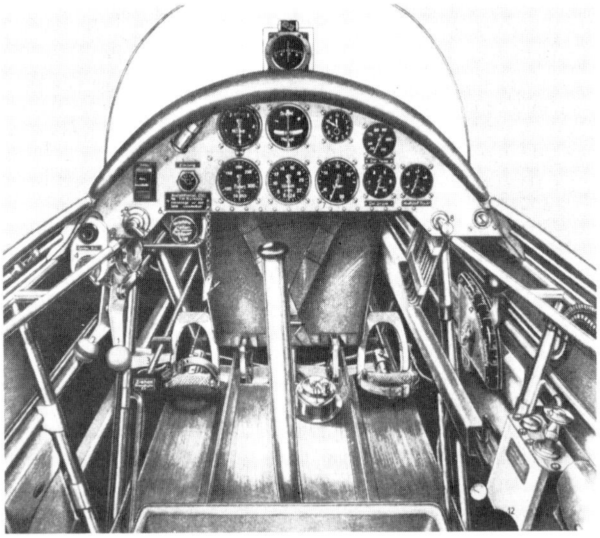

Neben der He 51, die bereits von *Siegfried Günter* als Jagdflugzeug entwickelt wurde, entstand 1933 mit verbesserten Flugleistungen gegenüber dieser Maschine die He 74, die als Fortgeschrittenenübungsflugzeug für Kunstflug gedacht war.

Oben links: Instrumentenbrett, Bedienhebel und Steuerungsteile der He 72 C/D.

Mitte links: Der »Kadett« in Luxus-Ausführung (»Edel-Kadett«) mit Radkappen und Motorverkleidung.

Mitte rechts: Auch mit Schwimmern als »See-Kadett« wurde die He 72 zur Schulung verwendet.

Unten: Gruppenbild mit Damen, aufgenommen im August 1933 anläßlich eines Besuches des Kronprinzen (in der Mitte) bei Ernst Heinkel (vierter von links).

Erstausstattung der Luftwaffe mit Heinkel-Flugzeugen

Die Zusammenarbeit zwischen *Ernst Heinkel* und der Reichswehr hatte eine Vielzahl von Ausbildungsflugzeugen zum Gegenstand, die zumeist vom Reichsverkehrsministerium in Auftrag gegeben worden waren, da sie zugleich für die Ausbildungszwecke der zivilen Stellen wie der Luft Hansa oder der Deutschen Verkehrsflieger Schulen eingesetzt wurden, ganz abgesehen davon, daß von all diesen Baumustern in den meisten Fällen nur ein oder wenige Exemplare hergestellt wurden. Das entsprach auch durchaus der beweglichen Mentalität *Ernst Heinkels,* der sich ungern bei einem Flugzeugtyp längere Zeit aufhielt. So war ihm die Eigenart seines Unternehmens als eines Entwicklungswerks statt einer Produktionsfirma sehr angenehm.
Demzufolge war die Vielzahl der entwickelten Typen für die Firma Heinkel bezeichnend. Daraus ergab sich aber auch, daß beim Aufbau der Luftwaffe nach 1933 ein Großteil der Typen aus Heinkel-Entwicklungen stammte. Zwar war *Ernst Heinkel* nicht zuletzt durch das Engagement der Brüder *Günter* längst auf die neue aerodynamische Linie, die von diesen in seine Projekte überging, eingeschwenkt. Aber da die Entwicklung neuer Typen doch eine Reihe von Jahren benötigt, und die neue Luftwaffe schnell mit einsatzfähigen Baumustern ausgestattet werden sollte, griff ihre Führung auf die vorhandenen Flugzeugmuster zurück, die nun in größeren Stückzahlen gebaut wurden.
Die Militärs waren auch noch auf die Verwendung von Doppeldeckern ausgerichtet, während *Ernst Heinkel* bereits an die Schaffung moderner Schnellflugzeuge, die von da an nur noch Eindecker waren, gegangen war.
Bei allem Stolz auf die Tatsache, daß die neue deutsche Luftwaffe in ihrer ersten Ausstattung überwiegend aus Heinkel-Konstruktionen bestand, fühlte er selbst sich längst erhaben über den technischen Entwicklungsstand seiner bei zahlreichen anderen Werken jetzt in Großserien gebauten Flugzeuge[1].
Aus der in Lipezk eingehend erprobten HD 41 war in den Jahren 1931/32 die He 45 entstanden, die seit 1933 zur Aufstellung einiger sogenannter »Risiko-Staffeln« diente[2]. Während die HD 41 noch als Triebwerkserprobungsträger bezeichnet und die HD 44 tatsächlich für diesen Spezialzweck gebaut worden war, wurde die He 45[3] als Aufklärer entwickelt und als solcher sowie als leichtes Kampfflugzeug denn auch in der Luftwaffe eingeführt. Es ist bezeichnend für die damalige Einstellung, daß die aus Anlaß des zehnjährigen Bestehens der Ernst Heinkel Flugzeugwerke zum 1. Dezember 1932 herausgegebenen ersten 20 Nummern der Heinkel-Mitteilungen einen »Überblick über das rückliegende Schaffen Dr. Ernst Heinkels und seiner Firma«, aber keine Hinweise auf die militärisch nutzbaren Zwecke der dargestellten Typen geben, ja die eindeutigen militärischen Entwicklungen weglassen. Reichsheer und Marine

Die He 45, die bereits bei der *Legion Condor* in Spanien zum Einsatz kam, war das erste Militärflugzeug, das neben dem Einsitzer He 51 in größeren Stückzahlen für die Luftwaffe gebaut wurde.

befanden sich bereits in der Phase der Vorbereitung der Aufstellung einer neuen Luftwaffe, ohne dafür die sich später überstürzenden politischen Ereignisse abzuwarten. Die He 45 war in der üblichen Gemischtbauweise als Zweisitzer gebaut. Die Spannweite betrug oben 11,50 m und unten 10 m, die Länge 10 m und die tragende Fläche 34,60 m^2. Bei einem Leergewicht von 1780 kg und einer Zuladung von 1205 kg betrug das Abfluggewicht 2985 kg. Der BMW-VI-Motor verlieh der Maschine mit seinen 750 PS eine Höchstgeschwindigkeit von 285 km/h. Die Landegeschwindigkeit betrug 105 km/h[4].
Neben der He 45 wurde die He 46 als zweisitziges Artillerie-Beobachtungsflugzeug entwickelt, die, aus taktischen

Als Nahaufklärer und Artillerie-Beobachtungsflugzeug gehörte der zweisitzige Hochdecker He 46 ebenfalls zur Erstausrüstung der Luftwaffe.

Die He 46 war als Prototyp ein Doppeldecker.

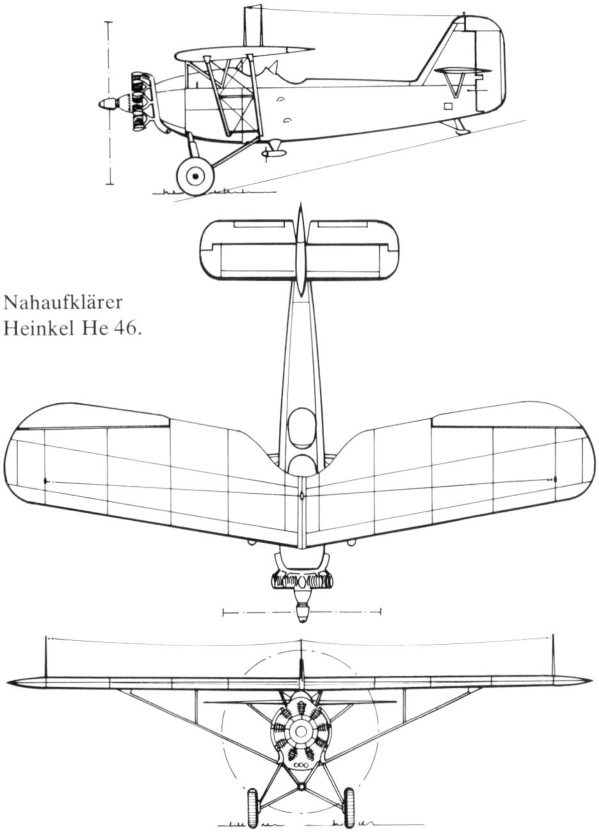

Nahaufklärer Heinkel He 46.

Vorläufer des Jagdeinsitzers He 51 war das Muster He 49.

Erwägungen in Hinblick auf den Einsatzzweck ursprünglich als Doppeldecker geplant, nunmehr als abgestrebter Hochdecker ausgestaltet wurde. In der üblichen Gemischtbauweise hergestellt, betrug die Spannweite 14 m, die Länge 9,50 m, die Höhe 3,40 m und die tragende Fläche 32,20 m^2. Der 600-PS-Motor SAM 322 B verlieh dem Flugzeug, das ein Leergewicht von 1465 kg mit einer Zuladung von 835 kg und einem Abfluggewicht von 2300 kg hatte, eine Höchstgeschwindigkeit von 260 km/h bei einer Landegeschwindigkeit von 95 km/h[5].

Als weiterer vorhandener Flugzeugtyp wurde die He 49 des Jahres 1932 sowohl als Land- wie als Wasserflugzeug, und zwar als Jäger für die neue Luftwaffe gebaut. In beiden Fällen wurde sie in Gemischtbauweise erstellt und mit dem BMW-VI-Motor von 750 PS ausgestattet, der dem Landflugzeug eine Höchstgeschwindigkeit von 325 km/h und dem Wasserflugzeug eine solche von 310 km/h verlieh. Die Spannweite betrug bei beiden Ausführungen oben 11 m und unten 8,60 m. Die Länge der He 49 L war 8,24 m, diejenige der He 49 W 8,57 m. Das Gewicht der He 49 W betrug mit 1970 kg 20 kg mehr als das der Landausführung. Die Landegeschwindigkeit betrug bei der He 49 L 90 km/h und bei der Wasserausführung 10 km/h mehr.

Aus der He 49 wurde durch aerodynamische Verbesserungen die He 51, die ebenfalls als Jäger für Land und See gebaut und in Lipezk erprobt wurde. Ab 1934 in die neue Luftwaffe eingeführt, wurde die He 51 auch als Jäger bei der Legion Condor in Spanien eingesetzt. Sie war aber bald den gestiegenen Anforderungen nicht mehr gewachsen. Der gleiche Motor wie derjenige der He 49 verlieh der Landausführung eine Höchstgeschwindigkeit von 330 km/h und der Wasserausführung eine solche von 318 km/h. Die Spannweite betrug auch hier für beide Ausführungen oben 11 m und unten 8,60 m, während das Landflugzeug 8,40 m lang war, gegenüber dem Seeflugzeug mit einer Länge von 9,10 m. Die tragende Fläche war wiederum 27,20 m^2. Das Leergewicht der He 51 L betrug 1465 kg und die Zuladung 435 kg, dasjenige der He 51 W 1565 kg und 425 kg. Demzufolge betrug das Abfluggewicht der He 51 L 1900 kg und das der W-Ausführung 1990 kg[6].

Besonders bewährt hat sich der See-Doppeldecker He 59[7], der als Mehrzweck-Seeflugzeug tatsächlich eine Vielzahl von Missionen erfüllte. Es handelte sich um ein viersitziges Flugzeug in Gemischtbauweise mit einer Spannweite von 23,70 m, einer Länge von 17,40 m, einer Höhe von 7,10 m und einer Flügelfläche von 153,20 m^2. Das Rüstgewicht betrug 5440 kg. Korrekte Angaben über Zuladungsmöglichkeiten und Abfluggewichte aus der Entwicklungszeit sind nicht vorhanden. Dieses Baumuster hat jedoch aufgrund seiner vielseitigen Verwendungsmöglichkeiten auch in jüngerer Zeit noch große Beachtung gefunden[8]. Die Seeflieger nannten die He 59 ein echtes Arbeitspferd. Als Triebwerke dienten zwei BMW VI 6,0 ZU-Motoren mit einer Startleistung von je 660 PS. *Hans Redemann* gibt in seiner genann-

Der Jagdeinsitzer He 51 war neben der Arado Ar 68 mehrere Jahre der Standardjäger der Luftwaffe. Nach der Ablösung durch die Bf 109 wurden die Maschinen noch zur Schulung verwendet.

Das Jagdgeschwader *Richthofen* wurde 1935 mit He 51 A-Jagdeinsitzern ausgestattet.
▼

Die He 51 wurde auch mit Schwimmern verwendet.

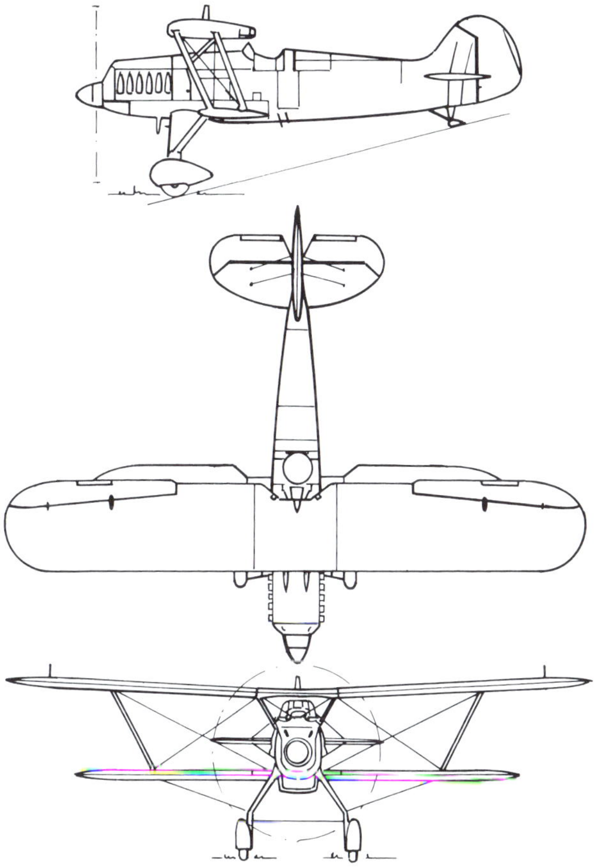

Heinkel Jagdeinsitzer He 51 A. ▶

ten Darstellung eine Zuladung von 3510 kg an, so daß das Abfluggewicht 8950 kg betrug. Das Typenblatt der Ernst Heinkel Flugzeugwerke, 020, kommt zu dem gleichen Abfluggewicht, führt jedoch – vermutlich irrtümlicherweise – bei der Zuladung 1000 kg weniger auf. Die Höchstgeschwindigkeit in Bodennähe betrug 240 km/h, die Reisegeschwindigkeit bei 75 Prozent Startleistung je nach der Höhe zwischen 190 km/h (bei 2000 m Höhe) und 205 km/h in Bodennähe. Die Landegeschwindigkeit betrug 88 km/h. Federführend bei der Entwicklung und Konstruktion

Ein Prototyp des Mehrzweckflugzeugs He 59 war ein Landflugzeug und kam auch in Lipezk zur Erprobung.

Die He 59 wurde auch als Aufklärer über See zu Überwachungsaufgaben und als Wetterflugzeug eingesetzt.

war *Reinhold Mewes,* der später bei *Fieseler* an dessen Storch-Entwicklung beteiligt war. Ursprünglich war die He 59 für die Küstenüberwachung und Aufklärung über See vorgesehen, aber bei entsprechender Umrüstung auch für leichte Kampfeinsätze als Bombenflugzeug. Bei Arado auch im Lizenzbau gefertigt, wurde die He 59 im Spanischen Bürgerkrieg von der deutschen Legion Condor vor allem für die bewaffnete Aufklärung eingesetzt.

Weitere Versionen der He 59 wie die He 59 C und D wurden vor allem als Seenotrettungsflugzeug verwendet. Sie haben insbesondere in der Luftschlacht um England 1940/41 zahlreiche abgesprungene Piloten beider Seiten gerettet. *Hans Redemann* bemerkt (a.a.O. S. 54), daß die genaue Zahl der gebauten He 59 heute nicht mehr feststellbar sei; es dürften aber hunderte gewesen sein. Die in so zahlreichen Varianten gebaute Maschine, die das größte bis dahin von *Heinkel* gebaute Flugzeug war, konnte sich trotz ihrer bald zutagetretenden Überalterung vor allem deswegen so lange und so erfolgreich im Einsatz halten, weil sie gerade durch ihre Umbaufähigkeit für Sondereinsätze geeignet war, für die sie immer wieder verwendet wurde.

So war die He 59 eine der erfolgreichsten Flugzeugtypen, die z. B. in den Jahren vor dem Zweiten Weltkrieg auch als Wetterflugzeug eingesetzt wurde, worauf in den bisherigen zahlreichen Veröffentlichungen m. W. noch nicht hingewiesen wurde. Zur Wettervorhersage, für die alle drei Stunden der Luftdruck am Boden gemessen werden mußte, machte sich der Ausfall dieser Möglichkeit über dem weiten Seegebiet der Nordsee zur Erfassung der Zugrichtung von Tiefdruckgebieten, die über die britischen Inseln ostwärts zogen, unangenehm bemerkbar. Der damalige Mitarbeiter im Reichswetterdienst, der Meteorologe und spätere Abteilungspräsident im Deutschen Wetterdienst in Offenbach, *Peter Thran,* hatte den Einfall, kräftige Schwimmerflugzeuge einzusetzen, die, möglichst weit von der Küste entfernt, inmitten der Nordsee diese Luftdrucktendenz erfassen könnten. Sie sollten auf der Wasserfläche landen, drei Stunden an einem Ort bleiben und dann wieder zurückfliegen. Die He 59 erschien als geeigneter Typ und wurde daher auch dem Reichswetterdienst zugewiesen. Zu diesem Zweck flog sie von Kiel bzw. Norderney weit in die Nord-

Bekannt geworden ist die He 59 als Seerettungsflugzeug. Sie flog unbewaffnet mit weißem Anstrich, zivilen Kennzeichen und Rotem Kreuz.

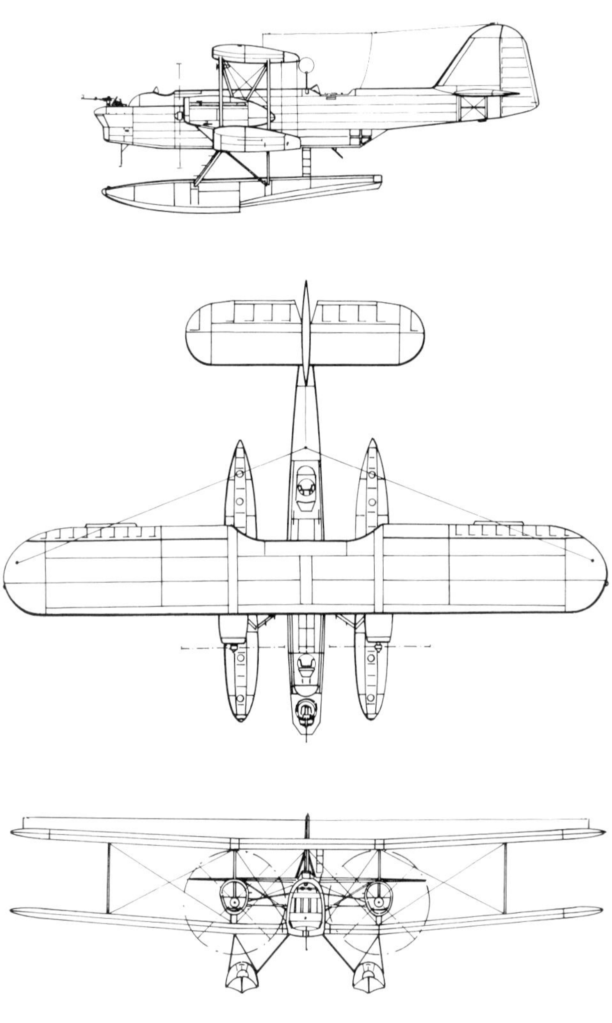

Mehrzweck-Seeflugzeug Heinkel He 59.

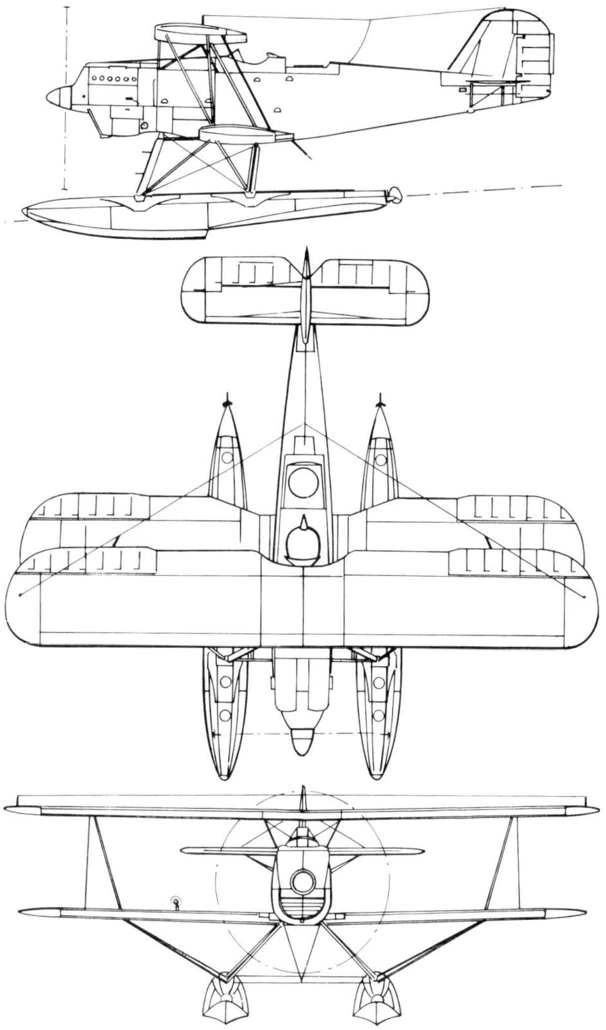

See-Aufklärer Heinkel He 60.

see und nahm die erforderlichen Wetterbeobachtungen und Luftdruckmessungen vor. Sie hatte außerdem einen Photometeorographen[9] an Bord, der Luftdruck, Lufttemperatur und Luftfeuchtigkeit während des Fluges in allen Höhen photographisch auf eine lichtempfindliche Kassette aufzeichnete, die in einer in den Rumpf eingebauten Dunkelkammer während des Fluges entwickelt wurde, so daß der mitfliegende Meteorologe sie bereits an Bord auswerten konnte, um die Werte dann per Funk an die zuständige Wetterwarte an Land abzusetzen. Die für diese Einsatzzwecke nicht ganz ausreichende Gipfelhöhe und Geschwindigkeit der Maschine führten dazu, daß wegen des oft hohen Seegangs, der eine Landung bzw. einen erneuten Start von See aus nicht zuließ, die Mehrzahl dieser Wettereinsätze ohne Landung auf See durchgeführt wurden. Während heute die erforderlichen Meßwerte und Wetterbeobachtungen auf See mit Hilfe der Satelliten, Radargeräte und Radiosonden vorgenommen werden, war der Einsatz der He 59 als Wetterflugzeug aufgrund ihrer Größe und Tragfähigkeit »eine sehr interessante Episode sowohl für den Wetterdienst als auch für diese leistungsfähige Flugzeugtype«[10].

Noch im Jahre 1932 erhielt die Firma Heinkel vom Reichsverkehrsministerium den Auftrag zur Entwicklung eines katapultstartfähigen See-Aufklärers. Daraus entstand die zweisitzige He 60, die im Verlaufe ihrer Entwicklung verschiedene Stadien durchlief, die teilweise mit der Erprobung neuer Ganzmetallschwimmer, teilweise aber auch mit

Der katapultfähige zweisitzige See-Aufklärer He 60 wurde hauptsächlich als Bordflugzeug bei der Kriegsmarine eingesetzt.

Der Prototyp des Sturzkampfbombers He 50 war ein Wasserflugzeug, das im japanischen Auftrag bereits 1931 gebaut wurde.

der Erprobung unterschiedlich leistungsfähiger Motoren zusammenhing. Dieses Baumuster war zwar noch in der Zeit vor dem offiziellen Aufbau einer neuen Luftwaffe entstanden, wurde aber in größerem Umfang bei den Seefliegerverbänden eingesetzt, auch als Bordflugzeug auf Kreuzern und Panzerschiffen[11]. 1939 befanden sich noch etwa 80 Maschinen bei den Seefliegerverbänden, die aber trotz ihrer Seetüchtigkeit wegen ihrer unzulänglichen Motorleistungen bald nur noch als Schul- und Verbindungsflugzeuge eingesetzt wurden.

Das wie die He 59 von *Reinhold Mewes* entworfene Flugzeug war ein einstieliger gestaffelter Doppeldecker mit unverspannter, zum Schwimmwerk abgestützter Zelle. Der Rumpf bestand aus einem Stahlrohrgerüst. Die endgültige Triebwerksausstattung erfolgte mit einem BMW VI 6,0 ZU-Motor mit 660 PS Startleistung, der der Maschine eine Höchstgeschwindigkeit von lediglich 240 km/h in Bodennähe verlieh. Der Einsatz als Hochsee-Aufklärer verlangte aber weniger eine hohe Geschwindigkeit, als besondere Seetüchtigkeit. Daher war die niedrige Landegeschwindigkeit von nur 90 km/h wichtiger.

Die Spannweite betrug 13,50 m, die Länge 11,50 m, die Höhe 5,30 m und die Flügelfläche 56 m^2. Bei einem Leergewicht von 2410 kg, einem Rüstgewicht von 2730 kg sowie zusätzlicher Ausrüstung von 320 kg betrug das Abfluggewicht einschl. Besatzung, Kraft- und Schmierstoffen sowie Munition 3400 kg. Die Reisegeschwindigkeit ist mit 215 km/h in Bodennähe, 210 km/h in 1000 m Höhe und 195 km/h in 2000 m Höhe bei 90 Prozent Volleistung angegeben. Die Reichweite betrug bei 2000 m Höhe 825 km, die optimale Reichweite 945 km und die Dienstgipfelhöhe 5000 m.

Als moderne Schulmaschine wurde bei Heinkel 1931, als der Argus As 10-Motor zur Verfügung stand, in Zusammenarbeit mit der DVS die He 63 entwickelt, die sowohl als Land- wie auch als Wasser-Schulmaschine gebaut wurde und aufgrund der günstigen aerodynamischen Durchbildung des Rumpfes mit bester Raumnutzbarkeit eine vielseitige Ausrüstung zur Ausbildung von Beobachtern, Funkern und Photographen zuließ. Die Fertigung erfolgte mangels ausreichender Baukapazität und nicht ausreichender Leistungen nur in geringer Stückzahl[12].

In die Reihe der vor 1933 entwickelten Heinkel-Flugzeuge, die die Erstausstattung der neuen Luftwaffe zu bilden hatten, gehört auch ein Typ, der ein völlig neues Prinzip verwirklichte, das des Sturzkampfflugzeuges, kurz Stuka genannt. Die Idee des Sturzkampfflugzeuges war in Amerika geboren, wo vor allem die Firma Curtiss sich damit befaßt hatte. Entstanden war die Idee aus der Attraktion, die Sturzflüge bei Schauflügen für das Publikum bedeuteten. Daraus entwickelten Militärs den Gedanken, die mangels geeigneter Instrumente erforderliche Genauigkeit beim Bombenwurf dadurch herzustellen, daß ein Flugzeug, aus großer Höhe stürzend, das Ziel mit der Maschine anflog, um dicht darüber die Bombe auszulösen, wieder abzufangen und wegzufliegen. Diese Idee griffen sehr früh die Japaner auf, die für diesen Einsatz von *Ernst Heinkel* ein katapultstartfähiges Wasserflugzeug als Doppeldecker mit der Tragfähigkeit für eine 250- bis 500-kg-Bombe forderten. Die dafür 1931 fertiggestellte He 50 machte allerdings auf dem Breitling, dem Wassergelände bei Rostock, bei einem Testflug eine Bruchlandung auf dem Wasser, bei der das Schwimmerwerk zerstört wurde. *Ernst Heinkel* kam es mehr auf einen deutschen Auftrag an, für den Interesse geweckt werden sollte. Die Erprobungsstelle Rechlin erhielt daher auch drei Musterflugzeuge, deren gute Leistungen dann auch zu einem Serienauftrag führten. Gleichwohl hat *Ernst Heinkel* mit diesem Flugzeug keine Furore gemacht. Das für Japan vorgesehene Flugzeug war noch mit einem Reihenmotor Junkers 5 L mit 380 PS Startleistung versehen, der für dieses besonders stabile und daher auch schwere Flugzeug zu schwach war. Das zweite Exemplar,

das als Landflugzeug mit einem festen abgestrebten Fahrgestell ausgerüstet war, hatte einen Siemens-Jupiter-Sternmotor mit einer Startleistung von 490 PS. Ein Umrüsten von der Land- auf die Seeversion war in wenigen Minuten möglich, da die Fahrwerksabstrebung der Schwimmwerkabstrebung entsprach. Das Triebwerk war mit einem festen Vierblatt-Holzpropeller versehen. Da auch mit dem Siemens-Motor die japanischen Forderungen noch nicht erfüllt werden konnten, wurden die Flugzeuge schließlich mit dem BMW-322-B-Triebwerk mit einer Startleistung von 600 PS ausgestattet. Damit wurden dann 500 kg schwere Zementbomben im Sturzflug erfolgreich abgeworfen. Das für Japan vorgesehene Exemplar, die für einen Katapultstart vorgesehene Schwimmerversion, wurde nach seiner Reparatur zwar ausgeliefert, die japanische Marine setzte es jedoch wegen des zu schwachen Triebwerks nur als Aufklärungsflugzeug ein.
Die deutsche Version hatte als Stuka einen Mann Besatzung, als Aufklärer zwei. Die Luftschraube war eine dreiflügelige feste Metallschraube. Die Spannweite betrug 11,50 m, die Länge 9,60 m und die Höhe 4,40 m, die Flügelfläche 34,80 m^2. Bei einem Rüstgewicht von 1756 kg und einem Abfluggewicht von 2620 kg betrug die Höchstgeschwindigkeit 230 bis 235 km/h, die Marschgeschwindigkeit bei 85 Prozent Startleistung 185 bis 190 km/h. Die Landegeschwindigkeit betrug 95 km/h. Als Bombenlast konnten 500 kg sowie 14 kg Abwehrmunition mitgenommen werden. Die optimale Reichweite betrug 650 km, bei Höchstgeschwindigkeit 525 km[13].
Der Curtiss-Wright Sturzbomber »Hawk«, der ab 1930 in den USA entwickelt worden war, aber von der US Air Force nicht abgenommen wurde, erregte das höchste Interesse des Kunstfliegers *Ernst Udet,* der jedoch privat den Preis von 60000,– Reichsmark dafür nicht aufbringen konnte. Erst als er 1933 im Auftrag des neuen Reichskommissars für die Luftfahrt, *Hermann Göring,* in die Lage versetzt wurde, gleich zwei Exemplare zu kaufen, war er damit auch für die Luftwaffe gewonnen. Hier wurde die Sturzflugidee mit der Übernahme *Ernst Udets* in das Technische Amt des RLM zu einer Grundvorstellung, die seither das Konzept der von *Ernst Udet* beeinflußten Luftwaffe wurde[14].
Nach Angaben von *Ernst Heinkel*[15] wurde eine vermutlich kleine Serie als He 66 für die Luftwaffe gebaut, deren Siemens-Motor unzulänglich gewesen sein soll, während *Heinz J. Nowarra* berichtet[16], daß ein Dutzend Maschinen dieses Baumusters 1934 an die Chinesische Nationalregierung geliefert worden seien. Das Typenblatt der Ernst Heinkel Flugzeugbau GmbH, Speyer, Serie III Nr. 035 vom Dezember 1964, behandelt sogar dieses Baumuster, das sich gegenüber der He 50 strukturell nicht geändert habe. Die deutsche Luftwaffe habe in Hinblick auf den Einsatz der He 50 als Schulmaschine das Interesse an der He 66 verloren gehabt und daher die Serie für den Verkauf an China freigegeben. Die Flugzeuge seien im Januar 1936 in China bzw. Hongkong eingetroffen und dort zunächst einmal wegen innerer politischer Unruhen verpackt im Hafen liegen geblieben. Erst mit Ausbruch des japanisch-chinesischen Konflikts habe man sich der Flugzeuge erinnert und sie notdürftig einsatzbereit gemacht. Da die Japaner den Typ He 50 in Lizenz selber herstellten, standen sich hier gelegentlich die gleichen Typen feindlich gegenüber. Die besser motorisierten japanischen Flugzeuge erwiesen sich aber als kampfstärker, so daß die He 66 von den Chinesen aus dem Fronteinsatz herausgezogen werden mußten. Über ihren weiteren Einsatz ist dann nichts mehr bekannt geworden. Die in Deutschland geflogenen zwei Exemplare sind vermutlich auch an China verkauft worden.
»Habent sua fata libelli« nicht nur, sondern gelegentlich auch die Flugzeuge.

Der Doppeldecker He 50 wurde als Sturzkampfflugzeug nur in geringer Stückzahl gebaut. Unter der Bezeichnung He 66 sind einige dieser Maschinen nach China geliefert worden.

Der Heinkel-Blitz He 70

Der erste große Wurf *Siegfried Günters* und gleich sein erster und größter Erfolg bei *Ernst Heinkel* ist die He 70, technisch *sein* Kind, unternehmerisch das von *Ernst Heinkel.*
Die Geschichte der Entwicklung dieses Flugzeugs ist bis in die neuere Zeit[1] vielfach beschrieben worden. Diese Darstellungen sind hier sämtlich berücksichtigt, auch wenn sie teilweise voneinander abweichende Daten wiedergeben.
1931 hatte die US-Firma Lockheed das Schnellverkehrsflugzeug »Orion« als Passagier- und Frachtflugzeug gebaut, einen Tiefdecker mit Einziehfahrwerk und einer NACA-Haube für den 580-PS-Sternmotor. Die Orion sollte eine Reisegeschwindigkeit von 260 km/h, also eine erhebliche Leistungssteigerung gegenüber den bisherigen Reisegeschwindigkeiten unter 200 km/h, bringen. Als Höchstgeschwindigkeit der Orion wurden sogar 358 km/h in einer Höhe von 2 500 m angegeben, Zahlen, die selbst bei dem anerkannten Vorsprung der Amerikaner angezweifelt wurden. Die europäischen Luftverkehrsgesellschaften und mit ihnen die Deutsche Luft Hansa mußten bald entweder diese Maschine selbst einsetzen oder über ein konkurrenzfähiges Baumuster verfügen. In dieser Situation arbeitete der damalige Technische Direktor der Luft Hansa, *Erich Schatzki,* Spezifikationen für ein deutsches Konkurrenzflugzeug aus und gab sie an die Firma Junkers mit dem Auftrag, eine der Orion möglichst gleichwertige Maschine zu entwickeln. Daraus entstand die Ju 60, die die Firma Junkers, abgesehen von den großen wirtschaftlichen Schwierigkeiten, in denen sie sich befand, auch vor technische Probleme stellte, die mit dem Entwurf nicht gelöst wurden. Auch erreichte die Ju 60 nicht die Geschwindigkeiten der Orion, die von dieser inzwischen wieder gesteigert waren.
In dieser Lage nahm die Luft Hansa auch Gespräche mit *Ernst Heinkel* auf. Nach dem Vortrag *Hermann v. Pfistermeisters* am 28. Februar 1933 ging die Luft Hansa für das geforderte schnelle einmotorige Postflugzeug von einer Höchstgeschwindigkeit von 320 km/h und einer Reisegeschwindigkeit von 265 km/h aus, die als *Endlösung* in einer Entwicklungsreihe erreicht werden sollte, da man einen sofortigen Sprung auf eine solche Geschwindigkeit für zu problematisch hielt.

Um die amerikanischen Verhältnisse, die derartige Leistungen ermöglichten, kennenzulernen, schickte *Ernst Heinkel Siegfried Günter* nach den USA. Die Deutsche Luft Hansa gab einen »eingehenden Fragebogen über alle die Hansa konstruktiv und fabrikatorisch interessierenden Punkte« mit, wie *v. Pfistermeister* berichtet[2]. Aufgrund der Erfahrungen, die *Siegfried Günter* in den USA gesammelt hatte, wurde unverzüglich und im »Heinkel-Tempo« an die Ausarbeitung des Projektes gegangen. Der Vierteljahresbericht der DLH, TE, für die Zeit vom 1. 10.–31. 12. 1931, S. 21, stellt fest, daß die Baubeschreibung für das als He 65 bezeichnete Flugzeug »nach einigen Aussprachen, die größtenteils an der Attrappe stattfanden, im Januar (gemeint ist wohl Januar 1932) abgeschlossen ist. Die von der Firma Heinkel garantierte Höchstgeschwindigkeit von 285 km/h bleibt unter dem von uns gegebenen Wert von 350 km/h, hält sich aber in dem Rahmen des zur Zeit in Deutschland Möglichen. Größere Geschwindigkeiten werden sich erst auf Grund der Erfahrungen mit dem ersten Schnellflugzeug sowie bei Verwendung von Motoren höherer Leistungen und geringeren Widerstandes (30-Liter-Motor) erreichen lassen.«
Die von der Firma Heinkel immer wieder genannte Obergrenze von 310 oder 320 km/h dürfte in den mündlichen

Das Schnellverkehrsflugzeug He 70 entstand 1932 aus einer Konkurrenzsituation zur Lockheed »Orion«.

Verhandlungen die entscheidende Rolle gespielt haben. Da sie von der DLH sowieso als Zukunftserwartung auf längere Sicht gemeint war, dürfte diese Differenz hier nicht entscheidend sein. Aus dem bereits genannten Vierteljahresbericht der DLH geht hervor, daß die Anregung zur Entwicklung von Schnellflugzeugen von der Luft Hansa ausging und daß die Luftfahrtindustrie-Firmen Junkers und Heinkel »bereits vor Erteilung eines Auftrages mit uns über die technische Durchführung der Projekte engste Fühlung genommen und wesentliche Vorarbeiten geleistet haben. Das RVM (Reichsverkehrsministerium) hat sich bereiterklärt, sowohl bei Heinkel, wie auch bei Ifa (gemeint ist hier Junkers) ein Flugzeug dieser Art zu bestellen. (Der Auftrag an Heinkel ist im Januar erteilt worden). Ein Auftrag an die Firma Focke Wulf ist noch in der Schwebe.« Der Bericht stellt dann auf S. 22 fest, daß »das ursprünglich geplante, einziehbare Fahrgestell ... auf Grund der amerikanischen Ergebnisse einstweilen fallen gelassen (wurde). Der Widerstand des Fahrgestells konnte jedoch erheblich durch die Verwendung von Stromliniendrähten ... herabgesetzt werden.« Von der DLH wurde angesichts der »neuen Bauweise« eine größere statische Versuchsreihe gefordert, um eine genügende Festigkeitserprobung des Flugzeugs von vornherein sicherzustellen. Die Zusammenarbeit zwischen Reichsverkehrsministerium als Auftraggeber, der Deutschen Luft Hansa als Halter und der Industrie als Entwickler und Produzent wurde hier nicht nur deutlich, sondern erwies sich auch als für alle Teile sehr nutzbringend. Die DLH rechnete nicht vor dem Hochsommer des Jahres 1932 mit der Fertigstellung der He 65.

Mitte Januar 1932 konnte die Firma Heinkel dem RVM (und der DLH) das Angebot für Entwicklung und Bau des geforderten Schnellflugzeugs vorlegen. Es wurde eine »Horizontalgeschwindigkeit mit Vollgas von 285 km/h und eine Reisegeschwindigkeit bei 15 Prozent Drehzahldrosselung von 238 km/h garantiert«. Das sollte ein BMW-Hornet-Motor von 525 PS Höchstleistung bewirken. Nach der Auftragserteilung am 12. Febr. 1932 wurden die Konstruktionsstudien und Modellmessungen in Göttingen sofort aufgenommen, als am Pfingstsonntag, 15. Mai 1932, *Ernst Heinkel* seinen Mitarbeiter *v. Pfistermeister* in Berlin anrief und ihm mitteilte, daß er soeben in der Fachpresse gelesen habe, daß die Swiss Air ein in den USA gekauftes Schnellverkehrsflugzeug Lockheed »Orion« auf der Strecke Zürich – München – Wien eingesetzt habe, das eine Höchstgeschwindigkeit von annähernd 350 km/h und eine Reisegeschwindigkeit von rund 290 km/h besitze. »Nach seiner – Heinkels Auffassung – sei es völlig zwecklos, eine Neukonstruktion wie unsere He 65 herauszubringen, deren Flugleistungen denen der Lockheed Orion unterlegen sind. Wir müßten vielmehr da anfangen, wo die anderen aufgehört haben. Er wolle daher die ganze Konstruktion ändern, um ein Flugzeug zu schaffen, das in seinen Leistungen der Lockheed Orion mindestens ebenbürtig ist,« berichtete *v. Pfistermeister* später anläßlich der Vorführung der ersten He 70 am 28. Februar 1933 in Berlin-Tempelhof. Dann erteilte *Ernst Heinkel* ihm den Auftrag, unverzüglich bei der DLH festzustellen, ob diese mit seinem Vorschlag einverstanden sei. Die DLH war nicht nur einverstanden, sondern nahm den Vorschlag, der mit ihren Anschauungen in Einklang stand, freudig auf. So wurde an eine völlige Neukonstruktion gegangen, bei der ein BMW-VI-Motor mit einer Maximalleistung von 630 PS bei 1600 min^{-1} verwendet werden sollte. Bereits am 14. Juni 1932, also nur einen Monat später, wurden die technischen Unterlagen vorgelegt, in denen eine Maximalgeschwindigkeit von 314 km/h bei einer Reisegeschwindigkeit von 288 km/h garantiert wurde, die intern weit höher angenommen wurden. Schon am 1. Juli 1932 wurde die Detailkonstruktion des neuen Entwurfes aufgenommen, nachdem die neuen Messungen aus Göttingen vorlagen, und nach genau fünf Monaten flog die He 70 erstmals. Sie war in wahrem »Heinkel-Tempo« konstruiert und gebaut. Und sie flog auch in wahrem »Heinkel-Tempo« schneller als die schnellsten Flugzeuge der Zeit, die Jagdmaschinen aller Luftwaffen des Auslandes. Wie *v. Pfistermeister* am 28. Februar 1933 in Tempelhof mitteilte, hatte die kurz zuvor durchgeführte Musterprüfung der DVL eine Horizontalgeschwindigkeit mit Vollgas (630 PS bei 1600 min^{-1}) von 362 km/h und eine Reisegeschwindigkeit bei Dauerleistung (485 PS bei 1450 min^{-1}) von 323 km/h ergeben. Die garantierten Leistungen waren also noch erheblich überboten worden, und zwar die Höchstgeschwindigkeit um 48 km/h und die Reisegeschwindigkeit um 35 km/h von 288 km/h auf 323 km/h.

Der für den Entwurf zuständige *Siegfried Günter* hat immer wieder als Beispiel für *Heinkels* unmittelbaren und persönlichen Einfluß den Übergang von der He 65 auf die He 70 geschildert[3] und dabei festgestellt, »wenn Heinkel nicht eines Tages von sich aus – besser vorausschauend – neue, höhere Forderungen gestellt hätte, wäre es nie zu dem großen Erfolg der He 70 gekommen... Die He 70 wird deshalb mit Recht als Heinkel-Flugzeug bezeichnet« und »es ist kein Zweifel, daß ohne diese Initiative Ernst Heinkels niemals eine He 70 gebaut worden wäre und daß eine He 65 keine große Beachtung gefunden hätte. (Von der DVL wurden für die He 70 377 km/h gemessen). Ich bin Ernst Heinkel

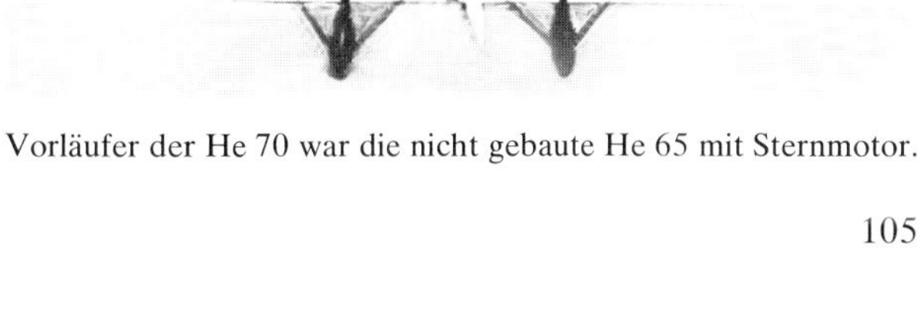

Vorläufer der He 70 war die nicht gebaute He 65 mit Sternmotor.

für diesen rechtzeitigen Rat zu bleibendem Dank verpflichtet.«

Diese Feststellungen *Siegfried Günters* sind hier wiederholt, weil es tatsächlich eine der größten unternehmerischen Leistungen von *Ernst Heinkel* war, in dem kritischen Moment des Erkennens der Unterlegenheit der bereits weit fortgeschrittenen Entwicklung der He 65 die Arbeiten zu stoppen und völlig neu anzufangen. Das Ergebnis der He 70, die nicht nur den Verkehrsflugzeugbau, sondern den Flugzeugbau der Welt überhaupt revolutionierte, dürfte diese wiederholte Behandlung rechtfertigen. An diesem Flugzeug zeigte sich eine der beiden Höchstleistungen *Ernst Heinkels* als Pionier der Schnellflugzeuge, der die Förderung des Düsen- (Turbinenluftstrahl-)Antriebs mit der Schaffung des ersten geflogenen Düsenflugzeuges der Welt, der He 178, gleichwertig zur Seite steht[4].

Konstruktion und Bau der He 70 gaben kurzzeitig zu lösende Probleme auf, die sich vor allem dadurch auch gezeigt hatten, daß der jahrelange Vorsprung der Amerikaner mit der Orion aufgeholt werden mußte. Das war nur möglich durch engste Zusammenarbeit und gegenseitige Unterstützung zwischen der Deutschen Luft Hansa, dem Reichsverkehrsministerium und *Ernst Heinkel* und seinen Leuten. Technisch wurden nicht nur Rumpf, Tragflächen und Ruderorgane aerodynamisch verfeinert, sondern vor allem die unnötigen Widerstände wie Fahrgestell, Sporn, Kühler usw. beseitigt.

Der tropfenförmige Schalenrumpf aus Duralumin war völlig glatt, so glatt, daß der Mitarbeiter der britischen Firma Supermarine *B. S. Shenstone* an *Ernst Heinkel* schrieb[5] und »ihn fragte, ob die auf dem Pariser Salon ausgestellte He 70 einen Metall- oder einen Sperrholzrumpf hätte«. In dem Brief brachte *Shenstone* zum Ausdruck, »daß Ihr Flugzeug für sehr viele von uns ein ›Musterbeispiel‹ gewesen ist und daß viele unserer zukünftigen Maschinen Ihnen sehr viel verdanken, da Sie das erste wirkliche ›Stromlinienflugzeug‹ gebaut haben...«

Die Verwendung der versenkten Nieten der Brüder *Karl* und *Otto Butter* ermöglichte es, die Außenhaut so glatt zu gestalten, wie das bisher bei Metallverarbeitung nicht machbar war. Positionslaternen, Lichtmaschinen und alle

Siegfried Günter und *Ernst Heinkel* verwirklichten mit der He 70 eine Pionierleistung auf dem Gebiet der Schnellflugzeuge.

Das Schnellverkehrsflugzeug He 70 wurde am 28. Februar 1933 in Berlin-Tempelhof offiziell vorgeführt. Sie war mit der bei der Musterprüfung ermittelten Höchstgeschwindigkeit von 362 km/h schneller als die damaligen ausländischen Jagdflugzeuge.

Bei der He 70 waren die Übergänge zwischen Flügel und Rumpf besonders sorgfältig gestaltet.

Die viersitzige Kabine war verhältnismäßig eng, jedoch komfortabel eingerichtet.

Das Fahrgestell konnte in den Flügel eingezogen werden, die Öffnungen wurden mit Klappen vollständig abgedeckt.

anderen Widerstand erzeugenden Teile waren in die Maschine hineinverlegt oder jedenfalls strömungsgünstig angebracht. Die Kabinenfenster und -türen, Handgriffe, Türgriffe, alles war versenkt angebracht. Auch die Führerraumüberdachung wurde windschnittig ausgeführt. Die Tragflächen in Holzbauweise erhielten eine für hohe Flugleistungen geeignete Form, bei der der Übergang vom Rumpf zur Tragfläche so gestaltet wurde, daß möglichst geringe Widerstände auftraten. Der bisher einen erheblichen Widerstand verursachende normale Wasserkühler konnte wesentlich kleiner gewählt werden, weil die sogenannte Heißkühlung durch Glykol mit einer Betriebstemperatur bis zu 120°C das gestattete. Außerdem konnte der Kühler vom Führersitz aus je nach Außentemperatur eingezogen werden.

Das Fahrgestell konnte nach erfolgtem Start durch eine vom Führersitz aus zu betätigende Öldruckanlage seitlich weggeklappt werden. Auf diese Weise verschwanden die beiden Anlaufräder mit sämtlichen Fahrwerkstreben völlig in den Tragflächen. Der Pilot konnte jederzeit über eine Signalanlage feststellen, ob das Fahrgestell sich in Flug- oder Rollstellung befand. Sollte er tatsächlich beim Landen vergessen, das Fahrgestell auszufahren, so warnte ihn ein lautes Signalhorn, das automatisch beim Drosseln des Motors ertönte. Bei Ausfall der Öldruckanlage, etwa durch Ölrohrbruch, konnte das Fahrwerk mechanisch ausgekurbelt werden. Eine spezielle Lichtanlage zeigte an, ob die einzelnen Fahrwerksteile in Rollstellung eingerastet waren. Der Pilot konnte beim Landen prüfen, ob das Fahrgestell auch

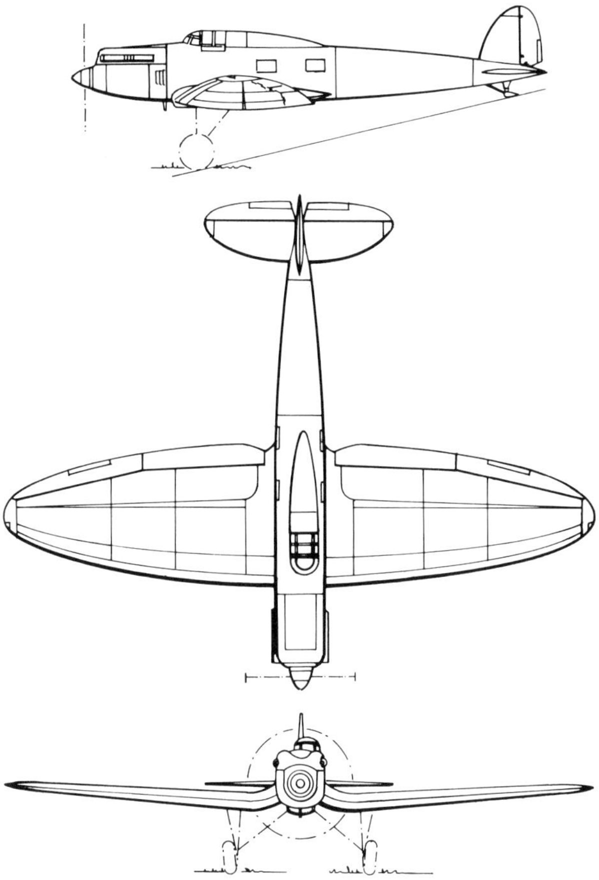

Heinkel He 70 A-Schnellverkehrsflugzeug.

richtig in Landestellung gebracht war. Gleichzeitig mit dem Fahrgestell konnte auch der Sporn automatisch ein- und ausgezogen werden.
Der Kabinenraum war in Hinblick auf die beabsichtigten hohen Geschwindigkeiten relativ klein ausgelegt, aber durch geschickte Raumausnutzung gleichwohl ausreichend bequem für die Passagiere gestaltet.
Die technischen Einzelheiten der ersten Mustermaschine wurden durch die Erfahrungen aus den Erprobungsflügen noch geändert[6]. Eine wesentliche Herabsetzung der Landegeschwindigkeit, die die Landung auch auf kleineren Plätzen ermöglichen sollte, wurde durch die Verwendung von Landeklappen erreicht.
Die He 70 war für die Beförderung von vier Passagieren oder 500 kg Post oder Fracht ausgelegt und wurde von zwei Mann als Besatzung geflogen. Ein drittes Besatzungsmitglied konnte gegebenenfalls noch untergebracht werden. Im Gegensatz zur Orion hatte die He 70 eine Funkstation an Bord und war für Blind- und Nachtflug ausgerüstet. Sicherheitsüberlegungen führten auch dazu, daß die Luft Hansa nach Abschluß der umfangreichen Erprobung das Schnellflugzeug zunächst auf langen Spezialstrecken im reinen Post- und Frachtverkehr einsetzte, um erst nach vollkommener Bewährung im Dauerbetrieb den Personenverkehr aufzunehmen. So wurde auch der Personeneinsatz erst im Juni 1934 aufgenommen. Der Erfolg mit der He 70 ließ die Lufthansa unverzüglich ihre Planung auf eine Umstrukturierung ihres Flugzeugparks und damit auf den Bau weiterer und größerer Schnellflugzeuge, zu denen dann auch die He 111 zählte, ausrichten. Damit wollte sie auch die allgemeine Reisegeschwindigkeit im Luftverkehr auf etwa 250 km/h anheben, woraus ersichtlich ist, wie hoch die Reisegeschwindigkeit der He 70 diese Durchschnittszahl übertraf.

Die He 70 wurde bei der Lufthansa ab Sommer 1934 im planmäßigen »Blitz-Dienst« eingesetzt.

Die erste He 70 hatte eine Spannweite von 14,80 m, eine Länge von 11,30 m, eine Höhe von 3,10 m und eine Flügelfläche von 36,50 m². Der BMW-VI-Motor mit seinen 630 PS gab der Maschine mit ihrem Abfluggewicht von 3370 kg bei einem Rüstgewicht von 2360 kg die bereits genannte Reisegeschwindigkeit von 323 km/h.

Die garantierten Steigzeiten

auf 1000 m	3,4 Minuten
auf 2000 m	7,1 Minuten
auf 3000 m	11,5 Minuten
auf 4000 m	17,0 Minuten
auf 5000 m	25,4 Minuten

bei einer Steiggeschwindigkeit am Boden von 5,4 m pro Sekunde und in 5000 m Höhe von 1,5 m pro Sekunde bei einer Dienstgipfelhöhe von 5700 m wurden glatt erreicht, die Dienstgipfelhöhe noch überboten.
Bereits kurz vor dieser Vorführung, am 21. Februar 1933, hatte der Chefpilot der Firma Heinkel, Flugkapitän *Werner Junck,* den ersten Rekord mit der neuen Maschine erzielt. Er hatte mit seiner He 70 mit einer Nutzlast von 500 kg über 100 km eine Geschwindigkeit von 348,2 km/h erreicht.
Die bald danach von der Luft Hansa-Besatzung Flugkapitän *Robert Untucht* und Flugobermaschinist *Seering* in der Zeit zwischen dem 14. März und 28. April 1933 mit dem Prototyp der He 70 erzielten Bestleistungen sind in der nebenstehenden Tabelle aufgeführt.

Nr.	Flugtag	Strecke km	Last kg	Leistung km/h	Bisher km/h	Diplom
1	14. März	500	ohne	348,945	308,779 Frankreich	Nationaler Rekord
2	14. März	500	500	348,945	294,194 Frankreich	Nationaler Rekord
3	22. März	1000	ohne	347,427	286,227 Frankreich	Diplomrekord
4	22. März	1000	500	347,427	281,250 Frankreich	Internationaler Rekord
5	24. März	2000	ohne	345,310	263,900 Frankreich	Diplomrekord
6	28. April	100	500	357,427	298,510 USA	Nationaler Rekord
7	28. April	100	1000	357,427	299,251 Frankreich	Nationaler Rekord
8	28. April	500	1000	355,338	294,194 Frankreich	Nationaler Rekord

Die Spanne zwischen den bisherigen und den nun erzielten Bestleistungen war besonders beachtlich. Sie betrug bis zu 81,41 km/h. Während die Leistungen der He 70 zwischen 345,31 und 357,42 km/h lagen, also recht einheitlich auch bei unterschiedlicher Strecke und Nutzlast waren, lagen die bisherigen Rekorde zwischen 263,90 und 308,77 km/h, also in einer erheblich breiteren Skala.
Die Heinkel-Rekord-Maschine war im übrigen ein ganz normales Gebrauchsflugzeug der Deutschen Luft Hansa. Besonders eindrucksvoll dürften auch die Hinweise auf die Geschwindigkeiten der französischen Jagdflugzeuge zu dieser Zeit mit etwa 300 km/h und auf den bestehenden absoluten Weltgeschwindigkeitsrekord für Landflugzeuge einer Spezialrennmaschine mit 417,06 km/h sein. Diese Relationen wurden auch in der ausländischen Presse hervorgehoben, die sich nicht nur beeindruckt, sondern auch betroffen zeigte. Dieser Eindruck wurde noch verstärkt durch die Feststellungen, daß die He 70 mit entsprechenden ausländischen Motoren auch noch erheblich höhere Leistungen erzielen könne. So errechnete man in Frankreich eine Spitzengeschwindigkeit von 415 km/h bei Einbau eines Gnôme-Rhône-Motors K 14 bei 2400 min^{-1} und sogar von 440 km/h, »wenn man die letzte homologierte Leistung von 900 PS einsetzt[7]«.
Die vielzitierte Höchstgeschwindigkeit der He 70 mit 377 km/h wurde am 26. April 1933 außerhalb des Rahmens der Musterprüfung bei Geschwindigkeitsmessungen (Virecks-

Mit dem Prototyp der He 70 stellte Flugkapitän *Untucht* im März und April 1933 eine Reihe von bemerkenswerten Geschwindigkeitsweltrekorden auf.

Die nach England gelieferte He 70 erreichte mit einem Rolls Royce-Kestrel-Motor eine Höchstgeschwindigkeit von 451 km/h, mit Peregrine-Motor später sogar 481 km/h.

Oberst *Lindbergh* (links) besichtigte bei seinem Besuch im Jahre 1937 auch die He 70.

Als He 70 K hatte die bei der Luftwaffe verwendete Version einen nach hinten gerichteten MG-Stand.

flüge) durch das Reichsamt für Flugsicherung – Prüfstelle für Luftfahrzeuge – in Berlin-Adlershof bei eingezogenem Kühler und Sporn sowie bei geschlossener Führersitzhaube gemessen[8].

Höhere Leistungen wurden mit der He 70 tatsächlich bei Einbau besserer Motoren erreicht. Die besonders auf die Leistungen der He 70 aufmerksam gewordenen Engländer kauften eine He 70 und erprobten darin das Rolls Royce-Triebwerk Kestrel V. Bei einer Startleistung von 696 PS erreichte dieses Exemplar in 4600 m Höhe eine Geschwindigkeit von 415 km/h. Verhandlungen, die *Ernst Heinkel* führte, sollten zum Austausch der Lizenzen für die He 70 und den Kestrel-Motor führen. Bei der deutschen Motoren-Misere hätte der Erwerb der Kestrel-Lizenz sicher große Vorteile bringen können. Aber dieses Geschäft wurde von deutscher Seite nicht genehmigt, da man glaubte, in kurzer Zeit den ausländischen Vorsprung auf dem Gebiet des Motorenbaus eingeholt zu haben, andererseits den Vorsprung auf dem Gebiet des Zellenbaus nicht aus der Hand geben wollte. Aufgrund dieser Kurzsichtigkeit konnte *Ernst Heinkel* lediglich die nur leicht abgewandelte Maschine an Rolls Royce verkaufen und erhielt einige Exemplare des englischen Motors als Gegenleistung.

Die He 70 wurde in der Folgezeit noch weiterentwickelt; bereits ab der zweiten Maschine wurden die zunächst aus Sicherheitsgründen fortgelassenen Fahrwerksklappen eingebaut. Die DLH, die 1933 ihre erste Maschine, die sie für den Trans-Ozean-Postdienst einsetzte, erhalten hatte, kaufte 1934 drei und 1935 zehn Stück und erhielt ein Stück als Zuweisung durch das RLM[9]. In den Jahren 1937 und 1938 wurden die Bestände der DLH an das RLM abgegeben.

Die hohe Qualifikation der He 70, insbesondere ihre exzeptionelle Geschwindigkeit, machten sie sehr interessant für die gerade im Aufbau begriffene deutsche Luftwaffe, die diesen Flugzeugtyp nach gewissen Umrüstungen vor allem als Fernerkunder einsetzte. Die He 70 war bei der Luftwaffe wegen ihrer hohen Geschwindigkeit auch als Kurierflugzeug und als Reisemaschine der Stäbe sehr beliebt. Das Typenblatt der Ernst Heinkel Flugzeugwerke GmbH Speyer, 001, beziffert die Zahl der gelieferten Militärversionen mit 296 Flugzeugen, während *Nowarra* a.a.O. die Gesamtzahl der gebauten He 70 in dieser Höhe angibt. In dieser Zahl, die als solche heute nicht mehr mit Sicherheit überprüft werden kann, sind allerdings die unter der Bezeichnung He 170 gelieferten Maschinen für Ungarn mit dem Mistral-Mayor (Lizenz Gnôme et Rhône)-Motor und einem Spornrad statt des Schleifsporns und das nur in einem Exemplar gebaute Versuchsmuster der He 270 aus dem Jahre 1938 enthalten. Eine der für Ungarn gebauten Maschinen erreichte mit dem Spezialmotor eine Höchstgeschwindigkeit von 435 km/h in 3000 m Höhe.

Trotz der erheblich größeren Zahl der für die Luftwaffe gebauten Maschinen dieses Typs ist die Bedeutung der He 70 als Militärflugzeug kaum in Erscheinung getreten, zumal sie

bei Kriegsausbruch 1939 längst durch andere Typen, z. B. die He 111, ersetzt war.
Als Verkehrsmaschine ist aber die He 70 bei der Deutschen Lufthansa* aufgrund ihrer extrem hohen Reisegeschwindigkeit und ihrer Zuverlässigkeit regelrecht berühmt geworden durch den mit ihr begründeten »Blitz-Dienst«, den die Lufthansa am 15. Juni 1934 planmäßig eröffnete.
Das Blitzstrecken-Netz verband die Orte Berlin, Frankfurt/Main, Hamburg und Köln miteinander und ermöglichte u. U. Hin- und Rückreise zwischen den Orten an einem Tag, eine Neuerung, die vor allem Geschäftsleuten eine große Zeiteinsparungsmöglichkeit gab. Die innerdeutschen Flugzeiten lagen unter zwei Stunden. Die Flugzeit von Berlin nach Rom[10] über München-Venedig betrug 4 $^1/_2$ Stunden für die Strecke von 1441 km, für damalige Verhältnisse führwahr ein wirklicher »Blitz-Dienst«, den die Lufthansa ab 1935 mit dem Kauf der zehn weiteren He 70 ausdehnte. Die bei der Lufthansa eingesetzten Flugzeuge des Baumusters He 70 erhielten Vogelnamen von Adler über Schwalbe zum Sperber.
Die Wirkung der He 70 bestand auch noch darin, daß sie gewissermaßen der Ausgangspunkt für eine Reihe von Heinkel-Flugzeugen war, die in ihrer Konzeption der elliptischen Flügel und des geschwungenen Ansatzes der Flügel an den Rumpf auf den Günterschen Konstruktionsgedanken der He 70 basierten. Unverkennbar war auch der Einfluß auf die britischen Jagdflugzeuge vom Typ Supermarine Spitfire, die später der deutschen Me 109 so zu schaffen machten[11]. Das von Rolls Royce erworbene Exemplar, das unter der englischen Zulassungsnummer G-ADZF zahlreiche Testflüge mit verschiedenen Rolls Royce-Triebwerken durchführte, war ganz zweifelsohne für diese Zwecke besonders geeignet, wie in einem nichtgezeichneten Artikel in *Air International*[12] ausgeführt wird. An dieser Stelle wird die He 70, als »Heinkel's Elegant Trendsetter« bereits in der Überschrift gekennzeichnet, als eine Maschine dargestellt, die »1931 konzipiert als ziviles Hochgeschwindigkeitstransportflugzeug ... eines der elegantesten Flugzeuge (war), die von Deutschland bis zum Ende des Zweiten Weltkrieges herausgebracht worden sind.« Dieses noch mehr als 40 Jahre nach ihrem Erscheinen gefällte Urteil bestätigt nur die Besonderheit, aber auch deren Anerkennung durch die führenden britischen Flugzeugbauer ihrer Zeit. Eine ausführliche Behandlung der »Rolls-Royce saga« gibt die Geschichte dieses Geschäfts ebenso wieder, wie die mit der He 70 erzielten Erfolge mit britischen Motoren. So wurde das erste Ergebnis des deutschen Testflugs mit dem britischen Kestrel-Motor, das eine Geschwindigkeit von 410 km/h erbracht hatte, noch um 5 km/h überboten. Im Jahre 1937 erreichten die Engländer nach gewissen Veränderungen an ihrer He 70 mit einem Kestrel XVI-Triebwerk

* Die Umstellung der Schreibweise von »Luft Hansa« in »Lufthansa« erfolgte nach der Generalversammlung vom 30. Juni 1933.

Unter der Bezeichnung He 170 wurden mehrere Maschinen nach Ungarn geliefert. Sie erhielten einen dort in Lizenz gebauten Gnôme et Rhône-Sternmotor.

Von der He 270 ist 1938 nur eine Versuchsausführung als dreisitziger Aufklärer gebaut worden.

mit bestimmten Modifikationen eine Spitzengeschwindigkeit von 451 km/h in einer Höhe von 4830 m. Nach weiteren Versuchen erreichte die G-ADZF am 26. Oktober 1937 eine Geschwindigkeit von 449 km/h in 4724 m Höhe und am 21. März 1938 mit voll eingezogenem Kühler die Geschwindigkeit von 463 km/h. Im Rahmen einer weiteren Testserie ab Oktober 1938 zur Erprobung des Kestrel-Nachfolgers, des Peregrine-I-Motors mit 845 PS, erreichte die englische He 70 die höchste je mit diesem Typ erflogene Geschwindigkeit von 481 km/h in 5075 m Höhe. Wenn der Autor dieses Artikels diese Spitzengeschwindigkeit auch als Ergebnis einer neuen, besonders glatten Oberfläche ansieht, so bewegt er sich durchaus in den Bahnen, die *Siegfried Günter* bereits in den ersten Phasen dieser Neuentwicklungen betreten hatte. Ende August 1939 stillgelegt, machte die englische He 70 noch zwei weitere Flüge im März 1940 und wurde dann in Hucknall bei Derby, dem Sitz von Rolls Royce, abgestellt. Im März 1945 wurde dann, wie der englische Verfasser ausdrücklich betont, »sehr bedauerlicherweise« dieses »klassische und historische Flugzeug abgewrackt«.
Diese umfassende britische Darstellung des von *Ernst Heinkel* erworbenen Triebwerksversuchsträgers noch nach 40 Jahren kennzeichnet den ungeheuren Eindruck, den dieser moderne Flugzeugtyp im Ausland hinterlassen hat. Sie kennzeichnet aber ebenso die von *Ernst Heinkel* immer

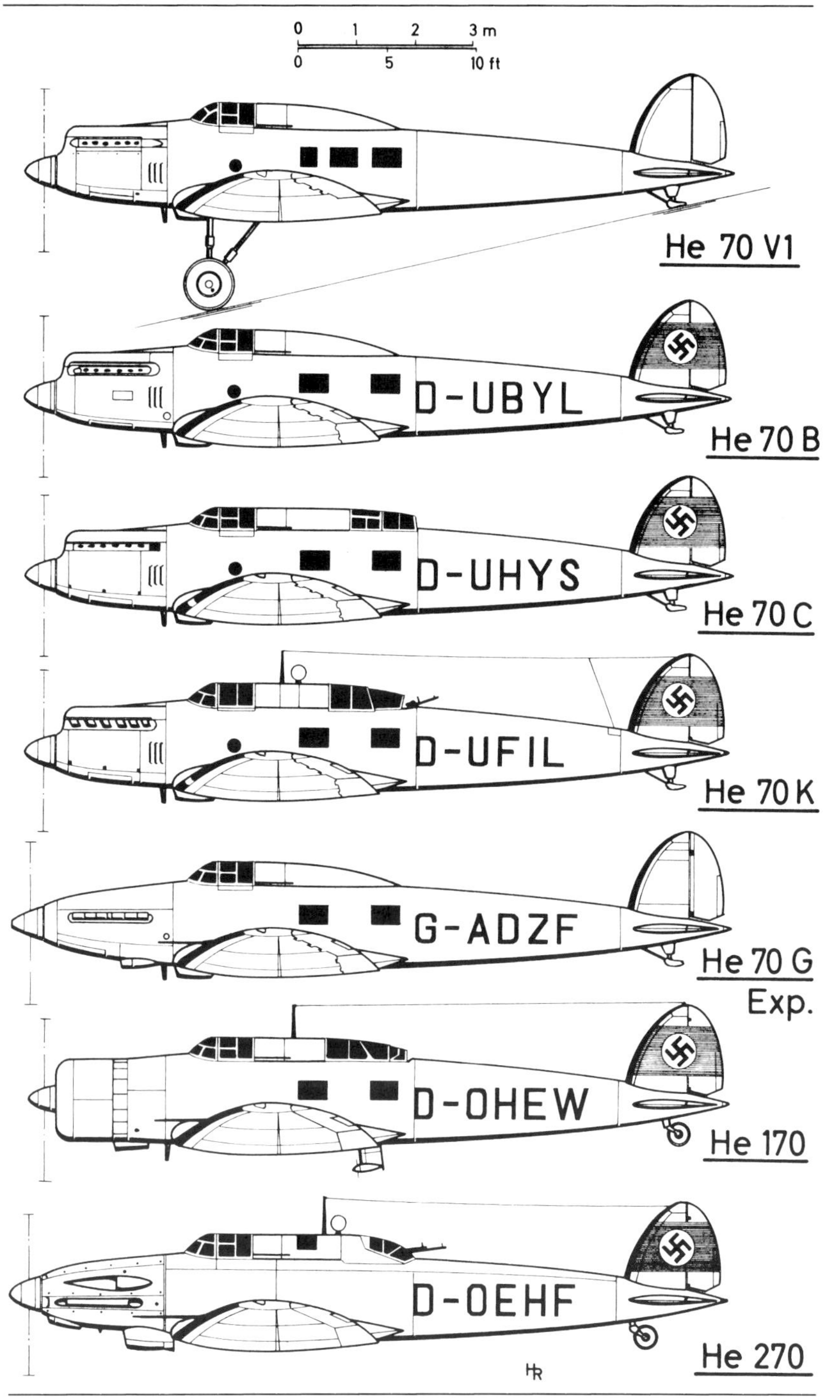

Die Varianten der He 70.
(Zeichnungen: Hans Redemann)

wieder angeprangerte Motorenmisere in Deutschland, das zwar das Flugzeug für überlegene Spitzengeschwindigkeiten auf Jahre hinaus hatte, nicht aber den Motor, mit dem diese Maschine effektiv hätte ausgeflogen werden können. In der Tat war dieser Entwurf *Siegfried Günters* bei *Ernst Heinkel* seiner Zeit um viele Jahre voraus.

Die He 112, ein Mißerfolg

In der Aufstellung, die die Aufteilung der Entwurfsarbeiten zwischen den Brüdern *Günter* zum Gegenstand hat, ist nichts über die unmittelbare Urheberschaft der He 112 gesagt. Gleichwohl darf angenommen werden, daß der Entwurf von *Siegfried Günter* stammte, der nach seinen eigenen Angaben fälschlicherweise Rücksicht auf die bei der He 51 gestellten Forderungen nahm und daher die He 112 viel zu groß und damit zu schwer entwarf[1]. Die He 112 wurde zeitlich bald nach der He 51 konstruiert, die sie auch ersetzen sollte. Das RLM hatte die Ausschreibung zur Entwicklung eines schnellen Jägers an Arado, Focke-Wulf, Heinkel und Messerschmitt gerichtet, die 1935 die Ar 80, Fw 159, Bf/Me 109 und He 112 zum Vergleichsfliegen abstellten, wovon die Me 109 und die He 112 übrig blieben, zwei sehr gegensätzliche Flugzeuge. Die Me 109 war sehr leicht, die He 112 zwar robust und festigkeitsmäßig sehr stabil, aber eben auch recht schwer. *Gert W. Heumann* gibt eine ausführliche Darstellung der He 112, die er als »Jäger an der Kette« bezeichnet[2]. Seine Baumusterzusammenstellung dokumentiert die fast unbegreiflichen Änderungen und Varianten, denen dieser Typ ausgesetzt war. *Siegfried Günter* hielt diese Varianten stets für aussichtslos. Die Entscheidung des RLM fiel – nach dem Vorschlag des Rechliner Testpiloten *Carl Francke* an General *Udet* – zugunsten der Me 109 aus. *Carl Francke* erklärte auch noch nach dem Krieg – in einer Besprechung mit dem Verfasser am 10. September 1980 in Bremen – er würde aus technischen Gründen auch jetzt wieder die Me 109 auswählen. Nach seiner Meinung hätten die Mängel der Me 109 nicht am Fahrgestell gelegen, sondern an der Art des Landens. *Wolfgang Falck*[3] dagegen äußerte: »Die Me 109 forderte durch ihr enges, hohes Fahrgestell bei Umschulung, Ausbildung, Überführung im Kriege und im Einsatz mehr als zahlreiche Verluste bei der Landung nur wegen des Fahrgestells. Da war die He 112 viel solider. Meine Staffel war die einzige Staffel der Luftwaffe, die 1939 bei der Besetzung der Tschechoslowakei mit He 112 geflogen war, die wir leider anschließend gleich wieder abgeben mußten, da sie ins Ausland verkauft war. Wir flogen aber die 112 viel lieber als die 109!« Auch *Adolf Galland* äußerte[4], daß nach seiner Meinung »die He-112 gegen die Bf-109 (leider) verloren hatte.« *Wolfgang Wagner* stellt in seinem Buch »Kurt Tank – Konstrukteur und Testpilot bei Focke Wulf[5]« fest, daß die Fw 159 der He 112 und der Me 109 zwar unterlegen gewesen sei, »wobei schwer zu sagen ist, ob die Heinkel 112 nicht die bessere Maschine, allerdings aufwendiger in der Herstellung gewesen wäre«.
Gert W. Heumann sieht den Kardinalfehler der deutschen Luftwaffenplanung darin, daß nur *ein* Jägermuster ausgewählt wurde als Standardjäger, während alle anderen Luftwaffen zumindest *zwei* Typen in ihren Einheiten geflogen hätten. Ganz abgesehen von der Tatsache, daß die Bf 109

Die ersten beiden V-Muster des Jagdeinsitzers He 112 hatten noch offene Führersitze.

Die He 112 wurde im Rahmen einer Ausschreibung für schnelle Jagdeinsitzer entwickelt und stand über längere Zeit in Konkurrenz zur Messerschmitt Bf 109.

ihrerseits mehr als 50 Einsatzversionen gehabt habe, habe das ungünstige Verhältnis zwischen der verhältnismäßig engen Spur und dem gegebenen Radstand die Ausbruchtendenzen außerordentlich begünstigt, was auch in späteren Jahren »eine der miserabelsten Eigenschaften der 109« geblieben sei[6].
Die im Wettbewerb zur Me 109 stehende He 112 A hatte eine Spannweite von 11,50 m, eine Länge von 8,90 m und eine Flügelfläche von 21,60 m², ein Leergewicht von 1900 kg und ein Fluggewicht von 2220 kg. Der Jumo 210 Da von 690 PS verlieh ihr eine Höchstgeschwindigkeit von 510 km/h und eine Normalgeschwindigkeit von 470 km/h. Diese Angaben sind von *Gert W. Heumann* übernommen. Hier ist nicht der Platz, um diese Kontroverse auszudiskutieren; denn schließlich hat auch die He 112, wie die Darstellung von *Gert W. Heumann* ausweist, erheblich unter der Tatsache gelitten, daß sie »nicht fertig wurde«, weil man sich bei Heinkel nicht »auf einige notwendige Änderungen beschränkte«. Die »ständigen Änderungswünsche

Zum Unterschied zur Bf 109 hatte die He 112 ein breites, nach außen einziehbares Fahrwerk.

Heinkel He 112 B. ▼

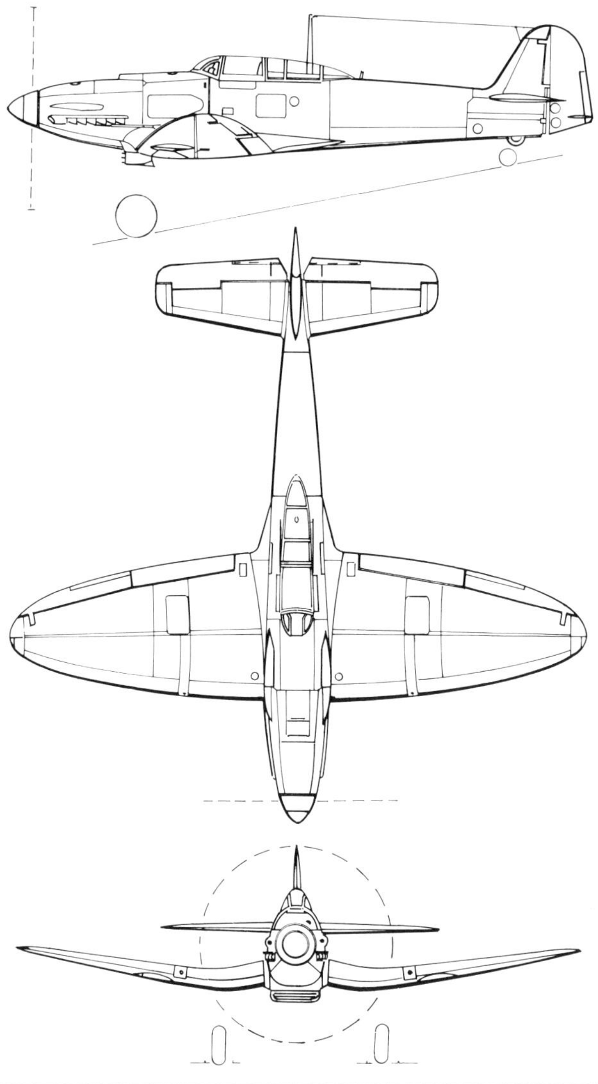

der Technischen Leitung« hätten den »Fertigstellungstermin endlos hinausgezögert.« So hätten – nach *Gert W. Heumann* – »die Heinkel-Werke eine große Chance verpaßt«. *Ernst Heinkel,* der um die damalige Zeit bereits mit Management- und Baumaßnahmen voll eingedeckt war, hat vermutlich seinem damaligen Technischen Direktor *Heinrich Hertel* allzuviel freie Hand hinsichtlich der Änderungswünsche gelassen; denn *Siegfried Günter* hat später bittere Klage darüber geführt, daß *Hertel* Anweisungen an das Entwurfsbüro gegeben habe, z.B. »durch den Einbau eines anderen Triebwerks die He 112 relativ zur Me 109 besser und konkurrenzfähig« zu machen, obwohl der DB-600-Motor »zweifellos auch in die Me 109 eingebaut werden« konnte. »Die strikten Anweisungen von Prof. Hertel ließen keine Diskussionen über deren Zweckmäßigkeit zu. Es wurden auf Anweisung von Prof. Hertel an das Entwurfsbüro noch mehrere Varianten der He 112 gebaut[7]«. Die technischen Angaben des EHFG-Typenblattes 024 betreffen bereits die Variante He 112 B 1, die gegenüber der ersten He 112 einigermaßen abgemagert war. So war die Flügelfläche bereits auf 17 m^2 geschrumpft gegenüber den von *Siegfried Günter* ursprünglich gewählten 22 m^2. Die Spannweite betrug 9,1 m, die Länge 9,3 m und die Höhe (mit laufender Luftschraube) 3,8 m. Bei einem Rüstgewicht von 1848 kg betrug das Abfluggewicht 2250 kg. Der Jumo 210 G mit einer Startleistung von 700 PS verlieh dem einsitzigen Jäger eine Höchstgeschwindigkeit von 510 km/h in 4700 m Höhe und eine Reisegeschwindigkeit von 430 km/h in 4000 m Höhe bei 70 Prozent Startleistung. Die Landegeschwindigkeit betrug 135 km/h. Die optimale Reichweite betrug 1150 km und bei Höchstgeschwindigkeit in 4000 m Höhe 760 km. Die Gipfelhöhe betrug 9500 m, die Rollstrecke beim Start 300 m, die Startstrecke bis 15 m Höhe 570 m und die Landestrecke aus 15 m Höhe 500 m. Während die in Spanien eingesetzten insgesamt 131 He 51 bald den moderneren russischen Maschinen unterlegen waren und aus dem Einsatz gezogen wurden, wurden 15 He 112 neben den erfolgreich eingesetzten Me-109-Jägern erprobt[8].

Die He 112 wurde, nachdem sie nicht als Serienflugzeug für die deutsche Luftwaffe ausgewählt worden war, als Musterflugzeug (V 12) für einen geplanten Lizenzbau nach Japan verkauft und ferner u. a. nach Rumänien exportiert. *Alfred Misna* berichtet in »modell magazin«[9], daß die He 112 im Jahre 1937 von den damaligen österreichischen Luftstreitkräften in 40 Exemplaren zur Beschaffung vorgesehen war. Sie sollte sogar der Me 109, die ebenfalls im Flug erprobt worden war, vorgezogen werden, weil die Ausrüstung als vorteilhafter angesehen wurde und die Steuerdrücke bei der He 112 gleichmäßig stark waren – im Gegensatz zur Me 109. Nach dem Bericht des österreichischen Erprobungspiloten hielten sich die Leistungen der He 112 und der Me 109 die Waage. Die politischen Ereignisse ließen es dann nicht mehr zur Lieferung kommen.

Nur eine Staffel der Luftwaffe war während der Sudetenkrise kurzzeitig mit He 112-Jägern ausgerüstet worden.

He 111, Schnellverkehrsflugzeug der Deutschen Lufthansa und Bomber der Luftwaffe

Mit der schönen und erfolgreichen He 70 war die Stamm-Mutter einer Reihe von Flugzeugen entstanden, die im wesentlichen die gleichen Merkmale Günterscher Entwurfstechnik zeigten. Die rasante Entwicklung des Luftverkehrs hatte die He 70 schnell zu klein werden lassen, so daß die Lufthansa im Zuge der Erweiterung ihres Schnellverkehrsnetzes eine größere Maschine forderte, die mehrmotorig sein sollte und zehn Passagiere befördern konnte. Sie erteilte einen Auftrag an *Ernst Heinkel* im Jahre 1934, aus dem die He 111 entstand, die ein bemerkenswertes Schicksal als Verkehrsflugzeug und Bomber erlebte.
In der Literatur auch der deutschen Verfasser nach dem Zweiten Weltkrieg wird immer wieder behauptet, daß es sich bei der He 111 von vornherein um ein Luftwaffenflugzeug gehandelt habe, zumindest daß das Technische Amt des RLM hinter dem Lufthansa-Auftrag gestanden habe. So gibt *Heinz J. Nowarra* an, daß »die erste Versuchsmaschine des neuen Typs als Bomber, die zweite als Verkehrsflugzeug« gebaut sei und schreibt des weiteren: »Die He 111 V-1 war bereits als Bomber ausgelegt gewesen[1]«.
Fest steht, daß zunächst die Lufthansa den Auftrag zur Entwicklung eines Verkehrsflugzeuges erteilte, aber insgesamt nur 12 Exemplare für ihre Dienste verwendete, während die späteren Bomberausführungen in vielen Tausend Exemplaren geliefert wurden. Der Hinweis, daß *Ernst Heinkel* im Hinblick auf die nur geringen zu erwartenden zivilen Verkäufe und die deswegen nicht zu deckenden Entwicklungskosten die Militärversion von Anfang an bevorzugt habe, kann nicht überzeugen. *Ernst Heinkel* war gewiß ein hervorragender Geschäftsmann, aber gerade darum dürfte er bei dem Auftrag der Lufthansa die Entwicklungskosten in die Gesamtkosten einbezogen haben, bzw. gesondert berechnet haben. Die V 1 der He 111 läßt die Möglichkeit offen, daß der Typ sowohl zivil wie militärisch verwendet werden konnte. Sie wird auch in der Aufstellung der Heinkelflugzeuge[2] als »Mehrzweckflugzeug« bezeichnet gegenüber »Verkehrsflugzeug« oder »Kampfflugzeug«.
Die V 1 erlebte ihren Erstflug am 24. Februar 1935, die zivile V 2 und die V 3 als Kampfflugzeug flogen beide kurz hintereinander erstmals im März 1935, während die V 4 als zweiter Prototyp eines Verkehrsflugzeuges erstmals im Januar 1936 flog. *Siegfried Günter* hat dem Verfasser gegenüber einmal geäußert, daß die He 111 sicher ein viel besseres Verkehrsflugzeug geworden wäre, wenn nicht die militärischen Forderungen das verhindert hätten. Die Luftwaffe dürfte also sehr bald in die Entwicklung der He 111 hineingeredet haben. *Siegfried Günter* sagte in seinem mehrfach zitierten »Beitrag zur deutschen Luftfahrtgeschichte nach meiner persönlichen Kenntnis« vom 17. August 1966, die He 111 sei als »Kompromiß zwischen einem Verkehrsflugzeug für die DLH mit BMW 6,0 Z und einem Bombenflugzeug für die Luftwaffe mit modernen Triebwerken entworfen« worden. Die Idee zur Entwicklung der He 111 kam also zweifelsohne von der Lufthansa, und *Ernst Heinkel* hat sicher nach dem Erfolg der He 70 als Verkehrsmaschine den Einstieg in den Flugzeugpark der Deutschen Lufthansa ausweiten wollen. Die Wünsche der Luftwaffe nach einem Bomber in der Größenordnung der He 111 dürften dabei sehr früh Einfluß gewonnen haben. *Ernst Heinkel* hat ganz bestimmt das Geschäft nach dieser Seite nicht verschmäht. Die Luftwaffe hat ja auch sehr bald durch ihre Forderungen nach größeren Produktionsstätten, die zur Entstehung des Werks Marienehe und später des

Von den vier V-Mustern der zweimotorigen He 111 sind zwei als Zivilflugzeuge, einer als Kampfflugzeug und die V 1 als Zwitter gebaut worden. Der Erstflug der V 1, gesteuert von Flugkapitän *Gerhard Nitschke,* fand am 24. Februar 1935 statt.

Werks Oranienburg führten, den Bau der He 111 als Kampfflugzeug in dem tatsächlichen Ausmaß ermöglicht. In jedem Fall war die He 111 ein Flugzeug, das sich in den verschiedensten Variationen bewährte und so gut wie für jeden Verwendungszweck geeignet war. Sie wurde daher auch in den vielfältigsten Einsätzen erfolgreich verwendet, sowohl zivil wie auch militärisch. Entworfen wurde die He 111 als freitragender Tiefdecker, in dessen Flügel die beiden Motoren eingebaut sind, während die windschnittige Tropfenform und die elliptischen Flügel ebenso wie das Leitwerk von der He 70 übernommen werden. Die Ausrundung der Übergänge und die glatte Oberfläche bleiben ebenso erhalten. Der Übergang zwischen Rumpf und Flügel wurde strömungstechnisch besonders gut ausgebildet. Das Fahrwerk ist selbstverständlich einziehbar. Während jedoch bei der He 70 die Flächen noch in Holz hergestellt waren, wird die He 111 nun vollkommen aus Metall gefertigt. *Ernst Heinkel* geht also konsequent zum Ganzmetall-

Die Lufthansa erhielt Anfang 1936 ihre ersten He 111 C, die mit BMW VI-Motoren ausgerüstet waren.

bau über. Bei der aus Sicherheitsgründen von der Lufthansa geforderten Mehrmotorigkeit entscheidet sich *Ernst Heinkel* – im Gegensatz zur dreimotorigen Ju 52 – für eine zweimotorige Lösung, da er den dritten Motor rein sicherheitsmäßig nicht für erforderlich hält, andererseits bei nur zwei Motoren Platz gewonnen wurde. Die mehrmotorigen Heinkel-Flugzeuge waren in Zukunft entweder zwei- oder viermotorig. Im übrigen hielt *Ernst Heinkel* die He 111 für »fast noch schöner, noch eleganter ... als die He 70[3]«.

Während die V 1 und die V 2 und V 4 noch eine Spannweite von 25 m bzw. 23 m hatten, betrug diese bei den übrigen He 111-Versionen 22,60 m (gelegentlich auch 22,50 m). Die Länge betrug bei den ersten vier V-Mustern 17,10 m, dann 17,50 m und ab der He 111-P 16,40 m. Während die V 2 und die V 4 eine Flügelfläche von 88,50 m² hatten, betrug diese bei den anderen V-Mustern und den Serienflugzeugen[4] 87,60 m².
Die Erprobung der Maschinen brachte eine Reihe von Verbesserungen auch aerodynamischer Art. Die deutsche Motorenmisere zeigte sich auch hier. Die Leistungen der He 111 mit den verfügbaren Motoren war zunächst für die Luftwaffe ungenügend. Erst als der Zwölf-Zylinder-DB 600 A mit seinen 1 000 PS zur Verfügung stand, wobei die Fertigungsengpässe bei Daimler-Benz sich insgesamt erheblich auswirkten, konnte eine zufriedenstellende Höchstgeschwindigkeit von 360 km/h und eine Reisegeschwindigkeit von 340 km/h erreicht werden.
Gerhard Nitschke, der bereits den Erstflug der He 111 (V 1) durchgeführt hatte und von ihren Flugeigenschaften, ihrer Geschwindigkeit und besonders den guten Landeeigenschaften begeistert war, mit der V 4 am 10. Januar 1936 auf dem Flugplatz Berlin-Tempelhof eine öffentliche Vorführung, bei der er mit seinem großen Können der Maschine alles zumutete, was sie zu leisten vermochte. Und das war so viel, daß ein Journalist von »Kunstflug mit einer Verkehrsmaschine« sprach[5]. *Gerhard Nitschke,* seit dem 1. Juli 1935 – nach dem Weggang von *Werner Junck* zur Luftwaffe – Chefpilot der Heinkel-Werke, zeigte Vollgas-, Langsam- und Einmotorenflug, zog den Vogel hoch und flog engste Steilkurven.
Die Behauptungen der deutschen Presse, die He 111 sei dabei über 400 km/h geflogen, beruhten offenbar auf Fehlinformationen; denn Motoren, die das hätten schaffen können, gab es zu der Zeit noch nicht. Trotzdem: Die He 111 war nicht nur schön und gut zu fliegen, sie sah schnell aus und war es auch.
Die Lufthansa allerdings konnte sich nicht entschließen ihren Flugzeugpark, der vor allem auf die langsamere aber voll brauchbare und noch im Zulauf befindliche Ju 52 abgestellt war, schon jetzt in größerem Ausmaß auf die He 111 umzustellen. Die Entwicklung des Luftverkehrs ging auch schon wieder über die Passagierzahl von zehn Personen hinaus. Die Fertigung und damit der Einsatz im Liniendienst in größerer Stückzahl wäre zu teuer geworden. Die beiden V 2 und V 4 wurden von der Lufthansa zur Streckenerprobung, nicht aber im Liniendienst eingesetzt. Sie er-

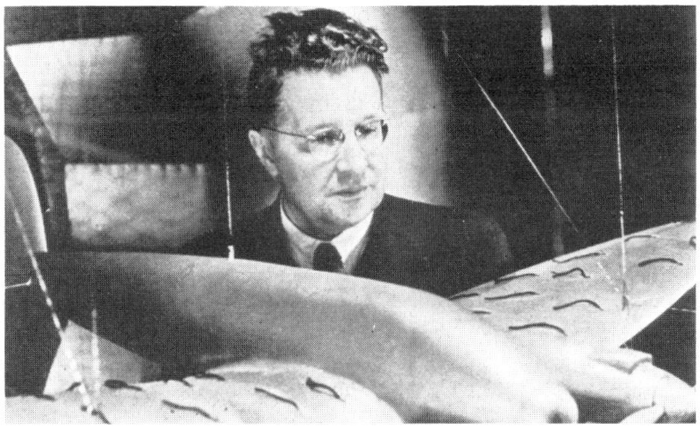

Siegfried Günter mit einem Windkanalmodell der He 111.

Die Heinkel-Testpiloten *Gerhard Nitschke* und *Hans Dieterle.*

Die He 111 C wurde bei der Lufthansa auch auf den »Blitz-Strecken« in Ergänzung zur He 70 eingesetzt.

Das Fahrgestell der He 111 wurde in die Motorgondeln eingezogen.

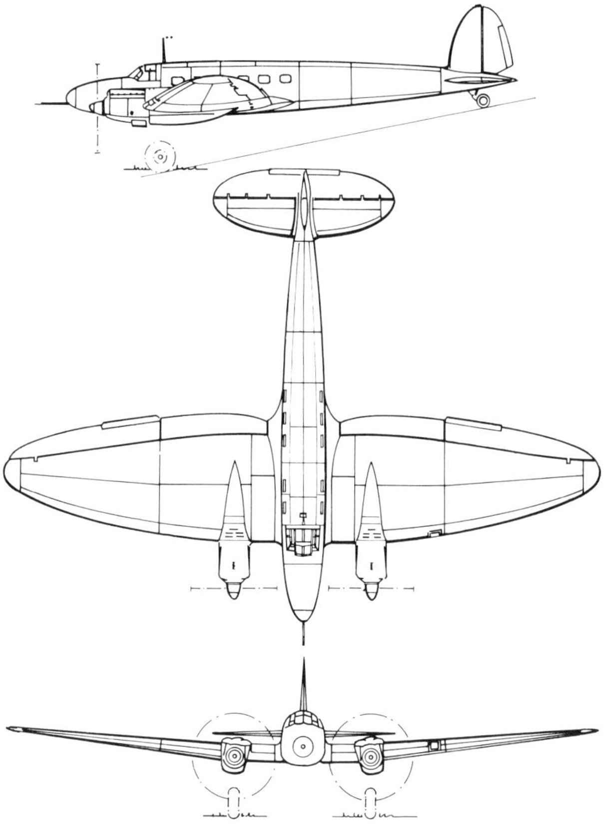

warb im Jahre 1936[6] sechs He 111 und erhielt ein Stück vom RLM zugeteilt. Zeitweilig hatte die DLH 12 He 111. Die Lufthansa setzte ab 19. April 1936 die He 111 erstmalig in ihrem neuen Sommerflugplan auf den Strecken Berlin – Dortmund – Köln und Berlin – Nürnberg – München ein, wobei die Flugdauer einschl. der Zwischenlandezeit von zehn Minuten nur zwei Stunden 20 (bzw. 25) Minuten betrug. Ab dem Winterflugplan 1936/37 beflog die He 111 zusammen mit der Ju 86 u. a. die Strecken Berlin – Posen – Warschau, Berlin – Breslau – Gleiwitz und Berlin – Hamburg. Unter ständiger Erweiterung des Flugnetzes beflog die He 111 ab April 1937 ferner die Plätze Halle/Leipzig,

Verkehrsflugzeug Heinkel He 111 C. ▶

Insgesamt 12 He 111-Schnellverkehrsflugzeuge kamen bei der Deutschen Lufthansa zum Einsatz.

Frankfurt/M., Mannheim/Ludwigshafen/Heidelberg, Amsterdam über Bremen, Dresden und ab Oktober 1938 zusammen mit der Ju 86 auch die Strecke Berlin – Lissabon. Ab 1939 kamen Zürich, Saarbrücken, Hannover und Wien hinzu. Daneben flog die He 111 für die Lufthansa als Zubringer auf der Transozeanstrecke nach Südamerika nach Las Palmas. Die Fachzeitschrift »Flugsport« meldete am 23. Dezember 1936, daß eine He 111 der Lufthansa auf der Strecke Marseille – Frankfurt/M. über 860 km eine Durchschnittsgeschwindigkeit von 340 km/h erreicht habe[7].

Bis 1938, als alle He 70 der Lufthansa an das RLM abgegeben werden mußten, flogen die He 111, denen die Lufthansa Städtenamen gegeben hatte, neben der He 70 teilweise im »Blitz«-Streckendienst. 1940 wurden auch sie an das RLM abgegeben. Erwähnt sei noch, daß die Luftwaffe seit 1937 mit drei He 111 besondere Fotoeinsätze über England, Frankreich und der Sowjetunion in großer Höhe mit zivilem Tarnanstrich durchführte.

Ebenso wurden ab 1937 mit einer He 111 auf dem Raketenversuchsplatz Neuhardenberg bei Berlin die von *Hellmuth Walter* entwickelten Starthilfsraketen erprobt, Versuche, die ab 1938 bei der E-Stelle der Luftwaffe in Peenemünde-West erfolgreich fortgesetzt wurden[8].

Während die Lufthansa letztlich der He 111 nicht zu einem äußerlichen Erfolg verhalf, gewann die Luftwaffe in zunehmenden Maße Interesse an ihr. Das Technische Amt des RLM verlangte zur Vereinfachung des Serienbaus die Änderung des elliptischen Flügels. Die Erprobung ergab die Beibehaltung von Rumpf und Leitwerk wie auch Fahrwerk und Triebwerkseinbau. Dagegen wurde der Flügel an der Vorderkante gerade gezogen, so daß die Maschine ihre eigentliche charakteristische Gestalt verlor. Aber sie konnte so fertigungstechnisch einfacher in großen Stückzahlen hergestellt werden. Anders als bei der He 112, die letztlich an den Fertigungsschwierigkeiten des Flügels gescheitert war, wurde jetzt dieses Herstellungsproblem durch eine Änderung der Konstruktion bewältigt. Die Aufrüstung verlangte das Opfer an Qualität zugunsten der Quantität. In dem für die Produktion der He 111 errichteten Werk Oranienburg wurde vor allem die H-Serie gebaut.

Die ebenfalls an die Lufthansa gelieferte Baureihe G der He 111 hatte BMW-Sternmotoren als Schnellwechseltriebwerke. Diese Maschinen erreichten Höchstgeschwindigkeiten von 410 km/h.

Führerraum der He 111 C.

Die Kabine der He 111 C war für zehn Fluggäste eingerichtet. Es gab getrennte Abteile für Raucher und Nichtraucher.

Mit der He 111 P-Serie wurde auch die Pilotenkanzel völlig umgestaltet. Die Änderungen bis zur P-4 sind in dem Typenblatt Serie III Nr. 026 der Ernst Heinkel Flugzeugbau GmbH Speyer vom Dezember 1964 enthalten. Dieses Typenblatt, das eine P-5 in Dreiseitenansicht und Bilder dieser Version mit der neuen Kanzel und dem neuen geraden Flügel zeigt, nennt als Triebwerk den DB 601 A-1 mit 1015-PS-Nennleistung bei 2400 min^{-1} in 4500 m Höhe, der der Maschine bei einem Leergewicht von 6775 kg, einem Rüstgewicht von 8015 kg und einem Abfluggewicht von 13500 kg eine Höchstgeschwindigkeit von 398 km/h in 5000 m Höhe ohne Bombenlast und 322 km/h mit Bombenlast verlieh. Die Reisegeschwindigkeit bei 85 Prozent Startleistung betrug in 5000 m Höhe ohne Bombenlast 373 km/h und mit Bombenlast 310 km/h. Die Landegeschwindigkeit wird mit 115 km/h angegeben, die optimale Reichweite mit 2400 km, die im Einsatz natürlich nicht erreicht werden konnte. Die P-Serien wurden von 1938 bis 1940 gebaut. Der Start mit Überlast wurde durch Raketenstarthilfen ermöglicht.

Neben der P-Serie wurde die H-Serie entwickelt, die mit den Truppenerfahrungen weitere technische Verbesserungen brachte und ab Juni 1940 ausschließlich gebaut wurde. Als H-6 wurde sie während des Krieges in Großserie herge-

Die Baureihe He 111 P wurde in den Heinkel-Werken Rostock-Marienehe und Oranienburg in Großserie gebaut.

Die größten Stückzahlen sind von der He 111 H gefertigt worden.

stellt und ab 1943 in der nochmals verbesserten Standardversion der H-16 ausgeführt. Die dazwischen liegenden Versionen waren zumeist für Spezialaufgaben konstruiert. Die Kriegserfordernisse verlangten jetzt aber die Produktion einer Einheitsserie, die leichter zu warten war. Die Panzerung wurde verbessert und abwerfbar gestaltet, um angeschossene Maschinen für den Rückflug leichter machen zu können. Die technischen Daten der He 111 H-16 sind im Typenblatt 004 der Ernst Heinkel Flugzeugbau GmbH Speyer wiedergegeben. Die ganze H-Serie wurde mit Junkers Jumo 211 ausgerüstet, der in seinen verschiedenen Versionen zwischen 1000 PS und 1340 PS entwikkelte. Ab 1944 wurde in die H-21 bis H-23 der Jumo 213 mit 1750 bis 1776 PS eingebaut. Die He 111 H-16 erreichte bei einem Rüstgewicht von 8680 kg und einem Abfluggewicht von 14000 kg in einer Höhe von 6000 m ohne Bomben und mit dem halben Kraftstoff beladen eine Höchstgeschwindigkeit von 435 km/h. Die mittlere Reisegeschwindigkeit betrug in 5000 m Höhe 365 km/h bei einer errechneten Flugstrecke von 2170 km. Die Einsatzleistungen, die auch noch von der Art der Abwurflasten und ihrer Aufhängung abhängig waren, dürften zum Teil erheblich unter diesen Typenblatt-Angaben gelegen haben. Die Bombenlast wurde entweder in einer sogenannten ESAC-Anlage für 8 × 250 kg Bombenlast, senkrecht in Schächten aufgehängt, oder in einer ETC-Anlage untergebracht, bei der es sich um Außenträger für bis zu 2000 kg schwere Einzellasten handelte.

Während die He 111 B ab März 1937 bei der Legion Condor in Spanien eingesetzt war, wurde die Lizenz der Version H-16 noch während des Krieges zum Nachbau an Spanien vergeben, wo sie auch bis 1956 noch gebaut wurde.

Die starke Belastbarkeit und die guten Flugeigenschaften

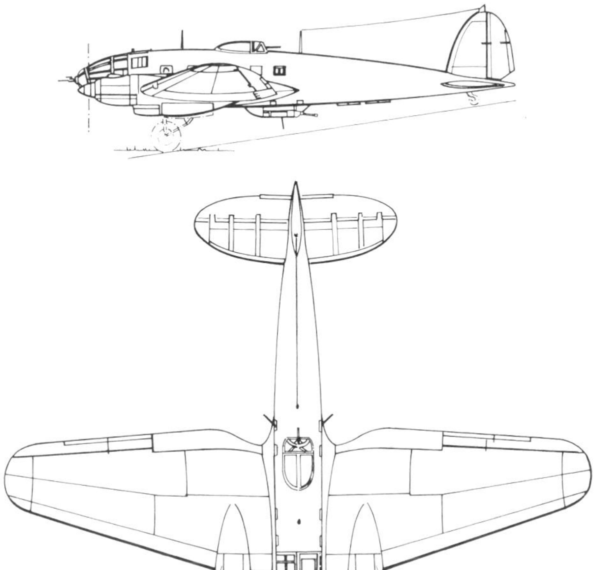

Kampfflugzeug Heinkel He 111 H.

der He 111 H-16 machten sie neben ihrer Einsatzverwendung als Bomber für zahlreiche andere Aufgaben verwendungsfähig, z.B. als Schleppflugzeug für Lastensegler und

Die Einsatzerprobung der militärischen Baureihe He 111 B erfolgte in Spanien bei der *Legion Condor*.

Die Kampfflugzeuge He 111 bildeten die Standardausrüstung vieler Bomberverbände der Luftwaffe.
▼

Vereinzelt wurden He 111 H-Flugzeuge mit Seilscheren zum Durchschneiden von Fesselballon-Kabeln ausgestattet, ein Beispiel für die Vielseitigkeit dieses Flugzeugmusters.

Für Starts mit Überlast wurden Walter-Startraketen unter den Tragflächen angebracht.

für andere Schleppflüge und -versuche. Eine Version wurde sogar für das Starrschleppverfahren eingesetzt, mit dem bei der 17. Staffel des LLG 1 (Luftlandegeschwader) beste Erfahrungen gemacht wurden, wie *Günter Brinkmann,* der damals dort als Segelflieger eingesetzt war, und noch heute leidenschaftlich gern fliegt, dem Verfasser mündlich berichtete. Das hier abgebildete Foto vom Starrschleppverfahren stammt von ihm.
Für eine kurze Zeit wurden He 111 H-22 als Trägermaschinen für den Abschuß von V 1-Flugkörper verwendet, als die Abschußbasen an der Kanalküste ausgefallen waren, bis die Engländer auch dagegen ihre Jagdwaffe erfolgreich einsetzen konnten.
Neben Einsätzen als Torpedoflugzeuge wurden He 111 H auch als Ballonzerstörer eingesetzt, bis auch darauf wieder verzichtet werden mußte, da die sehr langsamen Ballonzerstörer nach Abflug der Kampfverbände den gegnerischen Jägern zum Opfer fielen.

Die He 111 war so leistungsfähig, daß sie für viele Aufgaben geeignet schien. So wurde sie im Osten auch als Nachtjäger eingesetzt. Indem man Kabinen auf die Flügel setzte, wollte man damit z. B. Fallschirmjäger befördern, Einsätze, die um die Zeit, als sich die Flugzcugbauer damit befaßten, irreal waren. Der ehemalige Gegner allerdings hat sich noch viele Jahre nach dem Krieg mit dieser Maschine und ihren teilweise exzentrischen Einsatzmöglichkeiten befaßt[9].
Obwohl die He 111 spätestens ab 1942 als veraltet angesehen werden mußte und ihre Produktion daher eigentlich – zumal in Hinblick auf die zu erwartenden Ablösemuster einer schwereren Klasse wie der He 177 und der Ju 288, die nie richtig einsatzbereit wurden – auslaufen sollte, blieb sie nicht nur weiter im Serienbau, sondern wurde unter Anpassung an die wechselnden Frontbedingungen laufend weiterentwickelt, so daß bis 60 Variationen entstanden und bis zu 150 Stück monatlich aus der Produktion kamen. Sie blieb bis zum Ende des Krieges der Standardbomber der

Starrschlepp-Gespann He 111 H 16 mit Lastensegler DFS 230. Die Deichsel, die die Verbindung herstellte, war sehr kurz, so daß die beiden Flugzeuge dicht hintereinander flogen.

Ernst Heinkel vor einer He 111 mit Flugkapitän *Gerhard Nitschke* (links) und Betriebsleiter *Karl Hayn* (rechts).

deutschen Luftwaffe. Insgesamt wurden nach Angaben von *Georg Brütting*[10] 7 981 Exemplare der He 111 gebaut. *Gert W. Heumann,* der *Ernst Heinkel* und seine Flugzeuge durchaus nicht immer positiv beurteilte, schreibt in seinem Beitrag über die He 111[11] abschließend:

»Sie war bei der Truppe als zuverlässiges, sicheres Flugzeug beliebt, und wenngleich sie durch verstärkte Bewaffnung und Panzerung, durch große Bombenlasten außenbords und vergrößerte Kraftstoffzuladungen ständig langsamer wurde, blieb sie weit über ihre Zeit hinaus eines der besten Flugzeuge, die die deutsche Luftwaffe jemals besessen hatte.«

In Spanien, wo von der Firma CASA in Sevilla insgesamt fast 250 He 111 in Lizenz gebaut wurden, wurde der Nachbau auch nach dem Kriege noch fortgesetzt, allerdings, da die deutschen Triebwerke nicht geliefert werden konnten, mit gewissen Umbauten, die durch den Einbau von britischen Rolls Royce-Motoren erforderlich waren. In der CSSR wurden noch einige He 111 geflogen, und in Rumänien wurden aus stehengebliebenen He 111-Bombern wieder Verkehrsflugzeuge gemacht.

Als Lizenzfertigung baute die CASA in Spanien insgesamt fast 250 He 111, von denen ein großer Teil mit Rolls Royce-Motoren ausgerüstet war. Die hier abgebildete Maschine flog bei den Aufnahmen zum Film »Luftschlacht um England« mit.

Der Zwilling He 111 Z

Eine extreme Sonderlösung auf der Basis der He 111 wurde gefunden, als Schleppeinsätze mit Lastenseglern vom Typ Me 321 Gigant nach Unfällen zeigten, daß der Schlepp mit mehreren Flugzeugen als Troika zu riskant war. Generaloberst *Ernst Udet,* der Generalluftzeugmeister und Chef des Technischen Amtes im RLM, schlug bei einem Besuch im Heinkel-Werk in Marienehe Anfang 1941 eine Zwillingskonstruktion zweier He 111 vor. Zwei Musterflugzeuge mit der Bezeichnung He 111 Z wurden unverzüglich in Angriff genommen, entwickelt, konstruiert, gebaut und an die E-Stelle der Luftwaffe in Rechlin zur Erprobung geliefert. Zehn Serienflugzeuge wurden in Auftrag gegeben und gebaut. Die beiden Musterflugzeuge kamen innerhalb weniger Tage von der E-Stelle bereits zur Truppe, weil alles klappte. Die für 1942 geplanten Einsätze zur Invasion von Malta bzw. für die Luftlandungen bei Astrachan und Baku am Kaspischen Meer fanden nicht statt. Dafür wurden die mit Me 321 und He 111 Z ausgerüsteten Schleppstaffeln im Januar 1943 zur Versorgung der in Stalingrad eingesetzten 6. Armee beordert, konnten jedoch keine groß angelegten Versorgungseinsätze mehr fliegen, da die vorgesehenen Landeplätze schon nicht mehr verfügbar waren. Bei Versorgungsflügen für den Kubanbrückenkopf nahm die He 111 Z auf den Rückflügen bis zu 30 Verwundete mit, obwohl sie hierfür eigentlich nicht ausgerüstet war. Der Fronteinsatz vermittelte die Erfahrung, daß die He 111 Z wesentlich besser für den Schleppeinsatz mit dem Lastensegler Gotha Go 242 geeignet war, von welchem Typ zwei Stück geschleppt werden konnten. Zum Schleppen der Me 321 wurde ein 150 m langes Stahlseil von 16 mm Durchmesser verwendet, beim Schleppen der Go 242 ein 60 m langes Stahlseil für den ersten Segler und ein 40 m langes Seil für den zweiten Segler. Es konnten sogar drei Go 242 geschleppt werden. Die Besatzung bestand aus sieben bis neun Mann. Der Pilot saß in der linken Kanzel. Die Verständigung zwischen den beiden Rümpfen bzw. zu den geschleppten Segelflugzeugen erfolgte durch spezielle Funk-Geräte. Von den fünf Junkers Jumo 211 F-2-Triebwerken, die zusammen eine Startleistung von 6700 PS und eine Dauerleistung von 5600 PS abgaben, konnten zwei ausfallen, und trotzdem konnte die Maschine noch sicher geflogen werden.

Von Generaloberst *Ernst Udet,* der häufig Gast bei *Ernst Heinkel* war, stammt der Vorschlag der Zwillingsausführung der He 111, d.h. der He 111 Z als Schleppflugzeug für schwere Lastensegler.

Die He 111 Z war aus zwei He 111 H-6 zusammengesetzt, wobei lediglich das Flügelmittelstück mit dem fünften Motor neu konstruiert wurde, während man im übrigen bei den

Die He 111 Z bestand aus zwei He 111 H 6, die durch einen neu konstruierten Mittelflügel miteinander verbunden waren. Zur Reichweitenvergrößerung konnten Zusatztanks unter den Rümpfen angebracht werden.

Zwei Musterflugzeuge der He 111 Z konnten bereits im Herbst 1941 mit der Erprobung beginnen.

beiden He 111 jeweils einen Außenflügel entfernte. Das Mittelstück war 6,15 m breit und hatte eine Flächengröße von 29,50 m^2 bei einer Gesamtflügelfläche von 147 m^2. Die Rumpf-Längsachsen hatten einen Abstand von 12,80 m. Bei Überlaststarts konnten noch sechs Starthilferaketen verwendet werden. Der innere Kraftstoffvorrat von 8 560 l gestattete der He 111 Z, sechs Stunden zu fliegen. Durch Zusatztanks konnte die Flugdauer bei Sparflug auf zehn Stunden verlängert werden.

Die Spannweite betrug 35,20 m, die Länge 16,38 m und die Höhe über Luftschraubenkreis 4,53 m. Das Rüstgewicht betrug 21 400 kg, die Zuladung 6 930 kg und das maximale

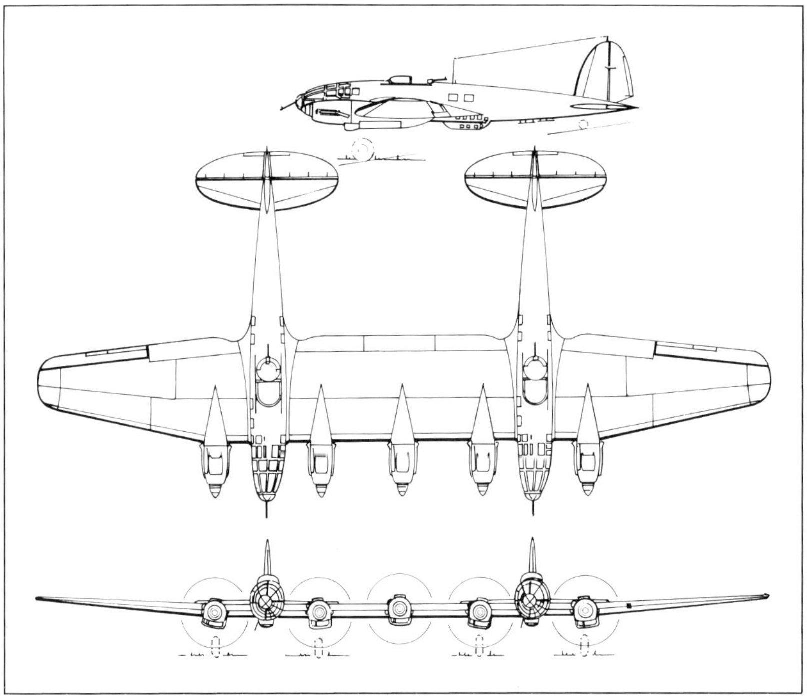

Schleppflugzeug für Lastensegler He 111 Z.

Abfluggewicht 28330 kg. Die Höchstgeschwindigkeit der allein fliegenden He 111 Z betrug in 8000 m Höhe bei einer Dienstgipfelhöhe von 10000 m 435 km/h und die Reisegeschwindigkeit 392 km/h. Die Schleppgeschwindigkeit mit einer Me 321 betrug 219 km/h, diejenige mit zwei Go 242 betrug 248 km/h[1].

Die He 111 Z-2 wurde auch als Langstreckenbomber oder Trägerflugzeug für vier Hs 293-Gleitbomben geplant, die He 111 Z-3 als Fernaufklärer mit einer ungewöhnlichen projektierten Reichweite von beinahe 4500 km bei Einsatz von zwei abwerfbaren Zusatztanks. *Hans Redemann* verweist durchaus mit Recht darauf, daß nicht immer nur kostspielige Neukonstruktionen zum Erfolg führen, sondern daß auch mit wenig Aufwand eine technische Leistung vollbracht werden kann[1]. Allerdings mag hinzugefügt werden, daß es dazu auch so genialer Leute bedarf, wie sie bei *Ernst Heinkel* arbeiteten. Die He 111 Z war jedenfalls ein ungewöhnliches Flugzeug und hat mit Recht viel Aufsehen erregt. Wenn man die Zeichnung ansieht, macht sie den Eindruck eines Entwurfs eines Riesenflugzeugs, das seiner Zeit einmal mehr voraus war.

Eine He 111 Z schleppt einen Lastensegler Messerschmitt Me 231 »Gigant«.

Die Wasserflugzeuge He 114 und He 115

Ernst Heinkel, der schon seit Beginn seiner Laufbahn als Flugzeugkonstrukteur mit besonderem Erfolg Wasserflugzeuge gebaut hatte und dessen He 60 in den Seefliegerverbänden der neuen Luftwaffe eingeführt war, wurde 1936 vom Technischen Amt des RLM mit der Entwicklung eines Nachfolgemusters beauftragt, das katapultfähig sein sollte. Die He 114 wurde als Eineinhalbdecker in Ganzmetallbauweise mit zwei einstufigen Schwimmern ausgelegt. Die ersten Versuchsflüge zeigten bereits, daß diese Maschine kein Erfolg werden würde. Vor allem die Rolleigenschaften auf dem Wasser und das Landen bei unruhiger See genügten den hohen Ansprüchen der Seeflieger nicht. Auch war die Maschine nicht hochseefähig. Es wurden viele Änderungen vorgenommen, die aber insgesamt keine wesentli-

Als katapultfähiger Aufklärer für die Seefliegerverbände entstand 1937 die He 114 als Anderthalbdecker.

Beim See-Aufklärer He 114 waren die Sitze des Flugzeugführers und des Beobachters nur teilweise abgedeckt.

chen Verbesserungen brachten. Dazu erhielt die He 114 V 2 noch den leistungsschwachen Jumo 210 E mit einer Startleistung von 680 PS bei 2700 min^{-1}, während die He 114 V 1 den DB 600 A erhielt, der eine Startleistung von 960 PS bei 2250 min^{-1} aufwies, ebenso wie der später für die A-2 verwendete BMW 132 K-Motor[1].

Die V 2 hatte eine Spannweite oben von 13,80 m, die spätere kleine A 2-Serie 13,60 m. Die Flächen waren für den Bordeinsatz anklappbar. Die Spannweite unten betrug 6 m. Der Unterflügel zeigte als einziges Kennzeichen der Günterschen Herkunft elliptische Form. Die Länge betrug 11,85 m bzw. 11,65 m, die Höhe 5,23 m und die Flügelfläche 42,70 m^2 bzw. 42,30 m^2. Wesentliche Stückzahlen wurden nicht gebaut, die produzierten Exemplare überwiegend für Versuchs- und Trainingszwecke eingesetzt. Im Export wurden immerhin einige Flugzeuge nach Norwegen, Spanien und Schweden geliefert, von denen die norwegischen bei ihrem Einsatz 1940 begreiflicherweise einige Verwirrung auf deutscher Seite stifteten.

Ein Auftrag aus Rumänien wurde nicht ausgeführt, die entsprechenden Exemplare jedoch später an die rumänischen Luftstreitkräfte übergeben.

Eigentlich war dieser Entwurf noch ein Relikt aus vergangener Zeit, was auch daraus hervorgehen dürfte, daß Pilot und Beobachter noch hintereinander in offenen Sitzen saßen. Die Höchstgeschwindigkeit der He 114 A-2 betrug in 1000 m Höhe allerdings 335 km/h und die Reisegeschwindigkeit bei 75 Prozent Startleistung in 1000 m Höhe 295 km/h. Im Vergleich zu anderen Militärflugzeugen, die zu Beginn des Zweiten Weltkrieges einsatzbereit waren, sind diese Fluggeschwindigkeiten als relativ niedrig anzusehen. Immerhin war die He 114 das erste Flugzeug, bei dem das neue Sprengnietverfahren der Brüder *Karl* und *Otto Butter* angewandt wurde.

Auch die in so vielen Verwendungen erfolgreiche He 59 veraltete schnell, so daß auch für sie, die in ihrer Geschwindigkeit nicht mehr ausreichte, ein Nachfolgeflugzeug gebraucht wurde. So entstand die He 115, für die eine Ausschreibung im Herbst 1935 erging, worauf mit der Konstruktion im Frühjahr 1936 begonnen wurde und der Erstflug der V 1 im Sommer 1937 stattfand. Die V 2 konnte noch im gleichen Jahr die Werkstattflüge aufnehmen und wurde bald zur Erprobung zur E-Stelle Travemünde überführt, wo sie gut abschnitt.

Die He 115 war von *Siegfried Günter* nach den von ihm gewonnenen Erkenntnissen der Aerodynamik als ein dreisitziger, zweimotoriger schneller Eindecker für Kampfeinsätze über See entworfen. Sie wurde das modernste Flugzeug der Marine, die nach Schaffung der selbständigen Luftwaffe ihre Einsatzforderungen bei dieser geltend machen mußte. Es war auch das letzte Wasserflugzeug, das bei *Heinkel* in Reihe gebaut wurde.

Trotz gewisser Änderungen blieben die He 115-Serien im konstruktiven Aufbau ziemlich gleich. Es war ein Ganzme-

Als See-Mehrzweckflugzeug für Fernaufklärung und Torpedoabwurf wurde 1937 das zweimotorige Schwimmerflugzeug He 115 entwickelt.

tallmitteldecker mit einem einstufig gekielten Schwimmwerk aus Leichtmetall, das zur Erhaltung der Seefähigkeit bei Beschädigungen in einzelne Kammern aufgeteilt war. Der Aufriß war der He 111 mit geradem Vorderteil nicht unähnlich. Die Spannweite betrug 22,28 m, die Länge 17,30 m, die Höhe 6,60 m und die Flügelfläche 86,70 m^2. Als Triebwerke waren zwei BMW 132 K mit einer Startleistung von 960 PS bei 2550 min^{-1} eingebaut.

Das Leergewicht betrug 6772 kg, das Rüstgewicht 6910 kg und das Abfluggewicht 10605 kg, wovon 2555 kg auf Kraftstoff, 290 kg auf Schmierstoff und 560 kg auf sonstige Zuladung entfielen. Damit erreichte die He 115 in 1000 m Höhe eine Höchstgeschwindigkeit von 305 km/h und bei 85 Prozent Startleistung eine Reisegeschwindigkeit in 2000 m Höhe von 295 km/h. Die optimale Reichweite bei Reisegeschwindigkeit betrug in 3000 m Höhe 2600 km, die optimale Reichweite überhaupt 2800 km. Die Gipfelhöhe betrug 5200 m^2.

Das hochseefähige und robuste Flugzeug bewährte sich im Kriege besonders bei Einsätzen als Minenleger. Nach *Franz Kurowski*[3] war die He 115 *das* Torpedoflugzeug der Kriegsmarine.

Im Januar 1938 wurde die He 115 V 1 von *Ernst Heinkel* aus der Erprobung herausgezogen, um sie für einen beabsichtigten Rekordflug umzubauen. Der Ingenieur-Pilot und Einflieger *Friedrich Ritz* hat für seine Kinder eine nicht veröffentlichte Übersicht über sein Leben niedergeschrieben, die er dem Verfasser zur Verfügung stellte. Er schildert darin u. a., daß eine seiner Hauptaufgaben bei *Heinkel* im Einfliegen der He 115 bestanden habe, wobei es ihm gelungen sei, durch entsprechende Verbesserungen das Baumuster zu einem Flugzeug zu machen, »das bei den Seefliegern großen Anklang fand«. Da der Chefpilot *Gerhard Nitschke* durch einen Flugunfall schwer verletzt im Krankenhaus lag, fragte *Ernst Heinkel* nun *Friedrich Ritz,* ob er die He 115 bei dem Rekordversuch fliegen wolle. Nach einigen Wochen Vorbereitungen und Probeflügen mit besonders getrimmten Motoren erzielte *Friedrich Ritz* dann am 20. März 1938 über der Strecke Laboe – Swinemünde – Leba in Pommern, die zweimal hin und zurück zu fliegen war, in acht Stunden Gesamtflugzeit acht Weltbestleistungen für zweimotorige Seeflugzeuge, die im einzelnen in der folgenden Tabelle aufgeführt sind.

Nr.	Strecke	Last	Leistung
1	1000 km	ohne	330,615 km/h
2	1000 km	500 kg	330,615 km/h
3	1000 km	1000 kg	330,615 km/h
4	1000 km	2000 kg	330,615 km/h
5	2000 km	ohne	328,467 km/h
6	2000 km	500 kg	328,467 km/h
7	2000 km	1000 kg	328,467 km/h
8	2000 km	2000 kg	328,467 km/h

Die erreichten Geschwindigkeiten von rd. 330 km/h hielt selbst der sonst so bescheidene Pilot *Friedrich Ritz* für sensationell. Das RLM ernannte ihn zum Flugkapitän, was er aufgrund seiner bisherigen Flugstunden ohnehin bald geworden wäre. Großer Dank war also für diese Leistung nicht vorgesehen. Auch das war bezeichnend für *Ernst Heinkel,* der doch im Grunde genommen so großzügig war. Ein Geschwindigkeitsrekord war für ihn, den Pionier der Schnellflugzeuge, offenbar nichts allzu Besonderes. Als der Rekord auch noch nach einem knappen halben Jahr von einer italienischen Maschine um wenige km/h überboten wurde, ließ *Ernst Heinkel* eine wesentlich schnellere

Bei Rekordflügen erreichte die He 115 V 1 Geschwindigkeiten von 330 km/h über eine Strecke von 1000 km.

He 119, die an die 500 km/h erreicht hätte, auf Schwimmer setzen, um den Rekord zurückzuerobern. Der Kriegsausbruch verhinderte auch das.
Nach Angaben der Lufthansa wurde eine He 115 mit dem Kennzeichen D-AEHF bei ihr erprobt. Über das Ergebnis ist nichts bekannt[4].
Bald nach dem Rekord der He 115 zeigte die norwegische Luftwaffe Interesse an diesem Baumuster, kurz darauf auch die Schweden. Die an Norwegen gelieferten Maschinen flogen 1940 Einsätze gegen die deutschen Truppen in Narvik. Die nach dem Waffenstillstand nach England geflohenen norwegischen He 115 wurden dort so günstig beurteilt, daß sie nach gewissen einsatzbedingten Änderungen von den Briten im Mittelmeergebiet als Agentenflugzeuge mit deutschen Kennzeichen verwendet wurden.
In Deutschland wurde die He 115, auch wenn die Flugzeuge für die Kriegsmarine die geringste Dringlichkeit hatten, ab 1939 in größeren Stückzahlen gebaut[5]. Die von *Ernst Heinkel* geplante neue Version mit zwei BMW 800-Motoren, die eine rechnerische Startleistung von 1200 PS haben sollten, kam nicht zum Tragen, da der dann diesen Motor ersetzen sollende BMW 801 nicht ausreichend zur Verfügung stand, weil er nur für Jäger und Bomber eingebaut werden sollte. Gleichwohl gelang es *Ernst Heinkel*, eine Maschine damit auszurüsten. Sie erreichte dann als schneller Fernaufklärer 1941 eine Geschwindigkeit von mehr als 360 km/h bei einem Fluggewicht von 12200 kg[6].
Die Produktion der He 115 wurde vom Technischen Amt des RLM schon Ende 1940 eingestellt. Menschen und Material sollten nur noch für landgestützte Flugzeuge verwendet werden. Damit war der Bau von reinen Wasserflugzeugen beendet, einer Bauart, auf deren Gebiet *Ernst Heinkel* von jeher Besonderes geleistet hatte.
Im Jahre 1943 allerdings stellte sich heraus, daß der Bestand so gering war, daß das Oberkommando der Luftwaffe doch noch einmal eine neue Serie verlangte. Es wurden daher noch einmal bis Sommer 1944 141 He 115 in verbesserter Version geliefert[7]. Mit den rund 200 Flugzeugen, die noch von *Friedrich Ritz* bezeugt sind, dürften also insgesamt etwa 350 He 115 gebaut worden sein, einschließlich der sechs an Norwegen und zehn an Schweden ausgelieferten Flugzeuge.

Ernst Heinkel als Bauherr

Als zu Beginn der 30er Jahre *Ernst Heinkel* sein »Dreigestirn«, wie er die beiden Projektingenieure *Siegfried* und *Walter Günter* zusammen mit seinem Konstruktionschef *Karl Schwärzler* nannte, zusammengestellt hatte, und dieses die maßgeblichen technischen Funktionen seines Unternehmens bestimmte, konnte er es sich leisten, sich nicht mehr um die Einzelheiten seiner Flugzeuge zu kümmern. Aber im Zuge der Ausweitung seines Entwicklungswerks zu einem Produktionsbetrieb mußte er auch in Warnemünde die dazu notwendigen Anlagen erstellen. Hinzu kam, daß die Vorgängerdienststelle des RLM, das Reichskommissariat für Luftfahrt, 1933 die von der Firma Heinkel bisher gemieteten Anlagen in Warnemünde für eigene Zwecke in Anspruch nahm, so daß *Ernst Heinkel* ein neues Werk an neuem Platz errichten mußte. Bei allem wollte er unbedingt seine finanzielle Unabhängigkeit bewahren[1].
Das Gelände fand er – angeboten vom damaligen Reichsstatthalter und Gauleiter *Hildebrand* – in der ca. 300 ha großen Staatsdomäne Marienehe an der Warnow zwischen Rostock und Warnemünde. In dem jungen, völlig unbekannten Architekten *Herbert Rimpl* fand er einen begeisterten Menschen, der, fasziniert von seinem Bauherrn, auf dessen gelegentlich bemerkenswerte Sonderwünsche nicht nur einging, sondern sie auch zu gestalten vermochte. Das Werk in Marienehe, dessen Entstehen auch mit gewissen Schwierigkeiten verbunden war[2], berücksichtigte Dinge, die es bisher in Industriebetrieben nicht gegeben hatte.
Ernst Heinkel, begeistert von den Kneipp-Methoden, die er in Wörishofen kennengelernt hatte, wollte sie nun auch seinen Mitarbeitern nahebringen, ja geradezu aufdrängen. Er ließ ein »Gesundheitshaus« errichten, stellte einen Werksarzt, der auch Kneippianer war, ein und schuf im Betrieb Gesundheitsanlagen, die nicht einmal von der Belegschaft widerspruchslos anerkannt wurden. Ärztliche Einstellungsuntersuchungen wurden eingeführt, eine eigene Werks-Zahnstation eingerichtet und eine neuartige Gesundheitsaufklärung betrieben. Um stets frische Lebensmittel für die neuartig ausgestattete Werkskantine mit Diätküche zu ha-

Werk Oranienburg, Eingang.

Werk Oranienburg, Montagehalle.

Werk Oranienburg, He 111 vor Einflughalle.

Werk Oranienburg, Sportplatz.

Werk Oranienburg, Werkssiedlung.

Werk Oranienburg, Landwirtschaft.

Das Heinkel-Werk Oranienburg, vom Architekten Herbert Rimpl 1935 geplant und bereits 1936 in Betrieb genommen, war der modernste Fertigungsbetrieb der deutschen Luftfahrtindustrie. Der Hauptteil des Werkes bestand aus acht Produktionshallen, mehreren Montagehallen und der Einflughalle. Daneben gab es vorbildliche Sozialeinrichtungen wie Sportanlagen, Schwimmbecken, Lehrlingsheim, Wohnsiedlungen und einen landwirtschaftlichen Betrieb, der die Kantine versorgte.

ben, ließ *Ernst Heinkel* die Gutseinrichtungen der Domäne weiterlaufen und kaufte noch Land dazu. Wenn es auch fast unglaubhaft klingt, so richtete *Ernst Heinkel* doch musterhafte landwirtschaftliche Betriebe ein, wie eine eigene Rinderzucht, Obst- und Gemüsebau, Treibhäuser, eine Bienenzucht und eine Schafzucht, deren Tiere nützlicherweise den Werkflugplatz, der nach damaliger Sitte noch grasbewachsen war, regelgerecht beweideten. Eine eigene große Werkssiedlung machte für *Ernst Heinkel* den Platz zu einer Idylle, die er als seine Welt ansah: Eine »Mischung von modernster Technik mit ländlichem Frieden«[3].

In dem neuen Werk entstand zunächst konstruktionsmäßig die He 111 und dann der Serienbau am Fließband, etwas, das *Ernst Heinkel* und seine Leute erst lernen mußten. Doch bald war auch Marienehe schon wieder zu klein. Im Spätherbst des Jahres 1935 wünschte das RLM, daß noch ein Werk entstünde, in dem nur die He 111 in modernster Großproduktion gebaut werden sollte. Dem zögernden, um seine Unabhängigkeit fürchtenden *Ernst Heinkel* wurde vorgeschlagen, daß das Werk völlig mit Luftwaffenmitteln gebaut werden sollte, er an einer neu mit einem Stammkapital von fünf Millionen Reichsmark zu errichtenden Ernst Heinkel GmbH lediglich einen Geschäftsanteil von RM 150000,– erhalte, als Gegenleistung dafür, daß er die Leitung des Werkes aufbaue, die Produktion in Gang bringe und seinen Namen für die Gesellschaft zur Verfügung stelle. *Ernst Heinkel* hielt seine Unabhängigkeit durch die Zusicherung, daß zwischen dem neuen Werk und Marienehe keine Bindung bestehen solle, gewahrt. Er selbst räumt ein, daß eine Regung seiner inzwischen entstandenen Bauleidenschaft[4] ihn zu so schneller Zustimmung gebracht habe. Wie er selbst bekannte, begann er nun im »Heinkel-Tempo« mit dem inzwischen bei ihm bewährten Architekten *Herbert Rimpl* und dem Leiter seines Berliner Büros, *Hermann v. Pfistermeister,* zu suchen und zu planen. Das Gelände fand sich in Oranienburg. Wenn man heute den Bildband des Architekten über das Werk betrachtet, der in großartigen Photographien das Land, den Bau, das Werk, die Belegschaftsbetreuung und zu allem die Pläne behandelt, dann kann man *Ernst Heinkel* kaum widersprechen, wenn er sagt[5], daß das Bauvorhaben »innerhalb der damaligen Flugzeugindustrie, nicht nur Deutschlands, vielleicht das modernste überhaupt existierende war«. Im Werksbereich 1 gab es acht Produktionshallen mit den erforderlichen technischen Sonderbetrieben sowie das Verwaltungsgebäude, Lehrlingsschule und Lehrlingsheim. Zum Werksbereich 2, der an den Flugplatz grenzte, gehörten Fertigmontagehalle und Einfliegerhalle. Die sozialhygienischen Anlagen übertrafen noch diejenigen von Marienehe. Aufenthaltsgebäude mit Sitz- und Liegehallen enthielten je einen Wasch- und einen Speiseraum, der von einer zentralen Küchenanlage beschickt wurde. Die in Marienehe bewährten Anlagen wurden in dem besonders großzügig gestalteten Gesundheitshaus in noch vergrößertem Ausmaß eingerichtet. Daran schlossen sich Turnhalle, Sportplatz und ein Schwimmbecken. Für Lehrlinge, die nicht zu Hause wohnen konnten, sollte ein eigenes Lehrlingsheim gebaut werden. Zwei große Wohnsiedlungen mit großzügigen Verwaltungs- und Sozialeinrichtungen wurden geplant. Und ebenso, wie *Ernst Heinkel* für die Planung den unbekannten Außenseiter-Architekten einschaltete, so machte er es auch mit den kleinen Stahlbaufirmen, die er den teuren Großfirmen vorzog, obwohl er ja nicht mit seinem eigenen Geld baute. Anfang April 1936 mit der Planung fertig, tat er am 4. Mai 1936 den ersten Spatenstich, und in einem Jahr war die Produktion angelaufen, die erste He 111 rollte aus der Halle. Der Architekt schilderte die ihn begeisternde Zusammenarbeit mit seinem Bauherrn *Ernst Heinkel* so:

»Er war als schöpferischer Ingenieur und als Mensch mit warmem Herzen bei dem Aufbau dieses Werkes weit mehr, als nur ein Bauherr. Er arbeitete auch bei der baulichen Planung durch Wochen hindurch bis tief in die Nacht hinein mit. Er legte jedes Maß in Breite und Höhe, jeden Kran und jede Maschine mit fest. Seine ganz besondere Liebe aber hing an der Planung der umfangreichen Bauten, die der Gesundheit und dem Wohl seiner Gefolgschaft dienten[6].«

Wenig bekannte Baumuster von Walter Günter

Mit der He 64 hatte *Walter Günter* seinen erfolgreichen Einstand bei *Ernst Heinkel* geleistet. Bei der He 70 seines Bruders *Siegfried* hatte er nicht etwa in dem Sinne mitgewirkt, wie das in der Literatur – wohl *Heinkels* eigenen Angaben folgend – häufig dargestellt wird, wonach dieser Typ von beiden Brüdern entwickelt worden sei. Richtig ist, daß die He 70 mit Ausnahme des Vorschlags zur Konstruktion des einziehbaren Fahrwerks von *Siegfried Günter* stammt. In seinem hier viel genannten nicht veröffentlichten Memorandum »Beitrag zur deutschen Luftfahrtgeschichte nach meiner persönlichen Kenntnis« vom 17. August 1966 betont *Siegfried Günter* ausdrücklich, daß er den Erfahrungen seines Bruders mit dessen »Sausewind« viel verdanke, daß er aber den Entwurf der He 70 »selbständig bearbeitet« habe. Auch betont er an dieser Stelle ausdrücklich, daß »entgegen den Angaben im Buch von Heinkel[1] die in der Vorderansicht geschweifte Flügelform« von ihm stamme.

Es wird natürlich nicht immer leicht sein, innerhalb des Brüderpaares, das sich innig verstand und praktisch den ganzen Tag im gleichen Raum arbeitete, die geistige Urhe-

Als Heimatschutzjäger und Übungsflugzeug für Fortgeschrittene wurde der kleine Doppeldecker He 74 von Walter Günter 1933 entworfen.

berschaft korrekt zu verteilen. Gewiß werden sie einige Gedanken ausgetauscht haben, die jeweils die Arbeit des anderen betrafen. Aber man darf getrost den Angaben *Siegfried Günters* folgen, wenn er in seiner grundsätzlich bescheidenen Art in den meisten Fällen die Urheberschaft seinem Bruder *Walter* zuschreibt, dann aber gelegentlich darauf beharrt, in diesem bestimmten Fall seinerseits den entscheidenden Gedanken gehabt zu haben.

Da das Fahrwerk bei der He 70 die erste Anwendung dieses Prinzips bei einem europäischen, also nicht nur bei einem deutschen Flugzeug war, so ist natürlich die Tatsache, daß dieser Flugzeugteil von *Walter Günter* stammt, von maßgeblicher Bedeutung für die Beteiligung an einem Entwurf. Da sich aber der Anteil *Walter Günters* an der He 70 genau auf das Fahrwerk beschränken läßt, so darf man das Flugzeug als Ganzes durchaus in den Erfindungsbereich von *Siegfried Günter* verweisen.

Gleichwohl ist anzunehmen, daß sich die Umstellung der Heinkel-Werke von einem Entwicklungsbetrieb auf ein Produktionsunternehmen, wie sich das aus der Luftrüstung ergab, auch auf die Arbeiten des Entwicklungsbüros auswirkte. *Walter Gunter* ist von *Ernst Heinkel* von Anbeginn der revolutionären Raketen- und Düsentriebwerksentwicklungen an damit beauftragt, dafür die Versuchszellen zu entwerfen, da es sich in beiden Fällen um Schnellflugzeuge handeln wird, für deren Aerodynamik *Walter Günter* der geeignetste Entwurfsingenieur ist. Auf diese beiden so bedeutsamen Entwicklungen soll daher an dieser Stelle nicht eingegangen werden[2].

Die zeitliche Reihenfolge der Arbeiten der *Brüder Günter* ist nicht mit absoluter Sicherheit mehr zu rekonstruieren. Aber es dürfte wahrscheinlich sein, daß *Walter Günter*, nachdem er das Fahrwerk der He 70 entworfen hatte und nachdem sein Bruder *Siegfried* die He 51 als Jagdflugzeug entwickelt hatte, sich 1933 mit der He 74 befaßt hat, die

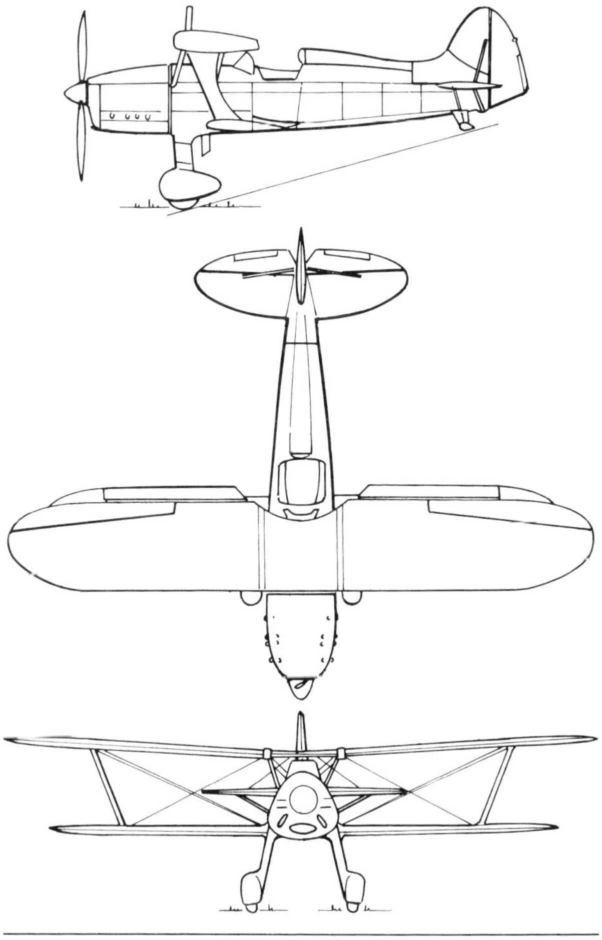

Heinkel-Einsitzer He 74.

als Fortgeschrittenenübungsflugzeug für Kunstflug gedacht war. Es war das bis dahin kleinste bei *Ernst Heinkel* entwickelte Flugzeug, das gleichzeitig als Heimatschutzjäger geplant war, wozu die geringe Reichweite von 340 km und die geringe Bewaffnungsmöglichkeit mit nur einem MG ausreichten. Mit der He 74 a, deren technische Daten das Typenblatt 019 der Ernst Heinkel Flugzeugbau GmbH, Speyer, wiedergibt, wurden vor allem die Flugeigenschaften mit verschiedenen Tragflächen-Profilen erprobt. Insgesamt wurden nur drei in den Maßen etwas unterschiedliche Prototypen und fünf Serienmaschinen He 74 b gefertigt. Die Spannweite dieses Doppeldeckers mit I-Stielen betrug oben 8,25 m und unten 7 m, die Länge 6,80 m, die Höhe 2,25 m und die Flügelfläche 14,95 m^2. Ein Argus As 10 C-Motor verlieh der He 74 a mit ihrem Rüstgewicht von 750 kg und einem Abfluggewicht von 960 kg bei einer Startleistung von 240 PS bei 2 000 min^{-1} eine Höchstgeschwindigkeit von 260 km/h in 1 000 m Höhe und 288 km/h in 0 m Höhe. Die optimale Reichweite betrug 480 km, bei Höchstgeschwindigkeit in 0 m Höhe 340 km/h[3].

Die Handschrift *Walter Günters* bei dem Entwurf der He 74 erkennt man an ihren aerodynamischen Merkmalen, z. B. dem Windabfluß hinter dem Pilotensitz, der bei der He 74 b mit ihrem kürzeren Rumpf sogar noch verlängert wurde. Die elliptisch abgerundeten Tragflächen bieten ein weiteres Merkmal der Günter-Flugzeuge. Auch die aerodynamisch besonders guten Lösungen der Fahrwerksverkleidung und der Abdeckung des Schleifsporns sind typische Günter-Merkmale. *Hans Redemann,* der die Zeichnungen – und (vermutlich auch) den Text – des Heinkel-Typenblattes 019 zur He 74 angefertigt hat, nennt sie »einen aerodynamisch gut durchkonstruierten Doppeldecker«. Vermutlich haben beide Brüder *Günter* von *Ernst Heinkel* den Auftrag gehabt, einen Doppeldecker mit gewissen Unterschieden zu entwerfen. *Karl Dietz,* Mitarbeiter von *Walter Günter* seit 1931, teilte dem Verfasser in einem Brief vom 26. Juli 1982 mit, daß *Walter Günter* unter der Bezeichnung »Heimatschutzjäger« drei Typen entworfen habe, einen Doppeldecker, einen Hochdecker und einen Tiefdecker, wovon der Doppeldecker gebaut worden sei und eine Nummer (He 74?) erhalten habe. Dieser Typ wurde von dem damaligen Chefpiloten *Ernst Heinkels,* dem späteren General *Werner Junck,* bei der Erprobung als »sehr gut« befunden. Da er durch die erwähnten aerodynamischen Merkmale aus den damals üblichen Mustern hervorsticht, weisen diese Besonderheiten mit an Sicherheit grenzender Wahrscheinlichkeit auf die Urheberschaft *Walter Günters* hin. Das würde auch erklären, daß die Tragflächen »an den Enden elliptisch abgerundet« waren, wie in dem o. a. Typenblatt 019 ausdrücklich betont wird.

Die Ausweitung des Sturzflugprogramms der deutschen Luftwaffe[4] führte zu einer Ausschreibung des RLM, an der neben Arado, Blohm & Voß und Junkers auch die Heinkel-Werke beteiligt wurden und aus der dann mit der Ju 87 der so erfolgreiche »Stuka« der Anfangsphase des Zweiten Weltkrieges hervorging. Es sollte in möglichst senkrechtem Flug eine Bombenlast von mindestens 250 kg genau ins Ziel gebracht werden können. In den Flugleistungen sollte

Das zweisitzige Sturzkampfflugzeug He 118 wurde nur in geringen Stückzahlen gebaut.

die Maschine den entsprechenden Jagdflugzeugen gleichwertig sein. Das war zu jener Zeit nur mit dem englischen Bussard-Triebwerk von Rolls Royce möglich, das beim Einbau einen besonders strömungsgünstigen Rumpf mit geringem Stirnwiderstand zuließ. Die vom RLM verfügte Bezeichnung als He 113 konnte von *Ernst Heinkel,* dem die Zahl 13 nichts Gutes zu verheißen schien, in He 118 geändert werden. Die Verwandtschaft der He 118 mit der He 70 und der in ihr realisierten neuen aerodynamischen »Günter-Linie« ist unverkennbar. Sie hatte den bereits erwähnten strömungsgünstigen Rumpf mit geringem Stirnwiderstand, ein geknicktes Tragwerk und elliptische Flügelgeometrie sowie ein einziehbares Fahrgestell. Damit waren sowohl hervorragende Flugleistungen zu erwarten wie auch der Eindruck eines ästethisch schönen Flugzeugs verbunden, so wie es Günter-Entwürfen entsprach. Die He 118 war denn auch bei späteren Vorführungen schneller als die Konkurrenzmaschinen. Darauf kam es allerdings bei einem Sturzkampfflugzeug eigentlich nicht so sehr an. Ausgelegt war sie als ein freitragender Mitteldecker, vorgesehen für Tages- und Nachteinsätze. Das Ganzmetall-Tragwerk war fünfteilig mit einer Streckung von 5,5 und einem Dickenverhältnis von nahezu 20 Prozent an der Wurzel. Der Kastenholm bestand aus zwei Dural-Fachwerkträgern, die parallel nebeneinander lagen. Der Rumpf war in Ganzmetall-Schalenbauweise hergestellt. Das Fahrwerk wurde im Flügel untergebracht, das Spornrad war ebenfalls hydraulisch ein- und ausfahrbar.

In die weiteren Flugzeuge wurde überwiegend der neue DB 600-Motor eingebaut, ein flüssigkeitsgekühlter Zwölfzylinder-Viertakter mit Höhenlader. Die VDM-Dreiblatt-Metall-Luftschraube konnte im Flug verstellt werden. Bei Verzicht auf den Beobachter konnten als Bombenlast 500 kg mitgeführt werden. Die Bombe wurde zur Vermeidung einer Kollision mit der Luftschraube in einer ausschwenkbaren Gabel aufgehängt[5]. Die Spannweite betrug 15,10 m, die Länge 11,90 m, die Höhe 4,51 m und die Flügelfläche 37,70 m². Bei einem Rüstgewicht von 2 980 kg und einer Zuladung von 1 140 kg einschl. der Bombenlast betrug das Abfluggewicht 4 120 kg. Die Höchstgeschwindigkeit in 6 000 m Höhe machte 395 km/h und die Marschgeschwindigkeit in 4 000 m Höhe 335 km/h aus. Die Landegeschwindigkeit betrug 115 km/h. Die optimale Reichweite erstreckte sich auf 1 250 km, bei Höchstgeschwindigkeit in 6 000 m Höhe auf 920 km. Bei den Vergleichsflugen in Rechlin unterlag die He 118 der konkurrierenden Ju 87, deren Pilot seine Maschine senkrecht stürzte, während der Heinkel-Pilot vorsichtigerweise nur Bahnneigungsflüge wagen konnte, da die He 118 trotz mehrfachen Änderungen aufgrund der Flugversuche technisch noch nicht vollkommen ausgereift war.

Dieses Ergebnis wollte der im Juni 1936 zum Generalluftzeugmeister und Chef des Technischen Amtes im RLM aufgerückte *Ernst Udet* persönlich nachprüfen, da er sich von der schönen und schnellen He 118 mehr versprach, als bisher gezeigt werden konnte. *Ernst Udet* war bekanntlich bei Einweisungen in neue Flugzeuge, die er zu fliegen beabsichtigte, nie besonders aufmerksam. So entgingen ihm in seiner gelegentlich recht lässigen Art bei der sehr genauen Einweisung durch den Chefpiloten der Heinkel-Werke, *Gerhard Nitschke,* offenbar Einzelheiten der Abfangautomatik und der Luftschraubenverstellung, die er dann beim senkrechten Sturzflug aus 4 000 m Höhe nicht beachtete, so daß er mit der Maschine, deren Propeller und Rumpfheck abgerissen wurden, abschmierte. Er selbst konnte sich zwar noch durch Fallschirmabsprung retten, aber die Maschine war hin und mit ihr der Wettbewerb für *Ernst Heinkel* endgültig verloren. Er gab zwar nicht auf und konnte das Baumuster auch noch an Japan verkaufen. Aber auch dort kam es trotz der ausgezeichneten Zusammenarbeit letztlich zu keinem Serienbau. Bei *Ernst Heinkel* allerdings trug die He 118 aufgrund ihrer großen Bodenfreiheit noch zur erfolgreichen Erprobung des Düsentriebwerks von *Hans-Joachim Pabst v. Ohain*[6] bei, wofür die V 2 mit dem He S 3A eingesetzt wurde. Diese Maschine geriet dann nach einem der Flüge mit *Erich Warsitz* durch auslaufenden Treibstoff in Brand und wurde dabei zerstört. Über die Einzelheiten der im Zuge der Erprobungsflüge veranlaßten zahlreichen Änderungen und Verbesserungen an den fünf V-Mustern und acht Nullserie-Flugzeugen sowie die ausgeteilten Kennzeichen dafür gibt der bereits zitierte und in seinen Einzelheiten hervorragend recherchierte Aufsatz von *Hans Redemann* Auskunft. Er stellt sicher mit Recht fest, »daß eine Serienfertigung der formschönen He 118 größtenteils an Zufällen und menschlichen Unzulänglichkeiten scheiterte«. Daß *Ernst Heinkel* gleichwohl nicht verzagte, auch wenn er »die Schuld« anderen zuschob, zeigt seine oft bewiesene Standfestigkeit bei einmal getroffenen Entschlüssen und seine »Härte im Nehmen«. Die verbliebenen Maschinen wurden nach umfangreichen Erprobungen, die zahlreiche Änderungen und Verbesserungen zur Folge hatten, der Luftwaffe übergeben, die sie mit guten Ergebnissen vor allem als Schulflugzeuge einsetzte.

Während die V 1, wie auch die anderen damaligen Konkurrenzflugzeuge, mangels eines geeigneten deutschen Motors noch mit dem britischen Rolls-Royce-Bussard ausgerüstet war, flogen die weiteren Muster mit dem DB 600 oder DB 601 von Daimler-Benz. Die Nullserie Maschine 01 war mit dem Triebwerk DB 600C von Daimler-Benz ausgestattet, das eine Startleistung von 850 PS bei 2 350 min^{-1} abgab. Die Spannweite dieser 01 betrug 15,10 m, die Länge 11,80 m, die Höhe 4,20 m und die Flügelfläche 37,70 m². Bei einem Leergewicht von 2 700 kg betrug das Abfluggewicht 4 120 kg.

Von *Walter Günter* stammt auch der Entwurf eines Transozean-Flugzeugs, das die Deutsche Lufthansa im Rahmen ihrer Vorbereitungen für den Post- und Passagierdienst über Nord- und Südatlantik der Firma Heinkel in Auftrag

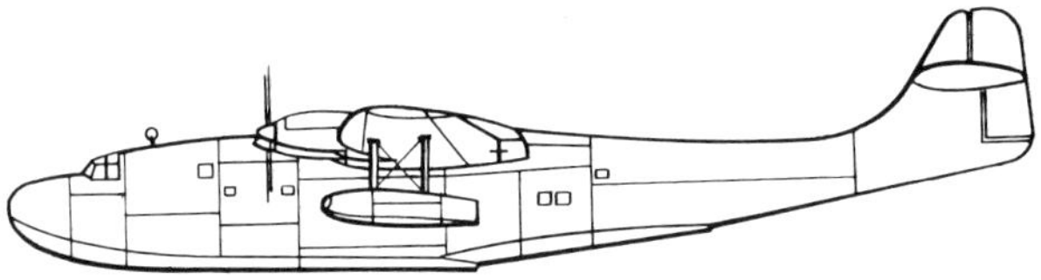

Im Auftrage der Lufthansa wurde 1939 das Projekt des viermotorigen Transozean-Flugbootes He 120 bearbeitet und dazu eine Bootsrumpfattrappe gebaut.

gegeben hatte. Diese He 120 sollte als Eindecker-Flugboot 20–25 Passagiere befördern. Diese Angabe dürfte allerdings etwas optimistisch gewesen sein, wenn man dabei nicht von einer engeren und weniger komfortablen Unterbringung ausgehen will. Als Antrieb waren vier Junkers Jumo-205-Motoren zu je 800 PS vorgesehen. Nach dem Vierteljahresbericht der Abteilung TE der Deutschen Lufthansa vom 1. 1. bis 31. 3. 1938 Nr. 27, S. 5ff., waren in dieser Zeit die technischen Vertragsunterlagen größtenteils fertiggestellt und die Bootsattrappe nach der Vornahme von Änderungen gebaut und besichtigt. Der ursprünglich vorgesehene Knickflügel wurde durch einen geraden durchlaufenden Flügel ersetzt, wodurch der Bootsrumpf um etwa 1/2 m höher wurde. Dadurch konnten Besatzung und Fluggäste in zwei getrennten Decks untergebracht werden. Im oberen Deck lag der Besatzungsraum; darunter befand sich der Aufenthaltsraum für die Freiwache. Vom Führerraum bestand über das eingezogene zweite Deck eine unmittelbare Verbindung zu dem Kriechgang und damit zu den Motoren im Flügel. Die von oben über Luken zugänglichen Frachträume lagen in der Verlängerung des oberen Decks. Im unteren Deck befanden sich fünf hintereinander liegende Abteile für die Fluggäste bzw. Post und Fracht. Für den Passagierverkehr über den Südatlantik sollten vier Abteile für zwölf Passagiere eingerichtet werden. Im Nordatlantikverkehr sollten die beiden vorderen Räume gegebenenfalls als kombinierte Schlaf- und Aufenthaltsräume für vier Fluggäste eingerichtet werden. Die Firma Heinkel garantierte eine Reisegeschwindigkeit von 265 km/h bei einer Reichweite von 6900 km. Selbst bei Ausfall von zwei Triebwerken auf einer Seite wurde noch eine Reichweite von 2000 km garantiert. Und wir wissen, daß die vom Entwurfsbüro Günter garantierten Leistungen auch stets erreicht, wenn nicht sogar überboten wurden. Für den Südatlantikdienst war ein Abfluggewicht von 25,5 t und für den Nordatlantikdienst von 29 t berechnet. Das nicht katapultierbare Flugboot sollte mit einer Starthilfe in die Luft gebracht werden, wenn sonst die garantierte Abflugzeit von 45 Sekunden bei vollem Fluggewicht von 29 t überschritten werden sollte.

Man sieht aus diesen technisch garantierten und möglichen Annahmen, daß auf Seiten der Deutschen Lufthansa und der von ihr beauftragten deutschen Luftfahrtindustrie 1938 der Transozeanflugverkehr auch ohne Inanspruchnahme der Flugsicherungsschiffe mit ihren Katapulten sich vor seiner Verwirklichung befand und daß *Ernst Heinkel* und seine Mitarbeiter dabei in vorderster Linie standen, auch wenn dieses Projekt über das Stadium des Baues einer Großattrappe nicht hinauskam. Die Arbeiten an diesem Transozeanflugboot wurden, wie dem Vierteljahresbericht der Abteilung TE der Deutschen Lufthansa vom 1. Januar bis 31. März 1939, Nr. 31 S. 4 zu entnehmen ist, auf Anordnung des RLM mit Zustimmung der DLH eingestellt, da in Hinblick auf die Arbeitsbelastung der Firma Heinkel mit einer Fortsetzung der Arbeiten in absehbarer Zeit nicht mehr zu rechnen war und im übrigen die Firma Dornier mit der Schaffung eines Transozeanflugbootes mittlerer Größe für den Passagierdienst freigemacht werden sollte. Das bedeutete also lediglich eine Verschiebung der zivilen Aufträge der DLH für den Transozeandienst mit der Feststellung, daß zu dieser Zeit durchaus mehrere deutsche Flugzeugfirmen in der Lage waren, Flugzeuge für den direkten Luftverkehr von Europa nach Nord- und Südamerika herzustellen.

Die vermutlich letzte erfolgreiche Arbeit *Walter Günters* bei *Ernst Heinkel* vor seinem allzufrühen Unfalltod im September 1937 ist die Entwicklung der He 116, die *Siegfried Günter* ausdrücklich seinem Bruder zuschreibt[7]. Die Deutsche Lufthansa hatte 1936/37 in einer Ausschreibung ein Langstreckenpostflugzeug für den Fern-Ost-Dienst gefordert, für das besondere Sicherheitsaspekte berücksichtigt werden mußten und das den Einsatz von besonders leistungsfähigen Höhenmotoren wegen der Überwindung sehr hoher Gebirgszüge verlangte. Der Entwurf wurde als viermotoriges Landflugzeug in Gemischtbauweise ausgelegt, wobei die Erkenntnisse bei der Entwicklung der He 70 und He 111 zu dem auch bei diesen Typen verwendeten elliptischen Flügel führten. Die Draufsicht zeigt die Verwandtschaft. Es ist anzunehmen, daß der Entwurf beim Tode *Walter Günters* bereits in den Bereich des Konstruktionsbüros unter *Karl Schwärzler* gelangt war, während die späteren Änderungen entwurfsmäßig sicher von *Siegfried Günter* als dem nunmehr alleinigen Projektchef veranlaßt worden sind.

Die Spannweite betrug 22 m, die Länge 13,70 m, die Höhe 3,30 m und die Flügelfläche 62,90 m^2. Das Fahrwerk war voll in die inneren Triebwerksgondeln nach rückwärts einziehbar. Als Motoren wurden vier Hirth HM 508 mit je 240 PS bzw. C mit 270 PS verwendet, die das Flugzeug auch noch im Dreimotorenflug einsatzbereit ließen. Die Startleistung betrug 270 PS in 0 m Höhe bei 2900 min^{-1}.

Damit war das Flugzeug in jedem Fall verhältnismäßig schwach motorisiert. Gleichwohl hatte es anerkannt gute Flugeigenschaften, die zum Verkauf von zwei Exemplaren nach Japan führten, die dort bis 1945 im regulären Flugdienst standen. Auch die deutsche Luftwaffe interessierte sich für dieses schön wirkende Flugzeug und ließ zwei Mu-

Der letzte Entwurf von *Walter Günter* war das Langstreckenpostflugzeug He 116, das im Rahmen einer Ausschreibung der Lufthansa entstand.

ster mit einer Vollsichtkanzel versehen, um daraus zunächst einen Fernerkunder zu machen. Insgesamt erwarb die deutsche Luftwaffe fünf Exemplare. Die zu schwache Triebwerksausstattung machte aber letztlich das Flugzeug für militärische Einsätze zu langsam und damit unbrauchbar.
In dem Typenblatt 007 der Ernst Heinkel Flugzeugbau GmbH, Speyer, wird die Höchstgeschwindigkeit in 3000 m Höhe mit 375 km/h und die Reisegeschwindigkeit in dieser Höhe mit 355 km/h angegeben. In 5000 m Höhe leistete die He 116 als Höchstgeschwindigkeit 355 km/h und als Reisegeschwindigkeit immer noch 345 km/h bei größter Dauerleistung und mittlerem Gewicht. Bei 30 Prozent Leistungsdrosselung ergab sich eine Reisegeschwindigkeit von 320 km/h in 3000 m Höhe und 300 km/h in 5000 m Höhe. Die Dienstgipfelhöhe betrug zwischen 6600 und 7600 m je nach Gewicht. Bei einem Start mit 7100 kg Gewicht betrug die Rollstrecke 400 m, bei einem Startgewicht von 6000 kg nur 330 m. Das war für damalige Verhältnisse höchst beachtlich. Für einen Start mit Übergewichten wurden Starthilferaketen verwendet.
Im Januar 1938 wurde die He 116 – V 1 (»Lübeck« später »Schlesien«, D-AJIE) erstmalig versuchsweise auf der Südatlantikstrecke bis nach Bathurst eingesetzt[8] und auf dem Rückflug bei einem Durchstartversuch bei Motorausfall beschädigt. Die He 116 – V 2 (»Hamburg«, D-ATIO) führte nach Durchführung von Verbesserungen im März 1938 zwei Flüge von Berlin über Lissabon und Las Palmas nach Bathurst durch, bei denen Reisegeschwindigkeiten zwischen 256 km/h und 315 km/h für Strecken zwischen 1977 km und 2312 km gemessen wurden. Der planmäßige Einsatz der He 116 auf der Südatlantikstrecke der Deutschen Lufthansa wurde dadurch verzögert, daß die DLH auf Veranlassung des RLM die V 3 der Firma Heinkel für die Durchführung von Rekordflügen zur Verfügung stellte. Für diese Flüge wurde die Maschine in der Flügelspannweite um etwa zwei Meter vergrößert, wie der Vierteljah-

Begrüßung der Besatzung der He 116 »Rostock« nach ihrem Rekordflug über 10 000 km am 1. August 1939.

resbericht der DLH sagt, während das Typenblatt der Firma Heinkel von drei Metern spricht. Bei dem ersten Rekordversuch der V 3 (»Rostock«, D-ARFD) löste sich bei dem Start mit vier abwerfbaren Walter-Starthilferaketen, die wegen der Überlast durch die Mitnahme von zusätzlichem Treibstoff zur Bewältigung der Rekordstrecke von 10 000 km eingebaut waren, eine Startrakete aus der Halterung und beschädigte ein Triebwerk und die Tragfläche stark. Zwar blieb die Besatzung unverletzt, aber der Rekordversuch war zunächst mißglückt und konnte erst am 30. Juli 1939 erfolgreich wiederholt werden.

An diesem Tag[9] startete der Werkspilot *Rolf Jöster* mit Oberfunker *Arthur Suppa* von der DLH und dem Bordwart und 2. Flugzeugführer *Hans Lausmann* von den Hirth-Motorenwerken in Stuttgart-Zuffenhausen um 6.01 Uhr in Peenemünde und landete, nachdem er eine Flugstrecke von 10 500 km in 49 Stunden und neun Minuten mit einer Durchschnittsgeschwindigkeit von 216 km/h bewältigt hatte, am 1. August 1939 um 7.09 Uhr. Für den Rekordflug waren die vier Hirth-Motoren mittels Doppelvergasern auf 280 PS Dauerleistung gebracht. Die unterschiedliche Zeitangabe im Typenblatt der EHFG mit 46 Stunden und 18 Minuten beruht wahrscheinlich darauf, daß diese Zeit für die 10 000 km-Strecke gebraucht wurde, während *Rolf Jöster* noch versucht hatte, den Rekord auf 12 000 km zu erweitern. Diesen Versuch hatte er jedoch wegen Störungen in der Treibstoffzufuhr aufgeben müssen. Die Maschine war in geschlossener Bahn zwischen Zinnowitz und Leba über der Ostsee hin und hergependelt. Der Rekord bestand allerdings nicht lange, da eine italienische Savoia-Marchetti SM-82 PD ihn um 10 km/h überbot, während ein gleichzeitiger französischer Rekordversuch mißlang. Damit wird die Enge dargetan, innerhalb derer damals die Leistungen lagen. Die wahre Leistung der Heinkelmaschine und ihrer Besatzung wird allerdings erst recht erkennbar, wenn man weiß, daß die bisherige Bestleistung des Japaners *Fujita* mit etwas mehr als 186 km/h erst im Mai 1938 erzielt worden war[10].

Die He 116 zeigte nicht nur wegen der teilweise verwendeten Vollsichtkanzel ihre Verwandtschaft mit der He 111. Sie war auch genauso schön. Die ähnliche Entwurfsästhetik dieser Maschinen läßt kaum erkennen, welcher der *Brüder Günter* jeweils den betreffenden Typ konzipiert hat. Der enge tägliche Kontakt ergab gewiß eine gegenseitige Befruchtung, so daß es nicht verwundern kann, wenn diese beiden Entwürfe einander so ähnlich waren so wie es die beiden Zwillingsbrüder waren. Der tragische Unfalltod von *Walter Günter* im September 1937 läßt die Antwort auf die Frage offen, was er sonst vielleicht noch hätte schaffen können[11].

In der militärischen Ausführung hatte die He 116 eine Vollsichtkanzel.

Weltgeschwindigkeitsrekord mit der He 100

Die Entstehung der He 100 geht auf den Mißerfolg der He 112 zurück. Schon *Walter Günter* hatte in der Erkenntnis, daß die He 112 nicht mehr zu verbessern sei, sich ein neues Flugzeug überlegt, »das mit der He 112 und dem Auftrag nichts mehr zu tun hat[1]«.
Von sich aus griff dann *Siegfried Günter* den Vorschlag seines Bruders zu einem ganz neuen Jagdflugzeug im Oktober 1937 nach einer Reise nach Mailand auf, und zwar ohne Anstoß von außen, insbesondere ohne Auftrag der Technischen Direktion des Hauses. In etwa einer Woche hat *Siegfried Günter* nach seinen eigenen Angaben[2] »eigenhändig die drei Ansichten der späteren He 100 in verhältnismäßig großem Maßstab ausgeführt«. Danach war das Flugzeug wesentlich kleiner als die He 112 und hatte ein anderes Fahrwerk. Die Zeichnung sah ausschließlich Oberflächenkühler und eine aerodynamisch sehr günstige, den Motor eng umschließende Motorhaube sowie Ansaugöffnungen in der Flügelnase vor. Fahrwerks- und Flügelaufbau waren anders als in dem noch extremeren, aber dafür auch komplizierteren angefangenen Flügelentwurf seines Bruders *Walter Günter*. Bald nach Anfertigung dieser Entwurfsskizze wurde *Siegfried Günter* zu *Ernst Heinkel* gerufen, bei dem sich der Leiter des Technischen Amtes des RLM, Generalmajor *Ernst Udet*, und der Technische Direktor *Heinrich Hertel* befanden. *Ernst Heinkel* fragte ihn, ob er noch etwas Neues zu zeigen habe, woraufhin *Siegfried Günter* seine neuen Zeichnungen holte.
»Auf Vorschlag Heinkels entschied sich Udet sofort für die Ausführung«, berichtete in dem mehrfach erwähnten »Beitrag« vom 17. August 1966 *Siegfried Günter*, um dann fortzufahren:
»Ich bin also selbst dabei gewesen, als der Entwicklungsantrag für die He 100 von Prof. Heinkel an Udet gestellt und von diesem bewilligt wurde. Der mit der He 100 erzielte große technische Fortschritt rechtfertigt diese Initiative Prof. Heinkels ... Ich beanspruche ... sehr wenig Ideen zu Heinkel-Flugzeugen für mich. Aber die neuen Ideen der He 100 kann ich mit Recht beanspruchen.«
Diese Feststellungen von *Siegfried Günter* aus sehr viel späteren Jahren richten sich gegen nachträgliche Bemühungen von dritter Seite, die Entwurfsideen der He 100 in Anspruch zu nehmen.
Unverzüglich nach der mündlichen Auftragserteilung durch General *Udet* wurde in der bei *Heinkel* üblichen Form ein

Mit der He 100 V 2 erreichte *Ernst Udet* am 5. Juni 1938 über die 100-km-Strecke eine Rekordgeschwindigkeit von 634,73 km/h.

»Vorkonstruktionsbüro« zusammengestellt und die Verantwortung schnellstens an das von *Karl Schwärzler* geleitete Konstruktionsbüro übergeben. Konstruktion und Bau des Flugzeugs erfolgten nun im »Heinkel-Tempo« unter energischer Förderung durch den Technischen Direktor *Heinrich Hertel.* Das aber war auch nur möglich, weil an dem Ausgangsentwurf nichts mehr geändert wurde.
Bereits in einer Ausarbeitung vom 10. September 1965 unter der Überschrift »Was ich nicht gemacht habe und mir manchmal fälschlicherweise zugeschrieben wird und was ich selbst gemacht habe«, hatte *Siegfried Günter* in teilweise wörtlich gleichen Formulierungen ausgeführt, daß und warum die He 112 der Me 109 »klar unterlegen« war und wie es zu der He 100 gekommen war, an deren Zeichnungen *Siegfried Günter* »ohne Hilfe eines anderen Konstrukteurs oder Zeichners« gearbeitet hatte. *Siegfried Günter* betonte immer wieder, daß in diesem Falle vor allem die Tatsache, daß alle von ihm gezeichneten Rumpf- und Flügelmaße eingehalten und nicht mehr verändert wurden, zu der ungestörten und rasanten Fertigstellung des Flugzeugs selbst geführt hatten. Mit berechtigtem Stolz verweist *Siegfried Günter* in der hier ausgewerteten Abhandlung am Ende darauf, daß die He 100 »trotz Oberflächenkühlung und Rekordflugzeug besonders wenig Konstruktionsstunden hatte«, wie bei späteren Nachkalkulationen festgestellt worden sei, weil so wenig an den Entwürfen geändert worden sei, was als entscheidend dafür angesehen wurde. Hier wird darauf besonders eingegangen, weil die häufig zu beobachtende Änderungswut eine Entwicklung wirkungslos machen kann.

Mit dem Entwurf der superschnell werden sollenden He 100 zeigte sich, daß die Ideen von *Siegfried Günter* der Vorstellung von *Ernst Heinkel* bezüglich eines Angriffs auf den Schnelligkeitsrekord entgegen kamen. Wollte er doch beweisen, daß *er* das schnellste Flugzeug bauen werde. Gleichzeitig wollte er auch die Schlappe gegenüber der Me 109 wettmachen.
So wurde der He 100-Entwurf von *Siegfried Günter* von Anfang an als Versuch durchgeführt, den Geschwindigkeitsrekord zu erreichen. Dementsprechend wurden auch an den ersten V-Mustern aufgrund der Flugerprobung noch Änderungen vorgenommen, ehe ein echter Versuch zur Eroberung des Geschwindigkeitsrekords unternommen wurde[3]. Bestechend schön war das Äußere dieser Maschine, so daß *Hans Redemann* sie in seinem o. a. Beitrag »mit Abstand zu den formschönsten Flugzeugen der Luftfahrtgeschichte« zählt, ein Lob, das aus der Sicht von Jahrzehnten später besonderes Gewicht erhält. Der Entwurf war aber auch darauf abgestellt, daß das Flugzeug später in Serie hergestellt werden konnte, es war also nicht als Experimental- oder Spezialrennflugzeug entwickelt. *Ernst Heinkel* wollte also mit der Maschine zeigen, was sein Werk leisten konnte, um es dem RLM danach doch noch als Jagdmaschine anbieten zu können.
Wie bereits angedeutet, gehörte es zu einem der schwierigsten Probleme, den Widerstand eines Kühlers herabzusetzen. *Siegfried Günter* plante daher eine widerstandslose Öl- und Wasser-Oberflächenkühlung, baute jedoch wegen der geringen zur Verfügung stehenden Kühloberfläche dieses sehr kleinen Flugzeugs zusätzlich einen einziehbaren Bauchkühler ein, der nur im Start- und Steigflug dem Luftstrom ausgesetzt wurde[4].
Da der Wettkampf gegen die Me 109 vor allem wohl auch dadurch verloren worden war, daß die Me 109 fertigungstechnisch einfacher war, während die He 112 in dieser Beziehung größere Anforderungen gestellt hätte, war *Ernst Heinkel* auch besonders erfreut darüber, daß es nun gelungen war, nicht nur erheblich weniger Einzelteile, sondern auch wesentlich mehr genormte Teile für die Fertigung festzulegen. Zur Herstellung einer besonders glatten Oberfläche wurde – abgesehen von einer Ersparnis an Nieten

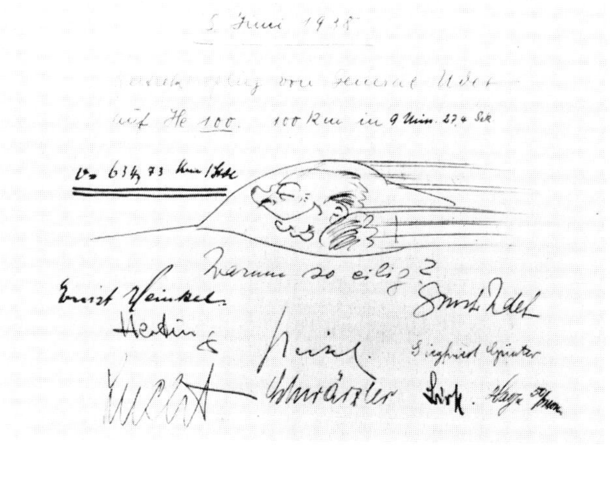

Ernst Udet hielt seinen Rekordflug in Zeichnungen fest, von denen eine die Unterschriften der Hauptbeteiligten und Zeugen trägt.

Gerhard Nitschke mußte nicht nur aus der He 100 aussteigen, sondern auch aus anderen Maschinen, insgesamt dreimal. Bei einer dieser Gelegenheiten hatte *Ernst Heinkel* ihm brieflich seine Anteilnahme dazu ausgedrückt, daß er als Pilot unverletzt blieb, während der Totalverlust des Flugzeuges ihn nicht nachhaltig beeinflußte.

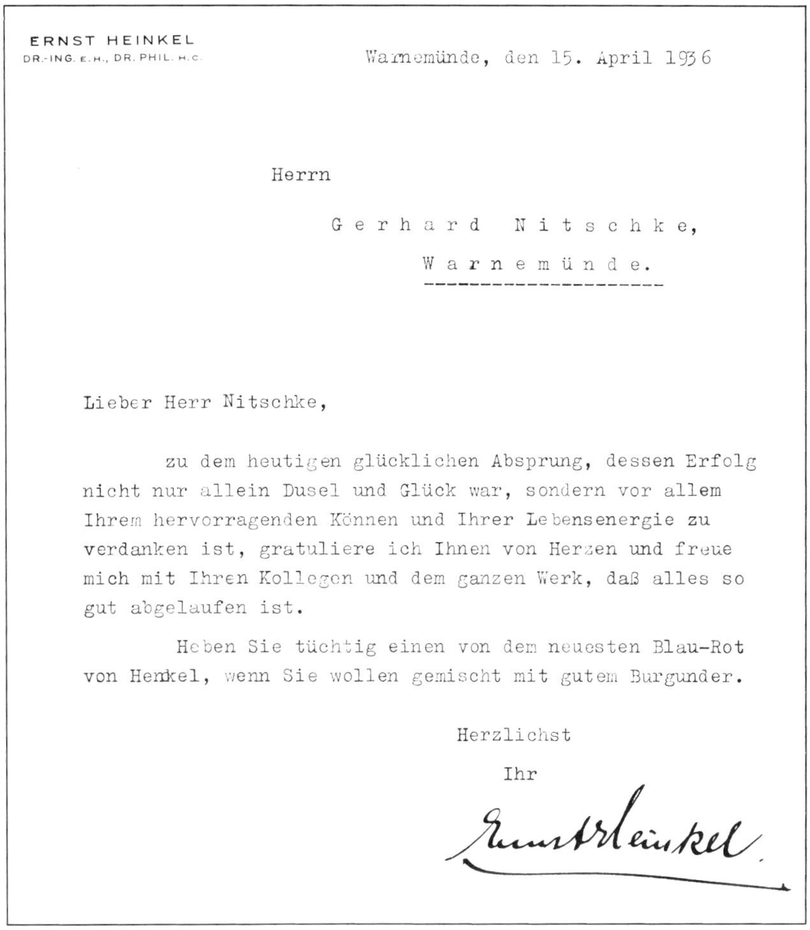
ERNST HEINKEL
DR.-ING. E.H., DR. PHIL. H.C.

Warnemünde, den 15. April 1936

Herrn

G e r h a r d   N i t s c h k e,

W a r n e m ü n d e.

Lieber Herr Nitschke,

zu dem heutigen glücklichen Absprung, dessen Erfolg nicht nur allein Dusel und Glück war, sondern vor allem Ihrem hervorragenden Können und Ihrer Lebensenergie zu verdanken ist, gratuliere ich Ihnen von Herzen und freue mich mit Ihren Kollegen und dem ganzen Werk, daß alles so gut abgelaufen ist.

Heben Sie tüchtig einen von dem neuesten Blau-Rot von Henkel, wenn Sie wollen gemischt mit gutem Burgunder.

Herzlichst

Ihr

Ernst Heinkel

überhaupt – das neuartige Sprengnietverfahren der Brüder *Karl* und *Otto Butter*[5] angewandt.

Die ersten V-Muster wurden aufgrund der Testflugergebnisse – die natürlich wegen des neuen Geschwindigkeitsbereiches, in dem man sich befand, von besonderer Bedeutung waren – mehrfach geändert. So besaßen die V 1 und V 2 ebenso wie die späteren V 4 bis V 7 eine Flügelspannweite von 9,40 m, eine Länge von 8,20 m, eine Höhe von 3,60 m und eine Flügelfläche von 14,50 m². Dagegen besaßen die V 3 und die (spätere Weltrekordmaschine) V 8 nur eine Spannweite von 7,60 m, wodurch die Flügelfläche sich ebenfalls auf 11 m² verringerte. Trotzdem behielt man die an sich schon etwas problematische Oberflächenkühlung bei. Als Generalmajor *Ernst Udet,* der sogar den Pfingstsonntag zum Fliegen neuer Typen bei der Industrie benutzte, am 5. Juni 1938 bei *Ernst Heinkel* im Werk Rostock-Marienehe zu Besuch war, nutzte er die Gelegenheit zu einem Probeflug mit der für einen Rekordflug am nächsten Tag bereitstehenden V 2 und stellte dabei unbeabsichtigt den Weltrekord für Landflugzeuge über 100 km ohne Nutzlast in neun Minuten und 27,4 Sekunden mit einer Geschwindigkeit von 634,320 (nach anderen Quellen 634,730) km/h auf. Dieser Rekord, dessen Pilot für *Ernst Heinkel* natürlich eine erfreuliche Besonderheit darstellte, wurde mit einem »Normalmotor« DB 601 A, also nicht mit einem speziellen Rennmotor mit kurzfristigen Spitzenleistungen erzielt. Immerhin wurde der bestehende Rekord des Italieners *Niclot* auf einer Breda 88 um 80 km/h überboten! Die 700 km/h-Grenze war allerdings damit noch nicht erreicht. Das sollte mit der V 3 erfolgen, die, wie gesagt, in den Ausmaßen kleiner wurde. Mit ihr erlitt jedoch der Werks-Chefpilot *Gerhard Nitschke* bei einem Versuchsflug einen Unfall, indem sich ein Reifen des Fahrwerks verklemmte, so daß der Pilot mit dem Fallschirm aussteigen mußte, während die Maschine verloren ging. Trotz dieses Rückschlages ließ *Ernst Heinkel* sich nicht entmutigen und von seinem Vorhaben abbringen. Zäh und unbeirrbar entstanden die nächsten vier Exemplare, die zu

Mit der He 100 V 8 holte *Hans Dieterle* den absoluten Geschwindigkeits-Weltrekord erstmals nach Deutschland. Am 30. März 1939 erreichte er 746,606 km/h über die zweimal durchflogene 3-km-Meßstrecke.

weiteren Experimenten verwendet wurden. Es entstand z. B. eine neue Windschutzverglasung, die Triebwerkserprobung wurde fortgesetzt, ein neuer Wärmetauscher eingebaut. Die Maschinen wurden auch nach kurzer Werkserprobung zur E-Stelle Rechlin überführt.

Die V 8 erhielt einen nochmal aerodynamisch verbesserten Windschutz, wiederum die kleinere Form der V 3 und den inzwischen in seiner Leistung auf 1800 PS hochgetrimmten DB 601 R, der nicht nur höher verdichtet war, sondern auch mit einem Spezialkraftstoff arbeitete und Rennkerzen für hohe Hitzegrade benötigte. Die Lebensdauer eines solchen Rennmotors war natürlich nur äußerst kurz; das mußte bei dem Rekordversuch durch mancherlei Manipulationen ausgeglichen werden. Außerdem sollte bei dem Rekordangriff ein Spezial-Propeller für hohe Geschwindigkeiten verwendet werden. Die am 23. Oktober 1934 von dem Italiener *Agello* mit seiner Macchi MC 72 erzielte Geschwindigkeit von 709,21 km/h mußte nach den Bestimmungen der F.A.I. um mindestens 8 km/h überboten werden. Die bisherigen Weltrekorde waren auf Schwimmermaschinen erflogen, weil so schnelle Maschinen nur auf dem Wasser landen konnten. Die Besonderheit der He 100 ermöglichte erstmals das Landen auf einem Flugplatz. Sie konnte dadurch auch ihre Leistungen wegen des erheblich verringerten Luftwiderstandes mit einem weniger starken Motor erreichen. Es war also auch insoweit mit der He 100 eine Wende eingetreten, als nach ihr so hohe Fluggeschwindigkeiten nur noch mit Landmaschinen erreicht wurden[6].

Als Pilot für die weitere Erprobung und den neuen Rekordversuch wurde der erst 23 Jahre alte Werkpilot *Hans Dieterle* von *Ernst Heinkel* bestimmt, der von nun an auch die Rekordvorbereitungen verantwortlich betrieb. Mit der Ende Februar 1939 fertiggestellten He 100 V 8 siedelte *Hans Dieterle* nach Oranienburg bei Berlin über, weil der dortige Werkflugplatz größer war und die insgesamt 25-

Die Rekordmaschine hatte einen leistungsgesteigerten Daimler-Benz DB 601-Motor.

Nach seinem spektakulären Rekordflug wurde *Hans Dieterle* zum Flugkapitän ernannt.

Das He 100-Team nach *Udets* Rekordflug. Von links nach rechts: *Josef Köhler, Karl Schwärzler, Siegfried Günter, Ernst Udet, Ernst Heinkel, Heinrich Hertel, Fritjof Herting.*

köpfige Rennmannschaft bessere Arbeitsbedingungen hatte. Das Einfliegen der Maschine erfolgte mit einem serienmäßigen DB 601 A-Motor, wobei *Hans Dieterle* sich auch die Rennstrecke gut einprägen konnte, die er in 3 km Länge mit einer 500 m langen Vor- und Nachstrecke zweimal in jeder Richtung zwischen Kremmen und Neuruppin durchfliegen mußte. Nach jedem Durchgang mußte er den Motor etwas drosseln, in 400 m Höhe den etwa 20–25 km entfernten Wendepunkt ansteuern und von dort die Rennstrecke erneut mit voller Motorbelastung durchfliegen. Ein erster Versuch scheiterte und führte zum Einbau einer leistungsfähigeren Kraftstoffpumpe. Auch ein zweiter Versuch gelang nicht. Damit war die nutzbare Zeit des Motors mit 30 Minuten bald abgelaufen, aber man wußte nun, daß die V 8 den Rekord der Macchi MC 72 übertreffen konnte. Am 30. März 1939 endlich gelang dann das Vorhaben[7]. Start, Flug und Landung glückten trotz der diffizilen Landeeigenschaften einer so schnellen Maschine. Das Ergebnis war der neue absolute Weltgeschwindigkeitsrekord mit 746,606 km/h, der den Rekord von *Francesco Agello* um 37,39 km/h verbesserte, und das mit einem wesentlich höheren Unterschied als den vorgeschriebenen 8 km/h. *Hans Dieterle* wurde zum Flugkapitän ernannt.

Die Führungsstellen der damaligen Luftwaffe allerdings taten so, als ob der neue Rekord mit einer Serienmaschine erreicht sei, die als der verbesserte Jäger He 112 U ausgegeben wurde. Aus den gleichen politischen Gründen wurde der kurz danach aufgestellte neue Rekord durch eine Me 109 R (Me 209) – eine reine Spezialmaschine, die nicht serienmäßig hergestellt werden konnte – als Rekord des Standardjägers Me 109 ausgegeben.

Da dieser Rekord, den Flugkapitän *Fritz Wendel* am 26. April 1939 mit einer Geschwindigkeit von 755,13 km/h erobert hatte, den Rekord der He 100 nur um 8,5 km übertraf, also gerade um 0,5 km mehr als nach den Bestimmungen nötig war, wollte *Ernst Heinkel* sofort seine He 100 unter den gleichen Bedingungen, unter denen die Me 209 den Rekord geflogen hatte, noch einmal starten lassen. Die Me 209 war nämlich in Süddeutschland in einer Meereshöhe von rund 500 m geflogen, während die He 100 in Oranienburg nur in einer Meereshöhe von 50 m geflogen war. Bei größerer Flughöhe traf das Flugzeug auf dünnere Luft, also auf geringeren Luftwiderstand, konnte also schneller fliegen. So wäre bei absolut gleichen Bedingungen die He 100 bei sonst gleicher Leistung – in beiden Maschinen wurde ja der gleiche DB 601 R-Motor verwendet – in 500 m Höhe 13 km/h schneller gewesen als in Oranienburg. Sie würde also unter diesen Umständen über der Augsburger Meßstrecke eine Geschwindigkeit von 759 km/h erreicht haben, so daß der Messerschmittflug für einen neuen Rekord gar nicht ausgereicht hätte[8].

Ernst Heinkel versuchte[9] General *Ernst Udet* für einen neuen Rekordflug der He 100 zu gewinnen, da er immer noch hoffte, diesen Typ an die Luftwaffe als zweiten Jäger zu verkaufen. *Udet* aber winkte ab mit dem Hinweis, daß es nun mal nicht anginge, daß ein nicht in Serie gebauter Jäger den Standardjäger der deutschen Luftwaffe übertreffe. *Ernst Heinkel* erhielt denn auch alsbald aus dem RLM ein Schreiben, in dem ihm mitgeteilt wurde, daß »an der Wiederholung des Rekordfluges kein Interesse besteht, da eine evtl. geringfügige Überbietung des z.Zt. bestehenden und in deutschem Besitz befindlichen Weltrekords nicht die aufgewendeten Kosten und Arbeit lohnen würde[10]«. Der Hinweis auf die Kosten bedeutete für *Ernst Heinkel* keine

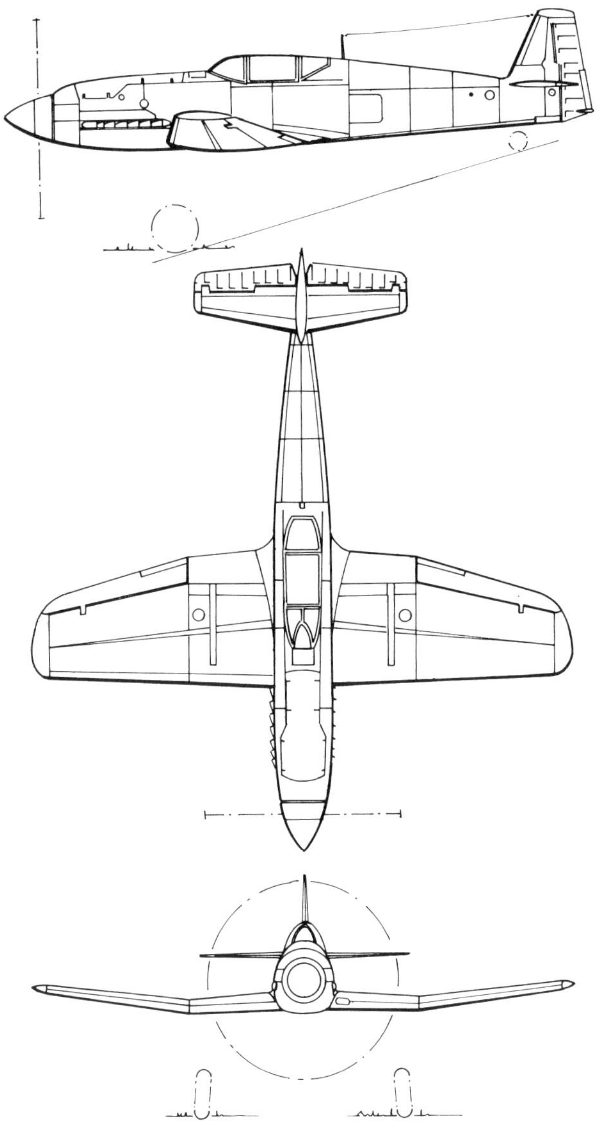

Rekordflugzeug He 100 V 8.

Abschreckung; die zu übernehmen, war er bereit und ließ daher auch die Vorbereitungen weiter laufen, die dann allerdings durch den Kriegsausbruch hinfällig wurden. Aber zweifelsohne blieb bei *Ernst Heinkel* – wie auch seinen Ausführungen dazu zu entnehmen ist, die jetzt auch eine Verstimmung gegenüber seinem alten Freund, dem Generalluftzeugmeister *Ernst Udet,* erkennen ließen – eine Verärgerung zurück, die schon dadurch entstanden war, daß *Udet* ihm bedeutet hatte, daß *Heinkel* sich auf Bomber konzentrieren solle, während die Jagdflugzeuge Domäne des Konkurrenten *Willy Messerschmitt* sein sollten[11]. Das konnte *Ernst Heinkel* nie verwinden. Er hielt sich für geeignet Jäger zu bauen, also besonders schnelle Flugzeuge, nicht aber Bomber. Überraschend bei der Argumentierung, es solle kein zweiter Jäger neben der Me 109 beschafft werden, ist denn doch die Tatsache, daß Focke-Wulf bereits 1938 den Auftrag erhalten hatte, »einen neuen Jäger zu bauen[12]« und zwar zu einem Zeitpunkt, als die Umrüstung auf die Me 109 in vollem Gange war. *Ernst Heinkel* zitiert zu diesem Zeitpunkt stets General *Udet* in der Weise, daß ein zweiter Jäger neben der Me 109 nicht geplant sei. Im Typenblatt der Ernst Heinkel Flugzeugbau GmbH III 027 wird allerdings der Auftrag an Focke-Wulf mit dem Wunsch des RLM »nach einem Jäger mit luftgekühltem Triebwerk« begründet und der weitere Verzicht auf schnelle Propellerjäger damit, daß man 1939 für die weitere Zukunft an die in Auftrag gegebenen Strahljäger (He 280 und Me 262) als Ablösung der Propellerjäger dachte.

Was diese Geschwindigkeiten damals bedeuteten, zeigt ein Blick auf die Entwicklung des absoluten Geschwindigkeitsweltrekords mit Flugzeugen, der erstmals am 12. November 1906 von *Santos Dumont* mit 41,292 km/h erobert wurde. Die 100 km/h wurden 1910 überschritten, die 200 km/h bereits 1913. Von 24 Weltrekorden zwischen 1906 und 1913 eroberte Frankreich allein 22; zwei fielen an die USA. Von 1920 bis 1924 wurde die Welthöchstgeschwindigkeit von 275,264 auf 448,771 km/h gesteigert. Und wiederum fielen die Rekorde zehnmal an Frankreich und viermal an die USA. Ab 1927 entbrannte dann der Kampf um den absoluten Geschwindigkeitsweltrekord zwischen Italien und Großbritannien, die ihn von 479,290 km/h im Jahr 1927 auf 709,209 km/h am 23. Oktober 1934 steigerten, wobei Italien den Rekord viermal und Großbritannien zweimal an sich brachten. Die Steigerung, die *Hans Dieterle* mit der He 100 am 30. März 1939 auf 746,606 km/h gelang, wurde dann nach vier Wochen von *Fritz Wendel* mit seiner Me 209 noch einmal auf 755,138 km/h erhöht und dann erst wieder am 16. August 1969 durch eine speziell dazu präparierte, von einem Kolbenmotor angetriebene, Grumman F 8 F-2 Bearcat mit dem amerikanischen Testpiloten *Darryl Greenamyer* am Knüppel übertroffen, der eine Geschwindigkeit von 777,377 km/h erreichte[13]. Die Grenze des Möglichen war erreicht.

Die Entwicklung der Geschwindigkeiten durch den Einsatz von Strahltriebwerken wird durch die Tatsache dargetan, daß *Eldon W. Joersz* und *George T. Morgan* mit ihrer Lockheed SR-71 A den offiziellen Geschwindigkeitsrekord (für Flugzeuge) mit 3529,551 km/h am 27. Juli 1976 an die USA brachten, während die schnellste bekannt gewordene Fluggeschwindigkeit von *William J. Knight* am 30. Oktober 1967 mit dem Raketenforschungsflugzeug North American X-15 A-2 geflogen wurde, als er 7297 km/h (Mach 6,7) erreichte[14].

Ernst Heinkel hielt vor der Hauptversammlung der Lilienthal-Gesellschaft für Luftfahrtforschung am 12. Oktober 1938 einen Vortrag über »Die Erhöhung der Geschwindigkeit der Flugzeuge in den letzten Jahren[15]«. Das war *sein* Thema: Die Erhöhung der Geschwindigkeit der Flugzeuge. Er betont den Abstand der Höchstgeschwindigkeiten der Gebrauchsflugzeuge zu den absoluten Rekorden, hinter denen z.B. die Jagdflugzeuge zehn Jahre, die Bomber elf Jahre und Verkehrsflugzeuge sogar zwölf Jahre zurückblieben. Nicht ohne Stolz stellt er fest, daß der Aufschwung der Gebrauchsflugzeuge technisch durch sein Schnellverkehrsflugzeug He 70 eingeleitet sei. Dann behandelt er die Entwicklung der Motoren sowie den Einfluß der Zellenentwicklung. In Gegenüberstellungen kommt er auch auf die Entwicklung der Verstelluftschrauben zu sprechen. In wissenschaftlicher Weise behandelt *Ernst Heinkel* alsdann die Maßnahmen zur Steigerung der Fluggeschwindigkeit, die in den vergangenen Jahren seine Flugzeuge so schnell gemacht haben: Beseitigung der Störkörper, Verringerung der Stirnflächen, Verbesserung der Form der Hauptkörper, Verringerung des Reibungswiderstandes und Anpassung der Form an die Kompressibilitätsbedingungen. Seine Vergleiche stellen z.B. die Entwicklung von der He 51, dem Doppeldeckerjäger des Jahres 1932, zur He 100 des Jahres 1938 (die er der Terminologie des RLM folgend hier He 112 U nennt) heraus, bei der die Hauptforderungen bereits erfüllt sind.
Die He 100 von *Siegfried Günter* und *Ernst Heinkel* wurde, da sie nun in Deutschland nicht gebraucht wurde, zum Verkauf ins Ausland freigegeben. Japan war der eine Kunde, dem drei Exemplare der He 100 D und die Nachbaulizenz verkauft wurden. Die Sowjetunion erhielt nach Abschluß des deutsch-sowjetischen Paktes von 1939 sechs der acht V-Muster, von denen zwei als Bruchzellen im Heinkel-Werk verblieben. Die Rote Luftflotte verwendete diese Maschinen jedoch lediglich dazu, daß sie von ihren Ingenieuren zerlegt und bis in die Einzelheiten analysiert wurden. Der Konstrukteur der Jak-Jäger, der damalige Generalkonstrukteur des Versuchs-Konstruktionsbüros des Flugzeugwerkes, in dem er arbeitete, und spätere Professor, Generaloberst der Flieger sowie Minister für die Luftfahrtindustrie, *Alexander Sergejewitsch Jakowlew*[16], war nach *Ernst Heinkel*s Angaben als junger, 33jähriger Abnahmeingenieur längere Zeit in Rostock-Marienehe[17]. Heinkel nannte ihn eine »der bei aller Unauffälligkeit interessantesten Erscheinungen«. Er läßt es bei Andeutungen, während *Hans Redemann*[18] darauf hinweist, daß während des späteren Ostfeldzuges nach 1941 in erbeuteten Jagdmaschinen vom Typ Jak-3 und Jak-9 »viele von der He 100 übernommene oder abgeleitete Bauelemente festgestellt« wurden.

Die He 100 V 10, die die Fläche und Kabine der He 100 V 8, der Weltrekordmaschine, erhalten hatte, wurde dem Deutschen Museum unter der Bezeichnung He 112 U zur Verfügung gestellt. Sie ist dort leider bei einem Bombenangriff während des Zweiten Weltkrieges vernichtet worden, so daß von diesem ebenso schönen wie leistungsstarken Flugzeugtyp nichts übrig geblieben ist als Fotos und Erinnerungen.
Die im Werk verbliebenen Exemplare wurden dort als Werk- und Objektschutz parat gehalten, aber nie eingesetzt. Einige Exemplare dienten propagandistischen Zwekken, indem Bilder von ihnen mit der Bezeichnung He 113 (die an sich eine reine Werksbezeichnung war und den Zusammenhang mit der He 112 andeuten sollte) und Embleme von nicht existierenden Jagdstaffeln in die Presse gebracht wurden, um damit zu bluffen.

Die Heinkel-Rekordmaschine wurde dem Deutschen Museum in München übergeben und dort unter der Bezeichnung He 112 U ausgestellt. Sie ist bei Bombenangriffen vernichtet worden.

lung an: Ausgehend von der Unterbrechung der Motorenentwicklung nach dem verlorenen Krieg werde das Tempo der Leistungssteigerung im Ausland sogar für noch wichtiger angesehen als der zeitliche Rückstand selber. Darüber hinaus könnten keine Anzeichen für eine baldige Begrenzung dieser Leistungssteigerungen erkannt werden. Konkret wurden die Leistungssteigerungen etwa des Cyclone-Motors seit der Fertigstellung der ersten Denkschrift vermerkt und die weitere Verringerung der Verbräuche betont. Generell wurden die Leistungen der ausländischen Sternmotoren als besonders gut bezeichnet. *Siegfried Günter* bemängelte, daß in den den Ernst Heinkel Flugzeugwerken zur Verfügung stehenden Einbaumappen der Motorenfirmen für die nächste Zeit kein Motor vorgesehen sei, der die besten Leistungen der Ausländer erreiche. Es sei – so führt er aus – leider kein Motor im Flugzeug eingebaut, der gleich leistungsfähig sei, wie etwa der 14-Zyl.-Bristol-Hercules, der bereits in dem Vickers-Einsitzer geflogen sei. Für die Zukunft könnten flüssigkeitsgekühlte Motoren nur mit wesentlich gedrängterer Bauart den Nachteil des schwereren und komplizierteren Triebwerks ausgleichen. Vor allem sei eine starke Verbesserung des Raumbedarfs der Anbauten nötig. Abschließend stellt *Günter* fest, daß es beim Vergleich von Projekten mit zeitlich vorher liegenden Motoren unbedingt notwendig sei, einen entsprechenden Zeitzuschlag zu machen.

Die Lage, von der *Siegfried Günter* bei seiner Beurteilung ausging, stellte er für 1936 so dar:

»Im März flog die He 70 mit Kestrel VI in Bodennähe 388 km/h (Viereckflug ~ 5 Min Dauer). Die He 70 fliegt zur Zeit mit BMW VI mit dem kleineren Heißkühler (13 gegen 19 dm^2) etwa 360 km/h mit 750 PS. Erflogene Flugleistung in Volleistungshöhe 420 km/h. Der Kestrel VI war aber inzwischen durch den Kestrel XVI überholt (in 4420 m Höhe 755 PS + Staudruck). Bei 546 PS Reiseleistung beträgt der Verbrauch dieses Motors 215 gr/PSh. Zur gleichen Zeit wurden uns Jumo 210 C Motoren geliefert, die durchweg Minderleistungen von 18–48 PS hatten (Durchschnitt –30 PS). Die max. Bodenleistung betrug ca. 570 PS. Volleistungshöhe beträgt 2650 m bei 640 PS max. Solleistung wovon die Minderleistung abgeht (Kühler 21 dm^2). Günstigster Verbrauch bei 440 PS ist 240 gr/PSh... Bei den luftgekühlten Motoren wurden im Ausland noch bessere Leistungen erreicht.«

Die Motorenmisere für den deutschen Flugzeugbau dieser Zeit kann nicht deutlicher ausgedrückt werden. *Heinkels* Wunsch nach einem Kestrel-Motor für seine He 70 und der – von den maßgeblichen deutschen Stellen dann abgelehnte – Antrag auf einen Lizenzaustausch He 70 gegen den Kestrel-Motor wird immer verständlicher.

Die Denkschrift und ihre Fortsetzungen durch *Siegfried Günter* zeigen, wie sehr *Ernst Heinkel* und seine führenden Mitarbeiter darüber nachdachten, wie das Problem der Erhöhung der Fluggeschwindigkeiten zu bewältigen sei[6]. Mit den dort formulierten Überlegungen suchte er nach Lösungsmöglichkeiten konventioneller Art. Das Dilemma war für ihn überdeutlich. Aber die Flugmotorenhersteller waren zum einen voll beschäftigt mit den Aufgaben, die der Tag ihnen stellte, zum anderen waren sie personell, worauf *Heinkel* ausdrücklich hingewiesen hatte, hoffnungslos unterbesetzt. Nicht ohne Grund hatte er deutlich gefordert, ihre Möglichkeiten entscheidend zu verbessern.

Aber er wartete nicht darauf, daß andere etwas taten, auch wenn er es von ihnen in seinen Denkschriften forderte. Als Flugzeugbauer war er kein Motorenfachmann. Gleichwohl wußte er, wo der Hebel anzusetzen war. Wieder einmal war ein Außenseiter am Zug, wie so oft bei den großen Schritten der Menschheit auf dem Wege nach dem Fortschritt, wie es auch bei den Anfängen der Fliegerei gewesen war, als Menschen die grundlegend richtigen Ideen hatten, für die nur die Zeit noch nicht reif war. Die Denkschriften hatten sich mit dem Stand der Technik zur Zeit ihrer Niederschrift befaßt und die sich daraus ergebenden Folgerungen in konventioneller Denkweise gezogen.

Ernst Heinkel aber griff zu gleicher Zeit an ihn herangetragene revolutionäre Gedanken auf und nahm ihre Verwirklichung mit seinen Möglichkeiten in Angriff. Diese neuen Gedanken aber kamen nicht aus der dafür eigentlich »zuständigen« Motorenindustrie. Unkonventionell ließen sie Kolbenmotor und Propeller beiseite. Das Flugzeug der Zukunft sollte propellerlos angetrieben werden. Das wesentlichste Ergebnis – um das vorwegzunehmen – bedeutet eine der größten technischen Leistungen *Ernst Heinkels:* Es war der Schritt zum Düsentriebwerk der Jetztzeit, den *Heinkel* damals einleitete.

Raketen-Versuchsflugzeug He 176

Kurz zuvor jedoch ereignete sich noch etwas, von dem *Ernst Heinkel* zunächst eine Möglichkeit erhoffte, der von ihm erkannten Motorenmisere zu entkommen. Gegen Ende des Jahres 1935 lernte er den später als Raketenfachmann weltberühmt gewordenen *Wernher von Braun*, einen jungen Mitarbeiter *Walter Dornbergers*[7] kennen, der zu dieser Zeit für das Heereswaffenamt ein Raketentriebwerk erprobte, von dem er – während Heer und Luftwaffe kein Interesse an solchen Versuchen bekundeten – annahm, daß man damit ein Flugzeug antreiben könne. Im RLM wurde allgemein noch die Auffassung vertreten, daß ein von einem im Rumpfheck eingebauten Raketentriebwerk angetriebenes Flugzeug sich überschlagen müsse[8]. In dieser Situation hatte der frühere Chefpilot bei Heinkel, *Werner Junck,* der jetzt als Major im RLM tätig war, *Wernher v. Braun* empfohlen, bei *Heinkel* um Unterstützung nachzusuchen; dessen He 112 sei der für derartige Versuche am besten geeignete Flugzeugtyp.

Nun war bereits am 11. Juni 1928 der Rhönpionier *Fritz Stamer* mit einem von *Alexander Lippisch* entworfenen raketengetriebenen Gleitflugzeug geflogen[9]. *Fritz von Opel* erreichte am 30. September 1929 mit seinem von *Hatry* konstruierten und mit Sander-Feststoffraketen ausgerüsteten Gleiter RAK 1 bereits eine etwas längere Flugdauer, während *Gottlob Espenlaub* im Jahre 1930 mit seinen raketengetriebenen Segelflugzeugen ebenfalls Flugversuche durchführte[10]. Bei Junkers wurden gleichzeitig auf Anregung von *Max Valier*[11] erfolgreiche Versuche mit Feststoffraketen als Starthilfe für hochbeladene Flugzeuge unternommen, die später zur Anwendung von Starthilferaketen in größerem Unfang führten. Bei dem Rekordflug über 10000 km der He 116 R vom 30. Juli bis 1. August 1939 ist der Start der mit Kraftstoff stark überladenen Maschine nur durch die Verwendung von derartigen Starthilferaketen möglich. Aber alle diese Raketenversuche waren nicht mit einem regulären Raketenflugzeug unternommen worden. Das blieb *Ernst Heinkel* vorbehalten, der sich in Verfolg der von *Wernher v. Braun* angeregten Versuche zum Bau eines speziellen Raketenversuchsflugzeugs entschloß. Dem ging aber noch eine mühevolle, langwierige Experimentalperiode voraus[12].

Die Reichswehr der Weimarer Republik hatte unter den Zwängen des Versailler Vertrages mehrfach durch das Heereswaffenamt die Möglichkeiten von Waffenentwicklungen prüfen lassen, die nicht unter die Rüstungsbeschränkungen fielen, und war nicht zuletzt durch die hier erwähnten Raketenversuche und ihre Publizität bereits seit Ende 1929 auf dem Wege, die Möglichkeiten des Strahlantriebs von Raketen zu untersuchen[13]. Im Frühjahr 1930 war der spätere General *Walter Dornberger* nach Abschluß seines Hochschulstudiums dem ballistischen Referat des damaligen Heereswaffenamtes der Reichswehr als Hilfsreferent zugewiesen worden. Seit dem 1. Oktober 1932 gehörte auch *Wernher v. Braun* als Angestellter zu diesem Hilfsreferat. Er hatte sich schon als Schüler mit der Raketentechnik befaßt und war dann auf dem Raketenflugplatz Berlin-Reinickendorf tätig gewesen, wo er *Walter Dornberger* durch sein zupackendes Wesen und sein erstaunliches theoretisches Wissen bei dessen gelegentlichen Besuchen aufgefallen war. Als eine heereseigene Entwicklungsstelle für Flüssigkeitsraketen aufgebaut wurde, wurde *Wernher v. Braun* dort auf Vorschlag *Dornbergers* als erster Sachbearbeiter eingesetzt und bildete mit zwei weiteren Mitarbeitern die Gruppe, mit der *Walter Dornberger* auf der Versuchstelle Kummersdorf-West die ersten Prüfstandsversuche mit einem Flüssigkeitsraketenofen unternahm.

Im November 1935 nun lernte er *Ernst Heinkel* kennen, dem er seine Pläne vortrug, denen zufolge er ein Flugzeug benötigte, das er außer mit dem normalen Motor zusätzlich mit einem Raketentriebwerk bestücken wollte. Für Standversuche genügte ihm zunächst auch nur ein Flugzeugrumpf. *Ernst Heinkel*, stets dem Neuen aufgeschlossen und sofort bereit, aktiv zu werden, wenn es darum ging, unbekannte Wege zu beschreiten, insbesondere aber sich die Möglichkeit abzeichnete, einen schnelleren Antrieb für Flugzeuge zu entwickeln, erklärte, helfen zu wollen und

Pilot aller Strahltriebwerks-Erprobungen war *Erich Warsitz* (18. Oktober 1906–12. Juli 1983).

stellte Anfang 1936 einen He 112-Rumpf mit Fahrwerk aber auch gleich eine Gruppe von Flugzeugtechnikern unter Leitung von *Walter Künzel* zur Verfügung, fuhr selbst mehrfach nach Kummersdorf und kümmerte sich großzügig um den Fortgang der Arbeiten.

Bald stieß als 25. Mitarbeiter auf Anforderung des OKH über das RLM *Erich Warsitz*[14], Erprobungsflieger bei der E-Stelle Rechlin, zu dieser inzwischen zusammengewachsenen verschworenen Gemeinschaft, die sich in Kummersdorf um das Problem des Raketenflugzeugs bemühte. Seine Auswahl setzte nicht nur hervorragende technische Kenntnisse und fliegerisches Können voraus, sondern auch, daß er unverheiratet war – wegen der erwarteten Risiken. Von nun an waren die Raketentriebwerkfachleute, die Flugzeugbauer und der Testpilot gemeinsam am Werk. Einer beeinflußte die anderen. Wenn es nun nicht geschafft wurde, das Raketenflugzeug zum Flug zu bringen, dann war es nicht machbar. Aber es wurde geschafft. Doch auf dem Weg dahin gab es noch viele Hindernisse, Rückschläge, Teilerfolge und Arbeit. Vor allem gab es Arbeit, endlose Arbeit und manche gefährliche Situation. Nach anfänglichen Versuchen, die aus gesichertem Beobachtungsstand verfolgt wurden, sollte *Ernst Heinkel* bei einem Besuch im Februar 1936 gezeigt werden, welche Fortschritte gemacht worden waren und wie sicher das Verfahren schon sei. So erlebte *Ernst Heinkel*, wie aus dem Flugzeugrumpf eine etwa zehn Meter lange leuchtende Flamme herausschoß und Lärm und Erschütterungen die Umgebung erzittern ließen. Aber Menschen und Material waren unbeschädigt geblieben. *Ernst Heinkel* wurde von der Möglichkeit überzeugt, das Raketenflugzeug verwirklichen zu können. »Ich darf ohne Überhebung sagen, daß von Braun in der nun folgenden Zeit bis zum ersten erfolgreichen Flug meiner He 176, die dann in Wahrheit zum ersten Raketenflugzeug der Welt wurde, jede Unterstützung und Hilfe fand, die überhaupt ein einzelner, der an den Erfolg und die zukünf-

Im September 1959 fand im Heinkel-Werk Speyer ein Erinnerungstreffen der an den Flügen der He 176 und He 178 Beteiligten statt. Links *Erich Warsitz,* rechts neben ihm *Siegfried Günter* und *Karl Schwärzler.*

Bei den Veranstaltungen zum 20. Jahrestag der Erstflüge trafen sich: *Erich Warsitz, Karl Schwärzler, Frau Lisa Heinkel, Siegfried Günter* und *Karl-Ernst Heinkel* (von rechts nach links).

so daß *Warsitz* von ihm den technisch besten Eindruck hatte[34]. Der bald danach ausbrechende Krieg verhinderte offiziell jede weitere Beschäftigung mit dem Raketenflugzeug von *Heinkel*. Einen ausführlichen Bericht über die Entwicklung der He 176 und ihre Flugerprobung bis zum Erstflug hat *Erich Warsitz* anläßlich einer Pressekonferenz der Ernst Heinkel Flugzeugbau GmbH in Speyer am 15. September 1959 gegeben, der auszugsweise nachstehend wiedergegeben wird, um den unmittelbaren Eindruck des bei diesem Ereignis am stärksten Beteiligten, nämlich des Piloten, zugänglich zu machen. Dieser – im übrigen m. W. nicht veröffentlichte, wenn auch den Teilnehmern an der betr. Pressekonferenz zur Verfügung gestellte – Bericht gibt die Vorgänge und Gedanken wieder, wie sie sich für *Erich Warsitz* zur Zeit der Ereignisse ergaben.

Auszug aus Vortrag des Flugkapitäns Erich Warsitz vor der Pressekonferenz am 15. September 1959 in Speyer anläßlich der 20jährigen Wiederkehr der Erstflüge der He 176 und He 178 im Sommer 1939:

»Ich machte den ganzen Sommer (1937) über eine Menge Flüge, die sehr wichtig für die Triebwerksentwicklung und auch für die Gestaltung der völlig neuen Nur-Düsen- und -Raketen-Flugzeuge sein sollten.

Daß all diese Flüge und die Standversuche keineswegs reibungslos verlaufen konnten, wird jedem verständlich sein. Ein Tag ohne Explosion war selten, aber kein Mensch kam dabei ums Leben. Notgedrungene Krankenhausaufenthalte betrachteten wir als Ausspannung und als Ersatz für Urlaub. Heinkel behauptete zwar, seine Flugzeuge hielten selbst auch diese Beanspruchung aus, aber wie ich im Laufe der Erprobung des öfteren feststellen mußte, waren sie nicht immer den Explosionen gewachsen. Dafür stellte er uns aber immer wieder weitere Flugzeuge zur Verfügung. Des öfteren holte ich Dr. Heinkel nachts aus dem Bett, und in fünf Minuten war uns ein neues Flugzeug, weiteres Personal und noch mehr sicher. Das Bewußtsein, einen starken und interessierten Mann im Rücken zu haben, gab uns als Ersatz für die laufenden Rückschläge ungeheuren Auftrieb.

Die Starthilfserprobung fand ebenfalls im Sommer 1937 in Neuhardenberg statt. Es gelang mir mit einer He 111 und zwei Starthilfen nicht nur mit dem höchst zulässigen Fluggewicht von 10 Tonnen aus dem kleinen Platz zu kommen, sondern die Bedingungen von 600 m und 20 m Höhe mit 12,5 Tonnen zu erfüllen.

Im April 1938 siedelten wir nach Peenemünde über, wo inzwischen einige Gebäude fertig waren. Das erste Raketenflugzeug, die He 176, war auch zwischenzeitlich bei Heinkel fertig geworden, und wir konnten noch im Sommer dieses Jahres mit Standversuchen beginnen. Panne auf Panne, Rückschlag auf Rückschlag waren an der Tagesordnung, und so konnte ich mich mit den ersten Rollversuchen erst Anfang 1939 beschäftigen. Jetzt wurde uns allen erst völlig klar, auf welches Neuland wir uns begeben hatten.

Bei Flugzeugen mit Kolbenmotor und Luftschrauben hat man gleich beim Rollen und beim Start durch den Propellerstrahl die erforderlichen Drücke auf die Ruder, wodurch man in der Lage ist, die Maschine in Startrichtung zu halten. Bei der He 176 war kein Luftstrahl vorhanden, und die Ruder fingen erst durch den Roll- und Fahrwind bei hoher Geschwindigkeit an zu wirken. Die Geschwindigkeit von 150 km, die wir im Schlepp hinter einem Mercedes-Kompressor erreichten, war zu gering, um Steuerdrücke und

Rolleigenschaften festzustellen. Ich ging daher sehr schnell zu Rollversuchen mit eigener Kraft über, wobei ich feststellen mußte, daß die geringste Bodenunebenheit genügte, um eine Berührung zwischen Flächenspitze und dem Boden herbeizuführen. Zur Vermeidung der laufenden Flächenendkappenbeschädigungen wurde seitlich je ein Schleifbügel angebracht. Aber auch diese bohrten sich des öfteren in den Boden und ein Ringelpietz, selbst bei Geschwindigkeiten von 200 km, war nicht zu vermeiden. Der kleine, leichte Vogel rutschte oft viele Meter über den Boden, ohne jedoch groß beschädigt zu werden. Bei Rollversuchen und auch später bei Starts wurde die Rollbahn unmittelbar vorher mit mehreren PKW abgefahren, um festzustellen, ob nicht ein Maulwurf gerade gearbeitet hatte, denn allein ein solch kleiner Haufen genügte, um die Katastrophe herbeizuführen. Diese mußten wir unter allen Umständen vermeiden, denn das wäre ein Grund zur Einstellung der ganzen Entwicklung gewesen. Ich mußte daher ganz vorsichtig vorgehen, denn immer wieder wurde mir auch von Herrn Dr. Heinkel eingehämmert, alles dürfen und müssen Sie tun, aber passieren darf nichts – eine Forderung, die ja eigentlich an ein ganz neuartiges Flugzeug gar nicht gestellt werden konnte.
... (Es war) ein Flugzeug, das bequem in einem Zimmer des sozialen Wohnungsbaus Platz gefunden hätte. Die engsten Mitarbeiter von Heinkel wollten bei der Projektierung eine größere Maschine bauen, um soweit wie möglich auf Sicherheit zu gehen. Heinkel und ich hatten aber schon vorher allein vereinbart, ein größeres Risiko in Kauf zu nehmen und eine kleine Maschine zu bauen, womit wir den seinerzeit bestehenden absoluten Weltrekord von fast 750 km, den Heinkel mit seiner He 100 erstmalig (am 30. März 1939) nach Deutschland brachte, mit über 1 000 km schlagen konnten. Dieses Flugzeug in Form der He 176 wurde dann auch gebaut, und wir hätten, wenn der Krieg einige Monate später ausgebrochen wäre, diesen Rekord mit Sicherheit erreicht...
Als ich durch die laufenden Rollversuche mit immer größeren Geschwindigkeiten die Eigenarten und die Tücken zu kennen glaubte, legte ich ganz plötzlich am Spätabend des 20. Juni 1939 den ersten richtigen Flug fest. Ich ließ mich auch von allen Ingenieuren und Monteuren, die das Triebwerk und die Zelle vorher nochmal einer gründlichen Durchsicht unterziehen wollten, nicht abhalten.
Ich hatte durch meinen plötzlichen Entschluß keine Zeit mehr, Heinkel zu benachrichtigen, obwohl er es streng befohlen hatte. Er hat mir dies auch später nicht übelgenommen, als ich ihn mit der Erfolgsnachricht überraschte.
Nach meiner Entscheidung, sofort zu fliegen, trat bei allen Ingenieuren und Monteuren eine unheimliche Ruhe ein, keiner sprach ein Wort, alle wußten, daß der für die Zukunft entscheidende Augenblick kurz bevorstand. Fieberhaft wurde die Maschine betankt und startklar gemacht. Ich legte nochmal schnell selbst meinen Fallschirm, nahm den leitenden Ingenieur Künzel von Heinkel zur Seite und bat ihn, einen Brief aus meinem Schreibtisch weiterzuleiten, wenn mir etwas zustoßen sollte...
Die Maschine wurde an den Start geschleppt, ich stieg ein, überprüfte nochmal alle Hebel, Ruder und Instrumente, setzte die Tanks unter Druck, dann bekam ich das Zeichen, daß die Startbahn in Ordnung war. Künzel kam nochmal zu mir und drückte mir, ohne einen Ton zu sagen, die Hand. Die Monteure schlossen die Kanzel und dann gab ich Vollgas.
Die ungewohnte Beschleunigung schon beim Rollen war mir bekannt. Durch die erstmalig vollgefüllten Tanks brauchte ich jetzt eine längere Rollstrecke. Bei ungefähr 300 km, kurz vor dem Abheben, berührte die linke Fläche den Boden. Die Maschine, die ich bis dahin lediglich mit den Bremsen ganz vorsichtig in Richtung halten konnte, brach links aus und ich sah die Katastrophe kommen. Ich ließ aber auf Biegen und Brechen das Gas drin und kurz darauf hob sie seitlich schiebend und reichlich schwankend ab. Nach dem Abheben stieg die Fahrt rasend schnell von 500 auf 750 km. Die Beschleunigung war jetzt so groß, daß mein Kopf gegen die hintere Bordwand gedrückt wurde. Ein ganz geringes Anziehen des Steuerknüppels bewirkte, daß der Vogel unter 45° ohne Fahrtverminderung in den Himmel schoß, was mir einen Mordsrespekt einflößte. Ich mußte aber auch sofort die Linkskurve einleiten, und zwar sehr steil, weil ich sonst zu weit vom Platz gekommen wäre und der Treibstoff ja nur für eine Minute ausreichte. Alles ging wunderbar, und es war ein erhebendes Gefühl für mich, fast geräuschlos mit 800 km die Spitze der Insel Usedom zu umfliegen. Zeit für fliegerische Versuche blieben mir nicht, denn schon mußte ich mich auf die Landung konzentrieren. Wieder mußte ich scharf links kurven, um in die Landerichtung zu kommen, als ausgerechnet in der Steillage sehr plötzlich der Antrieb aussetzte, da die Tanks leergeflogen waren. Aus der Beschleunigung heraus wurde ich durch das Abbremsen des Luftzuges in der Luft nun beachtlich nach vorn in die Anschnallgurte gezogen. Ich drückte, huschte über die Peene und ging mit 500 km an den Boden. Die Platzgrenze war erreicht und nach mehreren vorschriftsmäßigen Sprüngen rollte die Maschine aus...
Bereits am nächsten Tag kamen Dr. Heinkel, Udet und viele hohe Offiziere nach Peenemünde und waren Zeuge des zweiten gelungenen Fluges, wobei ich schon etwas frecher war und unter anderem einen Tiefflug durchführte.«

Erich Warsitz stellt dabei in Hinblick auf den bald nach dem ersten Flug mit einem Raketenflugzeug erfolgenden Jungfernflug eines Düsenflugzeuges, der He 178 am 27. August 1939, fest, daß inzwischen erkannt worden war, »daß nicht dem Raketen-, sondern dem Düsenflugzeug wegen der längeren Flugzeit und größeren Betriebssicherheit die Zukunft gehöre«.

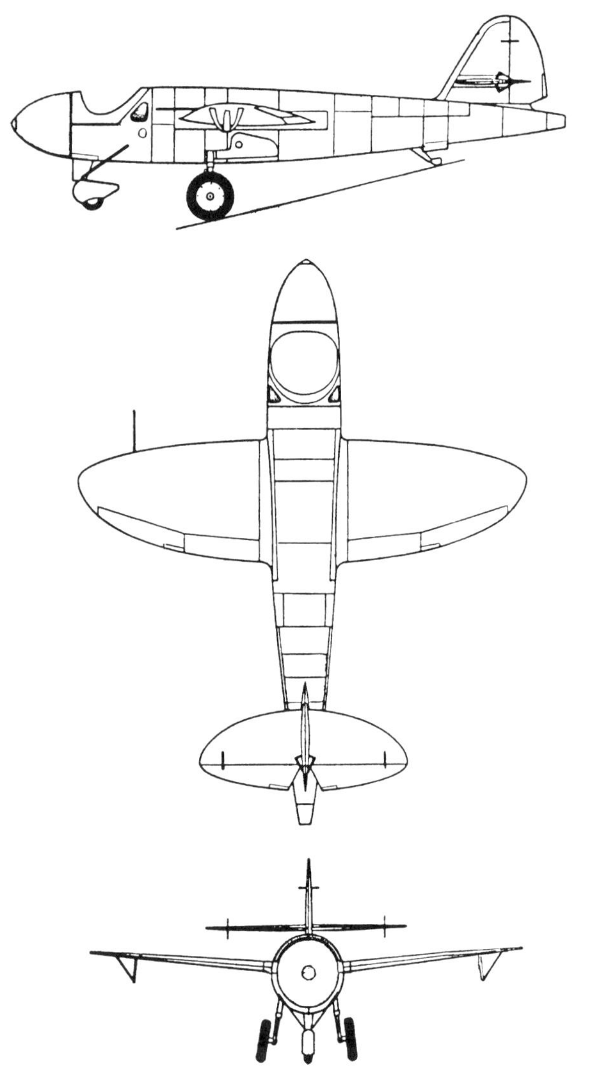

Raketenversuchsflugzeug He 176.

In dieser Pressekonferenz erklärte *Karl Schwärzler* zu diesem Punkt: »Der reine Raketenflug hat sich für Flugzeuge in niedrigeren Höhen nicht durchgesetzt. Der Kraftstoffverbrauch der Rakete ist dafür zu groß und der Düsenmotor arbeitet viel günstiger. Aber die Rakete wird als Zusatzantrieb für Flugzeuge in größeren Höhen auch heute verwendet ... und für noch größere Höhen kommt er erst recht zu seiner Entfaltung.«
Gleichwohl wäre es falsch, die He 176 mit ihrem Raketenantrieb als »Fehlentwicklung ohne Zukunft« abzutun, nur weil später der Raketenantrieb in dem von *Alexander Lippisch* bei *Messerschmitt* entwickelten Raketenjäger Me 163 letztlich auch nicht zum Erfolg führte[35]; denn sie bedeutete einen der beiden Versuche, der Motorenmisere des Kolbenmotors für schnellere Flugzeuge zu entkommen. Es war kein »Rennen«; denn der Kolbenmotor war bereits am Ende seiner Entwicklungsmöglichkeiten hinsichtlich höherer Geschwindigkeiten angekommen. Eine Weiterentwicklung wurde durch den Kriegsausbruch unmöglich gemacht. Und einer der beiden von *Ernst Heinkel* betretenen Wege, nämlich derjenige, auf dem das Düsentriebwerk entstand, war dann auch der richtige. Zu beiden Versuchen gab *Ernst Heinkel* die Initiative.
Das Ende der Raketentriebwerksentwicklung für *Heinkel* und des ersten Raketenflugzeugs der Welt ist schnell berichtet. Wenige Tage nach Kriegsausbruch erließ der Generalluftzeugmeister *Udet* eine Anordnung an den Chef des Generalstabes (der Luftwaffe)[36], die in 31 Nummern die »Verringerung der Entwicklungsvorhaben« verfügte, »um die notwendige Konzentration bei den Entwicklungsvorhaben zu erreichen«. Unter der Nr. 29 heißt es lapidar: »He 176. Alle Arbeiten werden sofort abgebrochen[37].«
Dabei war die Weiterentwicklung zu einem Abfangjäger in einfacher und billiger Weise möglich und vorgesehen. Erst sehr viel später, als der Luftkrieg sich negativ auszuwirken begann, erinnerte man sich auch an die erfolgreichen Versuche bei *Heinkel* mit seinem Raketenflugzeug. So wurde die He 176 noch Ausgangspunkt für ein neues Projekt, das Abfangjagdflugzeug He P 1077 mit einer Walter-Rakete.
Die geflogene He 176 selbst stand im Werk Rostock-Marienehe lange Zeit herum, wurde dann in Kisten verpackt und ins Luftfahrtministerium nach Berlin verschickt. Dort wurde sie, noch ehe sie ihren Aufstellplatz gefunden hatte und bevor sie ausgepackt wurde, bei einem Bombenangriff zerstört[38].
Ernst Heinkel hatte schon Vorkehrungen für die Errichtung eines Museums für dieses denkwürdige Baumuster treffen lassen.
Aufnahmen dieses Flugzeugs blieben fast 50 Jahre unbekannt[25]. Es gab lediglich die auch hier übernommenen Aufnahmen eines nach dem Krieg gefertigten Modells. Zwar spricht *Erich Warsitz* von einem bei dem Vorführflug am 21. Juni 1939 gefertigten Film. Aber entweder ist dieser in Rostock verlorengegangen oder als Beutegut ins Ausland geraten und dort verschollen.

Neue Antriebe für höhere Geschwindigkeiten

Es ist schon vorweggenommen, daß *Ernst Heinkel* auch auf dem Gebiet des Düsenflugzeugs Pionierleistungen vollbracht hat. Allerdings wußte man zu Beginn dieser Entwicklungen noch nicht, auf was man sich da eingelassen hatte. Der Stand der Technik in der Mitte der 30er Jahre gab keine Gewißheit, ob die Rakete oder das Turbinenstrahltriebwerk, oder welcher Antrieb sonst den Kolbenmotor verdrängen würden. Die Verhältnisse im Bereich der Schallgeschwindigkeit für Flugzeuge waren noch weitgehend unbekannt. Es war also in der Tat – und das erst recht für einen privaten Unternehmer wie *Ernst Heinkel* – ein wagemutiger Schritt, sich auf dieses Neuland zu begeben. Es spricht für seine Weitsichtigkeit, daß er sowohl den Raketenantrieb wie auch den Düsenantrieb nicht nur untersuchen ließ, sondern praktisch verwirklichte und sich dafür mit seinem eigenen Geld und seiner ganzen Persönlichkeit einsetzte. Es sei immer wieder betont, daß es *Heinkel* und seinem Piloten *Warsitz* nur um die Erreichung einer Geschwindigkeit von 1 000 km/h ging und nicht um ein für andere Zwecke einsatzfähiges Flugzeug. Darum hatten sie auch für die Zelle der He 176 trotz des damit verbundenen Risikos das kleinere Flugzeug gewählt, während für die He 178, das Strahlturbinen-Versuchsflugzeug, wie wir noch sehen werden, eine erheblich größere Zelle gebaut wird.

Die weitere Überlegung, daß nämlich der oder die ersten auf einem neuen technischen Weg nicht unbedingt den großen Erfolg haben, läßt auch den Weg verständlich erscheinen, der bei *Heinkel* auf dem Gebiet des Turbinenstrahltriebwerks beschritten wurde. Auch hier wurde, weil *Ernst Heinkel* immer wieder drängte, fertig zu werden, ja schneller fertig zu werden, das Strahltriebwerk mit einem radialen Verdichter entwickelt, weil es leichter und damit schneller zum Laufen gebracht werden konnte. Ein Triebwerk mit einem axialen Verdichter, wie es dann später in den ersten eingesetzten Düsenflugzeugen zum Einbau kam und heute in allen größeren Turbostrahlflugzeugen ausschließlich verwendet wird, wurde von dem Wissenschaftler, der bei *Heinkel* die Strahltriebswerksentwicklung aufnahm, zunächst verworfen. Und das, weil ein Düsentriebwerk mit einem axialen Verdichter eben komplizierter und damit schwerer, d. h. nur im Verlauf einer längeren Zeit herzustellen gewesen wäre. *Ernst Heinkel* aber kam es darauf an, so bald wie möglich und als erster mit einem Düsenflugzeug zu fliegen.

Von der abenteuerlichen Geschichte der Entwicklung des ersten in einem Flugzeug geflogenen Düsentriebwerkes soll nunmehr die Rede sein.

Natürlich beginnt auch die Geschichte des *Düsenantriebs* viel früher als seine Verwirklichung in der modernen Luftfahrt. Die Idee war an sich nicht neu. Das Prinzip des Strahlantriebs wurde schon gleichzeitig mit den ersten Flugzeugen erkannt. Aber die Flugzeuge waren damals noch zu klein und zu schwach, um höheren Ansprüchen zu genügen. Auch die Werkstoffe, die die hohen Temperaturen ausgehalten hätten, waren noch nicht bekannt. Der vorhandene und bewährte Kolbenmotor mit Propeller genügte auch bei steigenden Geschwindigkeiten zunächst durchaus den Anforderungen. Ein Bedürfnis nach einem Triebwerk, das erheblich höhere Geschwindigkeiten versprach, bestand noch nicht.

Schon 1913 hatte der Franzose *René Lorin* sich die Grundidee für die nach ihm benannte Lorin-Düse bzw. das Lorin-Rohr patentieren lassen, die ein Staustrahltriebwerk mit einem Überschall-Diffusor, einem Flammenhalter und einer Überschallaustrittsdüse betraf. Der einfache, technisch durchaus reizvolle Aufbau machte jedoch in der Anwendung Schwierigkeiten, da der Antrieb erst mit entsprechend hoher Anströmgeschwindigkeit wirksam werden kann, so daß das Flugzeug erst einmal diese Geschwindigkeit erreichen mußte. Das war aber um jene Zeit weder von der Seite der Antriebsmittel noch von der Seite der Flugzeugzellen möglich, die noch keineswegs die aerodynamisch erforderlichen höheren Geschwindigkeiten zuließen. Ja, um diese Zeit waren Fluggeschwindigkeiten, bei denen ein Staustrahltriebwerk wirksam und wirtschaftlich arbeiten würde, noch nicht einmal denkbar. So war *Lorins* Idee ihrer Zeit zu weit voraus gedacht. Seine Maschine von 1908[39] benutzte noch die Kolben direkt, um einen Strahl zu erzeugen. Sie wäre wohl auch unerträglich laut geworden, wenn sie je eingesetzt worden wäre. *Marconnets* Vorschlag aus dem Jahre 1909[40] betraf eine Rakete mit einem Kompressor, der wohl seinerseits von einem Motor angetrieben wurde. Die Gase strömten dann mit Überschallgeschwindigkeit aus.

Ernster zu betrachten wäre das Patent des Franzosen *Guillaume*[41] von 1921, das eine axiale Strahlturbine zum Gegenstand hatte. Diese und andere frühe Vorarbeiten führten jedoch zu keiner praktisch verwertbaren Lösung. Sie zeigen aber das Interesse und den Anspruch der damaligen fortschrittlichen Erfinder, die allerdings wie üblich ihrer Zeit voraus waren.

Realistisch waren dagegen die Gedanken, die einen anderen Außenseiter, den Kadetten der britischen Royal Air Force, *Frank Whittle,* seit 1929 bewegten, obwohl auch er fürs erste an dem Unverständnis seiner Vorgesetzten für seine revolutionären Ideen scheiterte. *Whittle,* Jahrgang 1907, hatte den Gedanken, eine Gasturbine anstelle eines Kolbenmotors zum Antrieb eines Flugzeuges zu verwenden. Das britische Luftfahrtministerium zeigte jedoch kein Interesse, so daß *Whittles* im Januar 1930 angemeldetes und Mitte 1931 gewährtes Patent[42] nicht auf die Geheimliste zur Inanspruchnahme durch das Ministerium gesetzt, daher Mitte 1932 veröffentlicht und damit allgemein zugänglich wurde. Aber auch private Kreise interessierten sich nicht für die Verwirklichung seiner Gedankengänge, so daß schließlich auch *Whittle* selbst diese Dinge nicht weiter verfolgte, sich vielmehr anderen Überlegungen zuwandte. Jahrzehnte später beschreibt er »The Birth of the Jet Engine in Britain« in einem Referat, das er auf einem vom National Air and Space Museum in Washington

D.C. am 26. Oktober 1979 veranstalteten Symposium hielt[43].
Im Jahre 1935 regte sich neues Interesse an seinem Triebwerk, aber das Patent war verfallen. *Whittle* hatte die Kosten für eine Verlängerung nicht erlegt. So wurde 1936 die »Power Jets Ltd.« gegründet, und *Whittle* entwickelte weitere Ideen, die dann zum ersten Standlauf seines Triebwerks am 12. April 1937 führten, nur kurze Zeit später als das von *Hans v. Ohain* bei *Heinkel* entwickelte Düsentriebwerk, um das vorwegzunehmen. Es dauerte jedoch noch bis zum 15. Mai 1941, ehe ein Flugzeug mit dem Whittleschen Triebwerk, die Gloster E 28/39, ihren Jungfernflug mit *P. E. G. Sayer,* dem Chef-Testpiloten von *Gloster,* am Knüppel ausführen konnte. In Deutschland war um diese Zeit bereits das zweite bei *Heinkel* entwickelte Düsenflugzeug, die He 280, ein operationeller zweimotoriger Düsenjäger, geflogen, nachdem das erste Düsenflugzeug der Welt, die He 178 mit einem He S 3 B-Düsentriebwerk, schon am 27. August 1939 ihren Erstflug absolviert hatte. Doch damit eilen wir den Ereignissen voraus.
In Deutschland hatten *Gustav Koch* aus München sich sogar schon zwischen 1895 und 1900 in verschiedenen Schriften mit dem Flugproblem befaßt und ein Nurflügelflugzeug mit Strahlantrieb entworfen, bei dem eine kleine Luftschraube in einem Rohr mit düsenartigem Austritt laufen und den Vorschub liefern sollte[44]. *Henry Coanda* in Frankreich baute 1909 ein Flugzeug mit ähnlichem Antrieb, wobei der Reihenmotor im Bug ein vor ihm liegendes, übersetztes Kreiselgebläse mit düsenartigem Austritt antrieb, dessen »kalter« Schubstrahl jedoch für einen Flug nicht ausreichte. Seine Maschine hatte er immerhin 1910 auf der Zweiten Pariser Luftfahrtausstellung gezeigt[45].
1911 wollte der Dresdner Ingenieur *Karl Kretzschmar* in einem Doppeldecker bereits eine »Propeller-Turbine« erproben, woraus ersichtlich ist, daß nicht nur an die Idee des Strahlantriebs gedacht wurde, sondern auch die Anwendung der Gasturbine als Propeller-Turbine[46].
Auch *Herbert Wagner*, der »die erste wirklich ernsthafte technische Entwicklung einer axialen Flugzeuggasturbine in Deutschland... in Angriff genommen hatte[47], hatte bereits 1934 seine Entwurfsarbeit an einer Flugzeug-Turbine begonnen, während sein erster Kontakt mit Turbinen bereits aus dem Ersten Weltkrieg stammte, als er auf einem mit Dampfturbinen angetriebenen österreichisch-ungarischen Schlachtschiff eingeschifft war und danach als Assistent an der TH Berlin-Charlottenburg sich mit Schiffsdampfturbinen und Propellern befaßte. Seit 1930 Ordinarius für Luftfahrtwesen an der TH Berlin-Charlottenburg, begann er 1934 völlig privat, nur von einem Zeichner unterstützt, den Entwurf einer Gasturbine, an dem die Mitarbeiter des von ihm geschaffenen Instituts für Luftfahrtwesen an seinem Lehrstuhl weder beteiligt waren noch auch nur etwas wußten. Gleich nach seinem Eintritt 1935 bei Junkers in Dessau, schlug *Herbert Wagner* dem Junkers-Generaldirektor *Heinrich Koppenberg* unter Vorlage und Übergabe seiner Berliner Entwürfe vor, die Entwicklung von Gasturbinen aufzunehmen[48]. Er führte seit 1936 mit Hilfe einiger Ingenieure, die er von seinem Charlottenburger Institut zu Junkers holte, sein Projekt bei der zu Junkers gehörenden »Maschinenfabrik Magdeburg« weiter, ohne daß das RLM oder auch nur das Junkers-Motorenwerk davon etwas erfuhren. So wurden die umwälzenden Gedankengänge über neue Flugzeugantriebe nicht in der *Motoren-Industrie* verwirklicht, sondern sowohl bei Heinkel wie auch bei Junkers in *Flugzeugfirmen.* Das Projekt, das *Wagner* durch seinen tüchtigen Mitarbeiter *Max Adolf Müller* als Abteilungsleiter in Magdeburg bearbeiten ließ, war ein reines axiales Turbinen-Strahltriebwerk, das den fortschrittlichsten Axial-Kompressor besaß, in welchem gleicher Druckanstieg in der Beschaufelung von Rotor und Stator bewirkt wurde, d.h. größter Stufendruck für gegebene Blatt-Anströmungsgeschwindigkeit oder Mach-Zahl[49]. Dieses Triebwerk war 1939 zur Erprobung auf dem Prüfstand in Magdeburg einsatzbereit, lief jedoch nicht aus eigener Kraft. Es zeigte immerhin eine positive Leistungsabgabe, auch wenn wie üblich die projektierte Leistung noch nicht demonstriert werden konnte. Da das RLM die Fortführung der Turbinenstrahltriebwerksentwicklung nicht im Flugzeugwerk in Magdeburg, sondern beim Junkers-Motoren-Werk in Dessau verlangte, konnten in Magdeburg systematische Messungen usw. nicht mehr vorgenommen werden. Auf diese Weise kam mit einem Entwicklungsauftrag des RLM an Junkers Dessau auch das Wagnersche Axial-Strahltriebwerk dorthin, während *Herbert Wagner* selbst bereits vor der angeordneten Übersiedlung der gesamten Entwicklungsgruppe nach Dessau die Firma Junkers verlassen hatte. Auch der größte Teil seines hervorragenden Teams, der ebenfalls nicht nach Dessau übersiedeln wollte, folgte stattdessen einem Ruf *Ernst Heinkels,* der neben der Gruppe *Hans v. Ohains,* die sich mit dem einfacheren radial-verdichteten Strahltriebwerk befaßte, auch eine Gruppe haben wollte, die ein axiales Strahltriebwerk entwickeln konnte. Die ehemalige bei Junkers tätige Gruppe *Herbert Wagners* begann nun unter Leitung von *Max Adolf Müller* unter Zugrundelegung der Wagnerschen Gedankengänge mit der Entwicklung des später mit einigen Verbesserungen und Konstruktionsänderungen als He S 30 bezeichneten Axial-Triebwerks, während die Arbeiten bei Junkers nach einiger Zeit durch das Junkers-Motorenwerk in Dessau unter Leitung von *Anselm Franz* wieder aufgenommen wurden und zum Jumo 004 führten[50].
So führte die von *Herbert Wagner* eingeleitete Entwicklung eines vielstufigen Axialgeräts mit Ringbrennkammer und zweistufiger Turbine trotz der größeren damit verbundenen Schwierigkeiten gegenüber dem von *Hans v. Ohain* befolgten einfacheren Weg und dem anfänglichen Fehlen von Teilprüfständen für Kompressor und Turbine sowie der durch die Umsiedlung eintretenden Verzögerungen jeden-

falls dazu, daß das RLM auf die technischen Möglichkeiten und großen Vorteile der Strahltriebwerke *axialer* Bauart aufmerksam gemacht wurde. Es ist daher wohl wesentlich den Einflüssen zu verdanken, die von *Herbert Wagners* Arbeiten ausgingen, daß das RLM sich letztlich bei der Auftragserteilung für Strahltriebwerke für einen Typ mit Axialverdichter entschied, der sich inzwischen auch als der wichtigste der Gesamtstrahltriebwerksentwicklung erwiesen hat, der gegenwärtig für alle größeren Strahltriebwerke verwendet wird.

Man kann wohl auch annehmen, daß der für die Junkers-Motoren-Werke zuständige Professor *Mader* gegen die Entwicklung von Strahltriebwerken in den von ihm geleiteten Betrieben vor allem eingewandt hat, daß dadurch die dringend notwendige Weiterentwicklung von Kolbenmotoren keine Beeinträchtigung erfahren solle[51].

Immerhin stellte *Helmut Schelp,* der im Technischen Amt des RLM der die Dinge vorantreibende Mitarbeiter des Referenten *Hans Mauch* in der von *Wolfram Eisenlohr* geleiteten Triebwerksabteilung war, in einem Brief an den Verfasser (ohne Datum, jedoch etwa Januar/Februar 1980 geschrieben) fest, daß für ihn 1939 die Einschaltung der Triebwerksindustrie lebenswichtig gewesen sei, obwohl »die Triebwerksindustrie diese Entwicklung überhaupt nicht erkannt hatte«. Diese Industrie, die von sich aus keinen Schritt unternommen hatte in der neuen Richtung, mußte, wie er sagte, gewissermaßen vom RLM gezwungen werden, Aufträge zur Entwicklung von Turbinenluftstrahltriebwerken überhaupt anzunehmen!

Im Herbst 1938 begann auch *Hermann Hagen* sich bei Bramo[52] mit Strahltriebwerksprojekten zu befassen. Von ihm stammten sowohl ein Radialverdichtertriebwerksentwurf als auch einer mit Axialverdichter, die beide bei den Fusionsverhandlungen mit BMW vorlagen[53].

Wie *Hermann Hagen* in seinem Vortrag auf der Jahrestagung der DGLR in Aachen am 12. Mai 1981 »Zur Geschichte des Strahltriebwerks – Die Entwicklung bei BMW in den Jahren 1938 bis 1945« ausführt, stellte BMW unter der Leitung von *Hermann Oestrich* ebenfalls »Untersuchungen zur Steigerung der Fluggeschwindigkeit über die bei Propellerantrieben damals gegebene Grenze« an, bei denen mehrere Strahlvortriebseinrichtungen einander gegenübergestellt wurden. Nachdem von der Aerodynamischen Versuchsanstalt (AVA) in Göttingen die Unterlagen über die von *Walter Encke* durchgeführte Axialverdichterentwicklung zur Verfügung gestellt waren und im RLM *Helmut Schelp* sich, gestützt auf Empfehlungen von *Ludwig Prandtl* und *Albert Betz,* für das Axialverdichtertriebwerk entschieden hatte, erteilte das RLM einen Entwicklungsauftrag auf ein Strahltriebwerk axialer Bauart aufgrund der noch von Bramo vorgelegten Projektunterlagen. Auch die BMW-Flugmotorenbau GmbH in München erhielt bereits im Sommer 1938[54] aufgrund der bei ihr durchgeführten unabhängigen Untersuchungen einen Entwicklungsauftrag für Strahltriebwerke, dessen Arbeiten jedoch nach der Fusion im Herbst 1939 eingestellt wurden.

Die Arbeiten bei Bramo-BMW führten jedoch erst Mitte 1940 dazu, die Triebwerkskonstruktion abzuschließen. Im Februar 1941 begannen die Versuchsläufe des später BMW 109-003 genannten Prototyps, der auch für die He 162[55] im Jahre 1944/45 vorgesehen war. Insgesamt sind noch vom BMW 109-003 ca. 750 Stück gebaut worden, die vor allem in der Arado 234, dem ersten in Serie gebauten vierstrahligen Bomber, erprobt worden waren.

Im übrigen hatten die Strahltriebwerksleute im Junkers-Flugzeug-Werk die gleichen Schwierigkeiten im RLM wie *Heinkel,* da auch ihnen von *Hans Mauch* entgegengehalten wurde, daß für sie als Flugzeugwerk die Entwicklung und der Bau von Motoren keine Sache sei.

Mit Junkers und BMW sind die wesentlichen Entwicklungen in Deutschland neben derjenigen bei *Heinkel* genannt. In die Flugpraxis eingeführt wurden all diese Überlegungen jedoch erst, als *Ernst Heinkel* sich ihrer annahm; denn nur wenig später als die Idee des raketengetriebenen Flugzeugs wurde eine andere, neue Idee an *Ernst Heinkel* herangetragen, deren Verwirklichung viel weittragendere Folgen für die Weltluftfahrt haben sollte.

Ein großer Schritt in die Zukunft: He 178 mit He S 3 B

Seit 1933 beschäftigte sich ein junger Physikstudent in Göttingen mit zunächst rein theoretischen Überlegungen für ein Strahltriebwerk. Der schon mehrfach zitierte *Hans-Joachim Pabst v. Ohain,* den wir der Einfachheit halber – wie schon erwähnt – abgekürzt *Hans v. Ohain* nennen wollen, geboren am 14. Dezember 1911 in Dessau, hatte 1930 in Göttingen das Studium der Physik aufgenommen, das er nach vier Semestern in Berlin und Rostock fortgesetzt hatte, um alsdann wieder nach Göttingen zu gehen. Hier arbeitete er bei dem Leiter des Ersten Physikalischen Instituts, *Robert W. Pohl,* an seiner Dissertation über »Ein Interferenzlichtrelais für weißes Licht«, die mit »Sehr gut« beurteilt wurde, und wurde am 1. November 1935 zum Doktor der Philosophie ernannt[56]. Neben seiner Tätigkeit am Pohlschen Institut bastelte er in der Göttinger Automobilwerkstatt Bartels & Becker, in der er seinen kleinen Wagen betreuen ließ, gemeinsam mit dem dort beschäftigten *Max Hahn* an einem einfachen Modell eines von ihm geplanten Strahltriebwerks mit ersten konstruktiv realisierbar erscheinenden Möglichkeiten. Er hatte, unabhängig von dem Engländer *Frank Whittle* und ohne Kenntnis von dessen Arbeiten, im Zuge seiner Beschäftigung mit Strömungsvorgängen 1935 ein Patent »Verfahren und Apparat zur Herstellung von Luftströmungen zum Antrieb von Flugzeugen« angemeldet, das ihm 1937 erteilt wurde. Sein Institutschef, Professor *Pohl,* hatte ihm gestattet, die erforderli-

Bereits 1935 meldete Hans v. Ohain sein erstes Patent über einen Turbostrahlantrieb an. Die Aufnahme entstand 1977 in den USA.

Ein erstes Versuchsgerät wurde in einer Automobilwerkstatt in Göttingen gebaut. Im Bild Max Hahn.

chen Versuche in diesem Universitätsinstitut vorzunehmen. Die noch erforderlichen systematischen Verbrennungsversuche konnte er am Göttinger Universitätsinstitut nicht durchführen, so daß *Pohl* ihm eröffnete, daß die Fortsetzung seiner Untersuchungen nur in einem Industrie-Unternehmen möglich sei, und ihm gleichzeitig anbot, ein Empfehlungsschreiben für ihn an eine Firma seiner Wahl zu richten. *Hans v. Ohain* schlug dafür die Ernst Heinkel Flugzeugwerke in Rostock-Marienehe vor, weil er annahm, daß besonders *Ernst Heinkel*, der die »Reputation hatte, am

Aktenzeichenmitteilung.

v. Ohain

Die P a t e n t *-Anmeldung des*

Herrn Dr. Hans Joachim Pabst von Ohain, G ö t t i n g e n

betreffend Verfahren zum Umwandeln von Wärmeenergie in kinetische Energie eines Gasstromes

vom 9. November 1935

ist unter dem Aktenzeichen V 22 104 XI/62b

in den Geschäftsgang gegeben worden.

Reichspatentamt 9.11.1935

An die
Herren Patentanwälte
[redacted] *Dr. C. Wiegand,*
Dr. Ernst Wiegand
Berlin SW. 61
Schl.

Reichspatentamt Annahmestelle

Mit Schreiben vom 9. November 1935 teilte das Reichspatentamt das Aktenzeichen für die erste Patentanmeldung von *Hans v. Ohain* mit.

Schnellflug außerordentlich interessiert zu sein und ein nicht konventioneller Denker zu sein[57]«, sich für seine neuartigen Ideen interessieren würde. *Hans v. Ohain* entschied sich für *Heinkel* nicht zuletzt auch deshalb, weil dieser alleiniger Firmeninhaber war und deswegen seine Entscheidungen treffen konnte, ohne jemanden fragen zu müssen. *Pohl* schrieb am 3. März 1936 einen Brief an *Ernst Heinkel,* in dem er ihm mitteilte, daß einer seiner Schüler namens *Hans-Joachim Pabst v. Ohain* die besondere Fähigkeit habe, seine physikalischen Kenntnisse technisch nutzbar zu machen. So habe er vor Jahresfrist ein Interferenzlichtrelais konstruiert, das auf seine, *Pohls,* Veranlassung der Firma Siemens & Halske angeboten und von dieser sofort erworben worden sei. *Dr. von Ohain* habe jetzt eine viel wichtigere Sache entwickelt, nämlich

»ein Verfahren, Flugzeuge ohne Propeller anzutreiben und die Wege beim Starten und Landen zum mindesten sehr stark zu verkürzen. Er hat das Verfahren sauber durchgerechnet und die praktische Konstruktion in Angriff genommen. Ich bin jedoch der Ansicht, daß diese technische Entwicklungsarbeit nur im Rahmen einer Firma durchgeführt werden kann und deswegen möchte ich mir erlauben, Ihre Aufmerksamkeit auf diese Erfindung von Dr. von Ohain zu lenken. Ich nehme an, daß Sie noch mehr als der Leiter eines physikalischen Instituts mit törichten Erfinderprojekten behelligt werden und deswegen schreibe ich Ihnen und nicht Herr von Ohain, damit Sie von vornherein die Gewähr haben, daß es sich bei Herrn Dr. von Ohain um eine durchaus ernste und physikalisch wohl fundierte Angelegenheit handelt.«

Ernst Heinkel antwortete unverzüglich am 12. März:

»Ich habe selbstverständlich Interesse für alle neuen Konstruktionen, die uns in der Entwicklung der Flugzeuge weiter bringen können, und wäre Ihnen dankbar, wenn Sie Herrn von Ohain veranlassen würden, sich an mich zu wenden. Am zweckmäßigsten wäre es, wenn er nach vorheriger Anmeldung zu einer Aussprache nach Warnemünde kommt.«

Das geschah bereits am 18. März. Von dieser Besprechung in Rostock, an der *Heinkel* seine ersten Ingenieure, nämlich *Karl Schwärzler, Siegfried* und *Walter Günter* sowie deren Mitarbeiter *Matthaes* und *Helmbold* beteiligte, hat *Siegfried Günter* das auch von *Hans v. Ohain* unterzeichnete Werksprotokoll Nr. 3722 angefertigt (»Betreff: Strahl-Apparat v. Ohain«), in dem festgehalten wurde, daß *Hans v. Ohain* Zeichnungen und Berechnungsunterlagen vorgelegt habe, welche Wirkungsgrade vorlägen, obwohl wirkliche Messungen noch nicht vorhanden seien, diese also im Werk durchgeführt werden müßten, daß der jetzige Durchmesser der Turbine zu groß sei und daß der Antrieb sich »hauptsächlich für Flugzeuge, die nicht sehr lange Zeit fliegen müssen«, eigne. *Hans v. Ohain* werde in ca. 14 Tagen Unterlagen über seine verbesserte Konstruktion vorlegen, und das im übrigen für die Erledigung verantwortlich gemachte Projektbüro »feststellen, für welche Flugzeugarten sich die Vorrichtung eignet«.

Bereits am 2. April fand eine zweite Besprechung in Marienehe statt, in der im kleinsten Kreis das weitere Vorgehen vereinbart wurde. *Ernst Heinkel* informierte noch am gleichen Tag *Pohl* in Göttingen und bat um Anwesenheit *Hans v. Ohains* bei den Vorversuchen über die Verbrennungsfrage, die noch zu lösen seien. »Sollten die Versuche positive Ergebnisse zeitigen und wir an den Bau eines derartigen Aggregates gehen, so ist es natürlich notwendig, dass Herr von Ohain hier in meinem Werk überhaupt dauernd bleibt.«

Gleichzeitig traf *Ernst Heinkel* mit *Hans v. Ohain* die ersten Abmachungen wirtschaftlicher Art und schickte an *Max Hahn* das Angebot, mitzuarbeiten. Am Tage darauf erteilte er seinem Technischen Direktor *Heinrich Hertel* unter Beifügung des Protokolls über die Besprechung vom Vortage zu dessen Information den Auftrag, die Arbeitsmöglichkeiten für *Hans v. Ohain* zu schaffen; er ergänzte diesen Auftrag in den nächsten Tagen mit der ihm eigenen Energie, um alles daran zu setzen, daß die eingeleiteten Arbeiten auch vordringlich erledigt würden. Damit nahm eine entscheidende Phase der Triebwerksentwicklung ihren Anfang. *Ernst Heinkel* hatte den Grund gelegt für eine Wende auf dem Wege zum Schnellflugzeug, indem er konsequent das tat, was eigentlich den Triebwerksbauern zu tun hätte obliegen sollen: Er machte den Weg frei für eine neue Epoche der Luftfahrt.

Gewiß hatten die Dinge in der Luft gelegen. Aber gerade auch das war *Ernst Heinkel* klar, der nun sofort dafür sorgte, daß die neuen Möglichkeiten, die er verfolgen ließ, nicht außerhalb seines Werkes bekannt würden.

Auch die Aerodynamiker hatten auf dem 5. Volta-Kongreß in Rom, dem ersten internationalen wissenschaftlichen Kongreß für die Untersuchung der Möglichkeiten des Überschallfluges, zu dem die führenden Aerodynamiker der Welt eingeladen waren, begonnen, sich mit diesem Themenkreis ernsthaft zu beschäftigen. Wie der große ungarische Aerodynamiker *Theodor v. Kármán,* von 1912 bis 1929 Ordinarius für Mechanik und Aerodynamik an der Technischen Hochschule Aachen und Gründer des dortigen Aerodynamischen Instituts, in seinen Memoiren schreibt, kennzeichnete das Treffen in Rom 1935 »den Anfang des Überschallzeitalters. Es war der Anfang in dem Sinne, daß erstens die Konferenz die Tür öffnete zum Studium der Überschallgeschwindigkeit für das Fliegen und zweitens, weil die meisten Überschallentwicklungen von diesem Zeitpunkt an sehr rasch vor sich gingen, gipfelnd 1946, nur 11 Jahre später, in Charles Yeagers Brechung der Schallbarriere im Horizontalflug mit der Bell X 1[58].«

Die Zeit war jetzt soweit, daß Flugzeugzelle und -triebwerk dem Herangehen an die Schallmauer und ihrem Überschreiten gewachsen waren. Dazu beigetragen hatte *Ernst Heinkel* auf beiden Gebieten. Ihm ging es wie immer um die Steigerung der Fluggeschwindigkeiten, er wollte die

1000-km-Grenze überschreiten[59]. So bestand 1935 eine Situation, »die für die Motorenindustrie geradezu ideal war, langfristige Neuentwicklungen für Schnellflugtriebwerke aufzunehmen[60]«. Aber diese Industrie war in keinem Land der Welt für diese Ideen aufgeschlossen und betrieb daher nirgendwo entsprechende Entwicklungen. Das blieb wieder einmal den Außenseitern überlassen.
Hans v. Ohain hielt es für vollkommenes Neuland. Er kannte auch nicht die Ideen und Patente, die es bereits auf diesem Gebiet gab. Auch von dem maßgeblichen Whittle-Patent – von den anderen Vorläufern ganz abgesehen – hatte *Hans v. Ohain* keine Kenntnis. Er lernte es erst 1937, als er bereits bei *Heinkel* intensiv an seinem neuartigen Triebwerk arbeitete, kennen, als für ihn beim Deutschen Patentamt die übliche Patentsuche vorgenommen wurde.
Hans v. Ohain wurde sich darüber klar, daß er für den Anfang – was er immer wieder stark betont – Einfachheit und leichtes Gewicht in bezug zur Leistung berücksichtigen müsse. Da auch *Heinkel* darauf drängte, möglichst schnell zum Erfolg, d.h. zum Fliegen mit einem Turbinenluftstrahltriebwerk, zu kommen, war für *Hans v. Ohain* die Entscheidung vorgegeben, ein ganz einfaches, leicht herstellbares Triebwerk zu bauen. So entschied er sich für einen radialen Kompressor mit einer radialen Turbine, für die man zur Fertigung keine Fräsmaschinen oder dergleichen brauchte. Die Turbine war auch automatisch auf den Kompressor mit ungefähr gleichem Durchmesser abgestimmt, so daß er mit der Turbinenmaschinerie wenig Sorgen hatte.
Hans v. Ohain hat in seinem bereits mehrfach *erwähnten* Vortrag anläßlich der Übergabe des Nachbaues seines Triebwerks von der Motoren- und Turbinen-Union München GmbH (MTU) an das Deutsche Museum in München am 15. Mai 1981 einen so lebhaften und persönlichen Bericht über dessen Entstehungsgeschichte gegeben, daß er auszugsweise auch hier wiedergegeben werden soll, da er eine Vielzahl von Tatsachen und persönlichen Erinnerungen bringt, die bisher nicht veröffentlicht worden sind[61].

Anläßlich der Übergabe des nachgebauten He S 3 B-Triebwerkes kam *Hans v. Ohain* nach München. Links Generaldirektor *Stillger* vom Deutschen Museum.

Vortrag Hans v. Ohains über die Entstehungsgeschichte der Düsentriebwerksentwicklung bei Ernst Heinkel anläßlich der Übergabe des Nachbaues des He S 3 B an das Deutsche Museum in München am 15. Mai 1981.

»Mein Interesse am Strahlantrieb – oder sagen wir an einem verbesserten oder einem neuartigen Antriebssystem begann etwa 1933. Ich fand, daß die Eleganz und Geschmeidigkeit des Fliegens durch die enormen Vibrationen und Geräusche des Kolbenmotors und der Luftschraube sehr stark beeinträchtigt sind. Ich kam zu der Überzeugung, daß ein stetiger Arbeitsprozeß, das heißt, stetige Kompression, Verbrennung und Expansion, wesentliche Vorteile gegenüber dem unstetigen Kolbenprozeß haben würde: Weniger Geräusch (jedenfalls innerhalb des Flugzeuges), keine Vibrationen und vor allem eine sehr viel größere Leistung in bezug auf das Volumen und Gewicht des Triebwerkes.
Anfangs wollte ich solch einen Prozeß ohne bewegliche mechanische Teile nach Art einer Strahlpumpe durchführen, aber sehr bald überzeugte ich mich davon, daß solch ein Prozeß in der Berechnung sehr unsicher ist, und ich glaube auch heute noch, daß er wahrscheinlich nicht funktionieren würde. So ging ich über zu einer Turbine mit stetiger Verbrennung, bei der die Nutzleistung mit Hilfe einer Düse in kinetische Energie der Austrittsgase umgewandelt wird. Nun konnte eine solche Turbine sehr viele Bauformen haben, wie z.B. axiale Kompressoren mit vielen Stufen, aber ich wählte mir für den Anfang – und ich möchte sehr stark betonen, für den Anfang – folgende drei Kriterien: allergrößte Einfachheit, geringstes Risiko in der Entwicklung, weil es keine Prüfstände gab und, vielleicht das wichtigste, sehr viel geringeres Gewicht, als das eines äquivalenten Kolbenmotors...
Ich machte einige überschlägige Berechnungen, welches Gewicht und welchen Wirkungsgrad man wohl erreichen könnte, wenn man ungefähr mit 800 Stundenkilometern fliegen und mit einem Druckverhältnis 3 arbeiten würde, was mit einem einzelnen radialen Kompressor möglich ist. Es stellte sich heraus, daß das Gewicht wahrscheinlich nur ein Drittel des entsprechenden Kolbenmotors mit Propeller sein würde. Leider kam aber auch heraus, daß der Wirkungsgrad ungefähr nur die Hälfte des Wirkungsgrades von Kolbenmotor und Propeller betrug... Ich hielt es für einen guten Tausch: das Schwere wird sehr viel leichter, das Leichte etwas schwerer, aber doch so, daß es sich günstig ausgleicht. Ich war deshalb sehr ermutigt und fing an, Patentanmeldungen vorzubereiten.
Mein größtes Problem bestand darin, jemanden dafür zu interessieren, und ich dachte, das Beste wäre wohl, erst einmal ein Modell zu bauen. Da ich überzeugt war, daß alles gut gehen würde – was nicht ganz richtig war – fing ich damit an, indem ich einige Skizzen machte. Ich kannte

schon lange einen sehr guten Automobilmechaniker – so einen gibt es heute nicht mehr –, Max Hahn, der mir zu meiner Freude manches am Automobil erklärt hatte, das ich nicht wußte. Er verfügte über die ganzen Werkzeugmaschinen in einer mittelgroßen Reparaturwerkstatt. Ich gab ihm die Skizzen, und er machte Vorschläge zur Vereinfachung und Veränderung, damit er sie mit den Werkzeugmaschinen dieser Garage bauen könnte. Tatsächlich brachte Hahn den Bau in den Bereich meiner finanziellen Möglichkeiten.

Ich unterbreitete meinem Professor Pohl die Theorie und auch einige Bilder des Modells. Pohl war Physiker, und es war natürlich gar nicht sein Gebiet, aber er war sehr großzügig und erlaubte mir, das Gerät im Hofe seines Instituts aufzubauen. Er stellte sogar noch einen elektrischen Motor und Instrumente zur Verfügung, so daß wir die ersten Kaltläufe machen konnten. Als wir die Zündung eingestellt hatten und das Benzin dazu kam, geschah etwas sehr Schlimmes: helleuchtende, lange Flammen traten aus der Turbine, und es sah eigentlich mehr aus wie ein ganz neuartiger Flammenwerfer, aber nicht wie eine Antriebsturbine für Flugzeuge. Ich war sehr enttäuscht, denn ich wußte sofort, was dies bedeutet. Die Brennkammern funktionierten nicht. Und wie sich auch aus den Rußspuren herausstellte, die Flamme brannte in der Turbine, wo sie sich irgendwie stabilisiert hatte, aber nicht in der Brennkammer. Ich wußte, daß dies das Ende für mich bedeutete; denn eine Brennkammerentwicklung konnte ich ja nicht durchführen. Aber es war nicht ganz ohne Humor. Max Hahn war eine sehr ernste und sehr skeptische Persönlichkeit. Und ich dachte, er müsse nun ganz niedergeschlagen sein. Ich hatte mich getäuscht. Er sagte: ›Herr von Ohain, das kann Ihnen aber keiner nehmen, die Flammen kamen an der richtigen Seite raus und sie kamen auch mit ziemlicher Geschwindigkeit raus‹, was, wie ich glaubte, eine optische Täuschung war. ›Und sehen Sie mal, wie sich der Motor entlastet hatte, das Ding wollte ja beinahe von alleine losgehen‹, was auch nicht ganz die richtige Diagnose war. Jedenfalls war er nicht enttäuscht, und es zeigt, daß ein Skeptiker unter Umständen auch von einem weniger guten Ergebnis angenehm überrascht sein kann.

Prof. Pohl war absolut fantastisch. Er sagte mir: ›Eines dürfen Sie nicht vergessen: Ihre Theorie hab ich genau durchgesehen, sie ist völlig einwandfrei und die Rechnungen sind in Ordnung. Sie können nicht alleine, ohne industrielle Hilfe, die Entwicklung der Verbrennungsanlage durchführen. Nennen Sie mir irgendeinen Namen einer Industrie, wo Sie hingehen wollen und ich werde schreiben. Ich kenne Messerschmitt und sehr viele Leute der Motorenindustrie‹. Ich sagte: ›Nein, ich möchte nirgends dahin gehen, ich möchte zu Heinkel gehen.‹ Er sah mich an: ›Zu Heinkel? Kenne ich nicht!‹ Ich sagte: ›Heinkel hat den Ruf, wild auf Geschwindigkeit zu sein, schnelle Automobile, schnelle Flugzeuge, und vor keinem ungewöhnlichen Schritt zurückzuschrecken. Deshalb möchte ich gerne zu Heinkel.‹ Ein bißchen hat vielleicht die Ostsee, die ich sehr liebte, mitgespielt, aber das war wirklich nur ein sehr untergeordneter Gesichtspunkt.

Also schrieb Pohl einen sehr netten Brief an Heinkel und Heinkel lud mich sofort ein. Er machte mit mir einen sehr großzügigen Lizenzvertrag, Hahn und ich bekamen einen Anstellungsvertrag, und Heinkel erklärte mir seine Ziele: ›Erstens will ich das privat machen, lassen Sie bitte das Ministerium heraus. Zweitens möchte ich sehr schnell und bald fliegen!‹ Das war sehr ermutigend, aber auch etwas beängstigend. Ferner sagte er: ›Ich will die Entwicklung getrennt vom übrigen Werk betreiben. Ich werde Ihnen eine Baracke bauen und die besten Ingenieure geben, weil Sie ja doch nicht wissen, wie man sowas konstruiert. Kommen Sie immer sofort zu mir, wenn irgend etwas nicht schnell funktioniert. Ich will jeden Tag auf dem Laufenden sein.‹

Wir hatten also wirklich ein sehr gutes Gefühl und so fingen wir an. Das war im April 1936. Die ganze Geschichte bekam den Namen ›Sonderentwicklung‹, und Wilhelm Gundermann kam mit 2 oder 3 Anfängerkonstrukteuren, die ihm unterstellt waren, als Konstruktionsleiter dazu. Er brachte in die Sache ehrlichen Maschinenbau zusammen mit sehr ingenieusen Leichtbauformen. Er berechnete die ganzen Spannungen. Gundermann, Hahn und ich, wir bildeten ein zwar sehr kleines aber außerordentlich gutes und schlagfertiges Team.

Meine größte Sorge war, wie lange die Entwicklung einer Verbrennungskammer dauert... Heinkel war darüber, daß die Verbrennung eine ungeheure Schwierigkeit machen würde und völliges Neuland sei, aus der Korrespondenz mit Pohl und auch aus Gesprächen mit mir vollkommen orientiert.

Unter dem Druck, trotz einer völlig unbekannten Entwicklungsdauer für Brennkammern sehr bald zu fliegen, kam ich auf die Idee, das Problem der Turbinen von dem Problem der Verbrennung durch Verwendung eines Wasserstoffbrenners zu trennen. Als Physiker wußte ich natürlich, daß die Diffusions- und Verbrennungsgeschwindigkeit von gasförmigem Wasserstoff um Größenordnungen höher war als die des Benzins. Mit Wasserstoff ist alles soviel einfacher, und ich war sicher, daß alles gut gehen würde. In diesem Falle hatte ich mich glücklicherweise nicht getäuscht. Es war wirklich einfach. Wir, Hahn, Gundermann und ich, machten in ganz kurzer Zeit die Skizzen, und ohne irgendwelche Vorversuche arbeitete die Verbrennungsanlage ausgezeichnet. Durch das kleine Trägheitsmoment arbeitete der Apparat wunderbar, beinahe wie ein Motor. Im Juni 1936 fingen wir an und im Februar 1937 waren wir fertig. Die He S 1 hatte unsere Sonderentwicklung gefestigt, wir waren nun akzeptiert, jeder kam und wollte sie sehen[62].

Nun konnten wir systematisch an den Bau von Verbrennungsanlagen gehen. Wir hatten ein Programm. Max Hahn

hat absolut phänomenal gearbeitet und nicht nur das vorgelegte Programm der Verbrennung sehr sorgfältig und geschickt durchgeführt, sondern auch viele Ideen entwickelt, von denen einige zu sehr wichtigen Patenten führten. Wir arbeiteten nun an einem flugfähigen Gerät, dem Vorgänger des He S 3 B. Ich hatte projektiert, die Brennkammern zwischen dem Kompressor und der Turbine einzubauen, wie wir es beim Wasserstoffgerät gemacht hatten. Hahn schlug vor, die Verbrennungskammer davor anzuordnen, und ich fand das einen ganz ausgezeichneten Vorschlag. Die Maschine konnte viel kürzer werden und es hatte den aerodynamischen Vorteil, daß der übrig gebliebene Wirbel sich wundervoll mit den heißen Flammengasen mischte... Die Ringbrennkammer hatte den Vorteil, daß wir den metallischen Einsatz wie Dachziegel zusammenschieben konnten und sich das Blech dadurch nicht verwarf...
Damit waren wir etwa Ende 1938 fertig. Das Triebwerk wurde in die He 178[63] eingebaut. Anfangs konnten wir nicht fliegen, weil der Schub etwas geringer war als ausgelegt. Dazu kam noch, daß die langen Rohre weiterhin den Schub reduzierten. Man hätte wohl auf einem ganz langen Flugplatz wie in Peenemünde starten können, aber nicht auf dem Heinkel-Flugplatz in Marienehe, der sehr kurz war...

Eine Lösung für die richtige Abstimmung der Leitgitter des Kompressors und der Turbine, die bisher noch nicht geregelt war, hatten wir bald gefunden. Wir erreichten einen Schub von 450 kg... Das Endergebnis war die He S 3 B. Interessant ist, daß alle, die auf dem Gebiet gearbeitet haben, zum selben Ergebnis kamen, nämlich die Blechringe zu benutzen, um die heißen Gase vom Druckgehäuse fortzuhalten. Das ist so beim Whittle-Engine, beim Junkers-Triebwerk und bei den ersten Wagnerschen Versuchen[64]. Wir alle sind unabhängig voneinander darauf gekommen, diese Erfindung muß also sehr einfach gewesen sein.
Zum Einbau des Triebwerkes in das Flugzeug muß ich hervorheben, daß Wilhelm Gundermann da sehr viel gearbeitet hatte, um den Staudruck der Luft auszunutzen... Da er die langen Vorleitungen haßte, machte er den Vorschlag, das Flugzeug zweimotorig zu bauen. Aber damals hat man nicht auf ihn gehört. Es wäre auch zu teuer geworden, und Heinkel wollte lieber einen kleinen Nachlaß der Leistung in Kauf nehmen und dafür ein einfaches Flugzeug haben[65]. Später baute man wirklich zweimotorige Flugzeuge.
Bekanntlich flog Warsitz diese Maschine zum ersten Mal. Wir haben nur 3 Jahre und 2 Monate dazu gebraucht. Das ist oft bewundert worden. Ich glaube, folgende Gründe haben es ermöglicht. Der eine Grund war, daß wir ein kleines aber ausgezeichnetes Team waren, der andere, daß das Triebwerk eben ganz klar von Anfang an das einfachste Triebwerk war, das man sich überhaupt ausdenken kann, und mit dem geringsten Entwicklungsrisiko, ohne Teilprüfstände, ohne Kompressor, ohne Turbinenprüfstände zum Fliegen gebracht werden konnte. Der dritte und vielleicht wichtigste Grund war die Atmosphäre in der Firma Heinkel, der Chef war sozusagen mit Herz und Seele dahinter. Ich kann ihn heute noch hören, wie er sagte: ›Was gibts Neues?‹ und ich mußte immer irgend etwas erfinden, was wohl neu war, denn manchmal hatten wir nicht viel zu berichten. Ein weiterer Grund war, daß Heinkel den Bau der Zelle schnell vorantrieb, so daß eine Zelle auf das Triebwerk sozusagen wartete.«

Als erster Flugzeugbau-Ingenieur wurde der Gruppe *v. Ohain – Hahn* alsbald *Wilhelm Gundermann* zugeteilt, der aufgrund seiner bereits in der Studienzeit erworbenen besonderen Kenntnisse über Wasserturbinen und Drehmomentwandler hierzu von *Ernst Heinkel* ausgesucht worden war. *Gundermann* hatte sein Studium sowohl auf den Flugzeugbau als auch auf den Motorenbau (Maschinenbau) bezogen und konnte daher viele Gedanken einbringen, die dem neuartigen Projekt sehr förderlich waren. Er hat in der Fachliteratur nach 1950 mehrfach über die Entwicklung des Strahltriebwerks bei *Heinkel* berichtet[66] und seine Darstellungen in einem Vortrag anläßlich der Jahrestagung der Deutschen Gesellschaft für Luft- und Raumfahrt e.V. (DGLR) am 12. Mai 1981 in Aachen zusammengefaßt[67].
Mit *Gundermann* kam es dann zur Bildung der Abteilung »Sonderentwicklung II« bei Heinkel. Da *Ernst Heinkel,* wie immer wieder betont werden soll, vor allem wünschte, als erster zu fliegen, so hielt die neu gebildete Abteilung an der leichter und schneller zu bauenden Radialturbine fest. Auch *Gundermann* bestätigt, daß *Ernst Heinkel* die Arbeiten materiell und personell besonders unterstützte und durch häufige Besuche am Reißbrett, in den Werkstätten und bei den Versuchsanlagen regen Anteil an jedem Fortschritt nahm[68].
Die größten Schwierigkeiten verursachten die Verbrennungsversuche, die schon in Göttingen nicht zufriedenstellend hatten erledigt werden können. Immerhin kam das Demonstrationsgerät im März 1937 nach nur neun Monaten Entwicklungszeit mit Wasserstoffverbrennung zum Laufen und erfüllte die erwarteten Leistungen.
Die Mitarbeiter der »Sonderentwicklung II« erkannten zuversichtlich, daß sie auf dem richtigen Weg waren: Das fliegende Triebwerk mit 500 kp (4,9 kN) Schub war machbar! Während *Hahn* die Brenner entwickelte, machte *Gundermann,* damit das Tagespersonal davon nichts erfuhr, nachts in dem hölzernen Windkanal des Werks die Brennerversuche. Hierbei wurde gasförmiger Wasserstoff verwendet, während die Umstellung auf Dieselöl und Benzin erhebliche Schwierigkeiten bereitete.
Heinz Meschkat, seinerzeit technischer Assistent *Ernst Heinkels,* macht in einer 1951 erarbeiteten, nicht veröffentlichten Studie, die sich im Heinkel-Archiv in Stuttgart befindet, darauf aufmerksam, daß »sehr mühselige Forschungsarbeiten beinahe auf allen Teilgebieten der Erfindung erforderlich« waren. Auch fehlte es an geeigneten

Ein 1981 fertiggestellter Nachbau des ersten flugfähigen Turbostrahltriebwerkes HeS3B steht im Deutschen Museum.

Materialien, wie z.B. warmfesten Stählen, deren Zusammensetzung erst gefunden werden mußte.
Für die Ingenieure bei *Heinkel* war es eine völlig neue Perspektive, die Gasturbine mit der Düse zu vereinigen. Die Lösung war zwar nicht der »Traum der damaligen Zeit«, wie *Hans v. Ohain* in einem Gespräch mit dem Verfasser am 19. April 1980 in Dayton, Ohio, sagte. Er wollte damit zum Ausdruck bringen, daß nach seiner Meinung *Ernst Heinkel* zwar genau wußte, daß das Kolbentriebwerk am Ende sei, aber nicht, was dann kommen müßte. *Hans v. Ohain* räumte durchaus ein, daß das Rückstoßprinzip als solches natürlich bekannt sei, aber »die Tatsache, daß man den Kompressor mit einer Turbine antreibt, war eine neue Idee«. Er verwies in dieser Besprechung auf eine amerikanische Untersuchung aus dem Jahre 1920 über den Düsenantrieb, die wie das spätere Caproni-Prinzip mit einem Motor einen Kompressor oder ein Gebläse antreibt und dann die Gebläseluft nach hinten ausstößt. Dieses Prinzip, das dann in der Caproni-Campini CC 2, die am 27. August 1940 ihren Erstflug durchführte, angewandt wurde, wurde in den USA wegen seiner Unwirtschaftlichkeit jedoch wieder verworfen.
Ebenfalls aus Zeitgründen bestand *Heinkel* für das inzwischen entwickelte Flugzeug, in das die Turbine eingebaut werden sollte – die He 178 – auf der einmotorigen Anordnung, während *Gundermann* aus technischen Gründen ein Flugzeug mit zwei Triebwerken vorgeschlagen hatte, wie es dann später in der He 280 und der Me 262 verwirklicht wurde. Um aber so schnell wie nur möglich zum Fliegen zu kommen, wurde zunächst auf alle Dinge verzichtet, die zwar das Triebwerk besser gemacht hätten, jedoch für den ersten Flugversuch nicht unbedingt notwendig waren.
Gundermann beschreibt das Triebwerk in dem erwähnten Vortrag[69] wie folgt:

»Der axiale Vorläufer besaß acht Schaufeln und war aus Duralumin gefertigt. Für den Radialverdichter mit 16 Schaufeln mit Lavalfuß wurde warmfestes Duralumin W verwendet, ebenso für den Diffusor. Der aus dem Diffusor austretende und anschließend umgelenkte Luftstrom wurde in drei Zweige aufgeteilt: Ein Teil diente zur Kühlung der Brennkammer-Außenwand, ein zweiter Teil wurde vor den 16 Brennern nach innen geleitet, um die Innenwand des Verbrennungs- und Mischraums zu kühlen. Nur der mittlere Teil der Verdichterluft trat in die Brennkammer ein. Die Kraftstoffverdampfer arbeiteten nach dem Prinzip der Schrägrohrkessel und wurden durch die Flammen der Verbrennung aufgeheizt... Nach dem Austritt des Kraftstoffs aus dem Kühlmantel des Rollenlagers waren die Kraftstoffleitungen über mehrere um das Gehäuse gelegte Ringleitungen so verzweigt, daß alle Brenner gleich weit und über gleiche Umlenkungen bzw. Gabelungen von den Förderpumpen entfernt waren. Die Brennkammerbleche und die aus dem Vollen gebohrten Verdampferrohre bestanden aus warmfestem Stahl mit 38 % Nickel.«

Besondere Maßnahmen erforderte noch die Lösung der durch die Schmierung der hoch belasteten Lager entstehenden Probleme.

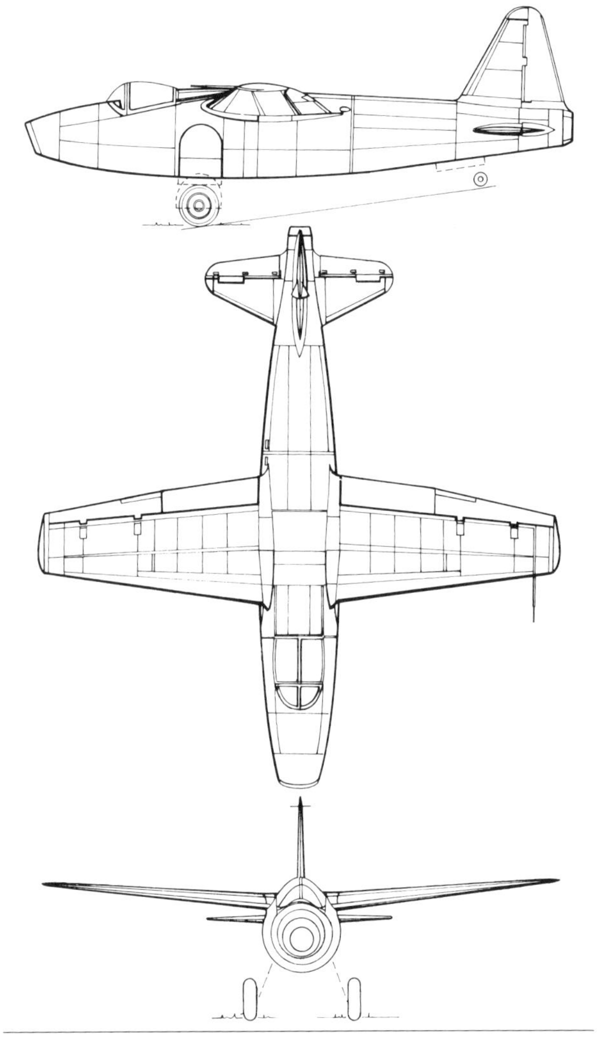

Versuchsflugzeug Heinkel He 178.

In den anderthalb Jahren nach der ersten Entwurfskizze der He 178 bis zum Unfalltod *Walter Günters* im September 1937 arbeitete *Walter Günter* mit *Helmbolds* Unterstützung an dem Entwurf, der auch viele Erkenntnisse des He 176-Entwurfs berücksichtigte.
Die ersten Zeichnungen hatte *Walter Günter* auf einem kleinen Block mit Reißschiene im Din-A-4-Format angefertigt und dabei bereits festgelegt, daß die Luftführung unter dem Flugzeugführer hindurch zum Triebwerk führte. Ebenso hatte er die ungefähre Größenabmessung und die Bauart als Schulterdecker entschieden. Am Rumpfende befanden sich Regelklappen, die im Stand geöffnet, jedoch im Schnellflug geschlossen waren, um nur einen geringen Austrittsquerschnitt bei höchster Abgas-Strömungsgeschwindigkeit freizulassen. Auch die Enbaumöglichkeit des Fahrwerkes und die Kraftstoffunterbringung waren überlegt[72].
Da die Entwicklung der Getriebe für den Brennstoff- und Schmierölpumpenantrieb noch nicht abgeschlossen war, wurden die Brennstoffpumpen beim ersten Flug am 27. August 1939 unter Mitnahme der Akkumulatoren elektrisch angetrieben, wie *Heinz Meschkat* in der erwähnten Studie vom 8. Oktober 1951 ausführt. Der Schubverlust in der Saug- und Druckrohrleitung betrug etwa 15 Prozent, so daß der Vortriebsschub beim Erstflug etwa 380 kp (3,7 kN) betrug.
Nach *Siegfried Günters* Angaben war sein Bruder es gewohnt, »für Zeichnungen in sehr kleinem Maßstab viel und genau zu überlegen«. Die technischen Akten aller Flugzeugentwürfe standen im Büro *Siegfried Günters*, der nach seinen eigenen Angaben diese Akten sehr genau kannte und sich auch später an Einzelheiten sehr genau erinnern konnte. Das entsprach durchaus *Siegfried Günters* überaus korrekter Art.
Auf diese Einzelheiten muß deshalb besonders ausführlich eingegangen werden, weil in der Literatur gelegentlich Auffassungen zur Entwicklung der He 178 vertreten werden, die den Tatsachen nicht entsprechen. So hat *H. B. Helmbold* in einem Brief vom 19. April 1965 an *Siegfried Günter* ausdrücklich festgestellt, daß *Walter Günter* immer selbständig und nie unter Anleitung einer dritten Person – gemeint ist hier der damalige Technische Direktor *Heinrich Hertel* – gearbeitet hat. Eine abweichende Idee »wäre einfach lächerlich«. Es seien damals auch von keiner Seite – die heute behaupten läßt, z. B. das erste Düsenflugzeug der Welt »gebaut« zu haben und von ihrer »Jet-Konstruktion« sprechen läßt[73] – »auch nur andeutungsweise Ansprüche auf fachliche Gleichberechtigung« mit den Brüdern *Günter* erhoben, »was den Flugzeugentwurf und Kenntnis der Aerodynamik anbetrifft«. Auch nach dem Tod *Walter Günters* im September 1937 waren keine irgendwie gearteten Änderungen an dessen Konzept vorgenommen worden. Spätere, in größerem Maßstab aufgezeichnete Entwürfe entsprachen in der Anlage stets dem von *Walter Günter* festgelegten Konzept, so daß z. B. auch *Siegfried Günter* nach dem Tod seines Bruders keine Veranlassung nahm, sich um die nunmehr von *Helmbold* betreute Arbeit an dem He-178-Projekt zu kümmern. In seiner Bescheidenheit betonte *Siegfried Günter* in diesem Zusammenhang sogar, daß er sich »keinen Verdienst an der Idee und an der Ausführung« der He 178 zuschreiben könne[74]. *Siegfried Günter* betonte in dem o. a. Bericht vom 17. August 1966, daß beim Tode seines Bruders zwei Jahre vor dem Erstflug der He 178

»genügend Skizzen vorlagen, so daß das Projekt nur noch im Entwurfsbüro ausgearbeitet werden mußte. Prof. Helmbold führte die aerodynamische Betreuung im Sinne meines Bruders weiter. Es wurden keine grundlegenden Änderungen nach neuen Ideen vorgenommen.«

Die Verzögerung der Ausführung erfolgte auch nur durch die späte Fertigstellung des Triebwerkes. Es ist eine alte Tatsache, daß neue Flugzeugzellen stets auf die Fertigstellung der vorgesehenen neuen Triebwerke warten müssen. Abschließend stellt *Siegfried Günter* zur He 178 fest:

»Die entscheidende Tat zum Fluge der He 178 war selbstverständlich die Entwicklung des Triebwerkes durch Herrn Dr. v. Ohain und nicht der Bau der Flugzeugzelle. Auch die Entwicklung einer für den Hochgeschwindigkeitsflug besonders geeigneten Flugzeugzelle verliert dagegen an Bedeutung.«

Damit spricht *Siegfried Günter* die wahre Bedeutung der Entwicklung des ersten Düsentriebwerks bei *Heinkel* an. Ebenso wie bereits für den Erstflug des Raketenflugzeuges He 176 war der Pilot des Jungfernfluges der He 178 am 27. August 1939[75] Flugkapitän *Erich Warsitz*. Wegen der Unmittelbarkeit seines Erlebens soll auch in diesem Fall sein – wenn auch erst 20 Jahre später erstatteter – Bericht im Original wiedergegeben werden, den er anlässlich einer Pressekonferenz zum 20. Jahrestag des Erstfluges, die am 15. September 1959 in Speyer stattfand, abgab.

Auszug aus dem Vortrag des Flugkapitäns Erich Warsitz vor der Pressekonferenz der Ernst Heinkel Flugzeugbau GmbH, Speyer, am 15. September 1959, anläßlich der 20jährigen Wiederkehr der Erstflüge der He 176 und der He 178:

»Schon lange vorher lernte ich ein ganz anderes, unheimliches Geräusch bei Heinkel im Werk kennen. Es handelte sich hierbei um Probeläufe des ersten Heinkel-Strahltriebwerkes.

Das erste Düsenflugzeug der Welt, die He 178, war jetzt auch soweit fertig, daß wir an den ersten Flug denken konnten. Dieses Flugzeug war weit mehr auf Sicherheit gebaut, hatte ein breites Fahrwerk, ordentlich große Bremsen und war mit der He 176 überhaupt nicht zu vergleichen.

Ich verstand den Wunsch von Dr. Heinkel sehr gut, den ersten Flug auf dem Werkflugplatz in Marienehe durchzuführen, was ich zuerst wegen des relativ kleinen Geländes abgelehnt hatte.

Am Sonntag, dem 27. August 1939 – nur wenige Tage vor Kriegsausbruch – morgens zwischen 3 und 4 Uhr war es so weit. Die Maschine wurde an den Start geschleppt. Da Heinkel dieses Flugzeug völlig auf eigene Faust und ohne das RLM zu informieren gebaut hatte, durften wir uns mit dieser Maschine selbst auf dem Werksgelände vorher nicht sehen lassen, denn sonst wäre die Geheimhaltung durchbrochen worden. Heinkel wollte dem RLM ein fertiges Flugzeug vorsetzen. Hierdurch war ich auch gezwungen, auf die normalerweise erforderlichen Rollversuche zu verzichten. Ganz kurz rollte ich unmittelbar vor dem Flug eine kleine Strecke, stellte aber sofort fest, daß die Bremsen zur Richtungseinhaltung beim Start nicht nur ausreichten, sondern sogar bestens waren.

Heinkel selbst und seine Mitarbeiter waren hier selbstverständlich anwesend. Die Spannung war groß, denn inzwischen war erkannt worden, daß nicht dem Raketen-, sondern dem Düsenflugzeug wegen der längeren Flugzeit und größeren Betriebssicherheit die Zukunft gehöre.

Ich prüfte nochmal alle Ruder auf Gängigkeit, kontrollierte die laufende Turbine auf verschiedene Drehzahlen, die Pumpendrücke, Temperaturen und noch vieles mehr und gab den Monteuren das Zeichen, die Kanzel zu schließen. Jetzt löste sich Dr. Heinkel aus dem Kreis seiner Mitarbeiter, kam an meine Maschine, drückte mir die Hand und wünschte mir nach altem Fliegerbrauch Hals- und Beinbruch. Er war sehr unruhig und reichlich erregt. Auf mein lächelndes Dankesagen bekam ich nicht die gleiche Antwort, ich sah nur in ein sehr ernstes Gesicht.

Langsam gab ich Vollgas und der He 176 gegenüber setzte sich die Maschine langsam in Bewegung. Nach einer Startstrecke von ca. 300 m holte sie rasch Fahrt auf. Ich konnte sie wunderbar mit den Bremsen in Richtung halten und dann hob ich sie ab.

Ich hatte in dieser Maschine sofort das Gefühl der völligen Sicherheit, und ich brauchte ja auch keine Angst zu haben, daß nach einer Minute der Sprit verbraucht war. Immer wieder versuchte ich, das Fahrwerk einzufahren, aber da stimmte etwas nicht. Es spielte ja auch keine Rolle, ob mit oder ohne Fahrwerk, die Hauptsache war, sie flog. Alle Ruder wirkten fast ganz normal, und die Turbine sang gleichmäßig ihr hohes Lied. Es war herrlich zu fliegen, kein Windchen rührte sich, und die Sonne stand ganz niedrig am Horizont. 600 km zeigte jetzt mein Fahrtmesser an und schneller sollte ich auf keinen Fall fliegen, hatte mir Herr Schwärzler* gesagt. Ich mußte also drosseln, denn ich war es gewohnt, die guten Ratschläge erfahrener Konstrukteure im eigenen Interesse zu beachten.

Vorsichtig leitete ich die erste Linkskurve ein und vorsichtig flog ich ganz ruhig zwei große Platzrunden. Alles war bestens in Ordnung. Die Landung mußte jetzt auch noch klappen, und der erste Düsenflug der Welt war gelungen. Ich war jetzt 6 Minuten in der Luft und mußte zur Landung ansetzen. Ganz gehorsam reagierte die Turbine auf meinen Gashebel, obwohl eine Brennstoffpumpe ausgefallen war, wie ich an meinen Instrumenten und wir später am Triebwerk feststellen konnten. Wegen des kleinen Platzes für solche Flüge machte ich mir um die Landung ein wenig Sorgen, denn ich konnte nicht mit Sicherheitsfahrt an den Boden gehen. Beim Anschweben kam ich zu weit, konnte aber aus Brennstoffgründen nicht noch eine Runde fliegen und mußte wohl oder übel slippen**, denn sonst wäre ich in die Warnow gerollt. Das Slippen war mir mit einer neuen Maschine sehr unsympathisch und dazu noch in Bodennähe. Aber selbst das ließ sich der sehr gut durchkonstruierte Vogel gefallen. Ohne einen Sprung zu machen, setzte die Maschine glatt auf, rollte genau in Landerichtung aus, und unmittelbar vor Dr. Heinkel und seiner Gruppe brachte ich sie zum Stehen...«

* Der Konstruktionschef

** Beim Slippen oder Seitengleitflug stellt der Pilot zur Verkürzung der Landestrecke durch Vergrößerung des Gleitwinkels mit Seitenruder und entgegengesetztem Querruder-Ausschlag das Flugzeug schräg zur Flugrichtung, so daß der Luftwiderstand wesentlich vergrößert wird und die Sinkgeschwindigkeit entsprechend steigt.

Die speziellen Geheimhaltungsvorschriften, die *Ernst Heinkel* besonders für seine Sonderentwicklungen auch im eigenen Werk und gegenüber dem RLM persönlich angeordnet hatte, hatten zwar auch bei dem Erstflug der He 178 zu der Teilnahme nur eines stark eingeschränkten Zuschauerkreises geführt. Gleichwohl war schon vielen Werksangehörigen – und sicher nicht nur diesen – das neue, unbekannte und eigenartige Geräusch des Düsentriebwerks aufgefallen, wenn es entweder am Boden auf dem Stand in der Sonderbaracke oder in einem fliegenden Prüfstand erprobt wurde. Es ist geradezu auffällig, daß den fremden Geheimdiensten offenbar nichts davon bekannt wurde; denn spätere Berichte etwa aus Kreisen der »Roten Kapelle[76]«, wonach dem damaligen Oberleutnant im RLM, *Harro Schulze-Boysen,* der Sachverhalt, daß ein Triebwerk auf neuer technischer Grundlage bei *Heinkel* entwickelt werde, nicht nur bekannt war, sondern er auch die entsprechenden Baupläne der He 178 trotz seiner Bindungen an den sowjetischen Geheimdienst aus »Stolz auf den deutschen Erfindergeist« nicht an seine fremden Auftraggeber weitergeleitet habe, sind eher in das Gebiet von Spionage-Thrillern nach Illustriertenart zu verweisen, denn als historische Tatsache anzusehen. Auch der Hinweis von *Hans v. Ohain* sowohl in privaten Briefen an den Verfasser als auch in Veröffentlichungen[77], daß er später von der Abwehr gehört (sic!) habe, daß unter den Teilnehmern ein Engländer, »also ein Spion« gewesen sei, ist nicht unbedingt ein Beweis dafür. Der Teilnehmerkreis war genauestens überprüft. Im übrigen war es natürlich nicht auszuschließen, daß in der weiteren Umgebung des Flugplatzes sich Personen befanden, die den Flug gewissermaßen »unbefugt« beobachtet hätten. Da wäre es schon effektiver und eher wahrscheinlich gewesen, daß ein fremder Nachrichtendienst einen seiner Gewährsleute in die Belegschaft der Sonderentwicklungen geschickt hätte, die allerdings besonders überprüft wurde. Ganz offenbar aber haben die gegnerischen Nachrichtendienste entweder gar nichts von dieser Entwicklung erfahren oder nichts davon gehalten. Irgendwelche seriöse Veröffentlichungen darüber sind nicht bekannt. Die Entwicklung *Frank Whittles* in Großbritannien erfolgte schließlich auch geheim und wurde auch nur zögernd von offizieller Seite unterstützt. Es ist also durchaus möglich, daß die deutschen Versuche mit Strahltriebwerken zu dieser Zeit unbeachtet blieben, weil sie unterschätzt wurden. Bei der britischen Bereitschaft, derartige Erkenntnisse jedenfalls später zu veröffentlichen, könnte man daraus schließen, daß in der Tat die Strahltriebwerksentwicklung in Deutschland völlig geheim geblieben ist. So geheim, daß sie jedenfalls in Deutschland auch nach dem Krieg trotz der alliierten und später auch deutschen Veröffentlichungen nicht über einen kleinen Kreis von Fachleuten hinaus bekannt wurde. Sie ist es auch heute noch nicht.

In Deutschland waren alle neuartigen technischen Entwicklungen mit Kriegsbeginn am 1. September 1939 praktisch beendet. Man rechnete mit einem kurzen Krieg – abgesehen davon, daß man auf einen längeren Krieg gar nicht vorbereitet war –, und stellte alles ein, was nicht dem augenblicklichen Kriegszweck dienen konnte. Die bereits angeführte Geheime Kommandosache vom 12. September 1939[78], die den Abbruch aller Arbeiten an der He 176 und dem Raketentriebwerk dafür verfügt hatte, ordnete zur He 178 unter der Nr. 30 folgendes an:

»Die Arbeiten an Einsitzern mit Luftstrahltriebwerken werden mit aller Kraft weitergetrieben, damit baldmöglichst ein einsatzfähiges Flugzeug geschaffen ist.«

Hier war zwar die He 178 angesprochen, es dürfte sich aber in der Auswirkung auch auf andere Turbinenstrahltriebwerksentwicklungen, wie sie vom RLM bereits in Auftrag gegeben waren (bei Junkers und BMW), bezogen haben. *Ernst Heinkel* jedenfalls arbeitete nach eigener Bekundung[79] »weiter an der He 178«. Die anderen Firmen, einschl. Messerschmitt für die Me 262, handelten sicher nicht anders.

Bald nach der Beendigung des rasch gewonnenen Polenfeldzuges gelingt es *Heinkel,* die Spitzen des RLM zu einer Vorführung der He 178 im Fluge nach Marienehe einzuladen. Diese wird auf den 1. November 1939 festgesetzt. Aber der Oberbefehlshaber der Luftwaffe, Generalfeldmarschall *Göring,* erscheint trotz Ankündigung nicht. Offenbar hat er kein Verständnis für das, was ihm geboten werden soll, noch ist er zu diesem Zeitpunkt an Dingen interessiert, die erst in der weiteren Zukunft Erfolge bringen können. So kommen lediglich sein Stellvertreter, der

Erfolgreiche Flüge waren bei *Ernst Heinkel* Anlaß zu Feiern. Am Tisch sitzend: Generaloberst *Ernst Udet* und *Hans v. Ohain.*

Die einzigen erhaltenen Flugbilder der He 178 wurden aus einem Film herauskopiert.

Staatssekretär Generaloberst *Milch,* der Generalluftzeugmeister *Udet* und die technischen Spitzen des RLM mit Generalingenieur *Lucht.* Die Vorführung selbst beginnt mit einer Panne, die allerdings überspielt wird, so daß die He 178 doch noch vorgeflogen werden kann. *Ernst Heinkel* jedoch glaubt, in den Gesichtern der Besucher nur mangelndes Interesse, ja frostige Abweisung zu erkennen[80]. Aber im Hintergrund steht die Tatsache, daß den maßgeblichen Referenten und ihren Chefs im RLM die Grundlagen eines funktionierenden Turbinenluftstrahltriebwerks geläufig sind und sie bereits an Einsatzflugzeuge denken, einschl. der dafür in Aussicht genommenen Triebwerke[81]. An die He 178 dachte aber im RLM sicher kaum noch jemand. Der Öffentlichkeit wurde jedenfalls weder in Deutschland noch im Ausland bekannt, daß ein Düsenflugzeug geflogen war. Die Geheimhaltung hatte also funktioniert, und der Kriegsausbruch hatte in jedem Land alles weitere überdeckt. Und nach dem Krieg gab es in Deutschland größere Sorgen. So hielten und halten viele Deutsche das erste Düsenflugzeug für eine britische oder amerikanische Erfindung. Allerdings haben die Amerikaner durch freimütige Veröffentlichungen sehr früh zugegeben, daß das Düsenzeitalter, von den Vorläufern einmal abgesehen, in Deutschland begann[82]. So hat *Robert Schlaifer* 1950 in den USA vermutlich die erste umfassende Darstellung der Entwicklung von Strahltriebwerken gegeben und in seiner Arbeit in dem »Kapitel XIV Deutsche Flugzeug-Gasturbinen – Die ersten privaten Unternehmen: 1936–1939«[83] auch die Entstehungsgeschichte des Turbinenluftstrahltriebwerks von *Hans v. Ohain* bei *Ernst Heinkel* ausführlich behandelt. Zwar werden auch bei *Schlaifer* die Einzelheiten natürlich nicht nach der heutigen Kenntnis dargestellt, ebenso wie *Schlaifer* sich ganz offensichtlich bereits auf frühere Veröffentlichungen bezieht. Aber im Kern scheint diese Arbeit die erste – übrigens auch heute noch immer wieder zitierte – umfassende Darstellung der deutschen

Entwicklung zu sein. Vermutlich hat *Schlaifer* auch die nach den USA gekommenen beteiligten deutschen Ingenieure, Wissenschaftler und Angehörige des RLM befragt, wie zahlreichen Einzelheiten zu entnehmen ist, die er wohl nur auf diese Weise in Erfahrung bringen konnte. Neben vielen im Grunde unwichtigen, falsch wiedergegebenen Details[84] spricht *Schlaifer* bereits 1950 davon, daß die Ohainsche Demonstrationsmaschine bereits im März 1937 lief, obwohl die gesamte Literatur, vor allem in Deutschland, offenbar *Heinkel* folgend[85], als Datum des ersten Standlaufs des He S 1 den September 1937 angibt. Anscheinend hat *Schlaifer* damals bei seinen umfassenden Recherchen und Interviews, die er veranstaltet hat, auch schon *v. Ohain* befragt gehabt. *Schlaifer* bestätigt auch, daß es *Ernst Heinkel* immer um die Anhebung der Geschwindigkeit ging, als er den neuen Antrieb förderte und forcierte[86]. *Schlaifer* stellt ferner fest, was sehr wesentlich zu sein scheint, daß das Projekt bei *Heinkel* bis etwa 1938 aus Konkurrenzgründen geheimgehalten worden sei, dann aber – nachdem es nach *Hans v. Ohain* dem RLM zunächst nur »gerüchtweise« bekannt geworden war – auch offiziell mitgeteilt worden sei. *Helmut Schelp* hat[87] geäußert, daß er nach seiner Erinnerung »das erste Mal von der Heinkel Entwicklung im Herbst 1938« gehört habe. Nach Unterlagen, die im Heinkel-Archiv eingesehen werden konnten, ist allerdings schon 1937 das RLM eingeschaltet gewesen, weil die Beschaffung des nötigen Materials anders gar nicht möglich war[88]. Es liegt auch eine – leider nicht datierte – Liste derjenigen Personen vor, die »von den Arbeiten der Sonder-Entwicklung II (*Dr. v. Ohainsches* Projekt)« Kenntnis haben. Da darin auch *Walter Günter,* der im September 1937 tödlich verunglückte, aufgeführt ist ohne entsprechenden Hinweis, sollte anzunehmen sein, daß diese Liste zumindest davor angelegt worden ist. Darin werden 16 Namen angeführt von RLM-Angehörigen, zu denen auch *Helmut Schelp* gehört, von dem wir wissen, daß er 1938 ins RLM kam, allerdings zunächst zur Forschungsabteilung, dann in die Triebwerksabteilung.

In dieser Liste wird auch *Wolfram Eisenlohr* genannt, der jedoch erst ab 1. Januar 1939 die Motorenabteilung im TA des RLM übernommen hat.

Bald bemüht sich *Ernst Heinkel* auch um die Genehmigung, »daß unsere Strahlantriebspatente für Auslandsanmeldungen freigegeben werden«, weil er aufgrund internationaler Veröffentlichungen erkannt hat, daß »in allen wichtigen Staaten am Strahlantrieb energisch gearbeitet wird... (und) daß wohl über kurz oder lang in der Welt der Strahlantrieb in irgendeiner Form kommen wird. Es wäre fahrlässig, wenn wir unseren technischen Vorsprung, den wir haben, nicht dazu benutzen würden, um zu versuchen, später dem Ausland Lizenzverpflichtungen aufzudrücken, ... hauptsächlich weil aus unseren Patenten große Devisenzahlungen zu erwarten sind[89]«. Mit Sicherheit kann angenommen werden, daß die Informationen *Ernst Heinkels* an das RLM über die Entwicklung des neuartigen Strahlantriebs in seinem Werk die Gedanken und Entscheidungen im Technischen Amt des RLM wesentlich beeinflußt haben, in Deutschland bei den Motoren-Werken die Entwicklung von Turbinenluftstrahltriebwerken aufzunehmen. Im TA wurden durch den aus den USA kommenden Hilfsreferenten in der Motoren-Abteilung, *Helmut Schelp*[90], die modernen Gedankengänge, die um die Erhöhung, ja bei *Schelp* um die Verdoppelung der Fluggeschwindigkeiten kreisten, vorangetrieben.

Helmut Schelp bemühte sich unter den größten Schwierigkeiten, die deutsche Motorenindustrie zur Annahme von Entwicklungsaufträgen für Turbinenstrahltriebwerke zu bewegen. Das wesentliche Ergebnis dieser Anstrengungen geht aus der am 4. Januar 1939 herausgegangenen Geheimen Kommandosache der Abt. LC 7 des TA im RLM hervor, in der »Vorläufige Richtlinien für schnelle Jagdflugzeuge mit Strahltriebwerk«[91] ausgegeben wurden. Dem RLM war jedoch nicht bekannt, daß bei *Heinkel* auch schon das Flugzeug für diesen neuen Antrieb, die He 178, in Bau war. *Lee Payne* sieht in seinem Beitrag[92] in der Arbeit bei *Heinkel* den Nachweis, daß ein Flugzeugwerk auch ein Triebwerk bauen kann, während *Hans Mauch,* der Referent im TA und unmittelbare Vorgesetzte von *Helmut Schelp,* der – im Prinzip sicher richtigen – Ansicht war, daß eine Motorenentwicklung in ein Motorenwerk gehört, weil nur dort die notwendigen Voraussetzungen für eine ordnungsmäßige Entwicklung und Serienproduktion gegeben sind. *Hans v. Ohain* sieht denn auch das Verdienst *Ernst Heinkels* vor allem darin, durch seine Entwicklung das Ministerium sozusagen alamiert zu haben[93]. Nach der Ansicht *Hans v. Ohains* hat daher *Heinkel* nicht nur den ersten Flug eines Strahlturbinenflugzeugs ermöglicht, sondern entscheidend dazu beigetragen, daß die Motorenindustrie in Deutschland überhaupt mit Strahltriebwerksentwicklungen begonnen hat, wozu sie vom RLM die ihr Aktivwerden erst auslösenden Aufträge aufgedrängt erhielt. In dieser Lage hat *Fritz Nallinger* für Daimler-Benz sich vollständig geweigert, etwas in dieser Richtung zu tun, während *Otto Mader* für Junkers-Motorenbau ebenfalls sehr skeptisch war.

Technisch sah *Hans v. Ohain* die Auswirkung der Arbeiten bei *Ernst Heinkel* in der frühzeitigen Kombination von Gasturbine und Strahlantrieb mit den daraus resultierenden großen Vorteilen für den Schnellflug. Um eine gewisse Überschau zu geben, soll hier noch einmal auf die Darstellung bei *Schlaifer* eingegangen werden, die die zellenseitige Ergänzung zu den Triebwerksfortschritten im TA des RLM behandelt.

Danach war 1938, als die Motorenabteilung die entsprechenden Entwicklungsaufträge für ein Düsentriebwerk an die Motorenindustrie erteilte, *Hans M. Antz* in die Zellenentwicklungsgruppe des RLM eingetreten und hatte gemeinsam mit *Helmut Schelp* die Problematik studiert. Jetzt wurde in der Zellenindustrie die Firma Messerschmitt für die neue Antriebstechnik interessiert und *Robert Lusser,* der Entwicklungschef von Messerschmitt, aufgefordert, eine vorläufige Untersuchung anzustellen. Man ging im TA davon aus, daß die mit dem großen Lufteintritt und der langen Schubdüse der einmotorigen He 178 entstehenden Probleme besser mit einem Flugzeug gelöst werden könnten, das zwei in die Flügel eingebaute Motoren habe[94]. Diese Entscheidung führte dazu, den Radialverdichter als zu groß im Durchmesser auszuschließen und eine Axialmaschine vorzuziehen, wobei noch eine Rolle spielte, daß der Wirkungsgrad der letzteren für einen erfolgreichen Motor groß genug war, während der des Radialverdichters noch erheblich verbessert werden mußte. Demgemäß erteilte das RLM an die Firma Messerschmitt einen formellen Auftrag zur Entwicklung eines Strahljägers, wobei nur wenige wirkliche Spezifikationen gefordert waren, wie eine Stunde Flugdauer bei 850 km/h[95] Geschwindigkeit und sehr kleine Bewaffnung – gemäß *Udets* Forderung nach Vorrang der Geschwindigkeit gegenüber Bewaffnung und Panzerschutz. Da der Vorschlag der Firma Messerschmitt den Einbau eines jeden der in Entwicklung begriffenen Düsentriebwerke möglich machen wollte, mußte Messerschmitt natürlich auch auf die Fertigstellung der Triebwerke bei Junkers bzw. BMW warten. So konnte die Me 262 im Jahre 1940 auch nur mit konventionellem Kolbenmotor und Propeller fliegen bzw. motorlos im Schlepp, um jedenfalls die Zelle zu testen. Der Erstflug der Me 262 mit dem Düsentriebwerk Ju 004 fand denn auch erst am 18. Juli 1942 statt, zu einem Zeitpunkt als der operationelle Heinkel-Düsenjäger He 280 längst seinen Erstflug hinter sich gebracht hatte[96]. Auch die späteren US-Amerikanischen Veröffentlichtungen, wie z.B. die Arbeit von *Kenn C. Rust* und *William N. Hess*[97], die sich jedoch vor allem mit der Me 262, dem »World War II Jet Fighter«, befaßt, bestätigen ausnahmslos die Tatsache der Eröffnung des Düsenzeitalters durch den Erstflug der He 178 am 27. August 1939. Bei *Rust/Hess* heißt es wörtlich:

»... The airplane ... lifted off the ground to open a new era – the first airplane to fly on the power of a turbojet propulsion unit was in the air. This was the Heinkel He 178 a small research plane powered by a Heinkel-Hirth He S 3 B jet engine which developed a maximum thrust of 1 102 pounds.«

Die Bibliographie dieser Arbeit weist vor allem auch auf die offiziellen Quellen der amerikanischen Abwehr (Chief of Air Staff, Intelligence) hin, die zweifelsohne dem Stand der deutschen Luftfahrtentwicklung 1945 erheblich nachgegangen ist, wie u.a. auch die »Befragung von Dipl.-Ing. *Helmut Schelp* vom 1. Juli 1945 durch Leutn. *S. T. Robinson,* USNR« bezeugt[98]. Die Amerikaner haben gewiß auch – abgesehen von den zahlreichen deutschen Ingenieuren, die auf diese Weise, wie z.B. auch *Hans v. Ohain,* nach den USA kamen – von diesen Informationen erheblich profitiert, ebenso wie von der Überführung deutscher Düsenflugzeugmuster und ihrer Triebwerke einschl. der noch befohlenen Nachbauten. Diese Studie erweist auch, daß der US-Geheimdienst ebenso wie der britische um die Jahreswende 1943/44, vor allem aufgrund der britischen Photo-Aufklärung über den deutschen Werken, ausgezeichnet informiert war über den Stand der deutschen Entwicklungen und demzufolge auch über das erste Auftreten deutscher Düsenflugzeuge im Einsatz nicht überrascht war, im Gegensatz zu den britischen und amerikanischen Piloten, für die das Auftreten propellerloser superschneller Flugzeuge eine »beachtliche Überraschung«, wenn nicht gar ein Schock war.

Fest steht, daß der Beginn des Düsenzeitalters und damit auch die Ermöglichung des heute jedem selbstverständlichen zivilen Düsenflug-Verkehrs (um 1957) – unabhängig von dem fast gleichzeitigen Entstehen der Ideen zum Flug mit Strahlflugzeugen in mehreren Ländern und bei vielen Wissenschaftlern – einsetzt mit dem Ersterfolg *Ernst Heinkels,* von dem *Rudolf Dörpinghaus*[99] mit Recht sagt, daß es zu seinem »historisch größten Verdienst« gehört, »die Grenzen des Propellerantriebs frühzeitig erkannt zu haben«.

In der Literatur wird häufig – vermutlich beeinflußt durch die Äußerungen des über den Mangel an »begeisterter Zustimmung und sofortiger Förderung der neuen Entwicklungsrichtung« enttäuschten *Ernst Heinkel*[100] – behauptet, daß das RLM an der Strahltriebwerksentwicklung nicht interessiert gewesen sei. Das ist aufgrund der inzwischen bekannt gewordenen und hier auch dargestellten Fakten, die die Tätigkeiten im RLM betreffen, nicht aufrecht zu erhalten. Andererseits wird dem damaligen Generalluftzeugmeister *Ernst Udet* zugeschrieben[101], »fanatisch« für das Luftstrahltriebwerk eingestellt zu sein, während *Ernst Heinkel* sogar *Ernst Udet* in die Reihe der von ihm vermuteten Gegner der Entwicklung in seinem Werk darstellt[102]. Beides dürfte, wie wir gesehen haben, dem wirklichen Sachverhalt nicht entsprechen.

Der bereits vielfach zitierte *Helmut Schelp* hatte seine Auffassungen über die Verdoppelung der Fluggeschwindigkeiten, die mit Kolbenmotor und Luftschraube nicht möglich sein werde, im TA im Einvernehmen mit seinem Referenten, *Hans Mauch,* sowie dem späteren Abteilungsleiter, *Wolfram Eisenlohr,* schon durchgesetzt und, ohne daß *Heinkel* konkret davon wußte, die entsprechenden Entwicklungsaufträge an die Motorenindustrie vergeben. Er hat später seine Gedanken, die ihn bewogen, sich für »Luftstrahltriebwerke für Schnellflugzeuge« einzusetzen, in seinem Vortrag unter diesem Titel auf der Arbeitstagung »Strahltriebwerke« der Deutschen Akademie der Luftfahrtforschung am 31. Januar 1941[103] ausführlich dargelegt und dabei folgendes zum Ausdruck gebracht: Bis etwa 1932 sei der wesentliche Anteil der Verbesserungen in der Steigerung der Fluggeschwindigkeit von der Motorenent-

Sir Frank Whittle und *Hans v. Ohain* anläßlich eines Treffens im Mai 1978.

wicklung gekommen, »während von da ab mit der Verbesserung der aerodynamischen Güte die Zellenentwicklung an Einfluß gewann«. *Schelp* spielt dabei auf das Erscheinen der eine aerodynamische Revolution bedeutenden He 70[104] im Jahre 1932 an. Er ging davon aus, daß den zu erreichenden Fluggeschwindigkeiten eine obere Grenze u.a. durch das Absinken des Luftschraubenwirkungsgrades bei hohen Geschwindigkeiten gesetzt sei. Bei dem Bemühen, die Fluggeschwindigkeiten zu steigern, müsse man also neue Wege in der Triebwerksentwicklung beschreiten. Damit brachte *Schelp* praktisch zum Ausdruck, daß nun wieder die Motorenindustrie aufgerufen war, etwas Neues zu tun. Sein Ausgangspunkt war also der gleiche wie bei *Ernst Heinkel,* der schon vor Jahren dieses Dilemma erkannt hatte. Die Industrie aber setzte diesen Wünschen erheblichen Widerstand entgegen. Vor allem Daimler-Benz war völlig abgeneigt, auf dem Gebiet der Turbinenluftstrahltriebwerkstechnik aktiv zu werden. Immerhin gelang es *Schelp,* bei Bramo-BMW ein gewisses Entgegenkommen zu erreichen. Nachdem die von *Herbert Wagner* vorgenommenen Strahltriebwerksentwicklungen bei Junkers nicht im Motorenwerk, sondern im Magdeburger Flugzeugwerk[105] durchgeführt worden waren, gelang es auch hier nur mühsam, die Junkers-Motorenwerke zur Strahltriebwerksentwicklung zu bewegen.

So ist der eigentliche Pionier auf dem Gebiet der Strahltriebwerksentwicklung *Ernst Heinkel,* derjenige, aufgrund dessen Vorarbeiten die Konkurrenzfirmen erst tätig werden, um ihn dann allerdings bald zu überflügeln, weil sie von vornherein den zwar schwierigeren und zeitraubenden Weg zu einem TL-Strahltriebwerk mit Axialverdichter gehen, wie *Schelp* das von ihnen verlangt hat, nachdem die bei der AVA in Göttingen durchgeführten Berechnungen von *Encke* die axiale Verdichtung als die bessere Lösung erwiesen hatten. Auch *Ernst Heinkel* wollte, nachdem es ihm immerhin gelungen war, als erster mit einem Düsenflugzeug zu fliegen, den anderen Weg gehen, den Weg mit einem Strahltriebwerk mit Axialverdichter. *Ernst Heinkel,* der ja kein Motorenfachmann war – auch wenn er die Motoren-Misere durchaus erkannt hatte –, versuchte auf beiden Wegen zum Erfolg zu kommen. Wahrscheinlich hat er sich dadurch den Weg zum Durchbruch selbst verstellt, indem er sich verzettelte. Aber wer hätte es denn damals wirklich gewußt? Die Fachleute in der Industrie wollten nicht. Und *Ernst Heinkel* mußte den richtigen Weg auch erst suchen. So hat er im Grunde die Konkurrenz in Marsch gesetzt und damit einmal mehr die allgemeine Lebenserfahrung bestätigt, daß der Ersterfinder nur selten auch der endgültig Erfolgreiche ist. Diesen »Mißerfolg«, wenn man das Ergebnis nüchtern so nennen darf, hat *Ernst Heinkel* auch nie verkraftet und nach seiner Art die »Schuld« daran auch immer anderen angelastet. Dabei kann ihm niemand, auch der größte Neider nicht, nehmen, daß nur seine persönliche Initiative aufgrund seiner Erkenntnisse und seiner leidenschaftlichen Besessenheit in der Verfolgung des einmal gefaßten Entschlusses zum Erfolg, dem Erstflug eines düsengetriebenen Flugzeugs, geführt hat.

Die Dinge lagen, wie wir gesehen haben, in der Luft. In aller Welt hatte es Menschen gegeben, die die richtige Erkenntnis hatten. In Großbritannien vor allem war es *Frank Whittle* gewesen, der sogar noch vor *Hans v. Ohain* mit seiner Arbeit begonnen hatte. Aber er hatte keinen *Ernst Heinkel* hinter sich, der ihm die Durchführung seiner Ideen ermöglichte. Beide aber mußten den endgültigen Erfolg denen überlassen, die als zweite den längeren, aber letztlich doch erfolgversprechenden Weg gegangen waren. Heute ist das nur noch von historischem Interesse. Immerhin aber gebührt *Hans v. Ohain,* seinem Förderer *Ernst Heinkel* und ihrer beider Helfer und Mitarbeiter in allen Rängen das unbestreitbare Verdienst, das erste Düsenflugzeug der Welt in die Luft gebracht und damit das Düsenzeitalter eröffnet zu haben. Das Schicksal dieser He 178 war zeitgerecht: Sie ging – bis dahin in den Heinkel-Werken in Rostock behütet – in den Wirren des Kriegsendes verloren. *Rudolf Dörpinghaus*[106] nannte sie »eines der historisch wertvollsten Flugzeuge«.

Tragödie eines Bombers: die He 177

Unter dieser Überschrift erschien 1959 in zwei Folgen der Zeitschrift »Flug-Revue«[1] ein Aufsatz von *Gert W. Heumann,* der *Heinrich Hertel,* den früheren Technischen Direktor *Ernst Heinkels,* zu einer heftigen Entgegnung[2] in der »Flugwelt« veranlaßte, die nach der Vereinigung der beiden Zeitschriften unter einem Dach von einem nicht ausdrücklich darauf Bezug nehmenden aber gleichwohl ruhigen und wohl auch objektiven Beitrag unter fast der gleichen Überschrift gewissermaßen zurechtgerückt wurde[3]. Damit war ein Thema angesprochen, das technisch ebenso brisant war wie der politische und strategische Hintergrund, auf dem es entstanden war. Die spätere He 177 war die Konzeption eines schweren Bombers, die in sich schon die Auseinandersetzung beinhaltete, die Mitte der 30er Jahre in der deutschen politischen Führung und der Luftwaffenführung über den Charakter eines möglichen Luftkrieges geführt wurde. Die Frage, die in diesen Jahren strittig war – und durch den vorzeitigen Tod des damaligen Luftwaffen-Generalstabschefs *Walther Wever* möglicherweise negativ beeinflußt wurde – betraf die Ausstattung der deutschen Luftwaffe mit Langstreckenbombern, die in der Lage gewesen wären, einen Luftkrieg gegen England bis zur Abschnürung der Insel von der atlantischen Zufuhr zu führen, oder mit Mittelstreckenbombern, die dafür leichter und in größerer Zahl hergestellt werden konnten. Der Streit hierüber ist komplex und kaum eindeutig zu entscheiden. Anzunehmen ist allerdings, daß *Hitlers* irreale Vorstellung, die weit in den 1939 ausgebrochenen Krieg hineinreichte, es gäbe keinen Krieg mit England bzw. er könne auch nach dem Ausbruch noch wieder früh beendet werden, auf einer völligen Fehleinschätzung der Lage und der Mentalität der englischen politischen Führung beruhte. Ferner muß berücksichtigt werden, daß um 1936 kein für einen schweren Langstreckenbomber geeigneter Motor in Deutschland vorhanden war. Wesentlich dürfte aber auch noch gewesen sein, daß das Deutsche Reich eine Aufrüstung für einen länger dauernden Krieg kräftemäßig gar nicht durchstehen konnte, weil es nicht möglich war, auf allen Gebieten gleichzeitig stark zu sein. Mit anderen Worten: Es war sicher kaum möglich, eine Panzerwaffe für das Heer, eine ausgewogene Kriegsmarine und eine Luftwaffe gleichzeitig mit allen für eine große Auseinandersetzung nötigen Waffen und Geräten zu schaffen, zu versorgen und außerdem auch noch einem großen Volk einen hohen Lebensstandard garantieren zu wollen. Das Hemd war überall zu kurz. Die Rohstoffe waren in dem für eine wirklich gigantische Aufrüstung erforderlichen Ausmaß gar nicht vorhanden.

Die gleichwohl erzielten Anfangserfolge gegenüber Polen und im Westfeldzug 1940 gaben *Hitler* nur scheinbar Recht. Sie vernebelten jegliche Einsicht. Schon in der sogenannten Luftschlacht über England 1940 erwies sich die fehlerhafte Ausstattung der deutschen Luftwaffe, die weder

Der erste Prototyp des neuen Bombers He 177 V 1 auf dem Werkflugplatz in Rostock-Marienehe.

über einen Langstreckenbomber verfügte noch genügend Jagdflugzeuge besaß. Hinzu kam – immer wieder unter dem irrigen Aspekt des kurzen Krieges –, daß die deutsche Wirtschaft aus einer geradezu unbegreiflichen Schonungsabsicht nicht zu höchsten Leistungen herausgefordert wurde, im Gegensatz zur britischen Industrie, die durchaus von Anfang an einem totalen Wirtschaftseinsatz unterworfen wurde.

Die hier angeprangerte Konzeptlosigkeit, die auch noch durch mehrfachen Personenwechsel innerhalb der deutschen Luftwaffenführung zusätzlich beeinträchtigt wurde, drückte sich auch in der wechselvollen Geschichte der He 177 aus. Dieses Baumuster litt unter dem häufigen Stopp und Wiederbeginn der Entwicklungsarbeiten[4], es litt unter der häufigen Änderung der Aufgabenstellung und es litt unter dem Mangel an Material und Vorbildern überhaupt. Ohne daß es aktenkundig wäre, wann diese Forderung konkret entstand, kommt noch hinzu, daß die Vorstellung im RLM, daß jedes Bombenflugzeug stürzen können müsse, alle Voraussetzungen sprengte. Entweder man baute wie die Engländer und Amerikaner Langstreckenflugzeuge als Horizontalbomber oder man baute für diesen Einsatz geeignete spezielle Sturzkampfflugzeuge. Hier wurde die Treffsicherheit ins Feld geführt. Man glaubte, mit stürzenden Flugzeugen das Ziel mit der Maschine anvisieren zu können. Das entsprach der Aufgabe, Punktziele durch Flugzeuge zu bekämpfen, also einerseits das Heer im Erdeinsatz zu unterstützen oder Schiffe als Seeziele zu treffen. Dieser Aufgabenvielfalt war kein Flugzeug gewachsen. Die zukünftige Fehlkonstruktion war vorprogrammiert[5].

Um der Motorenmisere für einen schweren Bomber zu entgehen, wurde die geforderte Viermotorigkeit dadurch geschaffen, daß nach einer Idee von *Siegfried Günter* zwei Motoren auf eine Luftschraube wirken sollten. So wurde das bereits in der He 119 eingebaute Doppeltriebwerk zweier DB-601-Motoren auch für die He 177 vorgesehen einschließlich der Oberflächenkühlung, die sowohl bei der He 119 als auch bei der He 100 Schwierigkeiten bereitet hatte und darum auch durch widerstandserhöhende, normale Flüssigkeits-Durchsatzkühler ersetzt wurde. Die Zelle war ein freitragender Mitteldecker mit einziehbarem Fahrgestell in Ganzmetallbauweise. Sie unterlag in ihren Details ständigen Veränderungen, die zumeist eine Gewichtsvermehrung bedeuteten mit den entsprechenden Folgen geringerer Geschwindigkeit und verringerter Reichweite. Geplant ab 1936, wurde die He 177 im Lauf der Jahre und nach vielen, teilweise zu Verlusten führenden Änderungen ein Flugzeug, das bei der endgültigen Produktionseinstellung im Herbst 1944 zu den besten und kampfstärksten, technisch vollkommensten Einsatzmaschinen der Luftwaffe gehörte. Der Weg dahin war allerdings voll von Enttäuschungen. Der Spottname »Reichsfeuerzeug« entstand, als die Triebwerksbrände sich häuften, die zu zahlreichen Abstürzen führten.

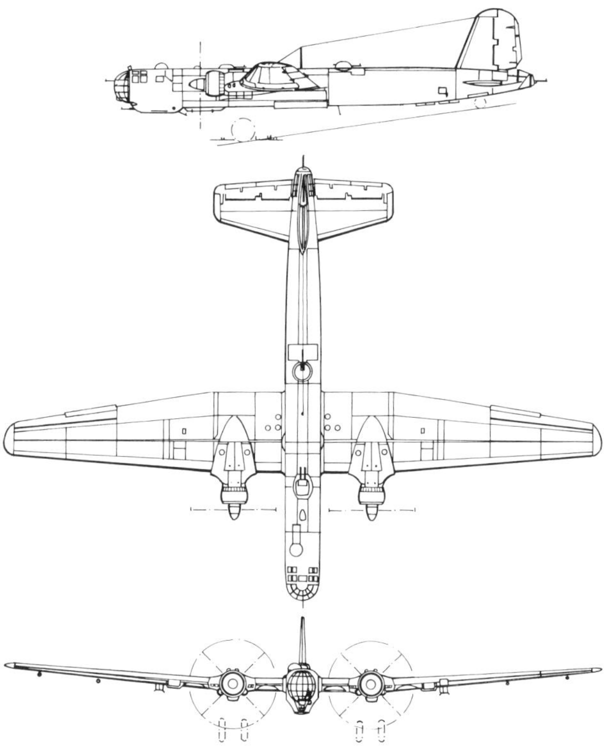

Langstreckenbomber Heinkel He 177 A.

Die militärische Forderung, wie sie in einer Aktennotiz der Firma Heinkel vom 3. Juni 1936 über eine Besprechung vom gleichen Tage im RLM festgehalten wurde, verlangte, daß der Langstreckenbomber bei einem Fluggewicht von 25 t eine Bombenlast von 500 kg über eine Entfernung von 2 500 km in einer Höhe von 6 000 m mit einer Mindest-Reisegeschwindigkeit von 500 km/h in Nennleistungshöhe bei einer Leistungsdrosselung von 25 Prozent zu tragen imstande sei. Als Besatzung waren zunächst drei Mann vorgesehen, als Bewaffnung zwei Maschinengewehre oder Kanonen.

Unter der Technischen Direktion von *Heinrich Hertel* entwarf *Siegfried Günter* das Projekt P 1041. Am 5. November 1937 fand die Endattrappenbesichtigung in Marienehe statt; als Baumusterbezeichnung wurde jetzt He 177 festgelegt. Die mitzuführende Bombenlast wurde auf 1 000 kg erhöht. Neue taktische Forderungen wurden der Firma Heinkel seitens des RLM am 2. April 1938 mitgeteilt. Die Änderungen und die Konsequenzen daraus wurden in einer Besprechung im RLM am 13. Januar 1939 erneut besprochen, ebenso am 15. Juni 1939 ein Gegenentwurf. Über beide Besprechungen sind vom Berliner Heinkel-Büro heute noch vorhandene Aktenvermerke angefertigt worden. Die Daten der verschiedenen Ausführungen variieren

Die besondere Triebwerksanordnung der He 177 – zwei Doppelmotoren mit jeweils einem Propeller – ergab zahlreiche Probleme.

Der Langstreckenbomber He 177 A konnte eine Bombenlast von 2000 kg über eine Flugstrecke von maximal 5600 km transportieren.

etwas um die hier für die He 177 A-3/2 angegebenen Zahlen, die als Besatzung sechs Mann vorsehen, als Triebwerk zwei DB 610 (je zwei DB 601) mit einer Startleistung von 2 × 2950 PS bei 2800 min^{-1} und einer Kampfleistung von 2 × 2500 PS bei 2500 min^{-1} in 5800 m Höhe anführen, bei einer Spannweite von 31,44 m, einer Länge von 22 m, einer Höhe von 6,67 m und einer Flügelfläche von 102 m^2 [6]. Das so beschriebene Flugzeug erreichte eine Höchstgeschwindigkeit von 505 km/h in 6000 m Höhe und 700 km/h beim Bahnneigungsflug, eine Marschgeschwindigkeit von 450 km/h in 6000 m Höhe. Die Landegeschwindigkeit betrug 148 km/h. Bewaffnet war es mit sieben Maschinengewehren und hatte bei einer Bombenlast von 2000 kg eine maximale Reichweite von 5600 km.

Die He 177, die nach britischer Auffassung unter bestimmten Voraussetzungen für die deutsche Luftwaffe ein den besten Maschinen der Alliierten gleichwertiges, wenn nicht gar überlegenes Flugzeug hätte sein können[7], wurde am 19. November 1939 erstmalig geflogen. Pilot war *Carl Francke* von der E-Stelle Rechlin. *Ernst Heinkel* hatte diesen Piloten[8] gern für diesen Erstflug und das nachfolgende Einfliegen eingesetzt, da die He 177 sowieso später in Rechlin nachgeflogen werden mußte. Auch wenn das durch andere Piloten zu geschehen hatte, deren Beurteilung und etwaige Feststellung von Mängeln *Carl Francke* nicht beeinflussen konnte, so war er doch immerhin der maßgebende Chef der Abteilung Flugzeuge in Rechlin. Sein Urteil gab z.B. für den Generalluftzeugmeister *Ernst Udet* den Ausschlag, die Me 109 als Standardjäger zu wählen. Der Erstflug der He 177 durch *Carl Francke* erfolgte selbstverständlich im Einvernehmen mit dem RLM. Sein Flugbericht und seine Beurteilung einschl. der Änderungsanregungen wurden in einer großen Werksbesprechung unter Leitung von *Ernst Heinkel* am folgenden Tag erörtert[9]. Danach wurde der erste Flug zusammenfassend »in jeder Hinsicht als gut bezeichnet«. *Carl Francke* mußte allerdings den Flug, den er eigentlich aufgrund der Vertrautheit mit der Maschine ausdehnen wollte, »infolge der zunehmenden Oeltemperatur... nach 20 Minuten« abbrechen. *Carl Francke* hat also die He 177 nicht etwa *nach*geflogen, sondern *ein*geflogen, weil nach seiner Meinung *Ernst Heinkel* darin eine gewisse Gewähr sah »für ein schnelles, positives Abschließen der Einflugzeit«[10]. *Carl Francke* stellte ausdrücklich fest: »Auch nach heutigen Gesichtspunkten war die He 177 nicht falsch konzipiert, sondern ein hervorragendes Flugzeug« und fügte hinzu: »Sie hatte 3 Fehler:

a) man verlangte von ihr Sturzfähigkeit

b) der Heckschützenstand war alles andere als schön
c) sie brannte, was sich aber erst viel später herausstellte.

Das Einfliegen eines solchen Flugzeugmusters ist alles andere als Zuckerschlecken...[11]«.

Es ist im übrigen allen Befragten – und das sind sehr viele Piloten und Techniker der damaligen Zeit – unvorstellbar, daß irgend jemand einen Testpiloten für irgendetwas hätte kaufen können, wie das *David Irving*[12] unterstellt. *Friedrich Ritz,* der als Werkpilot mit dem Einfliegen der He 177 beauftragt war, stellt in seinen nicht veröffentlichten Lebenserinnerungen, die er für seine Kinder schrieb und jetzt auch dem Verfasser überließ, fest (S. 79ff.), daß ein neues Muster noch nie »auf Anhieb ohne jeden Fehler dagestanden hätte«. Als Ingenieurpilot fielen *Friedrich Ritz,* als er die Einfliegerei der He 177 übernehmen mußte, natürlich noch viele Dinge auf, die nach seiner Meinung *Carl Francke,* der es ja gewohnt war, Flugzeuge zu testen, die zuvor von den Einfliegern des betreffenden Werks bereits zu einer gewissen Reife entwickelt waren, entgangen waren. Die Maschine war auch nach seiner Meinung »vollgepackt mit neuen, interessanten, aber noch nicht erprobten Ideen und Konstruktionen«. Er hielt den Einsatz eines viermotorigen schweren Bombers als Sturzkampfflugzeug für eine »Marotte«. Als Hauptbeanstandung hatte er geltend gemacht, daß vor dem Stürzen, also vor dem Eintritt in den höheren Geschwindigkeitsbereich, Standschwingungsversuche und Schwingungsberechnungen hätten durchgeführt werden müssen. Das war jedoch nicht geschehen. Für *Friedrich Ritz* war der damalige Technische Direktor *Robert Lusser* als Nachfolger von *Heinrich Hertel* der Hauptvertreter im eigenen Werk der aussichtslosen Vorstellung, die He 177 sturzfähig zu machen. So ging *Ritz* im Frühjahr 1941 weg von *Heinkel,* der ihn gleichwohl nach wie vor mit Wohlwollen behandelte, während *Lusser* bald danach von *Heinkel* hinausgeworfen wurde. Letztlich ist – nach der Meinung von *Friedrich Ritz* – aus der He 177 »nie etwas rechtes geworden. Ihr überstürzt befohlener Serienbau hat aber jahrelang die Kapazität der deutschen Luftfahrtindustrie absorbiert und Kräfte für dringlichere Aufgaben gebunden. Die He 177-Tragödie hat zweifellos den Zusammenbruch Deutschlands beschleunigt.« (S. 88) Dabei hatte *Robert Lusser* am Konzept der He 177 nichts geändert[13], während *Heinrich Hertel* sich sehr stark für den Doppelmotor eingesetzt hatte. Es entbehrt nicht einer gewissen Pikanterie, daß ausgerechnet *Heinrich Hertel* vom RLM 1943 als Kommissar für die He 177 bei Heinkel eingesetzt wurde, wo er allerdings sehr bemüht war, die Mängel im Einvernehmen mit *Ernst Heinkel* abzustellen und keinen übermäßigen Wirbel aufzuführen. Er bezeichnete nicht so sehr das Doppeltriebwerk als Ursache für die vielen Brände, sondern den Triebwerkseinbau. Allerdings war die spätere, mit vier Einzelmotoren ausgerüstete He 277 hinsichtlich Triebwerksbränden problemlos.

Als die Maschine bei den weiteren Erprobungen voll ausgeflogen werden mußte, passierten dann die schweren Unfälle, die zahlreichen Besatzungen das Leben kosteten und viele Maschinen zu Bruch gehen ließen. Darüber ist in der Literatur so vieles an Einzelheiten berichtet worden – und im Herstellerwerk sind die Unfallberichte höchst aufmerksam studiert worden –, daß hier darauf verzichtet werden soll, die Vorgänge im einzelnen erneut darzustellen. Auch hier erwies sich, daß diejenigen Flugzeuge, die in der Anfangszeit ihrer Erprobung die größten Schwierigkeiten gemacht haben, später mit zu den besten und sichersten gehörten.

William Green[14] macht darauf aufmerksam, daß die Alliierten seit Juni 1940 von der Existenz der He 177 und ihren Eigenschaften gewußt hätten, um wörtlich zu erklären: »Had the He 177 appeared in operational service during 1940–41, it could have radically altered the picture of aerial warfare over the British Isles...«. Das sei dann allerdings erst 1944 geschehen. Dabei sei die geplante Geschwindigkeit höher gewesen als die der meisten einsitzigen Jäger der Zeit! Die wesentlichste Eigenschaft sei die Tatsache des Doppelmotors gewesen[15]. Darin lag allerdings eine der zu vermutenden Quellen für die vielen Brände, die im Verlauf der Erprobung und später das Schicksal der He 177 und ihrer Besatzungen wurden, obwohl bei der ebenfalls mit dem Doppelmotor ausgerüsteten He 119 die Triebwerksprobleme nicht auftauchten. Die Doppeltriebwerke erwiesen sich jedenfalls in der He 177 als äußerst störanfällig und schwer zu warten. *Hans Redemann*[16] nennt die Hauptfehlerquellen, die u.a. in Pleuelbrüchen lagen, durch die der Getriebeölbehälter mit seinen 21 Liter Öl als Inhalt zerschlagen wurde, woraufhin das Lecköl auf die glühendheißen Auspuffstutzen lief und sich entzündete. Nach entsprechender Abänderung seien kaum noch derartige Beanstandungen erfolgt. Die Truppe hatte sich im übrigen durch die Anbringung von Abdeckblechen beholfen.

Harry Böttcher schildert in den Rechliner Briefen, 1. Folge Brief Nr. 5, einen »Erprobungsflug mit der He 177« am 6. Februar 1944, bei dem bald nach dem Start das linke Triebwerk brannte mit der Gefahr des Abbrechens des Außenflügels. Als eine der zu treffenden Maßnahmen hatte der Pilot unverzüglich die Benzin- und Ölzufuhr zu dem brennenden Triebwerk abschalten lassen, woraufhin der Bordfunker alsbald meldete, daß das Qualmen des linken Triebwerkes nachlasse. Wörtlich berichtet dann *Harry Böttcher:* »Durch unser schnelles Abstellen der Benzin- und Ölzufuhr war also nicht der sonst übliche Ablauf eines Triebwerkbrandes bei der He 177 eingetreten, bei dem wie in einer Schweißflamme der Holm des Tragflügels verbrennt und nach kurzer Zeit abbricht, sondern unser Brand hatte lediglich Teile der Flügelhaut und der Motorenverkleidung erfaßt, wie wir später am Boden feststellten, und damit nicht die Flugfähigkeit beeinträchtigt. Unsere Vermutung auf Unterlassung dieser Sofortmaßnahme in den

Die He 177 V 102, NE+OD, war der zweite Prototyp der He 177 B (He 277) mit vier Einzelmotoren und entstand durch Umbau aus der He 177 V 9 (A-08).

früheren Fällen von Triebwerksbrand bei der He 177 scheint durch diesen Ablauf bestätigt worden zu sein.« Offenbar hat also die Ruhe und Erfahrung des Testpiloten zur Rettung geführt durch eine Maßnahme, die möglicherweise auch andere Besatzungen und Maschinen hätte retten können[17].

Xaver Hafer, seit dem 1. Juni 1939 in den Heinkel-Werken als junger Diplom-Ingenieur beschäftigt, später Abteilungsleiter für Statik in der von *Siegfried Günter* geleiteten Entwicklungsabteilung (der Ernst Heinkel Flugzeugbau GmbH) im Entwicklungsring Süd in München und danach Ordinarius für Flugtechnik an der TH Darmstadt, schrieb am 18. März 1982 an den Verfasser: »Es ist mir bekannt, daß die Schwierigkeiten der Doppelmotoren auf Resonanzschwingungen beruhten, die Daimler nicht beseitigen konnte. Es ist nicht auszuschließen, daß die lange Antriebswelle des Propellers der He 119 mit ihrer zwangsläufig vorhandenen Elastizität günstige Wirkungen gegenüber dem direkt am Motor angeschlossenen Propeller der He 177 hatte. Nicht auszuschließen ist allerdings auch, daß man bei den nur in wenigen Exemplaren gebauten 119 und der entsprechend geringen Zahl an Flugstunden Glück gehabt hat.«

Der entwicklungsmäßige Übergang im Januar 1943 auf eine echte viermotorige Lösung in der He 177 B bzw. der He 277 brachte alsdann mit dem Fortfall des Doppeltriebwerks und der Verwendung des nach hinten einfahrbaren Fahrwerks (wie im Entwurf für eine He 274) die entscheidende Verbesserung, da die sonstigen Vorteile der Konzeption einschließlich der inzwischen vorgenommenen Änderungen nun voll zur Geltung kommen konnten. Der Kommandeur der E-Stellen konnte bei einer Gegenüberstellung Ju 288 C-0 (C-1)/He 177 B-5[18] überwiegend Vorteile für die He 177 B-5 ermitteln und als Nachteile nur eine geringere Wendigkeit und Geschwindigkeit feststellen. In einer Besprechung bei *Hermann Göring,* dem Oberbefehlshaber der Luftwaffe, auf dem Obersalzberg am 25. Mai 1944, in der eine Typenbereinigung erfolgte, wurden von *Ernst Heinkel*, der von seinem Chefkonstrukteur *Karl Schwärzler* begleitet war, Bilder und Typenblätter der viermotorigen He 177 B-5 vorgelegt, die eine Verdoppelung der Produktionszahlen ermöglichen sollte. Die He 177 (dieser Ausführung) wurde als »überhaupt die wichtigste Maschine«[19] bezeichnet. Allerdings stand auch über dieser Besprechung das Menetekel »Zu spät«.

Als die Produktion im Oktober 1944 endgültig zugunsten des nun vordringlichen Jägernotprogramms eingestellt wurde, waren immerhin insgesamt 1146 Exemplare der He 177 mit Doppelmotoren gebaut, wovon allerdings nur Teile zur Truppe gelangt waren, die jedoch dieses Flugzeugmuster im Endergebnis durchaus schätzte und sogar Ende 1943 einen von höchster Stelle ergangenen Befehl, die Bestände an He 177 zu verschrotten, ebenso mißachtete, wie die Industrie, die dessen ungeachtet den Bau fortsetzte[20].

In Kenntnis aller gegenteiligen Äußerungen bezeichnet

Hans Redemann[20] die He 177 »in ihrer technischen Konzeption« als »revolutionär und allen übrigen Entwicklungen um Jahre voraus«. Nach ihm verhinderten »bürokratische Engstirnigkeit und mangelnde Entschlußkraft in den höchsten Führungsstellen«, daß »aus ihr eine schlagkräftige und zuverlässige Waffe« wurde. Mit der He 177 hätten die Kampfverbände der Luftwaffe »große Erfolge« erzielt. Nach seiner Ansicht ist »das Schicksal der ganzen deutschen Luftwaffe im Jahre 1945 ... wohl am eindringlichsten durch die Geschichte der He 177 verkörpert«.

Die beiden V-Muster der He 274 wurden in Frankreich bei Farman gebaut.

Die He 274 als schweres Kampfflugzeug und Erprobungsträger

Aus der Forderung nach einem Höhenbomber, der aus der He 177 abgeleitet werden sollte, um bei gleichen Flugleistungen oberhalb der durch gegnerische Flak erreichbaren Höhe bleiben zu können, entstand die He 274, für die in großem Umfang Bauteile der He 177 verwendet werden sollten. Aus Kapazitätsgründen wurde die Bauausführung an die Firma Farman in Frankreich übertragen, wo den Arbeiten nicht gerade besondere Schnelligkeit gewidmet wurde. Zwei noch vor der Besetzung durch die Alliierten fertig gewordene Maschinen konnten nicht mehr eingeflogen werden. Sie wurden nur teilweise unbrauchbar gemacht, konnten dann aber erneut hergerichtet werden. Am 27. Dezember 1945 machte die ursprüngliche He 274 V 1 als französische A.A.S.-01 A ihren Erstflug und diente dann als Forschungsflugzeug für Höhenflüge und als Erprobungsträger für Druckkabinen sowie ab April 1948 als Erprobungsträger u.a. für das französische Raketenflugzeug SO-M1, das – mit einer erbeuteten Walter-Rakete ausgerüstet – als Mistelflugzeug bis zur Höhe von 4000 m gebracht wurde. Nach Abschluß dieser Versuche wurden beide Exemplare von den Franzosen verschrottet.

Als Höhenbomber mit Druckkabine sollte die He 274 in Flughöhen über 11000 m operieren können.

Höhenbomber Heinkel He 274.

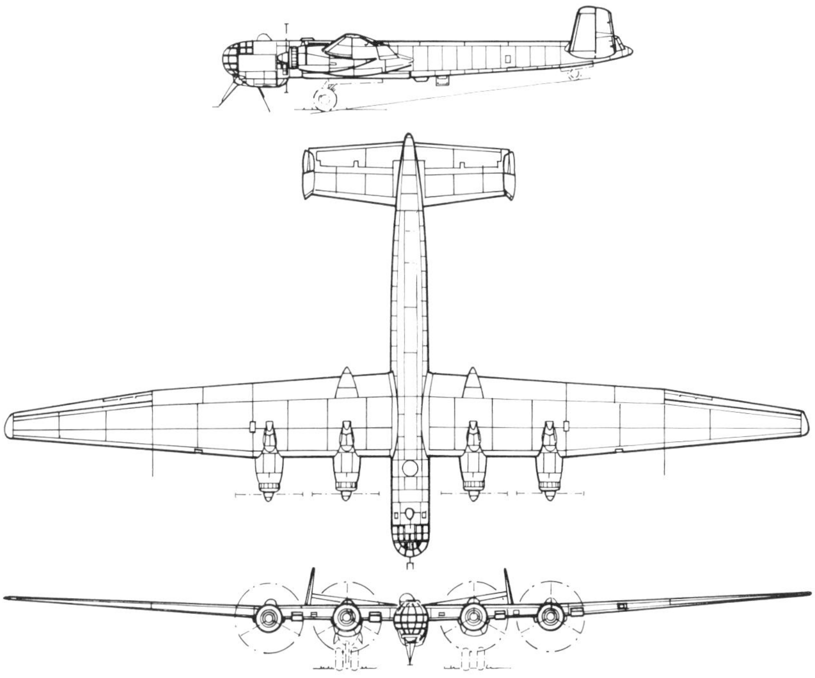

Ausgestattet mit vier Triebwerken DB 603 A mit einer Startleistung von je 1750 PS und einer Nennleistung von 4 × 1400 PS bei 2300 min^{-1} in 6000 m Höhe wurde die He 274 von drei Mann Besatzung bedient. Ihre Spannweite betrug 44,10 m, die Länge 22,30 m, die Höhe 5,50 m und die Flügelfläche 170 m^2. Bei einem Leergewicht von 21300 kg und einem Fluggewicht von 36010 kg betrug die Höchstgeschwindigkeit in 11000 m Höhe 580 km/h und die Reisegeschwindigkeit bei 75 Prozent Startleistung in 11000 m Höhe 510 km/h. Die Landegeschwindigkeit betrug 158 km/h[21].

Ein Flugzeug für neue Aufgaben: die He 119

Die Günter-Linie der Heinkel-Flugzeuge hatte sich seit der He 64 mit der He 70 und der He 111 in ihrer klaren und bestechenden Stromlinien-Tropfenform und den aerodynamisch ebenso neuen wie revolutionären elliptischen Flügeln immer wieder als die umwälzende neue Linie bewiesen. Sie ist auch weiterhin das Markenzeichen für die Heinkel-Flugzeuge. Eines der revolutionärsten Flugzeuge der neuen Reihe ist die von *Ernst Heinkel* als Schnellbomber und schneller Fernaufklärer entwickelte He 119. Der Heinkel-Werkspilot *Friedrich Ritz* bezeichnete die He 119 in einem Gespräch mit dem Verfasser am 18. November 1981 in München wohl zutreffend als »noch schöner als die He 70.«

Ernst Heinkel hatte, dem Gedanken und der Anregung *Siegfried Günters* folgend, Daimler-Benz den Wunsch nach Entwicklung eines Doppelmotors übermittelt. Daimler-Benz entwickelte daraufhin aus dem DB 601 einen Doppelmotor, der die Bezeichnung DB 606 erhielt[2].

Die Firmen arbeiteten in dieser Sache auf das engste zusammen. Die beiden Motoren wurden so zusammengekoppelt, daß sie über eine Ferntriebwelle einen Propeller antrieben. In den gebauten und geflogenen Flugzeugen dieses Typs gab es auch keine Schwierigkeiten mit dem Doppelmotor im Gegensatz zu der späteren Verwendung von Doppelmotoren in der He 177. Im Hinblick auf die geplante Hochgeschwindigkeit im Einsatz wurde auf eine Abwehrbewaffnung völlig verzichtet. Dadurch sollten die aerodynamischen Vorteile der Bauart noch verstärkt werden, da Gewichte und Störquellen verringert waren.

Der zweisitzige Fernaufklärer He 119 erreichte mit einem Daimler-Benz-Doppeltriebwerk eine Höchstgeschwindigkeit von 620 km/h.

Das Einziehfahrwerk wurde durch ineinander schiebbare Federbeine verkürzt und somit die Möglichkeit gegeben, einen 4,30 m großen Propeller zu verwenden, der eine größere Bodenfreiheit verlangte. Die Kühlung sollte ausschließlich über die Oberflächenkühlung erfolgen. Da die Berechnungen der Motorenhersteller jedoch fehlgingen, mußte zusätzlich für Start und Steigflug ein einziehbarer Bauchkühler eingebaut werden.

In dieser Form wurde die He 119 einer RLM-Kommission vorgeführt, die nicht nur über die sie befremdende Geheimniskrämerei vergrämt war, sondern auch – trotz der hohen Geschwindigkeit – eine Abwehrbewaffnung forderte. *Ernst Heinkel* ließ sich mal wieder nicht entmutigen und baute einen Gefechtsraum ein, der aber kaum eine effektive Bewaffnung zuließ. Das RLM war auch dementsprechend unzufrieden, so daß die V 2 erneut umgebaut werden mußte. *Ernst Heinkel* hielt die Einbauten und deren Besetzung durch Bordschützen jedoch für sinnlos und lediglich hinderlich für das Erreichen hoher und höchster Geschwindigkeiten. Stattdessen ließ er einen besonderen Raum zur Aufnahme von Bomben einrichten, um der Luftwaffe je-

Die Propellerwelle war bei der He 119 durch die voll verglaste Kabine hindurchgeführt. Der Doppelmotor befand sich in der Mitte des Rumpfes.

denfalls einen wenn auch unbewaffneten Schnellbomber anbieten zu können. Die V 2 schaffte mit dem inzwischen ebenfalls verbesserten DB 606, der jetzt eine Startleistung von 2350 PS abgab, eine Geschwindigkeit von 575 km/h, erheblich mehr als operationelle Jäger der Zeit.
Inzwischen hatte *Heinkel* auch die V 3 fertiggestellt, die als unbewaffneter zweisitziger Fernaufklärer in der optimalen Höhe von 4500 m eine Geschwindigkeit von 590 km/h erreichte. Wieder gab es Ärger mit dem RLM, so daß Heinkel zwar einen »Gefechtsstand« einbaute, aber mehr nicht. Bewaffnet war die V 3 auch nicht. *Ernst Heinkel* ging es um die Geschwindigkeit. Er baute unbeirrt die V 4, die Rekord fliegen sollte. Die Oberflächenkühlung funktionierte inzwischen, wenn der einziehbare Bauchkühler beim Start zu Hilfe genommen wurde, während der Motor beim Reiseflug aufgrund der hohen Geschwindigkeit durch das verbesserte Oberflächenkühlsystem ausreichend gekühlt wurde.
Die He 119 V 4 hatte ein Doppeltriebwerk DB 606 A-2 mit einem untersetzten Getriebe im Verhältnis 2,1 : 1, das in 3700 m Höhe für fünf Minuten eine Nennleistung von 2200 PS abgab, mit denen es der Maschine eine Höchstgeschwindigkeit von 620 km/h in 4,5 km Höhe verlieh. Sie hatte eine Spannweite von 15,90 m, eine Länge von 14,80 m, eine Höhe von 5,40 m und eine Flügelfläche von 50 m^2. Das Leergewicht betrug 5200 kg, das Abfluggewicht 7160 kg. Die Reisegeschwindigkeit bei maximaler Dauergeschwindigkeit betrug in 4,5 km Höhe 600 km/h und bei 60 Prozent Startleistung in 4,5 km Höhe 550 km/h. Die optimale Reichweite der als schneller Fernaufklärer geplanten V 3 betrug in 6 km Höhe 3120 km.
Mit der V 4 ließ *Ernst Heinkel* durch seinen Chefpiloten *Gerhard Nitschke,* der gerade vom Reichsminister der Luftfahrt zum Flugkapitän ernannt worden war, und als Copiloten den erst 22jährigen *Hans Dieterle* mitnahm, am 22. November 1937 den Angriff auf den Weltrekord über 1000 km ohne Ballast sowie mit 500 kg und 1000 kg Ballast durchführen. Die Meßstrecke führte von Hamburg nach Stolp und zurück. Bei der Landung in Hamburg wurde ein Durchschnitt von 504,988 km/h errechnet und von der F.A.I. anerkannt. Der bisherige Rekord von *Niclot* auf einer italienischen Breda 88 war um 30 km/h überboten worden. Da die Italiener den Rekord alsbald wieder an sich zogen, wollte *Ernst Heinkel* auch diese Leistung erneut übertrumpfen. Das gelang nur zur Hälfte; denn als die Rekordmaschine mit gemessener erheblicher Geschwindigkeitssteigerung bereits auf dem Rückflug war, zwang Kraftstoffmangel *Nitschke* zu einer Notlandung in Travemünde. Die Umschaltung der Kraftstoffanlage auf Reserve war nicht erfolgt. Unglücklicherweise waren ausgerechnet auf dem Flugplatz Travemünde Drainagearbeiten im Gang, so daß es zu einer kompletten Bruchlandung kam, bei der sich *Gerhard Nitschke* schwer verletzte, während *Hans Dieterle* mit nur ganz geringen Verletzungen davonkam.
Aber auch hier zeigte *Ernst Heinkel* seine Unbeirrbarkeit in

Mit Schwimmern ausgerüstet, sollte die He 119 als schneller See-Fernaufklärer verwendet werden.

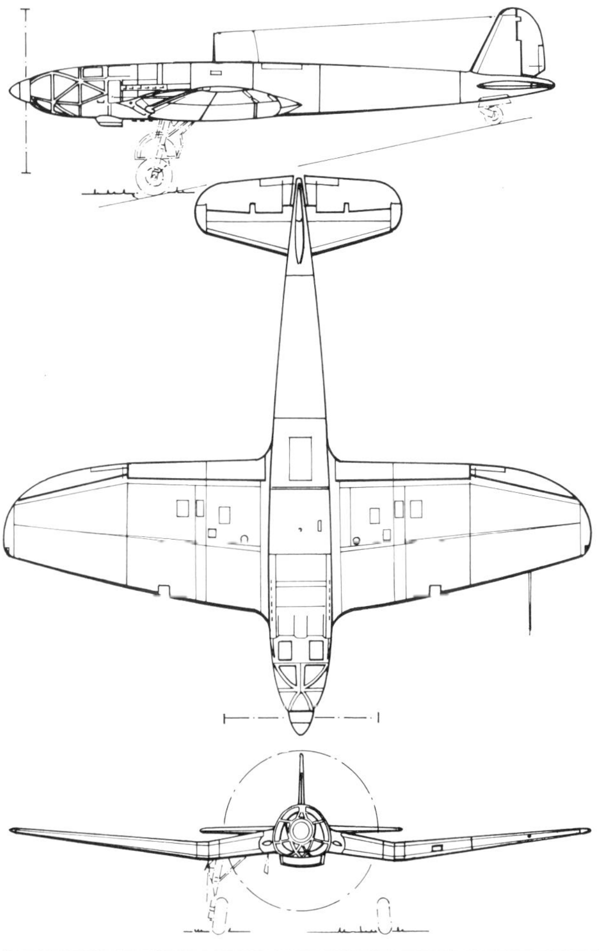
Fernaufklärer Heinkel He 119.

Flugkapitän *Gerhard Nitschke* erprobte unter anderen Heinkel-Flugzeugen auch die He 119.

Der japanische Marineattachée kam 1939 im Zusammenhang mit der Bestellung von zwei He 119 nach Warnemünde. Von links nach rechts: *Ernst Heinkel, Kurt Lammertz* (Auslandsvertrieb), *Admiral Yendo, Gerhard Nitschke* und *Karl Hayn.*

der Verfolgung des einmal gesetzten Zieles: Er wollte auch mit der Seeausführung den Rekord holen. Das aber wurde durch das nach der Bruchlandung mit der V 4 vom RLM verhängte Rekordflugverbot unmöglich gemacht.
Die V 5 war entsprechend der V 4 für den Rekordflug geändert. Auch das Triebwerk war verbessert, so daß die Reiseleistung von 60 Prozent der Startleistung auf 80 Prozent erhöht werden konnte. Das war ein gewisser Ausgleich für die Geschwindigkeitsverringerung durch das große Schwimmwerk.
Die He 119 V 5 hatte als schneller See-Fernaufklärer eine Spannweite von 15,90 m, eine Länge von 15,52 m, eine Höhe von 6,45 m und eine Flügelfläche von 50 m^2. Das Leergewicht betrug 5760 kg, das Abfluggewicht 8700 kg. Die Höchstgeschwindigkeit in 4,5 km Höhe betrug 570 km/h. Es wurden noch drei weitere V-Muster gebaut, die bereits Grundlage für einen Serienbau hätten sein können. Aber trotz guter Erprobungsberichte aus Rechlin war das RLM nicht bereit, eine Serie aufzulegen. Statt dessen gab man wie üblich die He 119 zum Verkauf nach Japan frei. Wasserflugzeuge waren sowieso nicht mehr interessant. Als Landflugzeug war die He 119 eigentlich ein Schlager. Aber das wurde nicht erkannt.
Gert W. Heumann, der das eine »Tragödie ohne Parallele« nennt, setzte seinem Bericht hierüber[3] eine Feststellung des britischen Luftfahrtministeriums voraus, die mit den Worten schloß:

»... Zurückschauend muß festgestellt werden, daß eine unglaubliche Kurzsichtigkeit im RLM verhinderte, die deutsche Luftwaffe bereits vor Ausbruch des Zweiten Weltkrieges mit einem Schnellbomber auszurüsten, der mit einer Geschwindigkeit von mehr als 550 km/h allen existierenden Jagdflugzeugen davongeflogen wäre und ungehindert über gegnerischem Gebiet hätte operieren können. Dieses vielleicht geheimste aller deutschen Flugzeuge war unserer Mosquito mehr als drei Jahre voraus...«

Die Philosophie des superschnellen waffenlosen Flugzeuges war in Deutschland nicht genehm. Nach dem allzu frühen Tod des Generalstabschefs der Luftwaffe, General *Walther Wever,* der als Anhänger der Luftkriegslehre des italienischen Generals *Douhet* die Kampfflieger als »die entscheidende Waffe des Luftkrieges[4]« bezeichnet hatte, hatte man die von ihm erkannte große Bedeutung eines schweren Kampfflugzeugs wieder außer Acht gelassen. Es ist wahrscheinlich, daß die gegenseitigen Empfindsamkeiten zwischen *Ernst Heinkel* und dem RLM sich bei diesem Baumuster zusätzlich erheblich auswirkten, von der mangelnden Übereinstimmung der technischen und militärischen Ansichten ganz abgesehen.

Nachtjagdflugzeug He 219

So wie die He 119 der De Havilland DH–98 »Mosquito« nach britischem Eingeständnis[1] um drei Jahre voraus war, so war der außergewöhnliche Nachtjäger von Heinkel, die He 219, allein in der Lage, die Mosquito erfolgreich zu jagen. Auch dieses Baumuster hatte eine bewegte Geschichte[2], die *Gert W. Heumann* unter der bezeichnenden Über-

Die zweisitzige He 219 wurde als Nachtjäger entwickelt, der Erstflug der Mustermaschine V 1 fand am 6. November 1942 statt.

schrift »Die Venus von Rostock« in höchst umfangreicher Form, sehr informativ und mit guten Bildern und Zeichnungen versehen, wiedergibt. Aus seiner Darstellung geht die unbegreifliche Auseinandersetzung zwischen dem Generalluftzeugmeister, Generalfeldmarschall *Erhard Milch*, der immer wieder die He 219 zu »töten« versuchte, und der Truppe hervor, die in Gestalt des Generals (Inspekteurs) der Nachtjäger, *Josef Kammhuber*, immer wieder eine Verstärkung des Ausstoßes der He 219 forderte. Ohne die Truppe und ohne den energischen Einsatz von Generalleutnant *Kammhuber* hätte es wahrscheinlich überhaupt keine He 219 bei der Nachtjagd gegeben. Daß es nicht genügend Exemplare gab, lag nicht nur an der mangelnden Übereinstimmung zwischen Truppe und Luftwaffenführung, sondern auch an den Bombenangriffen auf die Industrie und die Verbindungswege zwischen Haupt- und Unterlieferanten.

Gewissermaßen auf Vorrat hatte das Güntersche Projektbüro seit August 1940 ein sehr schnelles Mehrzweckflugzeug als Projekt 1060 (bzw. 1055) entworfen, das beim RLM kein Interesse fand. Als seit 1940 die RAF zu zunächst verhältnismäßig geringen Nachtangriffen überging, die nach Agentenmeldungen bald stärker werden sollten, befaßte sich das RLM mit einer ihm vorgelegten Denkschrift, die die Aufmerksamkeit des RLM bereits auf die vorliegende Heinkel-Studie lenkte, wenn auch nichts danach erfolgte. Die vorhandenen Tagjäger würden dort fehlen, wenn man sie für Nachteinsätze umbaute. So erhielt *Heinkel* einen konkreten Auftrag auf Entwicklung eines reinen Nachtjägers, zu dem im Januar 1942, als die britischen Nachtangriffe bereits erheblich spürbar wurden, im Projektenbüro die Arbeiten aufgenommen wurden. Aufgrund des Heinkel-Systems, das mit einem besonderen Vorkonstruktionsbüro alle Teilarbeiten erfaßte, gingen die Arbeiten schnell voran; aber sie wurden durch Bombenangriffe auf Rostock unterbrochen. Um diesen Angriffen auszuweichen, wurden Entwicklung und Bau der weiteren Prototypen nach Schwechat bei Wien verlegt. Querelen störten den Fortgang der Arbeiten weiterhin. Immerhin konnte der unbeschädigte Prototyp am 6. November 1942 seinen erfolgreichen Erstflug noch in Marienehe absolvieren. Die Maschine hatte das bis dahin unbeliebte Bugradfahrwerk, das sich unerwartet günstig auswirkte, und erstmals das für die He 280 bereits entwickelte

Rettungssystem der Schleudersitze, die der Besatzung im Notfall das sonst durch die hohe Geschwindigkeit nicht mehr mögliche Aussteigen doch noch machen sollten.
Zwei Vergleichsfliegen am 8. Januar und 25. März 1943 mit einer Ju 188 und einer Do 217 führten zur Erweiterung eines bereits erteilten Nullserien-Auftrags über merkwürdigerweise 130 Stück He 219 auf jetzt 300 Exemplare. Das war im Grunde genommen ein Unding, da es Nullserien eigentlich nur in der Größenordnung von 10–20 Maschinen gab. Hier zeigte sich vermutlich der hemmende Einfluß des Generalluftzeugmeisters: Es kam nie zu einer regelrechten Serie.
Die Kriegsereignisse brachten es bereits mit sich, daß die einzelnen Teile in verschiedenen Werken hergestellt und zur Endmontage nach Rostock geliefert wurden. In dem ausführlichen Aufsatz von *Gert W. Heumann*[3] sind auch die Varianten und ihre technischen Daten wiedergegeben. Hier sollen nur noch die Daten des im Typenblatt 009 beschriebenen Nachtjägers der Ausführung He 219 A–7/R 2 angeführt werden. Danach betrug die Spannweite 18,50 m, die Länge 16,34 m, die Höhe 4,10 m und die Flügelfläche 44,50 m^2. Bei einem Leergewicht von 8345 kg und einem Abfluggewicht von 15100 kg verliehen die beiden DB–603–E–Triebwerke mit einer Startleistung von je 1800 PS dem zweisitzigen Nachtjäger eine Höchstgeschwindigkeit und dazugehörige Flugstrecke mit Kampfleistung mit Suchantennen und Flammenvernichter in 6000 m Höhe von 585 km/h, ohne Suchantennen und Flammenvernichter 625 km/h. Als mittlere Marschgeschwindigkeit und dazugehörige Flugstrecke bei max. Dauerleistung sind als Geschwindigkeiten 510 km/h bzw. 535 km/h angegeben. Die Reichweite betrug unter den jeweiligen Umständen 1870 km oder 2000 km. Eine letzte Ausführung, als He 219 A–7/R6 bezeichnet, erreichte mit zwei Junkers Jumo 222 A/B Motoren mit je 2500 PS eine Geschwindigkeit von 700 km/h.
Neben der Bewaffnung mit ursprünglich vier Maschinenkanonen MK 108, die später auf vier MK 103 geändert wurde, um mit der rasant erhöhten Mündungsgeschwindigkeit den Nachtjäger nicht mehr in dem Bereich der herumfliegenden Teile des getroffenen Gegners fliegen zu lassen, da die Angriffsdistanz dadurch erheblich erhöht werden konnte, wurde die He 219 aus demselben Grund mit der sogenannten »Schrägen Musik« ausgestattet. Diese bestand aus zwei starr im Rumpf eingebauten MK 108, deren Schußrichtung schräg nach oben in einem Winkel von 65° festgelegt war und die beim Unterfliegen des Feindflugzeuges beim Angriff von unten eingesetzt wurden. Aufgespürt wurde der Gegner mit dem Lichtenstein-Suchgerät.
Beim ersten Einsatz einer He 219 in der Nacht vom 12. auf den 13. Juni 1943 schoß der damalige Major *Werner Streib,* der bei der Bundeswehr noch Brigadegeneral wurde, fünf Lancaster-Bomber ab, ein Einstand der neuen Maschine, der bei der eigenen Truppe wie beim Gegner stark beachtet wurde. Bei der Landung allerdings platzte die Maschine auseinander. *Gert W. Heumann* führt das darauf zurück, daß die Maschine sich »in diesem Gefecht restlos ausgegeben« habe, während *Heinz J. Nowarra*[4] die Bruchlandung als »ein Mißgeschick durch technisches Versagen, das durch die überhastete Entwicklung verursacht wurde« bezeichnet. Beides erscheint unwahrscheinlich, da ein starker Einsatz keine Maschine »verbraucht« und andererseits die Maschine keineswegs überhastet entwickelt war, sich vielmehr bereits seit längerer Zeit in der Truppenerprobung befand, deren Ergebnisse bereits berücksichtigt waren. Außerdem war *Major Streib* speziell auf diese Maschine eingeflogen. Seine eigene Feststellung, die er dem Verfasser in einem Gespräch am 25. März 1981 gegenüber äußerte, war, daß er beim Landen einfach nichts mehr sehen konnte und dadurch eine Bruchlandung hinlegte. Die Sicht war ihm durch das ausfließende Öl der abgeschossenen Feindflugzeuge, das auf seine Kanzel geflogen war, genommen. Das war eben eine Einsatzerfahrung, die zu verbesserten Waffen und anderen Angriffsmethoden – wie der »Schrägen Musik« – führten.
Die Geschichte der He 219 ist wohl typisch für das Gerangel zwischen *Ernst Heinkel* und dem RLM, bzw. zeitweise dort maßgeblichen Personen, das auf beiden Seiten zu Verstimmungen und Fehlreaktionen führte. Für *Heinkel* war diese Auseinandersetzung Anlaß, einfach zu tun, was er für

Der Nachtjäger He 219 hatte ein bis dahin nicht übliches Bugradfahrwerk und war erstmals serienmäßig mit Schleudersitzen – auch eine Heinkel-Entwicklung – ausgerüstet.

Major *Streib* war mit der He 219 bei Nachteinsätzen gegen einfliegende viermotorige Bomber besonders erfolgreich.

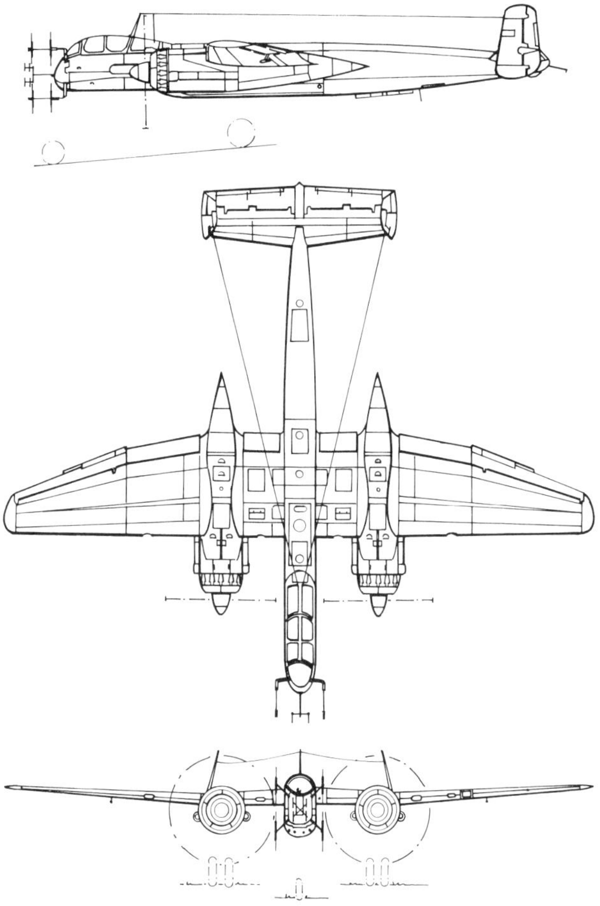

Nachtjagdflugzeug Heinkel He 219 A.

richtig hielt. Das führte dann wiederum im RLM dazu, *Heinkel* möglichst auszuschalten. Darunter litt natürlich nur die Produktion. Es ist heute atemberaubend, zu sehen, wie unter den damaligen Kriegsschwierigkeiten als solchen auch noch persönliche Differenzen zu unsachlichen Entscheidungen führen konnten. Die He 219 jedenfalls war[5] »perfekt, ohne technisch verspielt zu sein. Ästhetisch wie funktionell ein Guß – Erfolg einer kompromißlosen Konstruktion«, die von technischen Offizieren der Einsatzverbände so beurteilt wurde:

»Die Maschine ist in ihrer Handhabung ausgezeichnet, leicht zu starten, gut zu fliegen, hervorragend zu landen – gutartig im Verhalten, selbst bei schwierigen Situationen. Durch das Bugradfahrwerk konnten Landungen bei 50 km/h Seitenwind gefahrlos durchgeführt werden. Landungen mit ausgefallenem (blockiertem) Bugrad wurden in mehreren Fällen unternommen – ohne Überschlag. Geringe Beschädigungen der Zelle, keine Verletzungen der Besatzung!«

Die Versuche des Gegners, mit den deutschen Fortschritten gleichzuziehen, führten natürlich auch bei *Heinkel* zu zahlreichen Versuchslösungen, die beispielsweise aus einer Serie von Werkszeichnungen vom 15. Mai 1944 hervorgehen. Hier werden vor allem folgende Entwürfe behandelt und teilweise ausgeführt:
Ein 2-Mann-Jäger (A–2) mit DB 603 A als Ursprungsausführung nach serienüberarbeiteten Bauunterlagen mit Schrägbewaffnung 2 × MK 108 und Zusatzkraftstoff in abwerfbarem Behälter mit 900 Liter; ein 3-Mann-Jäger (A–5) als Weiterentwicklung für die neuen taktischen Bedingungen, 3 Mann hintereinander – Zusatzkraftstoff in Gondelenden geschützt – große Volldruckhöhe durch DB 603 E; ein Mosquito-Jäger (A–6 mit DB 603 E); Ursprungsausführung A–2, erleichtert durch Fortfall der Triebwerks- und Munitionspanzerung sowie der Schrägbewaffnung 2 × MK 108; ein Zerstörer (B–1 mit Jumo 222 A/B–3, einer Spannweite von 22 m und einer Flügelfläche von 50 m^2) mit Zusatzkraftstoff in Gondelenden geschützt und verstärkter Bewaffnung; ein Höhenjäger (B–2) mit einer 2-Mann-Druckkanzel mit Höhentriebwerk DB 603/TK 13, Spannweite 22 m und Flügelfläche 50 m^2, erleichtert wie A–4; ein 4-Mann-Jäger (C–1) als Weiterentwicklung durch Einbau des bemannten Heckstandes mit 4 × MG 131 – Neuordnung der 3 Mann in der Kanzel – Fortfall der Waffenwanne – vergrößerte Rumpfbehälter – Flächenbehälter statt Gondelbehälter, Spannweite 22 m, Flügelfläche 50 m^2, Jumo 222 E/F sowie ein Jagdbomber (C-2), Ausrüstung mit Abwurfanlage – verstärkte Angriffsbewaffnung MK 103 – Heckstand bemannt, 4 × MG 131, Jumo 222 E/F, Spannweite 22 m, Flügelfläche 50 m^2.
Aus dieser Einsatzvariationsvielfalt geht auch hervor, was alles aus dem Grundentwurf zu machen war. Dabei war es eigentlich illusionär, damals eine Maschine mit dem Jumo 222 ausstatten zu wollen. Diese starken Motoren waren praktisch nicht verfügbar.

Die Höchstgeschwindigkeit der He 219 wurde durch die umfangreichen Antennen und die Flammenvernichter um ca. 40 km/h vermindert.

Als Besonderheit mag noch erwähnt werden, daß unter den vielen Erprobungsmaschinen auch eine He 219 als Versuchsträger für Strahltriebwerke eingesetzt wurde.
Insgesamt wurden von den verschiedenen Typen und Serien der He 219 an die Truppe 294 Stück ausgeliefert, und zwar 1943 11 Exemplare als Nullserie, 1944 195 Stück und 1945 noch 62 Stück. Dazu kamen 20 Stück als V-Muster für Fronteinsätze und 6 Stück, die bei der Truppe aus Reparaturteilen zusammengebaut wurden. Dabei wurde dieser Typ nach einem von *Karl Schwärzler* als Besprechungsteilnehmer angefertigten Protokoll[6] einer Besprechung am 25. Mai 1944 »gestrichen«.

Der erste operationelle Düsenjäger der Welt: die He 280 sowie weitere TL-Triebwerksentwicklungen

Die He 178, das erste Düsenflugzeug der Welt, das am 27. August 1939 weithin unbemerkt seinen Jungfernflug erfolgreich abgewickelt hatte, war noch ein reines Experimentalflugzeug. Der konsequente Übergang zum endgültigen einsatzfähigen Flugzeug verlangte entsprechend leistungsfähige Triebwerke der neuen Art und eine Zelle, die den Geschwindigkeitsanforderungen entsprach. Das RLM hatte bereits den klassischen Motorenwerken die Entwicklung von Düsentriebwerken übertragen und dementsprechend eine Ausschreibung für ein schnelles Jagdflugzeug herausgehen lassen[1].
Der neue Technische Direktor bei *Ernst Heinkel* seit dem 1. Juni 1939, *Robert Lusser,* der schon vor längerer Zeit einmal Mitarbeiter *Heinkels* war und seinerzeit außerhalb des Projektbüros das Sport- und Ausbildungsflugzeug He 71 konzipiert und entwickelt hatte[2], nahm unverzüglich nach seinem Eintritt die Entwicklung eines zweimotorigen Düsenjägers – der He 280 – bei *Heinkel* auf, der wiederum außerhalb des jetzt von *Siegfried Günter* allein geleiteten Projektbüros in einer besonderen Gruppe bearbeitet wurde. *Robert Lusser* wußte im übrigen aus seiner vorangegangenen Zeit bei *Willy Messerschmitt,* daß dort die Me 262 in Entwicklung stand. Er drängte daher auch ständig, schnell voranzukommen, um früher da zu sein als der Entwurf von *Messerschmitt.* Dieser mußte allerdings seinerseits auf die Fertigstellung der Düsentriebwerke bei Junkers und BMW warten, die auch nicht problemlos voranging.
Bei *Heinkel* wurde triebwerksseitig aus dem He S 3 zunächst einmal das He S 6 entwickelt, das unter einer He 111 getestet wurde. Das weiterentwickelte He S 8-Triebwerk war für die zweistrahlige He 280 in Aussicht genommen, bereitete aber begreiflicherweise auch technische Schwierigkeiten, die Zeit kosteten. Zur zweimotorigen Bauweise war man gelangt, weil die Luftführung des einzi-

Die als Jagdflugzeug entworfene He 280 wurde zunächst ohne Triebwerke im Schlepp- bzw. Gleitflug erprobt.

gen Triebwerks bei der He 178 durch den ganzen Rumpf hindurch den Schub herabsetzte[3].
Bei der He 280 wurde im übrigen eine weitere Neuerung eingeführt, die seither im Flugzeugbau ebenfalls eine Selbstverständlichkeit darstellt: Das Bugradfahrwerk. Dadurch wurde erreicht, daß die Maschine beim Start wagerecht stand und die Gasstrahlen der Triebwerke nicht gegen die Erde bliesen. *Erich Warsitz* hat außerdem[4] darauf hingewiesen, daß der Pilot die Start- und Landebahn besser sehen kann. Die Vorteile des Bugradfahrwerks sind aber noch in anderen Gründen zu suchen. Strahlflugzeuge, bei denen – anders als beim Antrieb mit Luftschrauben – der heiße Strahl das Leitwerk nicht treffen darf, verfügen beim Beschleunigen während des Starts erst kurz vor Erreichen der Abhebegeschwindigkeit über eine ausreichende Ruderwirkung am Leitwerk. Ein Flugzeug mit Heckradfahrwerk, d.h. dem bis dahin üblichen Sporn, muß fast die gesamte Rollbahn in Dreipunktlage bei relativ großem Anstellwinkel und demzufolge mit großem Widerstand durchlaufen. Es benötigt daher eine unzulässig lange Startrollstrecke. Bei der Me 262, die erst nachträglich mit einem Bugradfahrwerk ausgerüstet wurde, führte die Tatsache der Verwendung des Heckrades zu Beinahe-Unfällen, da der Platz nicht ausreichte, um die notwendige Abhebegeschwindigkeit zu erreichen. Der Piloten-Trick, das Flugzeug während des Rollens durch kurzzeitiges Treten auf die Radbremse in eine widerstandsgünstige Lage zu bringen, war ein gefährliches Manöver, das leicht zum Überschlag führen konnte. Dieser Trick wäre auch ungeübten Piloten, mit denen im Kriegsfalle durchaus gerechnet werden mußte, nur selten gelungen, selbst wenn sie ihn gewußt hätten. *Erich Warsitz* hatte sich bereits bei der Erprobung der He 176 dieses Tricks bedient. Um die Maschine überhaupt in Startrichtung halten zu können, hatte er sogar einseitig bremsen müssen[5].
Durch die Tatsache, daß beim Rollen mit Bugradfahrwerk der Schwerpunkt der Maschine vor dem Hauptfahrwerk liegt, ist der Rollvorgang ausbrechsicher. Demgegenüber liegt bei Flugzeugen mit Heckfahrwerk der Schwerpunkt stets hinter dem Fahrwerk. Treten z.B. bei starkmotorisierten Flugzeugen, wie etwa der Fw 190, Störmomente auf, dann wirken die am Schwerpunkt angreifenden Beschleunigungskräfte im instabilen Sinn und erzeugen den sogenannten »Ringelpietz«, das Ausbrechen beim Start[6]. Das Bugradfahrwerk war bereits in einer He 100 D–1 erprobt. Da die Triebwerke für die He 280 nicht so schnell einsatzfähig gemacht werden konnten wie das Flugzeug selbst, für das ausreichende Erfahrungen aus den bisherigen Baumustern vorlagen, befahl das RLM[7], sie vor dem Einsatz in der He 280 einer ausreichenden Flugerprobung zu unterziehen. Das sollte in einer für diese Zwecke umgebauten und zur Verfügung gestellten He 111 erfolgen. Gleichzeitig sollte die vorläufige Erprobung der Flugeigenschaften der He 280 ohne die Triebwerke He S 8 im Schlepp- bzw. Gleitflug erfolgen, wofür ebenfalls eine He 111 mit einer entsprechenden Schleppvorrichtung sowie eine Schleppkupplung zur Verfügung gestellt wurden. *Ernst Udet* hatte sich schon frühzeitig für die Arbeiten an der He 280 interessiert und glaubte »fanatisch« an deren Erfolg, wie der Leiter des Berliner Heinkel-Büros, *Hermann Ritter v. Pfistermeister,* in einer Aktennotiz vom 20. Oktober 1939 über eine Besprechung im RLM bei *Udet* am 19. Oktober 1939 an *Ernst Heinkel* berichtete. *Udet* habe auch erklärt, daß er gleichsam das »Patronat« über die Arbeiten über-

nommen habe. Im Zusammenhang mit der mehrfach angeführten Entscheidung *Udets* in der Geheimen Kommandosache vom 12. September 1939, wonach »die Arbeiten an Einsitzern mit Luftstrahltriebwerken mit aller Kraft weitergetrieben« werden sollten, »damit baldmöglichst ein einsatzfähiges Flugzeug geschaffen ist[8]«, ist festzuhalten, daß der damalige Generalluftzeugmeister durchaus die Zukunftsträchtigkeit eines von einem Turbinenluftstrahltriebwerk angetriebenen Flugzeugs erkannt hat und seinen Einsatz sogar noch in dem gerade begonnenen Krieg für möglich gehalten hat. Insoweit dürften die Vorbehalte, die *Ernst Heinkel* in dieser Beziehung gegenüber *Udet* geltend machte, unzutreffend sein. Jedenfalls begann die Flugerprobung der He 280 im Schlepp einer He 111 bereits wenige Wochen, nachdem sie angeordnet war. Der Pilot der He 280, der zum RLM gehörige Flugbaumeister *Paul Bader,* gab über diesen ersten Flug der He 280 V 1 im Schlepp, der am 22. September 1940 in Rechlin durchgeführt wurde, einen ausführlichen Bericht ab[9]. Bei dem zweiten Testflug wurde die He 280 bereits nach Marienehe überführt. Aktennotizen und Werksmitteilungen der Firma Heinkel vom Oktober und November 1940[10] lassen erkennen, wie intensiv sich *Ernst Heinkel* in die beschleunigte Fertigstellung der He S 8-Triebwerke einschaltete, damit die ersten Flüge mit eigenem Triebwerk so bald wie möglich gemacht werden konnten. Die He 280 V 1 hatte inzwischen bei der Segelflugerprobung infolge des plötzlichen Ausklinkens des Schleppseils eine Bauchlandung gemacht. Die Zellenfabrikation sollte – zumal sich eine He 280-Zelle in etwa sechs Wochen bauen ließ – unterbrochen werden, bis die Dauerläufe des He S 8 abgeschlossen waren und sich die terminliche Herstellung der Triebwerke einwandfrei übersehen ließ. Das sollte erfolgen zur Vermeidung der Belegung der Fertigung durch nicht flugklare Maschinen. Dafür wurden im Werk die Termine der Fertigstellung der benötigten Triebwerke genau festgelegt, was insbesondere unter den kriegsmäßigen Bedingungen der Materialbeschaffung von großer Wichtigkeit war, um schnellstens ein zweites Flugzeug zum Fliegen zu bringen.

Im März 1941 waren die Probeläufe der Triebwerke am Boden und der Triebwerkseinbau in die He 280 V 2 abgeschlossen. *Fritz Schäfer*[11] hatte das Prüfprogramm nach den etwa 10–12 Gleitflügen *Paul Baders* übernommen und selbst die He 280 bereits im Gleitflug geflogen. Noch auf der Fahrt zum ersten Flug der mit den im Fluge noch nicht erprobten neuen Triebwerken ausgestatteten He 280 V 2 hatten sowohl *Ernst Heinkel* wie auch *Robert Lusser*[12] sehr geschickt die Verantwortung für die Durchführung des ersten Probefluges dem Piloten überlassen, dem sie einen entsprechenden Befehl nicht geben wollten. Als *Fritz Schäfer* an dem Vormittag des 30. März 1941 in die Maschine stieg, war ihm das übernommene Risiko wohl vertraut. Trotzdem mußte er höllisch aufpassen, um die einzig richtige Drehzahl der Triebwerke einzuhalten. Da aus Gewichtsgründen nur gerade so viel Treibstoff für den Erstflug mitgenommen wurde, um einen Flug rund um den Flugplatz zu absolvieren, hatte *Schäfer* nicht einmal Zeit, um das Fahrgestell einzuziehen. So wendete er bald, nachdem er in der Luft war, über der Warnow, machte einen schnellen Landeansatz und landete alsdann problemlos: Der erste Düsenjäger der Welt war erfolgreich geflogen worden[13].

Bei dem von *Paul Bader* am 5. April 1941 durchgeführten zweiten Flug der He 280 vor den Offiziellen des RLM waren die Triebwerke bereits verkleidet, die bei dem Erstflug

Den Erstflug mit der He 280 V 1 führte *Fritz Schäfer* am 30. März 1941 durch.

Rechte Seite oben:
Die He 280 hatte bereits ein einziehbares Bugradfahrwerk. Während des Erstflugs am 30. 3. 1941 flog die He 280 V 2 ohne Triebwerksverkleidung.

Vorbereitung zum Start der He 280. An der ▶ Maschine die Piloten *Schäfer* (links) und *Bader* (rechts).

Warten auf die Flugvorführung der He 280. Neben *Ernst Heinkel* einer seiner Söhne, daneben *Roluf Lucht* und außen *Carl Francke.*

Die He 280-Piloten *Paul Bader* von der E-Stelle Rechlin und *Fritz Schäfer* zusammen mit *Ernst Heinkel.*

Das dritte V-Muster des Jagdflugzeuges He 280 bei einem Vorführungsflug.

Fritz Schäfers wenige Tage zuvor noch völlig unverkleidet geblieben waren, weil sich bei den Probeläufen der Triebwerke herausgestellt hatte, daß sich Leckstoffe innerhalb der Verkleidungsbleche ansammelten, die eine Brandgefahr bedeuten konnten.

Die Vorführung der He 280 vor dem Spitzengremium des RLM hatte allerdings für *Ernst Heinkel* ein ganz besonderes Ergebnis: Als Anerkennung für die auf dem Gebiet der modernen Triebwerksentwicklung geleistete Arbeit wurde der Erwerb der Hirth-Motorenwerke in Stuttgart-Zuffenhausen mit ihrem so wesentlichen personellen und sachlichen Potential einer wirklichen Triebwerksfirma einer Entscheidung nahe gebracht. *Ernst Heinkel* hatte sich seit langem darum bemüht. Unter den etwa zehn weiteren Bewerbern befand sich auch *Willy Messerschmitt,* sein ewiger Konkurrent.

Die Hirth-Motoren GmbH war im Jahre 1925 von dem bekannten Flugpionier *Hellmuth Hirth* als nach außen auftretender Hauptgesellschafter gegründet worden. Nach seinem Tod 1938 gingen die Geschäftsanteile der Gesellschaft, die sich vor allem mit dem Bau von Motoren für Sportflugzeuge befaßt hatte und inzwischen eine wichtige Rolle als Motorenhersteller für Luftwaffenflugzeuge spielte, auf die Bank der Deutschen Luftfahrt über[14]. *Ernst Heinkel* hatte sich mit Schreiben vom 11. Juni 1941 und 18. Juli 1941 an *Ernst Udet* als Generalluftzeugmeister gewandt und mit ausführlicher Begründung die Übernahme der Geschäftsanteile der Hirth-Motoren GmbH durch die Ernst Heinkel Flugzeug-Werke GmbH beantragt[15]. Unter Hinweis auf eine Vorführung in Marienehe am 15. Juli 1941 hatte *Ernst Heinkel* in dem letzten Brief den Stand der Arbeiten in seiner Firma auf dem Gebiet der Strahltriebwerke dargestellt. Dabei schilderte er den Fortschritt der He S 8 gegenüber dem in der He 178 eingebauten He S 3, der darin bestand, daß durch kleinere äußere Abmessungen ein wesentlich günstigerer Einbau möglich sei, wobei die Bauelemente und der Brennstoffverbrauch denjenigen bei dem He S 6 entsprächen. Als weiteres Triebwerk mit Gasturbinen radialer Bauart befand sich das Triebwerk He S 10 in Entwicklung. Ferner wurden durch die Gruppe unter der Leitung von *Max Adolf Müller* als Strahltriebwerke mit Gasturbinen axialer Bauart die Muster He S 30 und He S 40 entwickelt sowie das He S 50 und He S 60 als Strahltriebwerke mit einer Kolbenkraftmaschine. Zur Fortführung seiner Arbeiten benötigte *Ernst Heinkel* für seine Arbeitsgruppen ein Werk, das in seinem Arbeiterstamm und in seiner maschinellen Einrichtung voll geeignet war. Die Anlagen der Hirth-Motorenwerke erschienen in geradezu idealer Weise dafür passend, weil die Hirth-Werke bereits auf dem Strahltriebwerk verwandten Gebieten, wie dem Bau von Turboladern, arbeiteten, die Fabrikationseinrichtungen (die auf luftgekühlte Motoren kleineren Hubraumes zugeschnitten waren) in der gleichen Entwicklungsrichtung lagen, Größe und Anlagen besonders geeignet schienen und seine auf dem Gebiet des Strahltriebwerks arbeitenden Gruppen bereits eng mit dem in Stuttgart befindlichen Kraftfahrtechnischen Institut des Professors *Wunibald Kamm* zusammenarbeiteten. Abschließend wies *Ernst Heinkel* darauf hin, daß bei der Übernahme der Hirth-Motorenwerke durch seine Firma deren wertvolle Erfahrungen erhalten blieben. Auf der im Heinkel-Archiv befindlichen Abschrift dieses Briefes befindet sich dann der handschriftliche Vermerk *Ernst Heinkels:* »Am 26. 4. 41 am Geburtstag von *Udet* das Werk zugesprochen bekommen.« Bevor es jedoch so weit war, verhandelten der Kaufmännische Direktor Heinkels, *Karl Lehrer,* und der Leiter des Berliner Heinkel-Büros, *Hermann Ritter v. Pfistermeister,* am 7. April 1941 im RLM u. a. mit dem Ministerialdirigenten *Cejka* von LF und dem Oberstingenieur *Wolfram Eisenlohr* von LC 3 über technische und wirtschaftliche Einzelheiten der Übernahme. Dabei berichtete *Wolfram Eisenlohr*[16] ausführlich über die

Von links nach rechts: *Ernst Udet, Ernst Heinkel, Roluf Lucht, Gottfried Reidenbach, Robert Lusser, unbekannt* und *Wolfram Eisenlohr.* Die Aufnahme wurde am 5. April 1941 gemacht.

Vorführung der He 280 am 5. April 1941 in Marienehe. Wörtlich: »Die Verdienste der Firma Heinkel, das erste Strahltriebwerk in zäher Arbeit geschaffen und dessen Tauglichkeit durch die Flugvorführung bewiesen zu haben, seien unbestritten. Diese Tatsache rechtfertige auch, daß sich eine Zellenfirma auf dem Arbeitsgebiet ›Triebwerk‹ betätigt habe und auch weiterhin sich damit beschäftige.« *Pfistermeister* berichtet über den Verlauf ferner, daß »Generaloberst *Udet* ... (von der) Vorführung ... außerordentlich stark beeindruckt gewesen« sei und sich danach dahingehend geäußert habe, daß er einverstanden sei, wenn die Heinkel-Werke ihre einschlägigen Arbeiten nach Zuffenhausen verlegten. In einem am 7. April 1941 geführten Telefonat zwischen *Ernst Heinkel* und *Cejka* hatte dieser bereits darauf hingewiesen, daß eine Arbeitsverlagerung nach Zuffenhausen nicht ausreichend sei. Er werde daher mit *Eisenlohr* zu *Udet* gehen und eine entsprechende Entscheidung erbitten. Die von *Ernst Heinkel* vermerkte Zusage *Udets* führte demgemäß am 30. Mai 1941 zum Abschluß des notariellen Kaufvertrages zwischen der Bank der Deutschen Luftfahrt A.G. und der Ernst Heinkel Flugzeug-Werke Gesellschaft mit beschränkter Haftung über sämtliche Geschäftsanteile der Hirth-Motoren Gesellschaft mit beschränkter Haftung im Gesamtbetrag von nominell RM 4000000,– zum Preis von RM 6 Mio[17]. Damit war der für *Ernst Heinkel* so wesentliche Erwerb des Stuttgarter Unternehmens erfolgreich abgeschlossen. Das Werk Zuffenhausen sollte dann nach dem verlorenen Zweiten Weltkrieg auch die Keimzelle der wieder auflebenden Ernst Heinkel AG werden. Zunächst aber wurde es die Arbeitsstätte für die weiteren Triebwerksentwicklungen bei *Heinkel.*

Das Flugzeug selbst, die He 280, war ein Mitteldecker mit einer Spannweite von 12,20 m[18], einer Länge von 10,40 m und einer Höhe von 3,06 m, bei einer Flügelfläche von 21,50 m^2. Das Leergewicht betrug 3055 kg und das Abfluggewicht 4300 kg. Die Höchstgeschwindigkeit wird in dem Heinkel-Typenblatt 016 mit 900 km/h bei mittlerem Fluggewicht und 30 s Kurzleistung in 6000 m Höhe angegeben.

He 280 – V-Muster. Die rechte vordere Triebswerksverkleidung ist abgenommen.

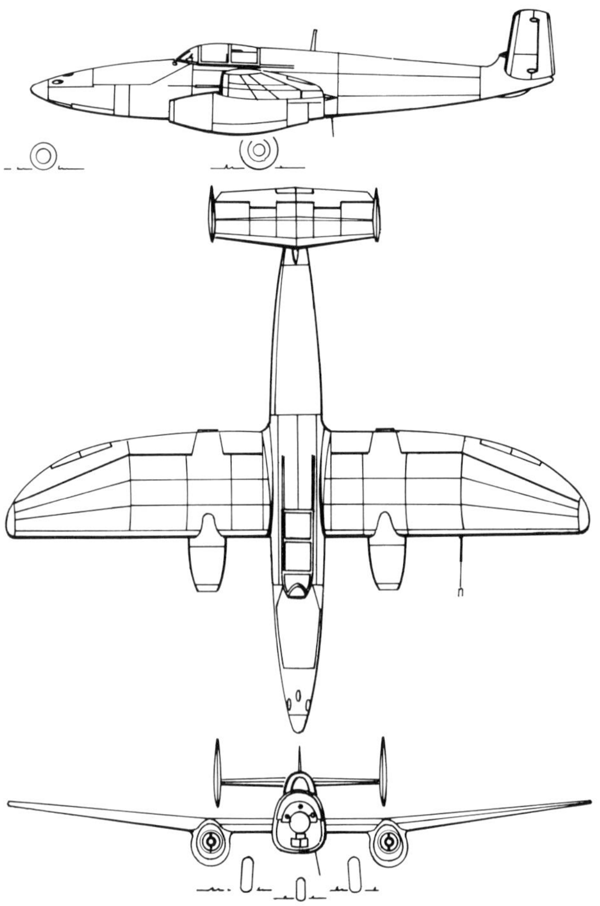

Jagdflugzeug He 280.

Da es sich bei den geplanten acht V-Mustern tatsächlich um Versuchsmuster handelte, die auch durchaus verschiedene Ausführungen darstellten, so ist es kein Wunder, daß z.B. das sonst übliche Doppelleitwerk, das wegen des Einbaues eines Schleudersitzes gewählt worden war, bei einer Maschine versuchsweise in ein V-Leitwerk abgewandelt werden sollte, wie es später auch in der He 162 angedacht war. *Hans Redemann* gibt in seinem Aufsatz zur He 280[19] eine Übersicht und Beschreibung der V-Muster 1 bis 9 sowie eine Darstellung ihrer jeweiligen Verwendung, während *Fritz Schäfer* angibt, daß überhaupt nur drei Exemplare hergestellt worden seien und ein viertes nicht fertig geworden sei[20]. Als Besonderheit dieses Flugzeuges ist noch festzuhalten, daß es erstmals mit einem Schleudersitz ausgerüstet war, der im übrigen auch bei einem Versuchsflug mit einer He 280 am 13. Januar 1943[21] erstmals angewendet wurde und dem Piloten das Leben rettete.

Das Triebwerk He S 8, das in zwei Exemplaren unter den Flügeln der He 280 bei den Erstflügen hing, war eine Weiterentwicklung des aus dem He S 3 entwickelten He S 6 unter radikaler Reduzierung der Dimensionen bei verbesserter Schubleistung. Es sollte das erste Düsentriebwerk sein, das eine Serienmaschine antrieb. Aber die Schwierigkeiten mit dem neuen Grundprinzip waren doch so stark, daß letztlich die Triebwerke zeitlich weit hinter der Zelle herhinkten, nicht serienreif waren und dadurch verhinderten, daß die He 280 zeitgerecht in Serie gebaut werden konnte[22].

Das war auch die Konsequenz für die zu diesem Zeitpunkt durchaus verständliche Überlegung *Heinkels,* alle Prinzipien zu verfolgen. Schließlich war noch nicht klar, welches Prinzip das richtige sei[23].

Bemerkenswerter Weise sagen sowohl die neueren Beiträge in der Fachliteratur wie auch die im Dezember 1942 vom Werk herausgebrachte »Kurzbeschreibung He 280«[24]

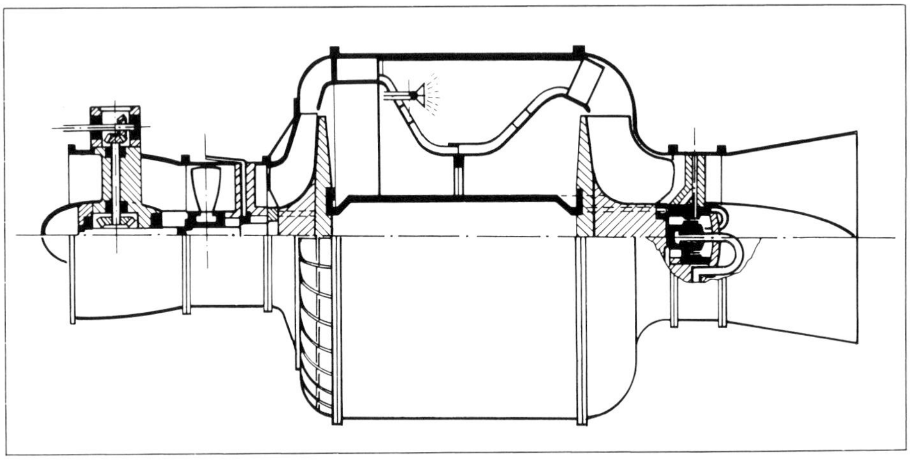

Das in der He 280 eingebaute Strahltriebwerk He S 8 war mit einem Standschub von 700 kp (6,86 kN) wesentlich stärker als das He S 3 B-Triebwerk der He 178.

nur sehr wenig über das Triebwerk He S 8 aus; sie befassen sich vielmehr mit dem Flugzeug als Ganzem, d.h. faktisch mit der Zelle – vielleicht, weil letztlich das Flugzeug nicht mit dem He S 8 in Serie ging, sondern später lediglich als Versuchsträger für das BMW-Triebwerk 003 und das Jumo-Triebwerk 004 sowie als Waffenerprobungsflugzeug verwendet wurde. Immerhin gibt es eine Werksdarstellung mit dem handschriftlichen Datum des 6. Oktober 1941 über das He S 8 A und eine gedruckte Zusammenstellung »Ernst Heinkel Strahltriebwerke« ohne Datum, die aber aus der gleichen Zeit stammen dürfte, als *Ernst Heinkel* sich bemühte, die He 280 mit dem He S 8 als Strahljäger der Luftwaffe anzudienen.
Die Kenndaten der Aufstellung vom 6. Oktober 1941 für die Baumusterbezeichnung He S 8 A als TL-Triebwerk (nach der RLM Kurzbezeichnung) lauten:

Aufbau

1. Arbeitsmaschine:	einstufiger Turboverdichter
a) Bauart:	radial mit axialem Eintritt
b) Drehzahl (Betrieb):	13 500 min^{-1}
2. Kraftmaschine	einstufige Gasturbine
a) Bauart:	radial mit axialem Austritt
b) Drehzahl (Betrieb):	13 500 min^{-1}
c) Arbeitsverfahren:	Gleichdruck
d) Gemischbildung:	Brennstoffeinspritzung
e) Zündung:	elektrische Magnetzündung
f) Kraftstofförderung:	Kraftstofförderpumpe
Regelung	Drehzahlregelung

Abmessungen

1. Größter Durchmesser	780 mm
2. Größte Länge	
a) ohne Ein- u. Auslaßdüse	1 527,5 mm
b) mit Ein- und Auslaßdüse	(keine Angabe)

Gewicht

1. Trocken	374 kg
2. Naß	380 kg

Leistung

Schub (in kg) in Abhängigkeit von der Fluggeschwindigkeit (V in km/h) für H = 0 km.

1. V = 0	S = 700
2. V = 900	S = 720

Verbrauch	Spez. Brennstoffverbrauch b_s in g/kg s in Abhängigkeit von der Fluggeschwindigkeit (V in km/h)
a) V = 0	b_s = 0,400
b) V = 900	b_s = 0,566

In dieser Aufstellung wird auch die historische Entwicklung behandelt. Hierbei wird festgestellt, daß aus den Versuchsflügen mit der He 178 der Schluß gezogen wurde, daß die einmotorige Bauart gegenüber der zweimotorigen im Nachteil sein müsse, eine Schlußfolgerung, die schon damals bei der Me 262 ebenso wie heute noch zum Bau zweimotoriger, ja zweisitziger Jagdflugzeuge wie der F 4 und der Tornado (MRCA) führt. Das in der He 178 erprobte Gerät He S 3 war jedoch wegen des großen Durchmessers nicht für den Einbau in eine zweimotorige Zelle geeignet, so daß Ende Oktober 1939 die Entwicklung neuer Geräte auf der Basis radialer Bauart mit stark verkleinertem Durchmesser in Angriff genommen wurde, wodurch sich auch neue Gesichtspunkte für das Gebläse und die Brennkammer ergaben. Die Erprobung fand von Mitte 1940 bis Anfang 1941 statt. Die so erprobten Triebwerke wurden zum Erstflug am 30. März und zum Flug vor den Spitzen des RLM am 5. April 1941 in die He 280 einge-

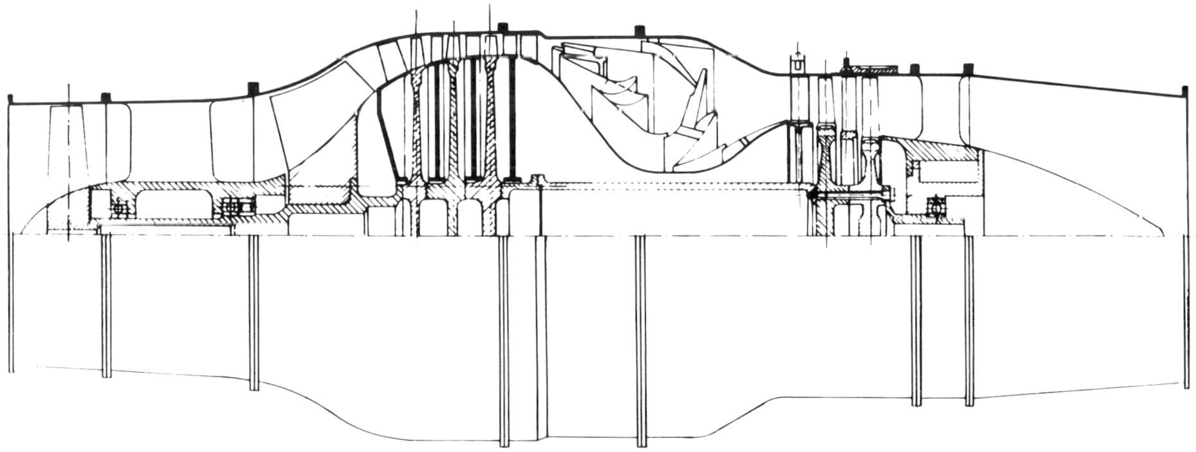

Längsschnitt des TL-Triebwerkes He S 011.

baut. Die auf dem Prüfstand durchgeführten Versuche, die Brennkammer zu einer befriedigenden Funktion zu bringen, dauerten während des ganzen Sommers 1941 an. Es wurde erstmalig eine Ringbrennkammer in außerordentlich kurzer axialer Ausdehnung geschaffen und das Getriebe neukonstruiert und auf Wälzlager umgestellt. Besondere Materialschwierigkeiten ergaben sich bei der Entwicklung des Turbinenrades. Diese Schwierigkeiten, die wohl nach den ersten Flügen nicht übersehen werden konnten, führten zu nicht unerheblichen Zeitverzögerungen, die die Schwächen des He S 8 aufzeigten, das für Geräte rein radialer Bauart sicher die Endstufe darstellte. Da die Triebwerksgruppe unter *Hans v. Ohain* damals der Auffassung war, daß die Entwicklung radialer Bauart noch nicht abgeschlossen sei, arbeitete sie an einer Weiterentwicklung, bei der die Leistung um ca. 35 Prozent erhöht und der spezifische Brennstoffverbrauch um 20 Prozent gesenkt werden sollte. Ferner wurde eine Weiterentwicklung durch Zusammenschalten radialer und axialer Bauelemente in Angriff genommen, die Vorteile hinsichtlich Leistung und Wirkungsgrad bringen sollten. Die Versuche sollten im Juli 1942 abgeschlossen sein.

Unter diesen Umständen liefen neben den Aufrägen für 12 Versuchsmaschinen ein Auftrag über 60 Exemplare He S 8 A der seinerzeitigen Bauform als 0-Serie, die bis Mai 1942 in Versuchsflugzeuge eingebaut sein sollten. Heute wissen wir, daß letztlich alle Versuche, ein operationelles Jagdflugzeug He 280 mit zwei He S 8-Turbinen bei der Luftwaffe zum Einsatz zu bringen, scheiterten. Es ist sicher einfach, wenn man vom Rathaus kommt, klüger zu sein als zuvor. Die Entscheidungslage sowohl *Ernst Heinkels*, der von der Leistungsfähigkeit der bei ihm entwickelten Flugzeuge und ihrer Antriebe überzeugt war, wie auch des RLM, das in gleicher Weise über Entwicklungen auf einem völlig unbekannten und ungewissen Gebiet entscheiden mußte, war bestimmt von Unwägbarkeiten. Es erscheint daher müßig, die damaligen Entscheidungen, die auch die zunehmend schwierige Kriegslage berücksichtigen mußten, zu kritisieren soweit sie die Fachleute betrafen. Politische Entscheidungen sollen hier nicht behandelt werden. Das Ergebnis aller Überlegungen und Entscheidungskämpfe war die Absetzung der He 280 vom Entwicklungsprogramm zu Gunsten der Me 262, die damit begründet wurde, daß die Kriegslage es nicht erlaube, zwei Muster nebeneinander laufen zu lassen[25].

In dem gleichen Schreiben vom 27. März 1943 wurde *Ernst Heinkel* aber gebeten, die V-Muster der He 280 bis einschließlich V 9 fertigzustellen, »da diese als Erprobungsträger für die verschiedenen Strahltriebwerke gedacht sind«. Die Flugeigenschaften der Musterflugzeuge sollten daher auch bis zu den höchsten damit erfliegbaren Geschwindigkeiten den Anforderungen im Erprobungsbetrieb der Firmen bzw. Erprobungsstellen genügen. *Erhard Milch* schloß das Schreiben an *Ernst Heinkel* mit dem Dank für »die vielen neuen Erkenntnisse, die Sie durch Ihre Initiative auf dem Gebiet der Strahlflugzeuge gebracht haben«. Das genügte natürlich *Ernst Heinkel* nicht, der noch versuchte, diese Entscheidung umzuändern[26]. Jedoch hatte er damit keinen Erfolg.

Die negative Entscheidung des RLM hatte sich bereits früher angekündigt. Die Verzögerungen nach dem so eindrucksvollen Vorflug der He 280 am 5. April 1941 hatten den Generalluftzeugmeister *Udet* bereits bald danach veranlaßt, sich nach dem Stand der He 280 und des He S 8 zu erkundigen[27]. Noch im Dezember 1942 hatte Staatssekretär *Milch* nach einem »hervorragenden« Vorflug der He 280 durch *Fritz Schäfer* sich anerkennend über die Maschine geäußert und gemeint, »besonders mit der He 280 müßten wir sehr schnell machen«, wie der Technische Direktor *Carl Francke* in einem Fernschreiben vom 17. Dezember 1942 an *Ernst Heinkel* berichtet.

Daraufhin hatte *Ernst Heinkel* in einem Brief an Generalfeldmarschall *Milch* vom 20. Dezember 1942 in diesem Sinne nachgefaßt, indem er schrieb, daß er an die He 280 »seit Jahren geglaubt« habe und jetzt nur noch einige Verbesserungen machen wolle. Seine Hauptsorge sei, nachdem die He 280 mit BMW-Triebwerken bald auf 800 km/h kommen werde – bei besserer Bewaffnung wie die besten Jäger, die »Betriebsleute« dazu zu bringen, »den Anlauf der neuen Typen wesentlich zu verkürzen, z.B. von 2 Jahren auf ungefähr 6 Monate«. Dazu müsse man – eine typische Heinkel-Maßnahme – die »Betriebsleute einfach fragen, unter welchen Bedingungen sie imstande sind, diese Verkürzung des Anlaufes zu schaffen«. Das war sein Führungsstil, mit dem er in seinem Werk das berühmte Heinkel-Tempo vorlegen konnte, indem er diese Frage an seine Mitarbeiter stellte, dann aber auch dafür sorgte, daß deren Wünsche erfüllt wurden. Und dann schaffte er auch das, was er wollte. Bei der Serienreifmachung des He S 8 jedoch kam er offensichtlich nicht zu dem normalen Ergebnis, weil es sich nicht erzwingen ließ, da man auf völligem Neuland operierte. Allerdings hatte *Ernst Heinkel* in dem Schreiben an *Erhard Milch* auf die grundlegende Tatsache angespielt, daß man »mit der He 280 einen ganz großen Sprung nach oben machen und eine gewaltige Überlegenheit in Geschwindigkeit und Bewaffnung bekommen (könne), vorausgesetzt, daß der Gegner nicht in derselben Zeit etwas ähnliches bringt. Aus diesem Grund ist Eile und nochmals Eile geboten.« Mit Recht spricht daraus eine bezeichnende Sorge, die davon ausgeht, daß das neue Prinzip nicht allein in Deutschland erkannt ist.

In einer Besprechung am 1. März 1943 im RLM war bereits zum Ausdruck gebracht worden, daß »Bestrebungen im Gange (seien), im Interesse der Typenverminderung nur *einen* Strahljäger in Auftrag zu geben«, wobei »im RLM anscheinend mehr Interesse für die Me 262 als für die He 280« bestehe[28]. Die Me 262 habe bereits in 5000 m Höhe mit Junkers-Gerät eine Geschwindigkeit von

820 km/h erreicht bei erheblich höheren Einzelgeschwindigkeitsleistungen und ausgezeichneten Steigleistungen. Das Bugrad sei zwar noch nicht vorhanden, aber geplant. Man sieht, daß einerlei, wie die endgültige Entscheidung ausging, die Leistungen der beiden Konkurrenzflugzeuge recht dicht beieinander lagen. Nachdem offenbar die Firma Siebel die in Aussicht genommene 300-Stück-Serie nicht fertigen konnte und das RLM immer wieder hervorhob, an einem Heinkel-Flugzeug mit dem He S 8 »außerordentlich wenig interessiert zu sein« und sich bereits »auf eine BMW-Serie He 280 eingestellt« habe[29], macht die Fertigung der He 280 in einem Heinkel-Werk offenbar die gleichen Schwierigkeiten wie das Finden einer Lizenzfirma. Die bald darauf gegen den Bau der He 280 gefällte Entscheidung ist daher kaum noch verwunderlich, von der etwaigen technisch-taktischen Überlegenheit der Me 262 ganz zu schweigen. Die Besprechungsniederschrift über eine bei *Ernst Heinkel* stattfindende Besprechung aller an der Ausbringung der He 280 beteiligten maßgeblichen Herren zeigt, mit welcher Akribie *Ernst Heinkel* in die Einzelheiten zu treffender Maßnahmen einsteigt[30].

In einem Fernschreiben an *Ernst Heinkel*, das am 1. April 1943 vermutlich von dem Technischen Direktor *Carl Francke* ausging, berichtet dieser über seine Besprechung im RLM, daß ihm dort bereits das Schreiben von *Milch* gezeigt worden sei, in dem dieser die Absetzung des Baues von 300 Stück He 280 bedauere[31], und daß er bei der sofort erbetenen Rücksprache mit General *Vorwald*, dem Leiter des Technischen Amtes im RLM nach dem Tod *Udets*, vorgetragen habe, daß von der Firma Heinkel selbst der Vorschlag gekommen sei, die He 280 zu streichen, um die He 177, He 277 und He 219 »in Ordnung zu bringen«, und daß sie alsdann »unter allen Umständen den Strahlbomber bearbeiten« wolle[32]. Das stimmt allerdings mit der oben erwähnten Angabe *Ernst Heinkels*, daß die Absetzung der He 280 eine Fehlentscheidung sei und er sich dagegen wandte, nicht überein.

Hans Redemann gibt a.a.O. eine Übersicht der nach seiner Meinung gebauten und geflogenen He 280-Versuchsmuster V 1 bis V 9. *Fritz Schäfer* dagegen, als Testpilot für die gesamte Erprobung der He 280 zuständig, bestreitet energisch, daß es überhaupt neun V-Muster gegeben habe. Nach seinen Angaben wurden nur drei Exemplare gebaut, ein viertes »aber nicht mehr fertiggestellt«, nachdem »die Me 262 den Auftrag für den Serienbau erhalten hatte[33]«. Nach *Fritz Schäfer* sind alle entgegenstehenden Angaben falsch und voneinander abgeschrieben – ein Sachverhalt, der sich wiederholt in der Luftfahrtliteratur findet, weil nach dem verlorenen Krieg alle Unterlagen zunächst einmal von den Alliierten zur Auswertung beschlagnahmt wurden und später – wenn überhaupt – in kaum brauchbarem Zustand zurückgegeben wurden. Echte Beweise lassen sich also auch in diesem Fall nicht anführen für das Vorhandensein von mehr als drei Exemplaren. *Fritz Schäfer* erklärt das angebliche Vorhandensein von mehr als drei Exemplaren, für die Kennzeichen ausgegeben waren, damit, daß die vorhandenen Versuchsmuster von jeder Stelle, der sie für ihre jeweiligen Erprobungen zur Verfügung gestellt waren, mit einem neuen Kennzeichen versehen worden seien[34]. Die Angaben von *Fritz Schäfer* erscheinen – auch in Hinblick auf die Bestätigungen durch andere leitende Heinkel-Mitarbeiter – schon deswegen glaubhaft, weil auch seine sonstigen berichtigenden Hinweise, z. B. zum Erstflug der He 280 mit der V 2 und am 30. März 1941, dokumentiert sind und daher stimmen[35].

Daß jedenfalls zum Zeitpunkt des Absetzens noch keine acht (oder neun) V-Muster vorhanden waren, ergibt sich aus dem erwähnten Absetzungsschreiben, das ausdrücklich anweist, »die V-Muster He 280 bis einschließlich V 9 fertigzustellen, da diese als Erprobungsträger für die verschiedenen Strahltriebwerke gedacht sind«. Daß sie trotzdem nicht alle hergestellt worden sind, läßt sich – wie das auch *Fritz Schäfer* betont – leicht aus der Mangellage der Kriegszeit erklären. Es erscheint auch durchaus möglich, daß die Versuchsflüge mit Schubkraft, auch nach den Umbauten einschl. des V-Leitwerks, sämtlich mit den beiden Maschinen V 2 und V 3 geflogen worden sind, während die V 1 nur als Gleiter im Schleppflug eingesetzt war und nach dem Totalverlust am 13. Januar 1943 nicht wieder aufgebaut wurde, zumal sie als Gleiter nicht unbedingt mehr benötigt wurde. Auch der Erstflug war ja schon mit der V 2 und dem He S 8 geflogen worden.

Fritz Schäfer hält auch im Prinzip die Absetzung der He 280 zugunsten der Me 262 für richtig, da die Me 262 »den Vorteil einer stärkeren Bewaffnung und durch den Pfeilflügel eine höhere kritische Machzahl« hatte und ohne größere Änderungen das He S 8 nicht auf höheren Schub zu bringen und mit den notwendigen Hilfsgeräten zu versehen war[36].

Für den Fronteinsatz jedenfalls war die erforderliche Betriebssicherheit des He S 8 nicht zu erreichen. Der Jumo 004 war im Durchmesser für die He 280 zu groß, wie *Fritz Schäfer* auch bei seinen Testflügen in Wien-Schwechat feststellen mußte. Außerdem waren »bei höheren Fluggeschwindigkeiten[37] Schwingungen am Leitwerk (aufgetreten), die zunächst eine Steigerung der Geschwindigkeit über 800 km/h hinaus ohne wesentliche Änderungen an der Zelle unmöglich machten«. Die Kriegssituation und die Konkurrenzlage zur Me 262 führten dann zur Entscheidung gegen die He 280. Die Me 262 war auch etwas größer als die He 280, und die Junkers-Triebwerke 004 waren ausdrücklich und von vornherein für sie vorgesehen. *Fritz Schäfer* weist dann in dem erwähnten Schreiben wie auch in mehreren Gesprächen in der Zwischenzeit auf die Flügelpfeilung der Me 262 hin, wodurch diese Maschine eine höhere kritische Machzahl hatte. Es ist dabei natürlich die Frage ungeklärt, ob nicht durch entsprechende Maßnah-

frühen Erfolge »dem RLM technische Sicherheit und Überzeugung von der Wichtigkeit und Durchführbarkeit der Luftstrahl-Turbinen gegeben hatte[56]«.
Von den zahlreichen Projekten, die außer dem He S 30 bei *Heinkel* in Stuttgart bearbeitet wurden, sollen hier nur die He S 50 und He S 60 ausdrücklich erwähnt werden, die aber seit 1942 nicht weiter verfolgt werden durften, auch wenn einzelne Baugruppen – etwa der Motorluftstrahltriebwerke (ML) – noch auf dem Prüfstand gelaufen sind[57].

Der Strahlbomber He 343

Die Entscheidung gegen den zweistrahligen Jäger He 280 mit zwei He S 8-Triebwerken war noch kaum gefallen, als *Ernst Heinkel* sich bereits mit dem Entwurf eines neuartigen Hochleistungs-Kampfflugzeuges befaßte, das mit einem Minimum an Aufwand in relativ kurzer Zeit serienreif konstruiert werden sollte.
Das RLM schrieb einen Wettbewerb für einen mittelschweren Bomber aus, der als Zweisitzer mit mindestens 800 km/h Geschwindigkeit eine Bombenlast von 2 000 kg bei einer Reichweite von 1 000 km ins Ziel bringen können sollte. Daraus entstand bei *Heinkel* in schneller Arbeit der vierstrahlige Entwurf He P 1068. In diesem Rahmen wurde auch eine völlig neue Triebwerksanordnung am Rumpf projektiert, bei der die vier He S 011-Triebwerke seitwärts am Rumpf vorgesehen waren, und zwar unter der Flügelnase und über der Flügelhinterkante. Eine Modelluntersuchung im Windkanal der AVA in Göttingen hatte hierfür zwar die günstigsten Widerstandsbeiwerte ergeben, aber zugleich die Verstärkung der Flügel und damit deren Gewichtserhöhung als Voraussetzung. So wurde, entsprechend der Kriegslage, ein erheblich einfacherer Entwurf bearbeitet, der sich an die bereits vorhandene Arado Ar 234 anlehnte. Es wurde auf alle Besonderheiten bei dem Entwurf, der jetzt entstand, verzichtet, die ein Risiko bezüglich Flugeigenschaften und Sicherheit hätten bedeuten können. So verzichtete man auf die Pfeilung der Tragflächen in der Annahme, daß der dadurch verursachte Geschwindigkeitsverlust tragbar wäre. Es kam auch nicht mehr zu den fertigungsmäßig schwierigeren Bauformen der bisherigen typischen Günter-Flugzeuge. Vielmehr wurden ab Anfang 1944 die nunmehr beginnenden Entwurfsarbeiten für die He 343 so festgelegt, daß die Maschine bereits im Sommer 1945 in größerer Stückzahl der Front zur Verfügung hätte stehen können. Das bedeutete natürlich auch,

Hochleistungs-Kampfflugzeug He 343 mit vier TL-Triebwerken He S 011 (Modellbild).

daß der Serienbau bereits vor einer Erprobung hätte aufgenommen werden müssen, alles Dinge, die zu dieser Zeit jedenfalls bei den bei *Ernst Heinkel* entwickelten Flugzeugen schon keine Besonderheit mehr waren. Über den »Strabo 16« genannten Entwurf, der wegen der vorgesehenen Startlast von 16 t so bezeichnet wurde, kam es zu der Planung der He 343, die in drei Versionen, äußerlich gleich, als Bomber, Aufklärer und Zerstörer entwickelt wurde. *Hans Redemann* äußert[1] die Meinung, daß das Strabo-16-Projekt, wenn es »mit der höchsten Dringlichkeitseinstufung und als überindustrielle Aufgabe« gehandhabt worden wäre, schon im Januar 1945 in Großserie hätte gehen können. Nach der Ablehnung des Strabo 16 durch das RLM wurde nunmehr ein Bauauftrag für drei Musterflugzeuge und die erste Baureihe erteilt, der allerdings bald danach unter dem Druck der Kriegsverhältnisse wieder zurückgezogen wurde, da man jetzt dem Jägernotprogramm den Vorrang gab. Zwar wurde die Konstruktion noch abgeschlossen, aber der Prototypenbau abgebrochen.

Die He 343 hatte folgende Daten: Spannweite 18 m, Länge 16,50 m, Höhe 5,35 m und Flügelfläche 42,25 m². Die vier He S 011 sollten der Maschine, die in der Bomberversion ein Leergewicht von 10 674 kg und ein Abfluggewicht von 19 550 kg hatte, eine Höchstgeschwindigkeit mit Kampflast von 910 km/h in 0 m Höhe und 890 km/h in 6 000 m Höhe verleihen[2]. Die Bombenlast war inzwischen auf 3 000 kg gestiegen, von denen 2 000 kg im Rumpf und 1 000 kg unter den Tragflächen untergebracht werden sollten. Für die Besatzung war eine Druckkabine vorgesehen, da als Dienstgipfelhöhe 15 000 m Höhe erreicht werden sollten. Die Versionen unterschieden sich durch die Ausrüstung und die dadurch gegebenen unterschiedlichen Ausführungen. Das Bugrad sollte auf der linken Seite unter die Druckkabine eingezogen werden.

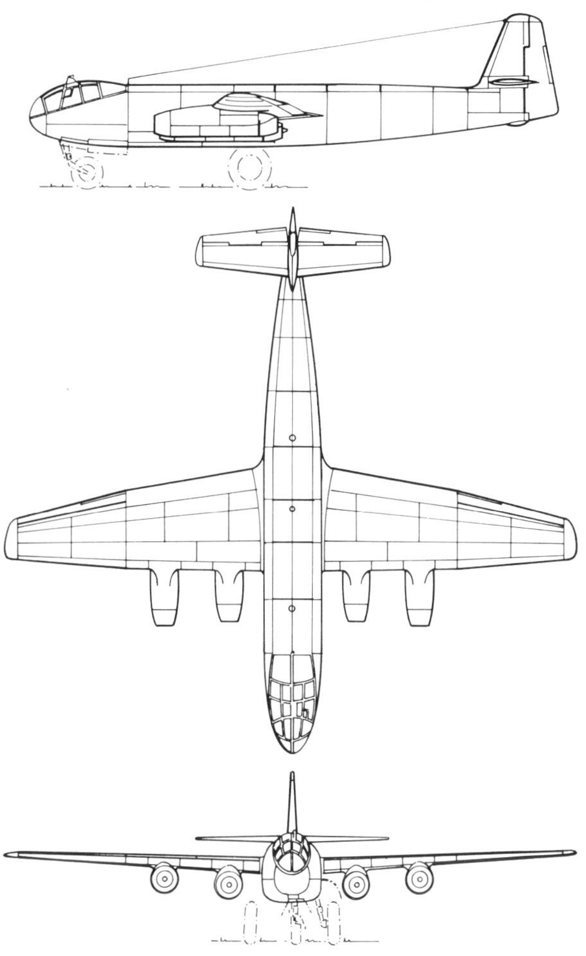

Kampfflugzeug Heinkel He 343.

Daß *Ernst Heinkel* sich an der Ausschreibung für einen Bomber beteiligte, könnte auch darauf beruhen, daß er der Tendenz, daß sein Werk sich mit Bomberentwicklung und -bau befassen sollte, die ihn ursprünglich so erregt hatte, nun aus Zweckmäßigkeits- und Kommerzgründen entsprechen wollte. Daß er damit endgültig nicht zum Zuge kam, dürfte ihn daher unter den Umständen der Zeit nicht über Gebühr beeinträchtigt haben. Er warf sich dann ja auch unverzüglich auf die Beteiligung am Jägernotprogramm mit seinem Entwurf eines leichten Jägers, für den die He 162 in kürzester Zeit entwickelt und auch gebaut wurde.

Der »Volksjäger« He 162 mit dem Huckepacktriebwerk

Nachdem *Ernst Heinkel* mit seinen Strahlflugzeugen ebensowenig Erfolg im Sinne eines Serien-Erfolges hatte wie mit seinen Vorkriegs-Jäger-Entwürfen, obwohl doch sein ganzes Streben immer auf dem Erreichen von hohen und höchsten Geschwindigkeiten beruhte, beteiligte er sich im Herbst 1944 noch einmal an einer Ausschreibung des RLM für einen leichten, einmotorigen Düsenjäger im Rahmen des sogenannten Jägernotprogramms. Die Luftwaffe war zwar mit der Me 262 nicht schlecht bedient, aber die zunehmenden Treibstoffschwierigkeiten zwangen zu dem Versuch, möglichst ohne Einbußen an Effektivität das Ziel einer erfolgreichen Jagdabwehr gegenüber den einfliegen-

Der Erstflug des Düsenjägers He 162 erfolgte am 6. Dezember 1944, keine drei Monate nach Auftragserteilung.

den Bomberströmen der immer übermächtiger werdenden Alliierten durch den Bau von Leichtbaujägern hoher Kampfkraft zu erreichen. Das bedeutete auch aus Materialgründen die Verwendung von Holz, dessen Rolle als Baumaterial im Flugzeugbau längst ausgespielt schien[1].
Bei der nun entstehenden He 162 war das auffälligste nicht die Konstruktion, sondern der Zeitraum, innerhalb dessen die Maschine projektiert, in Auftrag gegeben, konstruiert und gebaut wurde: Am 8. September 1944 erhielt *Heinkels* Firma die Ausschreibung, am 15. September den Bauauftrag, und am 6. Dezember erfolgte der Erstflug der V 1 in Wien-Schwechat mit *Gotthold Peter*, Diplom-Ingenieur und Flugkapitän, am Knüppel. Anfang 1945 ging die He 162 in Serie und flog bereits im April 1945 als Einsatzflugzeug bei der Truppe, praktisch also nur sieben Monate nach der Projektausschreibung. Dieses »Heinkel-Tempo« der Ausbringung ist in der Tat das Bemerkenswerteste an dieser Maschine, die im übrigen trotz ihrer technisch ungewöhnlichen Konstruktion ein einfach zu bauendes Flugzeug war und dadurch den Anforderungen des RLM entsprach. Motor des Ablaufs von Angebot und Ausführung sowie Garant für Technik und Termine war der damalige Technische Direktor *Carl Francke*, der mit unheimlicher Energie alle Hemmnisse beseitigte und sogar nach dem Absturz des Prototyps wichtige Testflüge selbst durchführte. Ohne ihn wäre diese industrielle Leistung nicht zu verwirklichen gewesen. Verlangt waren als Höchstgeschwindigkeit 750 km/h, die mit einer BMW 003-Turbine erreicht werden sollten, 20 Minuten Flugzeit in niedriger Höhe, Startstrecke 500 m und Gesamtgewicht nicht über 2000 kg. Mit einem modernen Begriff: Es wurde ein »Verschleißgerät« verlangt, das dazu noch am 1. Januar 1945 großserienreif sein sollte. Eigentlich ist es kein Wunder, daß bei dieser Ausschreibung, die an alle maßgeblichen Flugzeugfirmen erging, *Ernst Heinkel* und seine Firma den Zuschlag erhielten. Sie gaben am ehesten die Gewähr, daß die Terminvorstellungen des RLM, die an sich schon fast irreal zu nennen waren, erfüllt werden konnten.
Das war auch nur dadurch möglich, daß alle Risiken entweder ausgeschaltet oder in Kauf genommen wurden, und zwar sowohl vom Auftraggeber wie dem Hersteller. Um die Termine halten zu können, begann *Ernst Heinkel* noch vor der eigentlichen Auftragserteilung bereits mit der Herstellung einer Attrappe und beauftragte seine Mitarbeiter mit den Vorentwürfen der einzelnen Baugruppen. Das rein äußerliche Merkmal der Triebwerksanordnung über dem Rumpf im Huckepacksystem ergab sich aus der Notwendigkeit, jedes Fertigungsrisiko auszuschließen und zeitraubende Versuche, die sich aus der Unterbringung des Triebwerks im Rumpf ergeben hätten, überflüssig zu machen. Zugleich wurde damit das Risiko von Bauchlandungen begrenzt. Andererseits wurde die Sicherheit des Piloten durch Einbau eines bereits in der He 280, He 219 und He 177 bewährten Heinkel-Schleudersitzes verbessert, ein Umstand, der sicher zur Auswahl dieses Musters beigetragen hat. In dem endgültigen Auftrag zum Bau von zunächst 1000

Stück pro Monat des »einsitzige(n) Einstrahltrieb-Kleinstjägers, Entwurf Heinkel[2] ...« vom 29. September 1944 wird ausdrücklich bestimmt, daß »bei der Härte der Verhältnisse eine kompromißlose Erfüllung der Aufgabe nur dann möglich ist, wenn auf jede zusätzliche Ausrüstung und nachträgliche Änderung (!) verzichtet wird. Es besteht ferner dahingehend Klarheit, daß bei der Methode, aus dem ersten Entwurf heraus bereits die Serienfertigung zu beschließen, das bis jetzt noch nicht zu übersehende Risiko eines etwaigen Fehlschlags in Kauf genommen werden muß.« Dem entspricht, daß nicht nur »bei der Konstruktion ... durch einen denkbar einfachen Entwurf jedes Fertigungsrisiko ausgeschlossen werden[3]« sollte, sondern Entwicklung, Vorserienbau und Serienfertigung ungefähr gleichzeitig anliefen. Der zeitliche Abstand betrug nur wenige Wochen. Im Zeitpunkt der ersten Werkstattflüge wurde bereits der Serienanlauf eingeleitet. Die Endmontage wurde auf drei Stellen verteilt, wobei das Entwicklungswerk in Wien sich allmählich in die Produktion im unterirdischen Kreidebergwerk von Mödling bei Wien (»Languste«) einschalten sollte. Später war die Endmontage sogar auf den Einsatzflughäfen der Truppe vorgesehen. Die Fertigung der Einzelteile wurde auf eine Vielzahl von Betrieben verteilt, sogar auf Handwerksbetriebe. Damit wurde aber zugleich auch das Todesurteil über die Fertigung gesprochen, weil die Luftangriffe der Alliierten sich in der letzten Kriegsphase auf die Verkehrswege konzentrierten, wodurch es zunehmend unmöglich wurde, die Einzelteile zu befördern. Selbst unter diesen Umständen wurden die unter der Code-Bezeichnung »Salamander« gefertigten Maschinen in einer Stückzahl von vermutlich[4] etwa 200 Exemplaren fertiggestellt, von denen noch ca. 170 zur Truppe gekommen sein sollen. Etwa 100 Stück erwarteten den Abnahmeflug und 800 Maschinen waren zum Teil fertiggestellt, konnten aber aufgrund der geschilderten Verkehrsprobleme durch Feindeinwirkung nicht mehr vollendet werden. Immerhin berichtet das »modellmagazin«[5], daß die He 162 – beim Erprobungskommando 162 und beim Jagdgeschwader 1 – geflogen wurde. Bei JG 1 wurde sie auch nachweislich noch im Einsatz geflogen. Dabei wurden zwei Abschüsse erzielt, die zwar nicht mehr nach den doch immerhin etwas umständlichen Vorschriften »bestätigt« wurden, jedoch im Falle des Abschusses durch den damaligen Leutnant *Rudolf Schmitt* in dessen Flugbuch dokumentiert sind[6]. Damit werden auch die Angaben, die He 162 sei nicht mehr eingesetzt gewesen und habe daher auch keine Abschüsse mehr erzielt, widerlegt. Bei diesem Abschuß hat es sich – nach den Angaben des »modellmagazin« – um den »2. Abschuß mit einer He 162 überhaupt« gehandelt.

Daß auf diese verhältnismäßig unwesentlichen Dinge gegenüber anderen Ereignissen in dieser Breite eingegangen wird, ergibt sich aus den Überlegungen, ob ein Flugzeug, das erst im September des Vorjahres projektiert worden war, schon im April des folgenden Jahres bei der Truppe eingesetzt werden konnte. Dabei würde es sich um den sehr geringen Zeitraum von nur sieben Monaten handeln, innerhalb dessen beispielsweise bei der I./JG 1 in Leck/Schleswig-Holstein ein Flugzeugbestand von mehr als 50 einsatzklaren He 162 vorhanden war, der bei der Kapitulation der Deutschen Wehrmacht am 8. Mai 1945 »in Paradeaufstellung und unbeschädigt[7]« an die britischen Truppen übergeben wurde. Diese Tatsache der fast unglaublichen Entwicklung eines Baumusters zum einsatzklaren Flugzeug bei der Truppe »stellt eine echte Spitzenleistung in der Geschichte der Luftfahrt dar«, wie *Hans Redemann* a.a.O. betont. Auch *Kurt W. Streit* bezeichnet das in seiner »Geschichte der Luftfahrt[8]« als »eine wohl einmalige Entwicklungsleistung in der Geschichte des Flugzeugbaus«. Die Möglichkeit, in einer so kurzen Zeitspanne »ein Flugzeug zu entwerfen, zu bauen, zu erproben und eine Großserie zum Laufen zu bringen, die noch laufend die Ergebnisse der Erprobung und die Bestandsbereinigung übernehmen muß, geht doch über mein Vorstellungsvermögen hinaus«, sagte *Willy Messerschmitt*[9], sicher in dem Bemühen, den Auftrag an seinen Konkurrenten *Ernst Heinkel* zu verhindern, aber doch wohl auch in der Erkenntnis der ungeheuren Schwierigkeiten einer solchen Planung. Wie wir aber gesehen haben, schafften *Ernst Heinkel* und seine Mitarbeiter ihr Vorhaben trotz der Bedenken, die von immerhin durchaus sachverständiger Seite vorgebracht waren.

Gerhard Eichner, erster Mitarbeiter *Siegfried Günters* im Projektbüro, berichtet[10], wie der Werdegang der He 162 in Abweichung von dem sonst üblichen Ablauf gestaltet wurde, um die geplante Zeitersparnis überhaupt herauszuwirtschaften. Das bei der Firma Heinkel normalerweise übliche Entwicklungsschema, das in der Reihenfolge: Projekt – Vorkonstruktion – Konstruktion ablief, wurde durch Wegfall der Vorkonstruktionsphase abgekürzt. Für die Firma Heinkel war in dem für sie sonst typischen Ablauf in der

Die He 162 »Salamander« – auch als »Volksjäger« bezeichnet – kam im Frühjahr 1945 noch vereinzelt zum Einsatz.

Vorkonstruktion eine kleine ausgewählte Gruppe, bestehend aus den besten Konstrukteuren der einzelnen Konstruktionsabteilungen, unter Mitwirkung des Projektbüros damit befaßt, die wichtigsten Konstruktionsprobleme vorzuklären und untereinander abzuklären, wodurch anschließend ein reibungsloser und rascherer Ablauf in den einzelnen Konstruktionsbüros erreicht wurde. Bei der He 162 wurde sogar noch auf diese spezielle Vorkonstruktion verzichtet und in enger Zusammenarbeit mit dem Projektbüro zur Koordination *sofort* mit den Konstruktionsarbeiten in den Konstruktionsabteilungen begonnen. Bei der He 162 gestattete auch der bewußt einfache Aufbau diese Maßnahme, die sich dann zeitlich auch auswirkte.

Wenn auch generell bei der He 162 der sonst übliche große Aufwand an Windkanaluntersuchungen entfiel und sich nur noch auf Versuche mit einem Gesamtmodell beschränkte, so ergaben diese Versuche doch, daß die neuartige Anordnung des Triebwerkes über dem Rumpf das »Schiebe-Roll-Moment« ungünstig beeinflußte. Zur Korrektur der Flugeigenschaften wurden ab der V 3 die kleinen, schräg nach außen weisenden Flügelendkappen, die bei den ersten Entwürfen noch nicht vorgesehen waren, angeordnet[11].

Ebenso wie die Einwände, die *Willy Messerschmitt* gegen die abgekürzte Entwicklungszeit erhob, sind auch die von *Hermann Pohlmann* geltend gemachten Argumente, daß das He 162-Projekt von Vorarbeiten bei *Heinkel* zeitlich entscheidend profitiert habe und daher so schnell verwirklicht werden konnte (und natürlich auch das von Blohm & Voß entwickelte Konkurrenzprojekt P 211 schlug)[12], nicht zutreffend. Diese Vorarbeiten hatten mit der He 162 nichts zu tun und waren keine Vorläufer-Projekte, auch wenn sie aus derselben Problematik entstanden. Es handelte sich dabei um technisch erheblich anspruchsvollere Flugzeuge. So war das ursprüngliche Projekt 1073 ein sogenannter »Schneller Strahljäger« mit im übrigen zwei Triebwerken, dessen Projektbeschreibung[13] am 10. Juli 1944 in Wien erfolgte. Es war ein Entwurf, der eine erhebliche Verbesserung der kritischen Geschwindigkeit gegenüber der Me 262 bringen sollte, da bei dem erwarteten Einsatz feindlicher Strahljäger mit großer Wahrscheinlichkeit nicht mehr mit einer Überlegenheit der Me 262 zu rechnen sei, »weil deren herkömmliche Bauweise mit ungepfeiltem Flügel und ihrer Anordnung der Motorgondeln am Flügel zu große Widerstände ergibt«. *Siegfried Günter* nahm eine erzielbare Geschwindigkeitsverbesserung von »mindestens 70 km/h« an. Als Triebwerke waren zwei He S 011 vorgesehen und bis zu deren Einsatzfähigkeit der Jumo 004. Diese Angaben zeigen schon, daß es sich bei dem Entwurf P 1073 durchaus um ein ganz anderes Flugzeug handelte als die spätere He 162, auch wenn die Bezeichnung P 1073 zunächst noch für den Entwurf der He 162 firmenintern verwendet wurde.

Diese Angaben zeigen aber auch, daß das Projektbüro bei *Ernst Heinkel* sich kontinuierlich mit dem Problem des einfach zu bauenden schnellen Strahljägers befaßte und wohl auch daher so schnell in der Lage war, auf die RLM-Ausschreibung zu einem einstrahligen Düsenjäger mit einem konkreten Entwurf zu reagieren. Die damit verbundenen aerodynamischen Risiken konnte kein anderer als *Siegfried Günter* mit seinen reichen Erfahrungen wagen[14].

Von der V 3 an wurden eine Reihe von Änderungen eingeführt, deren auffallendste die abgewinkelten Flügelendkappen waren.

Instrumentenbrett der He 162.

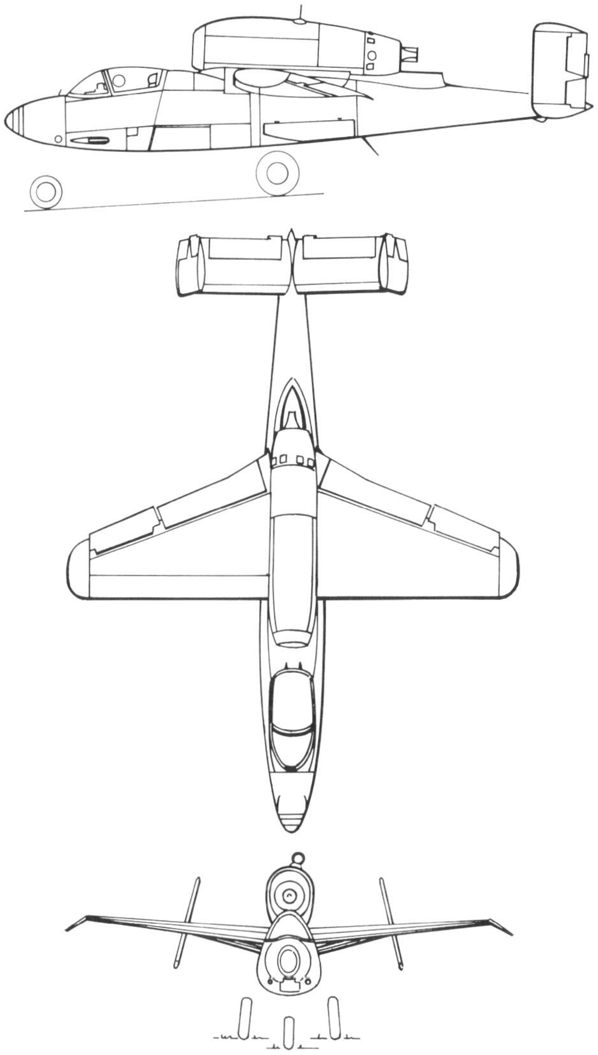

Jagdflugzeug Heinkel He 162 A ▶

Die Bedingungen für den einstrahligen »Volksjäger« hatten u.a. als Triebwerk das BMW 003, als Fluggewicht maximal 2000 kg, als Geschwindigkeit 750 km/h, eine kurze Startstrecke und die Bewaffnung mit ein bis zwei Kanonen verlangt[15]. Das Projektbüro *Ernst Heinkels* erarbeitete durch *Gerhard Eichner* am 11. September 1944 einen Geheimbericht über einen »Kleinstjäger P 1073 mit BMW 003« mit umfangreichen Daten und Tabellen[16]. Diese schnellen Arbeiten bei *Heinkel* führten dann auch zu der schnellen Entscheidung des RLM für das dort erarbeitete Projekt, das von *Heinkel* zunächst die Bezeichnung He 500 und im Oktober 1944 dann die endgültige offizielle Bezeichnung He 162, Salamander, erhielt. Die technischen Daten betrugen[17]: Spannweite 7,20 m, Länge 9,05 m, Höhe 2,60 m und Flügelfläche 11,16 m^2. Das Leergewicht wird allgemein mit 1663 kg angegeben (so auch im Heinkel-Typenblatt 010), das Abfluggewicht mit 2805 kg und die Höchstgeschwindigkeit mit 838 km/h in 6000 m Höhe und 905 km/h in 6000 m Höhe bei 30s Kurzleistung. Der normale Rollweg beim Start betrug 850 m und die Landegeschwindigkeit 190 km/h.

Die V 1, die im unterirdischen Werk »Languste« bei Wien hergestellt worden war, konnte bereits vier Tage vor dem vorgesehenen Termin, am 6. Dezember 1944, ihren Erstflug machen, bei dem Flugkapitän *Gotthold Peter* bei einer Flugdauer von zwölf Minuten bereits über 800 km/h als Geschwindigkeit erreichte[18]. Der offizielle Vorführungsflug am 10. Dezember 1944 führte aufgrund schlechter Verleimung der Flügelnase, die sich löste – wobei auch noch das Querruder wegflog, die Maschine unfreiwillige Rollen machte und sich auflöste – zum Absturz, bei dem *Gotthold Peter* tödlich verunglückte. Möglicherweise hatte *Peter* das Flugzeug zu stark abgefangen, so daß die Maschine überfordert war. Da ein von dem Leutnant *Kudicke* angefertigter Film dieses Fluges[19] genau den Unfallhergang und die Unfallursachen erkennen ließ, wurde die Produktion nicht etwa gestoppt. Ein Bericht der Musterprüfkommission (8–162, Festigkeit und Konstruktion) über den Unfall, der mit Stand der Untersuchung am 20. Dezember 1944 erstattet wurde[20], hielt nach einer genauen Schilderung des Hergangs und der Überprüfung des Films »eine Reihe von schwachen Stellen des Flugzeuges« fest, die sich »bei Durchsicht der Konstruktionszeichnungen in Verbindung mit den bei Heinkel laufenden Festigkeitsversuchen« ergeben hätten.

Den anerkennenden Äußerungen der Luftfahrt-Techniker und -Historiker wie auch der Piloten aus der Truppe, die die He 162 noch geflogen haben, sowie der diese Maschine nach der Kapitulation der Deutschen Wehrmacht fliegenden alliierten Testpiloten, die dieser Konstruktion bescheinigten, daß die Flugeigenschaften »sehr gut« waren[21], steht die abwertende Äußerung des Bremer Professors für Sozial- und Technikgeschichte, *Karl-Heinz Ludwig*, gegenüber[22], der die He 162 unter Berufung auf einen »kritischen Fachmann« als »Sperrholzvogel« bezeichnen läßt, der »als Kampfmittel schlechthin ›ein Witz‹« gewesen sei, den »nicht einmal erfahrene Piloten beherrscht« hätten. In einer Fußnote nennt *Ludwig* den vermeintlichen Fachmann, behauptet, daß Heinkels Werkpilot mit der zweiten Versuchsmaschine abgestürzt sei (während er tatsächlich mit der V 1, aber beim zweiten Flug abstürzte), und daß danach »wieder zahlreiche Veränderungen vor allem bei der Holzverleimung vorgenommen« worden seien; er beruft sich dazu auch noch auf *Ernst Heinkels* Memoiren, ohne diese allerdings einwandfrei zu zitieren. Nun sind Änderungen als Ergebnisse von Testflügen bei jeder Neukonstruktion durchaus üblich. Bei vielen Baumustern haben sie viel Zeit und Aufwand verschlungen. Auch bei der He 162 haben sie stattgefunden, aber doch wohl in einem relativ geringen Umfang und den Zeitumständen entsprechend, die größere Risiken umschlossen.

Fest steht, daß die Luftwaffen der Sieger in Ost und West für die He 162 großes Interesse zeigten und die Beuteflugzeuge und Pläne eingehend studierten und testeten. Die Engländer und Amerikaner haben eine größere Anzahl von fertigen He 162, die in ihre Hände fielen, in ihre Länder überführt und auf Herz und Nieren geprüft. Den sowjetischen Truppen fielen halbfertige Baumuster und deren Pläne in die Hände. Daß über die Testergebnisse keine besonderen Veröffentlichungen vorliegen, spricht eher dafür, daß die Ergebnisse positiv waren. In diesem Fall wurden sie ernsthaft ausgewertet und weiterhin geheim gehalten. Im negativen Fall hätte man sich gewiß die Gelegenheit nicht entgehen lassen, eine deutsche Fehlentwicklung auch als solche herauszustellen.

In dem britischen Bericht von *J. Richard Smith* und *William Conway*[23] wird neben einer umfassenden Darstellung der technischen und taktischen Eigenschaften der He 162, einer Produktionstabelle und einer Aufstellung der Produktions-Serien nebst Bildern ausgeführt, daß etwa zehn He 162 zur Bewertung nach den britischen Inseln gebracht worden seien. Es ist in der Tat nicht verwunderlich, daß die Alliierten sich vor allem für die neuen deutschen Düsenflugzeuge interessierten, da sie selbst auf diesem Gebiet einiges nachzuholen hatten.

Einen umfassenden Testbericht der erbeuteten He 162 gibt der britische Captain *Eric Brown* unter der Überschrift »Mastering Heinkel's Minimus – Viewed from the Cockpit[24]«. Im Inhaltsverzeichnis seines Beitrages wird die He 162 »an ingenious attempt to reap the benefits of the then-new turbojet in the shortest possible time and at the lowest possible cost« genannt, also ein »sinnreicher Versuch, den Nutzen des damals neuen Strahlantriebs in der kürzestmöglichen Zeit und zu möglichst niedrigen Kosten einzubringen«. Im Testbericht selbst nennt *Eric Brown* die He 162 »eines der bemerkenswertesten Ergebnisse ... der höchst unorthodoxen Vorschläge zur Bewältigung der Lage ... der noch in der Patsche, in die die deutsche Industrie herabgesunken war, in Großproduktion hergestellt werden konnte« (»... the most unorthodox proposal for combating the situation, and one of the most remarkable results ... being mass produced even in the shambles to which German industry had degenerated«).

Er nennt die He 162 im Verlaufe seines Testberichts ein »exciting-looking« Flugzeug und ein »remarkable little warplane«, das zunächst auf ihn den Eindruck eines »tool of desperation« (»Geschöpf der Verzweiflung«) gemacht habe, was es denn wohl auch für die deutsche Luftwaffe am Ende dieses Krieges war. *Eric Brown*, als deutschsprechender Testpilot der »Aerodynamics Flight at the RAE at Farnborough« für diese Aufgabe prädestiniert, war mit einer Gruppe Wissenschaftler und Techniker nach Deutschland gegangen, um erbeutete Flugzeuge abzuholen, zu untersuchen und zu testen. Die von ihm als erstes geprüfte He 162 aus der A-Serie verblüffte ihn zunächst wegen ihrer winzigen Abmessungen und dann wegen der starken Verwendung von Holz[25]. *Eric Brown* faßte seine Beurteilung des Aussehens zusammen in »An oversize V 1 on Wheels«, eine »Übergroße V 1 auf Rädern«, womit er gewiß seinen Respekt ausdrückt. Inzwischen hatte er auch die Ar 234 und die Me 262, die anderen deutschen Düsenflugzeuge, geflogen, so daß er sich sicher ein Urteil zutrauen durfte, wenn er der He 162 gegenüber den anderen deutschen Düsenflugzeugen »einen zusätzlichen angenehmen Komfort« im Schleudersitz zubilligt. Das war ihm als Piloten, der den Schleudersitz als möglichen Lebensretter betrachtete, nicht zu verdenken. Neben gewissen Nachteilen der He 162 anerkannte er vor allem die Umstände, die aus ihr eine gute Waffenplattform (»a good gun platform«) machen, aus welcher Sicht er sie als den »besten Düsenjäger ihrer Zeit« (»From this aspect it was the best jet fighter of its time«) ansieht, wobei er noch einmal ausdrücklich betont, daß er das wohl beurteilen könne, da er alle damals vorhandenen Düsenflugzeuge selbst geflogen habe.

Nach bis in Einzelheiten gehender Schilderung seiner Testflüge lobt er vor allem »die fabelhafte Roll-Geschwindigkeit dieses reizenden kleinen Flugzeugs« (»the phenomenal roll-rate of this delightful little aeroplane[26]«). Er faßt dann sein Urteil zusammen: »Es war wie alle deutschen Düsenflugzeuge – ein hervorragendes Flugzeug in seinem Element, jedoch wie ein ungezogenes Kind zu starten und zu landen. Ich habe niemals bessere Steuerorgane angetroffen, auch wenn sie so leicht falsch zu handhaben waren ... Ein Flugzeug, das nichts verzieh!« (»It was like all the German jets – a superbe aeroplane in its element but quite a handful to take-off and land. I had never met better flying controls yet they could be so easily mishandled ... An unforgiving aeroplane!«). Er fährt dann fort: »Auch wenn sie etwas untermotorisiert war, hatte sie doch eine gute Leistung – sie konnte sicher Kreise um die gleichzeitige Meteor ziehen – aber sie war kein Flugzeug für Anfänger .. Gleichwohl, als eine Ergänzung der furchtbaren Me 262 hätte sie durchaus der Luftwaffe dazu verhelfen können, die Luftherrschaft über Deutschland zurückzugewinnen, wäre sie nur früher gekommen« (»Even if somewhat underpowered, it had a good performance – it could certainly have run rings around the contemporary Meteor – but it was no aeroplane to let embryo pilots loose on ... Nevertheless, as a back-up for the formidable Me 262 it could conceivably have helped the Luftwaffe to regain air superiority over Germany had it appeared on the scene sooner«). Und schließlich: »Ich kann nicht anders als anzunehmen, daß die Alliierten Glück hatten, denn einen oder zwei Monate später und bei Vorhandensein des erforderlichen Treibstoffs hätte die He 162 gut in großen Stückzahlen sich unter unsere Bomber mischen konnen zu einem Zeitpunkt, da verzweifelte Maßnahmen zu sensationellen Ergebnissen hätten führen können« (»I cannot help but feel that the Allies were fortunate for, had another month or two and the necessary fuel been available, the He 162 might well have got in among our Bombers in numbers at the time when desperate measures might have just achieved sensational results«). Mit diesem abschließenden Urteil eines ehemaligen Kriegsgegners soll lediglich auf die technisch-militärischen Möglichkeiten eines derartigen Flugzeugs das richtige Licht geworfen werden. Es geht hier nicht ums Wenn und Aber eines verlorenen Krieges, es geht vielmehr um die Darstellung einer flugtechnischen Leistung.

Welche Forderungen die Sowjets, die halbfertige Flugzeuge und die Baupläne erbeuteten, zogen, ist nicht bekannt geworden, außer daß sie später die maßgebenden Heinkel-Ingenieure mit *Siegfried Günter* an der Spitze zusammen mit den Junkers-Fachleuten nach der Sowjetunion schafften und für sich arbeiten ließen.

Sowohl in Großbritannien wie in den USA, Kanada und Frankreich befinden sich heute noch mindestens sieben He 162 in verschiedenen Museen als Ausstellungsstücke, so im RAF-Museum und im Imperial War Museum in London, im National Air and Space Museum des Smithsonian Instituts in Washington, im Planes of Fame Museum in Chino, Kalifornien, im National Museum in Ottawa (zwei) und im Musée de l'Air in Paris[27].

In Luftfahrt International 25[28] ist die komplette »Baubeschreibung des einmotorigen Jagdeinsitzers Baumuster He 162 mit TL-Triebwerk BMW 003 A-1« mit Stand vom 15. Oktober abgedruckt, die von der Ernst Heinkel Aktiengesellschaft, Wien, erarbeitet worden war. Dort wird die He 162 noch einmal als »Schulterdecker mit geteiltem einziehbarem Fahrwerk und Bugrad« bezeichnet, ausgeführt »in Gemischtbauweise unter möglichst geringer Verwendung von Sparstoffen« (!). Die Hauptabmessungen, eine Gewichtsübersicht und die Flugleistungen waren in Anlagen enthalten, die auch noch die erforderlichen weiteren Übersichten und Pläne enthielten. Luftfahrt International 26[29] gibt ferner eine ausführliche Beschreibung des BMW-TL-Triebwerks 003 wie der Produktion der He 162 in den verschiedenen Industrie-Standorten, vor allem im ehemaligen Bergwerk Seegrotte Hinterbrühl bei Wien, das den Namen »Languste« erhielt. Allein dort arbeiteten etwa 2000 Arbeiter an der He 162. Die Seegrotte ist seit längerer Zeit wieder zu besichtigen.

Die Ausbringung der He 162-Zellen übertraf bald die Zahl der lieferbaren Triebwerke von BMW, so daß, da die Jumo 004-Produktion voll für die Me 262 verwendet wurde und die Heinkel-Werke selbst einsatzklare He S 011 nicht liefern konnten, auf Argus-Triebwerke zurückgegriffen wurde, die ursprünglich für die Fi 103 (V 1) vorgesehen waren. So wurden zwei besondere He 162-Versionen für das Argus-Pulsorohr As 014 und das Argus Pulsorohr As 044 geschaffen, die A-10 und die A-11. Während die A-10 mit zwei As 014 eine Höchstgeschwindigkeit von 810 km/h in 0 m Höhe und 712 km/h in 6000 m Höhe erreichen sollte, war für die A-11 ein As 044 vorgesehen, das dem Flugzeug eine Höchstgeschwindigkeit von 712 km/h in 0 m Höhe und 590 km/h in 6000 m Höhe verleihen sollte. Die Zelle wurde noch fertiggestellt; da aber das Triebwerk nicht mehr zur Verfügung stand, wurde sie zerstört, während das Musterflugzeug der He 162 A-10 am 29. März 1945 noch seinen Erstflug absolvieren konnte[30].

Die Konzeption der He 162 wurde noch ergänzt durch zwei Varianten, die als He 162 C vorgepfeilte Flügel und ein V-Leitwerk hatten und als He 162 D rückgepfeilte Flügel und V-Leitwerk[31].

Ferner gab es den Vorschlag »Mistel 5«, der eine He 162 auf einer Arado E 377 (ohne Pilot) vorsah[32].

Das Projektbüro arbeitete also, als geschehe nichts, während das Kriegsende darüber hinwegging.

Schleudersitz und weitere Erstleistungen

Schon früh hatte sich *Ernst Heinkel* auch mit Problemen befaßt, die nicht die Flugzeugzelle betrafen, sondern die Ausrüstung des Flugzeugs, seinen Antrieb, seinen Start oder die Sicherheit des Piloten. Aber auch Fertigungseinzelheiten wurden von ihm erkannt und gefördert.

So hatte er bereits in den 20er Jahren durch seinen Chefkonstrukteur *Karl Schwärzler* die Frage des Katapultstarts und der Katapultflugzeuge nicht nur untersuchen lassen, sondern die Probleme aktiv aufgegriffen und gelöst[1]. Das Problem der Sicherheit des Piloten tauchte immer eindringlicher auf, je schneller die Flugzeuge wurden und je schwieriger das reine »Aussteigen« mit dem Fallschirm wurde, weil der Pilot dabei mit dem Flugzeug kollidieren konnte. Es mußte also eine Lösung gefunden werden, den Piloten so schnell vom Flugzeug wegzubringen, daß es keinen Zusammenstoß mehr gab. Das wurde immer dringlicher, je schneller die Flugzeuge fliegen sollten, besonders also, als man sich mit dem Raketen- und Düsenantrieb ernsthaft beschäftigte und durch deren Einsatz Fluggeschwindigkeiten von bis zu 1 000 km/h anpeilte. So wurde zur Sicherheit des Piloten für das Raketenflugzeug He 176 eine besondere Kabine konstruiert, die als Rettungskapsel mit Bremsfallschirm von der Zelle absprengbar war[2]. Im Notfall konnte also der Pilot die ganze Kabine, die mit drei Preßluftzylindern mit dem Rumpf verbunden war, vom Flugzeug absprengen. Aus der abgesprengten Kabine stieg dann der Pilot wiederum mit seinem Fallschirm aus. Das war die erste Lösung der Pilotenrettung, die dann später zum Heinkel-Schleudersitz führte. Dazu war noch eine besondere Ausstoßvorrichtung für den Fallschirm des Piloten zu entwikkeln, da sonst der Bremsfallschirm aufgrund der Sogwirkung sich nicht entfalten konnte. Dabei wurde eine Puppe nach den genauen Körpermaßen des für den Einsatz vorgesehenen Piloten *Erich Warsitz* mit den entsprechenden Meßgeräten versehen und eine Kanzel mit Puppe in etwa 6 000 m Höhe von einer He 111 abgeworfen, um festzustellen, ob der Pilot womöglich dabei bewußtlos werden würde. Nachdem diese Versuche erfolgreich verlaufen waren und die Rettungskapsel in der He 176 nicht in Funktion zu treten brauchte, wurden diese Erfahrungen auf die bereits erheblich mehr auf Sicherheit gebaute Zelle der He 178, das erste fliegende Düsenflugzeug der Welt, übertragen. Diese Maschine erhielt erstmalig einen Preßluft-Schleudersitz.

Siegfried Ruff, der spätere Leiter des Instituts für Flugmedizin in der DVL, selbst Flugkapitän, hatte sich bereits vor dem Zweiten Weltkrieg im Rahmen seiner Tätigkeit als Flugmediziner mit der Frage der physiologischen Wirkung hoher Beschleunigungen befaßt und war Teilnehmer einer Besprechung im Jahre 1938 bei der Firma Junkers in Dessau, in der die Schwierigkeiten, mit dem Fallschirm aus der Ju 88 zu springen, diskutiert wurden. Bei dieser Gelegenheit machte einer der Teilnehmer den Vorschlag, den Flugzeugführer aus der Maschine herauszuschießen. Er kam also aus der Praxis heraus auf die gleiche Lösungsmöglichkeit, wie sie bereits bei der Firma Heinkel praktiziert wurde.

Siegfried Günter hat bei ähnlicher Gelegenheit[3] gewiß mit Recht darauf hingewiesen, daß »häufig sehr ähnliche Konstruktionspläne und sogar ausgefallen originelle Erfindungen an mehreren Stellen unabhängig voneinander fast gleichzeitig entstehen. Dies liegt daran, daß diese Pläne logisch begründet sind und also bei gründlicher Arbeit auch an mehreren Orten dieselben Erkenntnisse erarbeitet werden können. Es ist deshalb nicht zulässig, aus erheblicher Ähnlichkeit weitgehende Folgerungen zu ziehen.« Das trifft hier ebenso zu wie in der zeitlichen und sachlichen Übereinstimmung der Überlegungen zur Anwendung des Düsenprinzips bei *Hans v. Ohain* in Deutschland und *Frank Whittle* in England[4].

Bei *Ernst Heinkel* wurden die Arbeiten an Schleudersitzen *Arno Geertz* übertragen, der, seit 1939 bei Heinkel tätig, sich alsbald mit Katapultfragen zu beschäftigen hatte, zuerst mit der Weiterentwicklung einer Landflugzeuge-Schleuder, dann mit Sitzkatapulten. Die auf diesem Gebiet gewonnenen Erfahrungen wurden dann auch die Grundlage seiner Dissertation über »Grenzen und Sonderprobleme bei der Anwendung von Sitzkatapulten[5]«.

Siegfried Ruff hat die Arbeiten an Schleudersitzen seinerzeit als Arzt wesentlich beeinflußt und später darüber wissenschaftlich berichtet[6]. Nach seinen Angaben[7] sind im letzten Krieg, wie er amerikanischen Quellen entnimmt, 60 gelungene Absprünge mit einem Schleudersitz erfolgt. Neben der He 219 und der He 162 waren noch die Me 163, die Me 262 und der schwere Jäger Do 335 serienmäßig mit einem Schleudersitz ausgerüstet.

Zur Durchführung der Versuche wurde bei der Firma Heinkel 1940 eine Katapultabschußbahn in einer besonderen Halle installiert, auf der sowohl die erforderlichen medizinischen Untersuchungen[8] angestellt wurden wie auch die technische Erprobung. Die damals gewonnenen Er-

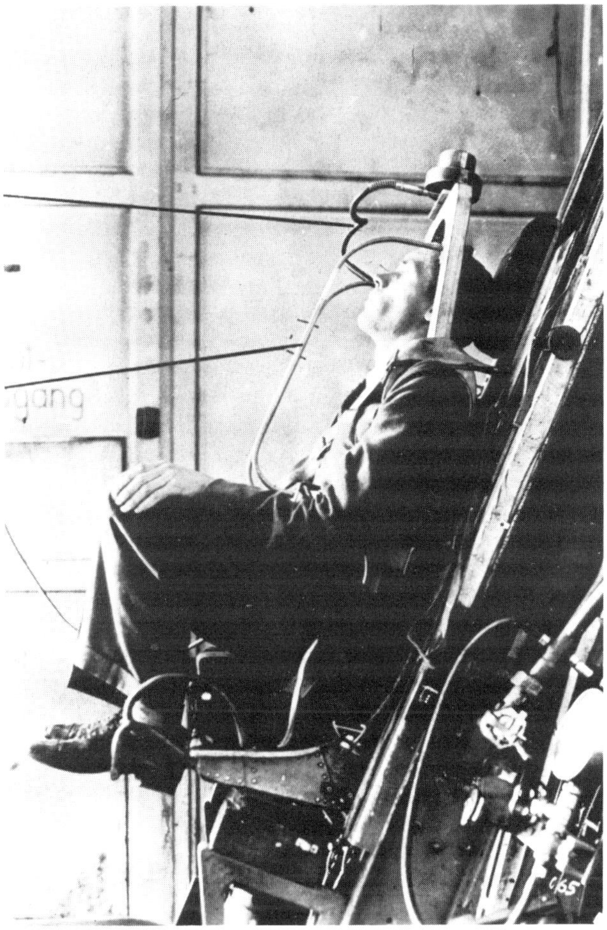

Für Versuche mit Schleudersitzen wurde eine Katapultabschußbahn in einer Halle aufgebaut.

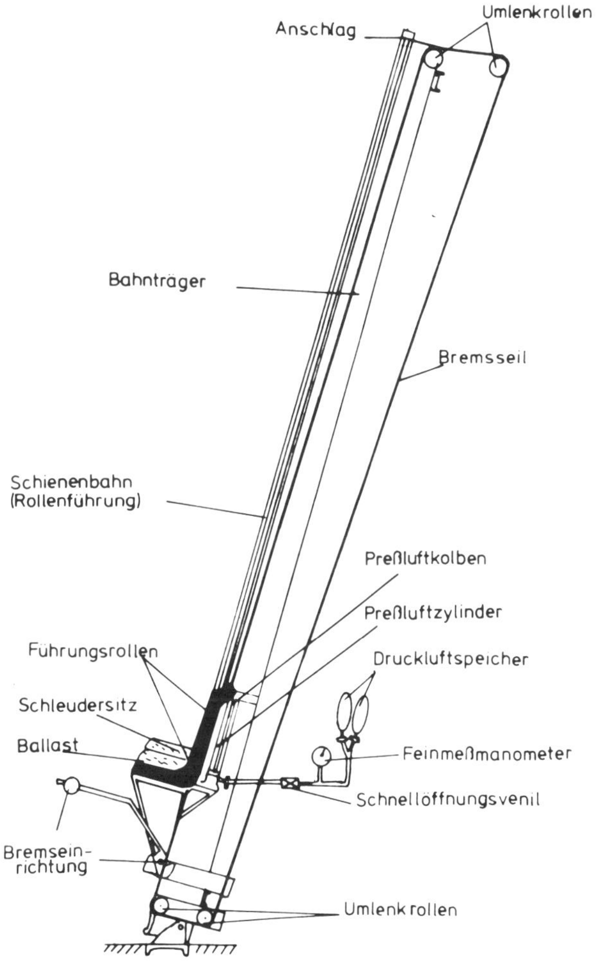

kenntnisse und gemachten Erfahrungen haben dazu geführt, daß heute in allen schnellen Militärflugzeugen Schleudersitze eingebaut sind, die schon vielen Piloten das Leben gerettet haben. Das wird heutzutage als Selbstverständlichkeit angesehen. Aber wie im Ersten Weltkrieg nur die deutschen Flugzeugführer mit Fallschirmen ausgerüstet waren, so sind im Zweiten Weltkrieg lediglich deutsche Flugzeuge serienmäßig mit Schleudersitzen ausgestattet gewesen[9].

Siegfried Ruff hat[10] die Zahl der in die verschiedenen Flugzeugtypen eingebauten Schleudersitze mit etwa 1265 Exemplaren ermittelt, von denen etwa 580 in die zweisitzige He 219 eingebaut wurden und weitere etwa 670 für den einsitzigen Jäger He 162 hergestellt worden sind. Die bei der Firma Heinkel entwickelten Schleudersitze wurden entweder von einer Preßluftanlage oder einer Pulverkartusche abgeschossen. Die bei Focke-Wulf begonnene Entwicklung der Pulverkartusche wurde, wie *Siegfried Ruff* berichtet, bei der Firma Heinkel »funktionssicher zur Serienreife gebracht«. Die heutigen Schleudersitze beruhen sämtlich auf diesem Prinzip.

Der erste Rettungsabschuß aus einer He 280 am 13. Januar 1943, als Flugkapitän *Schenk* sich bei einem Testflug aus seiner Maschine herausschoß, erfolgte nach einem »kriminellen« Start wegen Schneeaufwirbelns durch die schleppende Me 110. Der Katapultsitz funktionierte einwandfrei und kam fast unbeschädigt herunter, während die jetzt führerlose He 280 noch zwei tadellose Platzrunden über dem Flugplatz Lärz machte, ehe sie in einen Wald stürzte[11].

Über Flugversuche mit dem Schleudersitz, die auf der Erprobungsstelle der Luftwaffe in Rechlin ab 1942 stattfanden, berichtete der damalige Testpilot *Joachim Eisermann*[12], der den Auftrag zur Erprobung dieses neuen Rettungssystems mit Schleudersitz im Fluge erhalten hatte.

Vor den Flugversuchen wurden Probeabschüsse mit den Heinkel-Schleudersitzen vom Boden aus mit Puppen vorgenommen.

Auf eine Reihe von Abschüssen mit Puppen folgten drei Versuchsabschüsse aus einer He 219.

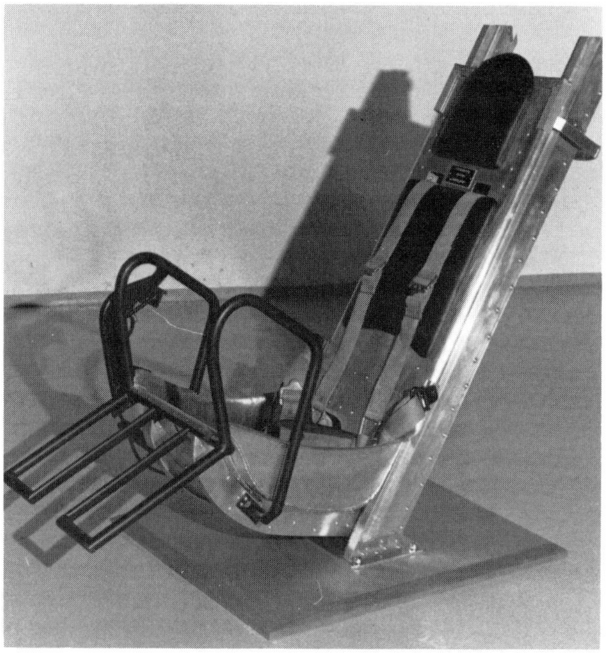

Ein Nachbau des Heinkel-Schleudersitzes wird im Deutschen Museum gezeigt.

Nach Probeabschüssen am Boden wurden die Tests in einer He 219 fortgesetzt, zunächst mit einer Puppe. Die Abschüsse wurden von auf den Flugzeugflächen montierten Kameras und von einer Begleitmaschine aus gefilmt sowie von einer Boden-Meßstation aus fotografiert. Nach Überwindung von Mängeln wurde der Test-Fallschirmspringer der E-Stelle *Buss* mehrfach mit einem Schleudersitz abgeschossen und danach das System in Serie produziert. Insgesamt wurden 40 Abschüsse im Fluge mit Puppe und drei Personenabschüsse durchgeführt.
Das Deutsche Museum in München wird in Kürze einen Nachbau des Heinkel-Schleudersitzes ausstellen.

Außer dem Schleudersitz wurden durch die persönliche Initiative von *Ernst Heinkel* weitere grundlegende Ideen einzelner Ingenieure in seinem Unternehmen zum Erfolg geführt. *Ernst Heinkel* bewies dadurch, daß er die Fähigkeit besaß, Erfindungen und Erfinder in ihrem Wert für den Flugzeugbau zu erkennen. Gleichzeitig machte er die jeweilige Erfindung für sein Werk nutzbar. Eine dieser wesentlichen Erfindungen betraf *neue Nietverfahren.*
Im September 1934 teilte der bei *Ernst Heinkel* beschäftigte Flugzeugingenieur *Otto Butter* seinem in einem schlesischen Hüttenwerk tätigen Bruder *Karl Butter* gelegentlich mit, daß das RLM für eine Lizenz einer englischen Durchziehniete »viel Geld abführen müßte[13]«. Noch am selben

Tage stellte *Karl Butter* »mit den primitivsten Mitteln einige Sprengnieten her« und schickte sie dem Bruder nach Warnemünde, der um Erklärung der – mit Hilfe von Sprengstoff erzielten – »sonderbaren Ausbauchungen an den Schließköpfen der Nieten« bat. *Ernst Heinkel* veranlaßte, sobald er von der neuen Nietmöglichkeit erfuhr, daß *Karl Butter* am 1. Februar 1935 »als selbständiger Entwicklungsingenieur speziell für die Entwicklung der Sprengniete angestellt« wurde. Außerdem wurde zwischen *Ernst Heinkel* und den *Brüdern Butter* ein Vertrag geschlossen, der die Grundlage für die Weiterentwicklung der Sprengnietung, die Patentanmeldung und die Auswertung dieser Erfindung bildete[14]. Da es keine Erfindung war, die *Otto Butter* im Werk gemacht hatte, so daß sie nicht etwa automatisch der EHF gehört hätte, einigten sich die Brüder, daß sie gemeinsam als Erfinder auftreten. *Otto Butter* mußte im Jahre 1934 Metallruder konstruieren, bei denen ihm die Eigenschaften der teuer zu bezahlenden englischen Nieten nicht ausreichten. Seine Überlegungen führten zu dem Kontakt mit seinem Bruder, der nach seiner Meinung der bessere Versuchsmann war und daher auch die Weiterentwicklung als Angestellter bei *Ernst Heinkel* übernahm. *Karl Butter* widmete sich ausschließlich den mit der Sprengnietung auftretenden Problemen, während *Otto Butter* weiterhin als Konstrukteur tätig war. Im September 1939 wurde er stellvertretender Chefkonstrukteur und als solcher »Mädchen für alles bei *Karl Schwärzler*«, wie *Ernst Heinkel* sich ausdrückte.

Karl Butter beschrieb »Neue Nietverfahren« in der *Luftfahrtforschung*[15] und *Otto Butter* behandelte die »Sprengniete bei ganzbeplankten Rudern[16]«. Die Sprengnietung, die bei dem Bau der He 114 erstmalig serienmäßig angewandt wurde, betraf ein Nietverfahren, »bei dem der Schließkopf des Nietes durch Aufweitung des Nietschaftes gebildet wird«. Voraussetzung war die Zugänglichkeit des Werkstückes nur von einer Seite aus. Der Unterschied des Sprengniet zum gewöhnlichen Niet ergab sich durch eine in der Stirnseite des Schaftes vorhandene, mit Sprengstoff gefüllte Bohrung.

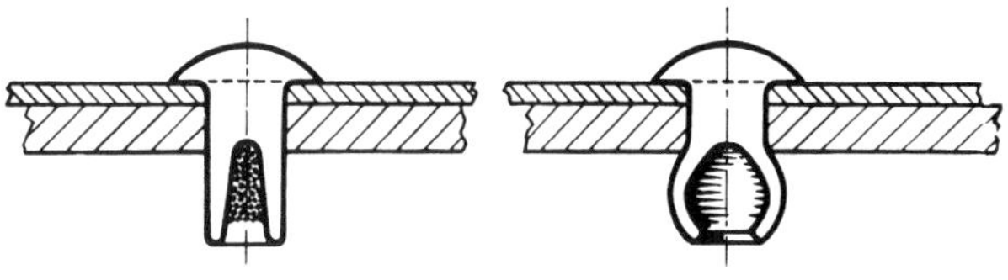

Die Entwicklungsingenieure *Karl* und *Otto Butter* erfanden 1934 ein neuartiges Nietverfahren bei dem die Aufweitung des Schließkopfes mit Hilfe einer kleinen Sprengladung gebildet wurde.

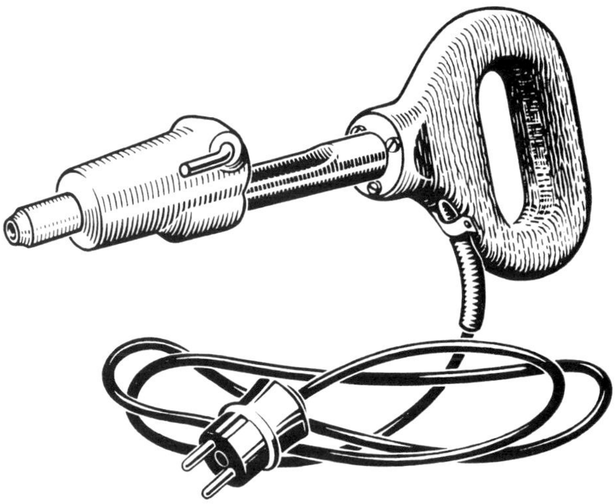

Mit einem speziellen Zündkolben wurden die Pulverladungen der Sprengnieten ausgelöst.

Musterstücke zeigten die vielseitigen Anwendungsmöglichkeiten der Sprengnieten im Flugzeugbau. Es wurden Nieten von 2,6 bis 6,0 mm Durchmesser verarbeitet.

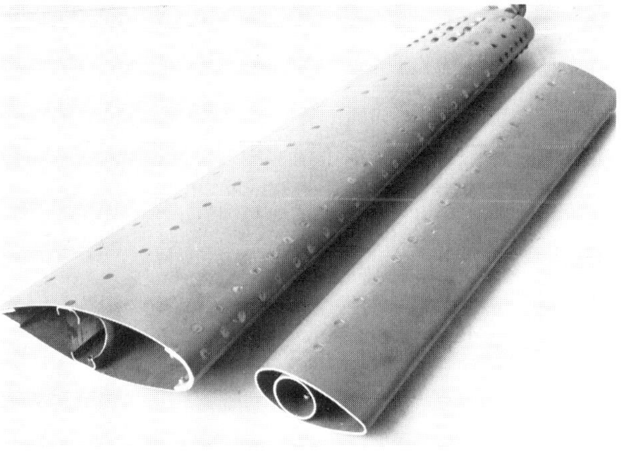

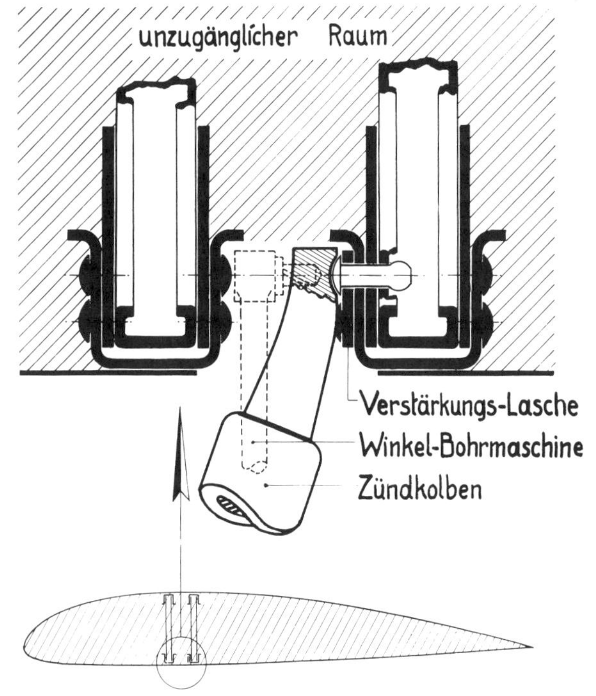

Bei schwer zugänglichen Verbindungen konnten Sprengnieten vorteilhaft verwendet werden.

Die Aufsätze der beiden Brüder zeigten die Verwendungsmöglichkeit der neuen Nietverfahren, die inzwischen bei der Firma Heinkel zu der »Sprengniet-Arbeitsanweisung« durch *Karl Butter* und *Werner Teske* geführt hatte. Die Entwicklungsarbeiten waren nicht ohne gefährliche Unfälle verlaufen. Trotzdem förderte *Ernst Heinkel*, der die technische und kommerzielle Seite der Sprengnieterfindung durchaus erkannt hatte, diese Entwicklung unbeirrt in großzügiger Weise, indem er Labors und Werkstätten einrichten ließ, die in der gleichen Halle eingerichtet wurden, in der *Hans v. Ohain* sein Strahltriebwerk entwickelte. Allein daraus ergibt sich auch die Wertung, die *Ernst Heinkel* der Butterschen Erfindung beimaß und die ihn trotz der unausbleiblichen Rückschläge, Unfälle und behördlichen Schwierigkeiten, aber auch der Widerstände im eigenen Haus, nicht hinderten, die Sprengnietung durchzusetzen[17]. Schließlich wurde das Verfahren serienmäßig im Heinkelschen Flugzeugbau erfolgreich eingesetzt. Für die *Brüder Butter* wurde es auch noch ein relativer Wirtschaftserfolg, als es *Ernst Heinkel* gelang, mit den amerikanischen Firmen Dupont de Nemours & Co in Wilwington (Delaware – USA) und American Explosive Rivet Company in Baltimore (Maryland – USA) am 19. Oktober 1939 einen Vertrag abzuschließen, demzufolge er die »Sprengnietschutzrechte« für ganz Nordamerika (also die USA, Kanada und Mexiko) verkaufte[18]. Die *Brüder Butter* erhielten die 1934 ausgemachten Anteile an der von *Ernst Heinkel* erzielten Lizenzgebühr.

Die Ära Heinkel geht zu Ende

Rechts- und Wirtschaftsfragen

Daß *Ernst Heinkel* sich auch auf wirtschaftliche, ja rechtliche Fragen verstand, wenigstens aber für diese Angelegenheiten sachkundige und gute Berater hinzuzog, zeigt auch die Konstruktion des von ihm aufgezogenen Konzerns und die Entwicklung dahin.
Die am 1. Dezember 1922 gegründete erste eigene Firma *Ernst Heinkels*[1] war die Einzelfirma »Ernst Heinkel Flugzeugwerke« in Warnemünde, deren alleiniger Eigentümer, damit aber auch ihr allein Haftender *Ernst Heinkel* war. Diese Rechte und Pflichten konnte er zu Beginn durchaus noch allein übernehmen, da die relativ geringen Belastungen noch mühelos durch die bald erzielten, nicht unerheblichen Deviseneinnahmen gedeckt werden konnten. Die kurzen Durchlaufzeiten der gebauten Mustermaschinen gestatteten den mehrmaligen Umschlag des Betriebskapitals in einem Jahr. Ein Entwicklungswerk, wie *Ernst Heinkel* es betrieb, war damals noch nicht mit den Kosten einer größeren Serie belastet, die es noch nicht gab. Bei äußerst sparsamer Verwaltung, umsichtiger Geschäftspolitik und günstiger Auftragslage aufgrund der Auslandsaufträge, die ihrerseits wieder eine Folge der hohen Qualität der von *Ernst Heinkel* und seinen Mitarbeitern erbrachten Leistungen waren, konnte er sein Unternehmen in schwieriger Zeit dennoch bald auf eine gesunde finanzielle Grundlage stellen. Als der Geschäftsgang größer wurde, gründete *Ernst Heinkel* 1925 eine Gesellschaft mit beschränkter Haftung, deren Stammkapital zunächst 50 000,– RM betrug. Am 8. Februar 1927 wurde der Sitz dieser Gesellschaft nach Berlin verlegt; durch Gesellschafterbeschluß vom 12. Juni 1928 wurde das Stammkapital auf 100 000,– RM erhöht[2]. Die *Illustrierte Flugwoche* berichtete 1928[3], daß das Konstruktionsbüro »mit 80 Diplom-Ingenieuren und Ingenieuren eines der größten der deutschen Flugindustrie« sei, das im Jahre 198 000 Konstruktionsstunden leiste. 230 Stammarbeiter erbrachten 480 000 Arbeitsstunden im Jahr, der Jahresumsatz betrug rund 2 Mio RM. Eine Prüfung der Deutschen Revisions- und Treuhand AG hatte 1927 ergeben, daß das Werk »zu den bestgeleiteten und gesündesten Firmen seines Industriezweiges gehört«. In dieser Zeit waren 19 Seeflugzeuge und 17 Landflugzeugmuster »teils in Einzelexemplaren, teils in Reihen gebaut«. Der Vergleich der Arbeitsstunden der Konstrukteure und der Fertigungsarbeiter kennzeichnet den Betrieb als Entwicklungsunternehmen. Ein Drittel der Produktion wurde an das Ausland geliefert, das außerdem noch mehrere Lizenzen erworben hatte. Das Unternehmen war zu einer Zeit voll beschäftigt, als die Arbeitslosigkeit bereits fühlbar und andere Betriebe und Branchen notleidend wurden.

Schon im Jahre 1925 war *Ernst Heinkel* von der Technischen Hochschule Stuttgart »die Würde eines Doktor-Ingenieurs Ehrenhalber in Anerkennung seiner bahnbrechenden Flugzeugkonstruktionen« verliehen worden. Diese Ehrung erfuhr er, als er von einer Japanreise zurückkehrte. Bei dem zehnjährigen Firmenjubiläum 1932 ernannte die Universität Rostock »den weltbekannten Förderer des deutschen Flugwesens, den hervorragenden Konstrukteur und Organisator« zum Doktor der Philosophie honoris causa. Die Heimatgemeinde Grunbach machte ihn zu ihrem Ehrenbürger[4].
Als *Ernst Heinkel* 1930 die Fabrikationsräume in Warnemünde durch Anlagen in Rostock erweitern mußte, verfügte die »Ernst Heinkel Flugzeugwerke G.m.b.H.« über ein Stammkapital von vier Millionen Reichsmark, von denen 2 400 000,– RM eingezahlt waren. Sämtliche Geschäftsanteile befanden sich im Besitz der »Rowa Verwaltungs G.m.b.H.« in Rostock, deren Geschäftsanteile wiederum sich im Besitz von *Ernst Heinkel* und – treuhänderisch für ihn – im Besitz von *Hermann Ritter von Pfistermeister* befanden. Ihr Stammkapital betrug formal nur 20 000,– RM[5].
Neben dieser Firma Ernst Heinkel Flugzeugwerke GmbH, über die *Ernst Heinkel* am Geschäftsleben teilnahm, hatte die Entwicklung in den Jahren des Aufbaues der neuen deutschen Luftwaffe zur Errichtung des Werkes in Oranienburg geführt, das seit 1936 von der Firma »Heinkel-Werke G.m.b.H.«, Oranienburg, betrieben wurde. Deren Geschäftsanteile in Höhe von fünf Millionen Reichsmark gehörten dem Reich, während *Ernst Heinkel* lediglich ein Geschäftsanteil in Höhe von 150 000,– RM »als Anerkennung für seine Tätigkeit beim Aufbau des Werkes überlassen wurde[6]«. Außerdem hatte man ihm den Vorsitz im Beirat dieser GmbH übertragen, eine Funktion, die ihm zwar einen gewissen Einfluß auf die Geschäftsführung einräumte, ihm aber nicht genügte; denn er wollte völlig unabhängig sein. So verhandelte er auch alsbald mit dem Reich über

den Erwerb der Anteile an der Oranienburger GmbH – und das auch noch zu einem für ihn billigen Preis.
Die im Jahre 1937 von *Ernst Heinkel* geplante Umwandlung der Rostocker GmbH in eine Einzelfirma mit dem Ziel, die in der GmbH steckenden stillen Reserven zur notwendigen Erhöhung des flüssigen Kapitals unter Ausnutzung der handels- und steuerrechtlichen Bestimmungen des Gesetzes vom 5. Juli 1934 verwenden zu können, führte durch Beschluß der Gesellschafterversammlung vom 22. Dezember 1937 zur Auflösung der Gesellschaft und Umwandlung auf den Hauptgesellschafter *Ernst Heinkel*, der das Unternehmen von diesem Tage an als Einzelfirma fortführte[7].
Der Erwerb der Anteile an den Heinkel-Werken in Oranienburg wiederum erforderte Darlehensverpflichtungen, die *Ernst Heinkel* nicht als persönliche Schuldverpflichtung übernehmen wollte und konnte. So mußte er die Einzelfirma wieder in eine GmbH zurückverwandeln. Das geschah mit dem 1. April 1941 in der Weise, daß von vorneherein die Ernst Heinkel Flugzeugwerke GmbH mit den darlehensgebenden Versicherungsgesellschaften kontrahierte[8].
Diese GmbH ihrerseits wurde durch Beschluß der Gesellschafterversammlung vom 9. Juli 1943 in eine Aktiengesellschaft umgewandelt, die das am 1. April 1943 begonnene Geschäftsjahr der GmbH fortsetzte, wodurch die Kontinuität gewahrt wurde. Im Wege der Verschmelzung übertrugen die zuvor noch in Aktiengesellschaften umgewandelten Heinkel-Werke GmbH in Oranienburg und die Hirth-Motoren GmbH in Stuttgart-Zuffenhausen ihr gesamtes Vermögen unter Ausschluß der Abwicklung mit Wirkung vom 1. April 1943 auf die neue Ernst Heinkel AG[9].
Die Errichtung der Aktiengesellschaft wird häufig als Forderung von *Hermann Göring* und *Erhard Milch* dargestellt, um *Ernst Heinkel* zu »entmachten«. Zweifelsohne hängt sie sachlich auch damit zusammen, daß das Reich das System der Anzahlungen auf Rüstungsaufträge abschaffte und die Firmen auf die Finanzierung durch Banken und Versicherungen verwies. Das führte auch bei der Ernst Heinkel AG zur Aufnahme von Betriebsmittelkrediten, Obligationsanleihen und Konsortialschuldscheindarlehen, die bei Kriegsende 1945 bestehen blieben und bei der Wiederaufnahme der Geschäftstätigkeiten durch die EHAG zu nicht unerheblichen finanziellen Problemen führten. Der erste Vorstand der EHAG wurde von *Karl Frydag* – als Vorsitzendem – und den alten Heinkel-Mitarbeitern *Karl Hayn, Karl Lehrer* und *Hermann Ritter v. Pfistermeister* gebildet. Den Aufsichtsratvorsitz übernahm *Ernst Heinkel*, dem das satzungsgemäße Recht übertragen wurde, in den Aufsichtsrat Mitglieder bis zu einem Drittel der Gesamtzahl zu entsenden. Formal standen damit *Ernst Heinkel* nur die Rechte des Aufsichtsratsvorsitzenden zu, die ihm allerdings zu gering erschienen, so daß er sich an dieser Vorschrift rieb und aufgrund seiner Persönlichkeit auch später unmittelbaren Einfluß auf die Geschäftspolitik des Vorstandes nahm, soweit dieser das zuließ.
Er selbst war bereits am 24. Januar 1938 anläßlich seines 50. Geburtstages zum Professor ernannt und erhielt am 6. September 1938 gemeinsam mit *Willy Messerschmitt, Fritz Todt* und *Ferdinand Porsche* den Deutschen Nationalpreis für Kunst und Wissenschaft. An dem Professorentitel erfreute er sich nicht sonderlich, da er sich dafür zu jung dünkte und weiterhin mit »Herr Doktor« angeredet zu werden wünschte. Der Nationalpreis, bzw. der damit verbundene Ordensstern mit 40 Brillanten, der am 30. Januar 1939 von *Adolf Hitler* persönlich überreicht wurde, schmeichelte seiner Eitelkeit durchaus, woraus er auch keinen Hehl machte. Die weiteren zahlreichen Ehrungen und Ordensverleihungen, die ihn vor allem zu seinem 50. Geburtstag erreicht hatten, aber auch bis zu seinem Tode ihm zuteil wurden, nahm er mit der ihm eigenen Gelassenheit hin[10].
Seit er sich mehr als Unternehmer denn als Konstrukteur betrachtete, wie das der Entwicklung seines Hauses entsprach, kümmerte er sich auch vielfach nicht nur um die hereinzubringenden Aufträge, sondern allgemein um die wirtschaftlichen Probleme, die die Leitung seines immer größer werdenden Unternehmens aufwarf. So hatte er dem Chef des Technischen Amtes im RLM – das für die Luftfahrtindustrie ganz allgemein auch in Wirtschaftsfragen zuständig war – 1938 eine Denkschrift »Gedanken zur Exportfrage[11]« überreicht, in der er die »politische Bedeutung« des Flugzeugexports und die dadurch eintretende »Devisenstärkung des Reiches« zum Anlaß nimmt, die Einschränkungen und Fesseln, die der Flugzeugindustrie durch staatliche Stellen angelegt werden, anzuprangern und um rechtzeitige Freigabe auch moderner Flugzeuge für den Export zu bitten. Das betraf oft Baumuster, die in der deutschen Luftwaffe nicht eingeführt wurden, wie die He 112, deren Ausfuhr nach Jugoslawien, der Schweiz und Ungarn behindert war, oder die Lieferung von 70 Stück He 111 an Japan, die an der Nichtzurverfügungstellung von zehn Stück »aus der laufenden Amtsserie« scheiterte. *Ernst Heinkel*, der ja seinen Aufstieg wesentlich auch seinen Lieferungen an fremde Länder, Japan zumal, verdankte, beklagte, daß durch die Verweigerung oder nicht rechtzeitige Freigabe aussichtsreiche Exportmöglichkeiten verpaßt worden seien, die nun von englischer oder italienischer Seite wahrgenommen würden. Besonders der Verlust des japanischen Auftrags schmerzte *Ernst Heinkel*, weil er mit den Japanern aus alter Tradition »besonders freundschaftliche Beziehungen« unterhielt, die auch die Einhaltung von Geheimangaben durch die Japaner umfaßten. Die Antwort des RLM[12] bezog sich auf Entscheidungen des Reichsministers der Luftfahrt und Oberbefehlshabers der Luftwaffe *Hermann Göring*, die dieser sich seit dem Februar 1938 ausdrücklich vorbehalten hatte. Danach gingen die militäri-

schen Interessen den von *Ernst Heinkel* geltend gemachten wirtschaftlichen Interessen vor: der Export könne von der Politik nicht befreit werden. Die Argumente *Ernst Heinkels* wurden teilweise als unzutreffend bezeichnet und hinsichtlich Japans die interessante Feststellung getroffen, daß der Auftrag »aus militärisch-politischen Gründen im eigenen Interesse nicht angenommen werden« konnte und im übrigen selbst gegenüber den »Ländern der Antikominternfront ... die grundsätzlichen Gedanken für die neueste Entwicklung und ihre Ausführungsformen uneingeschränkt solange geheim gehalten werden (müßten), bis sich ein entsprechender Vorsprung für die eigene Rüstung ausgewirkt« habe. Dabei wurde bezeichnenderweise darauf hingewiesen, daß gerade Japan auf längere Sicht gesehen als »ein industrieller Gegner im Werden« angesehen werden müsse, »dessen Konkurrenz in späterer Zeit auf allen Märkten eine ernste Gefahr für uns werden wird«. Daher könnten Prototypen in Hinblick auf die Gefahr der Überflügelung nicht »vorzeitig überlassen werden«. Es scheint also, daß *Ernst Heinkels* frühere enge Zusammenarbeit mit Japan keine Früchte mehr trug und die Vorbehalte gegenüber diesem Land bereits spätere Entwicklungen vorwegnahmen.

In gleicher Weise wie in der Exportfrage hatte *Ernst Heinkel* mit dem Technischen Amt des RLM auch Auseinandersetzungen in Angelegenheiten der finanziellen Grundlagen seiner Unternehmen. In einem Schreiben vom 30. August 1938, das allerdings als solches nie abging, aber Gegenstand von Beratungen der Heinkel-Führungsspitze und mündlicher Verhandlungen mit den Sachbearbeitern und Referenten im RLM gewesen ist, holt er weit aus, indem er die Typen anführt, die sein Werk »der deutschen Luftwaffe für die erste Aufrüstung« zur Verfügung stellen konnte[13]. Wegen der Bedeutung der angeschnittenen Fragen wird hier auf diese Probleme und deren Darstellung in dem erwähnten Schreiben vom 30. August 1938 etwas näher eingegangen. *Ernst Heinkel* beziffert die Gesamtzahl der seit 1933 auch bei 14 Lizenznehmern für die deutsche Luftrüstung gebauten Heinkel-Flugzeuge mit 5000 Maschinen und beklagt sich in Anbetracht dieser Leistungen über die schlechte finanzielle Behandlung seiner Firma. Er beantragt, sein Werk »so zu entschulden, daß zum mindesten der Zustand von Anfang 1933 wiederhergestellt wird«. Das sollte nach seiner Ansicht im Rahmen der Preisprüfung durch Anerkennung eines angemessenen Gewinn- bzw. Risiko-Zuschlages erfolgen, wie das vor 1933 durch das Reichsverkehrsministerium gehandhabt worden sei. Er gibt als Ergebnis der vier preisgeprüften Jahre 1933–1936 eine Werksleistung von 147 Mio RM an, aus denen er nach der Rückerstattung preisprüfungsmäßig festgestellter sogenannter Übergewinne in Höhe von 18,5 Mio RM an das Reich sogar einen Verlust von RM 243000,– errechnet hatte. Er verlangt daher »die Anpassung der Abschreibungssätze an die tatsächlichen Verhältnisse und Bedürfnisse der schnell-lebigen entwicklungstreibenden Luftfahrt-Industrie« sowie die Behandlung von Lizenzgebühren als Grundlage für eigene »freie Entwicklungen«, wobei er die Tatsache herausstellt, daß sein Werk ein Entwicklungswerk sei, das nicht einem Serienwerk gleichzustellen sei, das »die Früchte fremder Geistesarbeit erntet«. Zuvor hatte er schon in einem Schreiben vom 4. August 1938 um Bestätigung seines Werkes als vorwiegend Entwicklung treibende Firma gebeten und dabei darauf verwiesen, daß seine Firma von 1922 bis 1934 »fast ausschließlich Entwicklung getrieben und nur Entwicklungsflugzeuge gebaut« habe, eine etwaige Serie nur selten über die Größenordnung der jetzigen 0-Serien hinausginge und im übrigen diese »Serienflugzeuge« – wobei er auf die nach 1934 auf die Weiterentwicklung der He 111 verwandte Entwicklungsarbeit verwies – »nicht reiner Nachbau der Musterflugzeuge..., sondern auch damals bereits praktisch meist Weiterentwicklungen des ursprünglichen Musters (gewesen seien)«. Mit dieser Begründung wollte er auch auf die Entwicklungsarbeit einen Gewinnzuschlag erreichen. Die abschlägige Antwort des Staatssekretärs *Erhard Milch* vom 22. Oktober 1938 bezog sich auf »die Unterscheidung zwischen reinen Entwicklungswerken und Serienwerken«, wobei Werke, »die Entwicklung betreiben und gleichzeitig in Serien bauen«, wozu auch die Ernst Heinkel Flugzeugwerke gehörten, nicht die Vorteile der steuerlichen Sonderbehandlung erhalten könnten. Die von den Heinkel-Werken erzielten Gewinne sprächen für sich und widerlegten die Behauptung, »daß die geleistete geistige Arbeit finanziell nicht genügend gewürdigt worden wäre«. Eine Aktennotiz des damaligen Kaufmännischen Direktors *Raphael Thiel* »Betr.: Finanzielle Grundlage der Ernst Heinkel Flugzeugwerke« vom 6. September 1938 läßt erkennen, daß die mündlichen Verhandlungen mit den Herren des RLM zu keinem positiven Ergebnis führten. In dieser Aktennotiz wird ausdrücklich darauf verwiesen, daß es nicht zweckmäßig sei, das RLM »nochmals auf die Fehler und Mißgriffe der früheren Jahre und die falschen Ansichten zu stoßen«. Besser sei es, einzelne Fragen von Fall zu Fall mit den einzelnen Sachbearbeitern im RLM zu klären. Man solle das Schreiben neu fassen nach Verhandlungen über den Kapitalschnitt. Die Behauptung eines eingetretenen Verlustes sei angesichts der Steigerung des Eigenkapitals nach Ansicht des zuständigen Sachbearbeiters nicht haltbar und mache die Firma lächerlich. Unzutreffend dagegen war zweifellos die Behauptung des Ministerialen, »daß die Firma aus dem betrieblichen Ergebnis in den ersten Jahren nur Verluste hatte, sei eine Schuld der Firma selbst, da diese sich viel zu wenig mit der reinen Serienfabrikation befaßt habe und ihr Augenmerk auf die Entwicklung gelegt habe ... Es wäre also rein kaufmännisch gesprochen, bestimmt nicht verkehrt, die Entwicklung aufzulösen (!) und nur Serienbau zu betreiben«. Allerdings sei das bei dem großen Verantwortungsbewußtsein der Firma Heinkel keine Gefahr, da die Firma Heinkel die Entwicklung »auch unter den schwierigsten finanziellen Verhältnissen immer vorwärts treiben werde«. Der Staat werde diese »selbstlose Arbeit« auch dadurch belohnen, daß er zu gegebener Zeit die Serienfabrikation bei den Heinkel-Werken in weitaus geringerem Maße abbauen werde, als bei den reinen Serienwerken. Insgesamt sah der Vertreter des RLM die Industrie als »mehr oder weniger staatliche Institutionen zur Erledigung von Staatsaufträgen« an. Das kennzeichnet die verschiedenen Positionen von Staat und privater Industrie, auch wenn diese auf staatliche Aufträge angewiesen ist, bis in die heutige Zeit. Unter diesen Gesichtspunkten ist auch die Zurückhaltung *Ernst Heinkels* bei dem Aufbau des Serienwerkes in Oranienburg zu sehen, selbst wenn er durch die größeren Möglichkeiten eines größeren Betriebes fasziniert wurde und im übrigen seiner neu entdeckten Bauleidenschaft frönen konnte.

Bei Kriegsende bestand der gesamte Konzern, der sich in der Ernst Heinkel AG und darum herum gebildet hatte, aus sieben Hauptwerken und 27 Zweig- und Verlagerungsbetrieben einschl. der während des Zweiten Weltkrieges im Ausland übernommenen Werke[14]. Die Gesamtbelegschaft aller Betriebe bestand am 31. Dezember 1944 aus 49935 Personen, am 31. Mai des Jahres waren es noch 55125 gewesen. Der Jahresumsatz hatte im ersten Geschäftsjahr der EHAG vom 1. April 1943 bis 31. März 1944 519,8 Mio RM betragen[15]. Bis 1945 hatten *Ernst Heinkel* und seine wesentlichen Mitarbeiter *Walter* und *Siegfried Günter* sowie *Karl Schwärzler* rund 500 Flugzeugtypen entworfen und konstruiert, in den Werken waren insgesamt über 10000 Flugzeuge sowie 13 Flugzeugkatapulte und sechs Turbostrahltriebwerke produziert worden[16]. In den Jahren zwischen 1922 und 1945 wurden lt. vorliegender Listen 1352 Patentanmeldungen auf dem Gebiet des Flugzeugwesens vorgenommen, zu denen bis 1966 noch etwa 650 Anmeldungen hinzukamen. Ferner wurden allein auf dem Triebwerksgebiet in der Zeit von 1936 bis zum 16. März 1945 587 Patentanmeldungen vorgenommen, zum großen Teil Geheimpatente. *Dierk Hansmann*[17] nennt das denn auch mit Recht ein »hervorragendes know-how« bei der Heinkel-Gruppe. Besonders umfangreich war denn auch die Zahl der von *Karl Schwärzler*, den Brüdern *Günter* und *Hans v. Ohain* angemeldeten Patente. Von der Ausweitung der Unternehmen während des Krieges einmal abgesehen, hatte *Ernst Heinkel* 1928 mehr als 300 Mitarbeiter beschäftigt, aus denen bis 1932 bereits rund 1000 Mitarbeiter geworden waren, die sein Werk um diese Zeit zum größten Industrieunternehmen in Mecklenburg machten.

Das Kriegsende 1945 und die ersten Jahre danach

Als der Zweite Weltkrieg durch die Kapitulation der Deutschen Wehrmacht am 8. Mai 1945 für dieses Land beendet war, lagen bei der Firma Heinkel noch unerledigte Projekte vor, die weitgehend den neuesten Stand der Technik darstellten. Sie waren im wesentlichen bei den im Jahre 1943 nach Wien verlagerten Abteilungen entstanden: In Wien befand sich der Kopf der Firma. *Ernst Heinkel* hielt sich überwiegend dort auf. Entwicklungs- und Konstruktionsabteilungen waren mit der Technischen Direktion in Wien. Dort befanden sich auch Musterbau und Flugerprobung. Der Flugplatz Wien-Schwechat war von der Luftwaffe der Firma Heinkel übergeben, der auch der Platz Zwölfaxing zur Verfügung stand. In verschiedenen Betrieben um Wien – z.T. unter der Erde wie in Mödling – wurden Produktionsaufträge ausgeführt wie z.B. der Bau der He 162.

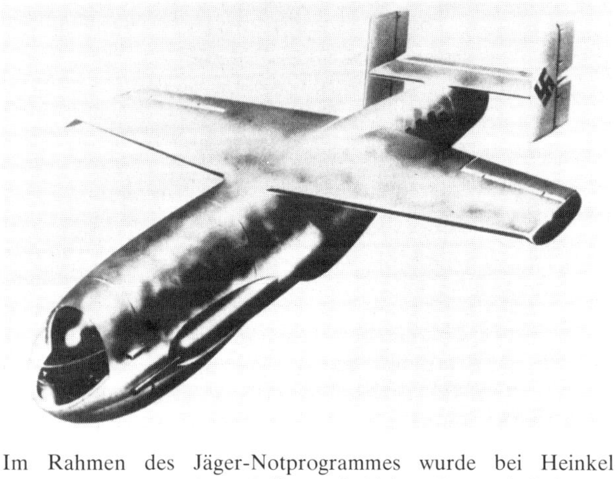

Im Rahmen des Jäger-Notprogrammes wurde bei Heinkel 1944/45 an dem Projekt »Julia« – ein kleiner Jäger mit Raketenantrieb – gearbeitet.

Im Rahmen des sogenannten Jäger-Notprogramms wurde dort 1944/45 das Projekt He P 1077 »Julia« bearbeitet, das ähnlichen Zielen dienen sollte, wie die gleichzeitig bei den Brüdern *Bachem* entstehende »Natter«. Es sollte eine Zwischenlösung zwischen einer bemannten Flakrakete und einem billigen Schnellst-Kleinjäger mit Raketenantrieb darstellen. Die gleichzeitige Variante »Romeo« trug das Triebwerk in Huckepackform auf der Zelle wie die He 162. Dieses Projekt »Julia« war bereits für einen senkrechten oder in einem bestimmten Winkel erfolgenden Start vorgesehen und sollte in 52 s 10000 m Höhe erreichen, mittels Starthilfsraketen starten und für die vorgesehene Flugdauer von fünf Minuten von einer Walter-Rakete HWK 109–509 mit 1700 kp (16,7 kN) Schub angetrieben werden. Die

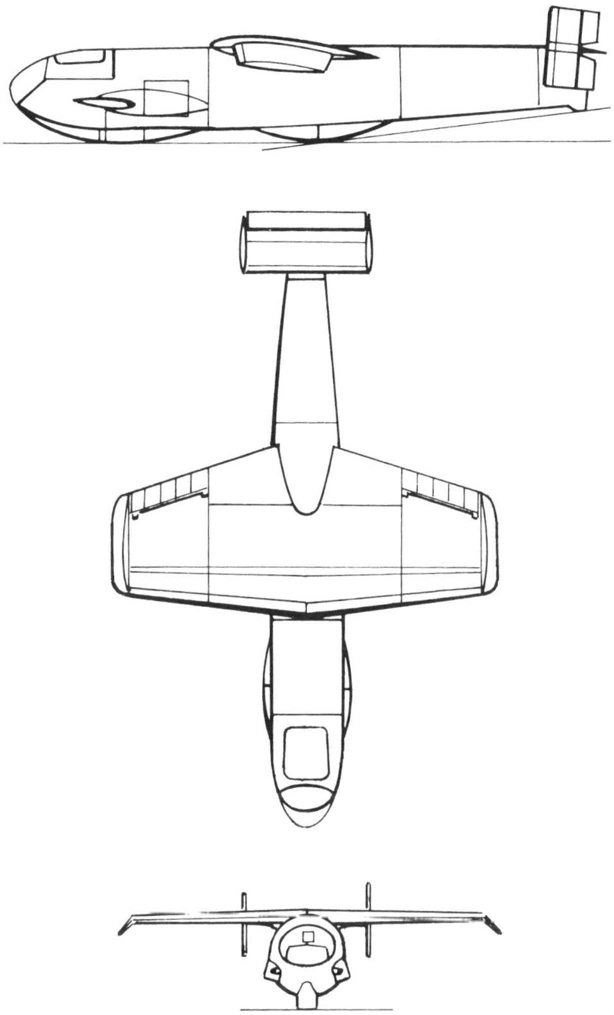

Projekt P 1077 »Julia«.

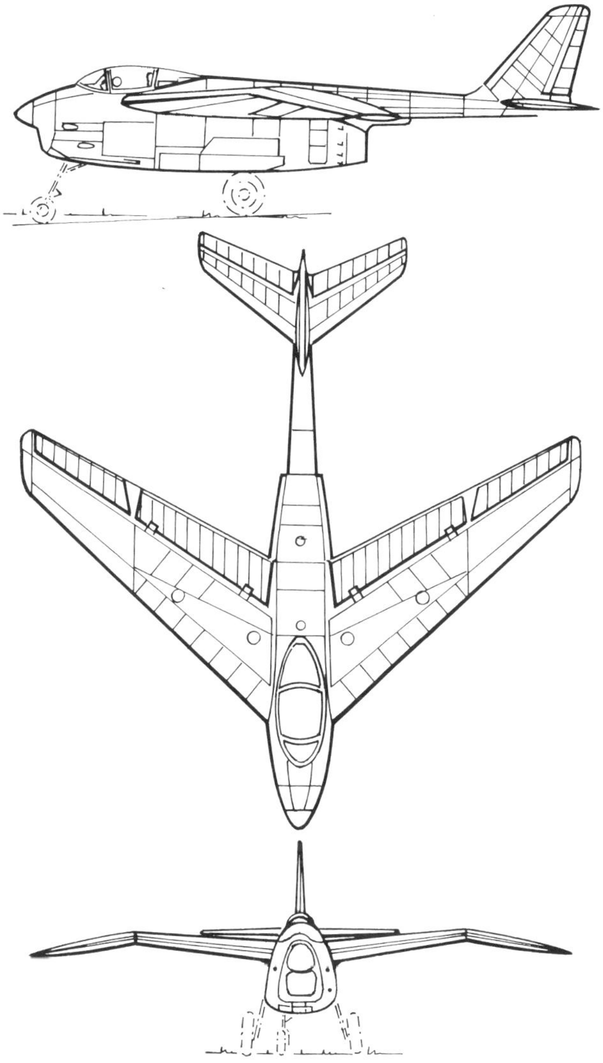

Projekt P 1078.

Landung sollte im Gleitflug auf Landekufen erfolgen. Bei Kriegsende stand das erste Muster kurz vor der Vollendung[1].

Das Heinkel-Projekt He P 1078, das als einsitziger reiner Turbinen-Luftstrahl-Jäger mit dem He S 011 gedacht war, wurde nicht realisiert. An seine Stelle trat die He 162[2].

Das Projekt He P 1080 sollte von zwei Staustrahl-Triebwerken, seitwärts des Rumpfes an der Flügelwurzel angebracht, angetrieben werden. Es hatte anstelle des Höhenleitwerkes Klappen an den Flügeln. Korrekte Daten sind nicht bekannt. Geschätzt war eine Länge von 7,50 m, eine Spannweite von 8,50 m und eine Flügelfläche von 9,50 qm[3].

Der in den Jahren vor 1960 wieder hervortretende reine Senkrechtstartgedanke wurde bei *Ernst Heinkel* schon in den Entwicklungsüberlegungen der Schlußphase des Zweiten Weltkrieges ventiliert. Seine Mitarbeiter *Kurt Reiniger* und *Gerhard Schulz* untersuchten bereits 1944/45 die Möglichkeiten eines Flugzeugtyps, »der mit der Luftschraube senkrecht startet und im Horizontalflug mit horizontaler Luftschraubenachse und mit Tragflächen fliegt[4]«. *Dietrich Küchemann* bezeichnet in seiner von der AVA Göttingen 1946 herausgebrachten Monographie[5] den Senkrechtstart noch als »Steilstart«. *Kurt Reiniger* hat unter dem 8. März 1945 noch einen zusammenfassenden Bericht verfaßt, der dem Verfasser in einer Kopie vom 25. Oktober 1956 vor-

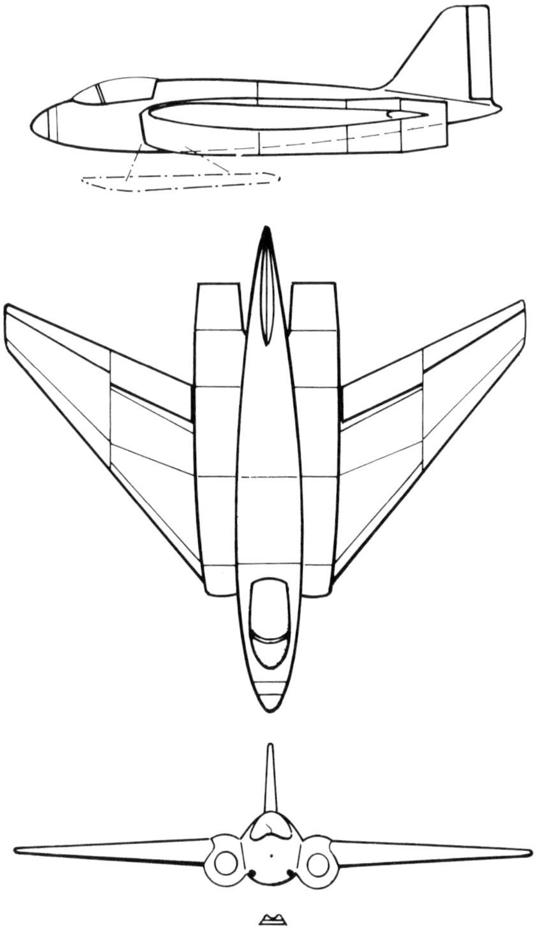

Projekt P 1080.

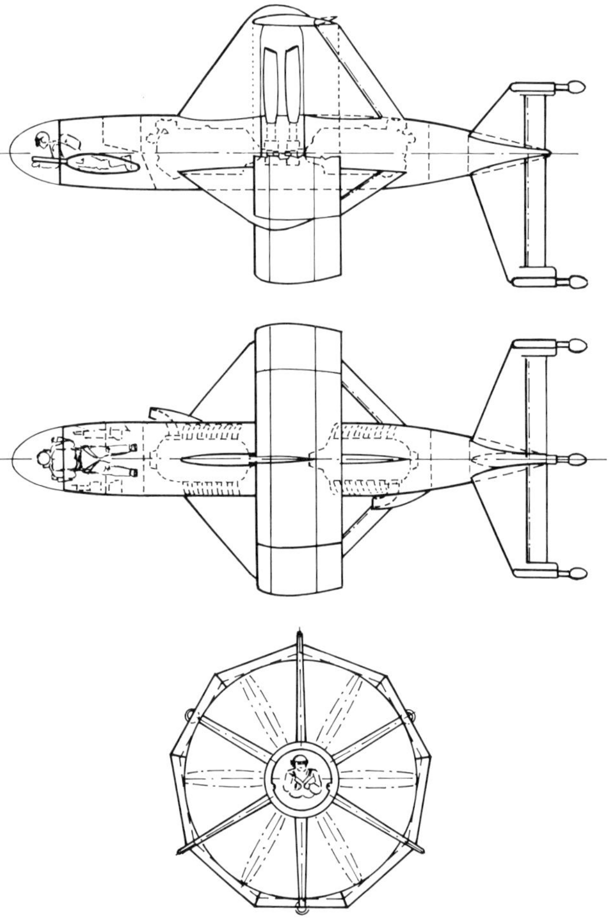

Projekt »Lerche II«.

liegt. In diesem Bericht behandelt *Kurt Reiniger* ein Flugzeug mit Ringtragflügel, wie es später auch als Coleopter vorübergehend ein gewisses Aufsehen erregte. *Siegfried Günter*, der sich selbst mit VTOL-Projekten wie dem auf seinen Entwürfen beruhenden Senkrechtstarter des Entwicklungsrings Süd (EWR – Arbeitsgemeinschaft der Firmen Bölkow-Heinkel-Messerschmitt), der VJ 101, befaßte, betont in der in Anm. 4 erwähnten Aktennotiz vom 24. Februar 1955, daß die Arbeiten von *Reiniger* und *Schulz* als »nicht abgeschlossene Studienarbeit betrachtet« worden seien. Er gab aber auch gleichzeitig seine Überzeugung wieder, »daß die Ringflügelbauart, auch ohne Leitwerk, der üblichen Flügelbauart (nicht) überlegen« sei.

In dem genannten Heinkel-Bericht vom 8. März 1945, dessen Verfasser, wie gesagt, *Kurt Reiniger* war, wird in verschiedenen Zeichnungen das Schema des Start- und Landevorganges mit Start, Bahnneigungsflug, Einsatz und Landung wiedergegeben. Die Entwürfe bei *Ernst Heinkel* trugen die Namen »Wespe« für einen leichten Jäger mit PTL-021 und »Lerche« I–III für einen leichten und einen schweren Jäger (Nachtjäger) sowie ein Schlachtflugzeug mit DB-Motoren[6]. Nach dem Vorschlag sollte ein Mantelring für Luftschrauben gleichzeitig als Tragflügel verwendet werden und damit Senkrechtstart und -landung ermöglichen. Ziel der Vorschläge war die Geschwindigkeitssteigerung der von Otto-Motoren angetriebenen Flugzeuge. Durch die Senkrechtstart- und -landeeigenschaften sollte der Verzicht auf das Fahrwerk ermöglicht und die Flächenbelastung vergrößert werden. Gute Flugleistungen und die Unabhängigkeit von Flugplätzen und Gelände wurden als entscheidende Vorteile angesehen. Auch wenn die Zeit darüber hinweggegangen ist und schon bald bei der Weiterbearbeitung des Senkrechtstartgedankens diese Überlegungen nicht weiter verfolgt wurden, so zeigen diese Ent-

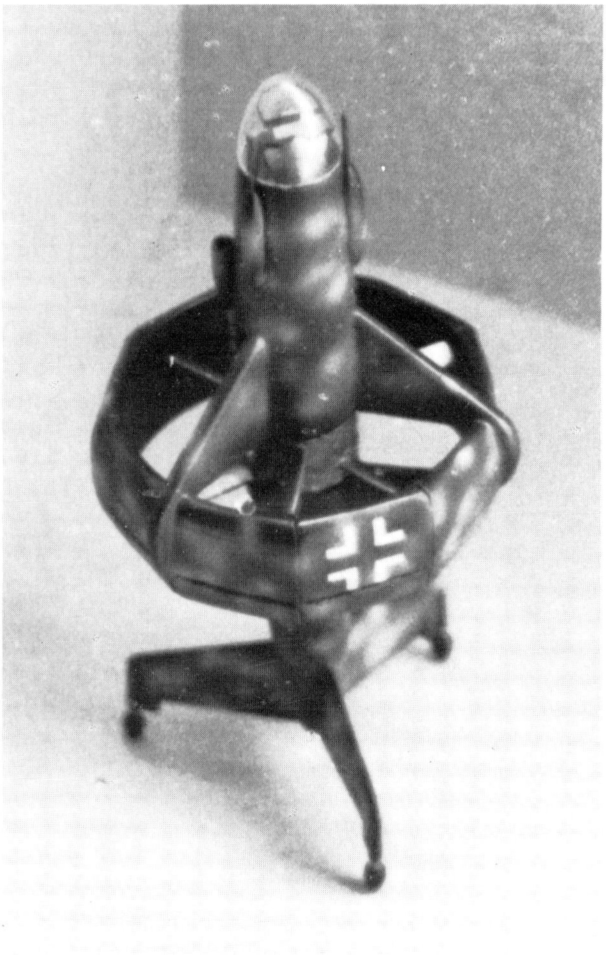

Wenige Monate vor Ende des Zweiten Weltkrieges wurde an mehreren Senkrechtstarterprojekten mit Ringflügel gearbeitet (Modellbild des Projektes »Lerche II«).

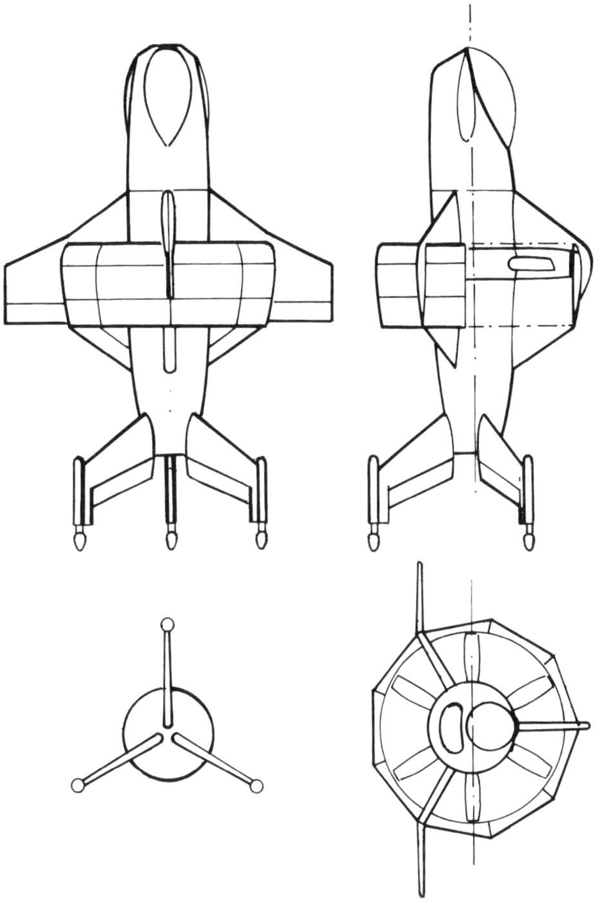

Projekt »Wespe«.

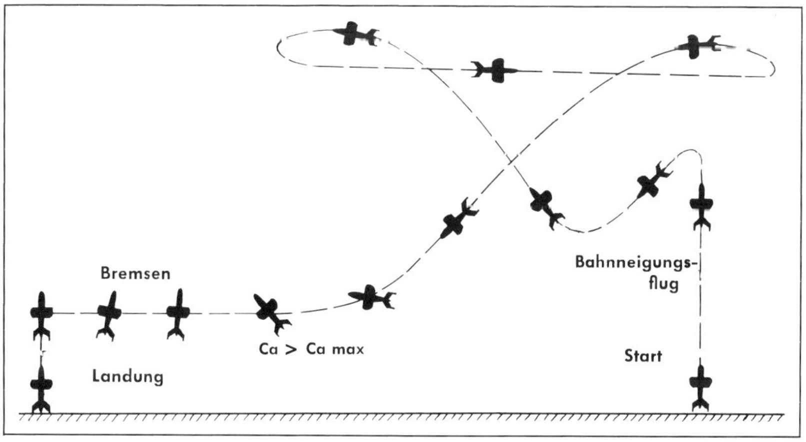

Start- und Landevorgang für die bei Heinkel projektierten Senkrechtstarter. (Aus Bericht K. Reiniger vom 8. März 1945.)

würfe eines Zweimann-Teams kurz vor Kriegsende, von denen noch nicht einmal das RLM unterrichtet war[7], daß bei *Ernst Heinkel* Gedanken verfolgt wurden, die nicht nur für ihn selbst ungewöhnlich waren, sondern weit »in die Zukunft reichten[8]«. Das hatten seine Gedanken schon immer getan.

Der verlorene Krieg hatte auch für *Ernst Heinkel* und seine Unternehmen verheerende Folgen. Fast sämtliche Entwicklungs- und Produktionsstätten lagen in den östlichen Teilen Deutschlands und wurden daher von der sowjetischen Armee besetzt und dementsprechend genutzt, auch wenn sie durch Bombenangriffe z.T. sehr schwer beeinträchtigt waren. So wurde das Hauptwerk Marienehe mit der hochqualifizierten Belegschaft und dem dort in Erprobung befindlichen Nachtjäger He 219 übernommen. Hier wurden auch viele technische Unterlagen erbeutet. Das Werk Oranienburg wurde – nach Aussagen von Mitarbeitern – nur geringfügig beschädigt mit dem gesamten Maschinenpark und mit fertigen Exemplaren der verschiedenen Baumuster übernommen. In Staßfurt befanden sich genügend Bauteile, insbesondere der He 162, die ohne Probleme die Fertigstellung der in Bau befindlichen Maschinen ermöglichten. Eine He 111 war schon 1943, als Transportflugzeug eingesetzt, unversehrt der sowjetischen Armee in die Hände gefallen.

Nach der Aufteilung Deutschlands in die verschiedenen Besatzungszonen wurden alle Werke in der sowjetisch besetzten Zone enteignet, ebenso die Betriebe in Österreich, die als Ausgleich für Reparationsleistungen an die UdSSR in das Eigentum des neuen österreichischen Staates übergingen. In den deutsch-österreichischen Vermögensverhandlungen der Jahre 1956/57 wurde vereinbart, daß aus dem in Österreich gebildeten »Sondervermögen Ernst Heinkel A.G.« (Jenbacher Werke) alle Ansprüche österreichischer Gläubiger gegen die Ernst Heinkel AG, vor allem also Forderungen österreichischer Banken, zu befriedigen waren und daß außerdem daraus ein Betrag von ö.S. 2 Mio an die Bundesrepublik Deutschland zu zahlen war als Beteiligung an den Altverbindlichkeiten der EHAG gegenüber den Ansprüchen der freien Aktionäre und der Versicherungsdarlehensgeber. Das Werk Gandersheim in der britischen Besatzungszone wurde nach Demontage und Restitutionsentnahmen liquidiert.

Die Ernst Heinkel AG hatte also alle Vermögenswerte verloren, mußte aber aus eigener Kraft die, wenn auch abgewerteten, Ansprüche von Gläubigern erfüllen. Die Ansprüche der EHAG gegen das Reich, die immerhin per 8. Mai 1945 höher waren als die Forderungen gegen die EHAG, wurden auf eine RM abgeschrieben.

Das weitgehend erhalten gebliebene Werk Stuttgart-Zuffenhausen in der amerikanisch besetzten Zone wurde unter Treuhänderschaft gestellt, aus der es erst 1950 wieder entlassen wurde. Es wurde danach die Keimzelle der neu entstehenden bzw. wieder auflebenden Ernst Heinkel AG und weiterer neuer Heinkel-Unternehmen.

Ernst Heinkel selbst wurde von Jenbach aus, wo er das Kriegsende erlebt hatte, gegen Ende Mai 1945 über München und Paris nach dem Château Chesnay gebracht, wo er bei überraschend guter Behandlung und Verpflegung mit anderen prominenten deutschen Flugzeugbauern und -konstrukteuren wie *Alexander Lippisch, Anton Flettner* und seinem früheren Generaldirektor *Carl Frydag* sowie maßgeblichen deutschen Politikern wie *Albert Speer* und *Karl Saur* sowie später auch *Hjalmar Schacht* gefangen gehalten wurde, um über sein Fachgebiet vernommen werden zu können. Hier fertigt er u.a. ein Exposé über die He 162 an, deren Aufgabenstellung ganz offensichtlich das besondere Interesse der Sieger an diesem fortschrittlichen Flugzeugtyp zeigt. Ein von *Ernst Heinkel* in der Zeit dieser Gefangenschaft geschriebenes Tagebuch, das sich im Stuttgarter Heinkel-Archiv befindet, gibt erstaunliche Einblicke in die Einzelheiten dieser Tage mit der Angabe z.B. der genauen Verpflegungsmengen und -art. Ebenso macht *Ernst Heinkel* Bemerkungen, wie er *Albert Speer* in seiner Einstellung zu *Adolf Hitler*, den dieser »absolut negativ« beurteilt, in dem Sinne beeinflußt, nicht nur gegen dessen Umgebung, sondern gegen ihn selbst als den, »der die ganze Verantwortung trägt«, kritisch aufzutreten, vor allem nachdem *Albert Speer* den ihm von *Adolf Hitler* erteilten Befehl, das Land als »Tote Erde« zu verwüsten, sabotiert hatte. Nach den Aufzeichnungen *Ernst Heinkels* über die mit *Albert Speer* geführten Gespräche hatte dieser schon im Juli 1944 *Hitler* gesagt, »daß der Krieg rüstungsmäßig nicht länger weitergeführt werden könne«. *Ernst Heinkel* vermerkt auch die Äußerung *Albert Speers*, er habe »seit Juli 1944 zusammen 65 Landesverrate verübt«. *Ernst Heinkel* berichtet weiter, daß *Albert Speer* schon um diese Zeit ein Exposé über »Schuld und Verantwortung« angefertigt habe, zu dem er ihn im Sinn gegen *Hitler* beeinflußt habe.

Am 17. Juni 1945 werden dann *Ernst Heinkel, Schacht, Thyssen, Flettner* und *Frydag* mit LKW über Verdun, Metz, Mannheim, Frankfurt nach Schloß Kransberg, nördlich Frankfurt am Main, verlegt, das aufgrund seiner einsamen Lage als Internierungsort besonders geeignet schien. Hier bemühte sich *Ernst Heinkel, Hjalmar Schacht* und *Albert Speer* enger zusammenzubringen, um dadurch *Speer* zu veranlassen, schneller von *Hitler* abzurücken und über ihn auszusagen, was er wisse, da ihm bekannt war, daß *Schacht* »sehr wütend auf *Hitler*« war. In Kransberg war die Kontrolle der Lagerinsassen recht aufgelockert, so daß sie alle ungehindert miteinander sprechen konnten, auch wenn sie sich nicht auf dem gleichen Zimmer befanden. Das ergab natürlich viele Gelegenheiten, sich mit anderen Prominenten über die vergangenen Jahre zu unterhalten, wobei sich einige besonders bemühten, sich als Gegner des NS-Regimes darzustellen. Es gab aber auch Gelegenheit, sich z.B.

mit *Hermann Oberth*, dem »Vater der Raumfahrt«, der ebenfalls in Kransberg gefangen gehalten wurde, über dessen Arbeiten in den Peenemünder Hochgeschwindigkeitskanälen zu unterhalten, in denen Versuche bis zu elffacher Schallgeschwindigkeit möglich waren. In Kransberg gedenkt *Ernst Heinkel* auch des 30. Geburtstages seines Sohnes *Rolf* am 22. Juni 1945. Indessen machen sich langsam bei allen Lagerinsassen trotz der guten Verpflegung und Allgemeinbehandlung Anzeichen von Lagerkoller bemerkbar, die auch zu gereizten Äußerungen mit Geschimpfe über einzelne Personen und deren Haltung während der vergangenen Jahre führen, aber auch zu allgemeinem Geschimpfe über die Gauleiter und das RLM.
Am 4. Juli 1945 geht es dann per Flugzeug nach London, wo *Ernst Heinkel* mit *Helmut Schelp*, dem Förderer der Strahltriebwerksentwicklung im RLM, zusammenkommt. Bald werden die Inhaftierten nach Wimbledon, westlich von London, verbracht. In England geht es ihnen auch nicht mehr so gut wie in den vorigen Quartieren. *Helmut Schelp* hat nach den Aufzeichnungen *Ernst Heinkels* den Engländern bei seinen Vernehmungen erklärt, daß die Errichtung der Ernst Heinkel Aktiengesellschaft im Jahre 1943 von *Hermann Göring* und *Erhard Milch* gewünscht gewesen sei, mit denen *Ernst Heinkel* »Krach gehabt hätte«. Die Lagerumstände führen jetzt auch zum Schwarzhandel, in den *Ernst Heinkel* auch seine Uhr gibt, um von ihm dringend gebrauchte Gegenstände einzuhandeln. Seit dem 12. Juli 1945 wird er auch von den Engländern verhört. Die Themen betreffen: He 274, He 111 Z, He 162, »Julia«, Strahltriebwerksentwicklungen und Benutzung der Windkanäle, wobei anscheinend die Entwicklung der Turbostrahltriebwerke am meisten interessierte. In Farnborough sieht *Ernst Heinkel* am 17. Juli acht He 162 und erhält Einblick in einen Flugbericht des Chefpiloten von Farnborough, der – nach dem Tagebuchbericht *Ernst Heinkels* – die Rolleigenschaften der He 162 als »die besten der Welt bezeichnet[9]«. Während *Ernst Heinkel* auf der Fahrt nach Farnborough keine Kriegszerstörungen sah und feststellte, daß das Leben dort ganz normal verlaufe, hört er aus Deutschland und über die Zustände dort nichts Erfreuliches. Am 19. Juli 1945 denkt er an seinen Flugzeugabsturz im Jahre 1911. Während ihm nachgesagt wurde, daß er seither nie wieder geflogen wäre, weil er Angst davor gehabt habe und es nicht vertragen habe, macht er nach den Flügen dieser Zeit, die er allerdings nicht freiwillig angetreten hatte, keinerlei negative Bemerkungen über das Fliegen.
Bei einer Vernehmung am 19. Juli 1945 bietet er die Hilfe auch seiner Mitarbeiter *Siegfried Günter, Karl Schwärzler* und *Carl Francke* bei der Erprobung der in Farnborough befindlichen He 162 an und bejaht die Frage, ob diese Herren wohl gerne kommen würden, mit dem Hinweis, »wir alle haben Interesse, daß diese Maschinen, unsere Kinder, am Leben bleiben«. Dazu kam es dann nicht mehr. Die

Ernst Heinkel (Aufnahme aus dem Jahre 1944).

Engländer hatten wohl auch alles für sie Interessante an den Maschinen und Triebwerken herausgefunden.
Inzwischen lief auch die Zeit der Befragung in England ab. *Ernst Heinkel* denkt noch an den Geburtstag seines ältesten Sohnes *Erich* am 24. Juli 1910 und bemüht sich um die Freilassung seines Sohnes *Ernst*, den er in der Landwirtschaft lernen und arbeiten lassen möchte. Er glaubt wohl auch nicht mehr an einen Wiederaufbau einer deutschen Luftfahrtindustrie. Seine Hauptsorge gilt seiner Frau *Lisa* und dem Sohn *Karl-Ernst*, wie auch der Frage, ob die Franzosen als Besatzungsmacht in Jenbach, wo er seine Familie verlassen hat, die Amerikaner abgelöst haben und was dann wohl geschähe.
Die deutschen Fachleute halten inzwischen im Lager Vorträge über ihr jeweiliges Fachgebiet mit den Themen Strahltriebwerke, Höchstgeschwindigkeitsversuche und Einfluß der Pfeilflügel auf die Rumpfform, während die Engländer sich erneut für gewisse Einbauschwierigkeiten bei der He 219 und der He 162 interessieren. Am 28. Juli 1945 geht es dann wieder mit einem Flugzeug von England zunächst über Frankfurt nach Schloß Kransberg, von wo er am 31. Juli nach Windsbach kommt, wo er seine Frau und ihren Sohn wiedersieht. Als Erkenntnis vermerkt er noch: »Der technische Krieg wird immer an der großen Dummheit der anderen gewonnen.« Nach vergeblichen Einreisebemühungen nach Jenbach kehrt er nach Windsbach zurück, wo eine besondere Arbeit auf ihn wartet. Seine letzte

Tagebucheintragung lautet: »Mittwoch, den 8. 8. – Samstag, den 11. 8.: Fragebogen ausgearbeitet.«

In seinen Lebenserinnerungen[10] gibt *Ernst Heinkel* aus der Sicht der Zeit ihrer Abfassung eine ausführliche Schilderung der Personen und Vorgänge während der Befragungen im Sommer 1945 und seiner eigenen Bemühungen, den Anschluß an die Zeit zu finden. Er ging wie alle Deutschen seiner Zeit durch die Entnazifizierungsmaschinerie, die ihn bis zu seiner Entlastung lahmlegte. Erst nach der Freigabe des allein verbliebenen Werkes Stuttgart-Zuffenhausen am 1. Februar 1950 endeten für ihn fünf für sein ruheloses Wesen unvorstellbar tatenlose Jahre[11], nach denen er begann, aus Zuffenhausen und einigen kleinen württembergischen Firmen, die ihm bzw. Familienangehörigen geblieben waren, einen neuen Anfang zu gestalten. An Luftfahrt und Erzeugnisse dafür war zunächst überhaupt nicht zu denken, auch wenn *Ernst Heinkel* in diesen Jahren zahllose Pläne wälzte und mit früheren Mitarbeitern oder Gesprächspartnern etwa aus dem RLM besprach. Viele von ihnen waren inzwischen ins Ausland abgewandert und hatten dort aufgrund ihrer besonderen Vorkenntnisse und Erfahrungen Fuß gefaßt, wie etwa *Helmut Schelp* und *Hans v. Ohain* in den USA. *Ernst Heinkel* versuchte, sie entweder in Deutschland zu halten oder zurückzuholen.

Karl Schwärzler hatte in Jenbach (Tirol) bei dem ehemaligen Heinkel-Betrieb als Österreicher seine Erfahrungen im Leichtbau auf den dort betriebenen Bau von Seilbahnkabinen übertragen können und war bis zu seiner Rückkehr nach Deutschland, als er wieder für *Ernst Heinkel* zu arbeiten begann, dessen Technischer Direktor. *Siegfried Günter* hatte im Sommer 1945 in Landsberg/Lech zwar einige wissenschaftliche Themen für die Amerikaner bearbeitet. Aber letztlich erkannten sie seine Bedeutung nicht oder wußten nichts von ihr. So ließen sie sich die Verwertung seiner Erfahrungen und Kenntnisse entgehen, während er sich nach Berlin begab, um in dem Betrieb seines Schwiegervaters zu arbeiten. Auch er kam mit den bekannten Transporten am 22. Oktober 1946, mit denen zahlreiche deutsche Spezialisten in die UdSSR gebracht wurden, dorthin und kam zur deutschen Arbeitsgruppe »OKB-2« nach Podberesje bei Kimry (nahe Kubjbyschew, dem früheren Samara) an der Wolga. Nach seinen eigenen Angaben hat er sich mit den Projekten für Deltaflugzeuge mit Raketenantrieb befaßt. mit der Mig 15 hatte er nichts zu tun, wie das verschiedentlich behauptet wurde[12].

Das Heinkel-Werk Zuffenhausen bei Stuttgart konnte 1950 wieder in Betrieb genommen werden.

Wiederanfang, Tod und Ausklang

Mit der Freigabe des Werkes Stuttgart-Zuffenhausen am 1. Februar 1950, das ja ein Motorenwerk war, beginnt *Ernst Heinkel* dort u.a. Zwei- und Viertaktmotoren entwickeln und bauen zu lassen, die nach entsprechender Anlaufzeit in Mopeds und Roller eingebaut werden. Es entstehen das Moped »Perle« und der Roller »Tourist« sowie der Kabinenroller »Heinkel-Kabine«, die technisch zwar gelungen sind, jedoch verkaufsmäßig kein durchschlagender Erfolg werden, auch wenn z.B. vom Roller »Tourist« über 100000 Stück abgesetzt werden. Das deutsche Wirtschaftswunder überschlägt die Zweirad-Phase.
Da Arbeiten auf dem Gebiet des Flugzeugbaus in Deutschland nach dem verlorenen Krieg nicht möglich sind, wendet *Ernst Heinkel* sich ausländischen Aufträgen zu, die aufgrund seines international bekannten Namens an ihn herangetragen werden. Selbstverständlich ist es für ihn, Kontakte mit seinen alten Mitarbeitern zu halten und sie baldmöglichst wieder an sich zu ziehen.
Ein jugoslawischer Auftrag führt zu Entwicklungsarbeiten für das von *Ernst Heinkel* wieder zusammengeführte erste, noch kleine Team. Ein Auftrag der ägyptischen Regierung verlangt einen modernen, strahlgetriebenen Interceptor. Das gibt die Möglichkeit, als Flugzeug einen Deltaflügler zu entwickeln, der von dem ersten in Deutschland nach dem Krieg entwickelten Strahltriebwerk[1] angetrieben werden soll. Aber auch diese Entwicklung blieb stecken: Die ägyptische Regierung zog den Auftrag zurück. Immerhin waren die ersten Grundlagen für den Wiederaufbau einer deutschen Luftfahrtindustrie in der Bundesrepublik Deutschland geschaffen, die mit der Wiedererlangung der Lufthoheit und dem erneuten Aufbau einer Zivil- und Militärluftfahrt gebraucht wurden.
Während bei der Ernst Heinkel AG in Stuttgart-Zuffenhausen die Motoren gebaut werden, errichtet *Ernst Heinkel* in Karlsruhe 1954 die Ernst Heinkel Motorenbau GmbH, bei der die Montage vor allem des Rollers »Tourist« erfolgt. 1955 gründet er in Speyer die Ernst Heinkel Fahrzeugbau GmbH, die zunächst den Zusammenbau des Kabinen-Rollers durchführt, bis sie – später auch auf dem Gelände der ehemaligen Pfalz-Flugzeugbau-Firma – wieder mit Flugzeugbau-Aufgaben betraut werden kann und demzufolge auch im Jahre 1958 den Namen in Ernst Heinkel-Flugzeugbau GmbH ändert.
In Speyer wird als erstes Flugzeug für die neue deutsche Bundesluftwaffe gemeinsam mit der Messerschmitt AG in Augsburg[2] die zweisitzige *Fouga Magister* CM 170 in Lizenz der französischen Firma Henry Potez als Trainer gebaut. Bis 1960 werden 210 Exemplare hergestellt. Die Zusammenarbeit mit der französischen Firma Turboméca, deren Marboré-Triebwerke in die *Fouga Magister* eingebaut werden, führt dazu, daß diese Triebwerke für die deutsche Bundeswehr bei der Ernst Heinkel AG in Stuttgart, die

Motorroller »Tourist«.

»Heinkel-Kabine«.

Generalvertreter der französischen Firma für den Bereich der Bundesrepublik Deutschland ist, gewartet und repariert werden. Die EHAG fertigt außerdem für Turboméca Serienteile ihrer Triebwerke Marboré und Artouste.
Dann übernimmt das Werk in Speyer den Nachbau des Erdkampfflugzeugs *Fiat G 91* und des Abfangjägers *Starfighter F-104 G* von Lockheed in Arbeitsgemeinschaften mit den anderen inzwischen ebenfalls wiedererstandenen deutschen Flugzeugwerken. In Zusammenarbeit mit der französischen Firma Henry Potez wird die Potez-Heinkel CM 191 als viersitziges »Klassenzimmer« für Schulungs-

Ernst Heinkel auf der Farnborough-Schau 1952.

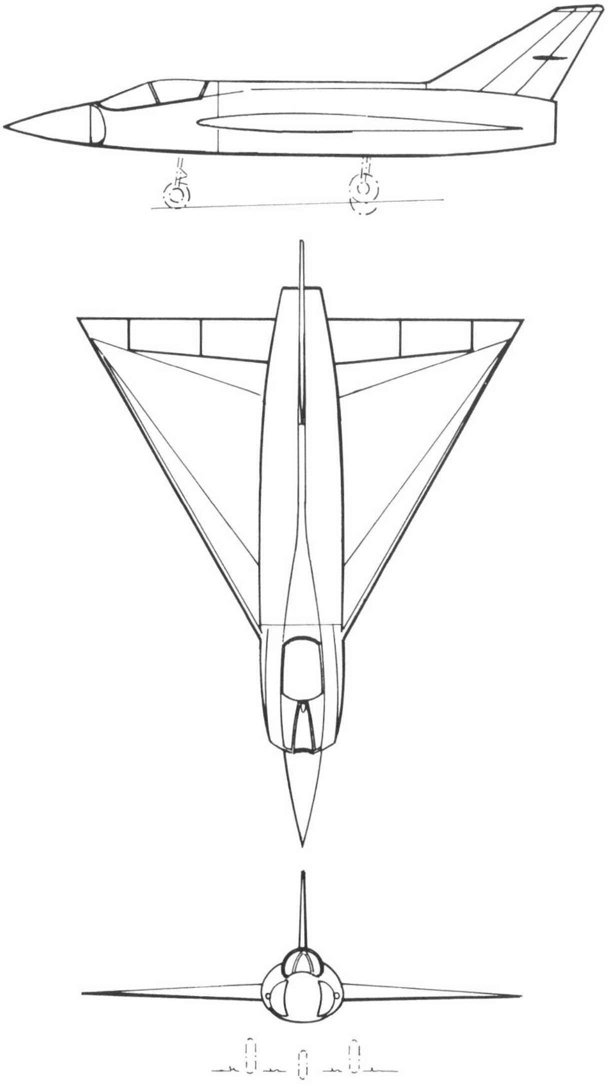

Projekt eines Deltaflüglers für Ägypten Heinkel He 011.

Wie wird die Zukunft werden? Von links nach rechts: *Fritz Goßlau, Fritz Walter, Ernst Heinkel, Erich Truckenbrodt.*

Im Auftrag Ägyptens wurde das Turbostrahltriebwerk He S 053 ▶ entwickelt.

Heinkel-Werk Speyer.

Gemeinsam mit der Firma Messerschmitt wurde das Übungsflugzeug Fouga Magister in Lizenz gebaut.

Überholung von Turboméca Marboré-Triebwerken im Werk Zuffenhausen.

Triebwerks- und Rotorprüfstand im Alouette-Programm.

zwecke entwickelt, die sowohl als Stabs- und Verbindungsflugzeug wie auch als Geschäfts- und Reiseflugzeug verwendet werden kann[3]. Es wird zwar wieder ein schönes und schnelles Flugzeug, aber auch kein Verkaufserfolg.
Inzwischen sind *Karl Schwärzler*, der schon für die Konstruktion des Kabinen-Rollers verantwortlich zeichnete, wie auch seit November 1954 *Siegfried Günter* wieder in ihren alten Positionen bei ihrem alten Chef *Ernst Heinkel* tätig, der wie selbstverständlich mit dem Neubeginn auch seine alten Mitarbeiter *Erich Kleinemeyer, Richard Töpfer* und *Jupp Köhler* an sich gezogen hat. Er setzt auch alte und erfahrene Luftfahrtfachleute wie *Friedrich Wilhelm Seekatz* und *Friedrich Franz Carl Walter* als Berater bzw. in leitenden Funktionen ein. Die Verhältnisse gestatten jedoch

Verbindungs- und Reiseflugzeug Potez-Heinkel CM 191.

Links: *Ernst Heinkel* begrüßt Gäste. Von links nach rechts: *Karl Schwärzler, Ernst Heinkel, Siegfried Günter, Karl Thalau, Fritz Goßlau, Erich Truckenbrodt.* Die Aufnahme entstand um 1957.

Karl Schwärzler (26. Januar 1901–12. April 1974).

keine herausragende eigene Tätigkeit *Ernst Heinkels* auf dem Gebiet der Entwicklung oder des Baus von Schnellflugzeugen mehr. Gleichwohl nimmt die Presse manche Gelegenheit wahr, über ihn und seine Pläne zu berichten. Er schreibt seine Memoiren unter dem Titel »Stürmisches Leben«, die hier oft zitiert und verwendet worden sind[4]. Als Ghost-Writer gewinnt er nach einigen fehlgeschlagenen Versuchen den bekannten Schriftsteller *Jürgen Thorwald*, mit dem er durch Zufall bekannt wird. Die Fakten läßt er durch seine früheren Mitarbeiter prüfen, deren Gedächtnis aber ebenso wie sein eigenes durch den Zeitablauf gelegentlich beeinträchtigt ist. So entsteht ein sehr gut lesbares, aber in den Einzelheiten oft nicht immer zutreffendes Buch, das als historische Quelle nicht anders zu werten ist als andere Lebenserinnerungen auch.

Die deutsch-österreichischen Vermögensverhandlungen, die auch über das Schicksal der Heinkel-Niederlassungen in Österreich abschließend entscheiden, nimmt *Ernst Heinkel* zum Anlaß, am ersten Opernball nach dem Krieg, der in

Siegfried Günter
(8. Dezember 1899–20. Juni 1969).

der Wiener Staatsoper im Frühjahr 1957 veranstaltet wird, teilzunehmen. Bei dieser Gelegenheit trifft er zufällig auch mit dem japanischen Botschafter in Wien zusammen, den er aus alten Berliner Zeiten, als *Hiroo Furuuchi* noch Attaché im diplomatischen Dienst war, kennt. Es wird eine beinahe überschwengliche Begrüßung wie zwischen zwei alten Freunden – und das war es denn auch wohl, kennzeichnend für die besonderen Beziehungen zwischen Japan und seinen Diplomaten und *Ernst Heinkel.*
Selbstverständlich beteiligt *Ernst Heinkel* sich an der ersten Ausschreibung des damaligen Bundesministeriums für Verteidigung für einen Interceptor, die im November 1956 ergeht. Es entsteht unter der Entwurfsleitung von *Siegfried Günter* das Projekt »Florett«, mit dem *Ernst Heinkel* denn auch den Wettbewerb gewinnt[5]. Aber die taktischen Forderungen ändern sich. Jetzt werden Senkrechtstart und -landung verlangt. So entsteht unter Verwendung der »Florett«-Erkenntnisse der Entwurf He 231, aus dem die VJ 101 A abgeleitet wird, die von der Ernst Heinkel Flugzeugbau GmbH in den Entwicklungsring Süd eingebracht wird, der im Frühjahr 1959 zum Zwecke der Entwicklung eines VTOL-Jägers von den Firmen Bölkow, Heinkel und Messerschmitt in München als Arbeitsgemeinschaft in der Form einer Gesellschaft bürgerlichen Rechts errichtet wird. Dort bildet die VJ 101 A die Grundlage für die VJ 101 C, deren Entwicklungsgeschichte in dem in dieser Buchreihe erscheinenden Buch von *Otto E. Pabst* über Senkrechtstarter so ausführlich behandelt wird, daß hier unter Verweisung auf diese Darstellung darauf verzichtet werden kann[6].

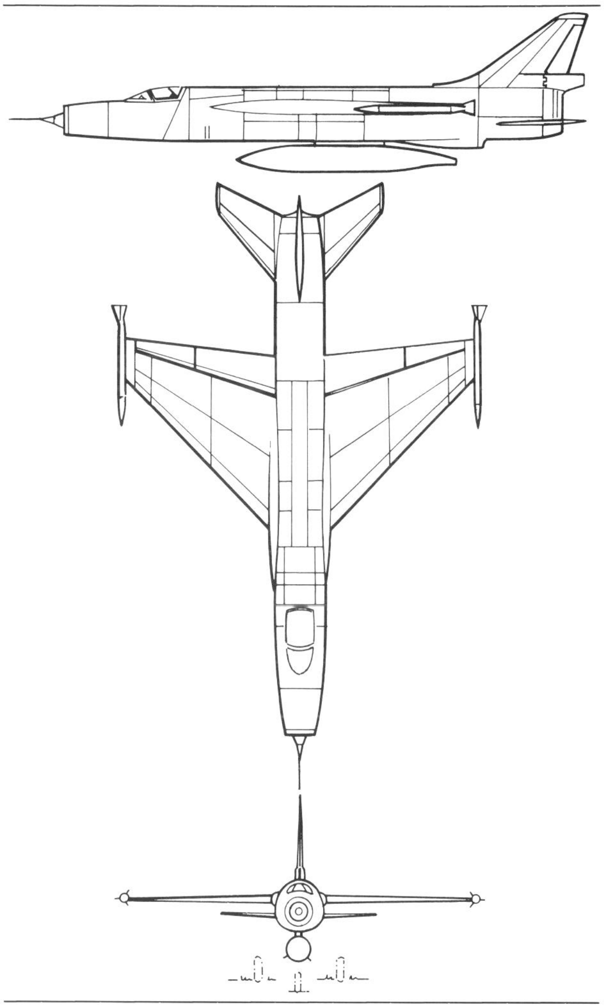

Projekt des Überschall-Interceptors He 031 »Florett«, das 1957 im Rahmen einer Ausschreibung des Bundesverteidigungsministeriums für einen Abfangjäger unter der Leitung von *Siegfried Günter* entstand und als Sieger des Wettbewerbes hervorging.

▲ Gründungssitzung zum Entwicklungsring Süd (EWR) am 7. Dezember 1957. Von links nach rechts sitzend: *Willy Messerschmitt, Georg Madelung, Ernst Heinkel, Alfred Klein,* stehend: *Hans Heinrich Ritter v. Srbik, Karl Schwend, Peter Nauschütz, Ludwig Bölkow, Fritz Walter, Karl Thalau, Hans Nürnberger.*

Senkrechtstarter-Versuchsflugzeug EWR VJ 101 C X 1

Nach dem offiziellen Vorführungsflug der VJ 101 X 1 von links nach rechts: *Karl Thalau, Ludwig Bölkow*, der Pilot *George Bright, Theodor Benecke, Karl Bauer* und *Karl Schwärzler*.

Dieser Entwicklungsring Süd (EWR) sollte aus der Sicht des BMVtdg mit der Zusammenfassung der Flugzeug-Entwicklungskapazitäten der drei Firmen die Grundlage für eigene deutsche Entwicklungen bilden. Nach dieser Auffassung war eine einzelne Firma gar nicht mehr in der Lage, einen Entwicklungsauftrag durchzuziehen. Konsequent durchgeführt, entsprang daraus die erste Stufe einer gemeinsamen europäischen Luft- und Raumfahrtindustrie als Gegengewicht gegen die amerikanische technische Übermacht. So war das nur mündlich ausgesprochene Ziel des BMVtdg die Schaffung eines arbeitsfähigen Entwicklungsteams, dem konkrete Aufträge erteilt werden konnten. Der Auftrag zur Entwicklung der VJ 101 war gewissermaßen die Initialzündung für die Schaffung einer deutschen Entwicklungsgruppe. Daß das Entwicklungsteam der Firma Heinkel, die schließlich mit *Siegfried Günter* und *Karl Schwärzler* die maßgeblichen Spitzenleute abstellte, ein technisches Übergewicht hatte, entsprach nur der Wirklichkeit.
Doch ehe irgendwelche Pläne zur Ausführung gebracht werden, kommt im November 1957 im Zuge der Vorbereitung der Zusammenarbeit die Versöhnung mit *Willy Messerschmitt*, die im Stuttgarter Heim *Ernst Heinkels*, wo ein Teil der Verhandlungen stattfindet, mit einer herzlichen Umarmung besiegelt wird. *Ernst Heinkel* kann noch an der Vorbereitung einer echten Zusammenarbeit mitwirken – die Früchte einer solchen geradezu revolutionären Entwicklung innerhalb der deutschen Luftfahrtindustrie kann er nicht mehr ernten. Am Ende des Jahres 1957 muß er sich noch einer schweren Operation unterziehen, von der er sich jedoch sehr schnell wieder erholt. Festlich begeht er seinen 70. Geburtstag am 24. Januar 1958, der in der Öffentlichkeit durchaus vermerkt wird und zu dem die »Zeitschrift für Flugwissenschaften« die beiden ersten Hefte ihres sechsten Jahrgangs 1958 mit einer Reihe von wesentlichen Aufsätzen gewissermaßen als Festschrift gestaltet. Sie werden gleichzeitig eine Festgabe zu seinem Tod: Wenige Tage nach seinem 70. Geburtstag erleidet er einen Gehirnschlag und stirbt, ohne das Bewußtsein wiedererlangt zu haben, am 30. Januar 1958.

Mit seinem Tode ändert sich faktisch nicht mehr viel – weder in seinen im Wiederaufbau begriffenen Unternehmen noch in der deutschen Luftfahrtindustrie. Das von ihm eingesetzte Management führt die Firmen weiter. Für den Entwurf und die Konstruktion neuer Flugzeugmuster sorgen wie zuvor schon *Siegfried Günter* und *Karl Schwärzler* und deren bewährte Mitarbeiter. Die Beisetzungsfeierlichkeiten finden ihren Höhepunkt am 4. Februar im Werk der Ernst Heinkel AG in Stuttgart-Zuffenhausen. An dieser Veranstaltung nehmen nicht nur hohe Vertreter der Bonner und Stuttgarter Ministerien, sondern auch der Stuttgarter Oberbürgermeister und der Rektor der Stuttgarter Technischen Hochschule teil, die ihm ja bereits 1925 die Würde eines Ehrendoktors verliehen hatte. Nachrufe sprechen der Altministerpräsident *Reinhold Maier*, der Bürgermeister seiner Heimatgemeinde Grunbach, deren Ehrenbürger er war, der Inspekteur der Luftwaffe der Bundeswehr, General *Josef Kammhuber*, sein Bundesbruder *Karl Schieck*, der Präsident des Bundesverbandes der deutschen Luftfahrtindustrie, *Leo S. Rothe*, und für die »Alten Adler« *Adolf Krogmann*, gleichzeitig Präsident des Club der Luftfahrt von Deutschland. Zahllose Kränze von Behörden, Verbänden und Vereinen schmücken seine Bahre neben denen von Bekannten und Verwandten. Besonderen Abschied nehmen auch seine Mitarbeiter. Den offiziellen Trauerzug vom Stuttgarter Pragfriedhof zur Totenfeier im Werk in Zuffenhausen überfliegen Flugzeuge des badenwürttembergischen Luftsportverbandes, den Zug nach der Feier in den Geburts- und Beisetzungsort Grunbach überfliegt eine Staffel der Bundeswehr-Luftwaffe. Die würdige Totenfeier im Werk vereinigt an die tausend Werksangehörige und Trauergäste aus dem Bundesgebiet und dem Ausland. Die Tagespresse nahm ausführlich Notiz von diesem

Ernst Heinkel kurz vor seinem 70. Geburtstag vor der großen Bilderwand.

Ereignis, die gesamte deutsche Fachpresse widmete dem Verstorbenen ehrende Nachrufe, denen sich viele ausländische Fachzeitschriften anschlossen[7]. Die Gemeinde Grunbach im Remstal hatte in ihrer Gemeinderatssitzung vom 1. Februar 1958 eine Sondersitzung aus Anlaß des Todes ihres Ehrenbürgers einberufen, auf der beschlossen wurde, daß der Gemeinderat nicht nur an der Trauerfeier am 4. Februar im Werk teilnehmen werde, sondern daß der Sarg des Verstorbenen von der Friedhofskapelle bis zu dem von der Gemeinde gestifteten Ehrengrab vom Gemeinderat getragen und begleitet werde. Seine Heimatgemeinde blickte mit Stolz auf ihren größten Sohn. In diesem Sinne beschloß der Gemeinderat in seiner Sitzung vom 18. Dezember 1963, die Mittelschule des Orts, anläßlich der Einweihung des neuen Schulgebäudes am 1. Februar 1964, mit Zustimmung des Oberschulamts »Ernst-Heinkel-Mittelschule« zu benennen. Damit wollte die Schulleitung gleichzeitig die Mehrzahl der die Schule besuchenden Jungen, die technische Berufe wählten, auf den erfolgreichen Mann der Technik und der Wirtschaft als ein Leitbild hinweisen.

Die Nach-Heinkel-Zeit

Siegfried Günter hatte bereits am 7. Mai 1957 schriftlich vom Entwurfsbüro der Ernst Heinkel Fahrzeugbau GmbH, Speyer, Betriebsteil Stuttgart-Zuffenhausen, aus ein Reiseflugzeug vorgeschlagen als Projekt He 211, »das sowohl mit zwei kleinen Gasturbinen mit Propeller als auch mit zwei Turbo-Strahltriebwerken betrieben werden kann«. Das Flugzeug sollte zwei Flugzeugführer und 12 Passagiere befördern, die beiden Varianten sollten mit sehr geringen Abweichungen ausführbar sein. Es ist erkennbar, daß hier gewissermaßen der Anschluß an die He 111 – auch in der Projektbezeichnung als He 211 – gesucht wurde, die ja auch nur zehn Passagiere befördern konnte. Allerdings wa-

Ernst Heinkel starb am 30. Januar 1958. Die Trauerfeier fand am 4. Februar in seinem Werk Stuttgart-Zuffenhausen statt.

ren die technischen Neuerungen seit 1934 selbstverständlich berücksichtigt und einiges Neues dazu. So finden wir auch in diesem Vorschlag schon eine Ausführung mit Gasturbine und Luftschraube sowie eine Ausführung mit zwei Turbo-Strahltriebwerken, wobei der wesentliche Vorteil dieser Variationsmöglichkeit darin lag, auch kleinere Plätze anfliegen zu können. In beiden Ausführungen zusammen war auch eine größere Zahl von Flugzeugen zu fertigen möglich, so daß die Herstellung wirtschaftlicher gemacht werden konnte. Ein weiterer Vorteil lag in der vorgesehenen Ausführung mit einer Ausgleichskupplungswelle zwischen der rechten und der linken Luftschraube und Aufschaltung der beiden Gasturbinen über Freiläufe, so daß dadurch die Flugsicherheit erheblich erhöht wurde. Das dafür vorgesehene Triebwerk General Electric J-58 benötigte sowieso eine Welle zwischen Luftschraube und Triebwerk, so daß für die Wellenverbindung nur zwei Kegelpaare und zwei Freiläufe hinzukamen. Als Höchstgeschwindigkeit waren etwa 500 km/h vorgesehen, die die Geschwindigkeiten vergleichbarer Kolbenmotor-Flugzeuge erheblich übertrafen und gleichzeitig einen kürzeren Start ermöglichten.

Unter Beibehaltung des Namens He 211 beteiligte sich die Ernst Heinkel Flugzeugbau GmbH an dem Wettbewerb des Bundeswirtschaftsministeriums, den dieses im Jahre 1958 für ein Kurzstreckenflugzeug für den innerdeutschen Verkehr ausschrieb. Die Deutsche Lufthansa bezeichnete die He 211 A mit Propellerturbinen-Antrieb am 17. November 1958 als förderungswürdig[1], ohne daß die erhofften Fördermaßnahmen dann auch getroffen wurden. Die Ernst Heinkel Flugzeugbau GmbH arbeitete daher auch auf eigenes Risiko weiter an dem Projekt dieses Verkehrsflugzeuges und stellte 1961 die He 211 A-1 mit PTL-Antrieb und die He 211 B-1 mit reinem Strahlantrieb mit Aft Fan vor. Ebenfalls unter der Bezeichnung He 211 hatte *Siegfried Günter* am 21. Juli 1958 ein Reiseflugzeug mit 19 Passagiersitzen vorgeschlagen, das durch zwei General Electric J-85 Triebwerke mit Turbofan angetrieben werden sollte. Auch hier war wie bei allen Entwürfen *Siegfried Günters* zu diesem Typ als Variante ein Flugzeug mit PTL-Antrieb (Lycoming T 53 oder T 55) vorgesehen, das wiederum wegen der bei Ausfall eines Triebwerks auftretenden beträchtlichen Trimm-Luftwiderstände den Einbau einer Kupplungswelle zwischen den beiden Triebwerken erhalten sollte.

Siegfried Günter ging bei seinen Entwürfen im Sinne *Ernst Heinkels* davon aus, daß in der Größenordnung der normalen Verkehrsflugzeuge der Markt bereits mit genügend Baumustern besetzt sei, daß also bei dem Wiederanfang jedenfalls ein kleineres Flugzeug interessanter sein werde, da es u.a. den Vorteil häufigerer Verbindungen und besserer Anschlüsse biete. Er dachte also daran, die Abflüge erheblich zu verdichten, um das Fliegen auf kurzen und Umsteigflugstrecken als Verkehrsmittel lohnend und populär zu machen. *Siegfried Günter* war daher der Ansicht[2], daß man mit Ausnahme günstiger Hauptstrecken »mit großen Flugzeugen nicht den Anfang zu einer genügend großen Verdichtung des Flugverkehrs« machen könne. In seinen »Überlegungen zum Entwurf eines Zubringerflugzeuges« vom 21. Juli 1958 sagt er ausdrücklich, das geplante Flugzeug habe »bei gleicher Rumpflänge und halber Flächengröße wie die alte He 111 18 bis 19 Passagiere gegenüber 10 Passagieren der He 111 und die doppelte Höchstgeschwindigkeit wie die He 111«. Er bringt damit gleichzeitig die Leistungssteigerung zum Ausdruck, die sich in einem Vierteljahrhundert vollzogen hat.

Im März 1962 werden die Projektstudien für die He 211 zusammengefaßt, das Projekt selbst der Öffentlichkeit anläßlich einer Pressekonferenz am 8. März 1962 zugänglich gemacht. Ein Vergleich der bisher erarbeiteten vier Entwürfe ergab die Überlegenheit des Projektes B-1, das denn auch dem Typenblatt der Ernst Heinkel Flugzeugbau GmbH zugrunde gelegt wird. Dieses Baumuster kann als Verkehrsflugzeug bei zwei Mann Besatzung 22 oder (bei Schrägsitzen) 24 Passagiere befördern. Die beiden General Electric CF 700-Zweistromtriebwerke (Aft Fan) sollten einen Standschub von je 1925 kp (18,9 kN) abgeben. Die Spannweite betrug 14,70 m, die Länge 19,15 m, die Höhe 4,72 m und die Flügelfläche 35 m^2. Bei einem Leergewicht von 5500 kg und einem Abfluggewicht von 10965 kg betrug die vorgesehene Reisegeschwindigkeit in 4000 m Höhe 840 km/h und in 8000 m Höhe 872 km/h. Die Startstrecke sollte bis 10,7 m Höhe 740 m (auf Graspiste auch nur 775 m!) und die Landestrecke aus 10,7 m Höhe 640 m betragen[3].

Kurt W. Streit hat unter dem Titel »Markt für 1000 Flugzeuge« eine »Analyse über die Absatzmöglichkeiten eines Verkehrsflugzeuges für Kurz- und Mittelstrecken in der Auslegung der Heinkel He 211« erarbeitet[4]. Obwohl er in dieser Analyse einem robusten Kurzstrecken-Strahlverkehrsflugzeug extrem günstiger verkehrswirtschaftlicher und technischer Auslegung der Art des Projektes He 211, wie es zum Zeitpunkt seiner Untersuchung konkurrenzlos vorlag, eine praktische Einsatzfähigkeit im Linienluftverkehr voraussagte, zumal »allein in der Bundesrepublik neben den 9 bisher vom Linien-Luftverkehr bedienten Flughäfen mehr als 150 weitere Flugplätze (Flugsicherungs-Standardausrüstung vorausgesetzt) von einem Kurzstreckenflugzeug der Auslegung He 211 anfliegbar« seien, wurde dieses doch offenbar sehr aussichtsreiche Muster nicht gefördert und auch nicht geordert. So war es ein geradezu tragisches Geschick, daß ein so aussichtsreich erscheinender Entwurf, wie er hier durch *Siegfried Günter* geschaffen wurde, nicht mehr durch einen Anpeitscher, wie *Ernst Heinkel* es wohl gewesen wäre, verwirklicht werden konnte. Hier zeigte sich einmal mehr der Verlust, der mit dem Tod *Ernst Heinkels* nicht nur für die eigene Firma oder die Luftfahrtindustrie, sondern auch für die deutsche Gesamtwirtschaft eingetreten war.

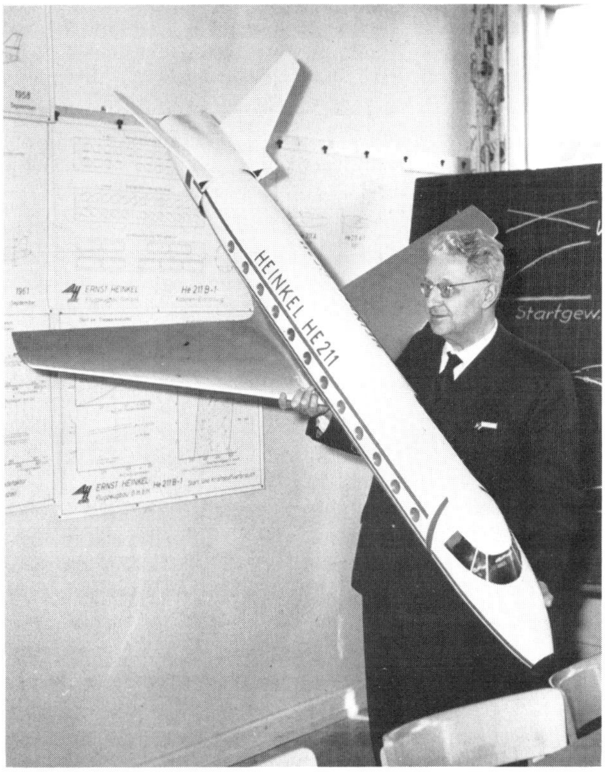

Im März 1962 wurde das Verkehrsflugzeug-Projekt He 211 der Presse vorgestellt. *Siegfried Günter* mit einem He 211-Modell.

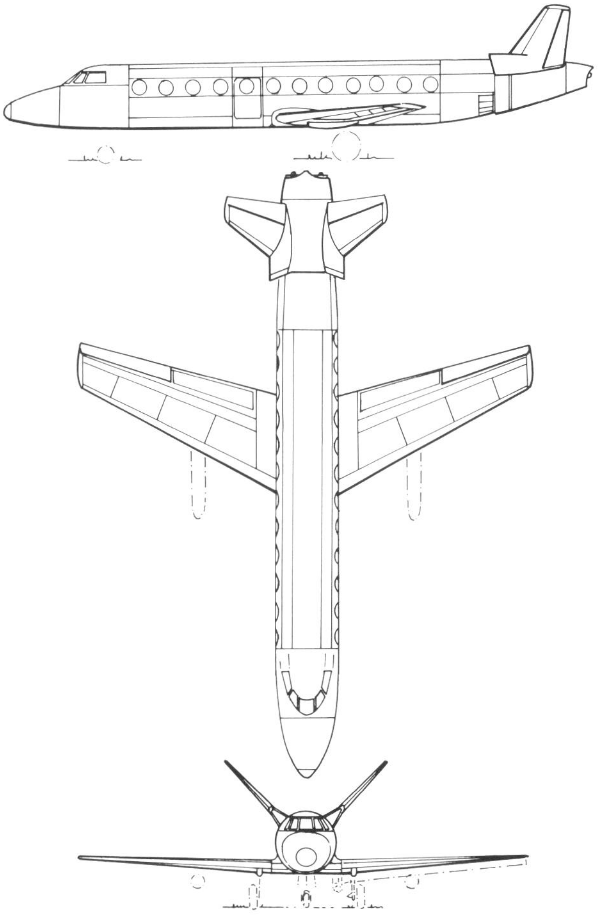

Die He 211 war als Verkehrsflugzeug für 22 bis 24 Fluggäste vorgesehen und sollte eine maximale Reisefluggeschwindigkeit von 872 km/h erreichen. ▶

Zu dem senkrecht startenden und landenden Jagdflugzeug VJ 101, wie es im Entwicklungsring Süd der Firmen Bölkow-Heinkel-Messerschmitt (EWR) in München entwikkelt wurde[5], entwarf *Siegfried Günter* auch noch ein VTOL-Versorgungsflugzeug, das gleichzeitig als Senkrechtstart-Schnellverkehrsflugzeug einsetzbar sein sollte. Als Antrieb waren für dieses Propeller-Turbinen-Flugzeug vier General Electric-Triebwerke T 64 vorgesehen[6]. Um dieses Flugzeug entstand eine Auseinandersetzung zwischen den Gesellschafterfirmen des EWR, die unterschiedlicher Meinung darüber waren, ob ein derartiger Typ auch im EWR zu entwickeln sei oder nur im eigentlichen Heinkel-Bereich – in diesem Fall der Ernst Heinkel AG, da die Ernst Heinkel Flugzeugbau GmbH Mitglied des EWR war. In Verfolg dieser langwierigen und schwierigen Auseinandersetzungen kam es im Rahmen einer schiedsgerichtlichen Entscheidung zum Ausscheiden der Ernst Heinkel Flugzeugwerke aus dem EWR und ihrem Zusammengehen mit den Vereinigten Flugtechnischen Werken GmbH (VFW) in Bremen am 20. November 1964[7].

VFW übernahm praktisch die Ernst Heinkel Flugzeugwerke GmbH in Speyer, räumte der Familie Heinkel eine entsprechende Beteiligung ein und konnte nunmehr über das hervorragend besetzte Entwicklungsteam der Firma Heinkel in München verfügen. Erwähnt sei, daß am 15. Dezember 1980 auch der Zusammenschluß von MBB und VFW vereinbart wurde, wonach im Zuge der weiteren Konzentration der deutschen Luftfahrtindustrie auch VFW von der Firma Messerschmitt-Bölkow-Blohm GmbH (MBB) übernommen wurde, so daß jetzt mit Ausnahme der Firmengruppe Dornier, die nach wie vor als Familienfirmengruppe allein bleiben will, die deutsche Luftfahrtindustrie in der Firma MBB konzentriert ist. MBB hat jetzt also mit der einen erwähnten Ausnahme alle deutschen Flugzeugfirmen und Luftfahrtpioniere in seiner Ahnenreihe. In diesem Zusammenhang veräußerte auch die Familie

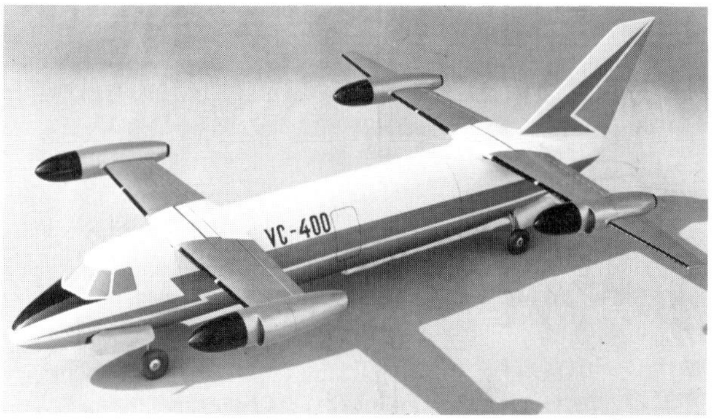

Projekt des senkrechtstartenden Transportflugzeuges He 212 mit Schwenkflügeln und mitschwenkenden PTL-Triebwerken (Modellbild). Das Projekt wurde bei VFW als VC 400 weiter bearbeitet.

Heinkel am 19. Februar 1980 ihren Geschäftsanteil an den VFW an die dem Land Bremen gehörende Hanseatische Industrie Beteiligungen GmbH.
Mit dem Tode *Ernst Heinkels* fehlte der bisher durch ihn repräsentierten Gruppe der durchsetzungsfähige Organisator. Mit der Übernahme der Heinkelschen Flugzeugfirma 1964 durch VFW verlor auch die Firma Ernst Heinkel Flugzeugwerke GmbH ihre Selbständigkeit. Das Erbe in den verbliebenen Firmen verwaltet der Sohn *Karl-Ernst Heinkel*. Von ihnen liefert auch heute noch die Ernst Heinkel Maschinenbau GmbH + Co., Karlsruhe, Präzisionsteile an die Luft- und Raumfahrtindustrie. Sie gehört wie die anderen Firmen des alten Heinkel-Bereichs, die Heinkel Apparatebau GmbH + Co. in Kuchen, die Maschinenfabrik G. F. Grotz GmbH + Co. (und die Heinkel Industriezentrifugen GmbH + Co.) in Bietigheim-Bissingen sowie die Heinkel Aggregatebau GmbH + Co. in Berlin zur Heinkel-Firmengruppe, die einheitlich von der Heinkel Beteiligungsgesellschaft mbH in Stuttgart, die jeweils überall Komplementär ist, geführt werden. Zu diesem Bereich gehört auch noch die HEA Elektro-Gesellschaft mbH in Stuttgart mit der Heinkel-Elektro-Aggregate GmbH + Co. in Hamburg.
Eine letzte Ehrung würdigte *Ernst Heinkel* posthum, indem er 1981 in die International Aerospace Hall of Fame in San Diego (Kalifornien-USA) aufgenommen wurde, eine Ehrung, die 1982 auch noch *Hans v. Ohain* widerfuhr[8].
Wenn auch *Ernst Heinkel* bereits am 30. Januar 1958 die Augen für immer schloß, sein wirklicher Tod trat erst ein, als auch *Siegfried Günter* am 20. Juni 1969 und *Karl Schwärzler* am 12. April 1974 ihr Leben beendeten. Erst damit war die Ära *Heinkel* in Deutschland, wenn man davon sprechen will, zu Ende. In der geschichtlichen Erinnerung bleibt *Ernst Heinkel* als einer der ganz Großen der internationalen Luftfahrt, als wahrer
PIONIER DER SCHNELLFLUGZEUGE.

Anmerkungen

Ernst Heinkel: der Mensch, die Anfänge

Der Mensch

[1] Persönliches Gespräch mit dem Autor in Grunbach am 22. September 1981.

[2] Fritz Wachter in dem Gespräch am 22. September 1981.

[3] Vgl. S. 130ff.

[4] Unter dem Titel »Stürmisches Leben« herausgegeben von Jürgen Thorwald, 1. Auflage 1953, Mundus Verlag, Stuttgart. Seit der 5. Auflage im Ernst Gerdes Verlag, Preetz – 6. Auflage 1972. Eine Taschenbuchausgabe erschien 1977 als Heyne-Buch Nr. 5375. Ein gekürzter und redaktionell bearbeiteter Teil erschien in der Illustrierten »Quick«. Die französische Ausgabe erschien 1955 in Paris bei Librairie Plon. In englischer Sprache erschienen Ausgaben 1956 bei Hutchinson, London, und E. P. Dutton & Company, Inc., New York. Dem Verfasser liegen je ein Exemplar der 1., 3., 5. und 6. Auflage sowie die Taschenbuchausgabe des Heyne-Verlags vor, die gewisse, umfangmäßig geringe textliche Formulierungsunterschiede aufweisen. Die 6. Auflage entspricht – ohne daß der Grund dafür angegeben werden könnte – wieder vollständig der 1. Auflage. Die 3. Auflage enthält die Textänderungen sowie infolge des Fortlassens der Zwischentitelseiten vor den einzelnen Kapiteln verringerte Seitenzahlen. Die 5. Auflage hat zusätzlich zu der 3. Auflage ein erklärendes Vorwort des neuen Verlages und ein Nachwort von dem damaligen Heinkel-Pressechef Mano Ziegler, das die weitere Entwicklung der Heinkel-Werke im Anschluß an seinen bis 1951 gehenden Bericht etwa bis ins Jahr 1960 beschreibt. Dieses Nachwort von Mano Ziegler ist dann in der 6. Auflage wieder fortgelassen, obwohl auch sie im Titelblatt als »erweitert« bezeichnet wird, ohne daß Erweiterungen erkennbar sind. Dieses Nachwort ist auch in der Taschenbuchausgabe nicht enthalten.

[5] Frankfurter Allgemeine Zeitung, Sonnabend-Beilage *Bilder und Zeiten,* 5. Dezember 1981, Nr. 282, Literatur-Seite »Bertolt Brecht, Ein Genie und ein armer Hund«.

[6] Günter Blöcker in der Rezension des zweiten Teils der Autobiographie von Graham Greene »Eine Art Leben«, Frankfurter Allgemeine Zeitung, 12. Dezember 1981, Literaturblatt. In der Rezension der Lebenserinnerungen Benno v. Wiese's in der Frankfurter Allgemeinen Zeitung vom 29. Mai 1982, Literaturblatt, schreibt Günter Blöcker: „Daß jemand, der von seinem Leben Zeugnis ablegt, die Wahrheit sagen will – das setzen wir in aller Unschuld ja eigentlich voraus. Nur: kann er das auch? ... Der Mensch, der über sich schreibt, ist nicht der, der er für gewöhnlich ist ... die Versuchung ist groß, daß er vor allem das sieht, was er sehen möchte ... und sein bester Verbündeter ist ein bald gnädig versagendes, bald allzu selbstherrlich verfahrendes Gedächtnis.«

[7] In einem Brief an den Verfasser vom 16. November 1979. Erich Warsitz war von der Erprobungsstelle der Luftwaffe zu Heinkel für diese Aufgabe abgestellt. Er sah in Ernst Heinkel seinen »Chef«, auch wenn er ihm eigentlich gar nicht unterstellt war.

[8] Wie eine seiner früheren engen Mitarbeiterinnen, Ingeborg Hofmann, mir in einem Telefongespräch am 19. Februar 1982 mitteilte.

[9] Karl Schwärzler: Ernst Heinkel zum Gedächtnis, Jahrbuch 1957 der WGL, S. 492–495.

[10] In dem nicht veröffentlichten »Beitrag zur deutschen Luftfahrtgeschichte nach meiner persönlichen Kenntnis« vom 17. August 1966 – Kopien im Firmenarchiv von VFW bzw. im Heinkel-Archiv in Stuttgart – S. 8.

[11] A.a.O. S. 2.

[12] Wobei er die Gedanken, die er bereits am 17. August 1966 niedergeschrieben hatte, hier noch einmal ausführlicher wiederholt. Dieser Aufsatzentwurf befindet sich ebenfalls in den genannten Archiven.

[13] In seinem »Beitrag ...« vom 17. August 1966 – s. S. 16 – hatte Siegfried Günter hierzu schon ausgeführt, daß ohne Ernst Heinkels Initiative niemals eine He 70 gebaut worden wäre und eine He 65 keine große Beachtung gefunden hätte, um dann wörtlich festzustellen: »Ich bin Ernst Heinkel für diesen rechtzeitigen Rat zu bleibendem Dank verpflichtet.«

[14] S. S. 163ff.

[15] S. S. 205ff.

[16] Nämlich des senkrecht startenden und landenden *V*ertikal*j*ägers VJ 101 und des Versorgungsflugzeugs dafür: *V*ertical *C*argo VC 400.

[17] H. Dieter Köhler: Kurzbiographien aus der Luft- und Raumfahrt, Ernst Heinkel und sein »Dreigestirn« Karl Schwärzler, Walter und Siegfried Günter, Beilage zu Luft- und Raumfahrt, 2 · 80.

Kurt W. Streit/John W. R. Taylor: Geschichte der Luftfahrt, Künzelsau, 1975, S. 353f. nannte dieses Team – an der Zahl technisch wegweisender Schöpfungen gemessen – das wohl erfolgreichste seiner Epoche.

[18] In einem Brief an den Verf. vom 5. März 1980.

[19] S. S. 207f.

[20] Das brachte ihm auch im Betrieb den Spitznamen »Der Wagine« ein, da er seine Mitarbeiter, auch wenn er sie am Vorabend erst spät verlassen hatte, häufig am nächsten Tag in der Frühe fragte: »*W*as *gi*bts *Ne*ues?« S. a. S. 168.

[21] Brief an den Verf. vom 6. September 1979.

[22] So konnte Heinkel sich ebenso rigoros von seinem ersten Technischen Direktor, Heinrich Hertel, wie von dem zweiten Inhaber dieses Stuhls, seinem Duzfreund und Bundesbruder Robert Lusser trennen.

[23] In einem Brief an Werner Schulz, Braunschweig, vom 26. Juli 1980. Zu den Flugzeugmustern W 12 und W 29 siehe im übrigen S. 39ff.

[24] Beide waren Mitglieder der angesehenen Stuttgarter Burschenschaft »Ghibellinia«. Ernst Heinkel hat auch später Bundesbrüder als Mitarbeiter oder zu besonderen Aufträgen herangezogen, wie seinen späteren Technischen Direktor, Robert Lusser, oder Wunibert Kamm, seit 1930 Ordinarius an der TH Stuttgart.

[25] In seinem Brief an den Verf. vom 6. September 1979.

[26] In seinem Brief an den Verf. vom 14. August 1981.

[27] Selbst Pilot mehrerer Heinkel-Flugzeugtypen und nach dem Zweiten Weltkrieg noch Oberst der Österreichischen Fliegertruppe war Ernst Peter als Luftfahrtpublizist Verfasser mehrerer wesentlicher Fachbücher, wie z. B. »Die k.u.k. Luftschiffer- und Fliegertruppe Österreich-Ungarns 1794–1919«, »...

schleppte und flog Giganten«, »Der Flugzeugschlepp von den Anfängen bis heute«, sämtlich im Motorbuch Verlag Stuttgart. Die Äußerung stammt aus einem Brief an den Verfasser vom 15. April 1982.

[28] Brief des Barone G. de Banfield, Triest, vom 28. Juni 1982 an den Verfasser. Baron Banfield hatte dem Verfasser bereits am 6. März 1981 geschrieben: »Ich kannte Heinkel als Mensch und Konstrukteur, welchen ich hochschätzte, kannte aber auch die andere Seite von Heinkel, die negative.«

[29] In seinem Brief an den Verfasser vom 13. August 1979.

[30] Und zwar Rüdiger E. Kosin (Verf. des Buches über Jagdflugzeuge in dieser Reihe) als Aerodynamiker, Karl Hayn für die Fertigung und Gerhard Eichner, selbst als Entwurfsbearbeiter, der bis zum Ende der Entwurfsarbeiten der F 27 dabei blieb und nicht unwesentlichen Anteil am Entwurf hatte. Während es zu dieser Zeit – 1954 – in Deutschland noch keinen Flugzeugbau wieder gab, wurde die holländische F 27 von Fokker ein großer Erfolg.

[31] A.a.O. Diese Angabe bekräftigte Aenne Eichner, die Witwe des inzwischen verstorbenen Gerhard Eichner, ausdrücklich und von sich aus in einem Brief an den Verfasser vom 17. Mai 1982 als »besonders menschliche Seite«.

[32] Hinweise auf die Exportmöglichkeiten abgelehnter Maschinen für Deutschland und seine in den vergangenen Jahren auf dem Gebiet des Exports gemachten Erfahrungen wurden in der Denkschrift »Gedanken zur Exportfrage« unter dem 15. August 1938 zusammengestellt und dem RLM vorgelegt.

[33] Karl Lehrer, zitiert in Deutsche Volkszeitung, Celle, veröffentlicht unter Zulassung Nr. 115 der Militärregierung, 2. Jahrgang, Nr. 43, Donnerstag, den 15. April 1948. – DPD-Meldung vom 14. April.

[34] Franz Endler: Karl Böhm – Ein Dirigentenleben. Hoffmann und Campe o.J., 1981 Hamburg, S. 108.

[35] In Flight vom 14. Februar 1958, S. 204, »Ernst Heinkel. An Appreciation«.

[36] Erich Warsitz erzählte dem Verfasser als selbst erlebt, daß Ernst Heinkel, aus irgendeinem Grunde erbost und ihn dafür verantwortlich machend, seinem Chefkonstrukteur, Karl Schwärzler, ein Telefonbuch an den Kopf warf, was Schwärzler, schweigend hinausgehend, gewissermaßen nicht zur Kenntnis nahm. Unmittelbar danach aber habe Heinkel dann Schwärzler telefonisch angerufen und nur gefragt: »Ist wieder gut?« Ernst Heinkel konnte also sein Unrecht schnell einsehen und korrigieren.

[37] B. S. Shenstone, Germany's Turbulent Pioneer, The Aeroplane, 7. Februar 1958, S. 162.

[38] Vgl. dazu S. 163 ff.

[39] Sonderbeilage der Warnemünder Zeitung vom 18. Dezember 1932.

[40] Brief Eisenlohrs an den Verfasser vom 24. Mai 1979.

[41] Brief Schelps an den Verfasser ohne Datum (Anfang Febr. 1980).

[42] Brief Eisenlohrs an den Verfasser vom 30. April 1979.

[43] Brief Schelps an den Verfasser von Anfang Februar 1980. In einem persönlichen Gespräch in Los Angeles am 2. April 1980 bestätigte Helmut Schelp die Äußerung des Verfassers, daß die deutschen Triebwerksleute geschlafen hätten, kurz und bündig, indem er sagte: »Da haben Sie 100 Prozent recht!«

[44] Brief Eisenlohrs an den Verfasser vom 24. Mai 1979. Vgl. dazu S. 196 f.

[45] Brief Eisenlohrs an den Verfasser vom 15. Juli 1980.

[46] Brief an den Verfasser vom 7. März 1980.

[47] Stürmisches Leben, 1. Aufl. S. 512 ff., 5. Aufl. S. 488 ff.

[48] Hertel war ab 1. Oktober 1933 zunächst als Technischer Assistent bei Heinkel eingestellt worden und als solcher ihm direkt unterstellt und mit entsprechenden Aufgaben betraut. Am 17. März 1934 wurde er von Heinkel mit der Oberleitung des gesamten Entwicklungs-, Forschungs- und Konstruktionsgebietes als Technischer Direktor betraut. Im Frühjahr 1939 trennten sich ihre Wege. Hertel ging als Vorstandsmitglied zu Junkers nach Dessau. Nach dem Krieg war er zunächst in Frankreich, u. a. beim BTZ (Bureau Technique Zborowski). 1955 wurde er auf den neu errichteten Lehrstuhl für Luftfahrzeugbau an der TH Berlin-Charlottenburg berufen.

[49] Brief Heinkels an Hertel vom 22. März 1939.

[50] Flugwelt International, 18. Jahrgang, Heft 11, November 1966, S. 872–879, und Heft 12, Dezember 1966, S. 942–947.

[51] Über die Entwicklungsgeschichte der He 176 und He 178 und der Strahltriebwerke bei Heinkel s. S. 148 ff. Dabei ist zu bemerken, daß die zweistrahlige Lösung eine ausdrückliche Forderung Schelps war. Sie wurde auch in der Me 262 verwirklicht und ist heute geradezu unabdingbar für Strahljäger. Die He 178 war übrigens ein reines Versuchsflugzeug und kein »Düsenjäger«.

[52] Mitteilungen aus der Deutschen Gesellschaft für Luft- und Raumfahrt e. V., Beilage zu Heft 4/81 von Luft- und Raumfahrt.

[53] Flugwelt a.a.O., S. 875.

[54] Siegfried Günter in einer nicht veröffentlichten Stellungnahme vom 10. September 1965, S. 2.

[55] Nach einem Brief von Professor Heinrich B. Helmbold, einem früheren Mitarbeiter Ernst Heinkels, an Siegfried Günter vom 19. April 1965. Anselm Franz, der Konstrukteur des Jumo 004, stellt dazu in einem Brief vom 2. Dezember 1966 an Siegfried Günter fest, daß Hertel bei Junkers mit der Strahltriebwerksentwicklung »überhaupt nichts zu tun hatte«. Für diese Entwicklung sei er – Franz – voll verantwortlich gewesen. Die Situation bei Junkers war also ähnlich. Hertel war hier sogar Mitglied des Vorstandes.

[56] Gerade das aber weist er von sich. Zur He 177 s. S. 179 ff.

[57] In einem persönlichen Gespräch mit dem Autor am 30. Juni 1981.

[58] Flug Revue + flugwelt 3/79, S. 64–67.

[59] Franz Bachér war Ordentlicher Professor für organische Chemie und gehörte dem Lehrkörper der Philosophischen Fakultät der Universität Rostock an, die Ernst Heinkel 1932 zum Ehrendoktor machte. Überdies war Franz Bachér leidenschaftlicher Flieger und Leiter des von ihm aufgebauten »Mecklenburgischen Aeroclubs«. Er kannte Ernst Heinkel und viele seiner Mitarbeiter gut. In seinem Brief an den Verfasser vom 20. Juli 1980 nannte er Ernst Heinkel einen »ganz ungewöhnlichen Mensch(en) von erstaunlicher Impulsivität bei aller Exaktheit, die sein Beruf erforderte«. Franz Bachér hat gemeinsam mit Theo Osterkamp, dem Fliegerführer 2 in der Luftschlacht um England im Jahre 1940, dessen Stabschef er seinerzeit als Reserveoffizier war, die kämpfende Fliegertruppe gegen die Vorwürfe verteidigt, die David Irving in seinem einseitigen, auf Erhard Milchs Tagebüchern fußenden Buch »Die Tragödie der deutschen Luftwaffe« erhoben hat.

[60] Diese Angaben hat der Verfasser in einem persönlichen Gespräch mit Dierk Hansmann am 29. August 1980 in Hamburg erhalten.

[61] Vgl. S. 217.

[62] Vgl. auch seine eigene Darstellung in seiner Autobiographie, 1. und 6. Aufl. S. 276ff., 3.–5. Aufl., S. 262ff.

Jugend

[1] Vgl. die Darstellung seiner Studentenzeit in Ernst Heinkel: Stürmisches Leben, 1. und 6. Aufl., S. 10ff., 3.–5. Aufl., S. 8ff.

[2] A.a.O., S. 22 (20)

[3] Vgl. Bruno Lange: Das Buch der deutschen Luftfahrttechnik, Textteil, Verlag Dieter Hoffmann, Mainz, 1978, S. 16, 77 u. 103 sowie Kroschel-Stützer: Die deutschen Militärflugzeuge 1910–1918, Verlag Lohse-Eissing, Wilhelmshaven (Mittler-Verlag) 1977, S. 108f.

[4] Ernst Heinkel: Einige einfache Berechnungen der auftretenden Flügelbeanspruchungen, Zeitschrift für Flugtechnik und Motorluftschiffahrt, 3 (1912), S. 272–275, mit Nachtrag a.a.O. 4 (1913), S. 31; ders.: Die Ergebnisse des englischen Wettbewerbs für Militärflugzeuge, a.a.O. 3 (1912), S. 279f.; ders.: Theorie des Bombenwurfs, a.a.O. 4 (1913), S. 159–167, eine für diese Zeit höchst ungewöhnliche ausführliche mathematische Berechnung der Fallkurve der aus dem fliegenden Flugzeug fallengelassenen Bombe in einer deformierten Parabel; ders.: Der neue 80 PS-Farman-Doppeldecker. Flugtechnische Zeitschrift. Die Angabe der genauen Fundstelle dieses kurzen Aufsatzes ist leider nicht möglich, es liegt lediglich ein loses Blatt aus dem Archiv Gero v. Langsdorff vor, das aus dem Nachlaß seines Vaters, des Kpt. z. S. a. D. Werner v. Langsdorff, stammt. Die Unmöglichkeit, diesen Aufsatz zeitlich genau einzuordnen, hat auch zur Folge, daß nicht nachgewiesen werden kann, wenn es auch zu vermuten ist, daß die Beschäftigung mit diesem neuen Farman-Doppeldecker auch die Grundlage für den Bau seines ersten Flugzeuges ist, das ja dem Farman-Doppeldecker nachgebildet war, wie S. 27 bereits ausgeführt wurde. Diese Aufsätze zeigen einerseits, daß Ernst Heinkel durch diese Veröffentlichungen nebenher etwas verdienen will, aber auch, daß er zu dieser Zeit bereits sich Gedanken über die Zukunft der Luftfahrttechnik macht und dazu die wichtigsten Teile und Aufgaben eines Flugzeugs schon mehr rechnerisch behandelt.

[5] Stürmisches Leben, 1. und 6. Aufl, S. 44, 3.–5. Aufl., S. 40.

[6] G(eorg) Madelung in seinem Beitrag zu Ernst Heinkels 70. Geburtstag in ZFW 6 (1958), Heft 2, S. 57.

[7] Stürmisches Leben, 1. und 6. Aufl., S. 49, 3.–5. Aufl., S. 45.

[8] Er nannte sie in seinen Memoiren BI, 1. und 6. Aufl., S. 50, 3.–5. Aufl., S. 46.

[9] Vgl. auch meine diesbezüglichen Hinweise in der Broschüre »Ernst Heinkel – Meilensteine an seinem Lebensweg«, herausgegeben von der DGLR, 1981, S. 10. Eine sehr instruktive Aufgliederung enthält Kroschel-Stützer, a.a.O., S. 111ff.

[10] Vgl. den Vortrag von Wilhelm Sachsenberg in der Sitzung der Fachgruppe 12 »Geschichte der Luft- und Raumfahrt« der DGLR am 26. Januar 1982 in München: Zweck, Aufgabenstellung und Ergebnis der National-Flugspende 1912, abgedruckt in »Luft- und Raumfahrt« 2. 83, S. 35ff.

[11] Fr. Wm. Seekatz: Verrückte fliegen in der Nacht, in: HEINKEL, Die Zeitschrift der Heinkel-Werke, Heft 2, März 1964, S. 24–27.

[12] Stürmisches Leben, 1. und 6. Aufl., S. 62, 3.–5. Aufl., S. 58.

[13] Stürmisches Leben, 1. und 6. Aufl., S. 63–71, 3.–5. Aufl., S. 59–67.

[14] Vgl. im einzelnen H. Dieter Köhler, Ernst Heinkel – Meilensteine an seinem Lebensweg, herausgegeben von der DGLR: »DLR-Mitt. 81–01«, Köln 1981, S. 14–16.

[15] Hermann Moll: Das deutsche Marine- und Seeflugzeug von 1909 bis 1918, Marine Rundschau 55 (1958), Nr. 4, S. 170.

[16] Moll, a.a.O. S. 168.

Erster Weltkrieg – Die Zeit bei Hansa Brandenburg

[1] S. 49ff.

[2] Vgl. Volker Koos, Luftfahrt zwischen Ostsee und Breitling, transpress-Verlag, Berlin, 1990, S. 11ff.

[3] Von ihr berichtet Ernst Heinkel im »Stürmischen Leben«, 1. u. 6. Aufl., S. 70, 3.–5. Aufl., S. 66. Danach wäre es zu einer Absprache zwischen der deutschen Inspektion der Fliegertruppen und dem österreichischen Luftfahrtarsenal gekommen.

[4] Die von Ernst Heinkel a.a.O. 1. und 6. Aufl., S. 78, 3.–5. Aufl. S. 72, genannten Zahlen von 70 Prozent aller k.u.k. Armeeflugzeuge und 95 Prozent aller Flugzeuge der k.u.k. Marine als »Flugzeuge der Type Hansa Brandenburg bzw. Lizenzbauten von Phönix in Wien und UFAG in Budapest«, denen seine Pläne zugrunde gelegen hätten, lassen sich so nicht aufrecht erhalten, auch wenn sie bereits früher – z. B. von Leonhard Adelt in seinem Beitrag »K.u.k. Flieger an der Adria« für die Festschrift »Kameradschaft der Luft« zu Ernst Heinkels 50. Geburtstag 1938 sowie in mehreren anderen Veröffentlichungen – unwidersprochen aufgestellt waren. Auch der Verfasser hat daher diese Prozentzahlen noch 1980 in seiner Kurzbiographie »Ernst Heinkel und sein ›Dreigestirn‹«, Beilage zu Luft- und Raumfahrt 2 · 80, Adelt folgend, übernommen, wurde jedoch von Gustav Ewald über Werner Schulz auf die Unrichtigkeit dieser Angaben hingewiesen und hat dann die Zahlen zu überprüfen gesucht. Das Österreichische Staatsarchiv – Kriegsarchiv hat in einem Schreiben vom 23. März 1982 mitgeteilt, daß entsprechend einer Aufstellung von der Gesamtzahl von ca. 600 in der k.u.k. Marine verwendeten Flugzeuge 45 Prozent auf die in Österreich-Ungarn entwickelten und gebauten Flugzeuge entfallen, »während der Anteil an Flugzeugen, welche von Hansa Brandenburg geliefert bzw. als Lizenzbauten im Inland gebaut wurden, höchstens 55 Prozent beträgt«. Auch wenn man diese Prozentzahl zugrunde legt – der von Ewald angegebene Prozent-Satz liegt bei nur 35,4 Prozent – dürfte der Anteil der von Ernst Heinkel entwickelten und für die k.u.k. Marine gebauten Flugzeuge sehr erheblich sein. Die Bedeutung der Heinkel-Konstruktionen für die in Österreich-Ungarn verwendeten Armee- und Marine-Flugzeuge wird dadurch nicht geschmälert. Auf die weiteren Vorwürfe Ewalds, der sich dabei auf Robert Thelen beruft, soll hier nicht eingegangen werden, ebensowenig auf von anderer Seite erhobene Einwände gegen Heinkels Angaben über die Jahre bei Albatros und Hansa Brandenburg, denn es gäbe auch genug belegbare Gegenargumente, so daß historisch nichts gewonnen wäre. Vor allem aber sind die wirklich weltbewegenden Leistungen Ernst Heinkels erst später in seinen eigenen Werken in

den 20er und 30er Jahren erbracht worden. Sie sind hier auch leichter überprüfbar.

5 Vgl. S. 241, Anm. 4.

6 S. S. 39.

7 Brief des inzwischen über 90jährigen Baron Banfield – der mit dem Maria-Theresia-Orden ausgezeichet wurde, der höchsten Kriegsauszeichnung, die einem k.u.k. Fliegeroffizier verliehen wurde, und die mit dem persönlichen Adel verbunden war – an den Verfasser vom 6. März 1981.

8 Kroschel-Stützer, a.a.O., S. 154. Die von Erich Kleinemeyer angefertigte, nicht veröffentlichte Aufstellung zum 24. Januar 1958 nennt als Lieferzahlen von Februar bis November 1917 146 Stück. Diese Angabe beruht auf Werksunterlagen, über die Kleinemeyer verfügte.
Peter M. Grosz und George Haddow stellen in dem in Vorbereitung befindlichen Buch »The Development of Austro-Hungarian Aircraft«, dessen Manuskript sie mir freundlicherweise zur Verfügung stellten, im Kapitel »Hansa- und Brandenburgische Flugzeugwerke AG« (S. 9) fest, daß die Lieferung von 147 Seeflugzeugen an die ö.-u. Marine hauptsächlich aus den Flugbooten CC, W 13 und W 18 bestand, die alle als »relatively successful types« angesehen worden seien. Detaillierte Angaben zu den von Ernst Heinkel – teilweise unter maßgeblicher Mitarbeit von Hanns Klemm – konstruierten Flugzeugtypen bei Hansa Brandenburg finden sich nicht nur in der Aufstellung von Erich Kleinemeyer, sondern auch in der bereits auf S. 36 angeführten von den Ernst Heinkel Flugzeugwerken Rostock/Berlin herausgegebenen Typenschau, die als Nachtrag auch die Lizenzbauten bei den österreichisch-ungarischen Firmen enthält. Als Serie brachte die Zeitschrift *Air Enthusiast International* von Mai 1974 bis August 1974 unter der Rubrik *Fighter A to Z* genaue Beschreibungen, Bilder und Zeichnungen der Heinkel-Konstruktionen bei Hansa Brandenburg. Daß die Angaben in den verschiedenen Veröffentlichungen nicht immer übereinstimmen, zeigt die Situation. Eine genauere Überprüfung würde vermutlich mangels wirklich zuverlässiger Originalangaben weder eine endgültige Wahrheit bringen noch dem Aufwand nach gerechtfertigt sein. Es ist daher hier wie an anderen Stellen darauf verzichtet worden.

9 *Air Enthusiast International*, Juni 1974, S. 310.

10 Nach Bruno Lange: Das Buch der deutschen Luftfahrttechnik, Textteil, S. 59.

11 Wie der Staatssekretär des Reichs-Marine-Amts in seinem Begleitschreiben vom 30. Oktober 1918 ausführt.

12 S. S. 49.

13 Der Doppeldecker wurde vermutlich wegen seiner hohen Festigkeit bei geringem Gewicht und wegen seiner Wendigkeit von den Militärs lange Zeit bevorzugt. Er bot allerdings erhöhten Luftwiderstand und war daher langsamer als ein Eindecker, den Ernst Heinkel wegen seiner höheren Geschwindigkeit bevorzugte. Inzwischen hat sich die Form des Eindeckers allgemein durchgesetzt.

1918 bis 1922: Der verlorene Krieg und seine Folgen

1 Der Große Brockhaus, 18. Aufl., Wiesbaden 1981, 12. Band, S. 120.

2 Für den Wortlaut der Vertragsbestimmungen wird die Ausgabe im Matthes & Seitz Verlag, München, 1978, zugrundegelegt, die im übrigen beachtenswerte Beiträge über die damalige Situation aus der Sicht von damals ebenso wie von heute aus gesehen enthält. Die Einstellung der deutschen Politiker aller damaligen Parteien und der weitesten Bevölkerungskreise gibt der von Frhr. v. Lersner 1921 im Verlag für Politik und Wirtschaft, Berlin, herausgegebene »Volkskommentar des Friedensdiktats« wieder. Über den »Stand der Revision des Versailler Diktats«, das »zentrale außenpolit. Ziel der Regierungen der Weimarer Republik« (Der Große Brockhaus, 12. Bd., S. 84), berichtete 1935 aus der Sicht dieses Jahres die Arbeit von Karl Schwendemann: Versailles nach 15 Jahren. Berlin, Zentralverlag.

3 Peter Supf: Das Buch der deutschen Fluggeschichte, 2. Auflage 1958, Drei Brunnen Verlag, Stuttgart, Zweiter Band, S. 533. Eine Proklamation der deutschen Reichsregierung vom 16. März 1935 legt die gleiche Zahl zugrunde. Karl-Heinz Völker: Die Entwicklung der militärischen Luftfahrt in Deutschland 1920–1933, Beiträge zur Militär- und Kriegsgeschichte, herausgegeben vom Militärgeschichtlichen Forschungsamt, Deutsche Verlags-Anstalt Stuttgart, 1962, Dritter Band S. 128, Anm. 15, nennt die in der Literatur angeführten verschiedenen Zahlen, die die Größenordnung bei Unterschieden im einzelnen bestätigen. Er fügt noch hinzu, daß rund 1000000 m^2 Flugzeughallen zerstört wurden. Die o. in Anm. 2 angeführte Arbeit von Karl Schwendemann nennt auf S. 100 »außer den aufgrund des Waffenstillstandsabkommens schon früher abgelieferten 2600 Flugzeugen (weitere) 14011 Flugzeuge und 27699 Flugmotoren«. Karl-Heinz Völker beschreibt das Bild von 1920 in seinem weiteren Buch: Dokumente und Dokumentarfotos der deutschen Luftwaffe. Deutsche Verlags-Anstalt, Stuttgart, 1968, S. 11 (Einleitung) kurz und bündig: »(Deutschlands) Luftkriegsmittel waren abgeliefert, verschrottet, abgewrackt, vernichtet und in alle Winde verstreut.«

4 Karlheinz Kens/Hanns Müller: Die Flugzeuge des Ersten Weltkrieges. Wilhelm Heyne Verlag, München, Heyne-Buch Nr. 865, 6. Aufl., 1980, S. 8. Der Große Brockhaus, a.a.O. 12. Bd., S. 332, beziffert in dem Beitrag »Luftkrieg 1914–1918« die Zahl der deutschen Heeresflugzeuge bei Kriegsausbruch mit 228 Frontmaschinen. Dazu kamen 11 Luftschiffe. Flugzeuge und Luftschiffe waren in erster Linie für die taktische und operative Aufklärung vorgesehen und weitgehend unbewaffnet. Eine Bewaffnung erfolgte, den britischen und französischen Flugzeugen folgend, erst im Sommer 1915.

5 Hermann Moll: Das deutsche Marine- und Seeflugzeug von 1909 bis 1918, Marine-Rundschau 55 (1958), Nr. 4, S. 170.

6 Ernst Peter: Die k.u.k. Luftschiffer- und Fliegertruppe Österreich-Ungarns 1794–1919, Motorbuch Verlag, Stuttgart 1981, S. 89.

7 Peter, a.a.O., S. 108, 116, 119ff.

8 Noch 1981 im Großen Brockhaus, 12. Bd., S. 84, festgestellt! Auch Henning Köhler nennt in seiner »Geschichte der Weimarer Republik«, Colloquium Verlag Berlin, 1981, S. 26, diesen Artikel »berüchtigt« und stellt fest, daß der Versailler Vertrag von allen Bevölkerungsschichten und politischen Gruppierungen leidenschaftlich abgelehnt worden sei und seine zumindest teilweise Revision das Ziel aller Regierungen der Weimarer Republik gewesen sei.

9 Entnommen aus Illustrierte Flugwoche 4 (1922), 9. Heft, vom 26. April 1922.

10 Frankfurter Allgemeine Zeitung, 3. April 1982, S. 10 »Das Scheitern von Weimar war zuerst das Scheitern der Parteien«.

Der verlorene Krieg als Ansporn

Wiederanfang bei Karl Caspar in Travemünde

[1] Stürmisches Leben, 1. und 6. Aufl., S. 116f., 3.–5. Aufl. S. 108f.

[2] S. S. 40ff.

[3] S. S. 42f.

[4] A.a.O., S. 120 (bzw. S. 112).

[5] A.a.O., 1. und 6. Aufl., S. 121, 3.–5. Aufl., S. 113, Karl Schwärzler hatte von 1916 bis 1920 an der Ingenieur-Schule in Mittweida Maschinenbau und Elektromaschinenbau studiert. Mit Ernst Heinkel traf er bei Karl Caspar zusammen und blieb ihm von da an für immer verbunden. Vgl. H. Dieter Köhler: Luftfahrt international 1/81, S. 41, Rückblick – Vor 80 Jahren, Karl Schwärzler geboren.

[6] A.a.O., 1. und 6. Aufl. S. 122, 3.–5. Aufl. S. 114; ebenso bei Bruno Lange: Das Buch der deutschen Luftfahrttechnik, Textteil. Mainz, 1970, S. 181f. Erich Kleinemeyer gibt in seiner zum 70. Geburtstag Heinkels am 24. 1. 1958 angefertigten Aufstellung einen Durchmesser von 1,70 m und eine Länge von 7,40 m an. Ein im Heinkel-Archiv in Stuttgart befindliches Typenblatt der Caspar-Werke für die U 1 gibt folgende Daten an: Länge über alles 6,20 m – größte Spannweite 7,20 m – 60-PS-Siemens-Stern-Motor – Geschwindigkeit 150 km/h, Steigfähigkeit 1000 m in 6 Minuten – Gipfelhöhe 3000 m. Für die Caspar-U 2 wird ein 50-PS-Siemens & Halske-Motor angegeben. Die beigefügten Zeichnungen bestätigen die Angaben zu Länge und Spannweite, aber auch die Angaben von Kleinemeyer über die Länge des Tauchbehälters von 7,40 m. Heinz J. Nowarra: Heinkel und seine Flugzeuge. München 1975, S. 42, gibt an, daß die Herstellung eines zuverlässig abgedichteten Druckkörpers nicht gelungen sei.

[7] Das Typenblatt der Caspar-Werke gibt für die Montage »ca. 1 Minute 10 Sekunden« und für die Demontage »ca. 1 Minute« an.

[8] Ernst Heinkel gibt a.a.O., 1. und 6. Aufl. S. 125f., 3.–5. Aufl. S. 117f. zwei Berichte des Chefs des Flugwesens der schwedischen Marine vom September 1924 bzw. des Chefs der Flugstation der schwedischen Küstenflotte wieder, die die gediegene Konstruktion, die guten Flugeigenschaften und die Betriebssicherheit der S 1 hervorheben.

[9] Übernommen auf S. 270ff.

[10] A.a.O., S. 181, CV soll vermutlich Caspar-Verkehrsflugzeug heißen.

[11] Vgl. S. 47.

[12] Stürmisches Leben, 1. und 6. Aufl. S. 126f., 3–5. Aufl. S. 118f.

[13] Flieger, Heft 7/1979, S. 263f.

[14] A.a.O., S. 129 (bzw. S. 121).

[15] Carl Clemens Bücker, der später in Berlin-Johannisthal und Rangsdorf im eigenen Werk u.a. die berühmt gewordenen Schul- und Kunstflugzeuge »Jungmann« und »Jungmeister« baute, beabsichtigte, in Schweden eine eigene Flugzeugfabrik zu errichten. Er gründete die »Svenska Aero AB« in Stockholm und baute dort in Lizenz für Schweden nicht nur die S1 und S2, die Heinkel bei Caspar konstruiert hatte, sondern auch weitere von Heinkel später im eigenen Werk entwickelte Muster, siehe auch Koos, Luftfahrt zwischen Ostsee und Breitling.

Das eigene Werk

[1] »HE« war ursprünglich die Bezeichnung für *H*einkel *E*indekker, während »HD« die Kennzeichnung für *H*einkel *D*oppeldecker war. Die einheitliche Bezeichnung »He« wurde erst ab Mai 1932 für alle Heinkel-Typen eingeführt und dann auch für die bereits vorhandenen verwendet. Man kann also in alten Unterlagen noch erkennen, ob es sich um einen Ein- oder Doppeldecker handelte. Die von Karl-Heinz Völker in seinem ansonsten so verdienstvollen Beitrag »Die Entwicklung der militärischen Luftfahrt in Deutschland 1920–1933«, Deutsche Verlagsanstalt Stuttgart, 1962, S. 133, Anm. 27, gegebene Erklärung, wonach die »ursprüngliche« Typenbezeichnung bei Heinkel HD gewesen sei, die dann 1932 in He geändert worden sei, ist unzutreffend. Auch die von ihm behauptete Bezeichnung »Hs« für Seeflugzeuge der Firma Heinkel ist unrichtig. Die Bezeichnung Hs wurde nur für Typen der Firma Henschel benutzt.

[2] Das neue Universum, 45 (1925), S. 255–260. Union Deutsche Verlagsgesellschaft, Stuttgart/Berlin/Leipzig.

[3] In einem Beitrag von R. Otte, 4 (1923), S. 104–106, »Neue Fortschritte im Flugzeugbau«.

[4] Nach Erich Kleinemeyer bzw. der von ihm aufgestellten Liste war Auftraggeber das Reichsverkehrsministerium, woraus geschlossen werden kann, daß dieser Typ als Schulungsmaschine eingesetzt werden sollte. Nach Heinz J. Nowarra: Heinkel und seine Flugzeuge, J. F. Lehmanns Verlag, München 1975, S. 61, wurden »einige Maschinen an die Mitglieder des deutschen Aero-Clubs geliefert«. Diese Aussage ist allerdings falsch. Vgl. Koos, a.a.O., S. 55.

Die Reichswehr als Auftraggeber

[1] Vgl. Karl-Heinz Völker, a.a.O., S. 132, und Helm Speidel: Reichswehr und Rote Armee. Vierteljahreshefte für Zeitgeschichte, Herausgegeben von Hans Rothfels und Theodor Eschenburg, Deutsche Verlags-Anstalt Stuttgart, 1 (1953), S. 9–44, hier S. 15, Vorbemerkungen des Herausgebers H. R.

[2] Das »Protokoll über die Vereinbarungen zwischen der Russischen Luftflotte und dem Vertreter der Sondergruppe in Moskau über Einrichtung einer Fliegerschule und eines Gerätelagers in Lipezk« vom 15. 4. 1925, das den Schlußpunkt unter die Verhandlungen zwischen dem Reichswehrministerium und der sowjetrussischen Luftwaffe setzte, ist, wie die meisten Akten der Lipezker Ausbildungsstelle, in der Dokumentenzentrale (DZ) des Militärgeschichtlichen Forschungsamts in Freiburg i. Br. vorhanden. Veröffentlicht ist es bei Völker: Dokumente usw., S. 58ff.

[3] Speidel-Rothfels, a.a.O., S. 10. Rothfels hat auch keinen Zweifel, daß Seeckt, »den Rapalloer Vorgang lebhaft begrüßt und für seine Ziele nutzbar gemacht hat«. Die vorhandenen und von Karl-Heinz Völker: Dokumente usw. veröffentlichten umfassenden Dokumente machen, wie Völker a.a.O., S. 12 ausführt, »das geheimnisvolle Dunkel, das noch immer über der Geschichte des deutschen Flugzentrums in Rußland liegt, transparent, und der Begriff ›Lipezk‹ verliert das Odium des Obskuren und Sensationellen.« Vgl. zu Seeckts grundsätzlicher Einstellung auch die Biographie über ihn von Hans Meier-Welcker, dem Gründer und ersten Amtschef des Militärgeschichtlichen Forschungsamtes in Freiburg i. Br. von 1957–1964.

[4] Die Aufstellungen von Erich Kleinemeyer und diejenige in Heft 1 der Zeitschrift der Heinkel-Werke vom 1. Dezember 1962, S. 47 (siehe Anhang), widersprechen einander gelegentlich. Ich möchte hier der späteren Aufstellung von 1962 folgen und gehe davon aus, daß die HD 17 a mit dem 450-PS- Napier Lion-Motor diejenige ist, die mit dem N-Stiel gebaut wurde und in Lipezk der Reichswehr zu Schulungs- und Ausbildungszwecken diente. Die Abb. 11 in Karl-Heinz Völker: Dokumente usw., Bildanhang, zeigt Schulflugzeuge des Typs HD 17 eindeutig mit N-Stielen. P. St. John Turner zeigt auf S. 17 seines Buches »Heinkel – an aircraft album«, Arco Publishing Company, Inc. New York, 1970 (gedruckt in Großbritannien), beide Typenvarianten mit N- und I-Stiel, wobei er allerdings behauptet, die Maschine mit N-Stiel sei 1926 in Schweden gebaut, während tatsächlich die von der amerikanischen Firma Cox-Klemin nachgebaute HD 17 auch auf dem von Turner wiedergegebenen Bild die »new struts of the broad type«, nämlich die breiten I-Stiele zeigt. Ein Nachbau der HD 17 erfolgte weder in Schweden noch in den USA. Vgl. Koos, a. a. O., S. 55 ff.

[5] Von Karl-Heinz Völker als Dokument 19 a.a.O. S. 79 ff. abgedruckt. Der Bericht schildert die HD 17 als »ganz netter Schlitten, ein bißchen groß, schwerfällig, aber absolut nicht aufregend«. Eine Flugzeugbestandsliste der deutschen Fliegerschule in Lipezk/Rußland vom 1. Oktober 1929 – Völker a.a.O. Dokument 14 S. 73 – verzeichnet »1 Stck. Heinkel HD 21 (Zellennummer 6)« und »6 Stck. Heinkel HD 17 (Zellennummer: 239 bis einschl. 244)«. Das deutsche Flugzentrum in Lipezk, das nach seiner Einrichtung 1924 im folgenden Jahr mit der Fliegerausbildung begonnen hatte und ab 1928 die Erprobung aufgenommen hatte (Völker, Entwicklung, S. 141), wurde im übrigen auch »Fliegerschule Stahr« benannt, nach dem als Major a. D. bezeichneten Leiter dieses Flugzentrums. Vgl. hierzu den als Dokument 13 bei Völker, a.a.O. S. 71 f., abgedruckten »Befehl des Truppenamtes im RWM über die Regelung der Dienstverhältnisse und dienstlichen Befugnisse in Lipezk/Rußland« Nr. 717/423/28. T 2 V (L) V. geh. Kdos. vom 15. 4. 1928. Nach einem Bericht über die Ausbildungstätigkeit der deutschen Fliegerschule im Sommer 1931 vom 8. November 1931 – vgl. Völker, a.a.O., Dokument 16 S. 74 ff. – standen zu diesem Zeitpunkt noch vier HD 17 zur Verfügung. Es waren also durch den üblichen Verschleiß zwei Maschinen ausgefallen gegenüber der Bestandsmeldung von 1929.

[6] Einzelheiten über die Vorbereitungsarbeiten in der Reichswehr für die Aufstellung der Luftwaffe nach 1933, insbesondere die Ausbildung in Lipezk s. bei Karl-Heinz Völker: Die Entwicklung der militärischen Luftfahrt in Deutschland 1920–1933, Planung und Maßnahmen zur Schaffung einer Fliegertruppe in der Reichswehr. Deutsche Verlags-Anstalt Stuttgart, 1962, insbesondere S. 140–147 sowie ders.: Dokumente und Dokumentarfotos zur Geschichte der deutschen Luftwaffe, Deutsche Verlags-Anstalt Stuttgart, 1968, Teile II bis V (S. 58–130).

[7] Völker: Entwicklung ..., S. 143.

[8] Vgl. H. A. Caspari, Vorgeschichte der deutschen Seefliegerei nach dem I. Weltkrieg. In: E-Stellen Travemünde und Tarnewitz, herausgegeben von Heinrich Wollé, H. A. Caspari und Oskar Passoth, 2. erweiterte Auflage, Luftfahrt-Verlag Walter Zuerl, Steinebach-Wörthsee, o. J. (1974).

[9] Heinrich Wollé in E-Stellen Travemünde usw., S. 68 – Nowarra: Heinkel und seine Flugzeuge, S. 65. Turner, a.a.O., S. 31 sagt über einen offenen oder getarnten Verwendungszweck gar nichts aus, obwohl er sonst den Verwendungszweck deutlich bezeichnet.

Flugwettbewerbe und erste Rekordflüge

[1] S. Wiedergabe des Inhalts der Verhandlungen in Flugsport 1926, Nr. 13, S. 248 ff.

[2] Vgl. Werner Bartz, Deutsche Luftrechtspolitik seit Versailles. Völkerrechtsfragen, herausgegeben von Heinrich Pohl und Max Wenzel, 19. Heft, Ferd. Dümmlers Verlagsbuchhandlung, Berlin 1927.

[3] Vgl. Flugsport, 1926, Nr. 13, S. 248 ff.

[4] Die Illustrierte Flugwoche vom 22. Juli 1926, S. 344, und die Luftwacht 1926, S. 37, berichteten ausführlich über die teilnehmenden HE 5 und ihre technische Ausführung.

[5] In seinem Buch »Der Flieger von Tsingtau« hatte Gunther Plüschow seine abenteuerliche Flucht als Stationsflieger der deutschen Festung Tsingtau in Ostasien geschildert. Seit 1927 hatte er bahnbrechende Flüge mit der HD 24 über Feuerland durchgeführt, bei denen er am 28. Januar 1931 tödlich verunglückte. In Lateinamerika wird er noch heute als Flugpionier verehrt. Vgl. Luftfahrt international 1/81, S. 41, 2/82, S. 82 und 5–6/82, S. 22.

[6] Lexikon der Luftfahrt, 4., überarbeitete Auflage, transpress/Verlag für Verkehrswesen, Berlin, 1971, S. 192.

[7] Wie in der Illustrierten Flugwoche 9/1982, S. 240, gezeichnet R. O., mitgeteilt wurde. Vgl. Koos, a. a. O., S. 77 u. 78.

[8] Nach Luftwacht, 1929, S. 326.

[9] Die Daten sind einer in der Illustrierten Flugwoche, Heft 5/6 1929, S. 107, veröffentlichten »Rekord-Tabelle« entnommen, die in einer an der gleichen Stelle veröffentlichten Anzeige der Ernst Heinkel Flugzeugwerke GmbH ebenfalls gebracht werden, wobei allerdings der Rekord über 1 000 km mit 1 000 kg Nutzlast nicht aufgeführt ist. Diese letzte Angabe fehlt auch bei Heinz J. Nowarra: Heinkel und seine Flugzeuge, S. 56, ganz, während die anderen Werte geringfügig abweichen. Die hier verwendeten Daten werden auch bei Peter Supf: Das Buch der deutschen Fluggeschichte, Zweiter Band (Zweite Auflage 1958 Drei Brunnen Verlag Stuttgart), S. 676, nach der Rekord-Tabelle der Flugwoche wiedergegeben, allerdings ohne Angaben über die Flugzeuge und ohne die Flüge über 1 000 km mit 1 000 kg Nutzlast und über 500 km. Die absolute Richtigkeit der jeweiligen Angaben ist heute nicht mehr nachzuprüfen. Die übereinstimmenden Angaben über die geringere Zahl von Rekordflügen jedoch zeigen für sich bereits die ungeheuren Leistungssteigerungen auf, die mit diesen Geschwindigkeitssteigerungen verbunden waren.

Ernst Heinkel und Japan

[1] Wie Ernst Heinkel im Stürmischen Leben, 1. und 6. Aufl., S. 160 f., 3.–5. Aufl., S. 150 f. launig berichtet.

[2] Katapulte und Katapultieren von Flugzeugen, herausgegeben von der Ernst Heinkel-Flugzeugwerke G.m.b.H., Warnemünde o. J. (1931), Vorwort S. 5.

[3] A.a.O. 1. und 6. Aufl. S. 164 ff., 3.–5. Aufl. S. 154 ff.

[4] P. St. John Turner, a.a.O., S. 53. Heinz J. Nowarra: Heinkel und seine Flugzeuge. J. F. Lehmanns Verlag München, 1975, S. 78f.

[5] S. S. 136ff.

Flugzeugkatapulte und Katapultflugzeuge

[1] Er beschreibt die Wirkungsweise und den Aufbau der von ihm konstruierten Katapulte ausführlich in »Luftfahrtforschung« 15 (1938), S. 48–53, »Entwicklung der Flugzeug-Abstoßbahnen bei den Ernst-Heinkel-Flugzeugwerken«.

[2] S. S. 63.

[3] Eine genaue Baubeschreibung des Schienenträgers, des Startschlittens, der Beschleunigungsvorrichtung, der Steuerung, des Sliphakens, der Bremsvorrichtung, der Prüf- und Zurrvorrichtung sowie der Übernahmeanlage und Abstellvorrichtung einschl. der genauen Technischen Daten ist für die Heinkel-Katapulte K 1 bis K 4 in der Werksbroschüre Katapulte und Katapultieren von Flugzeugen, S. 58–90, enthalten.

[4] Wie Ernst Heinkel in humorvoller Weise in seinem »Stürmisches Leben« 1.–6. Aufl. S. 195ff., 3.–5. Aufl. S. 185ff. berichtet.

[5] Die Angabe Heinz J. Nowarras in seinem Buch »Ernst Heinkel und seine Flugzeuge«, S. 57, die diesen Flug auf das Jahr 1928 legt, beruht vermutlich auf einem Druckfehler.

[6] Illustrierte Flugwoche 11 (1929), Nr. 8/9, S. 151–158.

[7] Vgl. den Auszug aus dem Funkbuch der D-1717 in J. und H. Matthias: Tod und Sieg über den Weltmeeren. Verlag E. S. Mittler & Sohn, Berlin, 1937, Kapitel: Luftpost fliegt über Teilabschnitte des Atlantik.

[8] Vgl. den Bericht »Ozeanflugpost. – Vier Tage Berlin-New York« von Fr. Mellert, 1. Offizier der »Europa« in »Hansa«, Deutsche nautische Zeitschrift, 68 (1930), S. 1547 und »Mit dem Katapultflugzeug nach New-York – Der Flugzeugführer erzählt – Start auf der ›Europa‹ – Ein Ruderboot im Ozean« in »Tremonia, Dortmund«, 6. Oktober 1931.

[9] Die bei Matthias a.a.O. veröffentlicht wurde.

[10] Air Pictorial, September 1974, weist darauf hin, daß die HE 58 von »Atlantik« noch auf »Bremen« umbenannt wurde. Während die HE 12 für den Norddeutschen Lloyd – nicht für die Luft Hansa – registriert war, war die HE 58 ab Mai 1931 für die Deutsche Versuchsanstalt für Luftfahrt e.V. (DVL) eingetragen. Auch die Ju 46 wurde nur in vier Exemplaren gebaut. Air Pictorial gibt die Schicksale aller Katapultflugzeuge der »Bremen« und »Europa« a.a.O. unter allen Vorbehalten an.

[11] Vgl. S. 82.

[12] Der Heinkel-Ingenieur G. Thurow berichtete vor der Lilienthal-Gesellschaft für Luftfahrtforschung in Kiel am 2. Juli 1937 über den Einsatz und die technischen Einzelheiten des Hein kel-Katapult K 10. Seine Ausführungen wurden im »Jahrbuch 1938 der deutschen Luftfahrtforschung« III 143f. veröffentlicht und mit einer Zeichnung des K 10 versehen. Die Veröffentlichungen der Fachpresse zu den Katapulten sind im Literatur-Verzeichnis, S. 290ff., aufgeführt. Die teilweise geringfügig davon abweichenden technischen Daten, wie sie hier angegeben werden, sind der Aufstellung von Erich Kleinemeyer zum 70. Geburtstag Ernst Heinkels (nicht veröffentlicht) entnommen.

[13] S. 285.

[14] Nach den ersten Ozeanüberquerungen mit Flugzeugen im Mai und Juni 1919 flog das britische Luftschiff R 34, eine Kopie des deutschen Zeppelin-Luftschiffes L-3 (Frank J. Delear, Famous First Flights Across the Atlantic, Dodd, Mead & Company, New York City, o.J.), erstmals im Juli 1919 Non-Stop in Ost-West-Richtung und wieder zurück nach England. Das deutsche Reparations-Luftschiff ZR I (LZ 126) flog 1924 unter Dr. Eckener von Friedrichshafen nach New-York. Das Luftschiff LZ 127 »Graf Zeppelin« vollführte ab 1928 über 100 regelmäßige Transatlantik-Überquerungen und eine Welt-Rund-Fahrt und gab damit einen Begriff vom zukünftigen Weltluftverkehr. Das bis heute nie vollständig geklärte Brandunglück des LZ 129 »Hindenburg« beendete am 6. Mai 1937 den Luftverkehr über den Nordatlantik mit Luftschiffen, da dem deutschen Luftschiffbau kein unbrennbares Heliumgas zur Verfügung stand. Der amerikanische Postflieger Charles A. Lindbergh hatte am 20./21. Mai 1927 mit seinem einmotorigen Ryan-Hochdecker »Spirit of St. Louis« im Alleinflug Non-Stop den Ozean in Richtung New York-Paris überquert und damit eine einmalige Leistung vollbracht, während die erste Ost-West-Überquerung den Deutschen Hermann Köhl und Günther Frhr. v. Hünefeld zusammen mit dem Iren James Fitzmaurice auf ihrer Junkers W 33 am 12. April 1928 gelang.

[15] Angaben nach Heinkel-Mitteilungen Nr. 12 vom 1. Dezember 1932, S. 108 und ZFM 19 (1928), Hefte 23 und 24, siehe auch Koos, a.a.0., S. 87ff. u. 103ff. und »Jet & Prop«, H. 5/1992, S. 40ff.

[16] Vgl. Wolfgang Wagner: Kurt Tank – Konstrukteur und Testpilot bei Focke-Wulf, Band 1 dieser Reihe. Bernard &, Graefe Verlag München, 1980, S. 203ff.

Hochleistungsflugzeuge der 20er Jahre

[1] Vgl. zur HD 37 und HD 43 auch Koos, a.a.0., S. 99, 117ff.

[2] S. S. 63.

[3] Völker, Dokumente und Dokumentarfotos ..., 1968, S. 74ff.

[4] Vgl. Koos, a.a.0., S. 117 und ders. in »Jet & Prop«, H. 5, 1994, S. 46ff.

Zeitungsflugzeuge

[1] Stürmisches Leben, 1. und 6. Aufl. S. 142, 3.–5. Aufl. S. 134.

[2] Diese Firmenangaben sind der Nr. 14 der Heinkel-Mitteilungen vom 1. Dezember 1932, S. 119, »Die Post- und Zeitungstransportflugzeuge der Ernst Heinkel Flugzeugwerke GmbH, He 27, He 39, He 40«, entnommen. Die vorangestellten technischen Daten entstammen der auch sonst eingesehenen »Typenschau 1922–1940« der Ernst Heinkel Flugzeugwerke.

[3] Stürmisches Leben, 1. und 6. Aufl. S. 147ff., 3.–5. Aufl. S. 139ff.

[4] Stürmisches Leben 1. und 6. Aufl. S. 153, 3.–5. Aufl. S. 145.

Aufträge aus der UdSSR

[1] Die Angabe über die Stückzahlen wurde entnommen aus Ernst Heinkels Memoiren, Stürmisches Leben, 1. und 6. Aufl. S. 207, 3.–5. Aufl. S. 197. Die nicht veröffentlichte Liste von Erich Kleinemeyer gibt 26 gelieferte Exemplare sowie die Vergabe der Lizenz an, während P. St. John Turner: Heinkel – An Aircraft Album, S. 38, die Zahl der gekauften Flugzeuge mit »some 40 examples« beziffert.

[2] Heinkel und seine Flugzeuge, S. 78.

[3] Heinkel-Mitteilungen Nummer 16 vom 1. Dezember 1932: »Die einsitzigen Hochleistungs-Flugzeuge der Ernst Heinkel Flugzeugwerke GmbH, He 26, He 23, He 37, He 38 W, He 38 L, He 43«.

[4] A.a.0., S. 72. Neuere Ergebnisse hierzu siehe Koos, a.a.0. Generell ist zu bemerken, daß die Ausgaben bei Nowarra und dem von Nowarra stark beeinflußten Album von P. St. John Turner oft lediglich Vermutungen darstellen, leider aber nicht als solche gekennzeichnet sind.

Weitere Flugzeuge

[1] A.a.O., S. 65f.

[2] ZFM 17 (1926), 24. Heft, S. 561.

[3] Heinkel-Mitteilungen Nr. 7 vom 1. Dezember 1932 S. 55.

[4] Vgl. Heinkel-Mitteilungen 8/1932, S. 77

[5] Vgl. das in den Heinkel-Mitteilungen Nr. 8/1932, S. 78, abgedruckte Schreiben des Stabschefs der schwedischen Flugwaffe vom 14. Januar 1929.

[6] Luftwacht 1930, S. 473.

[7] Die Werksangaben weichen teilweise von den von der »Luftwacht« a.a.O. veröffentlichten ab. Sie geben als Länge 11,80 m an, beziffern die Zuladung auf 700 kg und das Fluggewicht auf 2 520 kg. Als Höchstgeschwindigkeit werden 180 km/h angegeben. S. S. 275. Die Maschine wurde im Verlaufe der Erprobung umgebaut, was Datenabweichungen erklärt. Siehe auch Koos, a.a.0., S. 121ff.

[8] Stürmisches Leben, 1. und 6. Aufl. S. 234, 3.–5. Aufl. S. 222

Schneller, immer schneller

Die aerodynamische neue Linie der Brüder Günter

[1] Stürmisches Leben, 1. und 6. Aufl. S. 213ff., 3.–5. Aufl. S. 201ff. Dieses Kapitel überschrieb Heinkel auch bezeichnenderweise »Rausch der Schnelligkeit«.

[2] Jürgen Thorwald: Stürmisches Leben, 1. und 6. Aufl. S. 234ff., 3.–5. Aufl. S. 222ff.

[3] Dieses Flugzeug, den »Bäumer-Sausewind«, gab es schon einige Jahre. Es muß daher Ernst Heinkel auch schon früher aufgefallen sein. Auch hatten die Brüder Günter ihr Hochschulstudium nach eigenen Angaben bereits 1920 aufgenommen. Hier wird auf diese Differenzen nur aus Gründen der Korrektheit der Zeitangaben hingewiesen.

[4] Kurt W. Streit/John W. R. Taylor: Geschichte der Luftfahrt, Sigloch Service Edition, Künzelsau 1975, völlig überarbeitete und neugestaltete Ausgabe von »History of Aviation« von John W. R. Taylor und Kenneth Munson, New English Library, London, 1972, S. 353f.

[5] Wie Karl Dietz dem Verf. in einer Besprechung in München im November 1979 mitteilte.

[6] Walter Günter: Das neue Segelflugzeug der Technischen Hochschule Hannover. ZFM 15 (1924), 11. und 12. Heft, S. 122–124.

[7] In der Nr. 19/1924, S. 378f., abgedruckt. Den Hinweis auf diese frühe Äußerung verdanke ich Klaus Dietrich, dem Leiter des Historischen Archivs der DFVLR in Porz bei Köln.

[8] Einzelheiten bei Günter Frost: Bäumer »Sausewind«, Ein Markstein des deutschen Flugzeugbaus. Luftfahrt international 6/1980, S. 241–244 und 7/1980, S. 285–290. Ferner: Wolfgang Wagner, Bäumer: »Sausewind« – unerreicht in seinen Leistungen, aerokurier 9/1968, S. 593–596; ders.: Deutsche Sport- und Rennflugzeuge, aerokurier 10/1963, S. 418f.; ders.: Bäumer Alsterkind B III, aerokurier 11/1963, S. 476.

[9] Vgl. zu diesen Typen S. 98.

[10] Zur He 64 s. S. 92ff.

[11] Den Hinweis auf Felix Knoll verdanke ich einer brieflichen Angabe von Erich Arbeitlang vom 5. 6. 82.

[12] Nicht veröffentlicht. Original in den Akten der Technischen Universität, die vorgelegen haben. Kopie in meinem Archiv.

[13] Die Rostocker Zeitung widmete ihm in ihrer Ausgabe Nr. 224 vom 21. Sept. 1937 einen eindrucksvollen Nachruf; in der Trauerfeier hatte Ernst Heinkel den sachlichen und persönlichen Verlust in bewegten Worten dargestellt und die Arbeiten des Toten, »dem Mittelmäßigkeit fremd, dem Höchstleistung alles war«, als »bahnbrechend und richtungweisend für die gesamte deutsche Flugzeugentwicklung« bezeichnet.

[14] Luftwissen, Bd. 4 (1937), N. 10, S. 303 und Jahrbuch 1937/38 der Deutschen Akademie der Luftfahrtforschung S. 179 (mit Bild).

[15] Jahrbuch der Vereinigung für Luftfahrtforschung, Herausgegeben von der Zentrale für wissenschaftliches Berichtswesen und Luftfahrtforschung (ZWB), Berlin, 1935, S. 114–117.

[16] Die Hinweise auf den besonderen Arbeitsablauf im Heinkel-Günterschen Entwurfsbüro verdanke ich dem inzwischen verstorbenen ideenreichen Mitarbeiter im Projektbüro, Gerhard Eichner, der mich in zahlreichen Briefen und persönlichem Gespräch darauf aufmerksam machte.
Ein weiterer alter und erfahrener Günter-Mitarbeiter, Karl Dietz, bestätigte grundsätzlich, vor allem in seinen Briefen an den Verfasser vom 14. Februar und 25. April 1979, die Sonderstellung der Brüder Günter auch gegenüber der eigentlichen Konstruktionsabteilung, die die Projektannahmen genauestens einhalten mußte. Die von der Projektabteilung vorgegebenen Gewichte mußten von der Konstruktionsabteilung eingehalten werden. Daß das auch geschah, dafür sorgte Ernst Heinkel. Durch die straffe Organisation wurden die Garantieleistungen stets voll eingehalten. Es kam bei den Brüdern Günter einfach nicht vor, daß angegebene Leistungen nicht erreicht wurden; meist wurden sie noch übertroffen.
Auch nach dem Tod Walter Günters, der der dominierende Mann im Entwurfsbüro war, ging es unter Siegfried Günter aufgrund der starken Unterstützung durch Ernst Heinkel selber unverändert weiter. Dabei war der spätere Professor H. B. Helmbold für Siegfried Günter eine große Stütze.

He 64, der erste Entwurf Walter Günters bei Ernst Heinkel

[1] Typenblatt Serie III Nr. 029 der Ernst Heinkel Flugzeugbau GmbH Speyer vom Dezember 1964. Vgl. auch »Das Sportflugzeug He 64 der Ernst Heinkel Flugzeugwerke GmbH für den Internationalen Rundflug 1932« in Heinkel Mitteilungen Nr. 20 vom 1. Dezember 1932.

[2] Vgl. auch seinen Beitrag »Mit der He 64 beim Europaflug 1932« in Heinkel-Mitteilungen Nr. 1 Januar 1938, S. 12–14.

[3] Abgedruckt in Heinkel-Mitteilungen Nr. 9 vom 1. Dezember 1932.

Schul- und Übungsflugzeuge

[1] Siegfried Günter entwarf den noch konventionellen Jäger He 49/He 51 als Doppeldecker und begann 1932 mit dem Entwurf der He 65, aus der dann die berühmte He 70 wurde;

vgl. S. 98, und S. 104ff. Walter Günter hatte im Stil seiner Konstruktionen bei Bäumer die He 64 entworfen; vgl. S. 92ff.

[2] Einzelheiten technischer Art zu den Versionen a und b s. Typenblatt 014 der Ernst Heinkel Flugzeugbau GmbH Speyer.

Erstausstattung der Luftwaffe mit Heinkel-Flugzeugen

[1] Stürmisches Leben, 1. und 6. Aufl. S. 292ff., 3.–5. Aufl. S. 276ff. Heinkel verweist mit gewissem Recht darauf, daß seine zu dieser Zeit bereits fliegende Verkehrsmaschine He 70 um einige Kilometer schneller war als die 1935 als Jäger eingeführte He 51, die er »trotz ihrer Doppeldeckerform« als »aerodynamisch ... schnittig-schön« bezeichnete. Sie war auch schon ein Entwurf der neuen »Günter-Linie«.

[2] Karlheinz Kens/Heinz J. Nowarra: Die deutschen Flugzeuge 1933–1945. J. F. Lehmanns Verlag, München, 5. verbesserte und erweiterte Auflage 1977, bringen von S. 253–260 eine recht umfassende Darstellung der verschiedenen Varianten der für die Erstausstattung der Luftwaffe ausgewählten Heinkel-Typen, die bei Heinz J. Nowarra: Heinkel und seine Flugzeuge, teilweise noch ergänzt wird.

[3] Von hier an wird die einheitliche Bezeichnung He statt der bisherigen Unterscheidung HD oder HE verwendet, so daß zunächst nicht mehr unbedingt erkennbar ist, ob es sich um einen Doppel- oder einen Eindecker handelt.

[4] Diese Angaben über die He 45 A entstammen dem Typenblatt Serie III Nr. 031 der Ernst Heinkel Flugzeugbau GmbH, Speyer, vom Dezember 1964. Insgesamt wurden 512 Exemplare hergestellt, fast alle in Lizenz bei anderen Flugzeugwerken.

[5] Die technischen Daten sind dem Typenblatt Serie III Nr. 034 der Ernst Heinkel Flugzeugbau GmbH, Speyer, für die He 46 D-1 vom Dezember 1964 entnommen. Von den vor allem bei anderen Werken in Lizenz gebauten 481 Exemplaren wurden 18 an Bulgarien geliefert. Der in der ersten Version verwendete Siemens-Motor verursachte Schwingungen in der ganzen Maschine, so daß Heinkels Faktotum Jupp Köhler nur von einem »Rüttelfalken« sprach, vgl. Stürmisches Leben, 1. und 6. Aufl. S. 295, 3.–5. Aufl. S. 279, während Nowarra, a.a.O. S. 74, die Vibrationserscheinungen dem SAM 22 B anlastet.

[6] Angaben der »Typenschau, Übersicht der vom Jahre 1922–1940 gebauten See- und Landflugzeuge«, Ernst Heinkel Flugzeugwerke Rostock-Marienehe/Berlin, o. J. (1940), S. 21, sowie der Typenblätter der Ernst Heinkel Flugzeugbau GmbH, Speyer, 006 für die He 51 B-1 (Landausführung) und Serie III Nr. 028 vom Dezember 1964 für die He 51 B-2 (W). Vgl. auch Gert W. Heumann: Heinkel He 51. Flugrevue 10/1965, S. 30ff. Siehe auch V. Koos »Scale« H. 6/1996, S. 25ff. für neuere Angaben.

[7] Von Ernst Heinkel, Stürmisches Leben 1. und 6. Aufl. S. 293, 3.–5. Aufl. S. 277, für seine »fortschrittshungrigen Augen schon 1933 ein überholtes Ungetüm« benannt.

[8] Die beste und umfassendste Darstellung findet sich – neben dem von der Ernst Heinkel Flugzeugbau GmbH, Speyer, herausgegebenen Typenblatt 020 für die He 59 D als Seenotflugzeug – in der Flug Revue + flugwelt 1/1977, S. 52ff., aus der Feder von Hans Redemann, der abschließend von der He 59 als einem »der letzten Muster einer langen Reihe von Seeflugzeugen« spricht, »die im vielseitigen Entwicklungsprogramm der Ernst-Heinkel-Flugzeugwerke lange Zeit eine Sonderstellung einnahmen«. Vgl. auch Franz Kurowski: Seekrieg aus der Luft. Verlag E. S. Mittler & Sohn, Herford 1979, S. 288 »Die Flugzeuge der Marinefliegergruppen«. Von der He 59 hat es übrigens auch ein Land-Exemplar gegeben, das von Flugkapitän Heinz Simon nach Lipezk überführt wurde und dort einen Sommer lang (vermutlich 1932) von ihm als Fluglehrer zur Bomberausbildung geflogen wurde (gem. einer telefonischen Information von Heinz Simon am 21. März 1981).

[9] Nach P. Raethjen, vgl. dazu W. Hesse: Handbuch der Aerologie. Leipzig, 1961, S. 302f.

[10] Peter Thran in einer nicht veröffentlichten für den Verfasser aufgestellten Notiz vom Dezember 1980. Peter Thran hat zahlreiche Wetterflüge als Meteorologe an Bord einer He 59 mitgemacht.

[11] Franz Kurowski, a.a.O., S. 288; Hans Redemann: Heinkel He 60. Flug Revue + flugwelt 3/1975, S. 40ff.; Typenblatt 008 Heinkel He 60 der Ernst Heinkel Flugzeugwerke, Speyer. Eine Zusammenfassung neuerer Angaben zur He 60 und Berichtigung der häufigen Fehldarstellungen in der Literatur gibt G. Ott in »Jet & Prop«, Heft 1 und 2/1992 auf den Seiten 17ff. und 18ff.

[12] Vgl. das Typenblatt 023, Heinkel He 63 A, der Ernst Heinkel Flugzeugbau GmbH Speyer. Genauere Angaben zur Entwicklung siehe Koos, a.a.0., S. 146ff.

[13] Die Daten aus den zeitgenössischen Werksangaben sind von der Ernst Heinkel Flugzeugbau GmbH, Speyer, in dem Typenblatt He 50 A, 022, in erweiterter Form übernommen. Sie sind auch hier so wiedergegeben.

[14] Gert W. Heumann: Die Stuka Story. Flugrevue 4/1962, S. 21–25 und 5/1962, S. 32–37. Eine Ausschreibung auf ein modernes Sturzkampfflugzeug führte bei Heinkel zur Entwicklung der He 118, s. S. 134f.

[15] Stürmisches Leben, 1. und 6. Aufl. S. 350, 3.–5. Aufl. S. 332.

[16] Heinkel und seine Flugzeuge, a.a.O., S. 94.

Der Heinkel-Blitz He 70

[1] Wie die He 70 entstand. Nach einem Vortrag von Ernst Heinkel, abgedruckt in der Heinkel Werkzeitung Nr. 4 von November 1935, S. 107–109; Stürmisches Leben 1. und 6. Aufl. S. 245–263, 3.–5. Aufl. S. 233–251; Typenblatt der Ernst Heinkel Flugzeugbau GmbH Speyer 001, Heinkel He 70 Schnellverkehrsflugzeug sowie Entwürfe dazu und alte Datenblätter aus dem Heinkel-Archiv; Archiv-Unterlagen der Deutschen Lufthansa einschl. Pressemitteilungen aus der Entstehungszeit; Rede des damaligen Leiters des Berliner Heinkel-Büros und späteren Vorstandsmitglieds der Ernst Heinkel AG Hermann Ritter von Pfistermeister anläßlich der Vorführung der He 70 im Berliner Zentralflughafen Tempelhof am 28. Febr. 1933; Gert W. Heumann: Der Blitz, Die Geschichte der Heinkel He 70, Flug Revue International 7/1967, S. 28–32.

[2] Nach Günters eigenen Angaben in einem für eine amtliche Stelle abgefaßten Lebenslauf aus der Zeit Ende der 50er Jahre war er im Dezember 1931 zur Besichtigung der Luftfahrtindustrie in den USA. Die Angabe von Ernst Heinkel in Stürmisches Leben, 1. und 6. Aufl. S. 238, 3.–5. Aufl. S. 226, »Sommer 1931« dürfte nicht richtig sein. Günters Eindruck dagegen dürfte Heinkel richtig wiedergegeben haben: »Da müssen wir uns aber sehr beeilen ...«.

[3] In dem bereits S. 16 angeführten »Beitrag zur deutschen Luftfahrtgeschichte nach meiner pesönlichen Kenntnis « vom 17. August 1966, Abschnitt »Der entscheidende Einfluß von Ernst Heinkel auf die He 70« sowie in den Beiträgen »Was ich nicht

gemacht habe und mir manchmal fälschlicherweise zugeschrieben wird, und was ich selbst gemacht habe« vom 10. September 1965, S. 1, und »Zu Professor Heinkels Gedenken« vom 19. Januar 1968.

[4] Vgl. S. 163ff.

[5] Wie er selbst in einem Aufsatz zum Tode Ernst Heinkels am 7. 2. 1958 in der Zeitschrift The Aeroplane, S. 162, schreibt. Ein Auszug aus dem Brief wurde in der Heinkel Werkzeitung Nr. 4, November 1935, S. 111, veröffentlicht.

[6] Eine umfassende Beschreibung brachten die Heinkel-Mitteilungen Nr. 21 vom 1. Juni 1933, S. 156–161.

[7] L'Air vom 1. 12. 1934, zitiert nach Heinkel Werkzeitung Nr. 4 November 1935, S. 111.

[8] Im allgemeinen wird immer die DVL als messende Stelle für diese Höchstgeschwindigkeit bei eingezogenem Kühler und Sporn sowie bei geschlossener Führersitzhaube angegeben, so auch in dem Typenblatt 001 der Ernst Heinkel Flugzeugbau GmbH Speyer o. J. (1964), in dem der Flug auch noch als Zulassungsflug bezeichnet wird. Der vom Prüfleiter Seydel und dem Prüfer Hellmut Herb unterzeichnete Bericht des Reichsamtes für Flugsicherung stammte vom 3. Mai 1933 und betraf zwei Flüge in Staaken am 21. und 26. April 1933, bei denen der Motor am 21. April 1933 »durch die wegen stark böigem Wetter dauernd erforderlichen Steuerausschläge und durch die hierdurch hervorgerufenen Bewegungen des Flugzeugs« nicht die Drehzahl von 1700 min^{-1} erreicht, mit der am 26. 4. 1933 die 377 km/h erzielt worden waren bei einem Fluggewicht von rd. 2900 kg, während am 21. April 1933 bei einem Fluggewicht von rd. 3000 kg und einer Drehzahl von 1650 min^{-1} immerhin 367 km/h erflogen worden waren. Die Einstellung der Luftschraube betrug an beiden Tagen 28 1/2°.

[9] Lt. Dokumentationsdienst (dd) der Lufthansa Nr. 90-4 »Der Flugzeugpark der Deutschen Lufthansa A.G. 1926–1945.« Heinz J. Nowarra: Heinkel und seine Flugzeuge, S. 95, gibt die Zahl von 28 an die DLH gelieferter He 70 an. Er meint damit jedoch vermutlich die Gesamtzahl der gelieferten Verkehrsmaschinen, einschl. der exportierten Stücke. So wurden z. B. drei He 70 an die KLM nach Holland geliefert. Übrigens änderte zu dieser Zeit die DLH in einer Generalversammlung am 30. Juni 1933 in § 1 ihres Gesellschaftsvertrages die Schreibweise des Namens ihrer Firma in Deutsche Lufthansa AG.

[10] Das Titelblatt der Heinkel Mitteilungen Nr. 21 vom 1. Juni 1933 gibt folgende Strecken und Zeiten an:
Berlin – Rom 1441 km 4 Stunden 10 Minuten,
Berlin – Paris 888 km 2 Stunden 30 Minuten,
Berlin – London 991 km 2 Stunden 50 Minuten

[11] Auf den Einfluß der He 70-Konzeption auf die britische Spitfire macht vor allem auch P. St. John Turner in seinem Heinkel-Buch, a.a.O. S. 68, aufmerksam, während B.S. Shenstone, der Heinkel schon 1933 wegen der glatten Oberfläche angeschrieben hatte, in seinem Aufsatz zu Heinkels Tod in The Aeroplane vom 7. Februar 1958, S. 162, besonders darauf hinwies, daß zu seiner Zeit als Konstrukteur bei Supermarine die He 70 ihr »aerodynamisches Vorbild bei den Leistungsrechnungen für die Spitfire« war.

[12] Februar 1975, S. 76–80 und 89–92

Die He 112, ein Mißerfolg

[1] Siegfried Günter: Beitrag zur deutschen Luftfahrtgeschichte nach meiner persönlichen Kenntnis. Nicht veröffentlichtes Memorandum vom 17. August 1966 (Kopie im Besitz des Verfassers), S. 3: »... Mit falscher Rücksicht auf die bei der He 51 gestellten Forderungen wurde von mir die He 112 viel zu groß entworfen (22 m^2 Fläche gegenüber 16 m^2 der Me 109). Die He 112 war auch schwerer.«

[2] Flug Revue 5/1960, S. 28ff. und 6/1960, S. 29f.

[3] Später als Oberst i.G. Chef des Stabes beim General der Nachtjäger, seinerzeit 1939 Staffelkapitän einer mit der He 112 ausgerüsteten Jagdstaffel, in einem Brief an den Verfasser vom 3. September 1979.

[4] In einem Brief an den Verfasser vom 28. März 1979.

[5] Als Bd. 1 dieser Reihe im Bernard & Graefe Verlag, München 1980, erschienen, S. 69.

[6] Flug Revue 5/1960, S. 29.

[7] Siegfried Günter: Beitrag zur deutschen Luftfahrtgeschichte usw., S. 3. Er stellt a.a.O., S. 4, ausdrücklich fest: »Ich selbst habe während der ganzen Zeit bei meinen wiederholten Besuchen im Ministerium niemals eine Ermutigung für die He-112-Variationen gefunden. Man hat mir gesagt: Ausrüstung eines Teiles der Luftwaffe mit einer zweiten Jagdflugzeugtype käme aus Nachschubgründen nicht in Frage. Ersatz der Me 109 habe noch viele Jahre Zeit ... Die Variationen der He 112 waren immer aussichtslos ... In den letzten zwei Wochen vor dem Tode meines Bruders (Anm. des Verfassers: Walter Günter starb im September 1937) war dieser kurz bei Prof. Hertel. Als er wiederkam, erklärte er mir: ›Ich soll die Geschwindigkeit der He 112 weiter verbessern. Ich weiß keine Verbesserungen mehr. Prof. Hertel hat keinerlei konkrete Maßnahme und auch keine Idee angegeben, wodurch eine Verbesserung erreicht werden sollte. Man kann m.E. das alte Flugzeug nicht mehr verbessern.‹ Mein Bruder war recht aufgebracht über die nach seiner Ansicht sachlich gänzlich unüberlegte Aufgabenstellung. Nach einiger Zeit sagte er: ›Ich werde mir ein neues Flugzeug überlegen, das mit der He 112 und dem Auftrag nichts mehr zu tun hat.‹ Mein Bruder hat noch die Skizze eines Flugzeugs angefertigt, die auf einer Fahrwerksidee und einem gegenüber der He 112U neuen statischen Flügelaufbau basierte. Der Fahrwerksaufbau war schwierig. Ich glaube nicht, daß mein Bruder die bei seinem Tode noch unfertige Skizze Prof. Hertel gezeigt hat. Diese erste Idee eines ganz neuen Jagdflugzeuges wurde nach dem Tode meines Bruders (Sept. 1937) nicht weiterverfolgt und hat nichts mit der He 100 zu tun.« S.a. die bei der Behandlung der He 100, S. 139ff., gemachten Bemerkungen Siegfried Günters über deren Entstehung.

[8] Hans Ring: Legion Condor 1936 bis 1939. Die deutschen Jagdflieger in Spanien, Luftfahrt international 4/80 (im Heft versehentlich 4/79 ausgedruckt), S. 159–165.

[9] 11/80, S. 12. Die bisher genaueste Darstellung der He 112 lieferte H.-P. Dabrowski mit dem Waffenarsenal, Heft 159, erschienen 1996 im Podzun-Pallas-Verlag.

He 111, Schnellverkehrsflugzeug der Deutschen Lufthansa und Bomber der Luftwaffe

[1] Heinkel und seine Flugzeuge, S. 100. In seinem späteren Buch, Die He 111, Motorbuch Verlag Stuttgart, 1979, lautet jedoch der Untertitel: Vom Verkehrsflugzeug zum Bomber.

[2] Heinkel – Die Zeitschrift der Heinkel-Werke, Heft 1 vom 1. Dezember 1962, S. 49: s. auch Anhang S. 276.

[3] Stürmisches Leben 1. und 6. Aufl. S. 322, 3.–5. Aufl. S. 306.

[4] Nach dem Typenblatt 011 der Ernst Heinkel Flugzeugbau GmbH Speyer, das für das Verkehrsflugzeug He 111 C-01, D-AQYF »Leipzig« erstellt wurde, war diese 4,10 m hoch. Sie war mit zwei Motoren BMW VI 6,0 ZU mit Heißkühlung ausgestattet, die eine Startleistung von je 660 PS bei 1800 min^{-1} hatten und dem Flugzeug bei einem Leergewicht von 5400 kg, einem Rüstgewicht von 6210 kg und einem Abfluggewicht von 8390 kg eine Höchstgeschwindigkeit in 2000 m Höhe von 310 km/h und eine Reisegeschwindigkeit von 265 km/h in 2000 m Höhe bei 70 Prozent Startleistung verliehen. Vgl. auch die Angaben in der Werkszeitung Nr. 19, Mai 1937, S. 577–580 »Schnellflugzeug He 111«, Nr. 20 Juni/Juli 1937, S. 610–612 »Der He 111-Flügel« und S. 645–646 »Der He 111-Schalenrumpf«.

[5] Heinkel Werkszeitung Nr. 6 Januar 1936, S. 171: He 111 stellt sich vor.

[6] Dokumentationsdienst Nr. 90-4 der Lufthansa »Der Flugzeugpark der Deutschen Lufthansa A.G. 1926–1945«, S. 12. Der Bestand von sieben Flugzeugen der Type He 111 wurde 1938 auf neun Maschinen erhöht, die 1940 sämtlich an das RLM abgegeben wurden, um von nun an als Reisemaschinen bzw. Kurierflugzeuge eingesetzt zu werden.

[7] Die gesamten Angaben über den flugplanmäßigen Einsatz der He 111 bei der Deutschen Lufthansa stammen aus deren Archiv, in das ich durch die freundliche Genehmigung des Leiters, Werner Bittner, Einblick nehmen konnte.

[8] Siehe Max Mayer: Rückblick auf Peenemünde. Luft- und Raumfahrt 3/82, S. 82. Mayer berichtet hier, daß insgesamt über 3000 Starts mit derartigen Hilfen erfolgten, wenn die Motorleistung nicht ausreichte, um überladene Maschinen oder Flugzeuge aus zu kleinen Plätzen in die Luft zu bringen. Die He 111 bewies dabei ihre vielseitige Verwendbarkeit.

[9] Wie z.B. die He 111 H-Monographie der Profile Publications No. 15 von Martin C. Windrow aus dem Jahre 1965 zeigt.

[10] Das Buch der deutschen Fluggeschichte, Dritter Band, Drei Brunnen Verlag GmbH Stuttgart, 1979, S. 185.

[11] Flugrevue 3/1964, S. 21.

Der Zwilling He 111 Z

[1] Diese technischen Daten sind dem Aufsatz von Hans Redemann »Heinkel He 111 Z« aus Flug Revue + flugwelt international 10/1972 entnommen. Eine noch ausführlichere Darstellung findet sich bei Ernst Peter: ... schleppte und flog Giganten. Motorbuch Verlag, Stuttgart 1976.

Die Wasserflugzeuge He 114 und He 115

[1] Vgl. die Typenblätter der Ernst Heinkel Flugzeugbau GmbH Speyer, Serie III Nr. 033 für die V 2 und 018, für die A-2 sowie den instruktiven Beitrag von Hans Redemann: Heinkel He 114. Flug Revue + flugwelt 12/1975, S. 30–40.

[2] Angaben für die He 115 B-2 aus dem Typenblatt der Ernst Heinkel Flugzeugbau GmbH Speyer Serie III Nr. 025, Dezember 1964. Vgl. auch die technischen Daten bei Gert W. Heumann: Heinkel He 115, in Flugrevue 4/1966, S. 30–32 und S. 68–69.

[3] Seekrieg aus der Luft, Verlag E. S. Mittler & Sohn GmbH, Herford, 1979, S. 289. Kurowski betont an dieser Stelle auch die guten fliegerischen Eigenschaften der Maschine.

[4] Hinweis von Werner Bittner auf eine Darstellung im »Lufthanseaten« vom Juli 1939 S. 5/6.

[5] Friedrich Ritz schätzt die Zahl der gebauten Exemplare auf 200. Er hat die gesamte Serie eingeflogen.

[6] Vgl. Gert W. Heumann, a.a.O., S. 32.

[7] Heumann, a.a.O., S. 68. Neuere Angaben siehe H.-P. Dabrowski, Heinkel He 115, Waffenarsenal, Heft 143, Podzun-Pallas-Verlag 1993.

Ernst Heinkel als Bauherr

[1] Wie er in seiner Autobiographie 1. und 6. Aufl. S. 298, 3.–5. Aufl. S. 282, besonders betont.

[2] Auf die hier nicht näher eingegangen werden soll, handelte es sich dabei doch auch um persönliche Auseinandersetzungen mit dem Gauleiter und andere politische Vorgänge, die heute nicht mehr interessieren, noch in ihren Zusammenhängen genauestens rekonstruiert werden können. Ernst Heinkel hat darüber ausführlich in seiner Autobiographie 1. und 6. Aufl. S. 301ff., 3.–5. Aufl. S. 285ff. berichtet.

[3] Stürmisches Leben 1. und 6. Aufl. S. 320, 3.–5. Aufl. S. 304.

[4] A.a.O., 1. und 6. Aufl. S. 332, 3.–5. Aufl. S. 316.

[5] Herbert Rimpl: Ein deutsches Flugzeugwerk. Die Heinkel-Werke Oranienburg, Wiking Verlag GmbH Berlin, o.J. (1938); Stürmisches Leben 1. und 6. Aufl. S. 335f., 3.–5. Aufl. S. 319f.

[6] Herbert Rimpl, a.a.O., S. 5. Rimpl seinerseits erhielt später den Auftrag zur Planung der Salzgitterwerke.

Wenig bekannte Baumuster von Walter Günter

[1] Stürmisches Leben, 1. und 6. Aufl. S. 249, 3.–5. Aufl. S. 237.

[2] Über die Entwicklung der He 176 und der He 178 s.S. 148ff.

[3] Zu den hier und bereits an anderer Stelle genannten Heinkel-Typen ab der HD 42 vgl. auch die technischen Daten bei Helmut Schneider: Das Große Flugzeug-Typenbuch von 1944. Hildesheim – New York, Olms Presse 1980, das jedoch teilweise etwas unterschiedliche Zahlen angibt. Hier sind generell auch die Angaben aus der »Kleinemeyer-Liste« und die anderen verfügbaren Werksangaben mit der gebotenen Skepsis verglichen worden.

[4] Vgl. zur Geschichte der »Sturzflugidee« die ausführliche Darstellung bei Horst Boog: Die deutsche Luftwaffenführung 1935–1945, Bd. 21 der Beiträge zur Militär- und Kriegsgeschichte des Militärgeschichtlichen Forschungsamts, Deutsche Verlagsanstalt Stuttgart, 1982, S. 183–190, sowie Ernst A. Marquard: Die Stuka-Idee hat die deutsche Luftwaffe zugrunde gerichtet. Rechliner Briefe, Bd. 1, Brief Nr. 15.

[5] Technische Einzelheiten auch der verschiedenen Änderungen bei den V-Mustern können dem Beitrag von Hans Redemann »Heinkel He 118« in Flug Revue + flugwelt international 5/1971, S. 52–56 sowie dem älteren teilweise abweichenden und daher im Berichtsstand wohl überholten Typenblatt Heinkel He 118 V 1 (A-01) 021 der Ernst Heinkel Flugzeugbau GmbH Speyer o.J. (1964 oder früher) entnommen werden, dessen Formulierungen vermutlich auch von Hans Redemann stammen. Hier wird bei Differenzen, z.B. das Erstflugdatum der V 1 betreffend, auf den Aufsatz in Flug Revue + flugwelt zurückgegriffen, da die hier gemachten Angaben auch mit den eigenen Recherchen eher übereinstimmen.

[6] Vgl. S. 170.

[7] Und zwar mehrfach, z.B. in seinem Memorandum vom 10. September 1965 »Was ich nicht gemacht habe und mir manchmal fälschlicherweise zugeschrieben wird, und was ich

selbst gemacht habe« wie auch in einem Lebenslauf für eine Behörde. Die Zuschreibung an Siegfried Günter, die ich selbst in der Broschüre »Ernst Heinkel – Meilensteine an seinem Lebensweg«, S. 46, vermutlich Heinz J. Nowarra: Heinkel und seine Flugzeuge, S. 108, folgend, vorgenommen habe, kann ich nicht aufrechterhalten. Allerdings können bei der engen Zusammenarbeit der beiden Brüder die Anteile oft nicht genau auseinander gehalten werden, so daß in der Literatur häufig beide Brüder als die Urheber eines Entwurfes angesehen werden.

[8] Nach dem Vierteljahresbericht Nr. 27 der Abteilung TE der Deutschen Lufthansa für den Zeitraum vom 1. 1. bis 31. 3. 1938, S. 3–5.

[9] Die unzutreffende Angabe, daß dieser Flug bereits 1938 stattgefunden habe, die sich sowohl bei Bruno Lange: Das Buch der deutschen Luftfahrttechnik. 1970, S. 257, wie auch bei Heinz J. Nowarra: Heinkel und seine Flugzeuge, 1975, S. 109, findet, beruht vermutlich auf dem entsprechenden Druckfehler im Typenblatt der EHFG 007. Ein ausführlicher, gut dokumentierter und bebilderter Bericht über diesen Rekordflug von Karl Ries, einschl. der Wiedergabe einer an Hand des Bordbuchs bestätigten Bescheinigung der Luftaufsicht Rostock-Marienehe vom 14. 11. 1939, wurde in Luftfahrt international, 8/79 S. 315ff. und 9/79 S. 359ff., veröffentlicht.

[10] Flug und Werft, Folge 8 vom 21. August 1939.

[11] Karl Dietz, einer der ältesten Mitarbeiter von Walter Günter seit 1931, informierte den Verfasser in einem Brief vom 22. August 1982, daß Walter Günter u.a. »einen neuen Schwimmertyp entworfen (hat), der alle bisherigen Entwicklungen der *Welt* (Unterstreichung im Original) übertraf. War leider nach dem Krieg nicht mehr auffindbar.«

Weltgeschwindigkeitsrekord mit der He 100

[1] Vgl. bei der Behandlung der He 112 S. 113ff.

[2] »Beitrag …« vom 17. August 1966 S. 4: »Die Entstehung der He 100«.

[3] Die Einzelheiten der verschiedenen Entwicklungsstufen sind wiedergegeben in den Typenblättern der Ernst Heinkel Flugzeugbau GmbH Speyer 003 Heinkel He 100 (V-Muster) und Serie III Nr. 027 vom Dezember 1964, dem umfassenden Beitrag von Hans Redemann: Heinkel He 100, in Flug Revue + flugwelt international 1/1970, S. 53–56, sowie dem Bericht des Flugkapitäns Hans Dieterle über seinen Weltrekordflug mit der He 100 am 30. März 1939 und die Vorbereitungen dazu in Flug Revue + flugwelt 3/1979, S. 64–67. Vgl. auch Erich H. Heimann: Die schnellsten Flugzeuge der Welt 1906 bis heute. Motorbuch Verlag Stuttgart, 1978, S. 110ff. Als neuere Darstellung zur He 100 vgl. H.-P. Dabrowski, Jagdeinsitzer Heinkel He 100, Waffenarsenal 120, Podzun-Pallas-Verlag, Friedberg 1983.

[4] Ernst Heinkel selbst allerdings stellt den Übergang zur Rekordmaschine als Folge des Sieges der Me 109 über die He 112 so dar, daß er bereits im Mai 1937 mit seinen engsten Mitarbeitern »die Grundzüge der neuen Maschine festgelegt« habe. Vgl. Stürmisches Leben, 1. und 6. Aufl. S. 388ff., 3.–5. Aufl. S. 368ff. Danach stammt die Entscheidung für die Oberflächenkühlung auch von ihm selbst. Er gibt jedoch a.a.O., S. 391 (371) den Wortlaut einer Mitteilung an, in der er Ende Oktober 1937 – und das würde wieder den Zeitpunkt von Günters Planung bestätigen – dem Technischen Amt des RLM mitteilt, daß »laut beigefügter Baubeschreibung das Projekt für den neuen Hochleistungsjagdeinsitzer abgeschlossen« sei und eine Geschwindigkeit von über 700 km/h erreichbar sei.

[5] Vgl. S. 140f. sowie K. Butter: Neue Nietverfahren. Luftfahrtforschung Band 15 (1938), Lfg. 1/2 S. 91–93 und Otto Butter: Sprengniete bei ganzbeplankten Rudern, Luftwissen 1942, Bd. 9, N. 6, S. 181f. sowie Ernst Heinkel: Stürmisches Leben, 1. und 6. Aufl., S. 392ff., 3.–5. Aufl. S. 372ff., der hier eine Darstellung des Nietverfahrens und seiner Verwertung bis zum Lizenzverkauf noch im Jahre 1940 an die amerikanische Firma Dupont gibt.

[6] In dem Aufsatz von Hans Dieterle in Flugrevue + flugwelt 3/1979 findet sich auf S. 67 eine bildliche Darstellung von Hans Redemann mit den Rekorden und Rekordflugzeugen seit 1925.

[7] Von Hans Dieterle mit allen Vorbereitungen und detaillierter Wiedergabe des genauen Ablaufs in der Flug Revue + flugwelt 3/1979, S. 66, lebhaft geschildert, vgl. auch »Flug und Werft«, Folge 4, 17. April 1939, S. 67.

[8] Nach den Angaben von Hans Dieterle in seinem Aufsatz in Flug Revue + flugwelt 3/1979, S. 66. Ernst Heinkel nennt bei der Darstellung in seinen Lebenserinnerungen, 1. und 6. Aufl. S. 412, 3.–5. Aufl. S. 392, sogar eine Differenz von 25 km/h.

[9] Unter dem Motto, das die Frankfurter Allgemeine Zeitung in ihrer Ausgabe Nr. 183 vom 11. August 1982 dem Flugzeugkonstrukteur und Weltklassesegelflieger Klaus Holighaus zuweist: »Siege sind gut fürs Geschäft.«

[10] Abgedruckt in Stürmisches Leben, 1. und 6. Aufl. S. 413, 3.–5. Aufl. S. 393.

[11] Stürmisches Leben, 1. und 6. Aufl. S. 383, 3.–5. Aufl. S. 363.

[12] Wolfgang Wagner: Kurt Tank – Konstrukteur und Testpilot bei Focke-Wulf, Band 1 dieser Reihe. Bernard & Graefe Verlag München, 1980, S. 87.

[13] Heimann: Die schnellsten Flugzeuge der Welt, a.a.O., S. 129ff.

[14] Nach dem Großen Brockhaus, 18. Aufl., Siebenter Band, Wiesbaden 1979, S. 239, Luftfahrt (Geschichte), waren es 7274 km/h.

[15] Veröffentlicht in einem Sonderdruck der Lilienthal-Gesellschaft und im Jahrbuch 1938 der deutschen Luftfahrtforschung, Ergänzungsband, S. 1–10.

[16] Siehe Lexikon der Luftfahrt, transpress VEB Verlag für Verkehrswesen, Berlin, 1971, 4., überarbeitete Auflage 1979 – von vma Wiesbaden unverändert übernommen – S. 304f.

[17] Stürmisches Leben, 1. und 6. Aufl. S. 416, 3.–5. Aufl. S. 396.

[18] Flug Revue + flugwelt international 1/1970, S. 56.

Eine neue Zeitspanne bricht an

Vom Kolbenmotor mit Propeller zum Strahlantrieb: He 176 und He 178

[1] So v. Gersdorff/Grasmann: Flugmotoren und Strahltriebwerke. Bernard & Graefe Verlag München, 1980, S. 181. Heinkel selbst nahm 800 km/h an, ebenso Helmut Schelp in der nicht veröffentlichten, im Heinkel-Archiv in Stuttgart in Abschrift befindlichen Befragung durch Lt. S. T. Robinson, USNR, vom 1. Juli 1945. Hans G. Münzberg hat 1941 in seiner – ebenfalls nicht veröffentlichten, von ihm aber dem Verfasser freundlicherweise zur Einsichtnahme zur Verfügung gestellten – Dis-

sertation die Grenze für den Propeller-Antrieb bei 900 km/h angenommen. Der Geschwindigkeitsweltrekord mit Propeller-Maschinen, der von der He 100 am 30. März 1939 mit 746,606 km/h geflogen und von der Me 209 (Bf 109 R) am 26. April 1939 auf 755,13 km/h verbessert worden war, wurde erst am 16. August 1969 übertroffen und auf 777,377 km/h hochgeschraubt. Siehe S. 144.

[2] Sie liegt im Heinkel-Archiv in Stuttgart vor.

[3] Stürmisches Leben, 1. und 6. Aufl. S. 471ff., 3.–5. Aufl. S. 447ff.

[4] Im Originaltext unterstrichen. Rolls Royce hatte bereits 1935 eine He 70 zur Erprobung des Kestrel VI erworben, wobei die Festigkeit der Zelle für 1100 PS nachgewiesen werden mußte. S. S. 111.

[5] Wie er sie in den Vorschlägen der Anlagen 7 und 8 seiner Denkschrift als Umrißskizzen beifügen läßt.

[6] Vgl. dazu auch Ernst Heinkels Vortrag »Die Erhöhung der Geschwindigkeit der Flugzeuge in den letzten Jahren«, den er am 12. 10. 1938 vor der Hauptversammlung 1938 der Lilienthal-Gesellschaft für Luftfahrtforschung hielt; abgedruckt im Jahrbuch 1938 der Deutschen Luftfahrtforschung, Ergänzungsband, S. 1–10; auch als Nachdruck erschienen.

[7] S. S. 151.

[8] So gibt Heinkel in seinem Erinnerungswerk »Stürmisches Leben«, 1. und 6. Aufl., S. 473, 3.–5. Aufl. S. 449, die Äußerungen Wernher v. Brauns wieder.

[9] Ernst Peter: Segelflugstart. Motorbuch Verlag Stuttgart, 1981, gibt S. 121ff. eine sehr ausführliche Darstellung der Entwicklung und des Erstflugs dieses Versuchssegelflugzeugs »Ente« mit Raketenkraft.

[10] Arthur Gordon: The History of Flight, New York. 1962. Deutsche Ausgabe bei C. Bertelsmann Verlag, Gütersloh, 1964, S. 270f. Kurt W. Streit/John W. R. Taylor: Geschichte der Luftfahrt. Sigloch Service Edition, Künzelsau, 1975, S. 342. Kyrill von Gersdorff/Kurt Grasmann: Flugmotoren und Strahltriebwerke. Bernard & Graefe Verlag, München, 1981, S. 213f. Das Kapitel »Raketenantriebe für Flugzeuge« bringt eine technisch fundierte und von Bildern und Zeichnungen unterstützte umfassende Darstellung dieses Sondergebietes. Fritz von Opel: Die Geschichte der Raketenentwicklung und über Sinn und Grenzen aller Technik. Vortrag am 3. April 1968 im Deutschen Museum, Herausgegeben vom Deutschen Museum, S. 22 (mit Bildern des HATRY-Flugzeugs RAK 1).

[11] I. Essers: Max Valier – Ein Pionier der Raumfahrt. Verlagsanstalt Athesia-Bozen, 1980, Valier schwebte bereits 1925 »ein Raketenflugzeug mit Benzin als Treibmittel« vor, a.a.O., S. 40.

[12] Die Schilderung dieser Epoche bezieht sich im wesentlichen auf die Darstellung Ernst Heinkels in »Stürmisches Leben« 1. und 6. Aufl. 1953, S. 469ff., 3.–5. Aufl., S. 447ff.

[13] Vgl. dazu: Walter Dornberger: Peenemünde – Die Geschichte der V-Waffen. Bechtle Verlag, Eßlingen, 1981 (Erweiterte Neuausgabe seines 1958 bereits in 3. Aufl. erschienenen Buches »V 2 – Der Schuß ins Weltall, Geschichte einer großen Erfindung«), S. 29 sowie Klee: Damals in Peenemünde, und Max Mayer: Rückblick auf Peenemünde. Luft- u. Raumfahrt 3/82, S. 78ff.

[14] Erich Warsitz war am 19. 10. 1906 in Hattingen an der Ruhr geboren und begann 1927 seine fliegerische Ausbildung, bei der er alle Flugscheine einschl. Blindflug- und Kunstflugausbildung sowie die Seeflug- und Militär-Flugzeugführerscheine erwarb, um dann Fluglehrer und Testpilot zu werden. Vgl. H. Dieter Köhler: Erich Warsitz. Luftfahrt international, 10/1981, S. 400f.; ders.: Erich Warsitz 75, Frankfurter Allgemeine Zeitung, Nr. 242, 19. Oktober 1981, S. 4.

[15] Ernst Heinkel, Stürmisches Leben, 1. u. 6. Aufl. S. 477; 3.–5. Aufl. S. 452.

[16] Das HWK-RI-203 war entwicklungsmäßig bereits fortgeschritten und hatte sich als besonders zuverlässig erwiesen. Technische Einzelheiten bei E. Kruska: Das Walter-Verfahren, ein Verfahren zur Gewinnung von Antriebsenergie. Erweiterter Sonderdruck aus der VDI-Zeitschrift Bd. 97 (1955) Nr. 3 S. 65/70, Nr. 9, S. 271/77, Nr. 21 S. 709/13 und Nr. 24 S. 823/29, insbes. S. 824: Die Walter-Rakete als Flugzeugtriebwerk.

[17] Uvo Pauls wies ferner darauf hin, daß Wernher v. Braun die Weiterentwicklung und Prüfstandserprobung seines Raketentriebwerks in Peenemünde-Ost, der Raketenversuchsanstalt des Heeres, deren Konstrukteure, Werkstätten und Prüfstände ihm zur Verfügung standen, fortsetzte. So fanden sogar noch nach Kriegsausbruch auf dem Luftwaffenflugplatz Peenemünde-West Meßflüge mit einem Braunschen Raketenzusatztriebwerk in einer He 112 statt, an deren technischer Vorbereitung Wilhelm Dettmering, Hans Fischer und Gerhard Reins maßgeblich beteiligt waren. Bei dem letzten dieser Versuche – der nach Angabe von Uvo Pauls ohne sein Wissen und in seiner Abwesenheit ausgeführt wurde – ist Gerhard Reins als Pilot der He 112 am 18. Juni 1940 nach einer Explosion der Braunschen Rakete im Augenblick ihrer Einschaltung abgestürzt. Er war neben drei Todesopfern bei einem schweren Unfall 1934 auf einem Raketenprüfstand in Kummersdorf, über den Walter Dornberger in seinem Buch: »Peenemünde, Die Geschichte der V-Waffen«, Bechtle Verlag Eßlingen, 1981, S. 40, berichtet, das einzige Todesopfer bei diesen höchst gefährlichen Versuchen.

[18] Brief Warsitz an den Verf. v. 20. 7. 1979.

[19] Die Feststellung Rudolf Metzlers in der Süddeutschen Zeitung Nr. 140 vom 21. Juni 1979, S. 44, in seinem Aufsatz »Ein Irrläufer im Rennen mit den Kolben«, daß Erich Warsitz »sich in seinen Sitz geradezu hineinquetschen« mußte, berücksichtigt diesen Sachverhalt offenbar nicht, auch nicht die Tatsache, daß es sich ja um ein Experimentalflugzeug handelte, für das eben andere Maßstäbe gelten, auch wenn Metzler einräumt, daß »das technische Wissen von der Bauweise eines Flugzeugs, das einmal die Schallgeschwindigkeit erreichen sollte, im Jahre 1939 noch mangelhaft war«. So sind denn auch die Größenangaben Metzlers nur annähernd richtig, während seine Angabe zum Kaliumpermanganat auf den Katalysator bezogen ist. Es handelt sich bei den Treibstoffen des He 176-Triebwerkes um Wasserstoffsuperoxyd und ein Methanol-Gemisch. Das Raketentriebwerk der He 176 ist auch nicht »in Zusammenarbeit von Hellmuth Walter mit Wernher von Braun« entwickelt, sondern ist die Alleinentwicklung von Hellmuth Walter. Das doppelt so starke Triebwerk, das Wernher v. Braun für eine weiterentwickelte He 176 bauen sollte, kam infolge Abbruchs aller Arbeiten an diesem Projekt nach dem Kriegsausbruch gar nicht mehr zum Tragen. Es ist auch nicht anzunehmen, daß Wernher v. Braun seine Anregungen unbedingt von Gianni Caproni, »der schon 1930 mit der Konstruktion eines Rückstoßmotors begonnen hatte«, bezogen hat. Zweifelsohne

hat Wernher v. Braun die Arbeiten derer gekannt, die sich bereits vor ihm mit dem Rückstoßantrieb befaßt haben, um nur Max Valier und Fritz v. Opel zu nennen; denn er war ein wissenschaftlich arbeitender Ingenieur, der die Vorläufer und ihre Irrtümer, die jeweils zu ihrem Nichterfolg geführt hatten, ganz gewiß gekannt und aus ihren Fehlern gelernt hat. Er wäre sonst nicht so erfolgreich geworden. Und Vorläufer auf dem Gebiet der Strahltriebwerke gab es mehrere. Einige von ihnen wurden hier auch bereits genannt.

[20] In einem nicht veröffentlichten Memorandum vom 10. Sept. 1965.

[21] Wie Siegfried Günter in dem Memo vom 10. Sept. 1965 ausdrücklich betont.

[22] Kopie im Besitz des Verf.

[23] Erich Warsitz hat nach den Angaben in seinem Bericht auf der Pressekonferenz in Speyer am 15. September 1959 bei seinem ersten Flug 800 km/h erreicht. Karl Schwärzler berichtete auf der gleichen Pressekonferenz, daß Warsitz bei seinen weiteren Flügen mehrfach 850 km/h erreicht habe. Ausgelegt war die Zelle für eine Geschwindigkeit von 1000 km/h.

[24] Vgl. die Typenblätter zur He 176 der Ernst Heinkel Flugzeugbau GmbH Speyer, 017, sowie der VFW-Fokker GmbH Bremen, vom 17. 3. 1970.

[25] 1994 erfolgte erstmals die Veröffentlichung eines echten Fotos der He 176, zusammen mit einer Analyse der bisher meist auf Erinnerungen und Vermutungen beruhenden Darstellungen zu diesem Flugzeug. Siehe V. Koos, Heinkel He 176 – Dichtung und Wahrheit in »Jet & Prop«, 1/94, S. 17ff.

[26] Die Zeitangabe »Juni 1939« in v. Gersdorff/Grasmann, a.a.O., S. 214, für diese ersten Rollversuche beruht offensichtlich auf einem Druckfehler. Im Juni 1939 flog die He 176 ja schon.

[27] Stürmisches Leben, 1. und 6. Aufl. S. 488f., 3.–5. Aufl. S. 464f.

[28] Vgl. u.a. Typenblatt 017 der Ernst Heinkel Flugzeugbau GmbH, Speyer, S. 2 sowie Ernst Heinkel, Stürmisches Leben, 1. und 6. Aufl. S. 490, 3.–5. Aufl. S. 466.

[29] Stürmisches Leben, 1. und 6. Aufl. S. 490f., 3.–5. Aufl. S. 466f.

[30] Zitiert nach Armand van Ishoven: Udet, Biographie. Paul Neff Verlag, Wien/Berlin, 1977, S. 401ff. Ishoven gibt allerdings nicht an, wann und wo Warsitz das »sehr lebendig geschildert hat«. Warsitz selbst betonte gegenüber dem Verfasser sowohl mündlich in einer Besprechung am 17. September 1979 wie auch in einem Brief vom 16. November 1979, daß zwischen Armand van Ishoven und ihm »niemals eine Verbindung bestanden habe«, und zwar »weder persönlich noch schriftlich«. Er hält es aber für möglich, daß aus den Berichten und Unterlagen, die er im Auftrag Udets für diesen anzufertigen hatte, »einiges nach der Kapitulation wieder in Erscheinung getreten« sei. Den Bericht, den van Ishoven zitiert, »scheint es aber tatsächlich irgendwo zu geben«. S. a. Stürmisches Leben 1. und 6. Aufl. S. 491, 3.–5. Aufl. S. 467.

[31] Stürmisches Leben, 1. und 6. Aufl. S. 491, 3.–5. Aufl. S. 467.

[32] Stürmisches Leben, 1. und 6. Aufl. S. 492, 3.–5. Aufl. S. 468.

[33] A.a.O., S. 493, bzw. S. 469.

[34] Warsitz im persönlichen Gespräch mit dem Verfasser am 17. und 18. September 1979. Warsitz bestätigte diese Äußerung in einem Brief an den Verfasser vom 16. November 1979: »Hitler zeigte sogar großes Interesse für beide Maschinen und besonders für die He 178 (die noch gar nicht geflogen war, aber vermutlich von Warsitz in dem Gespräch mit Hitler bereits erwähnt wurde als in Kürze fertig), da der Düsenantrieb weit längere Flugzeiten versprach und für Bomber geeignet war. Die eineinhalb Jahre aber, die ich ihm für die Serienfertigung nannte, waren ihm zu spät. Er war eben überzeugt, den kurz bevorstehenden Krieg in einem Jahr siegreich beendet zu haben.« Nicolaus v. Below berichtet in seinen Erinnerungen »Als Hitlers Adjutant 1937–1945«, v. Hase & Köhler Verlag, Mainz 1980, S. 173: »Die eindrucksvollste Vorführung war zweifellos der Flug der He 176«, womit er sicher nicht nur seine eigene Meinung wiedergibt.

[35] Wie das Rudolf Metzler in dem bereits erwähnten Aufsatz in der Süddeutschen Zeitung vom 21. Juni 1979 (Anm. 19) tut.

[36] LC 2 Nr. 632/39 g. Kdos vom 12. September 1939 – vgl. Bundesarchiv-Militärarchiv (BA-MA) 4406–812. Diese BA-MA-Nr. ist zwar auf der vorliegenden Kopie aufgeführt, das Original ist aber unter dieser Nr. jetzt nicht mehr zu finden. Diese g. Kdos. ist von Horst Boog, wissenschaftlicher Direktor der Militärgeschichtlichen Forschungsanstalt in Freiburg i. Br., entdeckt und in seinem Buch: Die deutsche Luftwaffenführung 1935–1945, Beiträge zur Militär- und Kriegsgeschichte 21. Band, Deutsche Verlags-Anstalt Stuttgart, 1982, S. 62, abgehandelt.

[37] Ich habe dieses in der Literatur bisher nicht berücksichtigte Dokument auf den Hinweis von Horst Boog hin bereits in meiner von der DGLR herausgegebenen DLR.-Mitt. 81-08 »Ernst Heinkel – Meilensteine an seinem Lebensweg«, S. 53, erwähnt. In dieser Verfügung wurden im übrigen bereits in den ersten Kriegstagen 1939 zahlreiche Stopp-Maßnahmen der Luftwaffe getroffen, die sonst dem ominösen »Entwicklungsstop« zugeschrieben werden, der erst später seine unheilvolle Wirkung zeitigte, während diese Geheime Kommandosache offenbar nur Auswirkung auf die ersten Kriegsmaßnahmen 1939 hatte und haben sollte. Der eigentliche »Entwicklungsstop« erfolgte erst im Frühjahr 1940 und legte praktisch alle Entwicklungen lahm, die wegen der unterstellten kurzen Kriegsdauer angeblich nicht mehr zum Zuge kommen konnten. Auf dieser Fehlannahme beruhte der Verlust so manchen technischen Vorsprungs, den die deutsche Luftfahrtindustrie und mit ihr Ernst Heinkel erworben hatten. Boog bezeichnet a.a.O., S. 64f., den Begriff »Entwicklungsstop« als »irreführend«, da es sich nur um eine »lose Reihe von Einzelmaßnahmen« gehandelt habe. Das belegt er a.a.O., S. 59ff., ausführlich. In der Tat ist ein »Entwicklungsstop« nirgendwo eindeutig ausfindig zu machen; andererseits sind die Versäumnisse der ersten Kriegsjahre, die mit der irrigen Annahme eines kurzen Krieges einhergehen, unverkennbar.

[38] Vgl. Typenblatt 017 S. 4.

[39] Vgl. Hans-Joachim Pabst v. Ohain in seinem Vortrag im Deutschen Museum, München, am 15. Mai 1981 anläßlich der Übergabe des Nachbaus seines He S 3 B von der MTU Motoren- und Turbinen-Union München GmbH an das Deutsche Museum, abgedruckt in Kultur und Technik, Heft 2/1981, S. 65ff., insbes. Abb. 4 und 6.

[40] Vgl. v. Ohain, a.a.O., Abb. 5.

[41] Vgl. v. Ohain, a.a.O., Abb. 7 und David Mondey: Illustrierte Geschichte der Luftfahrt. Südwest Verlag München, 1980, S. 63, deutschsprachige Ausgabe von The International Encyclopedia of Aviation, Octopus Books Ltd., London, 1977.

[42] Es zeigt ein komplettes Strahltriebwerk, d.h. einen axialen

Kompressor mit einem radialen Kompressor, eine Verbrennungsanlage, eine Turbine und eine Düse. Vgl. auch die Zeichnung bei v. Ohain, a.a.O., Abb. 8.

[43] Die Veröffentlichung des National Air and Space Museum/Smithsonian Institution »The Jet Age. Forty years of jet aviation« Edited by Walter J. Boyne and Donald Lopez, Washington City 1979, bringt auch die weiteren an diesem Symposium gehaltenen historisch wertvollen Vorträge, u. a. auch diejenigen von Hans v. Ohain und Anselm Franz.

[44] Nach Bruno Lange: Das Buch der deutschen Luftfahrttechnik, Textteil. 1960, Verlag Dieter Hoffmann, Mainz, S. 32f.

[45] Lange, a.a.O., S. 33.

[46] Die »Automobil und Flugtechnische Zeitschrift der Motorwagen« brachte in ihrem »XIV. Jahrgang 1911« in fünf Fortsetzungen den Beitrag von Karl Kretzschmar »Die Gasturbine« nach dem von ihm am 17. März 1911 in der Automobil- und Flugtechnischen Gesellschaft in Frankfurt a. M. gehaltenen Vortrag. In Heft XXVIII wurde auf S. 676 in Abb. 42 ein »mit Kretzschmarturbine ausgerüsteter Flugapparat« gezeigt.

[47] Wie Hans v. Ohain in einer Ergänzung seiner Ausführungen anläßlich der Übergabe des Nachbaus seines HS 3 B an das Deutsche Museum in München, vgl. S. 166ff., in einem persönlichen Brief vom 20. August 1981 an Walter Rathjen vom Deutschen Museum schreibt.
Vgl. auch Edward W. Constant, The Origins of the Turbojet Revolution, The Johns Hopkins University Press Baltimore and London (1980), der Herbert Wagner als einen der Väter der Turbojet-Revolution bezeichnet. Darauf verweist Hans v. Ohain in einem Nachruf vom 13. Juli 1982, den er dem Verfasser zur Verfügung stellte und in dem er feststellte, daß Herbert Wagner's schöpferische Leistungen sich auf viele Gebiete der Luftfahrt, speziell auf die Entwicklung einer axialen Flugzeug-Gasturbine erstreckten, wodurch das RLM bestärkt wurde, »den Strahl-Triebwerken axialer Bauart größte Bedeutung für zukünftige Entwicklungen beizumessen«.

[48] Nach einer mir von Herbert Wagner am 1. September 1981 brieflich zur Verfügung gestellten Notiz über seine Erfahrungen und Arbeiten an Gasturbinen.

[49] Wie Hans v. Ohain in seinem o. a. Brief an Walter Rathjen weiter ausführt.

[50] Es sei hier vorweggenommen, daß die Arbeiten bei Heinkel im Jahre 1942 mit dem He S 30 dazu führten, daß alle projektierten Leistungen auch demonstriert werden konnten, ja teilweise sogar überschritten wurden, wie der spätere Professor Rudolf Friedrich, der der Magdeburger Gruppe von Anfang an angehörte und später unter Anselm Franz maßgeblich am Jumo 004 mitgearbeitet hat, in einer Stellungnahme vom 28. Mai 1980, die mir von Herbert Wagner zur Verfügung gestellt wurde, angibt, wonach »vorzügliche Leistungen und ein Schub von 850 kp« auf dem Prüfstand in Stuttgart-Zuffenhausen nachgewiesen worden seien. Rudolf Friedrich hat – wie er dem Verfasser am 17. Juli 1982 schrieb – auf Veranlassung von Herbert Wagner einige »Persönliche Bemerkungen zu den Anfängen der Entwicklung axialer Strahltriebwerke« verfaßt, die diese Stellungnahme noch unterstreichen, neben technischen und persönlichen Einzelheiten, wie z. B. dem Hinweis darauf, daß Friedrich bei der Arbeitsverteilung innerhalb der Gruppe die Entwicklung des Axialverdichters übernahm.

[51] Herbert Wagner bezweifelt daher auch die Richtigkeit der von Ernst Heinkel behaupteten Äußerung von Mader (Stürmisches Leben, 1. und 6. Aufl. S. 507, 3.–5. Aufl. S. 483), wonach auch er als junger Mann einmal von der Turbine geträumt habe, dann aber die Finger davon gelassen habe. An dieser Stelle allerdings stellt auch Ernst Heinkel fest, daß es eine *entscheidende Rolle* gespielt habe, »daß die Werke schon mit der Entwicklung von normalen Hochleistungsmotoren überlastet waren und sich verständlicherweise sträubten, einen Teil ihrer ohnedies mehr als begrenzten Kapazität ... für das völlig neue Gebiet zur Verfügung zu stellen«.

[52] Nach seinen eigenen Angaben in einem Brief an den Verfasser vom 22. August 1981. Die Brandenburgischen Motorenwerke in Berlin-Spandau (Bramo) waren die Vorgängergesellschaft der BMW-Flugmotorenwerke Brandenburg GmbH.

[53] Vgl. den Vortrag von Hermann Oestrich »Die Entwicklung der L-Triebwerke bei BMW-Spandau« am 31. Januar 1941 auf der Arbeitstagung »Strahltriebwerke« der Deutschen Akademie der Luftfahrtforschung, siehe S. 131ff. Hermann Oestrich hatte sich schon sehr früh für die »Aussichten des Strahlantriebs für Flugzeuge unter besonderer Berücksichtigung des Abgas-Strahlantriebs« interessiert, wie der Titel des 239. Berichts der Deutschen Versuchsanstalt für Luftfahrt e. V., Berlin-Adlershof, Motoren-Abteilung, ausweist, der im DVL-Jahrbuch 1931 (!), S. 316ff. veröffentlicht worden ist.

[54] Nach Hagen a.a.O.

[55] S. S. 211.

[56] Gemäß Urkunde der Mathematisch-Naturwissenschaftlichen Fakultät der Georg-August-Universität Göttingen vom 1. November 1935.

[57] Brief Hans v. Ohains an den Verfasser vom 30. April 1980.

[58] Theodor v. Kármán, zitiert nach Hans v. Ohain in seinem Referat in München am 15. Mai 1981, Kultur & Technik, 2/81, S. 66.

[59] Die von Theodor v. Kármán a.a.O. erwähnte Abhandlung Adolf Busemanns über die Eigenschaften des Pfeilflügels zur Lösung vieler aerodynamischer »Probleme des Fliegens etwas unter- und oberhalb der Schallgeschwindigkeit« ist Walter Günter bei seinen Entwürfen vermutlich nicht Vorbild gewesen.

[60] Hans v. Ohain, a.a.O., S. 66.

[61] Der originalgetreue Nachbau des He S 3 B erfolgte durch die »MTU« gemeinsam mit zwölf weiteren Unternehmen der deutschen Triebwerksindustrie wegen der besonderen Bedeutung dieses Triebwerks für die Technikgeschichte. Ein weiteres Nachbauexemplar ging an das National Air and Space Museum in Washington, D.C., das bezeichnenderweise auch vorher schon einen eigenen Raum zur Darstellung der Strahlturbinenentwicklung hatte, in dem die deutsche Pionierleistung Hans v. Ohains gebührend herausgestellt war. Das amerikanische Museum hat auch wesentliche Beiträge technikgeschichtlicher Art zum Nachbau geleistet.

[62] Der erste Standlauf fand dann Anfang März 1937 statt. Frank Whittles Maschine in England lief im April 1937 mit einer U-förmigen Verbrennungsanlage mit flüssigem Brennstoff. Es war die erste flüssigkeitsgetriebene experimentelle Gasturbine auf dem Prüfstand.

[63] Inzwischen fertiggestellte, vgl. S. 170.

[64] Herbert Wagner, ordentlicher Professor am Flugtechnischen Institut der TH Berlin-Charlottenburg, hatte ebenfalls bereits seit 1934, ein Jahr vor seinem Eintritt bei Junkers, allein die Entwurfsarbeit an einer Turbine begonnen, von der auch im

Flugtechnischen Institut niemand etwas wußte (Brief Herbert Wagners an den Verf. vom 1. Sept. 1981). S. a. S. 162.

[65] Ein einfaches Flugzeug war leichter herzustellen, und Heinkel legte eben besonderen Wert darauf, möglichst bald zum Fliegen zu kommen.

[66] W. Gundermann: Das erste Düsenflugzeug der Welt. Z. VDI, 20/1952, S. 693–695; ders.: Gasturbinen mit Zentripetalrädern. Luftfahrttechnik, 11/1955, S. 125–127; ders.: Zwanzig Jahre Turbo-Düsenflugzeuge. Motortechn. Z., 9/1959, S. 348–351; ders.: Turbinenstrahltriebwerk He S 3 B. Flug-Revue, 5/1966.

[67] Erschienen in Luftfahrt international, 7/1981, S. 256–260, Die Entwicklung des Strahltriebwerks bei Heinkel von 1936 bis 1939, sowie als Sonderdruck (DGLR-Vortrag Nr. 81–074), Zur Geschichte des Strahltriebwerks – Die Entwicklungen bei Heinkel von 1936–1939. Dieser DGLR-Vortrag wurde auch in das Jahrbuch 1981/IV als Nr. 78 aufgenommen.

[68] Vgl. Gundermann a.a.O.

[69] S. Anm. 67.

[70] Wie Siegfried Günter in dem nicht veröffentlichten Memorandum vom 17. August 1966 berichtet, das er unter dem Titel »Beitrag zur deutschen Luftfahrtgeschichte nach meiner persönlichen Kenntnis« verfaßte.

[71] Brief Siegfried Günters an H. B. Helmbold vom 1. Juni 1965.

[72] Wie Siegfried Günter am 1. Juni 1965 in einem Brief an Helmbold feststellt.

[73] Vgl. Berliner Morgenpost, Sonntagsbeilage Wissenschaft/Technik vom 28. Oktober 1979, S. 49, zur 100. Geburtstagsfeier der Technischen Universität, »Die Pioniere von gestern sind auch heute aktiv.«

[74] Brief an H. B. Helmbold vom 1. Juni 1965. Hier betont Siegfried Günter ausdrücklich, daß sein Bruder Walter Unterhaltungen mit Hertel hinterher ihm gegenüber »oftmals als unergiebig und störend« empfunden habe. »Verständlicherweise unterließ er es, um Streit zu vermeiden, hierüber zu reden.«

[75] Dieses Datum ist inzwischen allerseits als das Datum des Erstfluges anerkannt. Einzelne Quellen – z.B. Jane's 100 Significant Aircraft, Compiled by H. F. King, Edited by John W. R. Taylor – geben den 24. August 1939 an. Kens/Nowarra: Die deutschen Flugzeuge 1933–1945. J. F. Lehmanns Verlag, München, 5. Aufl. 1977, S. 291, datieren den »ersten Start mit anschließendem Geradeausflug« auf den 24. August 1939 und bezeichnen den 27. August 1939 als den Tag, an dem »die in einem Exemplar gebaute Maschine erstmals länger in der Luft (blieb) und einige Runden (flog)«. Alle Beteiligten wie Erich Warsitz und Hans v. Ohain betrachten jedoch als korrektes Erstflugdatum den 27. August 1939.

[76] Wie sie z.B. recht aufgebauscht in der Praline gedruckt wurden. Es liegt nur eine Seite ohne Fundstelle vor.

[77] Z.B. Hans v. Ohain: Vor 40 Jahren flog der 1. Jet. Flieger, Heft 9/1979, S. 353.

[78] S. S. 160.

[79] Stürmisches Leben, 1. und 6. Aufl. S. 503, 3.–5. Aufl. S. 479.

[80] Stürmisches Leben, 1. und 6. Aufl. S. 503ff., 3.–5. Aufl. S. 479ff.

[81] Auch bei Heinkel dachte man bereits an einen einsatzfähigen Hochgeschwindigkeitsjäger, wofür das neue Konzept bereits in der He 280 vorlag. Diese Maschine ist von dem von Messerschmitt kommenden neuen Technischen Direktor, Robert Lusser, konzipiert, der die Arbeiten bei Messerschmitt an der Me 262 kennt und daher bei Heinkel besonders auf schnelle Fertigstellung der He 280 und der für sie geplanten Triebwerke drängt. Vgl. S. 192ff.

[82] Heinz Meschkat weist in seiner bereits erwähnten, nicht veröffentlichten Darstellung vom 8. Oktober 1951 auf einen Aufsatz in der amerikanischen Zeitschrift »Popular Science« vom Dezember 1945 hin. Die Basler Nachrichten vom 7. Januar 1944 hatten dagegen in einer begeisterten Ankündigung »Das propellerlose Flugzeug der britisch-amerikanischen Luftwaffe« die Priorität »Group Captain Whittle ... (dem) Erfinder der ersten erfolgreichen Düsenantriebsmaschine« zugesprochen und unter Hinweis auf die zwar vorangegangenen aber unbefriedigenden Probeflüge der Caproniwerke behauptet: »Ebenso blieben die Versuche von Junkers und Heinkel experimentell stecken.«

[83] Robert Schlaifer: Development of Aircraft Engines, and S. D. Heron: Development of Aviation Fuels, Two Studies of Relations between Government and Business. Division of Research, Graduate School of Business Administration – Harvard University, Boston 1950. In Deutschland erschien 1955 die erste Veröffentlichung von C. Walter Vogelsang: Die 2. Etappe, Die Geschichte der Flugzeugturbine und des Turbinenflugzeugs. »Astra« Josef Penyigey-Szabó-Verlag, Lahr/Schwarzwald, die offenbar keine Breitenwirkung erzielte, obwohl sie ausgezeichnet recherchiert und geschrieben war. Das gleiche trifft zu für die Arbeit von Mano Ziegler: Kampf um Mach 1. Die Geschichte des größten Abenteuers der Luftfahrt, Ehapa-Verlag, Stuttgart 1965.

[84] Wie der Annahme, daß es sich bei Max Hahn, dem Helfer Hans v. Ohains, um einen »Studienfreund« gehandelt habe oder daß Pohl ein »persönlicher Freund« Ernst Heinkels gewesen sei, während dieser, wie Hans v. Ohain dem Verfasser in einem persönlichen Gespräch erzählte, nicht einmal den Namen Heinkels kannte. Dergleichen Irrtümer geistern dann irreparabel durch die Literatur. So wird Pohl auch noch 1982, offenbar Schlaifer folgend, in dem Aufsatz von Lee Payne »The Great Jet Engine Race ... And How We Lost« in Air Force Magazine/January 1982, S. 58ff., als »a personal friend of airplane builder Ernst Heinkel« bezeichnet. Dieser Aufsatz gibt im übrigen eine gut recherchierte Darstellung der in England, Deutschland und den USA zeitlich parallel ablaufenden Vorgänge und der Initiatoren Frank Whittle, Hans v. Ohain und Vladimir Pavlecka, der in den USA bei Douglas viele Neuigkeiten auf dem Flugzeugsektor entwickelte und bei Northrop einen Axial-Compressor baute. Pavlecka ist nach seiner eigenen Darstellung in diesem Aufsatz von Payne für die Bell P-59 A, das erste fliegende USA-Düsenflugzeug (Erstflug am 2. Oktober 1942 in Californien), und ihr bei General Electric gebautes Düsentriebwerk verantwortlich, das nach dieser Darstellung ohne die von Whittle nach den USA übermittelten britischen Unterlagen entwickelt und gebaut worden ist. Pavlecka hat danach am 2. Januar 1940 bei Northrop die Arbeit an dem Düsentriebwerk aufgenommen. Payne gibt auch noch die Antwort auf die Frage »Who won the race? The Germans, but they were scratched. The victory went to England, with the USA a poor third.« Das ist eine immerhin interessante Feststellung, die in lapidarer Kürze die Zensuren verteilt.

[85] Stürmisches Leben, 1. und 6. Aufl. S. 478, 3.–5. Aufl. S. 454.

[86] Nach einer bei der Ernst Heinkel AG in Stuttgart-Zuffenhau-

sen nach dem Kriege vermutlich von Max Bentele angefertigten Übersetzung der Schlaifer-Studie, die im Heinkel-Archiv vorliegt: »Sowohl v. Ohain als auch Heinkel dachten über das Strahltriebwerk immer als eine nur für außerordentlich schnelle Jäger geeignete Maschine.«

[87] In einem Brief an den Verfasser vom 22. Juni 1981.

[88] S. die Werksmitteilung Nr. 311 von Ernst Heinkel an Dr. Hertel vom 18. Dezember 1937, in der Hertel zu entsprechender Veranlassung angewiesen wurde. Nach einer persönlichen Mitteilung von Ernst Heinkel an Hans v. Ohain vom »29. 4. 38 abends« soll ein Aggregat für den 4. Mai vorführbereit sein für einen »Herrn vom Ministerium«. Einer besonderen Mitteilung vom 13. Februar 1939, die von Ernst Heinkel unterzeichnet ist, ist zu entnehmen, daß die Strahltriebwerksentwicklung v. Ohains »laut schriftlicher Erklärung des RLM« Staatsgeheimnis, nicht nur Fabrikgeheimnis sei.

[89] Brief Ernst Heinkels an GenLt Udet vom 6. Dezember 1938, dem er vier ausländische Patente und zwei Zeitschriftenaufsätze beifügt.

[90] Vgl. S. 21. Helmut Schelp hat auf der Jahrestagung der DGLR in Aachen vom 12. bis 14. Mai 1981 einen äußerst interessanten Vortrag »Zur Geschichte des Strahltriebwerks – Die Entwicklung bis 1945« gehalten, der im Wortlaut im Jahrbuch der DGLR 1981 IV als Nr. 77 (DGLR-Vortrag 81-073) abgedruckt ist. Seine Darstellung ist deswegen besonders wichtig, weil er vom RLM aus die Dinge maßgeblich beeinflußt hat und die deutsche Flugmotorenindustrie erst dahin gebracht hat, »einen Entwicklungsauftrag anzunehmen und mit der Entwicklung von Turbinen-Luftstrahltriebwerken zu beginnen«. Seine Feststellung bekräftigt daher die hier aufgestellten Thesen, »daß die Pionierarbeiten auf dem Gebiet der Turbinen-Luftstrahltriebwerke nicht von der Flugmotorenindustrie durchgeführt wurden. Die Pioniere waren Physiker, Aerodynamiker und Flugzeugbauer«. Und damit meint er in Deutschland Ernst Heinkel und Hans v. Ohain.

[91] LC 7 – Nr. 461/38 (III) GKdos., abgedruckt auszugsweise bei Mano Ziegler, a.a.O., S. 67.

[92] S. Anm. 84.

[93] Kultur & Technik, 2/1981, S. 71. Diesen Gedanken hat Hans v. Ohain schon vorher in mehreren Briefen an den Verfasser sowie vor allem in den persönlichen Gesprächen in Dayton, Ohio/USA, in den Tagen vom 18. bis 20. April 1980 ausgesprochen und dabei betont, daß Ernst Heinkel im Großen alles richtig gemacht habe: »Er hat das Reichsluftfahrtministerium, ohne seinen Willen allerdings, angestachelt und auf die Großartigkeit der Düsenentwicklung aufmerksam gemacht. Dadurch ist die Industrie zum Laufen gebracht worden wie Junkers und BMW.« Sein Fazit: Ohne Heinkel kein Jumo 004 und kein BMW 003!

[94] Bei Heinkel hatte schon Wilhelm Gundermann, s. S. 169, aus technischen Gründen ein Flugzeug mit zwei Triebwerken vorgeschlagen. Damit wird auch die Argumentation in dem Beitrag der Flugwelt 11/1966, S. 875, widerlegt, in dem Heinkel vorgeworfen worden war, nach dem Ausscheiden Hertels »die 1936 eingeschlagene Linie des einstrahligen Düsenjägers He 178 mit zentralem Rumpfeinlauf und Radialturbine« aufgegeben zu haben, »obgleich erfolgreiche Flüge die Richtigkeit des Zellen- und Strahltriebwerk-Prinzips in der He 178 erwiesen hatten«. Ganz abgesehen davon, daß die He 178 nie ein »Düsenjäger«, sondern immer nur ein Experimentalflugzeug war, hat sich die Lösung einer oder gar mehrerer zentral im Rumpf untergebrachter Strahlturbinen keineswegs in aller Welt als »noch heute üblich« durchgesetzt.

[95] Diese Angaben sind von der Darstellung Schlaifers übernommen, wie ausdrücklich bemerkt werden soll, während die »Vorläufigen Technischen Richtlinien ...« als Geschwindigkeit 900 km/h fordern.

[96] Vgl. S. 194.

[97] The German Jets and the U.S. Army Air Force, in: American Aviation Historical Society-Journal, Volume 8, Number 3, Fall 1963, S. 155ff.

[98] Dieser Befragungs-Bericht mit seinen vielen Einzelheiten liegt – in deutscher Übersetzung – auch im Heinkel-Archiv in Stuttgart vor.

[99] Heinkel He 178. Verkannter Vorläufer der Jet-Epoche, aerokurier 1/1975, 75f. Ich habe diesen mit –RD– gezeichneten Aufsatz in meiner umfassenden Schrifttumsübersicht in der Festschrift der Flugsportgruppe Heinkel e.V. zu ihrem 25jährigen Jubiläum im Oktober 1980, S. 73, irrtümlicherweise Hans Redemann zu geschrieben.

[100] Stürmisches Leben, 1. u. 6. Aufl. S. 501, 3.–5. Aufl. S. 477ff. und Heinkel-Flugzeugtypen-Blatt 002, S. 1 Vgl. aber S. 174.

[101] van Ishoven: Udet. Paul Neff Verlag, Wien/Berlin, 1977, S. 409. Nach van Ishoven dachte Udet dabei konkret an die He 280. Helmut Schelp allerdings äußerte sich im persönlichen Gespräch mit dem Verfasser am 2. April 1980 in Los Angeles »Udet hatte mit der Düse nichts im Sinn«, während Erich Warsitz in seinem Brief an den Verfasser vom 16. November 1979 angibt, daß »Udet keineswegs und niemals der Düsenantrieb-Entwicklung skeptisch gegenüber gestanden« sei.

[102] Stürmisches Leben, 1. und 6. Aufl. S. 512ff., 3.–5. Aufl. S. 481ff.

[103] Schriften der Deutschen Akademie der Luftfahrtforschung »Strahltriebwerke«, Berlin 1941, S. 17–37.

[104] S. S. 104ff. Die Einleitung dieser Entwicklung bei Heinkel erfolgte durch die von Walter Günter entwickelte He 64. Die Brüder Günter hatten schon in den Jahren zuvor bei der Bäumer-Aero GmbH in Hamburg Leichtflugzeuge wie den »Sausewind« entwickelt, deren aerodynamische Form die Fluggeschwindigkeiten ohne stärkere Motoren enorm steigerte.

[105] S. S. 162.

[106] A.a.O., S. 76.

Tragödie eines Bombers: die He 177

[1] Flug-Revue 8/1959, S. 17–21, und 10/1959, S. 22ff.

[2] Zur Geschichte der He 177, Flugwelt 1960, Heft 1, S. 35ff.

[3] Hans Redemann, Flug Revue International 5/1968, S. 110ff. und Flug Revue + flugwelt international 6/1968, S. 52ff. und S. 80.

[4] Horst Boog: Die deutsche Luftwaffenführung 1935–1945. Deutsche Verlags-Anstalt Stuttgart, 1982, S. 57f., gibt an, daß das Projekt je nach der politischen oder Kriegslage vernachlässigt oder vorangetrieben worden sei und daher seine auf die unsinnige Sturzflugforderung zurückzuführenden Gebrechen nie losgeworden sei. Im März 1938 sei es in der Entwicklung vorübergehend gestoppt, Ende 1939 sei der Serienbau überstürzt befohlen und in der Siegeseuphorie des Frühjahrs 1940 um drei Monate verschoben und dann auf fünf Flugzeuge monatlich reduziert. Nach der Luftschlacht um England sei es er-

neut in die Serienfertigung gegeben. (Vgl. dazu auch die bei Boog a.a.O. gegebenen Hinweise auf den wechselnden Personaleinsatz). So habe der deutschen militärischen Führung während des ganzen Krieges das Mittel zur strategischen Luftkriegführung gefehlt.

[5] Ernst A. Marquard schrieb in den Rechliner Briefen, 1. Folge, Brief Nr. 17, den bereits im Titel kennzeichnenden Beitrag »Die Stuka-Idee hat die deutsche Luftwaffe zugrunde gerichtet.« Auf S. 7f. weist er darauf hin, daß, obwohl für den Hochangriff kreiselgesteuerte Zielgeräte von Zeiss vorhanden gewesen seien, die taktischen Forderungen vom Frühjahr 1939 an das Technische Amt im RLM im Sinne der Verlagerung des Schwerpunktes des Bombenangriffs vom Flächenziel zum Punktziel für die Bombenabteilung »die Bereitstellung eines Stuka-Visiers dringlicher (bezeichnet hätten), als die jedes anderen Bombenzielgerätes«. Die deutsche Luftwaffe hatte daher für den längeren Krieg weder schwere Bomber noch ausreichend Jagdflugzeuge. Max Klüver behandelt in seiner Arbeit »Den Sieg verspielt«, Druffel-Verlag Leoni am Starnberger See, 1981, S. 116ff. den »Verzicht auf den Langstreckenbomber« als einen der Konzeptionsfehler Hitlers, für den England kein angenommener Gegner war, so daß Deutschland den Fernbomber »kurz- und mittelfristig nicht brauchte«. Auch ein Krieg mit der Sowjetunion lag nicht in der Konzeption: Der »Ural«-Bomber, wie der Langstreckenbomber auch genannt wurde, schien nicht erforderlich zu sein. Die Planungsschwierigkeiten der He 177 sind ein getreues Spiegelbild der Konzeptlosigkeit der Zeit.

[6] Angaben nach Hans Redemann, Flug Revue + flugwelt international 6/1968, S. 60. Die abweichenden Angaben zitiert Heinrich Hertel in Flugwelt 1960, Heft 1, S. 37, nach einem Typen-Vergleichsblatt des RLM vom 1. 1. 1942. Er gibt eine Länge von 20,40 m und eine Höhe von 5,50 m an für die He 177 A-4. Das Typenblatt Serie III Nr. 032 der Ernst Heinkel Flugzeugbau GmbH Speyer vom Dezember 1964 bringt für die He 177 A-5/R 7 von 1943 die gleichen Zahlen wie im Text, die noch durch die Angaben für das Leergewicht von 17210 kg und ein Fluggewicht von 31000 kg ergänzt werden. Als Höchstgeschwindigkeit werden hier 520 km/h in 5700 m Höhe angegeben und als Reisegeschwindigkeit in dieser Höhe 410 km/h, bei einer Reichweite von 3750 km in 6000 m Höhe und 4000 km als optimaler Reichweite in 3000 m Höhe. Zu den modernen Errungenschaften der He 177 gehörten sicher auch die erstmalig in Deutschland verwendeten Fowlerklappen des Engländers Fowler, die die aerodynamische Flügelfläche als Auftriebshilfe vergrößerten.

[7] William Green: Famous Bombers of the Second World War. MacDonald & Co. (Publishers) Ltd., London 1960, The Heinkel He 177 Greif, S. 93.

[8] Den Hanna Reitsch »Deutschlands besten Einflieger« nannte in ihrer Autobiographie »Fliegen – mein Leben«, F. A. Herbig Verlagsbuchhandlung München–Berlin, 1979, S. 192.

[9] Der Flugbericht mit den Änderungsanregungen wurde als Mitteilung 4297 vom 20. November 1939 den maßgeblichen Firmenstellen der Heinkel-Werke mitgeteilt. Völlig abwegig ist es, wenn David Irving in »Die Tragödie der Deutschen Luftwaffe – Aus den Akten und Erinnerungen von Feldmarschall Milch«, 1970, zitiert nach der Ausgabe »Ein Gelbes Ullstein Buch«, Verlag Ullstein GmbH, Frankfurt/M.–Berlin, 1979, S. 375, behauptet, ein Heinkel-Direktor habe Erhard Milch in der Gefangenschaft erzählt, daß »er selbst einen Scheck über 40000 Reichsmark für einen leitenden Testpiloten ausgestellt (habe), damit (!) dieser einen günstigen Bericht über die schlecht konzipierten Versuchsmuster der He 177 liefere«. Hier irrt Irving völlig, wenn er diese Behauptung einer »handschriftlichen Notiz unter Milchs Gefängnispapieren« entnommen haben will, wie er a.a.O. S. 469 Anm. 10 zu S. 375 behauptet. Zwar ist die Notiz Milchs, auf die sich Irving bezieht, um damit einen Korruptionsvorwurf gegen die Luftwaffe zu beweisen, schon in sich mißverständlich; aber sie läßt die Folgerung Irvings absolut nicht zu. Die Notiz, die mit Genehmigung des Nachlaßverwalters von Erhard Milch im Institut für Zeitgeschichte in München eingesehen wurde, wo sie sich unter Verschluß befindet als Kopie des im Bundesarchiv-Militärarchiv in Freiburg i. Br. befindlichen Originals, lautet: »Dr. Lehrer von Heinkel: Fran(c)ke hat He 177 nachgeflogen und gelobt (als Rechliner Mann), hat von Heinkel dafür (!) 40000 Mark bekommen. Dr. Lehrer hat Scheck selbst ausgestellt.« Die Wahrheit ist, daß es sich bei dem an Carl Francke gezahlten Betrag um die international übliche Erstflugprämie (und Einflugprämie) gehandelt hat, die ihm im Einvernehmen mit seinen Vorgesetzten ausgezahlt wurde, und nicht darum, daß er die He 177 gelobt hat. Dr. Lehrer, der damalige Kaufmännische Direktor Heinkels, erklärte dazu in einem als Brief übermittelten Tonband an den Verfasser, das dieser von Dr. Lehrer, der sich in Südafrika befand, am 18. März 1980 erhielt, eindeutig – und er ist zusätzlich auch noch zu einer Eidesleistung in diesem Sinne bereit –, daß Carl Francke die offiziell zwischen dem RLM und der Firma Heinkel vereinbarte Erstflugprämie erhalten habe als Entschädigung für den Erstflug (und das damit verbundene Risiko). Ohne jeden Zweifel haben üblicherweise auch alle anderen Piloten jeweils eine Risikoprämie für einen Erstflug erhalten, einerlei wie deren Höhe war. Irving hat leider auf entsprechende Anfragen des Verfassers nur ausweichend geantwortet. Daher muß diese Angelegenheit an dieser Stelle und in dieser Ausführlichkeit behandelt werden. Irving selbst hat in seinem o.a. Buch ein ganzes Kapitel dem »Skandal um die Heinkel 177« (S. 231–245) gewidmet, in dem er allerdings sich lediglich auf die subjektiven Angaben Milchs stützt.

[10] Brief Carl Francke an den Verfasser vom 5. 6. 1980.

[11] Brief Carl Francke an den Verfasser vom 11. 1. 1980.

[12] Vgl. Anm. 9.

[13] Brief Xaver Hafer an den Verfasser vom 13. 9. 1979, Punkt 5. S.a. S. 183.

[14] A.a.O., S. 93.

[15] Auch hinsichtlich der He 177 zeigt sich das außerordentliche Interesse auch noch der jüngeren ausländischen Fachveröffentlichungen an den deutschen Entwicklungen der damaligen Zeit. So widmet auch die Serie der »Aircraft Profile« ein ganzes, stark bebildertes Heft (Nr. 234), verfaßt von Alfred Price, der He 177 und ihrer wechselvollen Geschichte, aber auch ihren Möglichkeiten.

[16] Flug Revue + flugwelt international 6/1968, S. 52. Vgl. im übrigen hinischtlich des Doppelmotors und des in der He 177 entstehenden Triebwerkproblems Kyrill von Gersdorff/Kurt Grasmann, Flugmotoren und Strahltriebwerke, Bd. 2 dieser Reihe. Bernard & Graefe Verlag, München, 1981, S. 110ff.

[17] Der Kommandeur der E-Stellen (K.d.E.), Oberst Petersen, legte am 27. 5. 1943 dem Chef des Technischen Amtes im

RLM mit der T.B. Nr. 2014/43 geh. eine Aufstellung über alle Unfälle He 177 vor, bei der von 53 Unfällen 23 einen Schaden von 100 Prozent und neun einen Schaden von 50–99 Prozent verursacht hatten. Diese Aufstellung liegt im Bundesarchiv-Militärarchiv in Freiburg i. Br. vor. Von den Unfällen hatten sich 38 in den Jahren 1940–42 und 15 im Jahre 1943 ereignet. Als Unfallursachen waren mehrfach Pleuelbrüche erkannt; oft konnten die Ursachen nicht mehr ermittelt werden.

[18] Brb. Nr. 5292/43 geh. (K) vom 16. 12. 1943, vorhanden im Bundesarchiv-Militärarchiv in Freiburg i. Br. Seit Februar 1943 wurden im Heinkel-Werk eingehende Untersuchungen über die Weiterentwicklung der He 177 mit neuer Fläche von 108 m^2 und vier BMW-801-Motoren (He 177 B) bzw. neuem Rumpf, neuem Fahrwerk, neuem Leitwerk und großer Fläche von 130 m^2 (He 277 A; bei kleiner Fläche von 108 m^2: He 277 B) angestellt, die im April bzw. Mai 1943 im Entwurf fertig sein sollten und zur Serienauslieferung für Sommer 1945 bzw. Ende 1946 vorgesehen waren.

[19] Geheimer »Bericht über die Besprechung beim Reichsmarschall am 25. 5. 1944 auf dem Obersalzberg«, verfaßt von Karl Schwärzler am 27. 5. 1944, vorhanden im Heinkel-Archiv in Stuttgart. Nach diesem Bericht wurden in dieser Besprechung in das Programm aufgenommen u. a. die He 111 und He 177 unter neun Mustern, während die He 219 gestrichen wurde.

[20] Flug Revue + flugwelt international 6/1968, S. 60. Auch Karl-Albin Kruse: Das Große Buch der Fliegerei und Raumfahrt, Südwest Verlag, München 1973, S. 322, nennt die He 177 »gegen Ende der Entwicklung das wohl technisch vollkommenste Flugzeug der damaligen Zeit«. Roderich Cescotti, der als Oltn. und Technischer Offizier des KG 100 im Frühjahr 1944 etwa 27 Flugstunden auf der He 177 nach nur zwei Flugstunden Einweisung flog, nannte das Flugzeug, das er »gern geflogen« hat, in einem Brief an den Verfasser »für einen alten He 111-Flugzeugführer fliegerisch absolut unproblematisch«. Er war trotz eines Triebwerkbrandes, der ihn zu einer Bauchlandung zwang, vor allem über die »Flugstabilität der He 177–A 5 beim Nachtflug und ihre gute Führbarkeit im Instrumentenflug positiv beeindruckt.« Zusammenfassend nannte er die Maschine »trotz ihrer mannigfaltigen Limitierungen ... ein gut zu fliegendes Flugzeug.« Cescotti war später noch Generalmajor in der Bundeswehr.

[21] Angaben nach Typenblatt 015 der Ernst Heinkel Flugzeugbau GmbH Speyer. Hans Redemann hat in Flug Revue + flugwelt 7/1978, S. 60–62, noch eine Darstellung der Entwicklungsgeschichte der He 274 aus der He 177 H gegeben und Bilder vom Misteleinsatz der He 274 durch die Franzosen gebracht.

Ein Flugzeug für neue Aufgaben: die He 119

[1] Eine sehr informative Darstellung gibt Gert W. Heumann in Flug Revue 3/1961, S. 17–21. Vgl. auch die Typenblätter der Ernst Heinkel Flugzeugbau GmbH Speyer 012, He 119 V 4, und Serie III Nr. 036, He 119 V 5 (Dezember 1964).

[2] Kyrill v. Gersdorff/Kurt Grasmann: Flugmotoren und Strahltriebwerke. Bernard & Graefe Verlag München, 1981, S. 110.

[3] A.a.O., S. 17 ff.

[4] Zitiert nach Georg Brütting: Das Buch der deutschen Fluggeschichte, Band 3, S. 497. Die hier dargestellte Entwicklung der He 119 beruht auf Literaturangaben, die aber, wie auch eine neuere Darstellung (D. Herwig u. H. v. Rolbeck, Luftfahrt Report 1/93, eine Reihe von Vermutungen und Fehlern enthält, die der Korrektur bedürfen.

Nachtjagdflugzeug He 219

[1] S. S. 188 oben rechts.

[2] Flug Revue 8/1961, S. 23–30 und 8 A/1961, S. 28–32.

[3] S. Anm. 2 und das Typenblatt Heinkel He 219, 009.

[4] Heumann a.a.O., 8/1961, S. 24 – Nowarra: Heinkel und seine Flugzeuge, a.a.O., S. 121. Nach Bruno Lange: Das Buch der deutschen Luftfahrttechnik, Textteil, S. 261, versagten die Landeklappen, so daß die Maschine mit erhöhter Fahrt hart aufsetzte und auseinanderbrach.

[5] Wie Heumann, a.a.O., 8A/1961, S. 28, ausführt.

[6] »... beim Reichsmarschall ... auf dem Obersalzberg«. Offenbar hat es dann doch noch dem widersprechende Weisungen gegeben, die der Endphase des Krieges und dem in ihr herrschenden Durcheinander gemäß waren. S. a. Anm. 19 zu He 177.

Der erste operationelle Düsenjäger der Welt: die He 280 und weitere TL-Triebwerksentwicklungen

[1] Diese Ausschreibung ist als Originalvorgang anscheinend nicht mehr vorhanden. Es muß sie aber gegeben haben, da sowohl Messerschmitt wie auch Heinkel parallel zu der Triebwerksentwicklung ein Flugzeug entwickelten. Die daraus entstehende Me 262 wurde, allerdings erst Jahre später und nach vielen Querelen, das erste Düsenflugzeug der Welt, das an der Front eingesetzt wurde. Mano Ziegler hat in seinem Buch »Turbinenjäger Me 262«, S. 19, berichtet, daß die Projektunterlagen bereits am 7. Juni 1938 dem RLM vorgelegt, die Attrappenbesichtigung im Dezember 1938 stattfand, der Auftrag zum Bau von drei Versuchsflugzeugen »wenig später« erteilt und »schon zu Beginn des Jahres 1941 ... die Me 262 – noch ohne Triebwerke – als erprobungsreif ... gemeldet« wurde. Die »Vorläufigen Richtlinien für schnelle Jagdflugzeuge mit Strahltriebwerk« vom 4. Januar 1939 sind bereits S. 176 angeführt.

[2] S. S. 94 f.

[3] Die Kritik des von Heinkel 1939 zu Junkers gegangenen Heinrich Hertel an dem Verlassen der Linie des einstrahligen Flugzeugs unter Hinweis auf die Anwendung dieser Lösung in aller Welt, wie sie in Flugwelt 1966, Heft 11, S. 875, wiedergegeben wird, wird m. E. gerade durch die Entwicklung seither nicht bestätigt.

[4] In seinem Brief an den Verfasser vom 16. November 1979.

[5] Brief Erich Warsitz an Kyrill v. Gersdorff vom 25. März 1980.

[6] Die technischen Hinweise zu den Vorteilen des Bugradfahrwerks verdanke ich vor allem Xaver Hafer, dem früheren Abteilungsleiter bei der EHFG und maßgeblichen Mitarbeiter Siegfried Günters sowie späteren Ordinarius für Flugtechnik im Fachbereich Maschinenbau der Technischen Hochschule Darmstadt, der in seinem Brief an den Verfasser vom 20. Dezember 1979 darauf hinweist, daß viele Fw 190 auf diese Weise verunglückt seien, ohne je zum Einsatz gekommen zu sein. Adolf Galland, der als General der Jagdflieger durch seine positive Beurteilung der Me 262 als Düsenflugzeug (»Es ist als ob ein Engel schiebt«) wesentlich zur Einführung eines Düsenflugzeuges bei der Luftwaffe beigetragen hat, machte den Verfasser in einem Brief vom 28. März 1979 ausdrücklich darauf aufmerksam, daß die oft vorgetragene Behauptung, daß die He 280 am Bugrad gescheitert sei, grotesk sei, da »die Me-262 1943 auf Bugrad umkonstruiert werden« mußte.

[7] Der Reichsminister der Luftfahrt und Oberbefehlshaber der Luftwaffe LC 2 Nr. 702/40 (III)g.Kdos. vom 28. August 1940, unterzeichnet von Ernst Udet.

[8] S. S. 174.

[9] Flugbericht Nr. 1 vom 25. September 1940, 6 Blatt. Da vor allem auch das Bugradverhalten bei großen Rollgeschwindigkeiten und Grasnarbe neben der überschläglichen Feststellung der allgemeinen Flugeigenschaften während des Gleitfluges ermittelt werden sollte, ist es wesentlich, daß Bader während des ganzen Startvorganges keinen »Shimmy« (Flattern des Bugrades, so genannt nach dem Tanz der 20er Jahre) feststellen konnte: auch war keine Ausbrechneigung vorhanden. Bei der Landung wurde natürlich das Bugradverhalten besonders beobachtet.

[10] Aktennotiz des Berliner Büros vom 22. 10. und Werksmitteilung vom 15. 11. 1940.

[11] Seit Anfang 1941 als Ingenieur-Testpilot bei Heinkel und mit der Erprobung der He 280 betraut, war vorher als ziviler Testpilot bei der E-Stelle Tarnowitz der Luftwaffe beschäftigt.

[12] Wie Fritz Schäfer in einem Bericht »Ich flog den ersten Düsenjäger der Welt« ausführt, der in RAF Flying Review, Vol. XIV, Nr. 2, November 1958, erschien.

[13] Das noch vorhandene Flugbuch Fritz Schäfers weist Piloten und Datum dieses Erstfluges korrekt aus. Die Angaben von Ernst Heinkel, Stürmisches Leben, 1. und 6. Aufl. S. 514, 3.–5. Aufl. S. 490, wonach der »erste größere Flug« am 5. April 1941 stattgefunden habe, das Flugzeug von Erich Warsitz geflogen worden sei und an diesem Tag bereits ein erfolgreicher Schauluftkampf mit dem zu dieser Zeit schnellsten Serienjäger der Luftwaffe, der Fw 190, stattgefunden habe, bei dem die He 280 sowohl an Wendigkeit wie Schnelligkeit der Fw 190 überlegen gewesen sei, sind in all diesen Punkten unrichtig. Erich Warsitz hat nach seinen eigenen Angaben gegenüber dem Verfasser die He 280 nur zu »Spazierflügen« geflogen. Der Flug am 5. April vor den Spitzen des RLM, zu denen neben Ernst Udet die für die Entwicklung von Zelle und Triebwerk im TA des RLM zuständigen Ingenieur-Offiziere Roluf Lucht und Wolfram Eisenlohr gehörten, wurde von Paul Bader gemacht. Der von Fritz Schäfer vorgeführte Schauwettkampf der He 280 V 3 mit einer Fw 190 fand nach Angaben Fritz Schäfers in einem Schreiben an den Verfasser vom 28. Oktober 1979 erst Ende 1942 oder Anfang 1943 statt und führte nicht etwa aufgrund der Wendigkeit der He 280 zu deren Überlegenheit, sondern allein wegen der erheblich höheren Geschwindigkeit. Fritz Schäfer bemerkt dazu in einem Gespräch mit dem Verfasser am 4. Oktober 1979 in Bremen, bei dem er die Zeitdifferenz mit etwa einem Jahr bezifferte, daß er – und Ernst Heinkel schon gar nicht – sich niemals bei einem Flug mit einer bis dahin nicht erprobten Maschine und einem völlig neuartigen Triebwerk auf einen Wettkampf mit einem so hervorragenden Jäger wie der Fw 190 eingelassen hätte. Übrigens nennt ein neunseitiger Text zur He 280 aus dem Heinkel-Archiv, der sonst an keiner Stelle erwähnt wird, als Datum für den Scheinwettkampf »Ende 1941«, also jedenfalls ein 3/4 Jahr später. Allerdings wird auch hier davon gesprochen, daß die He 280 die Fw 190 »ausgekurvt« habe. Das ist mit Sicherheit nicht der Fall gewesen; denn ohne Zweifel ist jede langsamere Maschine leichter zu kurven. Die He 280 war vielmehr bei diesen Vergleichsflügen und insbesondere dem Scheingefecht erheblich schneller als die als »allgemein anerkannt bestes Jagdflugzeug der deutschen Luftwaffe« angesehene Fw 190. Im Langsamflug, also auch im Kurvenkampf, wäre die Fw 190 eindeutig überlegen gewesen, da im Langsamflug der Schub der Strahltriebwerke im Vergleich zum Propellertriebwerk relativ gering ist. Das war auch der Grund, weswegen im späteren Einsatz der Me 262 dieser sonst so überlegene Strahljäger bei der Landung besonders empfindlich war und von alliierten Jägern mit Kolbenmotoren und Propeller leicht abgeschossen werden konnte.

[14] Die im Heinkel-Archiv in Stuttgart vorhandenen Handelsregisterauszüge vermerken zwar u. a. die 1931 durchgeführte Namensänderung, aber nicht den Übergang der Geschäftsanteile an die Bank der Deutschen Luftfahrt AG.

[15] Eine Abschrift des Briefes vom 18. Juli 1941 liegt im Heinkel-Archiv.

[16] Gem. einer Aktennotiz v. Pfistermeisters vom 9. April 1941, die sich im Heinkel-Archiv in Stuttgart befindet.

[17] Nr. 70 Jahr 1941 der Urkundenrolle des Notars Dr. Adalbert Keil, Berlin W 35, Hildebrandtstraße 19.

[18] Gem. Typenblatt 016 der EHFG für die V 5, während eine »Kurzbeschreibung He 280« der »Ernst Heinkelflugzeugwerke G.m.b.H., Ausgabe Dezember 1942« nur 12 m angibt. Ein neunseitiger Text zur He 280 aus dem Heinkel-Archiv gibt ebenfalls für alle Flugzeuge V 1 – V 8 die gleichen Maße an und zwar Spannweite 12,20 m, Länge 10,20 m und Höhe 3,20 m. Die Flügelfläche mit 21,50 m^2 wird überall gleich angegeben.

[19] Heinkel He 280, Das erste zweistrahlige Jagdflugzeug, Flug Revue International 4/1968, S. 46ff.

[20] Vgl. S. 201.

[21] Die häufigen Angaben eines falschen Datums, etwa 12. Januar oder gar 1942 – wie das auch bei dem sonst hervorragend recherchierten Aufsatz von Hans Redemann noch erfolgt – werden durch die dokumentierte Feststellung widerlegt.

[22] Die Me 262 mußte ihrerseits lange auf die Fertigstellung der für sie in Vorbereitung befindlichen Luftstrahltriebwerke von Junkers und von BMW warten, die wegen der Wahl des axialen Verdichters eine längere Entwicklungszeit brauchten als die mit radialen Verdichtern ausgestatteten Ohain-Triebwerke bei Heinkel. So fand der Erstflug der Me 262 mit einem Junkers 004-Triebwerk am 18. Juli 1942 statt. Die Erstflüge der in Großbritannien und den USA entwickelten Düsenflugzeuge fanden auch erst im Mai 1941 bzw. Oktober 1942 statt. So war die He 280 nicht nur das zweite Düsenflugzeug, das flog, sondern auch das erste operationell einsatzfähige Düsenflugzeug in der Luft.

[23] Rudolf Dörpinghaus verweist in seinem Beitrag »Heinkel He 178 – Verkannter Vorläufer der Jet-Epoche« in aerokurier 1/1975, S. 76, mit Recht auf diesen Sachverhalt hin und schließt aus der Tatsache, daß gleichzeitig z. B. Propellerturbinen und Zweikreiser untersucht worden seien, daß »rückblikkend ... vielleicht die Prioritäten zu spät gesetzt worden« seien.

[24] Die im Heinkel-Archiv in Stuttgart eingesehen wurde.

[25] Geheim-Schreiben des Staatssekretärs der Luftfahrt und Generalinspekteurs der Luftwaffe, Erhard Milch, ST/GL C-E 2 Nr. 10.509/43 (I) geh. vom 27. März 1943.

[26] In einem Fernschreiben an seinen Berliner Repräsentanten Hermann Ritter v. Pfistermeister vom 21. April 1943 bezeichnet er das Absetzen der He 280 als »Fehlentscheidung« und bittet v. Pfistermeister, bei dem RLM vorstellig zu werden und auf die Erfolge mit der He 280 in den letzten Wochen zu ver-

weisen, die nur noch geringe Zahl von notwendigen Stunden zur Serienreifmachung und den wesentlich früheren Termin des Serienanlaufs gegenüber der Me 262 geltend zu machen. Im besonderen verweist er auf den Umstand, daß das Bugrad für die He 280 bereits fertig und erprobt sei, während die Me 262 damit noch nicht ausgerüstet sei und evtl. monatelange Schwierigkeiten damit haben könne. Mit dem Jumo 004 sei in den letzten Tagen eine Geschwindigkeit von 800 km/h und mit dem He S 8 eine solche von 780 km/h erreicht, wobei er die Geschwindigkeitsangaben von anderer Seite anzweifelt – eine Tatsache, die allerdings zu allen Firmenangaben geltend gemacht werden könnte. Das RLM war dementsprechend auch vorsichtig, was andererseits dazu führte, daß persönliche Auffassungen und Ressentiments oft Entscheidungen beeinflußten. Davon waren weder Heinkel selbst noch auch seine »Widersacher« frei. In dem Fernschreiben weist er noch auf die Tatsache hin, daß aus technischen Gründen die Geschwindigkeit der He 280 »unbedingt etwas größer wie bei 262« sei, auch passe die He 280 besser als die Me 262 für die demnächst fertigwerdenden BMW-Triebwerke. Sein Verlangen nach einem Vergleichsfliegen wurde nicht berücksichtigt.

[27] Vgl. die von Heinz Meschkat angefertigte geheime Aktennotiz vom 11. Juli 1941 über eine Besprechung im kleinsten Kreis bei Generaloberst Udet, in der dieser darauf hinweist, daß man nur eine Entwicklung betreiben könne, »die dem Krieg noch zugute kommt«, weil man sonst die hochwertigen Leute besser auf andere Aufgaben verteile, »wenn es sich zeigt, daß wir mit den Triebwerken nicht mehr rechtzeitig fertig werden«. Aus einem Aktenvermerk des Heinkel-Direktors in Stuttgart-Zuffenhausen, Harald Wolff, (Nr. 47/42) vom 2. 11. 42 über eine Besprechung im RLM geht hervor, daß um diese Zeit »Heinkel-Geräte... wegen des fehlenden 10-Stundenlaufes nicht geplant werden« können, während »sowohl BMW wie Junkers einen 10-Stundenlauf ohne Beanstandung mit Auslegewerten gefahren haben«.

[28] Wie der Leiter des Berliner Büros Hermann v. Pfistermeister in einer geheimen Aktennotiz vom 1. März 1943 ausführt. In dieser Besprechung war es auch darum gegangen, welcher Konstruktionsaufwand noch erforderlich sei, um eine 300-Stück-Serie aufzulegen und wo diese gebaut werden könne.

[29] Wie das Berliner Heinkel-Büro in einem Fernschreiben vom 27. Januar 1943 an Heinkel-Rostock berichtet.

[30] Niederschrift vom 22. 3. 1943.

[31] Gemeint ist das Schreiben vom 27. März 1943 über die Absetzung der He 280 zugunsten der Me 262, s. S. 200 und oben Anm. 25.

[32] Darauf basiert vermutlich die entsprechende Angabe in dem Aufsatz von Hans Redemann, a.a.O., S. 47f. und dem Heinkel-Typenblatt 016.

[33] In VFW-Fokker-Journal Nr. 3/4 März/April 1975 erstmals veröffentlicht und seither gegenüber dem Verfasser in mehreren Gesprächen und Briefen eindringlich wiederholt, zuletzt in Telefongesprächen am 26. Oktober und 4. November 1982 sowie in einem Brief an den Verfasser vom 16. Januar 1983 und Telefonat vom 25. Januar 1983. Hier bezieht er sich auf die Zustimmung weiterer alter Heinkel-Mitarbeiter, wie u.a. auf Eduard Öttinghaus, der zunächst in der Triebwerksgruppe von Hans v. Ohain als Konstrukteur tätig war und später Fertigungsleiter in Mödling bei Wien war.

[34] Helmut Roosenboom hat nach den Angaben von Fritz Schäfer eine bei VFW in der Bibliothek vorhandene Aufstellung gemacht und erläutert.

[35] Allerdings ist nach den vorhandenen Unterlagen auch die V 2 am 26. Juni 1943 zu Bruch gegangen und nicht wieder aufgebaut worden, so daß nach diesem Zeitpunkt nur die V 3 bzw. die daraus entstandene anders bezeichnete Maschine für diese Versuchsflüge zur Verfügung gestanden haben kann. Das ist aber durchaus möglich, da die He 280 nach dieser Zeit nur noch für bestimmte Erprobungen eingesetzt war. Schäfer selbst gibt in dem Telefongespräch am 4. November 1982 an, daß er mit der V 2 eine Bruchlandung gemacht habe, die aber nach seiner Erinnerung nicht dazu geführt habe, daß die Maschine nicht wieder aufgebaut worden sei. Nach ihm wurden alle Versuche mit der V 2 und der V 3 geflogen; auch das V-Leitwerk wurde auf einer dieser beiden Maschinen angebracht. Nach seiner Meinung war es auch nicht nötig, He 280 als Erprobungsträger zu bauen, da hierfür in der Ju 88 und der He 111 geeignete Flugzeuge vorhanden waren.

[36] Fritz Schäfer in einer Besprechung in Bremen am 4. Oktober 1979 sowie in dem diese Besprechung bestätigenden Brief an den Verfasser vom 28. Oktober 1979. Danach war das He S 8 noch lange nicht serienreif. Es fehlten noch fast alle Hilfsgeräte, so daß der Pilot Drehzahl und Strahltemperatur ununterbrochen beobachten mußte und entsprechend Flugzustand und Flughöhe regelnd eingreifen mußte. Einem Luftwaffenpiloten, der auch noch kämpfen sollte, wäre das nach Fritz Schäfer nicht zuzumuten gewesen. Hinzu kam das Leitwerksschütteln bei hohen Fluggeschwindigkeiten. Es fragt sich allerdings, ob diese Probleme nicht bei entsprechendem Aufwand zeitgerecht hätten gelöst werden können. Faktisch haben Messerschmitt und Junkers den Heinkel-Vorsprung bei Zelle und Triebwerk aufgeholt, auch wenn die Me 262 ihrerseits »zu spät« kam.

[37] Wie Fritz Schäfer ausdrücklich in seinem Schreiben an den Verfasser vom 28. Oktober 1979 unter Nr. 16 mitteilt.

[38] S. S. 20.

[39] Die Vorträge wurden als Geheime Kommandosache – Schr. 1034/41 g. Kdos. – als Schrift der Akademie gedruckt. Dieses Protokoll wurde dem Verfasser erstmals durch Wolfram Eisenlohr zugänglich gemacht nach einem Hinweis von Richard Rosenberg. Der noch vorhandene Film wurde mehrfach abgezogen, so daß heute sowohl das Deutsche Museum wie auch das Historische Archiv der DFVLR über den Text verfügen. Der Verfasser konnte den Text bereits bei seiner Kurzbiographie »Ernst Heinkel und sein ›Dreigestirn‹ Karl Schwärzler, Walter und Siegfried Günter«, erschienen als Beilage zu »Luft- und Raumfahrt 2–80«, erstmals auswerten. Nachträglich stellte sich auch heraus, daß Fritz Schäfer über ein Exemplar verfügt im Original, das ihm von Hans v. Ohain geschenkt wurde, als dieser nach den USA ging.

[40] Ordinarius an der Technischen Hochschule in Stuttgart und Direktor des Forschungsinstituts für Kraftfahrwesen und Fahrzeugmotoren. Kamm war übrigens auch Bundesbruder Ernst Heinkels, ihm also auch persönlich eng verbunden.

[41] Als Beispiel sei nur auf die Entwicklung der He 64 und He 70 verwiesen, die die aerodynamische Revolution einleiteten, vgl. S. 92ff. und S. 104ff.

[42] Diese Entwicklung ist auf S. 163ff. ausführlich dargestellt, da es eine der wichtigsten Handlungen Ernst Heinkels auf seinem Weg zu den Schnellflugzeugen war, den Düsenantrieb zu fördern.

[43] Während in dem Artikel zum 65. Geburtstag Heinrich Hertels in Flugwelt 1966, Heft 11, S. 875 – vgl. auch oben Anm. 3 – ausgerechnet diese Entscheidung zu zwei unter den Flügeln angebrachten Turbinen als »unbegreiflich« bezeichnet wird.

[44] Auf dem vorhandenen Exemplar ist die Tagebuch-Nr. mit 4885/42 erkennbar. Die herausgebende Stelle war vermutlich RLM/GL/C-E. Über diese Tagung, insbesondere den Vortrag von Helmut Schelp, berichten v. Gersdorff/Grasmann in ihrem Buch »Flugmotoren und Strahltriebwerke« a.a.O., S. 183f. ausführlich, so daß an dieser Stelle auf eine Wiedergabe verzichtet werden soll, da es sich nicht mehr um eine spezielle Heinkel-Angelegenheit handelt.

[45] Siehe v. Gersdorff/Grasmann a.a.O., S. 184f.

[46] Worauf Helmut Schelp am 4. 11. 1942 – Protokoll S. 54 – ausdrücklich verweist. Er erklärt schon damals – a.a.O., S. 56 –, daß das Jumo 004 und das BMW 003-Triebwerk bis zur Serie durchgezogen werden sollen, während das He S 8 in der Ausführung des V 15 wegen seines einfachen Aufbaues und seiner Prädestination für besondere Anwendungszwecke bis zu einer kleinen 0-Serie weitergeführt werden sollte.

[47] Technische Einzelheiten, Abbildungen und tabellarische Übersichten zu den bei Heinkel entwickelten Strahltriebwerken s. v. Gersdorff/Grasmann, a.a.O., S. 185ff. In einem Planungsblatt des He S 011, das beim RLM als Muster 109-011 registriert war, wird die Baumusterbeschreibung wie folgt angegeben: TL-Triebwerk bestehend aus: festem Einlaufdiffusor; Trichter mit axialem Vorläufer, Diagonalrad und 3 Axialstufen; Gleichdruck-Ringbrennkammer; 2-stufiger innen luftgekühlter Turbine und verstellbarer Schubdüse. Die Länge wurde mit 2500 mm, der Durchmesser mit 805 mm und das Gewicht mit 900 kg angegeben. Die Schubwerte betrugen in 0 km Höhe und bei 0 km/h Geschwindigkeit 1300 kp (12,7 kN), in 10 km Höhe und bei 900 km/h Geschwindigkeit 500 kp (4,9 kN). Das 1. V-Triebwerk sollte im April 1944, die Entwicklungsreihe im Juni 1944 fertig sein und der Serienanlauf im Mai 1945 stattfinden. Bemerkt wurde besonders, daß das He S 011 das erste Luftstrahltriebwerk der Leistungsklasse II sein sollte, das als Ablösung von Jumo 004 und BMW 003 vorgesehen war. Man kann aus dieser letzten Angabe entnehmen, wie weit fortgeschritten der Triebwerksbau bei Heinkel angesehen wurde und welche Leistungen von Hans v. Ohain und seinen Mitarbeitern vollbracht waren.

[48] Die Umwandlung der Heinkel-Betriebe in eine Aktiengesellschaft wurde zum 1. April 1943 durchgeführt. S. a. S. 218.

[49] Diese und die weiteren Einzelheiten zum He S 011 entstammen der Korrespondenz des Verfassers mit Hans v. Ohain, insbesondere dessen Schreiben vom 28. September 1980. Die Zahlenangabe der gelieferten 23 Exemplare (V 6–V 28), die insoweit der in der Literatur genannten Zahl von 20 Stück entgegensteht, ist der Prämienabrechnung der Ernst Heinkel AG., Werk Hirth-Motoren, an Hans v. Ohain vom 31. März 1945 entnommen, aus der hervorgeht, daß V 1–V 5 noch vor dem 1. April 1944 geliefert waren.

[50] S. S. 162f.

[51] Die er in seinem »Stürmisches Leben«, 1. und 6. Aufl., S. 521, 3.–5. Aufl. S. 497 gibt.

[52] Hans v. Ohain verweist bezüglich vor allem der langwierigen Entwicklungsschwierigkeiten der anderen Triebwerksfirmen auf die Darstellung bei William Green: Warplanes of the Third Reich, S. 619 und S. 620.

[53] Zur He 343 s. S. 204f.

[54] Wobei nach Angaben von Hans v. Ohain in seinem Brief an den Verfasser vom 28. September 1980, S. 20, vor allem die Beiträge von Max Bentele bezüglich des Diagonal- und Gesamtcompressors und der zweistufigen, luftgekühlten Turbine sowie diejenigen von Hartenstein und Schneck, die für die Erprobung des Volltriebwerkes verantwortlich waren, besonders ausschlaggebend waren.

[55] Vgl. Stürmisches Leben, 1. und 6. Aufl. S. 517f., 3.–5. Aufl. S. 493.

[56] Hans v. Ohain in seinem Brief an den Verfasser vom 28. September 1980, S. 22. Vgl. auch S. 20.

[57] Vgl. dazu die Baumusterübersicht der Heinkel-Strahltriebwerke bei v. Gersdorff/Grasmann, a.a.O., S. 194 und die dort gegebenen Hinweise auf Propellerturbinen, Zweistromtriebwerke und Motorluftstrahltriebwerke.

Der Strahlbomber He 343

[1] In seinem Aufsatz »Heinkel He 343 – Ein vierstrahliges Kampfflugzeug-Projekt aus dem Jahre 1944«, Flug Revue + flugwelt 2/1981, S. 63–65.

[2] Vgl. Typenblatt Heinkel He 343 Serie III Nr. 030 vom Dezember 1964 der Ernst Heinkel Flugzeugbau GmbH Speyer. S.a. Hans Redemann, a.a.O., mit weiteren technischen und taktischen Einzelheiten.

Der »Volksjäger« He 162 mit dem Huckepack-Triebwerk

[1] Vgl. die Untersuchung der Ernst Heinkel Flugzeugwerke GmbH, Rostock, vom 3. 4. 1937 »Weshalb noch Holz als Baustoff für Flugzeuge?«, in der unter Hinweis auf den zunehmenden Mangel an Leichtmetallen (Bauxit für die Aluminiumproduktion mußte unter großen Schwierigkeiten eingeführt werden) Überlegungen angestellt wurden, wie weit man wieder Holz- bzw. Gemischtbauweise im Flugzeugbau einschalten solle. Ferner: »Holz im Flugzeugbau«, DIN E 9140, Ausgabe 1943, sowie »Richtlinien« für den Holzflugzeugbau« von 1943, die sich auf diese DIN-Vorschrift beziehen. Die Untersuchung bei Heinkel verwies bei den Vergleichen Holz: Metall im Flugzeugbau auf die überwiegenden Vorteile einer erneuten Verwendung von Holz im Flugzeugbau. Die Holzbauweise war bei Heinkel von jeher »sehr gepflegt«, wobei in diesem Zusammenhang auf die He 70, den Heinkel-Kadett He 72 und die He 116 hingewiesen wurde, »bei denen sich Holz als moderner Flugzeugbaustoff vollkommen bewährt« hatte. Verarbeitbarkeit, Materialkosten, Lieferzeiten der Materialien und Kostenvergleiche der Vorrichtungen zeigten zu diesem Zeitpunkt überwiegend Vorteile der Holzbauweise, die im übrigen auch von dem englischen Chefingenieur der Firma Supermarine, Mitchell, und dem italienischen Konstrukteur Cianni Caproni vor allem bei der Notwendigkeit beschleunigter und möglichst billiger Herstellung im Verteidigungsfall als vorteilhaft angesehen wurde. Vergleichsuntersuchungen betrafen vor allem auch die Gewichte von Metallflugzeugen und Holzflugzeugen neuerer Bauart, wobei die He 70 und die He 116 der He 111 und He 119 gegenübergestellt wurden. Es ist demnach anzunehmen, daß die Entscheidung des RLM, in dem geforderten Leichtbaujäger Holz zu verwenden, berücksichtigte, daß mit Holz nicht nur leichter und schneller zu bauen sei, son-

dern daß die Gemischtbauweise für ein Verschleißflugzeug der zu erwartenden Verlustquote eher entspräche als das stabilere aber auch teurere Flugzeug nur aus Metall. Die Entscheidung des RLM zugunsten des von Heinkel vorgelegten Entwurfs dürfte dadurch beeinflußt gewesen sein, daß gerade bei Heinkel für ein in Gemischtbauweise hergestelltes Flugzeug – also unter Verwendung von Holz – besonders gute Voraussetzungen gegeben waren.

[2] Abgedruckt als Verfügung vom 29. September 1944 Rf. RuK TAE Nr. 999–781/44 geh., hier zitiert nach dem Aufsatz von Ernst Heinkel »Wie der ›Volksjäger‹ He 162 entstand«, Interavia, 7. Jahrgang, 7/52, S. 372 ff.

[3] Ernst Heinkel, Interavia, a.a.O. S. 373.

[4] Die Zahlenangaben sind nicht mehr mit absoluter Sicherheit wiederzugeben. Hans Redemann, Flug Revue + flugwelt international 5/1974, S. 114, spricht von insgesamt 100 fertiggestellten Maschinen einschl. aller Prototypen und Nullserienflugzeuge. Davon standen allein in Leck/Schleswig-Holstein bei der Kapitulation der Deutschen Wehrmacht am 8. Mai 1945 mindestens 50 einsatzbereite Maschinen, für die es jedoch an Treibstoff mangelte. Lee Payne berichtet in Air Force Magazine, Jan. 1982, S. 63, daß vor Kriegsende noch 60 mit BMW-003-Triebwerken ausgerüstete He 162 in Dienst standen. Horst Boog: Die deutsche Luftwaffenführung 1935–1945, Deutsche Verlags-Anstalt Stuttgart, 1982, S. 59, beziffert die bis Ende März 1945 gelieferten Serienmuster mit 116 Stück. Im Februar seien die ersten Exemplare geliefert worden. Nach ihm hätte das Kriegsende vor dem Nachweis bewahrt, »ob die in einer einmaligen anerkennenswerten Leistung ... gebauten Flugzeuge auch betriebssicher und einsatzklar waren«. Offenbar hat Boog hier genannte Quellen nicht gekannt oder nicht benutzt, möglicherweise, weil sein Manuskript lange vor der Drucklegung abgeschlossen war.

[5] Heft 5/1980 »Wieder ein ›Modell mit Geschichte‹«, Dokumentation von Hans Lächler. Ferner Bernd Barbas in I.P.M.S. Deutschland Mitteilungen 9–79, S. 23–28 (I.P.M.S. = International Plastic Modellers Society).

[6] Modellmagazin, a.a.O., S. 15. Die Redaktion des Modellmagazin hat den britischen Piloten der von Rudolf Schmitt abgeschossenen Typhoon in England ausfindig gemacht, der seinen Abschuß bestätigt hat. Rudolf Schmitt ist auch am 20. April 1945 nach 25minütigem Flug mit Schleudersitz aus der He 162 ausgestiegen lt. Flugbucheintragung, ohne daß der Grund angegeben worden ist. Es handelt sich dabei vermutlich um den einzigen und erfolgreichen Abschuß des Schleudersitzes aus einer im Einsatz befindlichen He 162.

[7] Hans Redemann: Heinkel He 162. Flug Revue + flugwelt international 5/1974, S. 110 ff., S. 114 und 10/1974, S. 50 ff.

[8] A.a.O., S. 357.

[9] Abgedruckt in Luftfahrt international 24 – Luftfahrt-Lexikon 3102-100-8 (Luftfahrt – Bilder, Texte, Dokumente, Verlag E. S. Mittler & Sohn, Herford 1978, Bd. 8, S. 3723 f.). Messerschmitt trat gegen die He 162 für seine Me 262 ein. In einer Entgegnung, abgedruckt a.a.O., S. 3725 f., führte Siegfried Günter aus, »daß eine wesentlich größere Zahl 162 als 262 hergestellt werden kann und daß sich der Konstruktions- und Vorrichtungsaufwand lohnt«. Darüber hinaus stellte er noch einen Leistungsvergleich an, der für ihn zugunsten der He 162 ausfiel.

[10] In einem Schreiben an den Verfasser vom 21. Juni 1981.

[11] Auch diese Hinweise verdanke ich den Informationen in dem erwähnten Brief des inzwischen verstorbenen Gerhard Eichner. Ludwig Bölkow wies in einem persönlichen Gespräch am 12. November 1982 in München darauf hin, daß nach seiner persönlichen Erinnerung die Knickung des äußeren Tragflächenstücks von Alexander Lippisch stamme. Das hätte sich aus der Tatsache ergeben, daß alle Firmen und Konstrukteure seinerzeit an dem Projekt mitzuarbeiten hatten. Diese hoch interessante Vermutung wird aber durch die umfangreichen Informationen von Gerhard Eichner nicht bestätigt, obwohl anzunehmen wäre, daß er darauf hingewiesen hätte.

[12] Hermann Pohlmann, Chronik eines Flugzeugwerkes 1932–1945, Motorbuch Verlag Stuttgart, 1979, S. 186 ff., beklagt die »bedauerliche Fehlentscheidung«, die »vom technischen Standpunkt sicherlich nicht einwandfrei« gewesen sei, während »die Firma Heinkel schon seit längerer Zeit ein ähnliches Projekt – He 162 – bearbeitet hatte«, das »nach Meinung des RLM ... schon wesentlich weiter durchgearbeitet war als die P 211 und die übrigen noch eingereichten Projekte«. Auch die Behauptung a.a.O. S. 186, daß »die Heinkel He 162 noch in größeren Stückzahlen gebaut (wurde), aber nicht mehr zum Einsatz (kam)«, ist durch die neueren Erkenntnisse überholt, s. S. 207.

[13] Siehe Luftfahrt-Lexikon Bd. 8, S. 3691 ff. Gerhard Eichner erklärt in seinem Brief vom 1. Juni 1981 an den Verfasser ausdrücklich, daß alle bei Heinkel bearbeiteten Projekte mit der späteren Konzeption der He 162 nichts zu tun gehabt hätten und auch nicht als Vorarbeiten für die He 162 gewertet werden könnten. Er selbst habe die ersten Zeichnungen nach Siegfried Günters Vorstellungen angefertigt, der dann damit nach Berlin gefahren sei. Am Tag darauf seien die Entscheidungen in Berlin gefallen. Gerhard Eichner betont in diesem Zusammenhang ausdrücklich, daß seine erste Entwurfszeichnung der He 162 nichts mit den vorangegangenen Projektarbeiten zu tun gehabt habe. Wörtlich: »Es war ein völliges Umdenken und auf schnellste Realisation abgestellt.«

[14] Wie Gerhard Eichner in seinem Brief vom 27. Mai 1981 an den Verfasser erklärt.

[15] Wie bereits auf S. 206 ausgeführt. Siehe Luftfahrt-Lexikon, a.a.O., S. 3690. Hier wird in der Vorbemerkung darauf hingewiesen, daß eine rechtzeitig in Angriff genommene He 162 »wahrscheinlich den Ausgang des Krieges noch entscheidend (hätte) beeinflussen können«. Dagegen hätte die knappe Rohstoff- und Arbeitskräfte-Lage gesprochen sowie die Unentschlossenheit der obersten Behörden über die zu fördernden Projekte und »eine gewisse Rivalität zwischen den Flugzeugherstellern...« Den Ausgang des Krieges hätte auch eine früher erschienene He 162 sicher nicht beeinflussen, vielleicht aber die Opfer unter der Zivilbevölkerung mindern können.

[16] Abgedruckt im Luftfahrt-Lexikon, a.a.O., S. 3697 ff. als Dokument 2. Als Dokument 3 wird a.a.O. S. 3707 ff. der Geheimbericht der Ernst Heinkel Aktiengesellschaft, Werk Wien, vom 23. September 1944 abgedruckt, der immer noch den »Strahljäger P 1073« behandelt, jetzt aber eine handschriftliche Verbesserung »He-381« enthält. Hier wird das Projekt mit einem BMW 003 A 1 beschrieben.

[17] Angaben des Typenblatts 010 der EHFG (ohne Angabe des Herausgabedatums) zur A-1. Die A-2 hat bei gleicher Spannweite und Höhe eine Länge von 9,25 m gehabt. Die Angabe im Mitteilungsblatt der I.P.M.S. Deutschland 9-79, S. 26, daß bei

der Serie das äußere Tragflächenstück nach unten geknickt war und dadurch sich die Spannweite verkürzen müßte, wird dort gleich als fraglich hingestellt, da dieses Stück gleichzeitig verlängert worden zu sein scheine. Hier ergibt sich einmal mehr die Schwierigkeit, einwandfreie technische Daten zu geben, da einmal im Entwicklungsstadium die Maße noch verändert werden konnten, zum andern kaum endgültige Originalunterlagen belegbar sind, da diese nach dem Krieg weitgehend verloren gegangen sind.

[18] I.P.M.S. Deutschland – Mitteilungen 9-79, S. 25.

[19] Abgebildet u.a. bei »Flügelbruch bei 800 km/h« in Interavia (4) Juni 1949 sowie Luftfahrt-Lexikon, a.a.O., S. 3727–3732 und Hans Redemann: Heinkel He 162. Flug Revue + flugwelt international 5/1974, S. 110ff.

[20] Abgedruckt in Luftfahrt-Lexikon, a.a.O., S. 3733ff. als Dokument 6.

[21] So z.B. Oltn. Karl Emil Demuth, I./JG 1 in Leck, lt. I.P.M.S. Deutschland-Mitteilungen 9–79, S. 26. Vgl. auch den Testbericht von Eric Brown in AIR Enthusiast Vol. 2 Number 6 June 1972, S. 295ff., der auf S. 210f. ausführlich behandelt wird.

[22] Technik und Ingenieure im Dritten Reich, Athenäum/Droste Taschenbücher Geschichte, Düsseldorf 1979, S. 456.

[23] In Profile Publications, The Heinkel He 162.

[24] AIR Enthusiast, Vol. 2, Number 6 June 1972, S. 295–300.

[25] Am Rande sei vermerkt, daß die Engländer mit ihrer so erfolgreichen »Mosquito« das »Hölzerne Wunderflugzeug des Zweiten Weltkrieges« geschaffen hatten, die so schnell war, daß sie auf Abwehrwaffen verzichten konnte, wie der Klappentext des gleichnamigen Buches von Joe Holliday, im Motorbuch Verlag Stuttgart 1973 in deutscher Übersetzung erschienen, sagt.

[26] Ernst Heinkel berichtet in seinem Aufsatz über Verschleißflugzeuge »Wie der ›Volksjäger‹ He 162 entstand« in Interavia, 7. Jahrgang Nr. 7 1952, S. 372ff., hier S. 375, daß man ihm im Juli 1945 in Farnborough anläßlich seiner Befragungen sowohl acht Exemplare der He 162 als auch entgegenkommenderweise die Flugberichte gezeigt habe, die die Flugeigenschaften als »Ausgezeichnet« dargestellt hätten mit der ausdrücklichen Bemerkung »The rolls the best in the world!« Karl Schwärzler wies in der Pressekonferenz in Speyer am 15. September 1959 ebenfalls darauf hin.

[27] Lt. einer brieflichen Mitteilung von Walter J. Boyne, Direktor im National Air and Space Museum des Smithsonian Instituts in Washington, vom 2. Februar 1981 an den Verfasser. Die Rote Armee ließ nach Kriegsende zwei He 162 in Rostock fertigstellen, deren Flugerprobung in Moskau aber nur kurz war.

[28] Luftfahrt-Lexikon, a.a.O., S. 3899–3936.

[29] Luftfahrt-Lexikon, a.a.O., S. 4041–4062, 4063–4106.

[30] Nach den Angaben der im Heinkel-Archiv in Stuttgart vorhandenen maschinenschriftlichen Typenblätter (ohne Zeitangabe). Die As 014 auf der A-10 waren nebeneinander oberhalb des Rumpfes angebracht. Der Rumpf der He 162 wurde für die Verwendung der Argus-Triebwerke durch ein Zwischenstück zur Unterbringung größerer Treibstoffmengen in Rumpfbehältern auf 9,20 m verlängert. Bei dem vereinfachten Aufbau der Tragfläche fehlten die an den Flächenenden nach unten gerichteten Stabilisierungsohren (Flügelendkappen), die sowieso später wieder wegfallen sollten, sobald der neue Flügel gebaut wurde. Der Start erfolgte wegen ungünstiger Schubleistungen im Stand mit Hilfe von Startraketen oder Katapulten.

[31] Siehe die Abbildungen von Hans Redemann in Profile Publications, The Heinkel He 162, a.a.O., S. 10. Die Versionsbezeichnungen sind in Originaldokumenten bisher nicht nachweisbar.

[32] Profile a.a.O., S. 9.

Schleudersitz und weitere Erstleistungen (neue Nietverfahren)

[1] Siehe S. 66ff.

[2] Siehe S. 154.

[3] In einem Brief vom 22. 12. 1960 an Wolfgang Wagner im Zusammenhang mit der Ähnlichkeit der Ta 183 und der Mig 15. Bei dieser Gelegenheit macht Siegfried Günter ausdrücklich darauf aufmerksam, die Fähigkeiten der sowjetischen Ingenieure nicht zu unterschätzen. Der von ihm zum Ausdruck gebrachte Gedankengang erklärt auch die Tatsache, daß ihm oft – und das sogar von Ernst Heinkel selbst – nachgesagt wurde, sowjetische fortgeschrittene Flugzeugtypen entwickelt zu haben, während er das immer weit von sich wies.

[4] S. S. 163.

[5] Sie wurde am 6. November 1944 der TH Stuttgart vorgelegt. Siegfried Ruff war Korreferent. Der erste Satz in dieser grundlegenden wissenschaftlichen Arbeit, die sich im Zusammenhang mit den Grenzen und dem Anwendungsbereich von Sitzkatapulten mit der Beanspruchung des Menschen beim Katapultieren und der Erträglichkeitsgrenze des Menschen befaßt, lautete: »Maßgebend in der Entwicklung des Sitzkatapults ist die Firma Heinkel.« Und das war sie in der Tat.

[6] Siegfried Ruff: Geschichte der Entwicklung des Schleudersitzes bis zum Ende des letzten Weltkriegs. Vortrag gehalten am 21. Oktober 1978 anl. der 17. Jahrestagung der DGLR und 27. Flugmedizinischen Arbeitstagung vom 20.–22. Oktober 1978 in Braunschweig, abgedruckt in DGLR-Mitteilungen 3.79, S. 12–17; ders.: Entwicklung und Bau von Schleudersitzen in Deutschland 1938–1945. Forschungsbericht der DFVLR-FB 81-04, Forschungsbereich Flugmechanik/Flugführung, Institut für Flugmedizin, herausgegeben von der DFVLR 1981, 109 S. mit 34 Bildern und 2 Tabellen sowie die dort angegebene Literatur.

[7] A.a.O. Forschungsbericht S. 24. Ruff berichtet an dieser Stelle auch, daß sich nahezu alle älteren Angehörigen eines Nachtjagdverbandes, der mit He 219 ausgerüstet war, mindestens einmal mit dem Schleudersitz gerettet haben.

[8] Die erkennen ließen, »daß zur erfolgreichen Rettung mit dem Schleudersitz Abschußbeschleunigungen an der Grenze der zulässigen Werte für die Wirbelsäule notwendig würden«. A.a.O. S. 41.

[9] Siegfried Ruff, a.a.O. S. 60, der in seinem Forschungsbericht auf den Seiten 63–72 den von Richard H. Frost 1955 gehaltenen Vortrag »Absprung aus schnellfliegenden Flugzeugen« mit einer Zusammenfassung von deutschen, schwedischen und englischen Experimenten mit Schleudersitzen wiedergibt. Frost war von der deutschen Forschung und Entwicklung »fasziniert«. Die Überprüfung der deutschen Entwicklungen durch die Alliierten führte bei diesen zu erfolgreichen Experimenten im Jahre 1946 und letztlich zur Einführung des Martin Baker-Schleudersitzes in die Flugzeuge der jetzigen deutschen Luftwaffe.

[10] A.a.O. S. 85ff.

[11] Vgl. den auch bei Ruff, a.a.O. S. 90f., teilweise abgedruckten Erprobungsbericht der Firma Heinkel über den 65. Flug, der dem Verfasser in seiner vollständigen Form vorliegt.

[12] VFW-Fokker Journal (11) 8/1978, übernommen in »modell magazin«, 2/79, S. 18f. S.a. Ruff, a.a.O. S. 58ff., der auf S. 100–109 den vollständigen Teilbericht der E-Stelle Rechlin »Funktionsprüfung und Flugerprobung der Pressluft-Sitzkatapultanlage der He 219 (E 5/VII E-Nr. 30420 Bb. Nr. 127/44 vom 3. 8. 1944« wiedergibt. Die abschließende Feststellung lautet: »Die Anlage ist betriebstüchtig.«

[13] Brief Karl Butter an Karl-Ernst Heinkel vom 12. 1. 1967.

[14] Eine beglaubigte Anschrift der Vereinbarungen vom 12. 12. 1934 aus dem Besitz Otto Butters hat dem Verfasser vorgelegen.

[15] Band 15 Lieferung 1/2 1938, S. 91–93.

[16] Luftwissen 1942, Bd. 9, N 6, S. 181f.

[17] Paul Nemitz gab in seinem Beitrag »Das Explosionsumformen von Blechen« in VDI-Zeitschrift Bd. 106 Nr. 24, August 1964, S. 1183–1189, zwar einen kurzen Hinweis auf die erste Anwendung im Jahre 1934, aber ohne Erwähnung, daß das im Flugzeugwerk von Ernst Heinkel erfolgt war. Auch die Behauptung, daß das Sprengniet »von einem Sprengstoffwerk fertigungsreif entwickelt« worden sei, geht an der Tatsache vorbei, daß das bei Ernst Heinkel geschah. Vgl. Brief Karl Butter an Karl-Ernst Heinkel vom 12. 1. 1967, S. 5. Karl Butter verweist darauf, daß Paul Nemitz seinerzeit als sein Mitarbeiter die Sprengverformung bei ihm »miterlebt« habe.

[18] Eine Vertragsabschrift befindet sich im Besitz von Otto Butter, der sie dem Verfasser zur Einsicht überließ. Ernst Heinkel berichtet im übrigen in seinem »Stürmisches Leben«, 1. und 6. Aufl. S. 393, 3.–5. Aufl. S. 373 in launiger Weise über die Art und Weise des telefonisch von Mailand nach New York durchgeführten Übergangs der Rechte und des Kaufpreises, wobei die jeweiligen Konsuln beteiligt waren. Ernst Heinkel verlegt dieses Ereignis zwar auf den Beginn des Jahres 1940; trotzdem dürfte es bereits im letzten Quartal des Jahres 1939, allerdings nach dem Ausbruch des Krieges in Europa, stattgefunden haben.

Die Ära Heinkel geht zu Ende

Rechts- und Wirtschaftsfragen

[1] Vgl. S. 52ff.

[2] Angaben nach Unterlagen des Heinkel-Archivs in Stuttgart, die z.T. aus Ausschnitten aus dem Reichsanzeiger bzw. Bekanntmachung einer Eintragung in das zuständige Handelsregister bestehen.

[3] In ihrer Ausgabe 9/1928.

[4] Abbildungen der Ernennungsurkunden zu den Ehrendoktoren befinden sich in »Stürmisches Leben« 1. und 6. Aufl. vor den Seiten 121 (bzw. 221), 3.–5. Aufl. vor S. 113 (bzw. 209). Die Gemeinde Grunbach hatte die Ehrung in der Sitzung des Gemeinderats am 28. Oktober 1932 einstimmig beschlossen und gleichzeitig eine Straße nach seinem Namen benannt. Eine Kopie der Verhandlungsniederschrift wurde von der Gemeindeverwaltung dem Verfasser zur Verfügung gestellt.

[5] Rowa = **Ro**stock-**Wa**rnemünde. Die Einzelangaben sind z.T. der nicht veröffentlichten Niederschrift des Leiters des Berliner Heinkel-Büros und späteren Mitgliedes des Vorstandes der Ernst Heinkel AG (EHAG) Hermann Ritter v. Pfistermeister »Die Geschichte der Firma Heinkel« entnommen, die vermutlich 1947 als Informations- und Beurteilungsgrundlage für die Besatzungsmacht verfaßt worden ist. Dafür haben offenbar auch noch die meisten Unterlagen und Zahlenwerke zur Verfügung gestanden. Diese Ausarbeitung liegt im Heinkel-Archiv in Stuttgart.

[6] v. Pfistermeister a.a.O. S. 55.

[7] Die Eintragung in das Handelsregister des Amtsgerichts Rostock erfolgte am 10. Januar 1938. Am 14. Februar 1938 wurde eingetragen, daß die Firma nur noch »Ernst Heinkel« laute, statt bisher »Ernst Heinkel Flugzeugwerke«, eine Eintragung, die offenbar ohne Dauerwirkung erfolgte; denn nicht nur, daß Ernst Heinkel unter dem 11. Januar 1938 die Umwandlung durch ein Rundschreiben bekanntgab, er fügte auch ausdrücklich hinzu, daß die Firma jetzt »Ernst Heinkel Flugzeugwerke« laute. Als solche wurde sie auch bei der erneuten Umwandlung in eine GmbH im Jahre 1941 bezeichnet. Die Rowa-GmbH wurde in diesem Zusammenhang ebenfalls aufgelöst, wie sich aus dem Bericht v. Pfistermeisters ergibt.

[8] Dieser Sachverhalt ergibt sich aus einer Aktennotiz des damaligen Kaufmännischen Direktors Karl Lehrer an Ernst Heinkel vom 18. November 1940, einem Rundschreiben Ernst Heinkels an seine Direktoren und Abteilungsleiter vom 1. April 1941 sowie der Anmeldung der Ernst Heinkel Flugzeugwerke GmbH zum Handelsregister des Amtsgerichts Rostock vom 27. März 1941. Gesellschafter dieser GmbH war neben Ernst Heinkel die Firma Heinkel-Werke G.m.b.H. in Oranienburg, wie sich aus dem Gründungsprotokoll des Notars Adalbert Keil vom 27. März 1941, dem der Gesellschaftsvertrag vom gleichen Tag beigefügt wurde, ergibt. Das Stammkapital der neuen GmbH wurde mit 25 Mio RM eingetragen, von denen Ernst Heinkel 20 Mio RM mit der bisherigen Einzelfirma als Sacheinlage einbrachte. Das Erlöschen der Einzelfirma »Ernst Heinkel« (hier also wieder ohne den Zusatz »Flugzeugwerke«) wurde bei dem Handelsregister des Amtsgerichts Rostock unter dem 30. Mai 1941 angemeldet.

[9] Das Grundkapital der AG betrug zunächst gemäß Satzung 25 Mio RM und wurde lt. Bericht des Vorstandes über das 1. Geschäftsjahr vom 1. April 1943 bis 31. März 1944 mit 50 Mio RM ausgewiesen, von denen sich, wie auch der Bericht v. Pfistermeisters a.a.O. S. 58 ausführt, 34 Mio RM im Eigentum von Ernst Heinkel, elf Mio RM am freien Markt und fünf Mio RM als eigene Aktien im Portefeuille der AG befanden. In der Satzung wird auch die Übernahme des von Ernst Heinkel betriebenen Unternehmens »Jenbacher Berg- und Hüttenwerke Ernst Heinkel« in Jenbach (Tirol) angeführt, das Ernst Heinkel im Jahre 1939 aus Reichsbesitz erworben hatte. Im Heinkel-Archiv in Stuttgart liegen die tw. noch vorhandenen Unterlagen über die Errichtung der EHAG, wie z.B. die vorhergehenden Umgründungen der Heinkel-Werke G.m.b.H. in Oranienburg, der Hirth-Motoren GmbH in Stuttgart-Zuffenhausen in Aktiengesellschaften und deren Verschmelzung mit der EHAG, die Einbringung der Geschäftsanteile an der Ernst Heinkel Studien GmbH und der Heinkel Wohnbau GmbH und weiterer Konzernfirmen in die EHAG sowie die Notariatsverhandlung vom 9. Juli 1943 über die Umwandlung der Ernst Heinkel Flugzeugwerke GmbH gem. §§ 269ff. des Aktiengesetzes in eine Aktiengesellschaft unter Fortführung des am 1. April 1943 begonnenen Geschäftsjahres der GmbH, der Gründerbericht vom 10. Juli 1943 und die Satzung der Ernst

Heinkel AG vom 10. Juli 1943. Die Entstehung der EHAG wird allgemein auf den 1. April 1943 bezogen, auch wenn sie rein juristisch erst mit der Eintragung in das Handelsregister entstand. Eine solche Eintragung als Urkunde liegt nicht vor, jedoch ein Auszug aus dem Handelsregister des Amtsgerichts Rostock HR B 63 vom 5. Oktober 1943, wonach die Umwandlung der GmbH durch Beschluß der Gesellschafterversammlung vom 9. Juli 1943 in eine Aktiengesellschaft beschlossen worden ist, »die unter Nr. 67 zu einem neuen Blatt eingetragen ist.« Nach den Angaben des Registergerichts ist die Eintragung des Umwandlungsbeschlusses (Bl. 7 bis 20 des Sonderbandes z. 3 HRB 67) am 6. August 1943 erfolgt.

[10] Es handelte sich dabei vor allem um brasilianische, japanische, rumänische und spanische Orden und Ehrenzeichen, Ehrenbürgerschaften deutscher Gemeinden, Leistungsabzeichen und Titelverleihungen. Vgl. auch die (auszugsweise) aufgeführten Ehrungen in der Kurzbiographie »Ernst Heinkel und sein ›Dreigestirn‹«, Beilage zu Luft- und Raumfahrt Nr. 2/80.

[11] Die Denkschrift vom 15. August 1938 wurde mit Schreiben vom 18. August 1938 durch das Berliner Büro der Ernst Heinkel Flugzeugwerke vorgelegt.

[12] Vom 27. 8. 1938. Die Denkschrift und ihre Beantwortung liegen im Bundesarchiv-Militärarchiv, Freiburg i. Br., unter der Bestandsnummer RL 3/52 vor.

[13] Dieses Schreiben liegt zwar im Heinkel-Archiv in Stuttgart vor. Siehe auch S. 97ff.

[14] Vgl. dazu u. a. Karl Schwärzler: Ernst Heinkel zum Gedächtnis, Jahrbuch 1957 der WGL, S. 492–495, sowie die Aufstellung von Erich Kleinemeyer »Das Lebenswerk von Prof. Dr. Ernst Heinkel« zum 70. Geburtstag Ernst Heinkels am 24. 1. 1958.

[15] Nach den Angaben im Bericht v. Pfistermeister a.a.O. S. 71 und 75. Der erweiterte Bericht des Vorstandes an den Aufsichtsrat der Ernst Heinkel AG über das 2. Geschäftsjahr der Gesellschaft (1. 4. 1944–31. 3. 1945) vom 23. September 1949, der sich im Heinkel-Archiv in Stuttgart befindet, gibt für das erste Geschäftsjahr als Betriebsleistung den Betrag von »rd. 540 Millionen RM«, als Umsatz rd. 503 Millionen RM und einen Nettogewinn von rd. 8,6 Millionen RM an. Die für das zweite Geschäftsjahr (1. 4. 1944–31. 3. 1945) geplante Betriebsleistung von 480–500 Millionen RM und der entsprechende Umsatz von 520–530 Millionen RM dürfte nach den Angaben dieses Berichts wohl nicht mehr ganz erreicht worden sein, weil sich ab 1945 das Kriegsende abzeichnete mit entsprechender Auswirkung auf die Leistungen der Werke und darüber hinaus im letzten Vierteljahr dieses zweiten Geschäftsjahres ca. 8–10000 Beschäftigte an andere Firmen abgegeben werden mußten. Daraus und aus den Korrekturen am Betriebsergebnis errechnete sich für das zweite Geschäftsjahr ein Verlust von mehr als fünf Millionen RM (S. 12).

[16] Helmut Löhner: »Wegbereiter des Flugzeugbaus« in »Darstellungen und Quellen zur Geschichte der deutschen Einheitsbewegung im neunzehnten und zwanzigsten Jahrhundert«, Band VI, Carl Winter, Universitätsverlag, Heidelberg 1965, S. 206ff. insbes. S. 214.

[17] Dierk Hansmann war vor seiner Niederlassung als Patentanwalt in Hamburg Patentsachbearbeiter der Ernst Heinkel Flugzeugbau GmbH in Speyer und später bei VFW in Bremen. Bereits sein Vater war lange Jahre Patentabteilungsleiter bei Ernst Heinkel vor dem Zweiten Weltkrieg gewesen und hatte ihn auch danach noch einschlägig beraten.

Das Kriegsende 1945 und die ersten Jahre danach

[1] Die Angaben entstamen einer Aufstellung »Ernst Heinkel A.G. 1939–1945«, die sich gemeinsam mit einer Stellungnahme des früheren Heinkel-Mitarbeiters Max Adolf Müller vom 24. 4. 1951 in den Sondersammlungen des Deutschen Museums in München befindet. Sie diente vermutlich – nach Prüfung durch Max Adolf Müller, Fritz Schäfer und Otto Butter – als eine der Unterlagen für Ernst Heinkels Memoiren. Der Verfasser dieses Manuskripts ist nicht mehr festzustellen. Vgl. auch die im Luftfahrt-Lexikon 3 103–100-1/Luftfahrt international 1, S.111–122 wiedergegebenen technischen Daten des Leistungsblattes vom 14. November 1944 mit Zeichnungen vom 15. Oktober 1944 (übernommen in: Luftfahrt-Bilder, Texte, Dokumente, Bd. 1, E. S. Mittler & Sohn GmbH, Herford 1978, S. 111ff.).

[2] Vgl. S. 205ff.

[3] S. die in Anm. 1 angeführte Aufstellung S. 16. Das Projekt P 1080 wird auch als Nurflügelprojekt zur Verwendung als Jagdeinsitzer bezeichnet; vgl. H. Dieter Köhler: Ernst Heinkel – Meilensteine an seinem Lebensweg. DLR.-Mitt. 81-01, S. 62.

[4] Wie Siegfried Günter in einer im Heinkel-Archiv in Stuttgart befindlichen Aktennotiz vom 24. Februar 1955 schreibt.

[5] Im Anhang »Überblick über die verschiedenen Entwicklungsmöglichkeiten des Flugzeugs«. Küchemann weist hier ausdrücklich auf den danach erwähnten Bericht von Kurt Reiniger hin.

[6] Hans-Peter Dabrowski hat nach dem »Reiniger-Bericht« vom 8. März 1945 Modelle dieser Entwürfe gebaut, die auf Zeichnungen vom 25. Februar 1945 beruhen.

[7] Wie Hans-Peter Dabrowski in einem Schreiben vom 4. Juni 1982 an den Verfasser berichtet.

[8] Hans-Peter Dabrowski a.a.O.

[9] S. S. 211 und S. 262.

[10] Stürmisches Leben, 1./6. Aufl., S. 548ff., 3.–5. Aufl., S. 522ff.

[11] Stürmisches Leben, 1. und 6. Aufl. S. 558, 3.–5. Aufl. S. 532.

[12] In verschiedenen persönlichen Äußerungen oder Briefen, z.B. in einem Brief an Ruth J. Turner und Thomas Turner, NY, vom 20. September 1957, der dem Verfasser in Kopie vorliegt, verwahrt er sich ausdrücklich gegen derartige Behauptungen, die allerdings auch durch öffentliche Bekundungen Ernst Heinkels in dieser Richtung entstanden oder bekräftigt waren. In einem Brief an Wolfgang Wagner vom 22. Dezember 1960 macht er darauf aufmerksam, daß selbst aus erheblicher Ähnlichkeit keine weitgehenden Folgerungen gezogen werden dürfen, weil »häufig sehr ähnliche Konstruktionspläne... an mehreren Stellen unabhängig voneinander fast gleichzeitig entstehen«, da »diese Pläne logisch begründet sind und also bei gründlicher Arbeit auch an mehreren Orten dieselben Erkenntnisse erarbeitet werden können«. Ein 1996 erschienenes russisches Buch über »Die deutsche Spur in der Geschichte der Sowjet-Luftfahrt« von D. A. Sobolew berichtet über das Güntersche Projekt, einen raketengetriebenen Interzeptors des Typs »486«.

Wiederanfang, Tod und Ausklang

[1] Die zunächst zwangsweise noch geheime Entwicklung des Triebwerks He S 053 durch Fritz Goßlau und seine Mannschaft bei Ernst Heinkel beschreibt Helmut Schubert ausführlich – durch Abbildungen unterstützt – in dem in dieser Reihe er-

schienenen zweiten Band: Kyrill von Gersdorff/Kurt Grasmann: Flugmotoren und Strahltriebwerke. S. 263 ff. Vgl. auch »Strahltriebwerk He S 053« in: Heinkel, Die Zeitschrift der Heinkel-Werke, Heft 1, 1. Dezember 1962, S. 56, sowie Mano Ziegler in »hobby«, Nr. 12/65 vom 2. Juni 1965, S. 29–35, 130, »Deutsche Flugzeuge nicht für Bonn – Aus den Geheimtresoren der deutschen Flugzeugindustrie«. Mano Ziegler beschreibt hier u. a. auch das Projekt He 011 für Ägypten, für das das He S 053 vorgesehen war, sowie das 1955 entwickelte Projekt eines Deltajagdflugzeugs He 021 (später als C–He 101 bezeichnet) im Auftrage des spanischen Luftfahrtministeriums, das ebenfalls nicht ausgeführt wurde.

[2] Zu diesem Zweck gründeten zum 1. August 1956 die Messerschmitt AG in Augsburg und die Ernst Heinkel Fahrzeugbau GmbH in Speyer als Produktionsfirmen die »Flugzeug-Union Süd GmbH« mit Sitz in München mit der Maßgabe, daß diese Gesellschaft, die FUS, ausschließlich treuhänderische Funktionen im Verhältnis zum öffentlichen Auftraggeber und zu den Produktionsfirmen wahrzunehmen hat. Das Stammkapital, an dem die Gründerfirmen zu je 50 Prozent beteiligt sind, beträgt DM 500 000,–. Ab 1963 konnte die FUS in Abänderung des Gesellschaftsvertrages ihren Aufgabenbereich erweitern und eine eigene gewerbliche Tätigkeit ausüben.

[3] S. a. »Potez-Heinkel CM 191« in Heinkel, Die Zeitschrift der Heinkel-Werke, Heft 1, 1. Dezember 1962, S. 39, und das Typenblatt der Ernst Heinkel Flugzeugbau GmbH Speyer, o. J., »Potez-Heinkel CM 191, Geschäfts- und Reiseflugzeuge, Gemeinschaftsentwicklung der Firmen Potez (Frankreich) und Heinkel« sowie die umfassende Werksbroschüre Potez-Heinkel CM 191. Die CM 191 hatte nicht nur viele Bauteile der CM 170 sondern auch die gleichen Triebwerke Marboré VI von Turboméca, die dem Flugzeug eine Reisegeschwindigkeit von 700 km/h bei einer Höchstgeschwindigkeit von 710 km/h (für die Version ohne Flügelaußenbehälter) verliehen. Bezeichnend dafür, daß es sich um ein Düsenflugzeug handelte, war auch, daß die Rollstrecke beim Start 835 m und die Landestrecke von 15 m Höhe 910 m betragen sollte. Der Wandel gegenüber etwa der He 70 von 1932 ist bemerkenswert.

[4] Der Spiegel vom 22. April 1953 berichtet nicht nur über Ernst Heinkels Leben, wenn auch gelegentlich nicht ganz zutreffend, sondern auch über die bezeichnende Vergabe der Verlagsrechte an den »kleinen« Mundus-Verlag in Stuttgart, nachdem in der Illustrierten »Quick« ein Teil des Manuskripts, »gekürzt und redaktionell bearbeitet« als Vorabdruck erschienen war.

[5] Mit Schreiben vom 4. Juli 1957 teilt der Bundesminister für Verteidigung mit, daß nach Festlegung der Höhe der Preise die Briefumschläge geöffnet worden seien und festgestellt wurde, daß die Firma Heinkel mit dem Entwurf »Florett« den 1. Preis gewonnen habe.

[6] Die Flieger-Revue (FR) aus der DDR gibt in ihrem Heft 9/81, S. 429, einen bebilderten Überblick über den Entwicklungsweg von der He 031 (Florett) über die He 231/1957 als Heckstarter zur vierstrahligen He 231/1958 (Kennzeichnungen der FR) in Entenbauweise mit je zwei Schwenktriebwerken an den vier Flügelenden. Eine ausführliche Darstellung dieses Entwicklungsweges gibt Hans Redemann »V/STOL-Waffensystem VJ 101 – Teil 1: He 231« in Flug Revue + flugwelt international, 11/1971, S. 18–22. Karl Schwärzler hat auf der Jahrestagung 1963 der WGLR in München einen Vortrag »Die Entwicklung von Senkrechtstart-Flugzeugen mit Turbinenstrahltriebwerken in Deutschland« (EWR-Nr. 111/63) gehalten, dem ein Vortrag »VTOL-Erprobung im Entwicklungsring Süd München« anläßlich des Presseempfangs zum Erstflug der VJ 101 X-1 am 17. Mai 1963 in Manching vorausgegangen war. Dieser Vortrag wurde den anwesenden Pressevertretern als Broschüre übergeben und diente weitgehend als Unterlage zu entsprechenden Berichten. Vgl. auch noch Otto E. Pabst, Entwicklungsaufgaben beim Bau eines Senkrechtstarters – Abgehandelt am Beispiel der VJ 101, Süddeutsche Zeitung, Beilage »Der Mensch und die Technik«, 3. September 1965.

[7] Hier seien nur genannt: Stuttgarter Nachrichten vom 31. Januar und 5. Februar 1958; Stuttgarter Zeitung vom 31. Januar und 5. Februar; Frankfurter Allgemeine Zeitung vom 31. Januar und 5. Februar 1958; Der Adler, Monatszeitschrift für Luftfahrt, Amtl. Organ des Bad.-Württ. Luftfahrtverbandes, Heft 2, Februar 1958; Deutsche Illustrierte, 15. Februar 1958, »Der Alte Adler fliegt nicht mehr«, Mit dem Tode des weltberühmten Flugzeugkonstrukteurs ging eine Epoche der Luftfahrt zu Ende; Flugwelt, Heft 3, März 1958; Karl Schwärzler in: Jahrbuch der WGL 1957, S. 492–495; NY-Times vom 31. Januar 1958; B. S. Shenstone: Deutschlands turbulenter Pionier/Germany's Turbulent Pioneer, in The Aeroplane, February 7, 1958; A. R. Weyl in: Flight, 14 February 1958, S. 204, Ernst Heinkel – An Appreciation.

Die Nach-Heinkel-Zeit

[1] Entnommen dem Typenblatt der Ernst Heinkel Flugzeugbau GmbH Speyer, o. J., Heinkel He 211 B-1, Verkehrsflugzeug.

[2] Die er in den »Bemerkungen zu den Flugzeugentwürfen He 211 (1958)« am 13. 4. 1961 niederschrieb.

[3] Angaben nach dem in Anm. 8 angeführten Typenblatt. Die Angaben der anderen genannten Darstellung variieren bei den verschiedenen Typen geringfügig. Als Informationen sei noch hingewiesen auf folgende Veröffentlichungen: Heinkel, Die Zeitschrift der Heinkelwerke, Heft 1, 1. Dezember 1962, S. 40 f.; Heinkel He 211, Ein Beispiel erfolgreicher Projektentwicklung, Luftfahrttechnik 8 (1962), Nr. 4 April, S. 112–116; Siegfried Günter, Die Entwicklung der Heinkel He 211, Flug-Revue 11/1962, S. 29–39. In dieser eigenen Darstellung Siegfried Günters sind alle Überlegungen, die er zu der Entwicklung dieses Flugzeugtyps angestellt hat, mit Formeln und Zeichnungen wiedergegeben. Dieser mit dem Untertitel »Arbeiten der Firma Heinkel über Executive-Flugzeuge und kleine Verkehrsflugzeuge« veröffentlichte Beitrag ist ein bezeichnendes Beispiel für die Überlegungen, die vor der Entwicklung eines Flugzeugs auch in verkehrsmäßiger und wirtschaftlicher Hinsicht angestellt werden müssen. Siegfried Günter hat dieses Thema auch in einem gleichlautenden Vortrag auf dem 5. Europäischen Aeronautischen Kongreß in Venedig im September 1962 behandelt. Dieser Vortrag ist von der Entwicklungsabteilung München der Ernst Heinkel Flugzeugbau GmbH Speyer als Sonderdruck herausgegeben worden.

[4] Die in Wehr und Wirtschaft, Heft 4, April 1963 erschienen ist und auch als Sonderdruck vorliegt.

[5] Vgl. S. 231 ff.

[6] Siegfried Günter legte diesen ersten Entwurf einer He 212 seiner Geschäftsführung zum vierzigjährigen Bestehen der Hein-

kel-Werke am 1. Dezember 1962 vor mit dem Bemerken, daß zur Ausführung Mittel des BMVtdg nötig seien, daher die Idee über den EWR gestartet werden müsse und noch nicht veröffentlicht werden könne. Die technische Seite dieses Vorschlages wird in dem bereits erwähnten Band in der Reihe »Die deutsche Luftfahrt« über Senkrechtstartflugzeuge von Otto E. Pabst behandelt werden, so daß hier ebenfalls darauf verzichtet werden kann. Es sei hier nur auf eine Ausarbeitung »Das Problem des wirtschaftlichen Senkrechtstart-Transportflugzeuges« von Siegfried Günter verwiesen, die dieser am 18. Juni 1964 in München in einem Umfang von elf Schreibmaschinenseiten niederlegte. Ein Exemplar befindet sich bei VFW in Bremen (Bibliothek-Archiv). Vgl. noch Xaver Hafer: Neuer Senkrechtstart-Transporter nach dem Kipprotorprinzip, Süddeutsche Zeitung, Beilage »Der Mensch und die Technik«, 3. September 1965.

[7] Vgl. Heinkel, Die Zeitschrift der Heinkel-Werke, Heft 3, Dezember 1964, S. 1. Der Entwurf der He 212 wurde dabei von der Ernst Heinkel Flugzeugbau GmbH. eingebracht und als VC 400 in Gemeinschaftsarbeit mit VFW weitergeführt. Die Arbeiten mußten dann später allerdings auch eingestellt werden, nachdem das BMVtdg kein Interesse mehr am Senkrechtstart hatte.

[8] Vgl. Aviation Week & Space Technology vom 24. August 1981, S. 13. Die Ansprache von Flugkapitän K. B. Kindermann, Präsident der Hugo-Junkers-Gesellschaft, zur Ehrung Ernst Heinkels ist abgedruckt in den Junkers-Nachrichten, 23 (1982), Nr. 1/2.

Anhang

Abkürzungen

Ar	Arado Flugzeugwerke, -typen
AVA	Aerodynamische Versuchsanstalt Göttingen
BA-MA	Bundesarchiv – Militärarchiv
BdLI	Bundesverband der deutschen Luftfahrtindustrie
BDLI	Bundesverband der Deutschen Luftfahrt-, Raumfahrt- und Ausrüstungsindustrie
Bf, BFW	Bayerische Flugzeugwerke, -typen (später Messerschmitt)
BMW	Bayerische Motorenwerke
Bramo	Brandenburgische Motorenwerke (später BMW)
CFS	Centrala Flygverkstaden í Stockholm
CVV	Centrala Verkstaden í Västerås
DB	Daimler-Benz
DFVLR	Deutsche Forschungs- und Versuchsanstalt für Luft- und Raumfahrt
DGLR	Deutsche Gesellschaft für Luft- und Raumfahrt
DLH	Deutsche Luft Hansa – ab 1. Juli 1933: Deutsche Lufthansa
DM	Deutsches Museum (München)
Do	Dornier-Flugzeugbau, -typen
DVL	Deutsche Versuchsanstalt für Luftfahrt
DVS	Deutsche Verkehrsflieger-Schule
EHAG	Ernst Heinkel AG
EHF	Ernst Heinkel Flugzeugbau (Rostock-Warnemünde)
EHFG	Ernst Heinkel Flugzeugbau GmbH (Speyer)
EHMG	Ernst Heinkel Motorenbau GmbH (Karlsruhe) (später Maschinenbau GmbH)
E-Stelle	Erprobungsstelle der Luftwaffe
FlBm	Flugbaumeister
Flik	Fliegerkompanie (Österreich–Ungarn)
FT	Funk-Telegraphie
Fw	Focke-Wulf Flugzeugbau, -typen
geh.	geheim
GenIng	General-Ingenieur
GenLt	Generalleutnant
GenMaj	Generalmajor
GenObst	Generaloberst
GFM	Generalfeldmarschall
g. Kdos.	geheime Kommandosache
GL	Generalluftzeugmeister (Chef TA im RLM)
Ha-Bra	Hansa Brandenburg (Hansa- und Brandenburgische Flugzeugwerke), -typen
HD	Heinkel-Doppeldecker
HE	Heinkel-Eindecker
He	Heinkel-Flugzeugbau, -typen
Hptm	Hauptmann
Hs	Henschel-Flugzeugbau, -typen
IdFlieg	Inspektion der Fliegertruppen
ILÜK	Interalliierte Luftfahrt-Überwachungskommission
i. G., i. GenSt	im Generalstab
JG	Jagdgeschwader
Ju	Junkers Flugzeugbau, -typen
Jumo	Junkers-Motoren
KG	Kampfgeschwader
Kpt	Kapitän
LC	Technisches Amt im RLM
Lt	Leutnant
Lw	Luftwaffe
Maj	Major
MBB	Messerschmitt-Bölkow-Blohm GmbH (München)
Me	Messerschmitt-Typen
MinDir	Ministerialdirektor
MinDirig	Ministerialdirigent
MinR	Ministerialrat
MG	Maschinengewehr
MGFA	Militärgeschichtliches Forschungsamt (Freiburg)
MK	Maschinenkanone
ML	Marineleitung (der Reichswehr)
MTU	Motoren- und Turbinen-Union GmbH (München)
NfD	Nur für den Dienstgebrauch
ObtLt.	Oberstleutnant
OHL	Oberste Heeresleitung
OKH	Oberkommando des Heeres
OKL	Oberkommando der Luftwaffe
OKM	Oberkommando der Kriegsmarine
OKW	Oberkommando der Wehrmacht
PTL	Propeller-Turbinen-Luftstrahltriebwerk
RAF	Royal Air Force (British)
RB	Reichsbahn
RDL	Reichsverband der Deutschen Luftfahrtindustrie
RdL	Reichsminister der Luftfahrt
RGBl	Reichsgesetzblatt

RLM	Reichsluftfahrtministerium
Ro-Wa	Rostock-Warnemünde
RVMin	Reichsverkehrsministerium
RW–RWMin	Reichswehr – Reichswehrministerium
Severa	Seeflugzeug-Versuchsabteilung (der Reichsmarine in der Reichswehr)
STOL	Short Take Off and Landing (Kurzstart)
SU	Sowjet-Union
Ta	Flugzeugtypen von Kurt Tank
TA	Technisches Amt im RLM Truppenamt des Heeres in der Reichswehr
TDS	Torpeddepartement på Flottans Varv í Stockholm
TE	Technische Entwicklung
TH	Technische Hochschule
TO	Technischer Offizier
UdSSR	Union der sozialistischen Sowjet-Republiken (auch SU)
UFAG	Ungarische Flugzeugwerke AG, Budapest-Albertfalva
USAF	US-Air Force
USN	US-Navy
VC	Vertical Cargo
VDI	Verein Deutscher Ingenieure
VFW	Vereinigte Flugtechnische Werke GmbH Bremen (Focke-Wulf/Weserflug/Heinkel)
VJ	Vertikaljäger
VO	Verordnung
VTOL	Vertical Take Off and Landing (Senkrechtstart)
WGL	Wissenschaftliche Gesellschaft für Luftfahrt (später: Luft- und Raumfahrt)
ZFM	Zeitschrift für Flugtechnik und Motorluftschiffahrt
ZFW	Zeitschrift für Flugwissenschaften
ZTL	Zweikreis-Turbinen-Luftstrahltriebwerk

Bildnachweis

Deutsches Museum, Sondersammlung (35), Boehme (1), Brinkmann (1), Dabrowski (1), Gemeinde Grunbach (2), Heinkel-Archiv (94), Koch (2), Koos (9), Lufthansa (10), MTU (1), Nowarra (2), v. Ohain (5), Redemann (18), Ruff (2), Simon (1), VFW-Archiv (50), Sammlung Köhler (27).

Zeichnungen: Heinkel-Archiv (15), Koos (1), Lässig (44), v. Ohain (1), Redemann (1).

Organisationsplan der Ernst Heinkel Flugzeugwerke und Ernst Heinkel AG. 1922 bis 1945

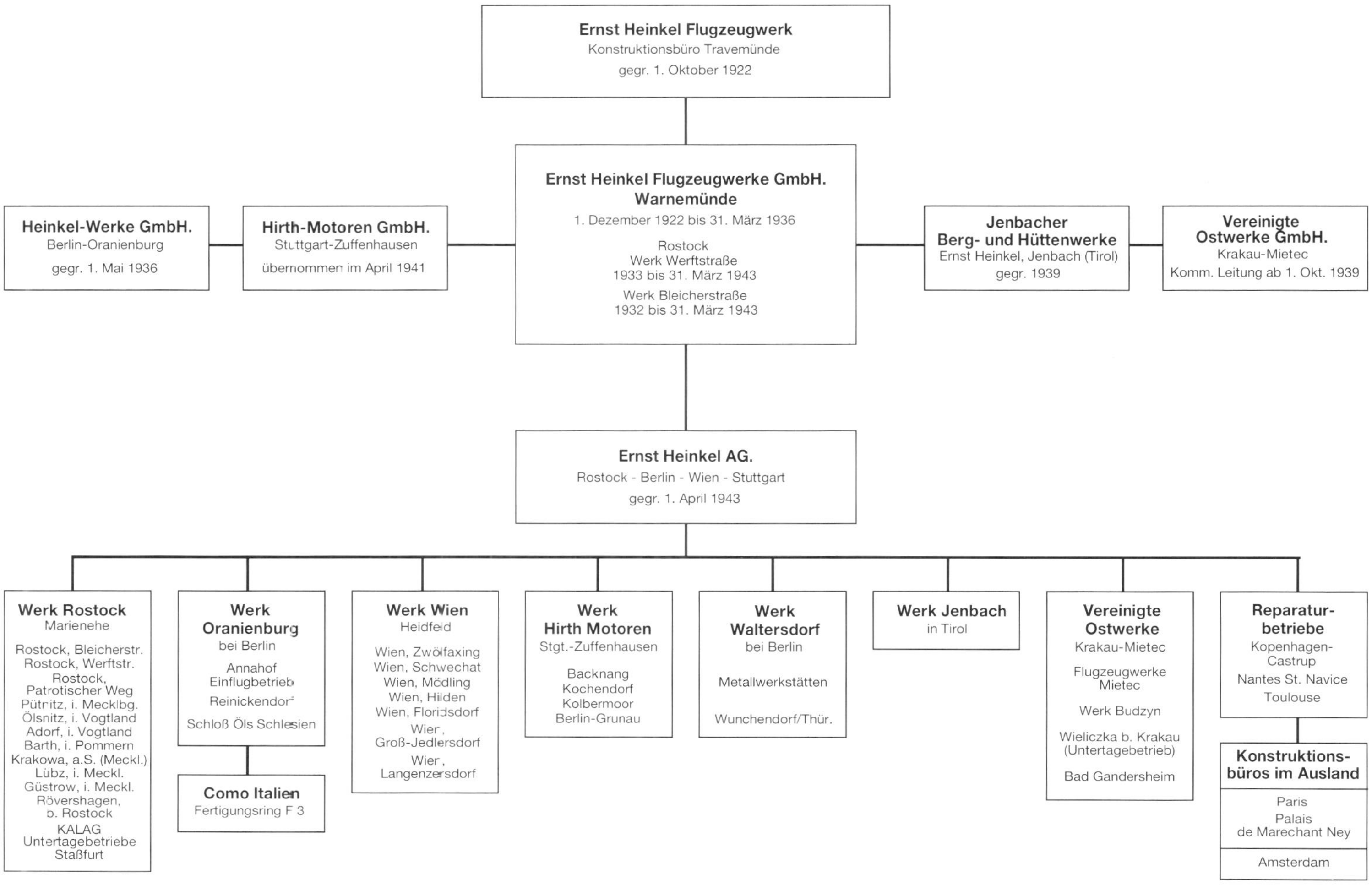

Der obenstehende Organisationsplan und die auf den folgenden Seiten abgedruckten Tabellen der Heinkel-Flugzeuge und -Projekte wurden der Heinkel-Werkszeitschrift vom Dezember 1962 entnommen. Offensichtliche Druckfehler sind berichtigt worden. Einige Ergänzungen wurden hinzugefügt.
Die Liste der Flugzeuge und Projekte ist mit den späteren Ergebnissen zu vergleichen und deshalb nur als Näherung zu werten.

Heinkel Flugzeuge und Projekte 1911 bis 1962

Lfd. Nr.	Typ	Bauart	Verwendungszweck	Triebwerk	Leistung PS	Spannweite m	Länge m	Flügelfläche m²	Fluggewicht kg	Fluggeschw. km/h	Baujahr
1	1. He	Doppeldecker, Typ Farman	Sportflugzeug	Daimler	55	11,60/11,60		48,60	584	85	1911
	Albatros										
2	Taube I	Verspannter Eindecker, 1½ stiel., (L)	Sportflugzeug	Mercedes	75	12,00	8,50	23,80	730	110	1912
3	Taube II	Verspannter Eindecker, 1½ stiel., (L)	Sportflugzeug	Mercedes	75	12,00	8,53	23,80	745	110	1912
4	Taube III	Verspannter Eindecker, 2 stiel., (L)	Sportflugzeug	Mercedes	75	12,40	8,40	24,95	740	115	1912
5	Taube IV	Verspannter Eindecker, 1 stiel., (L)	Sportflugzeug	Mercedes	75	12,40	8,50	24,95	760	115	1912
6	E I (H)	Verspannter Eindecker (L)	Sportflugzeug	Mercedes	75	12,10	8,60	23,85	755	115	1912
7	E II (H)	Verspannter Eindecker (L)	Sportflugzeug	Mercedes	75	12,10	8,60	24,10	775	115	1912
8	E III/a	Verspannter Eindecker (2sitzig) (L)	Sportflugzeug	Mercedes	100	12,10	8,82	24,10	755	120	1912
9	E III/b	Verspannter Eindecker (1sitzig) (L)	Sportflugzeug	Mercedes	100	12,10	8,82	24,10	730	130	1912
10	WE	Verspannter Eindecker, 2 Schw., (W)	Sportflugzeug f. Wettbewerb	Mercedes	75	12,10	8,60	25,00	750	110	1912
11	WE I	Verspannter Eindecker, 2 Schw. Amphibium (LW)	Sportflugzeug f. Wettbewerb	Mercedes	100	12,60	8,60	25,00	780	120	1912
12	D I	Doppeldecker, 2½ stiel., (L)	Aufklärungsflugzeug	Mercedes	100	14,40/10,80	9,10	39,00	820	110	1912
13	D II	Doppeldecker, 2½ stiel., (L)	Aufklärungsflugzeug	Mercedes	100	14,40/10,80	9,10	39,00	950	110	1913
14	DW I	Doppeldecker, 2½ stiel., 2 Schw. Amphibium (LW)	Sportflugzeug	Mercedes	100	14,60/10,20	10,00	40,00	1 000	100	1913
15	B I	Doppeldecker, 2 stiel., (L)	Sportflugzeug	Mercedes	100	12,80/11,10	8,90	34,00	580	110	1913
16	B II	Doppeldecker, 1 stiel., (L)	Sportflugzeug	Benz	100	10,00/ 9,20	8,20	32,00	740	120	1913
17	B II/a	Doppeldecker, 2 stiel., (L)	Sportflugzeug	Mercedes	110	12,80/11,10	8,90	34,00	780	115	1913
18	B II/b	Doppeldecker, 2 stiel., (L)	Sportflugzeug	Benz	140	12,80/11,10	8,90	34,00	840	125	1913
19	B II/c	Doppeldecker, 3 stiel., (L)	Sportflugzeug, Rekordflugzeug	Mercedes	100	14,50/12,80	8,90	36,00	780	105	1913
20	B II W	Doppeldecker, 3 stiel., 2 Schw., (W)	Sportflugzeug f. Wettbewerb	Benz	100	14,30/14,30	8,00	40,00	880	120	1913
21	B III W	Doppeldecker, 3 stiel., 2 Schw., (W)	Sportflugzeug	Benz	100	14,50/12,80	9,70	36,00	880	100	1913
22	B III W/a	Doppeldecker, 3 stiel., 2 Schw., (W)	Sportflugzeug	Benz	100	14,50/12,80	9,50	36,00	840	115	1913
	Hansa Brandenburg										
23	HB D	Doppeldecker, 2 stiel., (L)	Aufklärungsflugzeug	Benz	110	13,12/12,32	8,45	43,46	1 015	110	1914
24	HB FD	Doppeldecker, 2 stiel., (L)	Aufklärungsflugzeug	Argus	100	13,12/12,32	8,20	43,46	1 035	115	1914
25	HB LDD	Doppeldecker, 2 stiel., (L)	Aufklärungsflugzeug	Mercedes	100	13,12/12,32	8,20	43,46	1 048	115	1915
26	HB DD	Doppeldecker, 2 stiel., (L)	Aufklärungsflugzeug	Mercedes	160	13,12/12,32	8,20	43,46	1 215	147	1915
27	HB W	Doppeldecker, 3 stiel., 2 Schw., (W)	Aufklärungs- u. Schulflugzeug	Benz	150	16,50/15,70	9,40	57,65	1 830	90	1914
28	HB W/S	Doppeldecker, 3 stiel., 2 Schw., (W)	Aufklärungsflugzeug, Wettbew.	Argus	140	16,50/15,70	9,40	57,65	1 770	105	1915
29	HB W/SS	Doppeldecker, 3 stiel., 2 Schw., (W)	Schulflugzeug	Maybach	150	16,50/15,70	9,40	57,65	1 810	100	1914
30	HB AE	Doppeldecker, 3 stiel., 2 Schw., (W)	Aufklärungsflugzeug	Benz	150	16,50/15,70	9,50	57,65	1 900	100	1915
31	HB NW	Doppeldecker, 3 stiel., 2 Schw., (W)	Aufklärungsflugzeug	Mercedes	160	16,27/15,27	9,85	55,00	1 648	122	1915
32	HB NW/4	Doppeldecker, 3 stiel., 2 Schw., (W)	Aufklärungsflugzeug, Bomber	Benz	160	16,27/15,27	9,85	55,00	1 730	120	1916

33	HB ZM I	Doppeldecker, 3 stiel., (L)	Kampfflugzeug	Maybach	2x160	27,50/16,73	15,70	162,00	2 950	120	1915
34	HB ZM II	Doppeldecker, 2 stiel., (L)	Kampfflugzeug	Austro Daimler	2x160	18,00/18,00	10,10	69,70	2 645	140	1915
35	HB GF	Doppeldecker, 2 stiel., (L)	Kampfflugzeug	Austro Daimler	2x160	18,00/18,00	9,90	69,70	2 640	140	1915
36	HB GFK	Doppeldecker, 2 stiel., (L)	Kampfflugzeug m. 3,5-cm-Kan.	Austro Daimler	2x160	18,00/18,00	9,90	69,70	2 640	140	1915
37	HB FB	Doppeldecker, 1½ stiel., Flugboot (W)	Kampfflugzeug	Benz	150	16,00/10,00	10,18	45,00	1 620	140	1915
38	HB GW	Doppeldecker, 2 stiel., 2 Schw., (W)	Torpedoflugzeug	Mercedes	2x160	21,65/21,65	11,74	103,40	3 856	125	1915
39	HB GW/3	Doppeldecker, 2 stiel., 2 Schw., (W)	Torpedoflugzeug	Mercedes	2x160	21,65/21,65	11,30	103,40	3 880	130	1916
40	HB LW	Doppeldecker, 2 stiel., 2 Schw., (W)	Aufklärungsflugzeug	Mercedes	160	12,40/12,40	9,50	42,60	1 555	130	1915
41	HB MLD	Doppeldecker, 3 stiel., Typ Farman (L)	Kampfflugzeug	Benz	150	16,50/15,70	10,30	55,80	960	135	1915
42	HB KW	Doppeldecker, 3 stiel., 2 Schw., (W)	Aufklärungs- u. Schulflugzeug	Benz	220	16,30/16,30	10,55	60,00	2 135	135	1915
43	HB GNW	Doppeldecker, 3 stiel., 2 Schw., (W)	Aufklärungsflugzeug, Bomber	Mercedes	160	16,20/15,20	9,65	55,15	1 743	115	1916
44	HB GDW	Doppeldecker, 2 stiel., 2 Schw., (W)	Torpedoflugzeug	Benz	2x220	24,30/24,30	15,80	134,00	4 865	130	1916
45	HB KF	Doppeldecker, 2 stiel., Doppelrumpf (L)	Kampfflugzeug	Benz	150	11,60/10,80	8,48	38,60	1 290	140	1916
46	HB KD/V	Doppeldecker, Spinne. (L)	Jagdflugzeug	Mercedes	160	8,50/ 8,30	6,35	23,95	920	187	1916
47	HB KD/S	Doppeldecker, Spinne. (L)	Jagdflugzeug	Austro Daimler	160	8,50/ 8,30	6,35	23,95	920	190	1916
48	HB KDD	Doppeldecker, Spinne. (L)	Aufklärungsflugzeug	Austro Daimler	160	11,26/10,32	7,75	20,23	1 184	180	1916
49	HB K	Doppeldecker, Spinne. (L)	Aufklärungsflugzeug	Austro Daimler	180	9,40/ 9,40	7,40	28,83	1 100	180	1916
50	HB KDW	Doppeldecker, Spinne. 2 Schw., (W)	Jagdflugzeug	Benz	150	9,30/ 9,30	7,86	29,15	1 000	170	1916
51	HB KDW/2	Doppeldecker, Spinne. 2 Schw., (W)	Jagdflugzeug	Maybach	160	9,30/ 9,30	7,86	29,15	1 039	172	1916
52	HB KDW/4	Doppeldecker, Spinne. 2 Schw., (W)	Jagdflugzeug	Maybach	160	9,30/ 9,30	7,86	29,15	1 140	170	1917
53	HB KWD	Doppeldecker, Spinne. 2 Schw., (W)	Jagd- u. Aufklärungsflugzeug	Maybach	160	9,35/ 9,35	7,86	30,20	1 160	170	1916
54	HB CC/1	Doppeldecker, Spinne. Flugboot, (W)	Jagdflugzeug	Austro Daimler	160	9,30/ 8,74	9,15	26,50	1 150	160	1916
55	HB CC/2	Doppeldecker, Spinne. Flugboot, (W)	Jagdflugzeug	Hiero	180	9,30/ 8,74	9,15	26,50	1 180	160	1916
56	HB CC/3	Doppeldecker, Spinne. Flugboot, (W)	Jagdflugzeug	Benz	150	9,30/ 8,74	9,15	26,50	1 181	160	1916
57	HB W 11	Doppeldecker, Spinne. 2 Schw., (W)	Jagdflugzeug	Benz	220	10,10/10,10	8,10	31,42	1 233	176	1916
58	HB W 12/V	Doppeldecker, 1 stiel., 2 Schw., (W)	Jagdflugzeug	Mercedes	160	11,20/10,48	9,60	36,20	1 370	150	1916
59	HB W 12/2	Doppeldecker, 1 stiel., 2 Schw., (W)	Jagdflugzeug	Benz	150	11,20/10,48	9,60	36,20	1 454	155	1917
60	HB W 12/7	Doppeldecker, 1 stiel., 2 Schw., (W)	Jagd- u. Aufklärungsflugzeug	Mercedes	160	11,20/10,48	9,90	36,20	1 520	155	1917
61	HB W 13	Doppeldecker, V stiel., Flugboot, (W)	Kampfflugzeug	Austro Daimler	350	20,40/13,80	13,20	81,20	2 850	155	1916
62	HB L 14	Doppeldecker, V stiel., (L)	Jagdflugzeug	Hiero	200	10,20/ 8,35	10,55	25,28	940	180	1917
63	HB L 14/S	Doppeldecker, 1 stiel., (L)	Jagdflugzeug	Hiero	200	10,20/ 8,35	10,45	25,28	1 070	175	1917
64	HB L 15	Doppeldecker, 2 stiel., (L)	Aufklärungsflugzeug, Bomber	Austro Daimler	350	13,80/13,80	8,74	52,66	1 500	180	1917
65	HB L 16	Dreidecker, 1 stiel., (L)	Jagdflugzeug	Austro Daimler	185	9,0/9,0/9,0	7,21	33,50	935	190	1917
66	HB W 16	Doppeldecker, 1 stiel., 2 Schw., (W)	Jagdflugzeug	Oberursel	160	9,11/ 7,77	7,35	23,00	935	170	1916
67	HB W 16/S	Doppeldecker, 1 stiel., 2 Schw., (W)	Jagdflugzeug	Oberursel	160	9,11/ 7,77	7,35	23,00	920	170	1916
68	HB W 18	Doppeldecker, 1 stiel., Flugboot, (W)	Jagdflugzeug	Hiero	200	10,70/10,30	8,15	34,38	1 145	160	1917
69	HB W 18/V	Doppeldecker, 1 stiel., Flugboot, (W)	Jagdflugzeug	Benz	150	10,70/10,30	8,15	34,38	1 030	150	1917
70	HB W 19	Doppeldecker, 2 stiel., 2 Schw., (W)	Jagd- u. Kampfflugzeug	Maybach	240	13,80/13,80	10,65	57,80	2 100	151	1917
71	HB W 19/3	Doppeldecker, 2 stiel., 2 Schw., (W)	Jagd- u. Kampfflugzeug	Maybach	240	13,80/13,80	10,80	57,80	2 210	150	1918
72	HB W 20/1	Doppeldecker, 1 stiel., Flugboot, (W)	Aufklärungsflugzeug f. U-Boot	Oberursel	80	6,80/ 6,40	5,93	15,82	567	117	1917
73	HB W 20/2	Doppeldecker, 2 stiel., Flugboot, (W)	Aufklärungsflugzeug f. U-Boot	L. R.	100	6,80/ 6,80	5,93	16,80	590	120	1918
74	HB W 21	Doppeldecker, 1 stiel., Flugboot, (W)	Aufklärungsflugzeug	Oberursel	80	6,90/ 6,10	5,77	17,00	610	115	1918
75	HB W 22	Doppeldecker, 1 stiel., Spinne, Flugboot, (W)	Jagdflugzeug	Hiero	200	9,30/ 8,75	9,15	26,45	1 170	200	1917
76	HB W 23	Doppeldecker, 1 stiel., Flugboot, (W)	Jagdflugzeug	Mercedes	160	10,70/10,24	9,13	34,70	1 261	165	1917
77	HB W 25	Doppeldecker, 1 stiel., 2 Schw., (W)	Jagdflugzeug	Benz	150	10,40/10,40	8,80	30,53	1 182	160	1917
78	HB W 25/S	Doppeldecker, 1 stiel., 2 Schw., (W)	Jagdflugzeug	Maybach	160	10,40/10,40	8,90	30,53	1 210	165	1917

Lfd. Nr.	Typ	Bauart	Verwendungszweck	Triebwerk	Leistung PS	Spannweite m	Länge m	Flügelfläche m²	Fluggewicht kg	Fluggeschw. km/h	Baujahr
79	HB W 26	Doppeldecker, 2 stiel., 2 Schw., (W)	Aufklärungsflugzeug	Mercedes	260	18,80/18,80	12,79	86,30	2 490	135	1917
80	HB W 27	Doppeldecker, 1 stiel., 2 Schw., (W)	Schul- u. Aufklärungsflugzeug	Benz	195	11,20/10,50	8,32	36,60	1 619	170	1917
81	HB W 29	Tiefdecker, 2 Schw., (W)	Kampf- u. Jagdflugzeug	Benz	195	13,50	9,35	31,60	1 463	178	1917
82	HB W 29/2	Tiefdecker, 2 Schw., (W)	Kampf- u. Jagdflugzeug	Benz	150	13,50	9,30	31,60	1 420	170	1918
83	HB W 29/7	Tiefdecker, 2 Schw., (W)	Aufklärungsflugzeug	Benz	185	13,50	9,40	31,60	1 520	180	1918
84	HB W 32	Doppeldecker, 1 stiel., 2 Schw., (W)	Schul- u. Aufklärungsflugzeug	Mercedes	160	11,20/10,50	8,32	36,60	1 544	175	1918
85	HB W 33/1	Tiefdecker, 2 Schw., (W)	Kampf- u. Jagdflugzeug	Mercedes	160	15,85	11,10	44,60	2 100	150	1918
86	HB W 33/2	Tiefdecker, 2 Schw., (W)	Kampf- u. Aufklärungsflugzeug	Maybach	260	15,85	11,10	44,60	2 100	170	1918
87	HB W 34	Tiefdecker, 2 Schw., (W)	Kampf- u. Jagdflugzeug	Fiat	300	16,60	11,10	49,00	2 270	175	1918
88	HB W 35	Hochdecker, Flugboot, (W)	Kampf- u. Aufklärungsflugzeug	Basse & Selve	2x300	25,00	17,22	112,00	4 650	165	1918
89	HB W 35 M	Hochdecker, Flugboot, (W)	Versuchsflugzeug, Mod. W 35	Mercedes	2x120						1918

Caspar

Lfd. Nr.	Typ	Bauart	Verwendungszweck	Triebwerk	Leistung PS	Spannweite m	Länge m	Flügelfläche m²	Fluggewicht kg	Fluggeschw. km/h	Baujahr
90	CV	Hochdecker, (L)	Verkehrsflugzeug	Fiat	2×300	17,00	11,70	50,40	2 370	175	1920
91	S 1	Tiefdecker, 2 Schw., (W)	Mehrzweckflugzeug	Maybach	260	18,00	13,20	52,30	2 380	170	1921
92	U 1	Freitragender Doppeldecker, 2 Schw., (W)	Aufklärungsflugzeug f. U-Boot Export USA	Siemens	50	7,20	6,20	14,00	572	120	1921
93	U 2	Freitragender Doppeldecker, 2 Schw., (W)	Aufklärungsflugzeug f. U-Boot Export Japan	Siemens	50	7,20	6,18	14,00	510	130	1921

Ernst Heinkel Konstruktionsbüro, Travemünde/Svenska Aero A. B.

Lfd. Nr.	Typ	Bauart	Verwendungszweck	Triebwerk	Leistung PS	Spannweite m	Länge m	Flügelfläche m²	Fluggewicht kg	Fluggeschw. km/h	Baujahr
94	He 1/S I	Tiefdecker, 2 Schw., (W) = HB W 37	Mehrzweckflugzeug	Rolls-Royce Eagle	360	18,00	12,60	52,30	2 475	180	1922
95	He 2/S II	Tiefdecker, 2 Schw., (W)	Mehrzweckflugzeug	Rolls-Royce Eagle	360	18,00	12,82	52,30	2 520	180	1923

Ernst Heinkel Flugzeugbau

Lfd. Nr.	Typ	Bauart	Verwendungszweck	Triebwerk	Leistung PS	Spannweite m	Länge m	Flügelfläche m²	Fluggewicht kg	Fluggeschw. km/h	Baujahr
96	He 3 W	Tiefdecker, 2 Schw., (W)	Schulflugzeug	Siemens & Halske Sh 6	100	12,00	8,50	20,00	985	140	1923
97	He 3 L	Tiefdecker (L)	Schulflugzeug	Siemens & Halske Sh 6	100	12,00	7,12	20,00	936	150	1923
98	He 4	Tiefdecker, 2 Schw., (W)	Mehrzweckflugzeug	Rolls-Royce Eagle	360	18,00	12,50	52,50	2 500	180	1925
99	He 5 a	Tiefdecker, 2 Schw., (W)	Mehrzweckflugzeug	Napier Lion	450	16,80	11,80	48,94	2 500	209	1926
100	He 5 b	Tiefdecker, 2 Schw., (W)	Mehrzweckflugzeug	Gnôme et Rhône Jupiter IV	420	16,80	11,80	48,94	2 500	200	1926
101	He 5 c	Tiefdecker, 2 Schw., (W)	Mehrzweckflugzeug	BMW IV a	600	16,80	12,10	48,94	2 870	230	1926
102	He 5 d	Tiefdecker, 2 Schw., (W)	Mehrzweckflugzeug	BMW IV a	600	17,20	12,20	52,63	3 110	225	1927
103	He 5 e	Tiefdecker, 2 Schw., (W)	Mehrzweckflugzeug	BMW IV a	600	16,80	12,10	48,94	2 900	230	1928
104	He 6	Tiefdecker, 2 Schw., (W)	Langstrecken-Seeflugzeug	Packard 3 A 2 500	800	18,20	13,18	60,93	6 000	205	1927
105	He 7	Tiefdecker, 2 Schw., (W)	Torpedoflugzeug	Gnôme et Rhône Jupiter 9 AB	2x450	24,00	16,00	93,42	6 000	200	1927
106	He 8	Tiefdecker, 2 Schw., (W)	Mehrzweckflugzeug	Armstrong Siddeley Jaguar IV	385	16,80	11,50	47,00	2 365	216	1928
107	He 9 a	Tiefdecker, 2 Schw., (W)	Mehrzweckflugz., Rekordflugz.	BMW VI 7,3 ZU	600	16,80	11,60	46,49	3 000	260	1928
108	He 9 b	Tiefdecker, 2 Schw., (W)	Mehrzweckflugzeug	BMW VI Z	600	16,80	11,60	48,48	3 400	260	1928

109	He 9 c	Tiefdecker, 2 Schw., (W)	Mehrzweckflugzeug	BMW VI Z	600	16,80	12,00	48,50	3 200	230	1929
110	He 9 d	Tiefdecker, 2 Schw., (W)	Mehrzweckflugzeug	BMW VI 7,3 ZU	600	16,80	11,60	46,49	3 000	260	1930
111	He 10	Tiefdecker, 2 Schw., (W)	Ausbildungs- u. Navigationsflugzeug	BMW VI 7,3 ZU	600	18,20	13,10	60,89	4 800	246	1928
112	He 11	Tiefdecker, 2 Schw., (W)	Katapultflugzeug (Projekt)	BMW VI 7,3 ZU	600	16,50	11,40	46,20	2 240	210	1927
113	He 12	Tiefdecker, 2 Schw., (W)	Katapultflugzeug, Postflugzeug	Pratt & Whitney Hornet A	450	16,80	11,60	48,46	2 600	216	1927
114	He 14	Doppeldecker, 1 stiel., 2 Schw , (W)	Torpedoflugzeug	Fiat	600	19,00/19,00	14,70	103,30	5 600	175	1925
115	He 15	Doppeldecker, 1 stiel., Flugboot (W)	Katapult-Versuchsflugzeug	Gnôme et Rhône Jupiter VI	450	12,40/12,40	10,70	44,00	2 350	172	1927
116	He 16 L	Doppeldecker, 1 stiel., (L)	Torpedoflugzeug	Armstrong Siddeley Leopard	675	18,00/18,00	12,20	96,90	4 170	205	1928
117	He 16 W	Doppeldecker, 1 stiel., 2 Schw., (W)	Torpedoflugzeug	Armstrong Siddeley Leopard	675	18,00/18,00	13,00	96,90	4 570	196	1928
118	He 17 a	Doppeldecker, 1 N-Stiel, (L)	Nahaufklärer u. Schulflugzeug	Napier Lion	450	12,80/11,40	9,18	40,60	2 200	220	1924
119	He 17 b	Doppeldecker, 1 I-Stiel, (L)	Nahaufklärer u. Schulflugzeug	Liberty	400	12,80/11,40	9,22	40,60			1924
120	He 18 a	Tiefdecker (L)	Ausbildungsflugzeug	Siemens Sh 5	80	11,00	7,20	17,40	720	140	1924
121	He 18 b/1	Tiefdecker (L) o. Überschlagschutz	Ausbildungsflugzeug	Mercedes D II	100	11,00	7,24	17,40	746	158	1924
122	He 18 b/2	Tiefdecker (L) m. Überschlagschutz	Ausbildungsflugzeug	Mercedes D II	100	11,70	7,30	18,80	810	150	1924
123	He 18 c	Tiefdecker (L)	Ausbildungsflugzeug	Junkers L 1 b	80	11,00	7,24	17,40	760	140	1924
124	He 18 d	Tiefdecker (L)	Ausbildungsflugzeug	Junkers L 1 a	75	11,00	7,24	17,40	760	138	1924
125	He 18 e	Tiefdecker, 2 Schw., (W)	Sport- u. Ausbildungsflugzeug	Siemens Sh 5	80	11,10	7,80	17,40	775	140	1924
126	He 19 L	Doppeldecker, 1 stiel., (L)	Aufklärungsflugzeug	Bristol Jupiter VI	410	11,00/ 9,50	7,80	31,60	1 560	228	1928
127	He 19 W	Doppeldecker, 1 stiel., 2 Schw., (W)	Aufklärungsflugzeug	Bristol Jupiter VI	410	11,00/ 9,50	9,00	31,60	1 725	215	1928
128	He 20	Eineinhalbdecker, 1 stiel., (L)	Luftbildflugzeug	Wright Whirlwind	2x200	12,80/ 8,80	9,45	39,80	1 955	191	1926
129	He 21	Doppeldecker, 1 stiel., (L)	Schulflugzeug	Mercedes D II	120	10,00/ 9,40	7,20	27,40	980	142	1924
130	He 22 a	Doppeldecker, 1 stiel., (L)	Verbindungs- u. Schulflugzeug	BMW IV	230	12,00/10,40	8,30	34,80	1 080	190	1926
131	He 22 b	Doppeldecker, 1 stiel., (L)	Versuchsflugzeug f. Triebwerkerprobung	BMW V	320	12,00/10,40	8,44	34,80	980	220	1927
132	He 22 c	Doppeldecker, 1 stiel., (L)	Sport- u. Schulflugzeug	BMW IV	230	12,00/10,40	8,30	34,80	1 110	190	1926
133	He 22 d	Doppeldecker, 1 stiel., (L)	Sport- u. Schulflugzeug	BMW VI Z	260	12,00/10,40	8,35	34,80	1 130	190	1926
134	He 22 e	Doppeldecker, 1 stiel., (L)	Sport- u. Schulflugzeug	BMW IV	230	12,00/10,40	8,35	34,80	1 110	190	1927
135	He 23	Doppeldecker, 1 stiel., (L)	Jagdeinsitzer f. Katapultstart	BMW VI	660	10,80/ 9,70	7,55	36,00	2 070	249	1926
136	He 24 L	Doppeldecker, 1 stiel., (L)	Sport- u. Schulflugzeug	BMW IV	230	14,20/14,20	8,60	50,10	2 150	180	1926
137	He 24 E	Doppeldecker, 1 stiel , (L)	Sport- u. Expeditionsflugzeug	BMW IV	230	14,20/14,20	9,70	50,10	2 150	168	1926
138	He 24 W	Doppeldecker, 1 stiel., 2 Schw., (W)	Ausbildungsflugzeug	BMW IV	230	14,20/14,20	9,70	50,10	2 210	168	1926
139	He 24 W b	Doppeldecker, 1 stiel., 2 Schw., (W)	Ausbildungsflugzeug	Junkers L 5 a	300	14,40/14,20	9,65	51,40	2 240	180	1928
140	He 25	Doppeldecker, 1 stiel., 2 Schw., (W)	Katapult- u. Aufklärungsflugz.	Napier Lion	450	14,85/14,15	9,60	55,80	2 500	190	1925
141	He 26	Doppeldecker, 1 stiel., 2 Schw., (W)	Katapult- u. Aufklärungsflugz.	Hispano-Suiza	300	11,80/11,80	8,30	37,84	1 677	185	1925
142	He 27	Doppeldecker, 1 stiel., (L)	Post- u. Frachtflugzeug	Liberty	400	13,60/13,60	9,20	51,60	2 330	205	1925
143	He 28	Doppeldecker, 1 stiel., 2 Schw., (W)	Seeaufklärer u. Bordflugzeug	Lorraine-Dietrich 28	650	15,00/15,00	11,00	59,50	3 850	198	1927
144	He 29	Doppeldecker, 1 stiel., (L)	Ausbildungsflugzeug	Mercedes D I	100	10,50/10,50	7,20	27,70	950	135	1925
145	He 30	Doppeldecker, 1 stiel., 2 Schw., (W)	Seenotflugz. u. Fischereidienst	Gnôme et Rhône Jupiter VI	450	12,40/12,40	10,30	46,89	2 492	215	1928
146	He 31	Tiefdecker, 2 Schw., (W)	Seeaufklärer	Packard 3 A 2 500	800	16,80	12,20	47,60	3 110	250	1928
147	He 32 a	Doppeldecker, 1 stiel., (L)	Ausbildungsflugzeug	Siemens & Halske Sh 12	100	10,50/ 9,00	6,80	24,30	900	140	1928
148	He 32 b	Doppeldecker, 1 stiel., (L)	Schul- u. Sportflugzeug	Bristol Lucifer	100	10,50/ 9,00	6,82	24,30	1 045	135	1928
149	He 33	Doppeldecker, 1 stiel., (L)	Schulflugzeug	BMW VI	660	12,80/11,40	9,40	43,30	2 730	247	1925
150	He 34	Doppeldecker, 1 stiel., (L)	Mehrzweckflugzeug	BMW VI 7,3 Z	2x750	18,00/16,80	11,70	85,40	4 500	266	1928

Lfd. Nr.	Typ	Bauart	Verwendungszweck	Triebwerk	Leistung PS	Spannweite m	Länge m	Flügelfläche m²	Fluggewicht kg	Fluggeschw. km/h	Baujahr
151	He 35	Doppeldecker, 1 stiel., (L)	Ausbildungsflugzeug	Mercedes D II	120	11,00/ 9,84	7,50	32,40	1 060	138	1926
152	He 36	Doppeldecker, 1 stiel., (L)	Ausbildungsflugzeug	Mercedes D III	160	11,00/ 9,80	7,50	30,75	1 250	130	1927
153	He 37	Doppeldecker, 1 stiel., (L)	Jagdeinsitzer	BMW VI 7,3 Z	750	10,00/ 8,55	7,00	26,71	1 635	312	1928
154	He 38 a L	Doppeldecker, 1 stiel., (L)	Jagdeinsitzer f. Bordstart	BMW VI 7,3 Z	750	10,00/10,00	8,80	30,15	1 870	298	1929
155	He 38 b L	Doppeldecker, 1 stiel., (L)	Jagdeinsitzer	BMW VI 7,3 Z	750	10,00/10,00	8,80	30,15	1 940	295	1930
156	He 38 a W	Doppeldecker, 1 stiel., 2 Schw., (W)	Jagdflugzeug f. Katapultstart	BMW VI 7,3 Z	750	10,00/10,00	8,80	30,15	2 000	285	1929
157	He 38 b W	Doppeldecker, 1 stiel., 2 Schw., (W)	Jagdflugzeug, Übungsflugzeug	Junkers L 5	375	10,00/10,00	8,90	30,15	1 980	220	1929
158	He 38 c W	Doppeldecker, 1 stiel., 2 Schw., (W)	Jagdflugzeug, Versuchsmuster	BMW VI	750	10,00/10,00	8,80	30,15	1 820	290	1930
159	He 38 d W	Doppeldecker, 1 stiel., 2 Schw., (W)	Jagdflugzeug f. Katapultstart	BMW VI 7,3 Z	750	10,00/10,00	8,80	30,15	2 000	285	1930
160	He 39	Doppeldecker, 1 stiel., (L)	Transportflugzeug, Zeitungs-Tr.	BMW IV	230	14,80/12,80	10,55	52,30	2 160	166	1926
161	He 40	Doppeldecker, 1 stiel., (L)	Zeitungstransportflugzeug	BMW VI	600	17,60/15,15	12,00	75,40	3 850	163	1927
162	He 41 a	Doppeldecker, 1 stiel., (L)	Triebwerk-Erprobungsflugzeug	Siemens Jupiter	504	11,50/10,00	9,81	34,57	2 435	232	1929
163	He 41 b	Doppeldecker, 1 stiel., (L)	Triebwerk-Erprobungsflugzeug	BMW VI	600	11,50/10,00	9,90	34,57	2 570	240	1929
164	He 42 A	Doppeldecker, 1 stiel., 2 Schw., (W)	Schul- u. Aufklärungsflugzeug	Junkers L 5	300	14,00/13,00	10,6	56,03	2 185	190	1931
165	He 42 B	Doppeldecker, 1 stiel., 2 Schw., (W)	Schul- u. Aufklärungsflugzeug	Junkers L 5 G	375	14,00/13,00	10,6	56,03	2 200	190	1931
166	He 42 C	Doppeldecker, 1 stiel., 2 Schw., (W)	Schul- u. Aufklärungsflugzeug	Junkers L 5 G a	380	14,00/13,00	10,6	56,03	2 420	200	1932
167	He 43	Doppeldecker, 1 stiel., (L)	Jagd- u. Versuchsflugzeug	BMW VI Z	750	10,00/ 8,00	7,10	26,56	1 700	322	1931
168	He 44	Doppeldecker, 1 stiel., (L)	Triebwerk-Erprobungsflugzeug	BMW VI 5,5 ZU	640	17,60/15,10	12,20	75,50	3 120	206	1929
169	He 45 A	Doppeldecker, 1 stiel., (L)	Aufklärungsflugzeug	BMW V O	600	11,50/10,00	10,60	34,59	2 610	250	1932
170	He 45 B	Doppeldecker, 1 stiel., (L)	Aufklärungsflugzeug	BMW VI 7,3 Z	750	11,50/10,00	10,60	34,59	2 690	260	1932
171	He 45 C	Doppeldecker, 1 stiel., (L)	Aufklärer u. leicht. Kampfflgz.	Daimler Benz DB 600	1 000	11,50/10,00	10,60	34,59	3 000	362	1934
172	He 45 MO4	Doppeldecker, 1 stiel., (L)	Versuchsflugzeug	BMW 116	685	11,50/10,00	10,60	34,59	2 860	255	1934
173	He 45 MO5	Doppeldecker, 1 stiel., (L)	Jagd u. Aufklärungsflugzeug	Daimler Benz DB 600A	1 020	11,50/10,00	10,60	34,59	3 050	362	1935
174	He 46 a	Doppeldecker, 1 stiel., (L)	Aufklärungsflugzeug	Siemens Jupiter	450	11,50/ 8,80	9,38	31,60	2 170	198	1931
175	He 46 b	Hochdecker (L)	Aufklärungsflugzeug	Siemens Jupiter	450	14,00	9,50	32,90	2 225	223	1932
176	He 46 C	Hochdecker (L)	Aufklärungsflugzeug	Bramo 322 H-2	650	14,00	9,50	32,90	2 360	280	1933
177	He 46 D	Hochdecker (L)	Aufklärungsflugzeug	SAM 322 B	600	14,00	9,50	32,20	2 320	260	1934
178	He 46 E	Hochdecker (L)	Aufklärungsflugzeug			14,00	9,50	32,20			1934
179	He 46 F	Hochdecker (L)	Aufklärungsflugzeug	Armstrong Siddeley Panther X	752	14,00	9,70	32,20	2 510	325	1935
180	He 47	Hochdecker (L)	Kampf- u. Aufklärungsflugzeug (Projekt)	DB 600 Aa	1 000	12,70	9,55	28,70	2 210	310	1935
181	He 49 L	Doppeldecker, 1 stiel., (L)	Jagd- u. Aufklärungsflugzeug	BMW VI	750	11,50/ 8,60	8,24	27,20	1 950	325	1932
182	He 49 W	Doppeldecker, 1 stiel., 2 Schw. (W)	Jagd- u. Aufklärungsflugzeug	BMW VI	750	11,00/ 8,60	8,57	27,20	1 970	310	1932
183	He 50 a L	Doppeldecker, 2 stiel., (L)	Sturzkampf- u. Aufklärungsflgz.	Siemens Jupiter	490	11,50/11,50	9,60	34,80	2 325	246	1932
184	He 50 a W	Doppeldecker, 2 stiel., 2 Schw. (W)	Kampf- u. Aufklärungsflugzeug	Junkers L 5	380	11,50/11,50	10,20	34,80	2 210	200	1934
185	He 50 A	Doppeldecker, 2 stiel., (L)	Sturzkampfflugzeug	BMW 322 B	600	11,50/11,50	9,60	34,80	2 620	235	1932
186	He 50 B	Doppeldecker, 2 stiel., (L)	Sturzkampfflugzeug	BMW 322 B	600	11,50/11,50	9,60	34,80	2 660	240	1932
187	He 50 C	Doppeldecker, 2 stiel., (L)	Sturzkampf- u. Aufklärungsflgz.	BMW 132 E	650	11,50/11,50	9,60	34,80	2 820	260	1933
188	He 51 A	Doppeldecker, 1 stiel.	Jagd- u. Aufklärungsflugzeug	BMW VI	750	11,00/ 8,60	8,40	27,20	1 900	320	1933
189	He 51 B-1	Doppeldecker, 1 stiel.	Jagd- u. Aufklärungsflugzeug	BMW VI	750	11,00/ 8,60	8,40	27,20	1 920	325	1933
190	He 51 B-2	Doppeldecker, 1 stiel., 2 Schw. (W)	Jagd- u. Aufklärungsflugzeug	BMW VI 7,3	750	11,00/ 8,60	9,10	27,20	1 967	318	1933
191	He 51 C	Doppeldecker, 1 stiel.	Jagd- u. Aufklärungsflugzeug	BMW VI 7,3 Z	750	11,00/ 8,60	8,40	27,20	2 000	330	1934

192	He 52 B W	Doppeldecker, 2 stiel., 2 Schw., (W)	Aufklärungsflugzeug	BMW VI 7,3	735	13,82/13,40	9,10	34,30	2 170	300	1936
193	He 52 B-1	Doppeldecker, 2 stiel., (L)	Höhenflugzeug	BMW VI 7,3	735	13,82/13,40	8,40	34,30	2 055	310	1936
194	He 55	Doppeldecker, 1 stiel., Flugboot (W)	Aufklärungsflugboot für Katapultstart	Siemens Jupiter VI 6,3	500	14,00/14,00	10,40	36,90	2 200	194	1930
195	He 55 B	Doppeldecker, 1 stiel., Flugboot (W)	Aufklärungsflugboot für Katapultstart	Siemens Jupiter VI 6,3	500	14,00/14,00	10,40	56,90	2 270	205	1930
196	He 56	Doppeldecker, 1 stiel., 2 Schw. (W)	Aufklärungsflugzeug	Kotobuki Kai	600	11,00/11,00	10,15	32,00	2 610	240	1933
197	He 57	Schulterdecker, Flugboot, (LW), Amph.	Kleines Verkehrsflugboot	Pratt & Whitney Wasp	400	16,00	11,80	39,20	2 520	180	1931
198	He 58	Tiefdecker, 2 Schw., (W)	Postflugzeug f. Katapultstart	Pratt & Whitney Hornet	450	17,20	11,80	49,40	3 140	204	1930
199	He 59 A	Doppeldecker, 1 stiel., (L)	Mehrzweckflugzeug	BMW VI ZU	2x660	23,66/23,66	17,35	153,20	7 275	228	1932
200	He 59 B-1	Doppeldecker, 1 stiel., 2 Schw. (W)	Mehrzweckflugzeug	BMW VI 6,0 ZU	2x660	23,70/23,70	17,40	153,40	9 000	280	1932
201	He 59 C-1	Doppeldecker, 1 stiel., 2 Schw. (W)	Seenotflugzeug	BMW VI 6,0 ZU	2x660	23,70/23,70	17,35	153,20	8 870	280	1933
202	He 59 D	Doppeldecker, 1 stiel., 2 Schw. (W)	Ausbildungsflugzeug	BMW VI 6,0 ZU	2x660	23,70/23,70	17,35	153,20	8 950	240	1933
203	He 59 E	Doppeldecker, 1 stiel., 2 Schw. (W)	Torpedoflugzeug	BMW VI 6,0 ZU	2x660	23,70/23,70	17,40	135,20	9 000	220	1933
204	He 59 N	Doppeldecker, 1 stiel., 2 Schw., (W)	Ausbildungsflugzeug	BMW VI 6,0 ZU	2x660	23,70/23,70	17,40	153,20	9 000	280	1934
205	He 59 D/115	Doppeldecker, 1 stiel., 2 Schw., (W)	Versuchsflugzeug	BMW VI 6,0 ZU	2x660	23,70/23,70	17,95	153,20	8 820	280	1937
206	He 60 A	Doppeldecker, 1 stiel., 2 Schw., (W)	Aufklärungsflugzeug	BMW VI 6,0 ZU	660	13,50/12,40	11,50	56,20	3 400	240	1933
207	He 60 B-2	Doppeldecker, 1 stiel., 2 Schw., (W)	Aufklärungsflugzeug	BMW VI 6,0 ZU	660	13,50/12,40	11,50	56,00	3 400	240	1933
208	He 60 B-3	Doppeldecker, 1 stiel., 2 Schw., (W)	Aufklärungsflugzeug	Daimler Benz DB 600A	1000	13,50/12,40	11,50	56,20	3 690	295	1935
209	He 60 D-1	Doppeldecker, 1 stiel., 2 Schw., (W)	Aufklärungsflugzeug	BMW VI 6,0 ZU	660	13,50/12,40	11,50	56,20	3 710	235	1934
210	He 61	Doppeldecker, 1 stiel., (L) entspr. He 45 B	Aufklärungsflugzeug	BMW VI 6,0 ZU	660	11,50/10,00	10,60	34,59	2 575	255	1932
211	He 62	Doppeldecker, 1 stiel., 2 Schw., (W)	Aufklärungsflugzeug	Kotobuki Kai	600	11,40/11,40	11,10	38,70	2 920	235	1933
212	He 63 A	Doppeldecker, 1 stiel., (L)	Schul- u. Aufklärungsflugzeug	Argus As 10	220	10,00/ 8,00	8,20	24,37	1 250	201	1931
213	He 63 B	Doppeldecker, 1 stiel., 2 Schw., (W)	Schul- u. Aufklärungsflugzeug	Argus As 10	220	10,00/10,00	8,65	30,36	1 400	177	1931
214	He 64 A	Tiefdecker (L)	Sport- und Reiseflugzeug	De Havilland Gipsy III	130	9,80	8,25	14,40	750	220	1932
215	He 64 B	Tiefdecker (L)	Sport- und Reiseflugzeug	Argus As 8 R	150	9,80	8,31	14,40	700	245	1932
216	He 64 C	Tiefdecker (L)	Sport- und Reiseflugzeug	Hirth HM 506	160	9,80	8,30	14,40	775	252	1933
217	He 65	Tiefdecker (L)	Post- u. Schnellverkehrsflugzeug	BMW Hornet	575	14,30	11,60	35,20	4 308	325	1932
218	He 66	Doppeldecker (L)	Aufklärer	Siemens Jupiter F 7	452	11,50/11,50	9,70	34,80	2 235	247	1934
219	He 70 A	Tiefdecker (L)	Post- u. Schnellverkehrsflugzeug	BMW VI 6,0 Z	637	14,80	11,50	36,50	3 310	370	1932
220	He 70 B	Tiefdecker (L)	Post- u. Schnellverkehrsflugzeug	BMW VI 6,0 Z	637	14,80	11,70	36,51	3 570	360	1933
221	He 70 C-1	Tiefdecker (L)	Post- u. Schnellverkehrsflugzeug	BMW VI 6,0 Z	637	14,80	11,50	36,50	3 380	377	1933
222	He 70 D-0	Tiefdecker (L)	Post- u. Schnellverkehrsflugzeug	BMW VI 7,3	750	14,80	11,70	36,50	3 690	370	1933
223	He 70 E-1	Tiefdecker (L), Export Spanien	Schnelles Kampfflugzeug	BMW VI 7,3 Z	750	14,80	12,00	36,50	3 395	360	1933
224	He 70 F-0	Tiefdecker (L)	Schnelles Aufklärungsflugzeug	BMW VI 7,3 Z	750	14,80	11,70	36,50	3 360	355	1934
225	He 70 G-1	Tiefdecker (L)	Post- u. Schnellverkehrsflugzeug	BMW VI 7,3 Z	750	14,80	11,98	36,52	3 460	360	1934
226	He 70 G Exp.	Tiefdecker (L)	Schnellverkehrsflugzeug	Rolls-Royce Kestrel V	695	14,80	12,00	36,50	3 400	400	1935
227	He 71 A	Tiefdecker (L) offen	Sport- u. Reiseflugzeug	Hirth HM 4	78	9,50	6,97	12,90	558	190	1933
228	He 71 B	Tiefdecker (L) geschlossen	Sport- u. Reiseflugzeug	Hirth HM 4	78	9,50	6,97	12,90	555	212	1933
229	He 72 A-1	Doppeldecker, 1 stiel., (L)	Sport- u. Ausbildungsflugzeug	Argus As 8 B	139	9,00/9,00	7,50	20,70	877	183	1933
230	He 72 A-2	Doppeldecker, 1 stiel., (L)	Sport- u. Ausbildungsflugzeug	Hirth HM 501	160	9,00/9,00	7,50	20,70	880	200	1934
231	He 72 B-1	Doppeldecker, 1 stiel., (L)	Schul- u. Sportflugzeug	Siemens Sh 14 A	150	9,00/9,00	7,50	20,70	877	180	1933
232	He 72 B W	Doppeldecker, 1 stiel., 2 Schw., (W)	Sport- u. Ausbildungsflugzeug	Siemens Sh 14 A	168	9,00/9,00	8,10	20,70	965	180	1934
233	He 72 C	Doppeldecker, 1 stiel., (L)	Sport- u. Ausbildungsflugzeug	Siemens Sh 14 A	168	9,00/9,00	7,40	20,70	858	185	1934
234	He 72 D	Doppeldecker, 1 stiel., (L)	Sport- u. Ausbildungsflugzeug	Siemens Sh 14 A	168	9,00/9,00	7,40	20,70	890	180	1934
235	He 72 E	Doppeldecker, 1 stiel., (L) Projekt	Sport- u. Ausbildungsflugzeug	Argus As 18	150	9,00/9,00	7,62	20,90	825	190	1935
236	He 72 F	Doppeldecker, 1 stiel., (L)	Sport- u. Ausbildungsflugzeug	Hirth HM 8 U	230	9,00/9,00	7,30	20,90	940	235	1935
237	He 74 A	Doppeldecker, 1 stiel., (L)	Jagdflugzeug	Argus As 10 C	240	8,25/7,00	6,80	14,95	960	288	1933

Lfd. Nr.	Typ	Bauart	Verwendungszweck	Triebwerk	Leistung PS	Spannweite m	Länge m	Flügelfläche m²	Fluggewicht kg	Fluggeschw. km/h	Baujahr
238	He 74 B	Doppeldecker, 1 stiel., (L)	Jagdflugzeug	Argus As 10 E	275	8,15/7,00	6,44	14,92	1 023	310	1933
239	He 100 V 1	Tiefdecker, Oberflächenkühlung, (L)	Jagdflugzeug	Daimler Benz 601 A	1 050	9,42	8,17	14,40	2 555	620	1938
240	He 100 V 8	Tiefdecker, Oberflächenkühlung, (L)	Rekordflugzeug	Daimler Benz 601 R	1 800	7,60	8,18	11,00	2 475	750	1939
241	He 100 C	Tiefdecker, Oberflächenkühlung (L)	Jagdflugzeug	Daimler Benz 601 Aa	1 100	9,40	8,20	14,40	2 580	690	1939
242	He 100 D-0	Tiefdecker, Oberflächenkühlung, (L)	Jagdflugzeug	Daimler Benz 601 M	1 070	9,40	8,20	14,40	2 590	660	1939
243	He 100 D-1	Tiefdecker (L)	Jagdflugzeug	Daimler Benz 601 M	1 070	9,40	8,20	14,40	2 500	670	1939
–	He 101	Spanien-Projekt (CASA)	Jagdflugzeug, Jagdbomber								
244	He 111 V 1	Tiefdecker (L)	Mehrzweckflugzeug	BMW VI	2x 660	25,00	17,10	87,60	7 600	350	1935
245	He 111 V 2	Tiefdecker (L)	Verkehrsflugzeug	BMW VI	2x 660	23,00	17,10	88,50	7 440	345	1935
246	He 111 V 3	Tiefdecker (L)	Kampfflugzeug	BMW VI	2x 660	22,60	17,10	87,60	7 700	330	1935
247	He 111 V 4	Tiefdecker (L)	Verkehrsflugzeug	BMW VI 6,0 Z	2x 660	23,00	17,10	88,50	7 750	310	1935
248	He 111 V 5	Tiefdecker (L)	Kampfflugzeug	Daimler Benz 600 A	2x1 000	22,60	17,50	87,60	8 600	360	1936
249	He 111 V 6	Tiefdecker (L)	Kampfflugzeug	Junkers Jumo 210 Ga	2x1 000	22,50	17,50	87,60	10 200	410	1936
250	He 111 V 7	Tiefdecker (L)	Kampfflugzeug	Daimler Benz 601 Aa	2x1 150	22,60	16,40	87,60	10 200	440	1936
251	He 111 V 8	Tiefdecker (L)	Kampfflugzeug	Daimler Benz 600 Aa	2x1 000	22,60	16,40	87,60	10 700	435	1936
252	He 111 V 9	Tiefdecker (L)	Kampfflugzeug	Daimler Benz 600 Ga	2x1 050	22,50	17,50	87,60	10 220	420	1936
253	He 111 V 19	Tiefdecker (L)	Kampfflugzeug	Junkers Jumo 211 A-1	2x1 000	22,60	16,40	87,60	12 600	410	1937
254	He 111 A-0	Tiefdecker (L)	Kampfflugzeug	BMW VI 6,0 Z	2x 660	22,60	17,50	87,60	8 220	310	1936
255	He 111 A-1	Tiefdecker (L)	Kampfflugzeug	BMW VI 6,0 Z	2x 660	22,60	17,50	87,60	8 400	310	1936
256	He 111 B-0	Tiefdecker (L)	Kampfflugzeug	Daimler Benz 600 A	2x1 000	22,60	17,50	87,60	8 930	360	1936
257	He 111 B-1	Tiefdecker (L)	Kampfflugzeug	Daimler Benz 600 C	2x 880	22,50	17,50	87,60	9 315	370	1936
258	He 111 B-2	Tiefdecker (L)	Kampfflugzeug	Daimler Benz 600 C	2x 880	22,50	17,50	87,60	10 000	370	1936
259	He 111 C	Tiefdecker (L)	Verkehrsflugzeug	BMW VI 6,0 Z	2x 660	22,60	17,50	87,60	9 610	310	1936
260	He 111 D-0	Tiefdecker (L)	Kampfflugzeug	Daimler Benz 600 Ga	2x1 050	22,60	17,50	87,60	8 810	410	1936
261	He 111 D-1	Tiefdecker (L)	Kampfflugzeug	Daimler Benz 600 Ga	2x1 050	22,60	17,50	87,60	8 800	410	1936
262	He 111 E-0	Tiefdecker (L)	Kampfflugzeug	Junkers Jumo 211 A-1	2x1 000	22,50	17,50	87,60	10 306	410	1936
263	He 111 E-1	Tiefdecker (L)	Kampfflugzeug	Junkers Jumo 211 A-1	2x1 000	22,50	17,50	87,60	10 600	430	1936
264	He 111 F-0	Tiefdecker (L)	Kampfflugzeug	Junkers Jumo 211 A-1	2x1 000	22,50	17,50	87,60	10 600	430	1936
265	He 111 F-1	Tiefdecker (L), Export Türkei	Kampf- und Kurierflugzeug	Junkers Jumo 211 A-3	2x1 100	22,60	17,50	87,60	10 600	440	1936
266	He 111 G-0	Tiefdecker (L)	Verkehrsflugzeug	BMW VI 6,0 ZU	2x 660	22,50	17,30	87,60	8 020	315	1936
267	He 111 G-3	Tiefdecker (L)	Verkehrsflugzeug	BMW 132 H	2x 880	22,60	17,20	87,60	8 460	345	1936
268	He 111 G-4	Tiefdecker (L)	Verkehrs- und Kurierflugzeug	Daimler Benz 600 G	2x 950	22,60	17,10	87,60	8 680	410	1936
269	He 111 G-5	Tiefdecker (L)	Transport- und Kurierflugzeug	Daimler Benz 601 Aa	2x1 150	22,60	17,10	87,60	8 820	415	1936
270	He 111 J	Tiefdecker (L)	Kampfflugzeug	Daimler Benz 600 G	2x 950	22,50	17,50	87,60	10 300	370	1936
271	He 111 J-0	Tiefdecker (L)	Kampfflugzeug, Transporter	Daimler Benz 600 G	2x 910	22,50	17,50	87,60	10 600	375	1936
272	He 111 J-1	Tiefdecker (L)	Transportflugzeug	Daimler Benz 601 Aa	2x1 150	22,50	16,40	87,60	10 600	440	1937
273	He 111 P-0	Tiefdecker (L)	Kampfflugzeug	Daimler Benz 601 Aa	2x1 150	22,60	16,40	87,60	11 660	425	1937
274	He 111 P-1	Tiefdecker (L)	Kampfflugzeug	Daimler Benz 601 Aa	2x1 150	22,60	16,40	87,60	13 300	425	1937
275	He 111 P-2	Tiefdecker (L)	Kampfflugzeug	Daimler Benz 601 A-1	2x1 150	22,60	16,40	87,60	12 570	390	1937
276	He 111 P-4	Tiefdecker (L)	Kampfflugzeug	Daimler Benz 601 A-1	2x1 150	22,60	16,40	87,60	13 500	390	1937
277	He 111 P-5	Tiefdecker (L)	Kampfflugzeug	Daimler Benz 601 A-1	2x1 150	22,60	16,40	87,60	13 820	380	1938
278	He 111 P-6	Tiefdecker (L)	Kampfflugzeug	Daimler Benz 601 N	2x1 200	22,60	16,40	87,60	14 000	425	1939

279	He 111 H-0	Tiefdecker (L)	Kampfflugzeug	Junkers Jumo 211 D	2x1 200	22,50	16,40	87,60	13 435	410	1939
280	He 111 H-1	Tiefdecker (L)	Kampfflugzeug	Junkers Jumo 211 A-1	2x1 000	22,60	16,40	87,60	12 600	410	1939
281	He 111 H-2	Tiefdecker (L)	Kampfflugzeug	Junkers Jumo 211 A-3	2x1 100	22,60	16,40	87,60	13 120	420	1939
282	He 111 H-3	Tiefdecker (L)	Kampfflugzeug	Junkers Jumo 221 D-1	2x1 200	22,60	16,40	87,60	13 120	440	1939
283	He 111 H-4	Tiefdecker (L)	Kampfflugzeug	Junkers Jumo 211 F	2x1 350	22,60	16,40	87,60	13 500	445	1939
284	He 111 H-5	Tiefdecker (L)	Kampfflugzeug	Junkers Jumo 211 D	2x1 200	22,50	16,40	86,50	14 053	410	1939
285	He 111 H-6	Tiefdecker (L)	Torpedo- u. Kampfflugzeug	Junkers Jumo 211 F-1	2x1 300	22,60	16,40	87,60	14 000	440	1939
286	He 111 H-7	Tiefdecker (L)	Kampfflugzeug	Junkers Jumo 211 F-1	2x1 300	22,60	16,40	87,60	14 000	415	1939
287	He 111 H-8	Tiefdecker (L)	Kampfflugzeug	Junkers Jumo 211 F-1	2x1 300	22,60	18,80	87,60	13 970	415	1939
288	He 111 H-9	Tiefdecker (L)	Kampfflugzeug	Junkers Jumo 211 F-1	2x1 300	22,60	16,40	87,60	14 000	415	1939
289	He 111 H-10	Tiefdecker (L)	Kampfflugzeug	Junkers Jumo 211 F-1	2x1 300	22,60	16,40	87,60	14 000	420	1939
290	He 111 H-11	Tiefdecker (L)	Kampfflugzeug	Junkers Jumo 211 F-1	2x1 300	22,60	16,40	87,60	14 000	420	1939
291	He 111 H-12	Tiefdecker (L)	Trägerflugzeug für ferngest. Bomben	Junkers Jumo 211 F-1	2x1 300	22,60	16,40	87,60	14 000	420	1940
292	He 111 H-14	Tiefdecker (L)	Kampfflugzeug	Junkers Jumo 211 F-2	2x1 340	22,60	16,40	87,60	13 600	440	1940
293	He 111 H-16	Tiefdecker (L)	Kampfflugzeug	Junkers Jumo 211 F-2	2x1 340	22,60	16,40	87,60	14 000	440	1941
294	He 111 H-18	Tiefdecker (L)	Kampfflugzeug, Nachtbomber	Junkers Jumo 211 F-2	2x1 340	22,60	16,40	87,60	14 000	435	1942
295	He 111 H-20	Tiefdecker (L)	Transportflugzeug	Junkers Jumo 211 F-2	2x1 340	22,60	16,40	87,60	14 000	440	1943
296	He 111 H-20/R4	Tiefdecker (L)	Kampfflugzeug, Nachtbomber	Junkers Jumo 211 F-2	2x1 340	22,60	16,40	87,60	13 000	440	1943
297	He 111 H-21	Tiefdecker (L)	Nachtbomber	Junkers Jumo 213 E-1	2x1 750	22,60	16,40	87,60	16 000	480	1944
298	He 111 H-22	Tiefdecker (L)	Kampfflugzeug	Junkers Jumo 213 E-1	2x1 750	22,60	16,40	87,60	15 930	420	1944
299	He 111 H-23	Tiefdecker (L)	Transportflugzeug	Junkers Jumo 213 A-1	2x1 776	22,60	16,40	87,60	15 720	480	1944
300	He 111 R-1	Tiefdecker (L), Ringkühler, Projekt	Kampfflugzeug	Daimler Benz 603	2x1 600	22,60	16,40	87,60	15 300	490	1941
301	He 111 R-3	Tiefdecker (L), Ringkühler, Projekt	Kampfflugzeug	Daimler Benz 603	2x1 600	22,60	16,40	87,60	16 500	490	1944
302	He 111 MR	Tiefdecker, Minensuchring, (L)	Minensuchflugzeug	Junkers Jumo 211 F-1	2x1 300	22,60	16,40	87,60	13 820	400	1940
303	He 111 Z-1	Tiefdecker, Doppelrumpf, (L)	Schleppflugzeug f. Lastensegler	Junkers Jumo 211 F-2	2x1 340	35,40	16,69	147,00	21 400	480	1943
304	He 112 V 1	Tiefdecker, Knickflügel, (L)	Jagdflugzeug	Rolls-Royce Kestrel V	695	12,60	8,90	23,20	2 310	480	1934
305	He 112 V 4	Tiefdecker, Knickflügel, (L)	Jagdflugzeug	Daimler Benz 600 A	900	11,50	8,90	21,60	2 220	510	1935
306	He 112 V 9	Tiefdecker, Knickflügel, (L)	Jagdflugzeug	Junkers Jumo 210 Ea	720	9,10	9,30	17,00	2 250	485	1936
307	He 112 V 10	Tiefdecker, Knickflügel, (L)	Jagdflugzeug	Daimler Benz 600 Aa	910	9,10	9,30	17,00	2 260	350	1936
308	He 112 B-1	Tiefdecker, Knickflügel, (L)	Jagdflugzeug	Junkers Jumo 210 Ea	680	9,10	9,30	17,00	2 250	500	1937
309	He 112 B-2	Tiefdecker, Knickflügel, (L)	Jagdflugzeug	Daimler Benz 601 A	1 175	9,10	9,30	17,00	2 550	570	1938
310	He 112 C	Tiefdecker, Knickflügel (L)	Jagdflugzeug	Junkers Jumo 210 Ga	720	9,10	9,30	17,00	2 610	520	1939
311	He 112 E	Tiefdecker, Knickflügel, (L)	Jagdflugzeug	Junkers Jumo 210 G	700	9,10	9,30	17,00	2 250	510	1939
312	He 112 R	Tiefdecker, Knickflügel, (L)	Versuchsflugzeug	Daimler Benz 600 A Walter HWK R II	900 PS + 1 500 kp	19,50	8,90	21,60	2 370	550	1938
–	He 113	siehe Nr. 243 He 100 D-1									
313	He 114 V 1	Eineinhalbdecker, 1 stiel., 2 Schw., (W)	Aufklärungsflugzeug	Daimler Benz 600	900	13,80	11,85	42,70	3 520	330	1938
314	He 114 V 2	Eineinhalbdecker, 1 stiel., 2 Schw., (W)	Aufklärungsflugzeug	Junkers Jumo 210	680	13,80	11,85	42,70	3 316	250	1938
315	He 114 V 3	Eineinhalbdecker, 1 stiel., 2 Schw., (W)	Aufklärungsflugzeug	BMW 132 Dc	800	13,60	11,65	42,30	3 514	270	1938
316	He 114 V 4	Eineinhalbdecker, 1 stiel., 2 unsymm. gek. Schw., (W)	Aufklärungsflugzeug	BMW 132 K	830	13,60	11,65	32,30	3 630	292	1938
317	He 114 A-1	Eineinhalbdecker, 1 stiel., 2 Schw., (W)	Aufklärungsflugzeug	BMW 132 K	830	13,60	11,65	42,30	3 660	300	1938
318	He 114 A-2	Eineinhalbdecker, 1 stiel., 2 Schw., (W)	Aufklärungsflugzeug	BMW 132 K	835	13,60	11,65	42,30	3 670	305	1938
319	He 114 B-1	Eineinhalbdecker, 1 stiel., 2 Schw., (W)	Aufklärungsflugzeug	BMW 132 K	835	13,60	11,65	42,30	3 660	305	1936
320	He 114 B-2	Eineinhalbdecker, 1 stiel., 2 Schw., (W)	Aufklärungsflugzeug	Daimler Benz 600	900	13,60	11,65	42,30	3 740	330	1938
321	He 114 C-1	Eineinhalbdecker, 1 stiel., 2 Schw., (W)	Aufklärungsflugzeug	BMW 132 N	865	13,60	11,65	42,30	3 740	330	1939
322	He 114 C-2	Eineinhalbdecker, 1 stiel., 2 Schw., (W)	Aufklärungsflugzeug	BMW 132 K	835	13,60	11,65	42,30	3 440	310	1939

Lfd. Nr.	Typ	Bauart	Verwendungszweck	Triebwerk	Leistung PS	Spannweite m	Länge m	Flügelfläche m²	Fluggewicht kg	Fluggeschw. km/h	Baujahr
323	He 115 V 1	Mitteldecker, 2 Schw., (W)	See-Mehrzweckflugzeug	BMW 132 K	2x 830	22,20	17,10	87,50	9 117	310	1936
324	He 115 V 1 R	Mitteldecker, 2 Schw., (W)	Rekordflugzeug	BMW 132 K	2x 830	22,20	17,40	87,50	9 220	325	1937
325	He 115 V 3	Mitteldecker, 2 Schw., (W)	See-Mehrzweckflugzeug	BMW 132 K	2x 830	22,20	17,10	87,50	9 270	310	1936
326	He 115 A-0	Mitteldecker, 2 Schw., (W)	See-Mehrzweckflugzeug	BMW 132 K	2x 860	22,20	17,30	87,50	9 295	310	1936
327	He 115 A-1	Mitteldecker, 2 Schw., (W)	See-Mehrzweckflugzeug	BMW 132 K	2x 860	22,20	17,30	87,50	9 350	315	1937
328	He 115 A-2	Mitteldecker, 2 Schw., (W)	See-Mehrzweckflugzeug, Exp.	BMW 132 K	2x 835	22,20	17,30	87,50	9 200	310	1938
329	He 115 A-3	Mitteldecker, 2 Schw., (W)	See-Mehrzweckflugzeug	BMW 132 K	2x 835	22,20	17,30	87,50	9 085	310	1939
330	He 115 B-1	Mitteldecker, 2 Schw., (W)	See-Mehrzweckflugzeug	BMW 132 K	2x 835	22,20	17,30	87,50	10 400	295	1939
331	He 115 B-2	Mitteldecker, 2 Schw., (W)	See-Mehrzweckflugzeug	BMW 132 K	2x 835	22,20	17,30	87,50	10 420	295	1939
332	He 115 C-1	Mitteldecker, 2 Schw., (W)	See-Mehrzweckflugzeug	BMW 132 K	2x 835	22,20	17,30	87,50	10 680	290	1939
333	He 115 C-2	Mitteldecker, 2 Schw., (W)	See-Mehrzweckflugzeug	BMW 132 K	2x 835	22,50	17,30	87,50	10 675	290	1940
334	He 115 C-3	Mitteldecker, 2 Schw., (W)	Minenleger	BMW 132 K	2x 835	22,20	17,30	87,50	10 690	290	1940
335	He 115 C-4	Mitteldecker, 2 Schw., (W)	Torpedoflugzeug	BMW 132 K	2x 835	22,20	17,30	87,50	10 685	290	1941
336	He 115 D	Mitteldecker, 2 Schw., (W)	See-Mehrzweckflugzeug (Vers.)	BMW 801	2x1 600	22,20	17,30	87,50	12 640	380	1941
337	He 115 E	Mitteldecker, 2 Schw., (W)	Torpedoflugzeug	BMW 132 K	2x 835	22,20	17,30	87,50	10 540	300	1941
338	He 116 A	Tiefdecker (L)	Langstrecken-Postflugzeug	Hirth HM 508 D	4x 270	22,00	13,70	62,90	7 130	375	1937
339	He 116 J	Tiefdecker (L)	Langstrecken-Postflugzeug	Hirth HM 508 J	4x 260	22,00	13,70	62,90	6 930	340	1937
340	He 116 R	Tiefdecker (L)	Rekordflugzeug	Hirth HM 508 H	4x 240	25,00	13,70	75,60	8 280	325	1937
341	He 116 B	Tiefdecker (L)	Aufklärungsflugzeug	Hirth HM 508 J	4x 260	22,00	14,30	62,90	7 046	325	1938
342	He 118 V 1	Tiefdecker, Knickflügel, (L)	Sturzkampfflugzeug	Rolls-Royce Bussard	880	15,40	11,80	38,20	4 100	430	1937
343	He 118 V 2	Tiefdecker, Knickflügel, (L)	Sturzkampfflugzeug	Daimler Benz 600	1 000	15,40	11,72	38,00	4 320	460	1937
344	He 118 A-03	Tiefdecker, Knickflügel, (L)	Sturzkampfflugzeug	Daimler Benz 601	1 150	15,40	11,79	38,00	4 240	460	1938
345	He 119 V 1	Mitteldecker, Knickflügel, (L)	Aufklärungsflugzeug	Daimler Benz 606	2 350	16,00	14,80	51,60	8 000	540	1937
346	He 119 V 2	Mitteldecker, Knickflügel, (L)	Schnelles Kampfflugzeug	Daimler Benz 606 A-1	2 350	16,00	14,80	51,60	8 100	575	1937
347	He 119 V 3	Mitteldecker, Knickflügel, (L)	Schnelles Kampf- und Aufklärungsflugzeug	Daimler Benz 606 A-1	2 350	15,90	14,80	50,00	7 480	580	1937
348	He 119 V 4	Mitteldecker, Knickflügel, (L)	Rekordflugzeug	Daimler Benz 606 A-2	2 350	15,90	14,80	50,00	7 160	590	1937
349	He 119 V 5	Mitteldecker, Knickflügel, 2 Schw., (W)	Schneller Seeaufklärer	Daimler Benz 606 A-2	2 350	15,90	15,52	50,00	8 700	550	1937
350	He 119 A	Mitteldecker, Knickflügel, (L)	Schnelles Aufklärungsflugzeug	Daimler Benz 606 A-2	2 350	15,90	14,80	50,00	7 565	580	1938
351	He 119 B	Mitteldecker, Knickflügel, (L)	Schnelles Kampfflugzeug	Daimler Benz 606 A-2	2 950	15,90	14,80	50,50	8 600	565	1938
352	He 120	Schulterdecker, Knickfl., Flugboot, (W)	Verkehrsflugboot (Projekt)	Junkers Jumo 205	4x 800	35,00	28,00	170,00	29 000	380	1938
353	He 162 V 1	Schulterdecker, aufges. Triebw., (L)	Jagdflugzeug	BMW 003 A	800 kp	7,20	9,05	11,16	2 460	720	1944
354	He 162 A-0	Schulterdecker, aufges. Triebw., (L)	Jagdflugzeug	BMW 003 A-1	800 kp	7,20	9,05	11,16	2 495	840	1945
355	He 162 A-1	Schulterdecker, aufges. Triebw., (L)	Jagdflugzeug	BMW 003 E	920 kp	7,20	9,05	11,16	2 907	880	1945
356	He 162 A-2	Schulterdecker, aufges. Triebw., (L)	Jagdflugzeug	BMW 003 E-1	930 kp	7,20	9,05	11,16	3 027	860	1945
357	He 162 A-6	Schulterdecker, aufges. Triebw., (L)	Jagdflugzeug	BMW 003 E-1	930 kp	7,20	9,18	11,16	2 905	900	1945
358	He 162 S	Schulterdecker, Segelflugzeug	Ausbildungsflugzeug			8,20	9,05	13,80	1 300	420	1945
359	He 162 B	Schulterdecker, aufges. Triebw., (L)	Jagdflugzeug (Projekt)	Heinkel He S 11	1 300 kp	7,60	9,52	12,00	2 495	880	1945
360	He 162 C	Schulterdecker, aufges. Triebw., (L)	Jagdflugzeug (Projekt)	Heinkel He S 11	1 300 kp	8,00	9,52	12,40	2 515	910	1945
361	He 162 D	Schulterdecker, aufges. Triebw., (L)	Jagdflugzeug, Schulflugzeug	Heinkel He S 11	1 300 kp	7,20	9,80	11,60	3 020	860	1945
362	He 162 E	Schulterdecker (= He 162 A-9) (L)	Jagdflugzeug	BMW 003 R	2 030 kp	7,20	9,25	11,16	3 840	1010	1945
363	He 170	Tiefdecker, (L)	Fernaufklärer u. Kampfflugz.	Gnôme Rhône, Mistral	910	14,80	11,40	36,50	3 540	455	1937

364	He 172 V 1	Doppeldecker, 1 stiel., (L)	Schul- u. Sportflugzeug	Siemens Sh 14 A-4	160	9,00	7,56	20,70	926	200	1934
365	He 172 V 4	Doppeldecker, 1 stiel., 2 Schw., (W)	Schul- u. Expeditionsflugzeug	Siemens Sh 14 A-4	160	9,00	8,15	20,70	1 040	185	1935
366	He 176	Tiefdecker (L)	Raketen- u. Versuchsflugzeug	Walter HWK R I 203	690 kp	5,00	5,20	5,40	1 620	750	1939
367	He 177 V 1	Mitteldecker (L)	Schweres Kampfflugzeug	Daimler Benz 606	2x2 600	31,44	20,58	100,00	23 920	460	1939
368	He 177 V 2	Mitteldecker (L)	Schweres Kampfflugzeug	Daimler Benz 606	2x2 600	31,44	20,58	100,00	23 920	460	1939
369	He 177 V 3	Mitteldecker (L)	Schweres Kampfflugzeug	Daimler Benz 606	2x2 600	31,44	20,58	100,00	24 130	460	1939
370	He 177 V 4	Mitteldecker (L)	Schweres Kampfflugzeug	Daimler Benz 606	2x2 600	31,44	20,58	100,00	24 820	460	1939
371	He 177 V 5	Mitteldecker (L)	Schweres Kampfflugzeug	Daimler Benz 606	2x2 700	31,44	20,58	100,00	24 970	465	1940
372	He 177 V 6	Mitteldecker (L)	Schweres Kampfflugzeug	Daimler Benz 606	2x2 700	31,44	20,58	100,00	28 070	465	1940
373	He 177 V 7	Mitteldecker (L)	Schweres Kampfflugzeug	Daimler Benz 606	2x2 700	31,44	20,40	100,00	26 700	465	1940
374	He 177 V 8	Mitteldecker (L)	Schweres Kampfflugzeug	Daimler Benz 606	2x2 700	31,44	20,40	100,00	27 910	465	1940
375	He 177 V 9	Mitteldecker (L)	Schweres Kampfflugzeug	Daimler Benz 606	2x2 700	31,44	20,40	100,00	28 500	465	1940
376	He 177 V 14	Mitteldecker (L)	Schweres Kampfflugzeug	Daimler Benz 610	2x2 950	31,44	20,40	100,00	30 000	510	1941
377	He 177 V 15	Mitteldecker (L)	Schweres Kampfflugzeug	Daimler Benz 610	2x2 950	31,44	20,40	100,00	31 000	520	1941
378	He 177 V 17	Mitteldecker (L)	Schweres Kampfflugzeug	Daimler Benz 610	2x2 950	31,44	22,00	100,00	31 000	530	1941
379	He 177 V 19	Mitteldecker (L)	Schweres Kampfflugzeug	Daimler Benz 610	2x2 950	31,44	22,00	100,00	27 000	510	1941
380	He 177 A-0	Mitteldecker (L)	Schweres Kampfflugzeug	Daimler Benz 606	2x2 700	31,44	20,40	100,00	30 000	480	1940
381	He 177 A-0/UZ	Mitteldecker (L)	Schneller Zerstörer	Daimler Benz 606A/B	2x2 950	31,40	22,50	100,00	28 820	540	1943
382	He 177 A-1	Mitteldecker (L)	Schweres Kampfflugzeug	Daimler Benz 606	2x2 700	31,44	20,40	100,00	30 000	480	1940
383	He 177 A-3/R 1	Mitteldecker (L)	Schweres Kampfflugzeug	Daimler Benz 606	2x2 700	31,44	22,00	100,00	29 800	480	1941
384	He 177 A-3/R 2	Mitteldecker (L)	Schweres Kampfflugzeug	Daimler Benz 606	2x2 700	31,44	22,00	100,00	29 800	480	1941
385	He 177 A-3/R 5	Mitteldecker (L)	Schweres Kampfflugzeug	Daimler Benz 610	2x2 900	31,44	22,00	100,00	28 890	480	1942
386	He 177 A-4	Mitteldecker (L), V-Muster für He 274	Schweres Kampfflugzeug	Daimler Benz 610	2x2 900	31,44	22,00	100,00	31 200	510	1942
387	He 177 A-5/R 2	Mitteldecker (L)	Schweres Kampfflugzeug	Daimler Benz 610	2x2 900	31,44	22,00	100,00	31 000	440	1943
388	He 177 A-5/R 7	Mitteldecker (L)	Schweres Kampfflugzeug	Daimler Benz 610A/B	2x2 975	31,44	22,00	100,00	31 000	520	1943
389	He 177 A-6/R 1	Mitteldecker (L)	Schweres Kampfflugzeug	Daimler Benz 610A/B	2x2 975	31,44	22,00	100,00	32 000	520	1944
390	He 177 A-6/R 2	Mitteldecker (L)	Schweres Kampfflugzeug	Daimler Benz 610A/B	2x2 975	31,44	22,00	100,00	32 600	535	1944
391	He 177 A-7	Mitteldecker (L)	Schweres Kampfflugzeug	Daimler Benz 610A/B	2x2 975	36,00	22,00	108,00	34 600	540	1944
392	He 177 B-0	Mitteldecker (L)	Schweres Kampfflugzeug	BMW 801 E	4x2 000	32,80	22,52	108,00	38 000	555	1944
393	He 177 B-1	Mitteldecker (L), Versuchsmuster	Schweres Kampfflugzeug	Daimler Benz 603 E	4x1 800	31,40	22,50	102,00	31 745	535	1944
394	He 177 H	Mitteldecker (L), Versuchsmuster	Schwerer Höhenjäger	Daimler Benz 610	2x2 950	36,00	22,00	108,00	28 700	560	1944
395	He 178	Schulterdecker (L)	Versuchsflugzeug f. Strahlantr.	Heinkel He S 3 B	500 kp	7,20	7,48	9,10	1 998	700	1939
396	He 219 V 1	Mitteldecker (L)	Nachtjäger (L)	Daimler Benz 603 A	2x1 750	18,50	14,50	44,50	11 750	615	1942
397	He 219 V 2	Mitteldecker (L)	Nachtjäger (L)	Daimler Benz 603 G	2x1 900	18,50	14,50	44,50	11 850	655	1943
398	He 219 V 3	Mitteldecker (L)	Nachtjäger (L)	Daimler Benz 603 A	2x1 750	18,50	14,50	44,50	11 750	615	1943
399	He 219 V 4	Mitteldecker (L)	Nachtjäger (L)	Daimler Benz 603 A	2x1 750	18,50	14,50	44,50	12 100	610	1943
400	He 219 A-0/R 1	Mitteldecker (L)	Nachtjäger (L)	Daimler Benz 603 A	2x1 750	18,50	15,54	44,50	12 670	600	1943
401	He 219 A-0/R 2	Mitteldecker (L)	Nachtjäger (L)	Daimler Benz 603 A	2x1 750	18,50	15,54	44,50	12 610	620	1943
402	He 219 A-0/R 3	Mitteldecker (L)	Nachtjäger (L)	Daimler Benz 603 A	2x1 750	18,50	15,54	44,50	12 620	620	1943
403	He 219 A-0/R 6	Mitteldecker (L)	Nachtjäger (L)	Daimler Benz 603 A	2x1 750	18,50	15,54	44,50	12 350	620	1943
404	He 219 A-1	Mitteldecker (L)	Nachtjäger (L)	Daimler Benz 603 E	2x1 800	18,50	15,54	44,50	12 350	630	1943
405	He 219 A-1/R 3	Mitteldecker (L)	Nachtjäger (L)	Daimler Benz 603 A	2x1 750	18,50	15,54	44,50	12 250	610	1943
406	He 219 A-2/R 1	Mitteldecker (L)	Nachtjäger (L)	Daimler Benz 603 A	2x1 750	18,50	15,54	44,50	12 500	605	1944
407	He 219 A-2/R 2	Mitteldecker (L)	Nachtjäger (L)	Daimler Benz 603 A	2x1 750	18,50	15,54	44,50	13 430	605	1944
408	He 219 A-3	Mitteldecker (L)	Jagdflugzeug (L)	Daimler Benz 603 G	2x1 900	20,00	15,10	48,40	12 880	630	1944

Lfd. Nr.	Typ	Bauart	Verwendungszweck	Triebwerk	Leistung PS	Spannweite m	Länge m	Flügelfläche m²	Fluggewicht kg	Fluggeschw. km/h	Baujahr
409	He 219 A-4	Mitteldecker (L)	Kampf- u. Aufklärungsflugzeug	Junkers Jumo 222A-1	2x2 500	26,50	15,50		15 100	650	1944
410	He 219 A-5/R 1	Mitteldecker (L)	Nachtjäger	Daimler Benz 603 A	2x1750	18,50	15,45	44,50	13 300	620	1943
411	He 219 A-5/R 2	Mitteldecker (L)	Nachtjäger	Daimler Benz 603 E	2x1 800	18,50	15,45	44,50	13 150	630	1943
412	He 219 A-5/R 3	Mitteldecker (L)	Nachtjäger	Daimler Benz 603 AA	2x1 750	18,50	15,45	44,50	14 560	620	1943
413	He 219 A-5/R 4	Mitteldecker (L), 3-Mann-Kanzel	Nachtjäger	Daimler Benz 603 E	2x1 800	18,50	16,34	44,50	13 575	615	1944
414	He 219 A-6	Mitteldecker (L)	Nachtjäger	Daimler Benz 603 L	2x1 750	18,50	15,45	44,50	11 950	650	1943
415	He 219 A-7/R 1	Mitteldecker (L)	Nachtjäger, Höhenjäger	Daimler Benz 603 G	2x1 900	18,50	15,45	44,50	15 300	670	1944
416	He 219 A-7/R 2	Mitteldecker (L)	Höhenjäger	Daimler Benz 603 G	2x1 900	18,50	15,45	44,50	15 650	670	1944
417	He 219 A-7/R 3	Mitteldecker (L)	Höhenjäger	Daimler Benz 603 G	2x1 900	18,50	15,45	44,50	15 800	670	1944
418	He 219 A-7/R 4	Mitteldecker (L)	Höhenjäger	Daimler Benz 603 G	2x1 900	18,50	15,45	44,50	15 600	670	1944
419	He 219 A-7/R 6	Mitteldecker (L)	Höhenjäger	Junkers Jumo 222 A	2x2 500	18,50	15,45	44,50	14 900	700	1944
420	He 219 B-1	Mitteldecker (L)	Höhenjäger	Daimler Benz 603 AA	2x1 750	22,06	16,34	50,00	14 800	655	1944
421	He 219 B-2	Mitteldecker (L)	Höhenjäger	Daimler Benz 603 AA	2x1 750	22,65	15,45	50,00	13 070	655	1944
422	He 219 B-3	Mitteldecker (L)	Höhenjäger	Junkers Jumo 222 A	2x2 500	22,06	15,45	50,00	16 600	700	1944
423	He 219 C-1	Mitteldecker (L)	Nachtjäger	Junkers Jumo 222 E/F	2x2 550	22,06	17,13	50,00	16 085	675	1944
424	He 219 C-2	Mitteldecker (L)	Jagdbomber	Junkers Jumo 222 A	2x2 500	22,06	17,13	50,00	17 280	670	1944
425	He 219 S	Mitteldecker, Gemischtantrieb, (L)	Jagdbomber	Daimler Benz 603 E + BMW 003 A	2x1 800 PS 1x 800 kp	18,50	15,45	44,50	14 100	700	1944
426	He 270	Tiefdecker (L)	Kampf- u. Aufklärungsflugzeug	Daimler Benz 601 A	1 175	14,80	11,80	36,50	4 150	460	1938
427	He 274	Mitteldecker (L)	Höhen-Bomber	Daimler Benz 603 A	4x1 570	44,10	22,30	170,00	36 000	580	1945
428	He 277 B-3	Mitteldecker (L)	Schweres Kampfflugzeug	BMW 801 E	4x2 000	40,00	22,52	133,00	42 000	535	1944
429	He 277 B-5/R 1	Mitteldecker (L)	Schweres Kampfflugzeug	Daimler Benz 603 A	4x1 750	31,44	22,15	100,00	43 200	560	1944
430	He 277 B-5/R 2	Mitteldecker (L)	Schweres Kampfflugzeug	Daimler Benz 603 A	4x1 750	31,44	22,15	100,00	44 500	570	1945
431	He 277 B-6/R 1	Mitteldecker (L)	Schweres Kampfflugzeug	Junkers Jumo 213 F	4x2 060	40,00	22,32	133,00	44 400	560	1945
432	He 277 B-7	Mitteldecker (L)	Schweres Kampfflugzeug	Junkers Jumo 213 E	4x1 750	36,00	22,15	108,00	44 000	430	1945
433	He 277 B-7/6	Mitteldecker (L) (Projekt)	Schweres Kampfflugzeug	BMW 801 E	6x2 000	45,00	23,70	170,00	60 000	560	1943
434	He 280 V 1	Mitteldecker (L)	Jagdflugzeug	Heinkel He S 8 A	2x 585 kp	12,20	10,20	21,50	4 210	780	1940
435	He 280 V 1/RA	Mitteldecker (L)	Jagdflugzeug	Argus As 014	4x 580 kp	12,20	10,20	21,50	3 218	580	1941
436	He 280 V 2	Mitteldecker (L)	Jagdflugzeug	Junkers Jumo 004 B	2x 840 kp	12,20	10,20	21,50	5 205	820	1941
437	He 280 V 3	Mitteldecker (L)	Jagdflugzeug	Heinkel He S 8 A	2x 600 kp	12,20	10,20	21,50	4 215	800	1942
438	He 280 V 4	Mitteldecker (L)	Jagdflugzeug	Argus As 014	6x 580 kp	12,20	10,20	21,50	3 595	640	1943
439	He 280 V 5	Mitteldecker (L)	Jagdflugzeug	Heinkel He S 8 A	2x 600 kp	12,20	10,20	21,50	4 300	800	1943
440	He 280 V 6	Mitteldecker (L)	Jagdflugzeug	BMW 003 A-0	2x 760 kp	12,20	10,20	21,50	4 400	840	1943
441	He 280 V 7	Mitteldecker (L)	Jagdflugzeug			12,20	10,20	21,50	2 150	260	1943
442	He 280 V 8	Mitteldecker (L) V-Leitwerk	Jagdflugzeug	Junkers Jumo 004	2x 830 kp	12,20	10,20	21,50	5 205	880	1943
443	He 280 V 9	Mitteldecker (L)	Jagdflugzeug	BMW 003 E	2x 820 kp	12,20	10,20	21,50	4 400	860	1943
444	He 280 B	Mitteldecker (L) (Projekt)	Jagdflugzeug u. Jagdbomber	Junkers Jumo 004 B	2x 900 kp	12,46	10,20	21,50	5 160	880	1943
445	He 319 A-0	Mitteldecker (L) (Projekt)	Schnelles Kampfflugzeug	Daimler Benz 603 A	2x1 750	20,30	15,40	41,50	13 270	540	1943
446	He 319 A-1	Mitteldecker (L) (Projekt)	Schnelles Kampfflugzeug	Daimler Benz 603 A	2x1 750	20,30	15,40	41,50	13 620	540	1943
447	He 343 A-1	Mitteldecker (L)	Schnellbomber	Heinkel He S 11 A	4x1 300 kp	18,00	16,50	42,25	19 550	910	1944
448	He 343 A-2	Mitteldecker (L)	Aufklärungsflugzeug	Heinkel He S 11 A	4x1 300 kp	18,00	16,50	42,25	19 500	910	1944
449	He 343 A-3	Mitteldecker (L)	Zerstörer	Heinkel He S 11 A	4x1 300 kp	18,00	16,50	42,25	17 460	910	1944
450	He 343 A-3/J	Mitteldecker (L)	Schweres Jagdflugzeug	Heinkel He S 11 A	4x1 300 kp	18,00	16,30	42,25	17 650	875	1944

451	He 419 A-0	Mitteldecker (L)	Höhenjäger, Kampfflugzeug	Daimler Benz 603 G	2x1 900	22,40	15,80	55,50	14 200	670	1943
452	He 419 A-1	Mitteldecker (L)	Höhenjäger, Kampfflugzeug	Daimler Benz 603 G	2x1 900	22,40	15,80	55,50	14 380	670	1943
453	He 419 B	Mitteldecker (L)	Höhenjäger	Daimler Benz 603 G	2x1 900	23,80	15,80	59,00	15 310	680	1943
454	He 635	Mitteldecker, Doppelr. Zug- u. Druckschr.	Langstrecken-Aufklärer	Daimler Benz 603 E	4x2 000	27,43	13,85	89,00	32 900	725	1944
455	Julia I	Schulterdecker (L)	Abfangjäger	Walter HWK 109-509 A	1 700 kp	4,60	6,80	7,20	1 795	980	1944
456	Julia II	Schulterdecker (L)	Abfangjäger	Walter HWK 109-509 A	1 700 kp	4,60	6,80	7,20	1 840	970	1944
457	Romeo	Schulterdecker (L)	Abfangjäger	Argus 014	475 kp	4,60	6,80	7,20	1 795	980	1944

Projekte

458	He P 1054		Transportflugzeug								1942
459	He P 1062	Tiefdecker (L)	Jagdflugzeug								1942
460	He P 1063	Mitteldecker (L)	Schnelles Kampfflugzeug								1942
461	He P 1064	Mitteldecker (L)	Langstrecken-Kampfflugzeug	BMW 801 Ea	6x2 000	45,00	24,20	170,00	59 780	570	1943
462	He P 1065/1a	Tiefdecker (L)	Jagdbomber, Arbeitsflugzeug	BMW 801 E	2x1 550	23,00	15,40	51,00	15 220	492	1942
463	He P 1065/1b	Tiefdecker (L)	Jagdbomber, Arbeitsflugzeug	Junkers Jumo 222 C	2x2 600	23,00	15,40	56,50	16 890	572	1942
464	He P 1065/1c	Tiefdecker (L)	Schnellbomber	Daimler Benz 609	2x2 270	23,00	15,40	57,00	17 050	525	1942
465	He P 1065/2a	Tiefdecker, unsymmetr. Doppeltr., (L)	Schnellbomber	BMW 803	3 500	20,40	19,50	51,50	15 500	515	1942
466	He P 1065/2b	Tiefdecker, unsymmetr. Doppeltr., (L)	Schnellbomber	Daimler Benz 619	4 540	20,40	19,50	54,00	16 300	530	1942
467	He P 1065/3a	Tiefdecker, Doppeltriebwerk, (L)	Schnellbomber	Daimler Benz 613 C	3 100	20,30	14,40	41,50	13 670	510	1942
468	He P 1065/3b	Tiefdecker, Doppeltriebwerk, (L)	Schnellbomber	Daimler Benz 619	4 540	20,30	14,40	45,00	14 870	560	1942
469	He P 1066	Tiefdecker (L)	Kampfzerstörer	BMW 801 E	2x1 500	22,80	15,60	47,20	15 800	610	1942
470	He P 1066	Tiefdecker (L)	Kampfzerstörer	BMW Jumo 222 C	2x2 600	22,80	15,60	47,20	16 000	660	1942
471	He P 1068/78	Mitteldecker, gerade Flächen, (L)	Bomber u. schnell. Kampfflugz.	Heinkel He S 11	4x1 300 kp	19,00	20,00	60,00	22 300	853	1944
472	He P 1068/80	Mitteldecker, gerade Flächen, (L)	Bomber u. schnell. Kampfflugz.	Heinkel He S 11	6x1 300 kp	19,00	20,00	60,00	23 500	930	1944
473	He P 1068/83	Mitteldecker, gerade Flächen, (L)	Bomber u. schnell. Kampfflugz.	Heinkel He S 11	4x1 300 kp	16,00	17,00	43,00	17 960	910	1944
474	He P 1068/84	Mitteldecker, 45° Pfeilflügel, (L)	Bomber u. schnell. Kampfflugz.	Heinkel He S 11	4x1 300 kp	16,00	17,90	45,00	18 260	895	1944
475	Strabo 16	Mitteldecker (L)	Bomber u. schnell. Kampfflugz.	Junkers Jumo 004 c	4x1 015 kp	18,00	16,60	42,00	16 000	860	1944
476	He P 1069	Mitteldecker, gerade Flächen, (L)	Jagdflugzeug	Junkers Jumo 004 B	1x 900 kp						1943
477	He P 1070	Nurflügelflugzeug (L)	Jagd- u. schnelles Kampfflugz.	Junkers Jumo 004 B	2x 900 kp						1943
478	He P 1071	Asymmetrische Rumpfanordnung (L)	Jagdflugzeug	Junkers Jumo 004 B	2x 900 kp						1943
479	He P 1072	Mitteldecker, gepfeilte Flächen,	Bomber u. schnell. Kampfflugz.	BMW 003 A-0	4x 820 kp						1943
480	He P 1073/I	V-Leitwerk, (L)	Jagdflugzeug	Heinkel He S 11	2x1 300 kp	12,00	10,30	22,00	6 100	1 010	1944
481	He P 1073/II	Schulterdecker, gerade Flächen, (L)	Jagdflugzeug	Heinkel He S 11	1x1 300 kp	7,20	9,20	11,16	2 910	890	1944
482	He P 1074	Mitteldecker, gerade Flächen, (L),	Jagdflugzeug	BMW 801 E	2x1 500 kp						1944
483	He P 1075	Mitteldecker, Doppelrumpf, Zug- und Druckschr., (L)	Langstrecken-Jagdflugzeug	Daimler Benz 603 E	4x2 000	27,40	13,85	88,80	32 000	730	1944
484	He P 1076 A	Tiefdecker, negative Flächenpfeil., (L)	Jagdflugzeug m. Oberflächenk.	Daimler Benz 603 U	1 810	11,00	9,64	18,00	4 400	860	1944
485	He P 1076 B	Tiefdecker, negative Flächenpfeil., (L)	Jagdflugzeug m. Oberflächenk.	Junkers Jumo 213 E	1 750	11,00	9,60	18,00	4 480	865	1944
486	He P 1076 N	Tiefdecker, negative Flächenpfeil., (L)	Jagdflugzeug m. Oberflächenk.	Daimler Benz 603 N	3 000	12,40	9,60	26,00	5 230	880	1944
487	He P 1076 LM	Tiefdecker, negative Flächenpfeil., (L)	Jagdflugzeug m. Oberflächenk.	Daimler Benz 600 LM	2 100	11,00	9,60	18,00	4 635	880	1944
488	He P 1077	Schulterdecker, Verschleßflugz., (L)	Abfangjäger (Vorläufer Julia)	Walter HWK 109-509 A	1 600 kp	4,70	6,80	7,20	1 610	980	1944
489	He P 1078 A	Schulterdecker, gepfeilte Flächen, (L)	Jagdflugzeug	Heinkel He S 11	1 300 kp	8,80	9,50	16,85	4 050	980	1944
490	He P 1078 B	Schulterdecker, Nurflügelflugzeug, Doppelr., (L)	Jagdflugzeug	Heinkel He S 11	1 300 kp	9,40	6,10	20,30	3 900	1 025	1944
491	He P 1078 C	Schulterdecker, Nurflügelflugzeug, (L)	Jagdflugzeug	Heinkel He S 11	1 300 kp	9,00	6,10	17,80	3 920	1 010	1944
492	He P 1079 C	Mitteldecker, Tragflächer 45° gepf., (L)	Jagd- u. Aufklärungsflugzeug	Heinkel He S 11	2x1 300 kp	11,00	14,44	30,00	10 000	990	1944
493	He P 1079 D	Mitteldecker, Tragflächen 35° gepf., (L)	Nachtjäger	Heinkel He S 11	2x1 300 kp	12,00	13,65	30,00	10 000	950	1944
494	He P 1079 E	Mitteldecker, Tragflächen 35° gepf., (L)	Nachtjäger	Heinkel He S 11	2x1 300 kp	14,80	15,65	45,00	10 340	930	1944

Lfd. Nr	Typ	Bauart	Verwendungszweck	Triebwerk	Leistung PS	Spannweite m	Länge m	Flügelfläche m²	Fluggewicht kg	Fluggeschw. km/h	Baujahr
495	He P 1079 A	Mitteldecker, Tragflächen 35° gepf., (L)	Nachtjäger	Heinkel He S 11	2x1 300 kp	13,00	14,25	35,00	10 000	950	1944
496	He P 1079 B	Mitteldecker, Nurflügelflugzeug, (L)	Nachtjäger	Heinkel He S 11	2x1 300 kp	13,00	9,00	41,50	9 300	1 015	1944
497	He P 1080	Mitteldecker, Nurflügelflugzeug, (L)	Jagdflugzeug	Lorin-Staustrahltr.	2x1 900 kp	9,00	8,00	18,00	3 900	1 000	1945
498	Wespe	Ringflügelflugzeug (L)	Senkrechtstart-Jagdflugzeug	Heinkel He S 21 PTL	2 000 PS + 790 kp	5,00	6,20	29,70 Rfl.	2 140	800	1945

LIZENZBAUTEN 1914–1918

Phönix Flugzeugwerke AG Wien Stadlau

Lfd. Nr	Typ	Bauart	Verwendungszweck	Triebwerk	Leistung PS	Spannweite m	Länge m	Flügelfläche m²	Fluggewicht kg	Fluggeschw. km/h	Baujahr
499	B 1 (HB FD)	Doppeldecker, 2 stiel., (L)	Aufklärungsflugzeug	Austro Daimler	100	13,12/12,32	8,20	43,46	1 124	105	1914
500	C 1a (HB LDD)	Doppeldecker, 2 stiel., (L)	Aufklärungsflugzeug	Austro Daimler	160	13,12/12,32	8,20	43,46	1 060	125	1916
501	C 1b (HB LDD)	Doppeldecker, 2 stiel., (L)	Aufklärungsflugzeug	Austro Daimler	160	13,12/12,32	8,20	43,46	1 114	125	1916
502	C 1/II (HB LDD)	Doppeldecker, 2 stiel., (L)	Aufklärungsflugzeug	Austro Daimler	210	13,12/12,32	8,20	43,46	1 050	155	1917
503	C 1/III (HB LDD)	Doppeldecker, 2 stiel., (L)	Aufklärungsflugzeug	Hiero	200	13,12/12,32	8,20	43,46	1 110	150	1917
504	C 1/III (HB LDD)	Doppeldecker, 2 stiel., (L)	Aufklärungsflugzeug	Hiero (Fi)	230	13,12/12,32	8,32	43,46	1 075	160	1918
505	C II (HB K)	Doppeldecker Spinne, abgerundete Fläche, (L)	Aufklärungsflugzeug	Austo Daimler	200	9,40/ 9,40	7,40	28,83	1 100	185	1917
506	D I (HB K)	Doppeldecker Spinne, rechteckige Fläche, (L)	Aufklärungsflugzeug	Austo Daimler	200	9,40/ 9,40	7,40	28,83	1 100	185	1916
507	KDW (HB CC)	Doppeldecker Spinne, Flugboot, (W)	Jagdflugzeug	Austro Daimler	185	9,30/ 8,74	9,15	26,50	1 081	160	1916
508	Dr I (HB CC)	Dreidecker Spinne, Flugboot, (W)	Jagdflugzeug, Versuchsmuster	Austro Daimler	185	9,30/5,50/7,00	9,15	27,50	1 078	158	1917

Ungarische Flugzeugwerke AG (UFAG) Budapest-Albertfalva

Lfd. Nr	Typ	Bauart	Verwendungszweck	Triebwerk	Leistung PS	Spannweite m	Länge m	Flügelfläche m²	Fluggewicht kg	Fluggeschw. km/h	Baujahr
509	C 1/I (HB LDD)	Doppeldecker, 2 stiel., (L)	Aufklärungsflugzeug	Austro Daimler	160	13,12/12,32	8,20	43,46	1 350	140	1916
510	C 1/II (HB LDD)	Doppeldecker, 2 stiel., (L)	Aufklärungsflugzeug	Mercedes	160	13,12/12,32	8,22	43,46	1 420	140	1916
511	C 1/III (HB LDD)	Doppeldecker, 2 stiel., (L)	Aufklärungsflugzeug	Hiero	200	13,12/12,32	8,22	43,46	1 375	145	1917
512	C 1/IV (HB LDD)	Doppeldecker, 2 stiel., (L)	Aufklärungsflugzeug	Hiero	230	13,12/12,32	8,20	43,46	1 350	150	1918
513	C 1/V (HB LDD)	Doppeldecker, 2 stiel., (L)	Aufklärungsflugzeug	Benz	220	13,12/12,32	8,18	43,46	1 370	150	1918
514	KDD (HB KDD)	Doppeldecker, Spinne, (L)	Aufklärungsflugzeug	Austro Daimler	160	11,26/10,32	7,75	20,23	1 180	180	1917
515	KD (HB K)	Doppeldecker, Spinne, (L)	Aufklärungsflugzeug	Austro Daimler	200	9,40/ 9,40	7,40	28,83	1 100	185	1917
516	D I (HB KD)	Doppeldecker, Spinne, (L)	Jagdflugzeug	Austro Daimler	185	8,50/ 8,30	6,35	23,95	920	187	1917
517	G I (HB GF)	Doppeldecker, 2 stiel., (L)	Kampfflugzeug	Austro Daimler	2x 160	18,00/18,00		69,70	2 120	140	1915

K. u. K. Fliegerarsenal Flugzeugwerke Fischamend/Fischamend

Lfd. Nr	Typ	Bauart	Verwendungszweck	Triebwerk	Leistung PS	Spannweite m	Länge m	Flügelfläche m²	Fluggewicht kg	Fluggeschw. km/h	Baujahr
518	Br.B I/I (HB FD)	Doppeldecker, 2 stiel., (L)	Aufklärungsflugzeug	Mercedes	100	13,12/12,32	8,20	43,46	1 040	115	1914
519	Br.B I/II (HB FD)	Doppeldecker, 2 stiel., (L)	Aufklärungsflugzeug	Austro Daimler	100	13,12/12,32	8,20	43,46	1 072	115	1914
520	Br.B I/III (HB FD)	Doppeldecker, 2 stiel., (L)	Aufklärungsflugzeug	Austro Daimler	120	13,12/12,32	8,18	43,46	1 058	120	1915

Lfd. Nr.	Typ	Bauart	Verwendungszweck	Triebwerk	Leistung PS	Spannweite m	Länge m	Flügelfläche m²	Fluggewicht kg	Fluggeschw. km/h	Baujahr
	Entwicklungen nach 1945										
521	He 011	Deltaflügel (L)	Jagdflugzeug	Heinkel He S 053	1x6 500 kp	11,50	14,75	57,50	12 000	M1,2	1956
522	He 012 (C 101)	Deltaflügel (L)	Jagdflugzeug	Bristol Orpheus	1x2 500 kp	6,78	9,95	20,00	3 900	M1,2	1956
523	He 021	Mitteldecker (L)	Jagdflugzeug	D.H. Gyron Junior + D.H. Spectre	1x3 220 kp + 1x3 632 kp	8,64	13,17	23,12	5 200	M1,2	1957
524	He 211	Tiefdecker (L)	Verkehrsflugzeug	Gen. Electr. CF 700	2x2 040 kp	14,70	19,15	35,00	10 965	872	1962
525	He CM 191	Mitteldecker (L)	Geschäfts- u. Reiseflugzeug	T. Marboré VI	2x 480 kp	12,02	9,93	18,83	4 076	710	1960
	In Gemeinschaft mit anderen Firmen in der Flugzeug Union Süd (FUS), Arbeitsgemeinschaft Süd (ARGE) und Entwicklungsring Süd (EWR)										
526	CM 170 R	Mitteldecker (L)	Schul- u. Übungsflugzeug	Marboré II A	2x 400 kp	12,14	10,06	17,30	3 200	710	1957
527	G 91	Tiefdecker (L)	Erdkampfflugzeug	Bristol Orpheus 801	1x2 200 kp	8,56	10,29	16,42	5 350	1 045	1959
528	F 104 G	Mitteldecker (L)	Jagdflugzeug	General Electric J 79	1x7 165 kp	6,68	17,34	18,22	9 980	M2,2	1960
–	VJ 101 C X1	Schulterdecker	Senkrechtstart-Versuchsflugzeug			6,61	15,70	18,60	6010	M0,98	1963
–	VJ 101 C X2	Schulterdecker	Senkrechtstart-Versuchsflugzeug			6,61	15,70	18,60	7650	M1,2	1965
	Segelflugzeug										
529	Greif 1 c	Schulterdecker, Segelflugzeug	einsitziges Leistungsflugzeug			15,00	7,20	13,70	326	32,6	1960
530	Greif 1 b	Mitteldecker, Motorsegler	einsitziges Leistungsflugzeug	BMW 8026	48 kp	17,00	7,20	17,10	400	32,2	1960
531	Heinkel-Scheibe Zugvogel III S	Schulterdecker, Segelflugzeug	einsitziges Hochleistungsflugzeug			17,00	7,10	14,48	365	36	1962

Abkürzungen: stiel = stielig, Anzahl der Tragflächen-Stützstreben nebeneinander auf einer Flächenseite von vorne gesehen. Zwei oder mehr Streben hintereinander = 1 stielig, (L) = Landausführung, (W) = Wasserflugzeug, (LW) = Amphibium, 2 Schw. = Zwei Schwimmer, $1/\varepsilon$ = Gleitzahl

Lizenzbauten 1923–1942

Typ	Lizenznehmer	Anzahl der gebauten Flugzeuge	Baujahr
He 1	Svenska Aero AB, TDS, Schweden		1923
He 2	Svenska Aero AB, CFS, Schweden		1923
He 5 b	Svenska Aero AB, CVV, Schweden		1925
He 8	Zmai/Zemun, Belgrad/Jugoslawien		1929
He 8	Dänemark		1928
He 19	Svenska Aero AB, Schweden		1929
He 22	Manfred Weiß, Budapest/Ungarn		1928
He 37	Rußland		1931
He 43	Rußland		
He 45	Albatros	50	
	Bayer. Flugzeug-Werke (Messerschmitt)	100	1934-35
	Focke Wulf	100	
	Gothaer Waggonfabrik	50	
He 46	Ago	150	1935-36
	Arado	150	
	Fieseler	50	
	Flugzeugwerke Halle (Siebel)	150	
	Gothaer Waggonfabrik	50	
	Miag	150	
He 50	Bayer. Flugzeug-Werke (Messerschmitt)		
	Focke Wulf	60	
	Weser Flugzeugbau		
	Aichi (D1 A1 Type 94 Susi 1), Japan		1934-36
He 51	Arado Flugzeugwerke	75	
	Erla Flugzeugwerke	200	1935-36
	Fieseler	200	1936-37
	Flugzeugwerke Oschersleben (AGO)	150	
He 56	Aichi, Japan		
He 59	Arado Flugzeugwerke	140	1938
He 60	Arado Flugzeugwerke	100	1938
	Weser Flugzeugbau	100	1938
He 62	Aichi/Japan		
He 66	Aichi/Japan		
He 72	Fieseler	30	1936-37
He 111	Arado Flugzeugwerke	300	
	ATG Leipzig	200	
	Dornier, Wismar	300	1938-40
	Junkers, Dessau, Aschersleben	50	
	Casa Sevilla, Cadiz, Spanien		bis 1956
He 114	Weser Flugzeugbau	162	1938/39/40
He 162	Marine Ministerium, Japan (Verhandlung)		1945
	Junkers, Bernburg		
	Junkers, Aschersleben, V-Waffenwerke Blankenburg		
He 177	Arado	134	1941-42
	Hitachi Thiba Japan (Verhandlung)		

Entwicklung der Heinkel-Katapulte

Lfd. Nr.	Bau-jahr	Bezeich-nung	Verwendungszweck	Übersetz. Kolbenweg zu Beschleun.	Betrieb-druck atü	Länge m	Beschleu-nigungs-strecke m	Brems-weg m	Gewicht Start-schlitten kg	Größtes Abflug-gewicht kg	Abflug-ge-schwin-digkeit km/h	Be-schleu-nigung g
1	1925		Japanische Marine Schlachtschiff „Nagato"	Startbahn von 22 m Länge auf den Geschützrohren. Das Flugzeug startete mit eigener Kraft auf einem Startwagen, welcher am Ende der Bahn in eine Bremse einlief.								
2	1927	K 1	Deutsche Marine auf Schwimmdock	1:4	90	21,50	11,85	2,20	400	2 500	100	4,9
3	1929	K 2	Schnelldampfer „Bremen"	1:6	85	27,32	20,00	3,00	400	3 500	110	3,0
4	1930	K 3	Russische Marine	1:4	75	21,53	15,00	2,50	470	3 500	90	2,8
5	1930	K 4	Schnelldampfer „Europa"	1:6	85	27,32	20,00	3,00	400	3 500	110	3,0
6	1932	K 6	Transozeandienst „Westfalen"	1:6	160	41,84	31,60	5,50	1 700	14 000	150	3,5
7	1933	K 7	Transozeandienst „Schwabenland"	1:6	160	41,84	31,60	5,50	1 700	14 000	150	3,5
8	1936	K 8	Holländische Marine Kreuzer „De Ruyter"	1:4	85	18,70	13,40	2,70	290	3 000	105	4,0
9	1936	K 9	Transozeandienst „Ostmark"	1:6	170	41,84	31,60	5,50	1 700	15 000	150	3,5
10	1937	K 10	Transozeandienst „Friesenland"	1:6	170	41,84	31,60	5,50	1 700	15 000	150	3,5
11	1937/ 1938	K 11	Deutsche Marine „Sperber"	1:4	150	41,50	31,50	6,50	2 200	18 000	150	3,5
12	1937	K 12	Russische Marine	1:4	75	24,70	19,00	3,10	290	2 000	125	4,0
13	1943	KL 12	Landkatapult Forschungsinstitut Graf Zeppelin	1:1	dyn. Energiespeicher	11,80—250	100	70,00	—	13 200	200	1,8
14	1944	K 14	Deutsche Luftwaffe, Landkatapult	1:1	dyn. Energiespeicher	20,00—200	120	63,50	—	18 000	230	2,0
15	1944	KL 14 D	Deutsche Luftwaffe Landkatapult mit Doppeltrommel	1:1	dyn. Energiespeicher	21,80—250	120	60,20	—	30 000	220	1,9
16	1942/ 1944	KL 18	Deutsche Luftwaffe, Landkatapult	1:1	dyn. Energiespeicher 100	20,00—250	120	60,00	—	18 500	230	2,0
17	1942/ 1945	KL 18 D	Deutsche Luftwaffe, Landkatapult	1:1	dyn. Energiespeicher 100	20,40—200	120	60,00	—	30 000	225	2,13
18	1943	WR 23	Deutsche Luftwaffe Werferanlage für V 1	1:1	Dampfantr. Syst. Walter	52	46,15	—	—	2 300	400	17
19	1943	WR 23 B	Deutsche Luftwaffe Werferanlage für Hs 293	1:1	Dampfantr. Syst. Walter	50	45,70	—	—	2 400	400	18,2
20	1943	57–293 B W 80	Ortfeste schwenkbare Rohrschleuder	1:1	Dampfantr. Syst. Walter 70,00	48,85	46,15	14	—	2 300	390	15
21	1943	57–293 C W 80/2	Eisenbahnbewegliche Rohrschleuder	1:1	Dampfantr. Syst. Walter 73,7	43,92	41,00	14	—	2 300	390	15

Die Entwicklung der Heinkel-Strahltriebwerke bis 1945

Bau- bzw. Entw.-Jahr	Werk-Bezeichnung	RLM Bezeichnung	Entwicklungs-stand	Anzahl der gebauten Triebwerke (Bauauftrag)	Entwicklungs-Leiter	Bemerkungen	Länge mm	Durchmesser mm	Einbaugewicht kg	max. Drehzahl U/Min.	Standschub kp	Verdichtungs-verhältnis
1935-36	He S 1	—	Versuchstriebwerk mit Fremdantrieb	1	Dr. v. Ohain	Triebwerk für Prüfstandversuche	1530	1220	—	—	—	—
1936-37	He S 2 A	—	Versuchstriebwerk mit Wasserstoff-gas gefahren	1	Dr. v. Ohain	Triebwerk für Prüfstandversuche	1180	1200	—	8000	80	—
1937-38	He S 2 B	—	Versuchstriebwerk mit Kraftstoff gefahren	1	Dr. v. Ohain	Triebwerk für Prüfstandversuche mit eingebautem Kraftstoff-Einspritzgebläse	1270	1200	—	11000	130	—
1938	He S 3 A	—	Versuchstriebwerk für Freiflug	1	Dr. v. Ohain	Unter den Rumpf der He 118 V 2 (D-OVIE) montiert und geflogen	1700	1200	360	11000	450	2,6 : 1
1938-39	He S 3 B	—	Versuchstriebwerk für Freiflug	1	Dr. v. Ohain	Alleinantrieb für He 178 V 1, Erstflug am 27. August 1939	1700	1200	378	13000	500	2,8 : 1
1938-39	He S 6	—	Versuchstriebwerk für Freiflug	1	Dr. v. Ohain	Unter einer He 111 montiert, Testflüge durchgeführt	1700	1200	420	13300	590	3,0 : 1
1939-42	He S 8 A	109-001	Versuchsserie	27	Dr. v. Ohain	Antrieb für He 280	1680	775	370	13500	720	2,7 : 1
1940-42	He S 8 B	109-001 B	Versuchsserie	3	Dr. v. Ohain	Weiterentwicklung des He S 8 A (= He S 8 A V 28; V 29; V 30)	1730	775	390	13500	750	3,2 : 1
1939-42	He S 9	—	Projekt	(10)	Dr. v. Ohain	Aus He S 8 A V 15 abgeleitet. Vorstudie für He S 21 Propeller-turbine						
1939-40	He S 10	109-010	Versuchsserie	(3)	Dr. v. Ohain	Zweikreistriebwerk in Anlehnung an das He S 8 Triebwerk entwickelt. Bau der Triebwerke zugunsten des He S 11 Triebwerkes gestoppt. Nur Prüfstandergebnisse	4650	1640	500	13500	740	3,1 : 1
1940-44	He S 11 V 1 bis V 5	—	Versuchsserie	5	Dr. v. Ohain	Mit einer Diagonal-Verdichter-stufe, sonst axiale Baugruppen	3450	760 (Breite) 1050 (Höhe)	945	11100	1100	—
1941-44	He S 11 V 6 bis V 19	—	Versuchsserie	14	Dr. v. Ohain	Stark voneinander abweichende Versuchsgeräte. Prototypen für weitere Serien	3420	763 (Breite) 1080 (Höhe)	940	11000	1150	—
1944-45	He S 11 A	109-011 A-0	Serie	9	Dr. v. Ohain	Serienmuster z. T. nach dem Kriege fertiggestellt und an die Alliierten abgeliefert	3450	760 (Breite) 1082 (Höhe)	950	11000	1300	—

Bau- bzw. Entw.-Jahr	Werk-Bezeichnung	RLM Bezeichnung	Entwicklungs-stand	Anzahl der gebauten Triebwerke (Bauauftrag)	Entwicklungs-Leiter	Bemerkungen	Länge mm	Durchmesser mm	Einbaugewicht kg	max. Drehzahl U/Min.	Standschub kp	Verdichtungs-verhältnis
1943-45	He S 21	109-021	Versuchstriebwerk	(1)	Entwicklung an Fa. Daimler-Benz übergeben	Propellerturbine in Anlehnung an das He S 11 Strahltriebwerk. Entwicklung an Daimler-Benz zur Überarbeitung und Bauausführung übergeben	3530	800 (Breite) 1030 (Höhe)	1300	11000	Wellen PS 2000 + 790 kp	—
1939-44	He S 30	109-006	Versuchsserie	5	Dipl.-Ing. Müller	Erste Axial-Triebwerkentwicklung der Firma Heinkel	2715	600	380	13000	750 820 erreicht	7,9 : 1
1940-42	He S 30 A ZTL	—	Projekt für Versuchstriebwerk	1	Dipl.-Ing. Stabernak Dipl.-Ing. Müller	Zweikreistriebwerk in Anlehnung an das He S 30 Triebwerk. Nur komplette Baugruppen für Prüfstand gebaut	2680	890	470	13000	1050	3,2 : 1
1940-42	He S 35 ZTL	—	Projekt für Versuchstriebwerk	1	Dipl.-Ing. Müller Dipl.-Ing. Stabernak	Doppel-Zweikreistriebwerk mit zwei nebeneinanderliegenden He S 30 Aggregaten als Hochdruckverdichterteil	2400	1860 (Breite) 1310 (Höhe)	980	13500	1100	3,2 : 1
1941-42	He S 36 PTL	—	Projekt für Versuchstriebwerk	1		Propellerturbine in Anlehnung an das He S 35 ZTL Triebwerk. Nur Berechnungsunterlagen abgeschlossen	2620	1860 (Breite) 1310 (Höhe)	1340	10000	Wellen PS 4010 + 975 kp	6 : 1
1943-45	He S 40	—	Versuchstriebwerk	1	Dipl.-Ing. Müller	Bis Kriegsende nur einzelne Baugruppen hergestellt	2700	600	375	13400	940	3,1 : 1
1940-41	He S 50 d	—	Projekt für Versuchstriebwerk	(3)	Dr. Bentele	Mantelstromtriebwerk Konstruktion abgeschlossen. 24 Zyl. Dieselaggregat als Verbrennungssystem	4550	1610	670	4600	1800 (1200 PS Diesel-Motor)	—
1940-42	He S 50 z	—	Projekt für Versuchstriebwerk	—	Dr. Bentele	Mantelstromtriebwerk Konstruktion teilweise fertig, einzelne Baugruppen auf dem Prüfstand gefahren. 16 Zyl. Otto-Motor als Verbrennungssystem	3270	1480	370	6000	850 (1000 PS Otto-Motor)	—
1940-42	He S 60	—	Projekt für Versuchstriebwerk	—	Dr. Bentele	Endausführung der geplanten Mantelstromtriebwerke, 32 Zyl. Otto-Motor als Verbrennungssystem	3550	1560	800	6000	1250 (2000 PS Otto-Motor)	—

Ergänzungen

Volker Koos

Seit der Herausgabe der ersten Auflage dieses Buches sind 15 Jahre vergangen. Damit sind eine Reihe von Aussagen *H. D. Köhlers* bedingt durch das Auftauchen damals unbekannter Dokumente und Erkenntnisse, zu korrigieren bzw. zu ergänzen. Die damaligen sehr gründlichen Recherchen des Autors mußten zum großen Teil auf Veröffentlichungen basieren, die den Erkenntnisstand der sechziger und siebziger Jahre widerspiegeln. Auch die im Heinkel-Werksarchiv damals erarbeiteten Zusammenstellungen und Daten beruhen häufig auf Erinnerungen bzw. dem Versuch, bruchstückhafte Unterlagen durch Literaturangaben und Schätzungen zu ergänzen. Auch heute, fast 55 Jahre nach dem Ende des Zweiten Weltkriegs und den damit verbundenen Verlusten von Originaldokumenten oder deren Verschwinden in teilweise noch gesperrten oder unerschlossenen Archiven der Siegermächte, ist es nicht möglich, alle Aussagen zweifelsfrei zu belegen und es müssen Lücken in der Darstellung verbleiben.
Im Folgenden soll versucht werden, kurz einige Dinge aufzuzeigen, die sich heute zum vorliegenden Text ergänzen lassen.

Die Anfänge

Die Beschreibung der Tätigkeit *Ernst Heinkels* vor und während des Ersten Weltkriegs beruht größtenteils auf dessen Memoiren, wobei insbesondere Zeitabläufe und Gründe einzelner Entscheidungen oder auch beispielsweise die Zahlenangaben zum Anteil Heinkelscher Konstruktionen im Bestand der Fliegerkräfte der Donau-Monarchie nach heutigen Erkenntnissen zweifelhaft sind[1]. Es ist allerdings schwierig, diese Angaben genau zu machen, da bereits in den dreißiger und vierziger Jahren in Werksveröffentlichungen diese Werte unwidersprochen wiedergegeben wurden und damit als Basis immer wieder abgeschrieben wurden. Zum Ostseeflug 1914 traten zwei Maschinen des Brandenburg-Typs W an, die die Marine auch übernahm[2].
Tatsächlich versuchte man im Konstruktionsbüro von Hansa-Brandenburg zahlreiche Konstruktionsschemata, wobei aber zu bemerken ist, daß darunter neben sehr erfolgreichen auch völlig unbrauchbare Entwürfe waren, deren Bauausführung zu zahlreichen Beanstandungen Anlaß gab. Das führte dazu, daß das deutsche Heer nach den ersten Anfängen die Übernahme weiterer Flugzeuge der Firma ablehnte. Die immer wieder angeführte Vereinbarung zwischen den Heeresverwaltungen Österreich-Ungarns und Deutschlands ist dagegen nicht nachweisbar.

Die zwanziger Jahre

Anlaß für die Gründung des eigenen Werkes in einer gemieteten Halle des ehemaligen Seeflugzeug-Versuchskommandos in Warnemünde, dessen Handelsregistereintragung am 5. März 1923 erfolgte, ist neben dem Bau des für den Göteborger Wettbewerb bestimmten Entwurfs HE 3 (3 Exemplare gebaut, WNr. 201, 212 und 213) sicher die Fertigung der damals unerhört großen Zahl von 10 HE 1 (WNr. 202-211) gewesen, die getarnt für die deutsche Marine gebaut werden sollten. Mit diesem Auftrag begann auch die notwendige Tarnung und Verschleierung der militärischen Bauaufträge, die gegen die Bestimmungen des Friedensvertrages verstießen. Damit verbunden ist eine Reihe von damaligen und bis heute abgeschriebenen Literaturangaben zu Lizenzbauten im Ausland, die lediglich der Verschleierung solcher Aktivitäten in Warnemünde dienten. Die im zerlegten Zustand nach Schweden gebrachten HE 1 wurden von *Carl Clemens Bücker,* der dort die Interessen Heinkels und der Reichsmarine vertrat, eingeflogen und im Stockholmer Freihafen eingelagert. Zu einem Einsatz in Deutschland kam es vorläufig nicht[3].
Die Konstruktionen des Folgejahres 1924 zeigten bereits die durch die politischen Umstände erzwungene Ausrichtung des neuen Werkes, die sich dann fortsetzte und zur Ausprägung des sogenannten »Entwicklungswerkes« führte. Das lieferte im wesentlichen Konstruktionen für militärische Auftraggeber im In- und Ausland, die, meist nur als Musterflugzeuge gefertigt, als Basis für den Lizenzbau dienten. Im Inland erfolgte dies unter den verschiedensten zivilen Tarnungen, während die Auslandslieferungen meist durch den vorgeblichen Lizenzbau bei der Bücker-Firma Svenska Aero verschleiert werden mußten.
Nachdem von der leicht veränderten HE 3 als Sport- und Schulflugzeug HE 18 nur zwei Maschinen gebaut werden konnten, entstanden 1924 noch zwei militärische Muster. Einmal der Heeresaufklärer HD 17, dessen Prototypen (Werknummern 216 und 217) für die Firma Cox-Klemin als CO-1 bzw. CO-2 in den USA an einem Vergleichsfliegen teilnahmen und erprobt wurden. Zu einer Lizenzfertigung kam es allerdings nicht. Die in der Literatur zu findenden Versionsbezeichnungen HD 17 a und b für die beiden Motorvarianten mit Napier »Lion« bzw. dem amerikanischen »Liberty«-Motor oder mit unterschiedlichen Flügelstielen ausgerüsteten Varianten des Musters sind nicht belegbar. Die Ausführung mit N-Stiel wurde erst zwei Jahre später in Warnemünde in sieben Exemplaren für die geheime Reichswehr-Ausbildungsstätte in Lipezk/Rußland gebaut (Werknummern 239 bis 245).

Neben dem Auslandsauftrag für die HD 17 erfolgte 1924 auch bereits der Bau des Schulflugzeugs HD 21. Dieser ist ebenfalls als militärisch veranlaßt zu sehen, da die Reichswehr ein modernes Schulflugzeug für die Ausbildung des Fliegernachwuchses an den dafür eingerichteten Flugschulen der Sportflug GmbH benötigte.
Heinkel selbst baute nur drei Exemplare der HD 21 (WNr. 218 bis 220). Der Lizenzbau von weiteren 15 Maschinen dieses Musters (WNr. 1–15) bei der Werft Warnemünde der »Arado«-Handelsgesellschaft, die unter diesem Namen auf den Anlagen des ehemaligen Zweigwerkes der Flugzeugbau Friedrichshafen GmbH 1925 wieder den Flugzeugbau aufnahm, ist ein Teil des Betreibens der deutschen Militärführung, den Anschluß auf dem Gebiet der Luftfahrt nicht zu verlieren. Mehr zu den Zusammenhängen findet man in einer früheren Veröffentlichung des Autors[1]. Ein Lizenzbau der HD 17 bei Arado bzw. in Schweden, wie in der Literatur behauptet, fand nicht statt.
Ähnlich wie die HD 21 war auch die Heinkel HD 32 als Schulflugzeug für die Ausbildung des deutschen Fliegernachwuchses vorgesehen. Sie wurde sowohl bei Heinkel (7 Stück, WNr. 228–234) als auch bei Arado in Lizenz gebaut (4 Stück, WNr. 16–19). Dies geschah 1925 bzw. 1926. Fast unbekannt blieb die nur in einem Stück (WNr. 227) hergestellte Variante der HD 21, die als HD 29 am Deutschen Rundflug 1925 teilnahm. Sie unterschied sich nur geringfügig von der HD 21 und ist deshalb auch als solche in der Luftfahrzeugrolle zu finden.
1925 entstand in schwedischem Auftrag das Musterflugzeug der HE 4 (WNr. 246), die von Heinkels schwedischer Schwesterfirma Svenska Aero AB als S IIa bzw. S III bezeichnet wurde. Die schwedische Marine übernahm jedoch nur das Musterflugzeug als Typ S 4 mit der Dienstnummer 47, woraus sich die auch manchmal in Schweden benutzte Bezeichnung »Hansa Typ 47« ergab. In den beiden Folgejahren baute Svenska Aero aber weitere sechs Maschinen dieses Typs in Lizenz, die nach Lettland exportiert wurden.
Ebenfalls noch 1925 konnten eine Reihe weiterer Auslandsaufträge realisiert werden. Das für Schweden gebaute Torpedoflugzeug HD 14 (WNr. 221) erfüllte während der Erprobung im Sommer in Stockholm die Leistungsanforderungen allerdings nicht und ging an den Hersteller zurück. Die nächste Entwicklung eines Torpedoflugzeugs für Schweden, HD 16, war erfolgreicher und wurde zum Jahreswechsel 1928/29 in zwei Exemplaren (WNr. 308 und 309) ausgeliefert. Diese standen bis zur Ablösung durch Heinkel He 115 bis 1939 im Dienst. Ein in der Literatur häufig behaupteter Lizenzbau durch Svenska Aero erfolgte allerdings nicht.
In kürzester Zeit wurde das Postflugzeug HD 27 »Night Hawk« (WNr. 226) für den Auftraggeber Cox-Klemin gefertigt und nach den USA verschifft. Je zwei Maschinen der ein- bzw. zweisitzigen Trägerflugzeuge HD 26 (WNr. 224 und 225) und HD 25 (WNr. 222 und 223) entstanden für die japanische Marine und wurden an die Firma Aichi ausgeliefert, die von da an wesentlich von der engen Zusamenarbeit mit *Heinkel* profitierte. Neben Musterflugzeugen, die teilweise in Lizenz gefertigt wurden, dienten Heinkel-Konstruktionen als Grundlage für Aichi-Weiterentwicklungen oder wurden ausschließlich vom japanischen Hersteller gebaut. Dabei ist es heute aus Mangel an Originaldokumenten oft nicht mehr möglich, dies im Detail nachzuvollziehen. Die Typen HD 26, HD 23 (WNr. 257) und HD 28 (WNr. 259) blieben Musterflugzeuge, ein direkter Nachbau durch Aichi erfolgte nicht. Anders die HD 25, von der bei Aichi 16 Stück als »Aichi Typ 2 zweisitziger Seeaufklärer« produzierte. Eine der von Heinkel gelieferten HD 26 erhielt in Japan versuchsweise anstelle des Hispano-Suiza-Motors einen luftgekühlten »Jupiter«-Sternmotor.
Zahlreich waren auch die Lizenzbauten in Schweden. Sowohl die HE 5 als auch die HD 24, die die Plätze 1 und 3 im Deutschen Seeflugwettbewerb 1926 belegten, dienten als Seeaufklärer und Schulflugzeuge in Schweden und wurden dafür in Lizenz gefertigt. Die HE 5 trug dort die Bezeichnung S 5 (Spaningsflygplan – Aufklärungsflugzeug). Insgesamt 20 dieser Maschinen in verschiedenen Varianten wurden von 1927 bis 1937 ausgeliefert. Von der HD 24 lieferte Heinkel im Herbst 1926 zwei Mustermaschinen (WNr. 253 und 254), die als Sk 4 (Skolflygplan – Schulflugzeug) von der Flygvapnet in Dienst gestellt wurden. In den folgenden zwei Jahren fertigte Svenska Aero AB weitere sechs Maschinen dieses robusten Schulflugzeugs, das schnell von den Schwimmern auf Räder oder Skis umgerüstet werden konnte und bis 1939 bei der schwedischen Luftwaffe flog.
Das zweisitzige Jagdflugzeug HD 19 war in schwedischem Auftrag entwickelt worden. Heinkel lieferte 1928 zwei Musterflugzeuge (WNr. 295 und 296), die als J 4 (Jaktflygplan – Jagdflugzeug) im Folgejahr durch vier weitere von Svenska Aero gebaute Maschinen ergänzt wurden.
Die Ende 1925 fertiggestellte HD 35 war ein ebenfalls in schwedischem Auftrag entwickeltes Schulflugzeug. Allerdings wurde nur eine Maschine (WNr. 235) abgenommen und als Sk 5 bis 1940, zuletzt von zivilen Eignern, geflogen. Dieses Flugzeug ist in Schweden als Museumsstück erhalten geblieben. Eine zweite HD 35 (WNr. 236) wurde in Deutschland zugelassen.
Als Weiterentwicklung lieferte Heinkel am 26. Juli 1927 das Musterflugzeug (WNr. 273) der HD 36 aus. Die Centrala Flygverkstaden i Malmen (CFM) baute danach 20 Maschinen des in Schweden als Sk 6 bezeichneten Musters in Lizenz. Diese blieben bis 1940 im Einsatz.
Den zahlenmäßig größten Umfang erreichten jedoch die Lizenzbauten in Sowjetrußland. Auf der Basis der im sowjetischen Auftrag entwickelten Prototypen HD 37 und

Keimel, Richard: Österreichs Luftfahrzeuge – Geschichte der Luftfahrt von den Anfängen bis Ende 1918. 1981. H. Weishaupt Verlag, Graz.
Kens, Karlheinz / Müller, Hanns: Die Flugzeuge des Ersten Weltkriegs 1914–1918. Eine Flugzeugtypensammlung. 1966. Heyne-Sachbuch Nr. 56, Wilhelm Heyne Verlag München; 6. Aufl. 1980.
Kens, Karlheinz / Nowarra, Heinz J.: Die deutschen Flugzeuge 1933–1945, Deutschlands Luftfahrt-Entwicklungen bis zum Ende des Zweiten Weltkrieges. 1960. J. F. Lehmanns Verlag, München, 5. Aufl. 1976.
Kienert, Fritz: Werkpiloten – Einflieger und Versuchsingenieure berichten. 1941. Schützen-Verlag, Berlin.
Kober, Franz: He 111 – An allen Fronten – vom ersten bis zum letzten Tag. 1978. Podzun-Pallas Verlag, Friedberg (Das Waffen-Arsenal Bd. 50).
Köhler, H. Dieter: Dr.-Ing. E. h. Siegfried Günter †. a) Flugrevue, Heft 8/1969, S. 86; b) Mitteilungen Messerschmitt-Bölkow-Blohm, August/September 1969, S. 7.
– Pionier unserer Zeit. (Zum Tod Siegfried Günter's) VORWÄRTS, 17. Juli 1969, S. 3.
– Der Jungfernflug mit einem Strahltriebwerk. Frankfurter Allgemeine Zeitung, Nr. 196 vom 27. August 1979.
– Kurzbiographien aus der Luft- und Raumfahrt – Ernst Heinkel und sein »Dreigestirn« Karl Schwärzler, Walter und Siegfried Günter. Beilage zu Luft- und Raumfahrt 2 · 80.
– Vor 80 Jahren: Karl Schwärzler geboren. Luftfahrt international 1/1981, S. 41.
– ERNST HEINKEL: Meilensteine an seinem Lebensweg, 1981, Hrsg.: DGLR – DLR-Mitt. 81-01.
Kopenhagen, Wilfried / Neustädt, Rolf: Das Große Flugzeug-Typenbuch. transpress VEB Verlag für Verkehrswesen. 1977. Berlin – Motorbuch Verlag Stuttgart.
Kopenhagen, Wilfried (Leiter des Autorenkollektivs): Lexikon der Luftfahrt. 1971. transpress VEB Verlag für Verkehrswesen, Berlin (1.–3. Aufl. Kollektivleiter Heinz A. F. Schmidt), 4., überarbeitete Auflage, 1979.
Kosin, Rüdiger: Die Entwicklung der deutschen Jagdflugzeuge. Die deutsche Luftfahrt. Buchreihe über die Entwicklungsgeschichte der deutschen Luftfahrttechnik, Bd. 4, 1983, Bernard & Graefe Verlag Koblenz.
Kroschel, Günter / Stützer, Helmut: Die deutschen Militärflugzeuge 1910–1918. 1977. Verlag Lohse-Eissing, Wilhelmshaven. Jetzt im Verlag E. S. Mittler & Sohn, Herford.
Kruse, Karl-Albin: Das große Buch der Fliegerei und Raumfahrt. 1973. Südwest Verlag, München.
Kruska, E(mil): Das Walter-Verfahren, ein Verfahren zur Gewinnung von Antriebsenergie. Erweiterter Sonderdruck aus der VDI-Zeitschrift Bd. 97 (1955) Nr. 3, 9, 21 und 24. VDI-Verlag GmbH, Düsseldorf.
Kurowski, Franz: Seekrieg aus der Luft – Die deutsche Seeluftwaffe im Zweiten Weltkrieg. 1979. Verlag E. S. Mittler & Sohn Herford.

Lange, Bruno: Das Buch der deutschen Luftfahrttechnik. 2 Bde., Textband, Bildband. 1970. Verlag Dieter Hoffmann, Mainz.
Lersner, Frhr. v. (Hrsg.): Volkskommentar des Friedensdiktats. 1921. Verlag für Politik und Wirtschaft G.m.b.H., Berlin.
Löhner, Helmut: Wegbereiter des Flugzeugbaus. Hanns Klemm – Ernst Heinkel: Darstellungen und Quellen zur Geschichte der deutschen Einheitsbewegung im 19. und 20. Jahrhundert, Bd. VI, 1960. Carl Winter, Universitätsverlag, Heidelberg.
Ludwig, Karl-Heinz: Technik und Ingenieure im Dritten Reich. 1979. Athenäum/Droste Taschenbücher Geschichte (erstmals erschienen 1974; hier: Unveränderter Nachdruck).
Lufthansa: Hrsg.: Deutsche Lufthansa Aktiengesellschaft, Köln. Die Geschichte der Deutschen Lufthansa. 1980. Köln.
Lufthansa td: (Hrsg.) Flugzeugentwicklung im Zeichen des Kranichs – 50 Jahre deutsche Zivilluftfahrt und ihre Flugzeuge. 1969.
Lusser, Robert: Die Rolle des Strahltriebwerks im Flugzeugbau. Vortrag gehalten auf der Arbeitstagung der Deutschen Akademie der Luftfahrtforschung in Berlin am 31. Januar 1941 – Schriften der Deutschen Akademie der Luftfahrtforschung – Nicht veröffentlicht.

Madelung, G(eorg): Der Otto-Lilienthal-Wettbewerb (1925). 47. Bericht der DVL. Jahrbuch 1926 der DVL. Hrsg. vom Vorstand der Deutschen Versuchsanstalt für Luftfahrt, e. V., Berlin-Adlershof.
– Ernst Heinkel 70 Jahre. Zeitschrift für Flugwissenschaften, Organ der WGL 6 (1958), Heft 2, S. 57f., Braunschweig.
Mason, Herbert Molloy: Die Luftwaffe – Entstehung, Höhepunkt und Niedergang der deutschen Luftwaffe bis 1945. (Amerikanische Originalausgabe: The Rise of the Luftwaffe. 1973. Wilhelm Heyne Verlag München, Heyne-Buch Nr. 5575, Ungekürzte Taschenausgabe 1979.
Matthias, J. und H.: Tod und Sieg über den Weltmeeren. 1937. Verlag E. S. Mittler & Sohn, Berlin.
Meier-Welcker, Hans: Seeckt. 1967. Bernard & Graefe Verlag für Wehrwesen, Frankfurt am Main.
Messerschmitt, Willy: Probleme des Schnellflugs. Schriften der Deutschen Akademie der Luftfahrtforschung Heft 31, 1940.
Moll, Hermann: Das deutsche Marine- und Seeflugzeug von 1909 bis 1918. Marine-Rundschau 55 (1958), Heft 4.
– Das deutsche Marineflugzeug von 1918 bis 1944. Marine-Rundschau 54 (1957), Hefte 2 und 3.
Mondey, David: Illustrierte Geschichte der Luftfahrt. 1980. Südwest Verlag München.
Müller, Max Adolf: TL-Triebwerke in axialer Bauweise und Motor-Luftstrahltriebwerk. Vortrag auf der Arbeitstagung der Deutschen Akademie der Luftfahrtforschung in Berlin am 31. Januar 1941. Schriften der Deutschen Akademie der Luftfahrtforschung – Nicht veröffentlicht.
Münzberg, Hans Georg: Das Gleichdruck-Gasturbinentriebwerk als Antriebsaggregat für Hochgeschwindigkeitsflugzeuge. 1941. Dissertation; nicht veröffentlicht.

Nowarra, Heinz J.: Heinkel und seine Flugzeuge. 1975. J. F. Lehmanns Verlag, München.
– Die He 111 – Vom Verkehrsflugzeug zum Bomber 1933–1945. 1979. Motorbuch Verlag Stuttgart.
– Die verbotenen Flugzeuge 1921–1935. Die getarnte Luftwaffe. 1980. Motorbuch Verlag Stuttgart.

Oestrich, Hermann: Die Aussichten des Strahlantriebs für Flugzeuge unter besonderer Berücksichtigung des Abgasstrahlantriebs. DVL-Bericht 239 – DVL-Jahrbuch 1931.
Ohain, Hans-Joachim Pabst v.: Besonderheiten der Strahltriebwerke radialer Bauart. Vortrag auf der Arbeitstagung der Deut-

schen Akademie der Luftfahrtforschung in Berlin am 31. Januar 1941. Schriften der Deutschen Akademie der Luftfahrtforschung – Nicht veröffentlicht.
– Vortrag anläßlich der Übergabe des Nachbaus des He S 3 B von der MTU an das Deutsche Museum am 15. Mai 1981; abgedruckt in: Kultur & Technik, Zeitschrift des Deutschen Museums München, Heft 2/1981.
– Kombinationsverdichter. Bericht 171 der Lilienthal-Gesellschaft (o. J.).
Opel, Fritz v.: Die Geschichte der Raketenentwicklung und über Sinn und Grenzen aller Technik – Vortrag am 3. April 1968 im Deutschen Museum zu München anläßlich der Übergabe des rekonstruierten Opel-Raketenwagens RAK 2 an das Deutsche Museum. Als Broschüre veröffentlicht vom Deutschen Museum.
Osterkamp, Theo / Bachér Franz: Tragödie der Luftwaffe? Kritische Begegnung mit dem gleichnamigen Werk von Irving/Milch. Zeitgeschichtliche Streitfragen Band 4. 1971. Kurt Vowinckel Verlag, Neckargemünd.

Pawlas, Karl R.: Deutsche Flugzeuge 1914–1918 – Eine Dokumentation. Sonderdruck Luftfahrt-Dokumente. 1976. Verlag K. R. Pawlas, Nürnberg.
Peter, Ernst: ... schleppte und flog Giganten. 1976. Motorbuch Verlag Stuttgart.
– Der Flugzeugschlepp von den Anfängen bis heute. Entwicklung – Methoden – Praxis – Projekte. 1981. Motorbuch Verlag Stuttgart.
– Die k. u. k. Luftschiffer- und Fliegertruppe Österreich-Ungarns 1794–1919. 1981. Motorbuch Verlag Stuttgart.
– Segelflugstart. Geschichte · Technik · Praxis. 1981. Motorbuch Verlag Stuttgart.
Pflügel, Kurt: Schicksale deutscher Luftfahrtingenieure. 1975. Selbstverlag – 1978 als Rechliner Brief Nr. 21 veröffentlicht in Rechliner Briefe (s. d.).
Pflug, Hans: Von Schwäbischem Unternehmertum. In: Kameradschaft der Luft (s. d.), S. 107–114.
Picker, Henry: Tischgespräche im Führerhauptquartier. 1963. Seewald Verlag Stuttgart – Studienausgabe 1977.
Pirath, Carl: Fünf Jahre Europäischer Schnellverkehr in der Luft. In: Kameradschaft der Luft (s. d.), S. 83–97.
Plüschow, Gunther: Silberkondor über Feuerland – Mit Segelkutter und Flugzeug ins Reich meiner Träume. 1929. Verlag Ullstein Berlin.
Plüschow, Isot: Gunther Plüschow – deutscher Seemann und Flieger – Das Bild seines Lebens. 1933. Verlag Ullstein–Berlin.
Pohlmann, Hermann: Chronik eines Flugzeugwerks 1932–1945. B&V – Blohm & Voss Hamburg – HFB Hamburger Flugzeugbau GmbH. 1979. Motorbuch Verlag Stuttgart.
Poturzyn, Fischer von: Südatlantikflug – Luftreise zur schwimmenden Insel »Westfalen« über Spanisch-, Französisch-, Britisch-Afrika. Mit einer flughistorischen Einleitung von Heinz Orlovius, 1934, Verlag Frz. Eher Nachf. München.

Rechliner Briefe: In Kleinauflage vervielfältigt für die Gemeinschaft ALTE RECHLINER und ihre Freunde. Erschienen bisher vier Bände (zu beziehen über Heinrich Beauvais, Sudetenstraße 3, Fürstenfeldbruck).
Redemann, Hans: Kampfflugzeuge – Vom Starfighter zur Hornet. 1978. Motorbuch Verlag Stuttgart.
Reitsch, Hanna: Fliegen – mein Leben. 1951. Deutsche Verlags-Anstalt Stuttgart – 1979, F. A. Herbig Verlagsbuchhandlung, München–Berlin.
Ries, Karl jr.: Dora Kurfürst und rote 13. 4 Bde / 1 Bildband. 1964–1969. Verlag Dieter Hoffmann, Mainz.
Rimpl, Herbert: Ein deutsches Flugzeugwerk. Die Heinkel-Werke Oranienburg. Text und Anordnung Hermann Mäckler, o. J. (1938), Wiking-Verlag Berlin.
Roosenboom, Helmut: Kapitel »Heinkel« in VFW-Fokker (s. d.), S. 81–93.
Ruff, Siegfried: Biologische Probleme des Hochgeschwindigkeitsfluges. Vortrag vom 28. April 1939, veröffentlicht als Heft 13 der Schriften der Deutschen Akademie der Luftfahrtforschung.
– Die physiologische Wirkung hoher Beschleunigungen. Sonderdruck der DVL, Institut für Flugmedizin, Berlin-Adlershof (o. J.).
– Über die Beschleunigungsfestigkeit des Menschen gegenüber einigen in der Fliegerei vorkommenden stoßförmigen Beschleunigungen. Sonderdruck von Heft 47 der Schriften der Deutschen Akademie der Luftfahrtforschung (Vortrag am 31. Okt. 1941).
– Flugmedizinische Grundlagen zum Bau von Katapultsitzen. Schriften der Deutschen Akademie der Luftfahrtforschung, 1944.
– /Strughold, H.: Grundriß der Flugmedizin, 3. Aufl. 1957, Verlag Johann Ambrosius Barth, München.
– Geschichte der Entwicklung des Schleudersitzes bis zum Ende des letzten Weltkrieges. Vortrag vom 21. Okt. 1978 auf der 17. Jahrestagung der Deutschen Gesellschaft für Luft- und Raumfahrtmedizin. Veröffentlicht in DGLR-Mitteilungen 12 (1979), Heft 3, S. 12–17.
– Entwicklung und Bau von Schleudersitzen in Deutschland 1938–1945. Forschungsbericht FB 81-04 der DFVLR, Institut für Flugmedizin, Bonn-Bad Godesberg, 1981.
Rust, Kenn C. / Hess, William N.: The German Jets and the U.S. Army Air Force. American Aviation Historical Society Journal, Volume 8, Number 3, Fall 1963.

Salewski, Michael: Entwaffnung und Militärkontrolle in Deutschland 1919–1927. Dissertation 1966, München.
Samhaber, Ernst: Weltgeschichtliche Zusammenhänge – Perspektiven für die Zukunft. 1976. Bertelsmann Lexikon-Verlag, Gütersloh–Berlin–München–Wien.
– Weltgeschichte. 1976. Bertelsmann Lexikon-Verlag Gütersloh–Berlin–München–Wien.
Schelp, Helmut: Luftstrahltriebwerke für Schnellflugzeuge. Vortrag auf der Arbeitstagung der Deutschen Akademie der Luftfahrtforschung am 31. Januar 1941 in Berlin. Schriften der Deutschen Akademie der Luftfahrtforschung – Nicht veröffentlicht.
– Vortrag auf der 1. Gemeinschaftssitzung der Arbeitsgemeinschaft für Triebwerksplanung im RLM am 4. Nov. 1942 (Vorhanden in der Sondersammlung im Deutschen Museum und im Historischen Archiv der DFVLR, Köln).
Schlaifer, Robert: Development of Aircraft Engines. 1950. Boston, Harvard University – Graduate School of Business Administration – Division of Research.
Schliephake, L. H.: Wie die Luftwaffe wirklich entstand – Der Aufbau zwischen den beiden Weltkriegen. 1972. Motorbuch Verlag Stuttgart (Übersetzung der englischen Originalausgabe

von 1971 »The Birth of the Luftwaffe«. Ian Allan Ltd., Shepperton, Surrey).
Schmidt, Heinz A. F.: Lexikon der Luftfahrt. 1971. transpress VEB Verlag für Verkehrswesen, Berlin (s. Kopenhagen).
Schneider, Helmut (Hrsg.): Das große Flugzeug-Typenbuch von 1944. (Handbuch der deutschen Luftfahrt- und Zubehör-Industrie – 1936 –). 1980. (Nachdruck der Ausgabe Leipzig 1944), Olms Presse Hildesheim – New York.
Schwärzler, Karl: Entwicklung der Flugzeug-Abstoßbahnen bei den Ernst-Heinkel-Flugzeugwerken. 1938. Luftfahrtforschung Bd 15, Lieferung 1/2, S. 48–53.
– Untersuchungen an Heißwasserraketen zum Start von Flugzeugen. Zeitschrift für Flugwissenschaften, 6 (1958).
– Ernst Heinkel zum Gedächtnis. 1958. Jahrbuch 1957 der WGL.
– Die Entwicklung von Senkrechtstartflugzeugen mit Turbinenstrahltriebwerken in Deutschland. 1963. Jahrbuch 1963 der WGLR (Vortrag auf der Jahrestagung der WGLR in München 8.–12. Oktober 1963 – auch erschienen als EWR-Broschüre Nr. 111/63).
– Meine Arbeiten im Flugzeugbau und verwandten Gebieten. Unveröffentlichtes Manuskript 1971.
Schwendemann, Karl: Versailles nach 15 Jahren – Der Stand der Revision des Versailler Diktats. 1935. Zentralverlag GmbH, Berlin.
Schwerdtfeger, Werner und Selinger, Franz (Herausgeber): Wetterflieger in der Arktis 1940–1944. Aus dem Tagebuch von Flugkapitän Rudolf Schütze. 1982. Motorbuch Verlag Stuttgart.
Schwinge, Erich: Bilanz der Kriegsgeneration – Ein Beitrag zur Geschichte unserer Zeit. 1979 (2. Aufl.). N. G. Elwert Verlag Marburg.
Seidemann, Hans: Heinkel-Sportflugzeuge im Europaflug 1932. In: Kameradschaft der Luft (s.d.), S. 69–75.
Smith-Creek: Jet Planes of the 3rd Reich. 1982.
Smith, J. R. and Kay, Antony L.: German Aircraft of the Second World War, o. J., Putnam, London.
Späte, Wolfgang: Der streng geheime Vogel – Erprobung an der Schallgrenze. Die Me 163: ihre Piloten, ihre Konstrukteure, ihre Einsätze. Verlag für Wehrwissenschaften. München 1983.
Speer, Albert: Erinnerungen. 1969. Propyläen Verlag Berlin (7. Aufl. 1970).
Speidel, Helm: Reichswehr und Rote Armee. In: Vierteljahreshefte für Zeitgeschichte. Im Auftrag des Instituts für Zeitgeschichte, herausgegeben von Hans Rothfels und Theodor Eschenburg. Deutsche Verlags-Anstalt Stuttgart, 1. Jahrgang 1953, S. 16–45.
Streit, Kurt W.: Markt für 1000 Flugzeuge – Analyse He 211. 1963. Sonderdruck aus WEHR UND WIRTSCHAFT 7 (1963), Heft 4.
Streit, Kurt W. und Taylor, John W. R.: Geschichte der Luftfahrt. 1975. Sigloch Service Edition, Künzelsau (Überarbeitete und neugestaltete Ausgabe von History of Aviation von John W. R. Taylor und Keneth Munson, 1972, New English Library, London).
Supf, Peter und Brütting, Georg: Das Buch der deutschen Fluggeschichte. 3 Bde, Bd. I und II. 2. Aufl. 1956/58. Bd. III 1979. Drei Brunnen Verlag Stuttgart.

Taylor, John W. R.: JANE'S 100 Significant Aircraft 1909–1969. Compiles by H. F. King.
Thalau, Karl: Karl Schwärzler 65 Jahre. Zeitschrift für Flugwissenschaften 14 (1966), Heft 1.
– Karl Schwärzler †. Jahrbuch 1974 der DGLR.
Thurow, G.: Das Heinkel-Katapult K 10. 1938. Vortrag vor der Lilienthal-Gesellschaft für Luftfahrtforschung am 2. Juli 1937 in Kiel. Jahrbuch 1938 der deutschen Luftfahrtforschung S. 143f.
Turner, P. St. John: HEINKEL – An Aircraft Album. 1970. Arco Publishing Company, Inc., New York.
Typenschau Deutscher Flugzeuge, Hrsg. Deutscher Luftsport-Verband; Bearbeiter: Hans-Georg Schulz, o.J. (1934/35), Deutsche Arbeit – Deutsches Wesen Verlagsgesellschaft mbH, Frankfurt/Main–Berlin.

Vertrag von Versailles: Wortlaut – Mit Beiträgen u.a. von Sebastian Haffner, J. M. Keynes, Harold Nicolson, Arnold Brecht, W. I. Lenin und anderen. 1978. Matthes & Seitz Verlag, München.
VFW-Fokker: Beiträge zur Geschichte von VFW-Fokker. Festschrift für Staats-Sekretär a. D. Dr. Werner Knieper aus Anlaß seines Ausscheidens am 31. 12. 1974 als Vorsitzender des Vorstands der Zentralgesellschaft VFW-Fokker mbH. Mit Beiträgen von Hans Pasche, Gerhard Maka, Hans Justus Meier, Bruno Körper, Hein Schwing / Herman Somberg, Helmut Roosenboom, Fritz Feilcke, Frido Kirchhoff.
Völker, Karl-Heinz: Die Entwicklung der militärischen Luftfahrt in Deutschland 1920–1933. Planung und Maßnahmen zur Schaffung einer Fliegertruppe in der Reichswehr. Schriftenreihe des MGFA: Beiträge zur Militär- und Kriegsgeschichte. Herausgegeben vom MGFA. Dritter Band. 1962. Deutsche Verlags-Anstalt Stuttgart.
– Die deutsche Luftwaffe 1933–1939. Aufbau, Führung und Rüstung sowie die Entwicklung der deutschen Luftkriegstheorie. In: Beiträge zur Militär- und Kriegsgeschichte; herausgegeben vom MGFA, Achter Band.
– Dokumente und Dokumentarfotos zur Geschichte der deutschen Luftwaffe. Aus den Geheimakten des Reichswehrministeriums 1919–1933 und des Reichsluftfahrtministeriums 1933–1939. 1968. Deutsche Verlags-Anstalt Stuttgart.
Vogelsang, C. Walter: Die 2. Etappe – Die Geschichte der Flugzeugturbine und des Turbinenflugzeugs. 1955. »Astra« Josef Penyigey-Szabó-Verlag, Lahr/Schwarzwald.

Wagner, Wolfgang: Kurt Tank – Konstrukteur und Testpilot bei Focke-Wulf. Die deutsche Luftfahrt. Buchreihe über die Entwicklungsgeschichte der deutschen Luftfahrttechnik, Bd. 1, 1980. Bernard & Graefe Verlag München.
Waiblinger Altherren-Verband (Hrsg.): Hundert Jahre Ghibellinia – Ein Weg der Freundschaft und Treue (Die Stuttgarter Burschenschaft Ghibellinia 1862–1962). 1962.
Weiher, Sigfrid v.: Pionierleistungen auf dem Wege zum Transatlantik-Luftverkehr 1919–1938. In: Der Flieger, Heft 4/1978, S. 170–173.
Wetterflugzeuge im Dienste der Artillerie: Herausgegeben vom Luftwaffenkommando See IW – NfD – o.J. (1937/38).
Windrow, Martin C.: The Heinkel He 111 H – Profile Publications Number 15. 1965. Profile Publications Ltd., London and Watford.
Wissmann, Gerhard: Geschichte der Luftfahrt von Ikarus bis zur Gegenwart – Eine Darstellung der Entwicklung des Fluggedan-

kens und der Luftfahrttechnik. 1965. VEB Verlag Technik Berlin; 4., berichtigte Auflage 1975. 6. Aufl. o. J. (1982).
Wohlfeil, Rainer und Dollinger, Hans: Die deutsche Reichswehr. Bilder, Dokumente, Texte. Zur Geschichte des Hunderttausend-Mann-Heeres 1919–1933. 1972. Bernard & Graefe Verlag, Frankfurt/Main.

Ziegler, Mano: Kampf um Mach 1 – Die Geschichte des größten Abenteuers der Luftfahrt. 1965. hobby-Bücherei, EHAPA-Verlag Stuttgart.
– Deutsche Flugzeuge nicht für Bonn – Aus den Geheimtresoren der deutschen Flugzeugindustrie (Heinkels Nachkriegsflugzeuge). hobby Nr. 12/65, S. 29–35 und 130–131.
– Turbinenjäger Me 262. 1977. Motorbuch Verlag Stuttgart.
Zindel, Ernst: Die Geschichte und Entwicklung des Junkers-Flugzeugbaus von 1910 bis 1945 und bis zum endgültigen Ende 1970. 1979 DLR-Mitt. 79-01 herausgegeben von der DGLR.

Personenregister

Sachregister

Typenregister

(s.a. die Liste aller Heinkelkonstruktionen S. 270ff.)

Der Autor

H. Dieter Köhler wurde am 26. Oktober 1911 in Kiel geboren und studierte seit 1930 Rechts- und Staatswissenschaften an den Universitäten Freiburg i. Br., Hamburg und Kiel, wo er auch promovierte. Von 1936–1939 war er Assistent an der Universität Berlin. Am Zweiten Weltkrieg nahm er als Offizier, zuletzt als Kommandeur eines Panzer-Artillerie-Regiments teil.

Nach dem Krieg war er als Wirtschaftsjurist tätig, seit 1956 im Heinkel-Bereich. 1959 wurde er zum Kaufmännischen Geschäftsführer des Entwicklungsring Süd (EWR), einer Arbeitsgemeinschaft der Firmen Bölkow, Heinkel und Messerschmitt in München, bestellt. Ab 1963 vertrat er die Heinkel-Gruppe in Bonn bis zur Übernahme der Ernst Heinkel Flugzeugbau GmbH durch die Vereinigten Flugtechnischen Werke GmbH (VFW) in Bremen. Danach war er als selbständiger Unternehmensberater, vor allem für Firmen der Luftfahrt, tätig. Seit 1978 widmete er sich ausschließlich der Erforschung der Geschichte des Flugzeugbaus, vor allem im Heinkel-Bereich.

H. Dieter Köhler starb am 20. Dezember 1990.
Die Bearbeitung dieser Auflage übernahm Dr. Volker Koos.

In gleicher Ausstattung sind bereits erschienen:

Wagner, Wolfgang

Kurt Tank – Konstrukteur und Testpilot bei Focke-Wulf

Das Lebenswerk eines der großen deutschen Flugzeugkonstrukteure mit Bildern, Tabellen, Zeichnungen und eigenen Berichten über die Flugerprobung seiner Flugzeuge.

Die deutsche Luftfahrt
Band 1

1980. 272 Seiten, 130 Bilder, 56 Tabellen, 76 Zeichnungen, geb.
ISBN 3-7637-5271-4

Gersdorff, Kyrill von
Grasmann, Kurt

Flugmotoren und Strahltriebwerke

Entwicklungsgeschichte der deutschen Luftfahrtantriebe von den Anfängen bis zu den europäischen Gemeinschaftsentwicklungen.

Unter Mitarbeit von Karl Prestel und Helmut Schubert

Die deutsche Luftfahrt
Band 2

2. Auflage
1981. 303 Seiten und 12 Farbtafeln, 375 Fotos u. Zeichnungen, 20 Farbbilder, 31 Tabellen, geb.
ISBN 3-7637-5272-2

Gersdorff, Kyrill von
Knobling, Kurt

Hubschrauber und Tragschrauber

Entwicklungsgeschichte der deutschen Drehflügler von den Anfängen bis zu den internationalen Gemeinschaftsentwicklungen.

Unter Mitarbeit von Carl Bode, Friedrich von Doblhoff, August Stepan und Rainar Wetter

Die deutsche Luftfahrt
Band 3

1982. 269 Seiten, 425 Fotos, 16 Farbtafeln, 19 Tabellen, geb.
ISBN 3-7637-5273-0

Kosin, Rüdiger

Die Entwicklung der deutschen Jagdflugzeuge

Die deutsche Luftfahrt
Band 4

1983. 227 Seiten und 16 Farbtafeln, 315 Fotos und Zeichnungen, zahlreiche Tabellen und graph. Darstellungen, geb.
ISBN 3-7637-5275-7

Bernard & Graefe Verlag

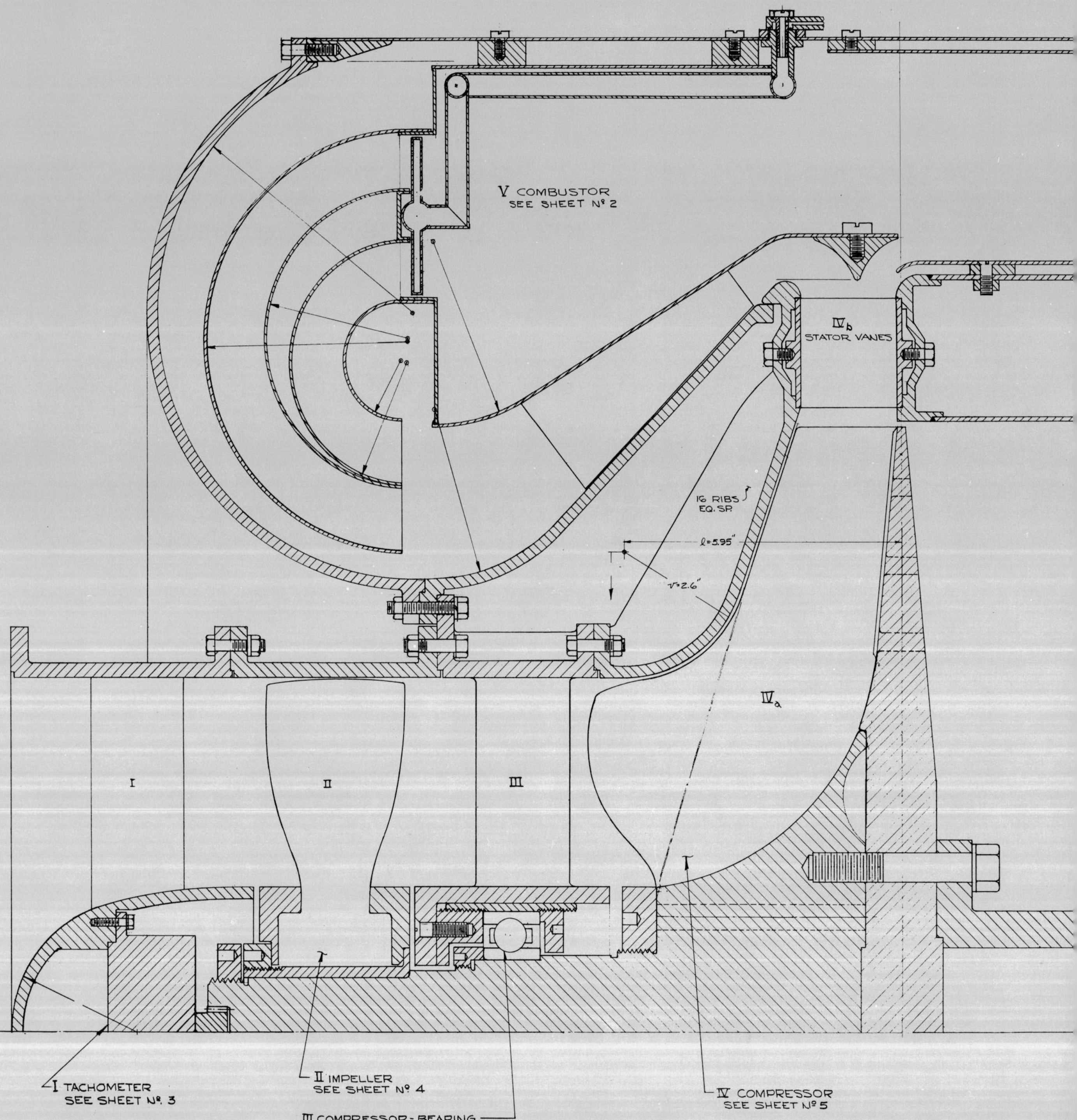

V COMBUSTOR
SEE SHEET Nº 2
IVb
STATOR VANES
16 RIBS
EQ. SP.
l=5.95"
r=2.6"
IVa
I
II
III
I TACHOMETER
SEE SHEET Nº. 3
II IMPELLER
SEE SHEET Nº. 4
III COMPRESSOR-BEARING
HOLDER. SEE SHEET Nº 4
IV COMPRESSOR
SEE SHEET Nº 5